RAYMOND CARTIER
DER ZWEITE WELTKRIEG

Serie Piper

Die Geschichte des Zweiten Weltkrieges, die Zusammenhänge, die Bündnisse, die furchtbaren Ereignisse und verheerenden Auswirkungen auf das Zusammenleben der Völker – der berühmte französische Journalist Raymond Cartier hat die in Deutschland meistgelesene Darstellung dieser Menschheitskatastrophe geschrieben, die die Welt einschneidend verändert hat.
Mit sorgfältig ausgewähltem Quellenmaterial schildert Cartier die entscheidenden politischen und kriegerischen Abläufe und Schlachten des Zweiten Weltkriegs bis ins Detail. Er zeigt taktische wie strategische Fehlentscheidungen auf allen Seiten auf.
Die Ereignisse auf den Schlachtfeldern von damals schufen neue Tatsachen und Verhältnisse, die heute das politische Leben in der Welt mitbestimmen. Darum ist dieses Werk auch für unsere politische Gegenwart aktuell und gehört in die Hand jedes am Zeitgeschehen interessierten Lesers.

Raymond Cartier, geb. 1904. 1949 Mitbegründer, später bis zu seinem Tod 1975 Chefredakteur von »Paris Match«. Sein erfolgreiches Werk »50mal Amerika« – »das kompletteste Stück Amerika-Berichterstattung, das wir besitzen« (FAZ) – begründete Cartiers Ruhm als Schriftsteller. Sein Standardwerk »Der Zweite Weltkrieg« gehört zu den erfolgreichsten Büchern über diese Zeit. Weiter liegen in der Reihe ›Weltgeschichte des 20. Jahrhunderts‹ »Vom Ersten zum Zweiten Weltkrieg« und »Nach dem Zweiten Weltkrieg« vor.

RAYMOND CARTIER

Der Zweite Weltkrieg

Mit 462 Abbildungen, 55 Karten, Zeittafel,
Personen- und Sachregister

BAND 1

R. PIPER & CO VERLAG
MÜNCHEN ZÜRICH

Aus dem Französischen übersetzt von Max Harriès-Kester (I. bis XII. Kapitel), Wolf-Dieter Bach (XVII. bis XXIX. Kapitel) und Wilhelm Thaler (XIII. bis XVI. Kapitel, XXX. bis XXXII. Kapitel) unter wissenschaftlicher Beratung von Hellmuth Günther Dahms, Hermann Weiß und Wolfgang Kneip. Titel der französischen Originalausgabe ›La seconde guerre mondiale‹, © 1965 by Augé, Gillon, Hollier-Larousse, Moreau et Cie – Librairie Larousse et ›Paris-Match‹, Paris.

ISBN 3-492-00581-0
6. Auflage, 98.–107. Tausend 1982
(1. Auflage, 1.–10. Tausend dieser Ausgabe)
Deutsche Ausgabe:

Umschlag: Disegno
Druck und Bindung: Clausen & Bosse, Leck
Printed in Germany

Inhaltsverzeichnis *Band I*

Vorwort zur deutschen Ausgabe

Ich schätze mich glücklich, daß meine Geschichte des Zweiten Weltkriegs auch in Deutschland veröffentlicht wird.

Das Werk hat in Frankreich einen ungewöhnlich großen Erfolg gehabt. Doch meldeten sich auch eine Reihe kritischer Stimmen, die sich etwa folgendermaßen zusammenfassen lassen: ›Die Darstellung hebt unsere eigenen Irrtümer und Niederlagen allzu erbarmungslos hervor. Weder die Rolle Frankreichs noch insbesondere die der französischen Résistance erhalten den ihnen gebührenden Platz. Man kann die Objektivität auch zu weit treiben. Mit diesem Buch wurde Frankreich kein Denkmal gesetzt...‹

Das ist richtig.

Ich bin ein französischer Schriftsteller, bin in Frankreich geboren und stamme von französischen Vorfahren ab; doch habe ich versucht, diesen Umstand beim Schreiben meines Buchs über den Zweiten Weltkrieg nach Möglichkeit zu vergessen.

Der Krieg von 1939 bis 1945, den wir als Weltkrieg bezeichnen, begann als ein europäischer Krieg, der zu Anfang im wesentlichen von den drei großen Mächten Westeuropas – Deutschland, Frankreich, Großbritannien – geführt wurde. In meinen Augen war dieser Krieg ein Bürgerkrieg. Nicht anders habe ich ihn empfunden, und nicht anders habe ich ihn dargestellt.

Ich konnte das mit um so größerer Gelassenheit tun, als die Wiederholung einer solchen Katastrophe – außer im Falle eines Ausbruchs kollektiven Wahnsinns – undenkbar geworden ist. Mit freudiger Genugtuung stelle ich fest, daß mein Buch von einem ein für allemal abgeschlossenen Kapitel der europäischen Geschichte handelt.

Es ging mir nicht darum, Frankreich und seine militärische Führung zu kritisieren. Ich habe lediglich die Tatsachen sprechen lassen. Meine deutschen Leser werden feststellen, daß ich, was ihr Land betrifft, nicht anders verfahren bin.

Selbstverständlich kann ich gegenüber dem nationalsozialistischen Regime, seinem Führer und seinen verantwortlichen Politikern keine Nachsicht empfinden. Um so mehr war ich daher bestrebt, mich bei der Darstellung ihrer Absichten und Taten eines maßvollen Urteils zu befleißigen. Ich habe ihre Verbrechen weder verschwiegen noch übertrieben. Sie sind, besser als durch jeden Kommentar, allein durch die historischen Ereignisse sichtbar geworden!

Mein Bemühen um Objektivität hat mich nicht daran hindern können, meinem Respekt und meinem Mitgefühl dem deutschen Volk und seinen Soldaten gegenüber Ausdruck zu verleihen. Unbestreitbar waren sie – wie viele andere vor ihnen – das Instrument in der Hand eines Größenwahnsinnigen. Daß sie mit Hitler das Verhängnis an die Macht kommen ließen, war ihr Fehler und ihre Schuld. Doch haben sie dafür schrecklich büßen müssen.

Mut und Tapferkeit gehören zu den höchsten menschlichen Tugenden, auch dort, wo der Kampf aussichtslos erscheint. Ohne Hoffnung auf einen möglichen Sieg haben die deutschen Soldaten in Stalingrad, die Verteidiger Berlins, die Zivilbevölkerung in den Bombennächten gezeigt, in welchem Maße der Mensch fähig ist, Leid zu ertragen. Ohne Scham dürfen die Überlebenden auf jene Tage der Prüfung zurückblicken.

Ein Akt der deutschen Tragödie hat mich besonders fasziniert: die Geschichte jener Männer, die sich verschworen, um Hitler zu töten.

Die Alliierten hatten bereits 1944 die Forderung nach bedingungsloser Kapitulation Deutschlands erhoben. Wäre es etwa Pflicht der Verschwörer gewesen, dem Wahnsinnigen bis zum Ende die Treue zu halten, um Deutschland vielleicht noch zu retten? Oder war es nicht vielmehr ihre Pflicht, ihn zu töten, um dem Blutbad an den Fronten ein Ende zu machen und von den Siegern eine möglichst milde Behandlung Deutschlands zu erlangen? Napoleons Marschälle hatten 1814 vor der gleichen Frage gestanden, doch riskierten sie nicht, an einem Fleischerhaken aufgehangen zu werden.

Ich bin gespannt auf das Urteil der deutschen Leser über mein Werk. Ihre Zustimmung würde bedeuten, daß es mir gelungen ist, einen wichtigen Abschnitt der Geschichte unserer Zeit der gefährlichen Sphäre nationalen Vorurteils zu entrücken.

Paris, 1967 *Raymond Cartier*

1. Kapitel September 1939
Polen

1. September 1939: Der ›Fall Weiß‹ läuft an

Letzte Stunden des August 1939. Von den Karpaten bis zur Ostsee war die Nacht über weite Strecken kalt und klar. Die meteorologischen Vorhersagen waren zufriedenstellend. Der Bodennebel werde sich im Laufe des Morgens auflösen. Für den kommenden Tag wurde ruhiges, sonniges Wetter erwartet, richtiges Fliegerwetter.
Günstig für die Panzerwaffe war der abgeerntete und von der Sonne hartgebrannte Boden. Wegen der anhaltenden Trockenheit führten die großen Flüsse Narew, Bug und Weichsel Niedrigwasser. Alles in allem die besten Vorbedingungen für eine Bewährung der neuen Kampfmethoden der Wehrmacht.
Der ›Fall Weiß‹, wie der Deckname des geplanten Unternehmens lautete, konnte anlaufen. Die Einheiten waren durch eine stufenweise und getarnte Mobilmachung – es war streng verboten, dieses Wort auszusprechen – auf Kriegsstärke gebracht worden.
Der Befehl zur Auslösung des ›Falles Weiß‹ traf erst um 17 Uhr bei den Hauptquartieren der Armeen ein. Er lautete: Y = 1.9.4.45. Das bedeutete, daß der Kriegsbeginn auf den 1. September morgens um 4 Uhr 45 angesetzt war. Sofort kam der gesamte Nachrichtenapparat in Bewegung, um Hitlers Entscheidung bis zum letzten Zug der längs der polnischen Grenze bereitgestellten Truppen weiterzuleiten. Die Frist war so kurz, daß einige Einheiten den Befehl nicht rechtzeitig erhielten und sich erst in Marsch setzten, als sie Geschützfeuer hörten.
Nachdem sie den Befehl hinausgegeben hatten, erwarteten einige Generale bereits den Gegenbefehl. So z. B. Generaloberst Gerd von Rundstedt, Oberbefehlshaber der Heeresgruppe Süd, und sein Stabschef, Generalleutnant Erich von Manstein. Sie glaubten an eine Wiederholung dessen, was sechs Tage vorher geschehen war. Am 25. August um 15 Uhr 25, genau drei Stunden, nachdem Rundstedt den Oberbefehl übernommen hatte, war der Angriffsbefehl für den nächsten Morgen um 4 Uhr 30 in seinem am Neißeufer gelegenen Hauptquartier eingetroffen. Während des Abendessens, um 20 Uhr 30, kam ein neuer Funkspruch, durch den der Führer und Oberste Befehlshaber den Angriffsbefehl rückgängig machte. Drei Armeen waren schon auf dem Marsch und mußten in letzter Minute zurückgeholt werden. Im bergigen Gebiet der Tatra, so erzählte man sich, wurde ein motorisiertes Regiment nur durch den Mut eines Offiziers am Überschreiten der polnischen Grenze gehindert, indem dieser direkt vor der Kolonnenspitze mit einem Fieseler ›Storch‹ mitten auf der Straße landete.

Bis Mitternacht warteten die beiden Generale. Sie hatten alle Vorbereitungen getroffen, um die Lawine erneut aufzuhalten, denn sie betrachteten dies wieder einmal als einen bloßen Einschüchterungsversuch, einen Bluff. Um Mitternacht erhob sich Rundstedt. »Jetzt ist es zu spät«, sagte er. »Ich glaube, jetzt können wir uns noch ein oder zwei Stunden hinlegen.«

Diplomatisches Vorspiel

Diese Gnadenfrist, dieser Aufschub von einer Woche, den man dem in den letzten Zügen liegenden Frieden zugestand, war auf Hitlers letzten Versuch zurückzuführen, den Krieg zu begrenzen. Am 25. August hatte das Telefon in Görings Arbeitszimmer geläutet. Der Feldmarschall hörte den Führer sagen: »Ich stoppe das Ganze.« Ein Seufzer der Erleichterung war die Antwort Görings, der dann fragte: »Endgültig?« Darauf Hitler: »Nein, ich will nur versuchen, eine englische Intervention zu vermeiden.«
Der Streit um Danzig und den Korridor drohte zu einem europäischen Krieg auszuarten, was Hitler unter allen Umständen vermeiden wollte, da eine Auseinandersetzung dieses Ausmaßes ihm noch nicht ins Konzept paßte. Er versuchte daher ein letztes Mal, den Krieg auf Deutschland und Polen zu beschränken.
Die Niederwerfung Polens hatte Hitler seinen Armeeführern schon am 23. Mai bei einer Besprechung in der Neuen Reichskanzlei angekündigt. Im Protokoll des diensttuenden Adjutanten, Oberstleutnant Schmundt, heißt es: »An eine Wiederholung der Tschechei ist nicht zu glauben. Es wird zum Kampf kommen...« Dieser Krieg sollte vor Ende August beginnen, wenn die Ernte eingebracht war, und vor Beginn des Herbstregens und der verschlammten Wege beendet sein. »Wenn mir Herr von Brauchitsch gesagt hätte, ich brauche vier Jahre, um Polen zu erobern«, erklärte Hitler am 22. August, einen Tag vor der Unterzeichnung des deutsch-russischen Nichtangriffspakts in Moskau, »hätte ich geantwortet, dann geht's nicht.«
Der Führer glaubte nicht an ein Eingreifen der Westmächte: »Unsere Gegner sind kleine Würmchen. Ich sah sie in München!« Die Sowjetunion dagegen besaß in Stalin einen Mann, den Hitler fast als ebenbürtig erachtete, doch war die Rote Armee durch die Säuberungen von 1936/37 geschwächt, denen ein großer Prozentsatz der russischen Generalität zum Opfer gefallen war. »Es ist nicht ausgeschlossen, daß sich Rußland an der Zertrümmerung Polens desinteressiert zeigt...« Dieser Satz aus dem Protokoll vom 23. Mai wies bereits auf die kommende deutsch-sowjetische Allianz, die große Überraschung des 23. August, hin.
Die Annäherung zwischen Berlin und Moskau begann mit Verhandlungen über ein

deutsch-sowjetisches Kreditabkommen. Gleichzeitig eröffneten Frankreich und England in der sowjetischen Hauptstadt Gespräche über eine militärische Zusammenarbeit gegen das Dritte Reich. Die Verständigung zwischen den Deutschen und Russen klappte – abgesehen von vorübergehenden Unterbrechungen – vorzüglich, während sich die Gespräche zwischen den Vertretern der Westmächte und ihren sowjetischen Partnern vergleichsweise mühsam dahinschleppten. Franzosen, Engländer und Russen kamen schließlich trotz allem am 25. Juli zu einem prinzipiellen politischen Übereinkommen, worauf am 11. August eine Militärmission unter der Führung von General Doumenc und Admiral Drax in Moskau eintraf.
Diese Delegation stieß aber auf ein unüberwindliches Hindernis: Sowjetrußland und Deutschland hatten keine gemeinsame Grenze, und die Polen weigerten sich hartnäckig, der Roten Armee einen vorzeitigen Einmarsch zu gestatten und ihr damit das Land als Kampfgebiet zu überlassen. Alle Versuche, auf Warschau Druck auszuüben, blieben erfolglos.

23. August 1939: Der deutsch-sowjetische Nichtangriffspakt

Da kam am 21. August ein Telegramm Hitlers in Moskau an. Der Führer ersuchte Stalin, den Außenminister Ribbentrop unverzüglich zu empfangen.
Die Nachricht von dieser Reise schlug in den westlichen Hauptstädten wie ein Blitz ein. Die Nacht vom 23. auf den 24. August war eine heiße, fiebrige Nacht, eine Nacht der Bestürzung. Die wenigen Depeschen der Diplomaten, die von einer möglichen Annäherung Deutschlands und der Sowjetunion gesprochen hatten, waren als unglaubwürdig abgetan worden. In allen Redaktionen und Kanzleien schüttelte man nur ungläubig den Kopf angesichts der Meldungen, die da noch zu später Stunde aus den Fernschreibern tickerten. Der französische Ministerpräsident Edouard Daladier, den sein Außenminister geweckt hatte, antwortete diesem mit verschlafener Stimme: »Versichern Sie sich zunächst, ob das nicht eine Zeitungsente ist.« Aber schon am nächsten Morgen bestätigten Kommuniqués aus Berlin und Moskau die Unterzeichnung eines Nichtangriffspakts zwischen der Sowjetunion und dem Deutschen Reich. Den Mitgliedern der französisch-englischen Militärmission blieb nichts anderes übrig, als ihre Koffer zu packen und heimzureisen.
In England herrschte bittere Enttäuschung, in Frankreich unbeschreibliche Verwirrung und in Deutschland ungeheuere Erleichterung. Viele, die noch am Genie des Führers gezweifelt hatten, zweifelten nicht mehr. Manche Deutsche glaubten jetzt nicht mehr an Krieg, da ja nunmehr das sowjetische Schwert den westlichen Demokratien fehlte. Andere wieder meinten, der Krieg könne jetzt ruhig ausbrechen, da der Alptraum

eines Zweifrontenkriegs verflogen sei. Das schwache Polen werde rasch erledigt sein, und Deutschland könne sich dann mit ganzer Kraft gegen Westen wenden.
In Moskau war alles reibungslos abgelaufen. Reichsaußenminister von Ribbentrop, kein besonders geschickter Unterhändler, hatte diesmal keinerlei Schwierigkeiten, denn Stalin war sofort damit einverstanden, daß der für die Öffentlichkeit bestimmte Nichtangriffspakt nur das geheime Zusatzabkommen über eine vierte Teilung Polens verschleiern sollte. Rasch war man sich über die gemeinsame Interessengrenze, die durch Pissa, Narew, Weichsel und San gebildet werden sollte, einig geworden. Man hatte die Abmachungen auch auf die baltischen Länder ausgedehnt. Litauen wurde dem deutschen Interessenbereich zugeschlagen, während Rußland Lettland und Estland erhalten würde. Ferner wurden Finnland und Bessarabien, das von Rumänien zurückgegeben werden sollte, zu Teilen der sowjetischen Interessensphäre erklärt. Der Preis war für Hitler sicherlich hoch. Die um das bolschewistische Rußland durch die Verträge der Jahre 1919 bis 1921 geschaffene Barriere von Pufferstaaten war gefallen. Das Deutschtum würde aus seinen alten Vorposten Kurland und Livland durch Um- und Rücksiedlungen verschwinden. Das wog zwar schwer, war aber gleichzeitig bedeutungslos, da es sich nur um eine Zwischenlösung handeln sollte. Der Vertrag hatte nämlich einen Fehler: Beide Partner handelten hinterlistig und unehrlich. Stalin unterzeichnete ihn nach verbreiteter Auffassung wegen des augenblicklichen Gewinns an Land und Zeit, Hitler dagegen mit der Absicht, ihn doch nicht einzuhalten. Seinen Generalen erklärte er, sein Ziel sei nicht die Wiedergewinnung Danzigs und die Abschaffung des Korridors, auch nicht die Zerstörung Polens, sondern die Eroberung der östlichen Ebenen, um die Zukunft des deutschen Volks zu sichern. Die von ihm zugestandenen Opfer seien ja nur vorübergehende, also scheinbare. Der Tag nach seinem diplomatischen Triumph brachte für Hitler Ärger und Überraschung. Einer der Gründe für seinen Ärger war die Haltung Italiens. Im Mai war ein pompöses Militärbündnis mit Deutschland geschlossen worden, das die Propaganda als ›Stahlpakt‹ bezeichnete. Der Stahl wurde aber bei der ersten Bewährungsprobe weich. Ciano und Mussolini hatten mit Bestürzung festgestellt, daß der Krieg vor der Tür stand. Sie hatten Hitler angefleht, den Krieg noch hinauszuschieben. Ihr Land sei wegen seiner großen Rohstoff- und Rüstungslücken auf eine militärische Auseinandersetzung nicht vorbereitet. Auch stehe Rom im kommenden Jahre die Weltausstellung bevor, für die bereits ungeheure Summen aufgewendet worden seien. Hitlers Moskauer Erfolg schien ihnen keine Garantie gegen den Krieg. Einige Stunden nach der Rückkehr Ribbentrops hörte Hitler mit steinerner Miene dem Botschafter Attolico zu, der ihm einen verlegenen Brief Mussolinis vorlas, in dem der Duce mitteilte, er beabsichtige nicht, in den Krieg einzutreten. Kaum hatte sich die Tür hinter dem Botschafter geschlossen, da platzte Hitler los: »Die Italiener machen es wie 1914!« und ließ eine endlose Suada über die ›ungetreuen Achsenpartner‹ folgen. Das offizielle Kommuniqué

besagte trotzdem, daß ein Nichteintreten in die Kampfhandlungen keineswegs Neutralität bedeute, Hitler die Haltung Italiens billige und der ›Stahlpakt‹ fester sei denn je. Die Überraschung für Hitler kam aus London. In Paris, wo der deutsch-russische Pakt allgemeine Mutlosigkeit ausgelöst hatte, sah man ein, daß Polen nicht mehr zu retten war und daß ein Krieg zwecklos sein würde. In London jedoch schien man diese Haltung nicht zu verstehen. Die Reaktion des Kabinetts war ein trockenes Kommuniqué, das besagte, die Ereignisse in Moskau berührten in keiner Weise die Verpflichtungen Englands, das entschlossen sei, ihnen voll und ganz nachzukommen. Einige Stunden später präzisierte und betonte England noch einmal diese von ihm eingegangenen Verpflichtungen. Die im Mai der polnischen Regierung gegebene allgemeine Garantie wurde am 25. August in einen gegenseitigen Beistandspakt umgewandelt. Die beiden Unterzeichnerstaaten verpflichteten sich zu gegenseitiger Hilfe im Rahmen aller ihnen zur Verfügung stehenden Möglichkeiten, falls eine der beiden Mächte es für notwendig erachten sollte, einen Angriff auf ihre Unabhängigkeit mit Waffengewalt abzuwehren. Noch nie hatte Großbritannien sich derart unzweideutig verpflichtet, noch nie hatte es etwas zugestanden, das mehr oder weniger einer Blankovollmacht glich. Merkwürdig, ... diese Engländer! Noch ein Jahr zuvor war Chamberlain, der Mann mit dem Regenschirm und dem langen, dünnen Hals, in Berchtesgaden, in Bad Godesberg und in München dem mächtigen Führer der Deutschen wie ein erschreckter alter Herr vorgekommen, den man mit einem gespielten Wutausbruch oder mit an der rechten Stelle erhobener Stimme in Furcht und Schrecken versetzen konnte. Und jetzt warf dieser Mann ohne ein überflüssiges Wort und ohne jeglichen Vorbehalt die Stärke Englands zwischen ein zum Tode verurteiltes Polen und ein waffenstrotzendes Deutschland! War das Bluff, Verzweiflung oder einfach nur Dummheit? Begriffen denn die Engländer nicht, was auf dem Kontinent vorging?

25. August: Letzter Aufschub

Um das herauszufinden, hatte Adolf Hitler den Aufschub des Angriffs am 25. August in letzter Minute angeordnet.

Die Tage dieser Gnadenfrist waren mit reichlich verworrenen Verhandlungen ausgefüllt. Hitlers List war an dem berechtigten englischen Mißtrauen gescheitert. Ein Jahr zuvor hatten die Engländer an das Abkommen von München geglaubt. Als Hitler den Vertrag sechs Monate später zerriß und die restliche Tschechoslowakei besetzte, die er zu schonen versprochen hatte, verloren die Engländer ihre letzten Illusionen. Als er jetzt schwor, Danzig und der Korridor seien seine allerletzten Forderungen, glaubte ihm niemand mehr.

Als am 31. August die Sonne unterging, schien es noch eine winzige Möglichkeit für Verhandlungen zu geben. Hitler erklärte sich bereit, einen Bevollmächtigten Polens zu empfangen, nachdem Mussolini kurz zuvor eine internationale Konferenz zur Regelung aller europäischen Streitfälle vorgeschlagen hatte. In dieser Nacht schlief Europa ruhiger als in den vorangegangenen Nächten. Man war überzeugt, daß der kritische Punkt der Krise überschritten und der Friede noch einmal gerettet sei.
Am 1. September rollten bei Sonnenaufgang deutsche Panzer über die polnische Grenze. Noch am selben Vormittag fielen auch die ersten deutschen Bomben auf Polen. Wieder einmal hatte Hitler gelogen, denn seine versöhnlichen Gesten in letzter Stunde waren nur ein Täuschungsmanöver gewesen. Der Angriffsbefehl gegen Polen war schon am Vorabend wiederholt worden. Der raffiniert von Himmler in Szene gesetzte Grenzzwischenfall, der Angriff auf den Sender Gleiwitz durch SS-Leute in polnischen Uniformen und narkotisierte KZ-Häftlinge, von denen man einen an Ort und Stelle erschoß, um ihn als toten ›Polen‹ auf dem Schauplatz zurückzulassen, war bereits angelaufen. Einen Oberstleutnant Steinmetz, der sich diesem üblen Trick widersetzen wollte, hatte man mit dem Wort ›Führerbefehl!‹ zum Schweigen gebracht. Der deutsche Rundfunk schrie in alle Welt hinaus, deutsches Gebiet sei verletzt worden, die deutsche Minderheit in Polen werde hingeschlachtet, und die deutsche Armee müsse nun eingreifen. Eine Kriegserklärung komme nicht in Frage, denn es handle sich ausschließlich um eine ›Polizeiaktion‹.
Die Würfel waren gefallen. Hitler hatte sie geworfen, ehe er noch eine Antwort auf die Frage gefunden hatte, ob Englands mutiger Entschluß nur Bluff sei.

Polens Weg in den Krieg

Die Bomben, welche die Polen am Morgen des 1. September aus dem Schlaf rissen, schreckten sie nicht. Die Polen hatten den Krieg erwartet – und nun war dieser Krieg eben ausgebrochen.
Hatten sie den Krieg wirklich nur erwartet? Hatten sie ihn nicht vielleicht sogar gewollt? Eine Woge patriotischer Begeisterung ging bereits seit Wochen durch das ganze Land. Es gab Leute im Volk, die ganz offen erklärten, sie hätten Angst gehabt, ihre Politiker könnten die Gelegenheit, den Deutschen eine tüchtige Lehre zu erteilen, ungenützt vorübergehen lassen. Wenn Hitler etwas gegen den Korridor habe, so werde Polen diesen eben auf seine Weise beseitigen, indem es sich Ostpreußen einverleibe, dessen Besiedelung durch die Deutschritter ja ohnehin nichts als nackte Usurpation gewesen sei. Berlin liege nur 160 Kilometer von der polnischen Grenze entfernt – und in Berlin werde der Streit entschieden und der Friede unterzeichnet.

An verantwortlicher Stelle dachte man nicht weniger unrealistisch. Am 15. August suchte der polnische Botschafter in Paris, Lukasiewicz, den französischen Außenminister Georges Bonnet auf, der ihm einen Ausspruch Hitlers mitteilte, den dieser dem Völkerbundskommissar für Danzig, Carl Jacob Burckhardt, gegenüber getan hatte: »Polen erobere ich mit meinen motorisierten Verbänden in drei Wochen.« Lukasiewicz zuckte nur die Schultern und sagte: »Albern! *Wir* werden von Kriegsbeginn an Deutschland besetzen.« Der Botschafter Lipski, der in Berlin tagtäglich das Schauspiel deutscher Stärke vor Augen hatte, hielt es für sicher, daß ein Krieg eine Revolution in Deutschland auslösen und daß die polnische Armee im Triumph in Berlin einziehen würde.

Kaum zwanzig Jahre waren seit der Wiederauferstehung Polens verflossen. Hätte die englische Vernunft sich durchgesetzt, als Polen wiedergeschaffen wurde, so wäre das Land im wesentlichen innerhalb der Grenzen Kongreßpolens geblieben und hätte in Danzig eben Hafenrecht bekommen. Französischer Romantizismus begeisterte sich jedoch für die Sache Polens und warf diesen vernünftigen Plan über den Haufen. Man stopfte Polen mit nationalen Minderheiten voll, dehnte es bis nach Weißrußland und zur Ukraine aus und öffnete eine Bresche durch Deutschland, den Korridor. Die Absicht der Polonophilen war es, im Rücken Deutschlands eine große slawische Macht zu schaffen, die das bolschewistische Rußland in seiner Rolle als Verbündeter Frankreichs ablösen sollte.

Polen jedoch erwies sich als recht undankbar. Die ›französische Dekadenz‹ war in Warschau genauso Schlagwort wie in Rom oder Berlin. An die Tatsache, daß General Weygand das Land 1920 vor der Wiedereroberung durch Rußland gerettet hatte, sahen sich die Polen nur ungern erinnert. Antifranzösische Manifestationen wurden in Warschau immer häufiger, wenn auch theoretisch die französisch-polnische Allianz weiterbestand. 1938 hatten die Beziehungen zwischen den beiden Verbündeten die Formen echter Antipathie angenommen. Ganz anders das polnische Verhältnis zu Deutschland: Zwar gab es Fälle offener und heimtückischer Unterdrückung der deutschen Minderheiten seitens der Polen, und Deutschland sorgte in Danzig unablässig für Unruhe; trotzdem unternahm die Hitlerregierung in Warschau Annäherungsversuche, auf welche die Polen in der Überzeugung eingingen, es handele sich dabei um eine Anerkennung ihrer militärischen Stärke. Der Reichsjägermeister und Generalfeldmarschall Göring fuhr mit pompösem Gefolge zur Elchjagd in den Bialowiezer Forst, wobei er bei jedem Jagdbesuch ausdrücklich betonte, das Reich brauche ein starkes Polen, und es gäbe keine ernsthaften Differenzen zwischen den beiden Ländern. Josef Beck, eine Kreatur des Nationalheros Pilsudski, betrieb diese Annäherungspolitik bis in die letzte Konsequenz. Anläßlich der Münchener Krise stellte er Polen an die Seite Deutschlands und entriß der Tschechoslowakei das kleine Territorium von Teschen. Als man die Polen darauf aufmerksam machte, daß sie nun gleich nach der Tschechoslowakei an der Reihe seien, erwiderten sie hochmütig: »Wir fürchten nichts, denn man fürchtet uns.« Am 25. und 26. Januar 1939 war Warschau mit Hakenkreuzfahnen zu Ehren Ribbentrops geschmückt, der den Besuch Becks bei Hitler erwiderte. Dies war der letzte Akt der Höflichkeit seitens Deutschlands und reine Berechnung, was aber die Polen nicht wahrhaben wollten.

Knapp zwei Monate später wiederholte Ribbentrop dem polnischen Botschafter gegenüber, Deutschland fordere die Rückgabe Danzigs sowie einen exterritorialen Durchgang durch den Korridor. Polen lehnte ab.

Das Nahen der Gefahr veranlaßte die Polen durchaus nicht, die deutsche Stärke etwas nüchterner zu betrachten. Studenten warfen die Fenster der deutschen Botschaft ein und schrien: »Nach Berlin!« Und die Militärs waren noch großsprecherischer: »Man gibt uns üble Ratschläge«, sagte der Kriegsminister Kasprzicki. »Wir denken nicht daran, uns danach zu richten. Man rät uns zum Bau von Festungen und zur Vorbereitung eines Verteidigungskriegs, empfiehlt uns Rückzugsmanöver und Widerstand an unseren Flußläufen. Nichts davon werden wir tun. Wir kennen nur die Offensive, und im Angriff werden wir siegen.«

Die polnische Mobilmachung, zwar seit dem Frühjahr etappenweise in Gang, brachte am 1. September jedoch nicht die gewünschte Einsatzstärke. Die strategischen Maßnahmen waren wenig sinnvoll. Der Generalissimus Rydz-Smigly wollte das gesamte Gebiet schützen und hatte längs der Grenze sieben Gruppen aufgestellt, die als Armeen bezeichnet wurden. Er hatte starke Kräfte in der ›Falle‹ des Korridors zusammengezogen, die Ostpreußen erobern sollten, und ebenso starke Truppen, die Armeen Kutrzeba und Bortnowski, in dem vorspringenden Winkel von Posen, von dem aus die Offensive gegen Berlin gestartet werden sollte. Am 1. September 1939 standen auf polnischer Seite 38 Infanteriedivisionen, 11 Kavalleriebrigaden und 2 motorisierte Brigaden, dazu 45 selbständige Bataillone und zahlreiche Grenzeinheiten bereit. Ein größeres militärisches Aufgebot Polens hätte übrigens nichts geändert, höchstens die Verlustziffern. Es ist weder auf die unzureichende polnische Stärke noch auf eine unzulängliche Führung, sondern auf die Natur der polnischen Armee zurückzuführen, daß sie schon geschlagen war, ehe sie überhaupt kämpfen konnte.

Die Armee war weitgehend nach den Prinzipien des Ersten Weltkriegs aufgestellt. Die Luftwaffe besaß nur 852 Maschinen. Neben 22 völlig veralteten Kavallerieregimentern waren nur etwa 500 Panzer älterer Bauart vorhanden. Die Artillerie war noch zu einem Teil bespannt, das Fernmeldewesen sehr unzuverlässig. Flugabwehr gab es kaum. Die Mannschaften waren überfordert, die Munitionskolonnen und der Regimentstrain zum Teil auf Panjewagen angewiesen. Das Heer – nur unzureichend motorisiert – war nach polnischer Auffassung eine Bauernarmee, die beweglich und dem Lande angepaßt war, die keine Nachschubprobleme kannte und keine befestigten Wege benötigte, keinen Reparaturdienst, der für eine motorisierte Armee unerläßlich ist.

Gegenüber lag das deutsche Ostheer mit fünf Armeen. Noch 1933 war die Wehrmacht Deutschlands den Bedingungen des Versailler Vertrags unterworfen gewesen: 100000 Berufssoldaten, in zehn kleinen Infanterie- und Kavalleriedivisionen, waren Deutschland erlaubt. Verboten waren Panzerwaffen, Schwere Artillerie, Luftwaffe und Generalstab. Erst am 11. März 1935 ordnete Hitler die allgemeine Wehrpflicht und die Schaffung eines Heeres von 36 Divisionen an. Der damalige Oberbefehlshaber des deutschen Heeres, Generaloberst Werner von Fritsch, hielt 36 Divisionen für übertrieben und provozierend und erklärte, 24 Divisionen seien zur Verteidigung des Landes ausreichend. Hitler kümmerte sich nicht darum.
Die Reichswehr hatte während ihres fünfzehnjährigen Bestehens stets von einer Panzerwaffe geträumt. Bei Manövern wurden Panzer durch Kleinwagen, die man mit Leinwand ›gepanzert‹ hatte, oder durch zwei Soldaten dargestellt, die – wie Zirkusclowns ihre Pferdeattrappen – Panzersilhouetten trugen. Weil die Praxis ihnen versagt war, studierten die Militärs die verbotene Waffe in der Theorie. Sie begriffen bald, daß der Panzer für die moderne Kriegführung von revolutionärer Bedeutung war. Er vereinigte zwei Elemente, Schlagkraft und Schnelligkeit, die der Stellungskrieg getrennt hatte. Von dieser Erkenntnis ausgehend, schufen die deutschen Generale einen neuen taktischen und strategischen Stil, der nicht mehr mit den Schwierigkeiten des Materialkriegs und den endlosen Schlächtereien des Ersten Weltkriegs belastet war. Zusammengefaßt in große Einheiten, die mit größtmöglicher Schnelligkeit operierten und unabhängig waren von der schwerfälligen Infanterie, konnten die Panzer vorstoßen, äußerst beweglich manövrieren und feindliche Verbände rasch umfassen.
Hinsichtlich der Luftwaffe hielt sich das militärische Denken einzelner deutscher Theoretiker zunächst an die Doktrin des italienischen Generals Douhet, der auf die Vorteile einer strategischen Luftwaffe hinwies und den Bombenkrieg auf rückwärtige Ziele im Feindgebiet konzentriert wissen wollte. Man akzeptierte diese Theorie jedoch nicht allgemein und baute eine Luftwaffe auf, die mit der Panzerwaffe zusammenarbeiten sollte. Man nahm damals an, Panzer könnten nur unter dem Feuerschutz der Artillerie eingesetzt werden. Da die Tragweite der Artillerie den Aktionsradius der Panzer begrenzte, ersetzten die deutschen Militärs die Artillerie durch das Flugzeug. Die ›Stukas‹, die Sturzkampfflugzeuge, trafen mit ihren Bomben nicht wesentlich ungenauer als ein Geschütz. Der Krieg änderte dadurch seinen Rhythmus und seine Ausdehnung in der Fläche. Zur Panzerkavallerie, den Kampfwagen, kam die fliegende Artillerie, die Luftwaffe. Diese Neuerungen wurden nicht ohne den Widerstand der Generalität eingeführt, die ihre militärische Erfahrung in unbeweglichen Stellungskriegen und in noch unbeweglicheren Generalstäben erworben hatte. Für sie – und nicht nur für die deutsche Generalität – war die Infanterie die wichtigste Waffe, der alle anderen Waffen-

gattungen zu dienen hatten. Nach ihrer Ansicht war der Panzer also nur ein Helfer des Infanteristen. Er begleitete ihn, öffnete ihm den Weg, schützte ihn mit seiner Panzerung und führte ihn, seinerseits unter dem Feuerschutz der Artillerie stehend, nach vorn. Daß Panzer die Infanterie lediglich zum Nachfolgen und zum Sammeln der feindlichen Gefangenen verdammen sollten, das war ein kühner Gedanke, der in der deutschen Heeresführung erhebliche Bestürzung hervorrief. So hervorragende Militärs wie Beck und Halder widersetzten sich lange Zeit mit allen Kräften diesen neuen Ideen.
Hitler jedoch entschied. Man stritt sich nach dem Kriege lang und breit über seine militärischen Fähigkeiten. Heute noch zählen die einen ihn zu den großen Heerführern der Geschichte, während die anderen in ihm einen kläglichen Dilettanten sehen.
Die Geschichte des Zweiten Weltkriegs weist ihn als siegreichen Taktiker, aber auch als Urheber katastrophaler Niederlagen aus. Hitler, ein eifriger, wenn auch unsystematischer Leser, hatte zahlreiche kriegsgeschichtliche Werke, strategische Abhandlungen und Biographien großer Heerführer studiert. Er kannte genauestens das Kriegsmaterial aller Armeen und verfolgte mit größtem Interesse die Entwicklung neuer militärischer Theorien. In dem Streit zwischen Klassikern und Modernen nahm er für letztere Partei. Die Blitzkriegsarmee eines Guderian und seiner Anhänger entsprach genau der Ungeduld dieses Mannes, der von dem Gedanken an die geringe Zahl von Jahren, die ihm zur Verwirklichung seiner Pläne zugemessen waren, besessen war.
Bis 1938 standen an der Spitze der Wehrmacht der Reichskriegsminister, Werner von Blomberg, der Oberbefehlshaber des Heeres, Generaloberst Werner von Fritsch, und – als Chef des Generalstabs des Heeres – Generaloberst Ludwig Beck. Alle drei waren sich darin einig, daß ein Gleichgewicht der Waffen, eine Strategie des Angriffs aus der Verteidigung heraus und eine vorsichtige Außenpolitik das einzig Richtige seien. Hitler stürzte Blomberg sowie Fritsch, den er in eine anrüchige Affäre verwickeln ließ. Der ›mönchische Soldat‹ Beck versuchte sich gegen Hitlers Ungestüm zu stemmen, indem er sich auf die Verantwortlichkeit des Generalstabs gegenüber dem deutschen Volk berief. Als auch er gestürzt wurde, begriff er, daß Hitler nur mit Gewalt beseitigt werden könne, und begann sofort eine Verschwörung in die Wege zu leiten. Hitler hatte sich eines der wenigen Generale entledigt, die den Mut zum Widerspruch aufbrachten. Nachdem er von allen Soldaten den Treueid auf seine Person erzwungen hatte, baute er, ohne auf Widerstand zu stoßen, einen Apparat auf, von dem in der Folge noch oft die Rede sein wird: das Oberkommando der Wehrmacht, das OKW, das unter der direkten Herrschaft des Führers Heer, Kriegsmarine, Luftwaffe, Abteilungen für Wehrmachtpropaganda, Nachrichtenwesen sowie einen Wehrwirtschaftsstab vereinigte, kurz alles, was das Militärpotential einer Nation bildet. Die Konsequenzen dieser Konzentration brachten einerseits große Vorteile, andererseits aber auch erhebliche Nachteile. Diese radikale Umgliederung krönte Hitler damit, daß er sich am 4. Februar 1938 zum Oberbefehlshaber der Wehrmacht ernannte.

Bei Beginn des Polenfeldzugs gab es sechs Panzerdivisionen. Die älteren fünf trugen die Nummern 1 bis 5, während die neuaufgestellte sechste Division die Nummer 10 erhielt. Eine siebente Division wurde soeben eingefahren. Jede dieser Divisionen setzte sich – mit Unterschieden im einzelnen – aus einer Panzerbrigade zu zwei Regimentern, einer Panzerjägerabteilung, einem Pionierbataillon, einem Nachrichtenbataillon, einer Aufklärungsabteilung und einem einzigen Artillerieregiment mit zwei Abteilungen von 10,5-cm-Geschützen (motorisiert) zusammen. Die Hälfte der 164 Kampfwagen, die das durchschnittliche Kernmaterial eines Panzerregiments bildeten, waren die Pz-Kw I, die sogenannten ›Sardinenbüchsen‹, sechs Tonnen schwere Kampfwagen mit schwacher Panzerung und zwei Maschinengewehren. Die Pz-Kw II, mit einer 2-cm-Kanone bestückt, waren nicht viel stärker. Bei den Pz-Kw III und Pz-Kw IV, die 21,5 beziehungsweise 22,3 Tonnen schwer waren und 3,7- und 7,5-cm-Kanonen besaßen, handelte es sich um außerordentlich schlagkräftige Waffen. Allerdings besaß jede Division nur 24 Pz-Kw IV. Hitler hatte ihren Bau gegen den Widerstand des Generalstabs durchgesetzt, der diese Panzer für zu schwer fand.
Das waren also die berühmten Panzerdivisionen, welche die Kriegskunst revolutionieren sollten und Hitler die Herrschaft über Europa verschafften. Später kamen noch vier leichte, mit den Ziffern 6 bis 9 bezeichnete Divisionen dazu, die – mit tschechischem Material ausgestattet – zu Panzerdivisionen ausgebaut wurden, aber statt einer Brigade nur ein Panzerregiment mit drei Bataillonen zur Verfügung hatten. Man ist überrascht von der geringen Zahlenstärke dieser Einheiten, wenn man Vergleiche mit der Zahl von Kampfwagen zieht, die später auftauchten. Der Eindruck, den die Panzerdivisionen machten, und die von ihnen erzielten Erfolge führten dazu, daß ihre zahlenmäßige Stärke zu Beginn des Krieges vom Ausland in geradezu phantastischer Weise überschätzt wurde. Nachdem nun ein Vierteljahrhundert verflossen ist, scheint es an der Zeit, die Dinge so zu sehen, wie sie wirklich waren. Weit mehr als durch ihr Gewicht und ihre Anzahl bestand die Wirksamkeit der Panzerwaffe in ihrer Anwendungsart und der Kühnheit, mit der sie eingesetzt wurde.
Der Zweite Weltkrieg begann mit Siegen, die der Intelligenz zu verdanken waren.

Die Luftwaffe war vergleichsweise stärker als die Panzerarmee. Seit 1934 hatte sie allmählich ihre Kinderkrankheiten überwunden und die Jahresherstellung von Flugzeugen erheblich steigern können. Es waren nur einige Flugzeugtypen, die bis zur Auswirkung der amerikanischen Rüstungsproduktion den Luftraum kontrollierten, nämlich der Jäger Me 109, der Zerstörer Me 110, der Sturzbomber Ju 87, die Mittelstreckenbomber Ju 88, He 111 und Do 17. Bei Beginn der Feindseligkeiten waren 771 Jagdflugzeuge, 408 Zerstörer, 336 Stukas und 1180 Bombenflugzeuge einsatzbereit, zusammen also 2695 Flugzeuge. Insgesamt besaß also die Luftwaffe 3298 Maschinen. Diese stellten eine Luftmacht dar, wie sie kein anderes Land aufzuweisen hatte.

Abgesehen von Luft- und Panzerwaffe, war die deutsche Wehrmacht auf traditioneller Basis aufgebaut worden. Die Motorisierung war schwach, denn nur vier motorisierte Divisionen arbeiteten mit den 6 bis 7 Panzerdivisionen zusammen. Der Rest bestand aus 35 Infanteriedivisionen, 3 Gebirgsjägerdivisionen, 4 leichten Divisionen, einer Kavalleriedivision, dazu 51 Reserve-Infanteriedivisionen, ferner Armee- und Korpstruppen, Festungskommandanturen, Grenzschutz- und Wachbataillonen: insgesamt 2,9 Millionen Mann sowie 100000 Mann Ersatzheer. Die Reservedivisionen waren erst einige Wochen zuvor sozusagen aus dem Nichts geschaffen worden. Das Kriegsmaterial war ziemlich ungleich. Die modernen 10,5- und 15-cm-Geschütze übertrafen zwar die 7,5-, 10,5- und 15,5-cm-Geschütze Frankreichs, aber viele Batterien hatten noch die alten 7,7-cm-Geschütze aus den Zeiten Wilhelms II. Der Bombenvorrat der Luftwaffe reichte gerade für drei Wochen. Die in fünf Jahren wiedergeschaffene Wehrmacht war eine reine Improvisation, welche die in der Musterarmee des kaiserlichen Deutschlands groß gewordenen Generale entsetzte.

Hitler und die Generalität. Frühe Verschwörung

Die meisten von ihnen bemühten sich, nur Soldaten zu sein. Einige waren Hitleranhänger, in der Mehrheit aber bestand die Generalität aus Gegnern des Führers. Sie liebten Hitler nicht, und Hitler haßte sie. Dennoch: Daß bis zum Kriegsende mehr als 50 Generalfeldmarschälle, Generale und Admirale füsiliert, gehängt, erdrosselt und an Fleischerhaken aufgeknüpft oder durch den Führer zum Selbstmord gezwungen wurden – das hätte damals niemand für möglich gehalten.
Von Anfang an gab es den Geist der Verschwörung in den höheren Kommandostellen und unter den hohen Offizieren, die später zu Hunderten hingeschlachtet werden sollten. Vor München hatte das Deuxième Bureau, die französische Abwehr, nur mitleidig mit den Schultern gezuckt, als ein Agent die Nachricht brachte, ein deutscher General sei bereit, an der Spitze seiner Division auf Berlin zu marschieren. Diesen General gab es wirklich. Es war der General Hoepner, der später von Henkershand starb. Hoepner hatte eine ganze Nacht lang in seiner Garnison in Thüringen darauf gewartet, daß seine Mitverschworenen ihm das vereinbarte Signal gäben. Diese waren bei Generaloberst Halder versammelt. Zu den Verschworenen zählten Generaloberst Beck, Generaloberst von Witzleben, der General der Infanterie von Stülpnagel, der Admiral Canaris, der Polizeipräsident von Berlin und viele andere. (Alle außer Beck, der sich erschoß, wurden erst Jahre später, nach dem mißlungenen Attentat vom 20. Juli 1944, hingerichtet.) Sie wollten am nächsten Tag Hitler festnehmen, und zwar in dem Augenblick, in dem er vom Reichsparteitag in Nürnberg zurückkam. Die diesbezüglichen Befehle

waren schon ausgegeben, als der Rundfunk meldete, daß Chamberlain zu einer Audienz beim Führer unterwegs nach Berchtesgaden sei... »Die materielle Basis unserer Verschwörung war zunichte gemacht«, erklärte Halder, »da Hitler nicht nach Berlin zurückfuhr. Die moralische Grundlage fehlte nun ebenso. Wir hätten einen Verrückten verhaften können, der Deutschland in einen im voraus verlorenen Krieg gehetzt hätte, aber wir konnten nicht einen Kanzler verhaften, der mit dem Premierminister Großbritanniens über die friedliche Rückkehr der Deutschen ins Reich verhandeln wollte...«

Seit München gab es keine entsprechende Gelegenheit mehr, aber die Widerstandsbewegung war nicht tot. Einer der Verschworenen, der Generaloberst von Witzleben, befehligte eine Armee im Westen. Canaris war Chef des Nachrichtendienstes, der Abwehr. Halder selbst war der Chef des Generalstabs und rechte Hand des Oberbefehlshabers des Heeres, von Brauchitsch. So begann dieser Krieg mit der latenten Rebellion eines Teils der deutschen Generalität gegen den obersten Befehlshaber und das Regime. Eine eigenartige Entwicklung war die Folge.

Auch den Generalen, die nicht zu dem Kreis der entschiedenen Hitlergegner gehörten, fehlte jegliche Begeisterung für diesen Krieg. Sicher war keiner mit dem Korridor, dem Statut von Danzig, der willkürlichen Ziehung der Ostgrenzen und der Tatsache, daß eine Million Deutsche unter polnischer Herrschaft lebten, einverstanden, aber sie waren alle der Meinung, die deutsche Armee sei noch nicht genügend gerüstet, um einen neuen Krieg von europäischem Ausmaß durchstehen zu können. Alle, außer den Hitleranhängern Busch und Reichenau, hatten vor München einem von Generaloberst Beck verfaßten Memorandum vorbehaltlos zugestimmt, das den Führer vor den Gefahren warnen sollte, in die seine Abenteuerpolitik Deutschland zu stürzen drohte. Der deutsch-sowjetische Nichtangriffspakt, der ein Jahr später geschlossen wurde, hatte zwar das Gespenst eines Zweifrontenkriegs vertrieben, dennoch waren die deutschen Heerführer beunruhigt: Der Krieg – das sahen sie mit jedem Tag deutlicher – würde beginnen, ehe noch das Deutsche Reich dazu ausreichend gerüstet war.

Auch im Volk war die Stimmung alles andere als gut. In diesem August 1939 war nichts von dem Enthusiasmus des Juli 1914 zu spüren. Hitler wußte das. Im Vorjahr hatte er einen Versuch gemacht, den er in diesem Jahr nicht zu wiederholen wagte: die Parade einer Panzerdivision in Berlin. Er hatte einen Sturm der Begeisterung erwartet, aber das Resultat war nur Niedergeschlagenheit. Drei Stunden lang waren Panzer durch die Hauptstadt gerollt, inmitten einer schweigenden Menge; es war, als zöge eine feindliche Armee in eine eroberte Stadt ein. Hitler, der auf dem Balkon der Reichskanzlei die Parade abgenommen hatte, warf sich anschließend in seinem Arbeitszimmer in einen Klubsessel und beschimpfte das deutsche Volk – genauso, wie er sechs Jahre später, besiegt und sterbend, am gleichen Ort das deutsche Volk beschimpfte, das er verführt und entehrt hatte.

Die deutsche Wehrmacht in Polen

Von der Ostsee bis zu den Karpaten waren die Truppen in Bewegung. Der Operationsplan, der nach den Anweisungen Hitlers umgearbeitet und erweitert worden war, sah eine zweiseitige Umfassungsbewegung vor. Den linken Flügel bildete die Heeresgruppe Nord unter dem Befehl des Generalobersten Fedor von Bock. Auf dem rechten Flügel stand die Heeresgruppe Süd unter Generaloberst Gerd von Rundstedt. Die Heeresgruppe Nord bestand aus zwei Armeen, der 3. Armee (General der Artillerie Georg von Küchler), die aus Ostpreußen vorbrach, und der 4. Armee (Generaloberst Günther von Kluge), die von Pommern aus angriff. Insgesamt waren es 21 Divisionen, darunter 9 aktive mit 2 Panzerdivisionen. Die Heeresgruppe Süd bestand aus drei Armeen, nämlich der 14. (Generaloberst Wilhelm List), die in den Karpaten stand, der 10. (Generaloberst Walter von Reichenau), die in Oberschlesien konzentriert war, und der 8. (Generaloberst Johannes Blaskowitz), die von Breslau aus vorstieß. Insgesamt waren dies 36 Divisionen, darunter 28 Infanterie- und 4 Panzerdivisionen. Während die Heeresgruppe Nord den Korridor durchquerte, die Narewlinie zerbrach und Warschau vom Rücken her einnahm, vernichtete die Heeresgruppe Süd das Gros der polnischen Armee westlich der Weichsel. Man trieb die Mißachtung des Gegners so weit, daß man zwischen den beiden Heeresgruppen zur Deckung Berlins gegen die besten Truppen der polnischen Armee nur eine dünne Kette von Grenzschutzeinheiten stehen ließ.

Um 4 Uhr 45 eröffnete das am Vorabend in Danzig eingelaufene Linienschiff *Schleswig-Holstein* das Feuer auf die polnische Enklave Westerplatte. Die Luftwaffe griff an. Im Nebel überschritten die Panzer Guderians, Hoepners und Kleists die Grenze und überraschten die Polen.

Der 1. September brachte für Hitler gute Nachrichten. Das polnische Oberkommando war überrumpelt worden. Man hatte sich den Beginn der Feindseligkeiten nach dem Muster von 1914 vorgestellt: vierzehn Tage für die Truppenkonzentrierung auf beiden Seiten, ohne größere Kampfhandlungen als höchstens einige Scharmützel an der Grenze. Dieser Krieg, der blitzartig losging, war für die Polen eine böse Überraschung. Die Soldaten kämpften zwar, aber die deutschen Panzer durchbrachen die schwache Widerstandslinie und stießen geradeaus weiter vor, wobei sie die rückwärtigen Verbindungen des Gegners zerstörten und jegliche Befehlsübermittlung zunichte machten. Die Luftwaffe zerstörte einen großen Teil der polnischen Flugzeuge am Boden und legte die Stäbe lahm. Stukas bombardierten die Widerstandsnester und riefen hinter der feindlichen Front Verkehrsstauungen hervor, indem sie die streckenweise mit fliehenden Zivilisten verstopften Straßen unter Beschuß nahmen.

Im Norden der Angriffsaktion stießen die deutschen Truppen aus Ostpreußen bis zu den Verteidigungsstellungen von Mlawa vor, die Warschau decken sollten. Im Korri-

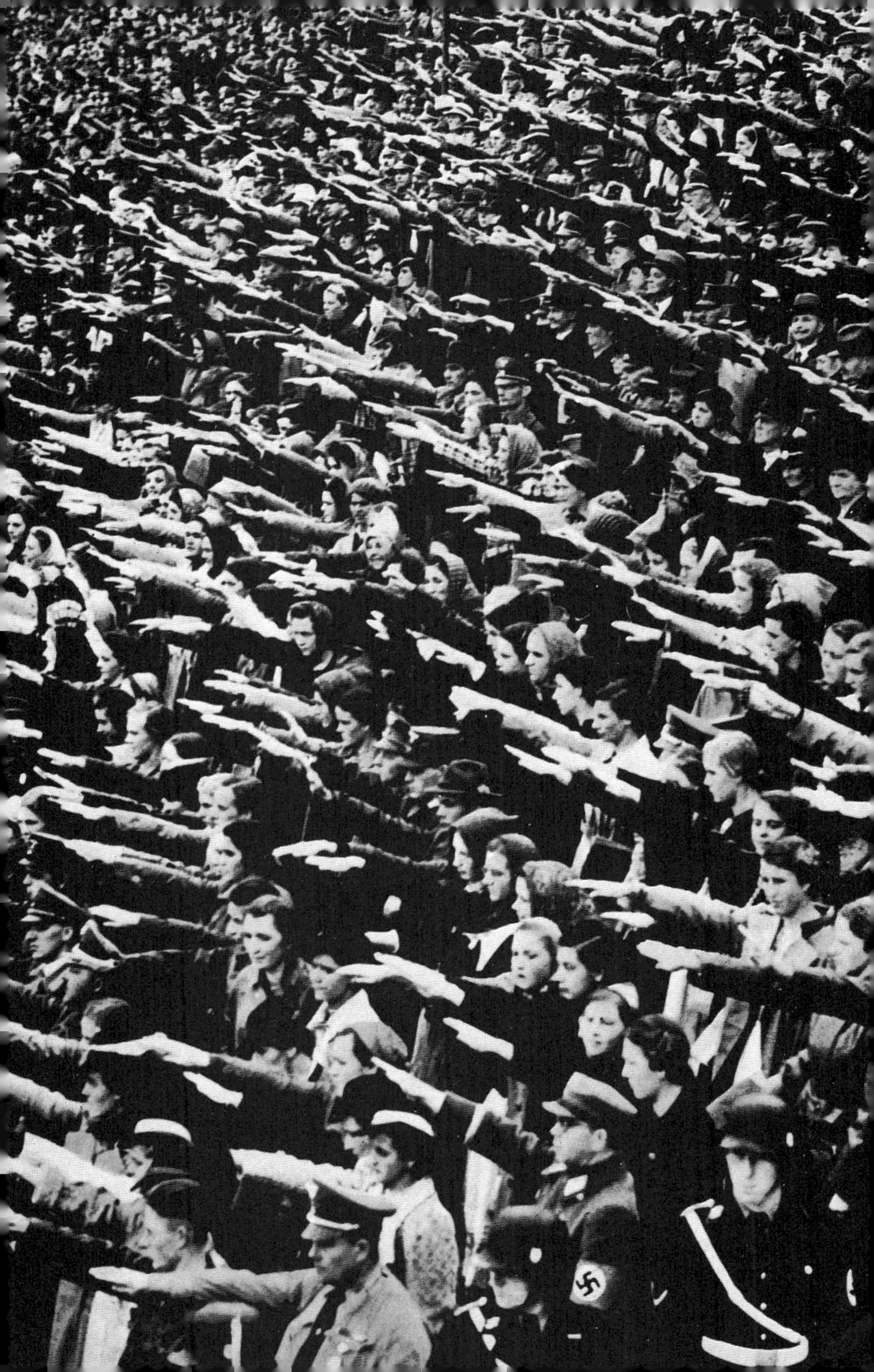

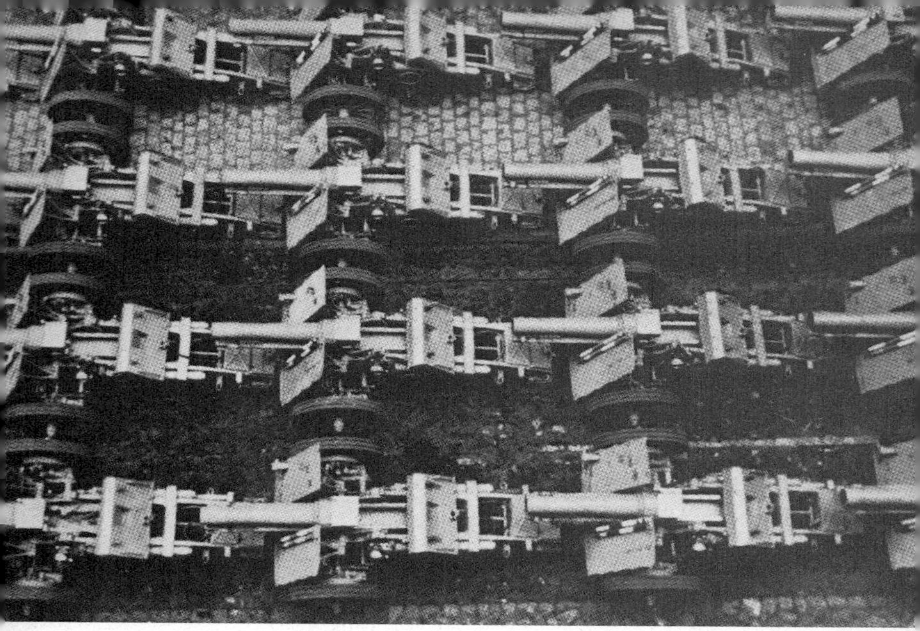

Tausende begeisterter Nationalsozialisten bei einer Kundgebung auf dem Reichsparteitag in Nürnberg, der 1938 unter dem Motto ›Reichsparteitag Großdeutschlands‹ stattfand (vorherige Seite). Sie bejubeln die Politik Hitlers, die sich – wie die seines Achsenpartners Mussolini – auf die militärische Macht gründet: Italienische Soldaten (unten) und schwere Infanteriegeschütze (oben) stehen bereit.

Das ›Münchner Abkommen‹ vom 29. September 1938 hieß Hitlers Ansprüche auf das Sudetenland gut, um den Frieden zu retten. Daladier (links oben) und Hitler verlassen den Münchner ›Führerbau‹. – Militärparade am 20. April 1939 in Berlin: Machtdemonstration des ›Großdeutschen Reiches‹ (unten). – Lenker der öffentlichen Meinung war Joseph Goebbels mit seinem Ministerium für Volksaufklärung und Propaganda (folgende Seite).

dor stellten die 3. und die 4. Armee die Verbindung untereinander her. Im Zentrum erreichte die 10. Armee, die Stoßtruppe der Heeresgruppe Rundstedt, nach einem Vormarsch über 80 Kilometer innerhalb von sechsunddreißig Stunden die Warthe. Im äußersten Süden hatten die Gebirgsjäger Lists mit Hilfe slowakischer Truppen den Jablunkapaß, um den im Ersten Weltkrieg endlos gekämpft worden war, rasch eingenommen und lagen nun vor Krakau. Schneller und wirkungsvoller hätte der Angriff kaum sein können.

In London und Paris hatte man bis 21 Uhr 30 gewartet, ehe man der Reichsregierung mitteilte, daß weitere militärische Schritte England und Frankreich zwingen würden, ihren Verpflichtungen Polen gegenüber nachzukommen. Die Wilhelmstraße nahm diese verspätete Intervention hochmütig entgegen.

»Soll das ein Ultimatum sein?« fragte Ribbentrop. »Nein, eine Warnung«, antworteten die Botschafter.

Zwischen Paris und London gab es schwere Reibereien. Der französische Außenminister Georges Bonnet bestand verzweifelt auf der Annahme des italienischen Vorschlags einer Viererkonferenz, weswegen London die Franzosen im Verdacht hatte, sie wollten kneifen. Graf Radzinski, der polnische Botschafter in London, stürzte wütend zum Foreign Office und brüllte, Bonnet habe seinem – Radzinskis – Kollegen in Paris erklärt, er werde nicht die Frauen und Kinder Frankreichs für Polen hinschlachten lassen. Als 1938 die Tschechen daran glauben mußten, hatten die Polen gegen einen derartigen heiligen Egoismus nichts einzuwenden gehabt. Die englischen Parlamentsabgeordneten aber waren ebenso ungeduldig und empört wie die Polen. Sie zischten eine dürftige Erklärung Chamberlains aus, die ungefähr folgendes besagen wollte: ›Wir haben protestiert und erwarten jetzt die Antwort des Herrn Hitler.‹ Mangelnde Standhaftigkeit des Kabinetts, so wurde in den Parlamentsgängen behauptet, sei auf den Abfall Frankreichs zurückzuführen. England werde eben allein in den Krieg ziehen. Chamberlain müsse gestürzt und durch Churchill ersetzt werden.

England und Frankreich erklären Deutschland den Krieg

Hitler verbrachte den Abend des 1. September in der Gesellschaft einiger weniger Vertrauter im Musiksalon der Reichskanzlei und verlas mit triumphierender Stimme die von der polnischen Front einlaufenden Siegesnachrichten. In Frankreich war die Mobilisierung am Vorabend verfügt worden, was nach den Schätzungen des deutschen Nachrichtendienstes bedeutete, daß mindestens 80 Divisionen zwischen der Nordsee und der Schweiz aufmarschieren würden. Deutschland hatte im Westen nur elf aktive Divisionen stehen; Wochen würden vergehen, bis die 35 Divisionen der dritten und

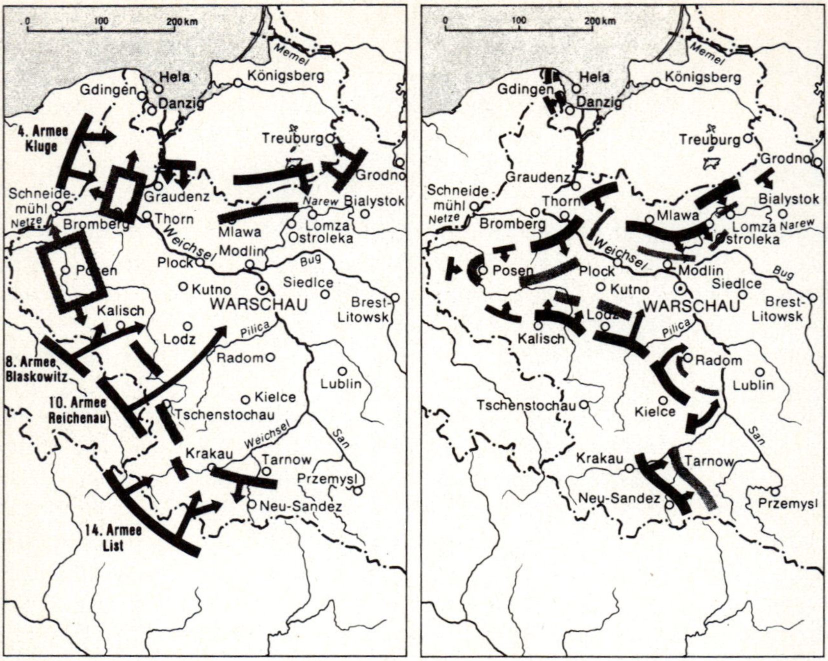

Karten 1 und 2 Der Polenfeldzug vom 1. bis zum 6. September 1939

vierten Linie, die diese elf Divisionen verstärken sollten, die Verbindung hergestellt haben würden. In den grenznahen Städten, wie Freiburg im Breisgau, lief das Gerücht um, die Franzosen überschritten bereits den Rhein. Man war beunruhigt. Hitler aber ließ sich nicht beirren. Die französische Kammer, so führte er aus, habe bei der Bewilligung von 85 Milliarden Franc zusätzlicher Militärkredite nicht von ›Krieg‹ gesprochen. Und wieder einmal erwies sich Hitlers Intuition als richtig: Frankreich und England schlugen nicht los.

Trotzdem täuschte sich Hitler. Frankreichs Haltung war zwar schwankend, doch England war um so entschlossener. Dem vom Palazzo Chigi aus aufgeregt telefonierenden Ciano antwortete Lord Halifax, eine Viererkonferenz komme nur in Frage, wenn Deutschland vorher seine Truppen aus Polen zurückziehe. Mussolini ließ antworten, er könne derartige Bedingungen dem Führer nicht unterbreiten. Der Friede war nicht mehr zu retten.

Um 4 Uhr früh am 3. September wurde der britische Botschafter Sir Neville Henderson

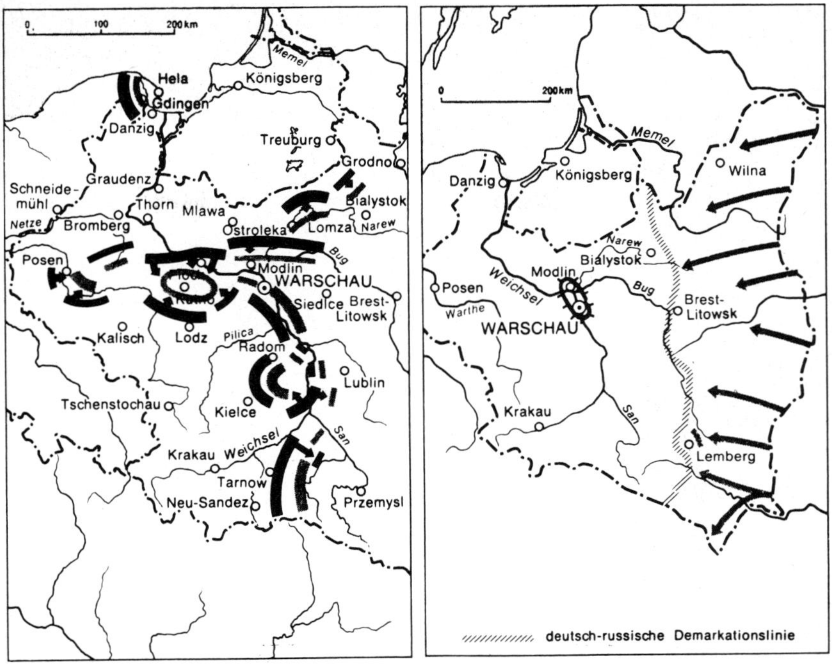

Karten 3 und 4 Der Feldzug vom 9. bis zum 17. September, dem Tag des sowjetischen Einmarschs in Ostpolen

aus London angewiesen, er solle Ribbentrop für 9 Uhr um eine Audienz ersuchen. Die Wilhelmstraße schlief angeblich wie im tiefsten Frieden. Seine Exzellenz von Ribbentrop war am Vormittag nicht zu sprechen, aber Hitlers Chefdolmetscher Paul Schmidt sei ermächtigt, alle Mitteilungen der Regierung Seiner Majestät entgegenzunehmen. Henderson mußte erst eine ganze Reihe von untergeordneten Beamten wecken lassen, um dies zu erfahren. England war gezwungen, sein Ultimatum in die Hände eines Beamten zweiten Ranges zu geben: Wenn bis 11 Uhr – in zwei kurzen Stunden also – keine bindende Versicherung über den Rückzug der deutschen Truppen in Händen der Regierung Großbritanniens sei, bestehe der Kriegszustand zwischen England und dem Deutschen Reich.
Frankreich folgte, sozusagen als Mitläufer. Es weigerte sich, sein Ultimatum gleichzeitig mit dem Englands zu überreichen, bestand auch darauf, daß die Frist erst um 17 Uhr ablaufe, und vermied das Wort ›Krieg‹. Georges Bonnet schrieb, Frankreich sehe sich gezwungen, ›seine der Deutschen Regierung bekannten, gegenüber Polen

eingegangenen Verpflichtungen zu erfüllen‹. Knapp drei Stunden nach Henderson überreichte der französische Botschafter Coulondre in der Wilhelmstraße diese in euphemistischen Wendungen gehaltene Kriegserklärung. Das Ultimatum Englands hatte Schmidt sofort an den Führer weitergeleitet. Hitler saß an seinem Schreibtisch, Ribbentrop stand am Fenster. Schmidt übersetzte langsam das Ultimatum. Hitler war wie versteinert. Er blieb einen endlosen Augenblick bewegungslos sitzen, dann wandte er sich mit dem wütenden Blick eines Mannes, den man getäuscht hat, an seinen Außenminister: »Was nun?« fragte er. »Ich nehme an, daß die Franzosen uns in der nächsten Stunde ein gleichlautendes Ultimatum überreichen werden.« Schmidt beeilte sich, den Raum zu verlassen.
Im Vorzimmer waren zahlreiche Adjutanten und hohe Parteifunktionäre versammelt. Schmidt teilte ihnen den Inhalt des englischen Ultimatums mit. In das darauffolgende tiefe Schweigen tönte plötzlich die Stimme Görings: »Wenn wir diesen Krieg verlieren, dann möge uns der Himmel gnädig sein!«

Das Ende Polens

Am Morgen des 7. September überschritten Aufklärungsgruppen der 3., 4. und 5. französischen Armee die deutsche Grenze westlich der Vogesen gegenüber von Saarlouis, Saarbrücken und Zweibrücken. Zweck dieser Offensive war eine Entlastung Polens, indem man die deutsche Armee zwingen wollte, sich nach Westen zu wenden.
Doch dafür kam Frankreichs Intervention zu spät. 1914 wäre ein Eingreifen am fünften Tag nach der Mobilmachung möglicherweise noch wirksam gewesen. Damals konzentrierte man zuerst die Armeen hinter den Deckungstruppen und ging dann erst in die Offensive. Die Vereinbarungen zwischen dem polnischen und dem französischen Generalstab, die im Mai 1939 ausgehandelt, aber mangels eines politischen Bündnisses nicht ratifiziert worden waren, entsprachen dieser hergebrachten Vorstellung vom Beginn eines Krieges. Frankreich werde, so war vorgesehen, vom vierten Tag nach der Mobilmachung an ›stufenweise offensive Operationen mit begrenztem Ziel auslösen‹, um dann – um den fünfzehnten Tag – mit dem Gros seiner Truppen anzugreifen, ›wenn der deutsche Hauptstoß gegen Polen stärker werden sollte‹. Frankreich befand sich also nicht im Rückstand, weder nach der militärischen Planung noch hinsichtlich seiner halben Verpflichtung Polen gegenüber. 1939 aber kam die französische Intervention so spät, daß sie nutzlos war. Polen kämpfte zwar noch, doch war seine Niederlage schon besiegelt. Am gleichen 7. September, als die französischen Truppen zögernd an der Saar vorfühlten, brach in Polen der Widerstand zusammen. Die 4. deutsche Armee erreichte die Weichsel und besetzte das Westufer bis zur Höhe von Thorn, während die

3. Armee bei Mlawa durchbrach und Warschau vom Rücken her bedrohte. Das Diplomatische Korps, die Regierung und das Oberkommando hatten die Stadt eiligst verlassen, aber ihr Fluchtweg nach Südosten wurde durch die 14. deutsche Armee abgeschnitten, die nach der Einnahme Krakaus sich der rumänischen Grenze näherte. Westlich der Weichsel versuchte die im Zipfel von Posen liegende polnische Armee, der man früher einmal die Eroberung Berlins zugedacht hatte, durch eine Schwenkung die 8. deutsche Armee in der Flanke zu fassen, doch Rundstedt vollführte ebenfalls eine Schwenkung seiner 10. Armee und warf das motorisierte XV. Armeekorps und das XVI. Panzerkorps in den Rücken von Bortnowski. Die Folge war die erste große Einschließungsoperation des Zweiten Weltkriegs: Im Kessel an der Bzura wurden zahlreiche polnische Verbände gefangengenommen.

Die Erfolge der Wehrmacht übertrafen die kühnsten Erwartungen der Deutschen. Erst später, als man die Operationen in allen ihren Einzelheiten einer genauen Prüfung unterzog, stellte man gewisse, höchst beunruhigende Schwächen fest. Das Heer stand zum Teil auf noch recht unsicheren Füßen. Die erstaunlichen Erfolge der Panzereinheiten und der Luftwaffe indes ließen alle Kritik verstummen. Gegen Panzer waren die polnischen Infanteristen und Kavalleristen machtlos, und die Artillerie der Polen verlor vielfach ihre Bespannungen durch Luftangriffe. Die weittragende deutsche Artillerie und vor allem die Fliegerverbände zerstörten alle rückwärtigen Verbindungen der Gegner und brachten die Etappe in Verwirrung. Die meteorologischen Bedingungen waren den deutschen Truppen günstig, denn der Regen blieb aus und der Himmel strahlte. Es war ein ideales Wetter für Flieger und Panzer. Das war wirklich ein ›frischfröhlicher Krieg‹! Die Verluste waren gering, verglichen mit späteren Verlusten (nach amtlichen Angaben 10572 Tote, 30322 Verwundete und 3409 Vermißte). Der deutschen Regierung nahestehende Persönlichkeiten erschienen als Zuschauer bei diesen ›großen Manövern‹, darunter die Filmschauspielerin Leni Riefenstahl, die im Hauptquartier Rundstedts erschien, eine kleine Pistole im Gürtel und einen Dolch in einem ihrer weißen Schaftstiefel. Hitler selbst begab sich in sein – drittes – Hauptquartier, das Kasino von Zoppot. Er mischte sich nicht in die Leitung der Operationen ein, aber er zog seine Schlüsse aus diesem so erfolgreichen Feldzug, an dessen günstigen Ausgang er gegen alle Fachleute geglaubt hatte.

Inzwischen verlangten die Vertreter des polnischen Oberkommandos in London und Paris durch Bitten, in die sich unverhohlene Vorwürfe mischten, das Eingreifen der westlichen Luftstreitkräfte. Die Briten antworteten ihnen, die RAF werde jede Nacht Flugblätter über Deutschland abwerfen. Die französische Regierung dagegen erachtete es als verfehlt, durch die Bombardierung deutscher Ziele Vergeltungsmaßnahmen gegen die eigenen Kriegsindustrien zu provozieren. An der Saar drangen Vorausabteilungen von etwa zehn französischen Divisionen Schritt für Schritt vor. Auf einmal war von Ortschaften die Rede, von denen man noch nie etwas gehört hatte, wie Bü-

bingen, Wittersheim oder Hornbach. Die Weisungen des französischen Oberkommandos waren von geradezu beispielhafter Bescheidenheit. Es handelte sich darum, den Westwall zwischen Hardt und Mosel ›nach und nach methodisch zu umzingeln‹. Der Angriff auf die Befestigungswerke werde möglicherweise zu einem späteren Zeitpunkt erfolgen. Der deutsche Widerstand entsprach diesem schwachen Angriff, denn Hitler hatte angeordnet, feindliche Angriffe nur örtlich zu erwidern. Immerhin wartete auf die französischen Soldaten eine böse Überraschung: die Minen. Die Straßen gingen unter den Fahrzeugen hoch, die über Felder vorgehenden Truppen stießen auf Todesfallen, Soldaten, die ein Scheunentor öffneten, wurden zerfetzt, irgendeinen Gegenstand aufzuheben konnte den Tod bedeuten. Die ganz auf Verteidigung eingestellte französische Armee wußte kaum, was eine Mine ist.
Diese ›Offensive‹ hätte nur dann einen Sinn gehabt, wenn Frankreich seine Armee als Instrument der Vertragstreue ausgerüstet hätte, wenn es über eine Panzerarmee verfügt hätte, die imstande gewesen wäre, Deutschland zu überrollen. Der Generalissimus Gamelin wußte am allerbesten, daß es sich nur um einen Scheinangriff zugunsten des ohnehin verlorenen Polens handelte. Schon am 9. September benachrichtigte er den General Georges, den Befehlshaber des Nordostabschnitts, von der Schwere der polnischen Niederlage und betonte dabei, daß französischerseits in erster Linie Verteidigungsmaßnahmen in Frage kämen.
Die Offensive zur Entlastung Polens war zu Ende.
Am 17. September rührte sich Moskau. Molotow erklärte dem Sinne nach, man höre nichts mehr von einer polnischen Regierung, folglich bestehe die polnische Republik nicht mehr. Die Sowjetunion werde daher die ihr durch den Nichtangriffspakt mit dem Deutschen Reich als Interessensphäre zugestandenen Gebiete besetzen. Eine Abänderung des geheimen Zusatzprotokolls erfolgte am 28. September: Deutschland überließ Litauen der Sowjetunion, dafür wurde die neue deutsch-russische Demarkationslinie an den Bug zurückverlegt.
Vereinzelte Kampfhandlungen fanden noch statt – kaum bekannte Beispiele eines erbitterten Widerstands zu einem Zeitpunkt, als der Krieg schon fast vergessen war. Ein General Wictor Thommée verteidigte sich verzweifelt in der Zitadelle von Modlin. Ein anderer, General Bronislaw Prugar-Ketling, verbarrikadierte sich im Forst von Janow, von dem aus er eines Tages mit einigen Schwadronen hervorbrach, um eine deutsche Panzerdivision anzugreifen, welcher der Treibstoff ausgegangen war. Kavallerie gegen Panzer! Der Oberbefehlshaber der polnischen Kriegsmarine, Vizeadmiral Jozef Unrug, verteidigte bis zum 2. Oktober den winzigen Kriegshafen Hela in der Danziger Bucht. Der Bilderbuchheld Marschall Rydz-Smigly dagegen ging ohne Waffen, wenn auch nicht ohne umfangreiches Gepäck, nach Rumänien. Das Polen eines Kosciuszko errötete vor Scham. Das von General Juliusz Rommel verteidigte Warschau wurde belagert. Da die deutschen Generale der Auffassung waren, daß jeglicher Widerstand

gebrochen sei, schlugen sie vor, die Stadt einfach zu blockieren und die Kapitulation abzuwarten. Hitler aber erwiderte ihnen, Warschau sei eine Festung, und befahl, die Stadt zu beschießen und durch Flugzeuge zu bombardieren. Vier Tage lang prasselten Bomben und Geschosse auf die polnische Hauptstadt, dann ergab sich Warschau.
Auch in anderen Punkten bestand Uneinigkeit zwischen Hitler und seinen Generalen. Der Armee folgten SS und Gestapo. General der Artillerie Walter Petzel, der Militärbefehlshaber von Polen, protestierte gegen die Ermordung von Juden. Der General der Artillerie Georg von Küchler erklärte dem Gauleiter von Ostpreußen, Koch, die deutsche Armee sei ›kein Lieferant für eine Mörderbande‹. Der zum Oberbefehlshaber der Besatzungstruppen ernannte Generaloberst Blaskowitz ließ SS-Leute, die sich Grausamkeiten zuschulden kommen ließen, zum Tode verurteilen. Hitler hob das Urteil auf, worauf Blaskowitz gegen diesen Beschluß protestierte. Die Aversion des Nichtmilitärs gegenüber den Berufssoldaten mit ihrem anachronistischen Ehrenkodex wurde mit der Zeit immer stärker. Diese verachteten Militärs jedoch hatten immerhin ihrem Führer einen prachtvollen Sieg errungen. Polen, dessen Widerstand die westlichen Generalstäbler auf ein Jahr geschätzt hatten, war in neunzehn Tagen vernichtet worden. 694000 polnische Gefangene fielen in deutsche Hand, mehr als 217000 gingen in russische Gefangenschaft.

II. Kapitel September bis Dezember 1939
›Drôle de guerre‹ und Winterkrieg

Eine ruhige Front

›Drôle de guerre!‹ Ein seltsamer Krieg! Dutzende von Eisenbahnzügen fuhren tagtäglich am rechten Rheinufer entlang. Auf der anderen Seite, in fünfhundert Meter Entfernung, standen an der Brücke von Chalempé französische Soldaten mit automatischen Waffen, zählten die Waggons und erstatteten darüber Bericht...
Das Hochwasser riß einige Schleppkähne los. Die französischen Generalstäbler suchten nach einer geeigneten Schußlinie, um die Kähne durch Feuer aus den Kasematten am Flußufer zum Sinken zu bringen, ohne daß die Geschosse das deutsche Ufer trafen. Die deutschen Soldaten arbeiteten ohne Deckung unter großen Tafeln, auf denen zu lesen war, daß sie nicht zuerst schießen würden. Ein Fieseler ›Storch‹ drehte seine Runden mit dem Geräusch eines Motorrads. Lautsprecher brüllten, die Engländer würden bis zum letzten Franzosen kämpfen. Keiner dachte daran, die Arbeiter zu stören, das Flugzeug abzuschießen oder den Propagandalautsprecher zum Schweigen zu bringen. Drôle de guerre! Die Hunderttausende zählenden Armeen beendeten ihren Tagesbericht immer so: ›Verluste durch Feindeinwirkung: keine. Verluste durch Unfall: soundso viele‹ (in der Regel reichlich viele!).
Beim Großen Hauptquartier war die betriebsamste Abteilung die der Feldtheater! Drôle de guerre!

Die Maginotlinie

Die ›Front‹ war eingeschlafen. Am 27./28. September war die Offensive in Polen eingestellt worden, denn es gab kein Polen mehr. Am 30. September wurde der Rückzug der französischen Truppen auf französisches Gebiet angeordnet. Und als am 16. Oktober Hitler die Befreiung deutschen Bodens anordnete, wurden die Nachhuteinheiten, die in den eroberten Stellungen geblieben waren, einfach hinweggefegt. Um das Maß vollzumachen, evakuierten die Franzosen den Forbacher Zipfel, wo sich ihre besten Steinkohlenbergwerke befanden. Das allererste Dogma ihres militärischen Glaubensbekenntnisses, das auf reine Verteidigung eingestellt war, lautete, daß man nicht in zwei Stellungen kämpft. Folglich war alles der Verteidigung der Maginotlinie untergeordnet, der Hauptwiderstandslinie, an der der Krieg angeblich gewonnen werden würde, da jeder feindliche Ansturm scheitern müsse.

Lagebesprechung im OKW. Von rechts: Reichsaußenminister v. Ribbentrop, Hitler, Generaloberst (ab 1940 Generalfeldmarschall) Keitel und – ganz links – Generalfeldmarschall (ab 1940 Reichsmarschall) Göring (oben). – ›Angriffstag: 1. September 1939; Angriffszeit: 4 Uhr 45‹ lautet der Befehl, der den Zweiten Weltkrieg auslöste. Deutsche Truppen überschreiten die polnische Grenze (unten).

Die polnische Armee, obgleich von Mut und Siegeszuversicht erfüllt, stand dem technisch überlegenen Ansturm der Wehrmacht bereits in den ersten Septembertagen machtlos gegenüber: Gegen deutsche Panzer hatten die polnischen Soldaten oft nichts einzusetzen als die Lanzen ihrer Kavallerie oder die blanke Waffe.

Die öffentliche Meinung Frankreichs blickte mit geradezu religiösem Vertrauen auf diese Maginotlinie. Der kleinste Generalstabsoffizier aber kannte die Fehler dieses riesigen Fuchsbaus, sofern er noch über ein Minimum von geistiger Unabhängigkeit verfügte. Es handelte sich nämlich wirklich um eine ›Linie‹, eine Stellung ohne Rückendeckung, die lediglich Frontalkämpfe erlaubte. Die Forts deckten sich gegenseitig nur ungenügend, und die Erbauer hatten nicht die Luftwaffe in Betracht gezogen, folglich auch nicht Sturzbomber, die mit Panzerbauten so gut fertig werden wie mit Panzerschiffen, und ebensowenig Luftlandetruppen, die auf die Oberbauten von Befestigungen niedergehen können. Die aus Eisenbahnschienen gebildeten Panzerhindernisse waren zu schwach, die Schießscharten nicht sicher genug, das Schußfeld konnte durch Artillerievorbereitung zugedeckt werden, und schließlich war die Feuerkraft der Werke viel zu gering im Verhältnis zu ihrer Größe und den dafür aufgewendeten Kosten. Die Maginotlinie war ein hervorragender Unterstand, aber ein höchst mangelhaftes Kampfmittel. Von Uneinnehmbarkeit zu reden war lächerlich. Am 10. Mai 1940 nahmen die Deutschen in einem Luftlandeunternehmen in vier Stunden das belgische Fort Eben-Emael. In der französischen Felddienstordnung war über Eben-Emael zu lesen: ›Das Panzerfort Eben-Emael, der Nordpfeiler der Verteidigung von Lüttich und vergleichbar mit unseren stärksten Werken im Nordosten...‹
Der Gedanke, daß die Maginotlinie bei Montmédy endete, störte die französischen Militärs wesentlich mehr als die Erfindung des Flugzeugs. Projekte waren ausgearbeitet worden, die Linie bis zum Meer fortzuführen und sie durch eine zweite Linie zu verstärken, um den Zugang zum Pariser Becken zu sperren. Aus finanziellen Gründen mußten diese Pläne aufgegeben werden; die Verlängerung und eine zweite Linie hätten zudem derart viel Besatzungspersonal erfordert, daß von der französischen Armee nichts mehr übriggeblieben wäre. Befestigungswerke haben den Zweck, Truppen zu sparen, und es ist eine uralte Praxis, sie durch zweitrangige Truppen besetzt zu halten. Die Maginotlinie aber erforderte eine sehr große Besatzung von Spezialisten. Von der Kriegsschule Saint-Cyr gingen die jungen Offiziere nicht mehr ›in die Legion‹ wie früher, sondern ›in den Beton‹. Einundzwanzig Divisionen steckten von Basel bis Sedan unter der Erde. Diese Truppen waren selbstverständlich unbeweglich. Ohne Transportmittel waren sie daher außerhalb der Befestigungswerke nicht zu verwenden. Hätte man die Maginotlinie verlängert, so wären dadurch zwei Drittel der großen Einheiten lahmgelegt worden. Im übrigen mußte die Maginotlinie, um Frankreich verteidigen zu können, selbst verteidigt werden. Zu jeder Festungsdivision hätten daher ein bis zwei vorgelegte Divisionen gerechnet werden müssen. Die ohnehin unzureichende Beweglichkeit der französischen Armee war durch diese Belastung noch weiter eingeschränkt. Dennoch: Das Dogma von der Unbesiegbarkeit der Maginotlinie galt für alle Dienstgrade als unumstößlich. Ein Korpskommandant, der den Enthusiasmus des Herzogs von Windsor nach einem Besuch der Maginotlinie zu dämp-

fen versuchte, hatte die Folgen zu tragen. Als nämlich der Herzog bei einem Essen in Vincennes dem Oberbefehlshaber Gamelin davon erzählte, stand dieser auf, ging zum Telefon und enthob den Ketzer seines Postens.

Die Maginotlinie verlief im Durchschnitt etwa zwölf Kilometer hinter der Grenze. Jede der in dem Grenzstreifen liegenden Divisionen schickte eine Aufklärungsabteilung sowie ein oder zwei Bataillone vor. Eine schwache Deckung also, die noch dazu in eine Auffanglinie und eine Kette von Sicherungsabteilungen unterteilt war. Diese allein kamen gelegentlich mit dem Feind in Berührung, wobei es nur selten zu ernsthaften Zusammenstößen kam. Nur in zwei oder drei Abschnitten wurde das unausgesprochene Stillhalteabkommen zwischen den deutschen und den französischen Truppen häufiger verletzt, so bei Apach an der luxemburgischen Grenze und in der recht unruhigen Gegend von Forbach. Die Deutschen führten Handstreiche, nach denen sie sich sofort wieder zurückzogen, wobei sie Maschinengewehre und Granatwerfer einsetzten und häufig gegnerische Vorposten gefangennahmen. Die Deutschen machten 3000 Gefangene, die Franzosen nur 100. Das französische Hauptquartier gab vor, es wolle sich nicht in ein ewiges Vorpostengeplänkel verwickeln lassen, man werde sich nur an einer bestimmten Stelle schlagen.

Äußerst beeindruckend war die Leere, die zwischen den Deckungstruppen und der Maginotlinie herrschte. Die gesamte Bevölkerung war evakuiert worden, während die Deutschen die Zivilisten in Frontnähe beließen. In den ausgeplünderten französischen Dörfern begegnete man nur gelegentlich einer kleinen Pioniereinheit, die Zerstörungsarbeiten ausführte. Städte und Dörfer waren evakuiert worden, sogar Straßburg, das zu einer toten Stadt geworden war, von einer Gendarmenkette streng abgeschlossen gehalten, denn man hatte große Angst vor Plünderungen. Die nach dem Südwesten Frankreichs verschickten Elsässer und Lothringer grollten ihren Landsleuten, die nicht einsehen wollten, daß es Franzosen gab, die deutsch sprachen.

Dann kam die Regenperiode, und man fragte sich immer mehr, ob dieser Krieg ohne Krieg nicht etwa ein Mißverständnis sei. Am 6. Oktober hatte Hitler in einer Rede im Reichstag Friedensvorschläge gemacht. Frankreich und England hatten sie zurückgewiesen, aber das völlige Stillhalten an der Front ließ annehmen, daß Geheimverhandlungen im Gang seien. Außerdem hatte sich die Meinung festgesetzt, die Maginotlinie und der Westwall seien uneinnehmbar, und eine angreifende Armee würde unweigerlich hier wie dort eine Niederlage erleiden. Der ganze Zwist könnte folglich nur auf ideologischer und wirtschaftlicher Basis ausgetragen werden, und Hitler werde voraussichtlich durch Blockade und Propaganda auf die Knie gezwungen.

Zweifel und Langeweile führten zu einer unendlichen Faulheitswelle in der französischen Armee. Überprüfungen der Feldpost ergaben, daß die Mannschaften zwar den Befehlen folgten, im übrigen aber keine große Kriegsbegeisterung zeigten, sondern davon überzeugt waren, daß sie demobilisiert würden, ohne einen Schuß getan zu

haben. Die Unterkünfte waren fast durchweg schlecht, die Verpflegung aber mit allen Zusatzrationen war überreichlich. Die französische Armee aß und trank, und ihre Offiziere hielten Luxusmahlzeiten ab. Die Stabsquartiere konnten ihnen zuallerletzt deswegen Vorwürfe machen, denn sie machten sich gegenseitig die Meisterköche großer Pariser Luxusrestaurants streitig und schickten ihre Autos nach den Vogesen, um dort Forellen holen zu lassen, oder nach Boulogne, weil man gerade Lust auf Steinbutt hatte. Einer der bedeutendsten Stäbe schleppte seinen Weinkeller auf dem Rückzug mit und leerte ihn schließlich nach dem Waffenstillstand in Montauban.
Die einzige Entschuldigung für dieses Sybaritentum war vielleicht der Umstand, daß in jenen Wochen kein Blut floß. In der Bevölkerung war die Erinnerung an 1914/18 noch äußerst lebendig; so war sie dem Oberkommando für diese Ruhe dankbar. In diesem Krieg würden sich jene verrückten Offensiven, die nur wegen des Heeresberichts unternommen worden waren, jene erbitterten Kämpfe um einen Fetzen Erde und jene nutzlosen Metzeleien nicht wiederholen. Die französische Armee hätte die Ruhepause dazu benutzen können, stärker und härter zu werden – doch genau das Gegenteil war der Fall.

Lehren aus dem Polenfeldzug

Dabei hätte sie einen Gratislehrmeister gehabt: die deutsche Wehrmacht, die in Polen ihre Kampfweise vorgeführt hatte. Aber diese wertvolle Lehre fiel auf unfruchtbaren Boden.
Von Oktober ab begann das Deuxième Bureau mit einer kritischen Studie des Polenfeldzugs. In militärischem Konformismus befangen und sehr besorgt, die Ideen der hohen Chefs nicht allzusehr zu kritisieren, beschränkte man sich auf die Formulierung dessen, was die Gegenseite in ähnlichen Untersuchungen bereits festgestellt hatte: daß die lineare Verteidigung völlig zwecklos sei, daß es mehr auf Schnelligkeit als auf Feuerkraft ankomme usw. Trotzdem hatte man äußerst genau alle typischen Merkmale der neuen deutschen Kriegführung aufgezählt. Der Sieg in Polen, hieß es, sei ausschließlich der Zusammenarbeit von Panzern und Luftwaffe zu verdanken. Man betonte, daß es nicht eine, sondern zwei deutsche Armeen gäbe, eine Infanterie-und-Artillerie-Armee und eine kombinierte Luft-und-Panzer-Armee, die beide unabhängig voneinander und entsprechend der ihnen jeweils möglichen Schnelligkeit operierten. In den Einzelausführungen zeigte das Deuxième Bureau die Bewegungen von zwei Panzerdivisionen, der 3. und der 5.: Die 3. durchbrach den Sperriegel von Mlawa, vollführte dann eine Wendung, um die Narewufer zu säubern, ehe sie sich gegen Warschau wandte, das sie vom Rücken her angriff, während die 5. Panzerdivision aus der Slowakei hervorbrach,

Galizien überrollte und Lemberg, das 300 Kilometer von ihrer Ausgangsstellung entfernt lag, einnahm, dann eine Schwenkung von 120 Grad vollführte, um ebenfalls gegen Warschau vorzustoßen. Der Eindruck, den die Sturzkampffliegerangriffe auf die Moral der Truppe ausübten, die Lähmung aller militärischen Bewegungen durch die Flüchtlingskolonnen, die die Straßen verstopften, nichts von alledem fehlte in dieser höchst bemerkenswerten Aufstellung. Doch die Militärbürokratie arbeitete derart langsam, daß verschiedene Stäbe diese Informationen erst während der Kampfhandlungen im Mai 1940 erhielten, zu einer Zeit also, wo sie beste Gelegenheit hatten, die Richtigkeit dieses Dokuments festzustellen. Einen weiteren Nutzen hatte es nicht. Während das französische Oberkommando aus dem Polenfeldzug keine Lehren zog, waren zahlreiche Offiziere, die das Dokument des Deuxième Bureau genauer studiert hatten, zutiefst entmutigt. Das Troixième Bureau als entscheidende Stelle erklärte schließlich, daß das, was sich in Polen abgespielt hatte, für die Planung eines Winterfeldzugs der französischen Armee nicht von Bedeutung sei, da die Ausgangsbedingungen völlig verschieden seien. In Polen stand die deutsche Armee einer primitiven Truppe gegenüber, die mittelmäßig geführt wurde, mittelmäßig ausgerüstet und gezwungen war, eine unverhältnismäßig große Front auf einem Gebiet zu besetzen, in dem alle Verteidigungsmaßnahmen fehlten. In Frankreich würde Deutschland einer modernen Armee gegenüberstehen, die von einem Schüler Joffres befehligt wurde, die hervorragend ausgerüstet war und auf einem genau eingeteilten Schlachtfeld beschränkt kämpfen würde und sich dabei auf ein Festungssystem stützen könnte, das stärker wäre und alles, was in dieser Hinsicht je geschaffen wurde, bei weitem überträfe: die Maginotlinie.
Zum Beweis dafür, daß die Situation Frankreichs mit der Polens zu vergleichen war, wies man auf die Tatsache hin, daß Hitler Frankreich bisher nicht angegriffen habe.

Der deutsche Angriff im Westen wird vorbereitet

Der erste offensive Aufmarschplan gegen die ›gut befehligte und ausgerüstete, bereitstehende, verschanzte und maginotisierte französische Armee‹ datierte vom 31. Oktober 1939. Der Angriff war auf den 12. November angesetzt, eine Viertelstunde vor Sonnenaufgang.
Der Entschluß, Frankreich schon 1939 zu schlagen, war bereits gefaßt worden, ehe der Polenfeldzug zu Ende war. Als Hitler diesen Entschluß seinen Generalen bekanntgab, war Warschau noch nicht gefallen. Die deutschen Generale glaubten nicht an den Ernst dieser Entscheidung, die ihnen nicht im Verhältnis zu den Deutschland zur Verfügung stehenden Mitteln und Möglichkeiten zu stehen schien. Mehrere Besprechungen in der

Neuen Reichskanzlei, die Weisung Nr. 6 über die Kriegführung und schließlich der Befehl vom 31. Oktober ließen die Generale jedoch nicht mehr im Zweifel darüber, daß der Führer – entschlossen, die in Polen bewährten Kampfmethoden auch im Westen anzuwenden – wirklich gegen Frankreich vorgehen wollte. Die aus Polen zurückkehrenden deutschen Armeen kamen mit Eisenbahnzügen und auf den Autobahnen an den Rhein. Brauchitsch besuchte gewissenhaft alle Befehlsstellen. Armee- und Divisionskommandeure waren übereinstimmend der Ansicht, die vom Führer beschlossene Offensive sei militärisch nicht zu vertreten, ein Angriff am 12. November geradezu wahnwitzig.

Brauchitsch hielt es für seine Pflicht als Oberbefehlshaber des Heeres, sich dem Entschluß des Führers zu widersetzen.

Am Mittag des 5. November sollte es sich entscheiden, ob der Angriffsbefehl aufrechterhalten bliebe oder nicht. Brauchitsch erschien am Vormittag in der Reichskanzlei und verlangte, den Führer unter vier Augen zu sprechen. Hitler stimmte ungehalten zu. Brauchitsch begann mit dem Verlesen eines Memorandums, in dem er sämtliche militärischen Erwägungen gegen eine Westoffensive zusammengefaßt hatte. Die französische Armee sei zu stark und das deutsche Heer noch nicht fest genug gefügt. Es fehle an schwerer Artillerie und an der für einen Angriff auf die französischen Befestigungen nötigen Munition. Der Sieg über einen schwächlichen Feind, der Erfolg in Polen, dürfe keine Illusionen aufkommen lassen. Es sei also besser, die mit dem Sieg über Polen verbundenen politischen Vorteile für Verhandlungen über einen vorteilhaften Frieden auszunutzen.

Hitler hatte anfangs in finsterem Schweigen zugehört. Er brauste erst auf, als Brauchitsch auf die moralischen Mängel, die während des Feldzugs bei den deutschen Soldaten bemerkbar geworden seien, zu sprechen kam. Die Infanterie habe nicht den gleichen Angriffsgeist gezeigt wie im Ersten Weltkrieg. Selbst bei manchen aktiven Divisionen sei Disziplinlosigkeit festgestellt worden. Brauchitsch konnte nicht weiterlesen und verließ den Raum. Seinem Adjutanten im Vorzimmer schien er einer Ohnmacht nahe. Hitler hatte sich auf Brauchitsch gestürzt, hatte ihm seinen Bericht aus der Hand gerissen und war darauf herumgetrampelt, nachdem er ihn zerfetzt hatte. Dann ließ er den OKW-Chef Keitel kommen, und noch durch die Polstertür konnte man hören, wie er die Dummheit und Feigheit seiner Generale verfluchte.

Als Generaloberst Wilhelm Keitel – seiner Unterwürfigkeit wegen ›Lakeitel‹ genannt – den Führer verließ, war es Punkt zwölf Uhr Mittag. Der Oberst im Wehrmachtführungsstab Walter Warlimont wartete vor der Tür. Er wies darauf hin, daß die Frist für die Bestätigung des Einsatzbefehls bereits überschritten sei. In ihrer Wut hatten Hitler und Keitel diesen Termin völlig vergessen.

Keitel wagte sich also wieder in die Höhle des Löwen. Kurz darauf kehrte er aus dem Führerzimmer zurück und erklärte, der Befehl vom 27. Oktober bleibe gültig. Als

Warlimont diese Entscheidung an den Stab Brauchitschs durchgab, antwortete der Offizier am anderen Ende der Leitung erstaunt: »Aber der Generaloberst hat doch dem Führer auseinandergesetzt, daß das unmöglich ist.« »Der Generaloberst konnte eben den Führer nicht davon überzeugen«, erwiderte Warlimont. Als Brauchitsch Ende November Hitler seine Entlassung anbot, lehnte dieser das Gesuch ab, indem er den Generaloberst fragte, ob denn die einfachen Soldaten in den Schützengräben auch demissionierten. Brauchitsch mußte auf seinem Posten bleiben und die Pläne ausar-

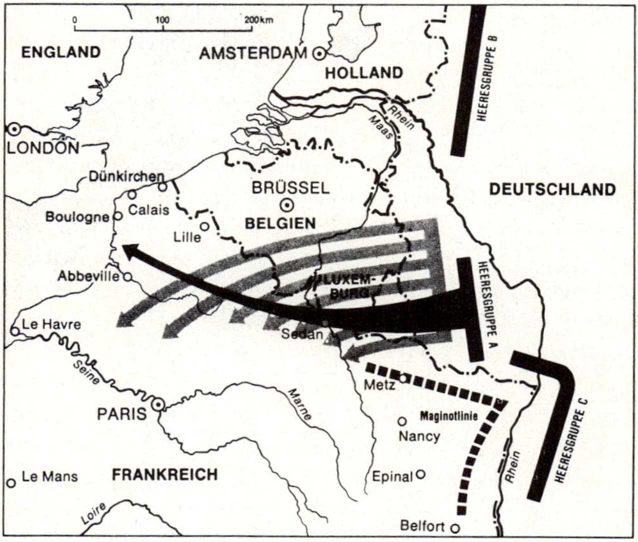

Karte 5
Schlieffen-Plan 1914 (grau)
Manstein-Plan 1940 (schwarz)

beiten, deren Ausführung er mißbilligte. Der Angriffsplan für den 12. November war am 19. Oktober vom Oberkommando des Heeres (OKH) fertiggestellt worden. Die deutsche Armee sollte in die drei Länder einmarschieren, für deren Neutralität Hitler vorher Zusicherungen gegeben hatte, in Holland, Belgien und Luxemburg. Der Schwerpunkt lag um Lüttich. Der vordringende Flügel, den die Armeen Bocks, die Heeresgruppe B, bildeten, sollte das Nordseeufer erobern, um für Marine und Luftwaffe Operationsbasen gegen England zu schaffen. Eine weniger offensive Aufgabe war den Armeen Rundstedts, der Heeresgruppe A, zugeteilt. Sie sollte die Ardennen durchstoßen und den Maasübergang bewerkstelligen. Eine dritte, Heeresgruppe C, unter Ritter von Leeb sollte die ruhige Front zwischen Luxemburg und der Schweiz halten.

Hitler war nicht ganz damit zufrieden. »Die haben sich alle die Schuhe des Schlieffen

angezogen«, sagte er zu Keitel und Jodl. Er hatte ihnen erklärt, daß der Überraschungseffekt von 1914 durch Ausdehnung des rechten deutschen Flügels nicht wiederholbar sei, denn diesmal würde das französische Oberkommando den Vorstoß durch Belgien erwarten. Die Elite der französischen Truppen stünde zwischen Ardennen und Nordsee, und eine Frontschlacht, zu der diese Wiederauflage des Schlieffen-Planes führen könnte, sei unmöglich.
Immerhin ließ Hitler den Plan des OKH durchgehen. Er besaß durchaus eine strategische Einfühlungsgabe, hatte aber nicht, wie der französische General Koeltz sagte, »die höhere Bildung eines Generalstäblers, die ihm erlaubt hätte, sofort die Idee einer bestimmten Operation in Worte zu fassen«. Hitler brachte seine Gedanken meist erst in einsamen Meditationen oder während zusammenhangloser Unterhaltungen in greifbare Form. Der Gedanke an einen Durchbruch bei Sedan war ihm schon sehr früh gekommen, doch nahm er nur sehr langsam Gestalt an. Von dem Entstehen dieses bemerkenswerten Plans wird im folgenden Kapitel noch die Rede sein.
Der Zurechtweisung Brauchitschs folgte dann am 23. November ein heftiger Tadel für alle Armeebefehlshaber, die in der Reichskanzlei versammelt waren. »Hitler bellte alle Generale an«, sagte Halder. »Ich finde kein anderes Wort dafür.« Einige von ihnen bestanden immerhin auf ihrer Gegenmeinung, und einer von ihnen, von Leeb, ging so weit, einen Streik des Oberkommandos vorzuschlagen, um das Offensivprojekt zum Scheitern zu bringen. Der gewohnte Gehorsam der Mehrheit und der auf den Führer geleistete Eid gaben jedoch den Ausschlag.Da veranlaßte plötzlich einsetzender Regen einen Aufschub der Offensive. Hitler verlangte gutes Wetter, damit Luftwaffe und Panzer die gleichen hervorragenden Erfolge buchen könnten wie in Polen. Der Herbst 1939 war aber scheußlich. Im November begann es in Strömen zu regnen, die Flüsse schwollen an, und die überschwemmten Ebenen bildeten weitausgedehnte Hindernisse für die Panzer. Die meteorologischen Vorhersagen kündeten gewaltige Regenstürme vom Atlantik her an und verhießen neue Überschwemmungen für die nächsten Tage. Am 7. November verschob Hitler den Angriff auf den 9., dann auf den 13., auf den 16. und schließlich auf den 20. November. Hitler verlangte dann, daß die zweimal täglich erscheinenden Bulletins der meteorologischen Stationen nunmehr von der Luftwaffe aufgestellt würden, denn er hatte die Heeresgenerale im Verdacht, die Meteorologen zu beeinflussen. Der Wetterdienst der Luftwaffe war aber genauso pessimistisch wie der des Heeres. Die Offensive wurde also weiter aufgeschoben, auf den 27. und 29. November, dann auf den 4., 6. und 12. Dezember.
Es regnete weiter. Die französischen Truppen in ihren schlechten Quartieren im Elsaß und in den Ardennen schliefen in Scheunen auf faulendem Stroh. Tausende von Artilleriepferden krepierten an einer mysteriösen Krankheit, an der möglicherweise die nachlässige Pflege durch die Mannschaften schuld war. Das schlechte Wetter war ein guter Vorwand, bereits angesetzte Übungen wieder abzublasen und Befestigungs-

arbeiten zu unterbrechen. Die Soldaten drängten sich in den Kneipen und langweilten sich tödlich.
Von September 1939 an hatte Hitler vor Offizieren seine Ansicht von den Aufgaben der Panzerwaffe erläutert, wie sie bei einer Westoffensive anzuwenden sei. »Sie dürfen sich nicht in den belgischen Städten und deren endlosen Häuserreihen aufhalten. Es ist nicht einmal notwendig, daß Sie Städte angreifen, Sie müssen den Vormarsch im Fluß halten, die Stabilisierung der Fronten verhindern, indem Sie mit voller Kraft gegen die am schwächsten verteidigten Stellungen vorstoßen.« Für Hitler war der ein großer Stratege, der die Improvisation bis zum Äußersten trieb.

Beginn des Seekriegs

Es gab Leute, die behaupteten, der Konflikt werde sich eher zu einem weltweiten Wirtschaftskrieg entwickeln als zu einem europäischen Territorialkrieg. Der Umstand, daß – im Gegensatz zu den Kämpfen zwischen Deutschland und den Westmächten auf dem Kontinent – der Seekrieg gleich am ersten Tag mit voller Wucht einsetzte, schien diesen Leuten recht zu geben. Am 3. September um 21 Uhr, kaum zehn Stunden nach der Proklamierung des Kriegszustandes, zerstörte eine Explosion den englischen 13 500-Tonnen-Überseedampfer *Athenia*, der sich auf dem Weg nach New York befand. 112 Menschen kamen dabei ums Leben, darunter 28 amerikanische Passagiere. Der Zweite Weltkrieg hat seinen ›Fall Lusitania‹ gleich am ersten Tag.
Am nächsten Tag beschuldigte der *Völkische Beobachter* Churchill, er habe die *Athenia* mittels einer Höllenmaschine versenken lassen und sich nicht um die 1500 Menschenleben gekümmert, nur um einen Zwischenfall zwischen Deutschland und den USA herbeizuführen. Churchill, soeben zum Ersten Lord der Admiralität ernannt – ein Amt, das er bereits 1911 bis 1915 bekleidet hatte –, wies diese Behauptung unter scharfem Protest zurück, ohne daß man ihm jedoch überall Glauben schenkte. Erst im Nürnberger Prozeß wurde bewiesen, daß die Darstellung des *Völkischen Beobachters* eine Lüge war. Es war nicht Churchill, sondern der deutsche Kapitänleutnant Lemp, der als Kommandant von *U 30* die *Athenia* versenkt hatte. Die Kriegsmarine fälschte das Bordtagebuch und verpflichtete die gesamte Besatzung zu schweigen, verfügte jedoch eine Disziplinarstrafe gegen Lemp, weil er die Feindseligkeiten durch Torpedierung eines Passagierdampfers ohne vorherige Warnung eröffnet hatte.
Zwei Tage später wurde ein zweites Schiff, die *Royal Spectre*, versenkt. Dieses Mal benachrichtigte der junge Leutnant zur See Herbert Schultze, der Kommandant von *U 48*, Churchill direkt: ›CQ – Transmit to Mr. Churchill Stop Have sunk British *Royal Spectre* position XYZ Stop Please pick up the crew.‹

Die *Athenia* und die *Royal Spectre* eröffneten die Liste der 2779 Schiffe, die von 1939 bis 1945 durch deutsche U-Boote versenkt wurden.
Mehr noch als die Generalität hielt die deutsche Admiralität den Krieg für verfrüht. Deutschland verfügte nur über eine schwache Flotte, nämlich über die drei Panzerschiffe *Admiral Graf Spee*, *Admiral Scheer* und *Deutschland*, die entsprechend den Versailler Bedingungen nur 10000 Tonnen groß waren; ferner über die zwei 26000-Tonnen-Schlachtkreuzer *Scharnhorst* und *Gneisenau* sowie über die schweren Kreuzer *Admiral Hipper* und *Blücher* und sechs leichte Kreuzer sowie 22 Zerstörer. Die 35000-Tonnen-Schlachtschiffe *Bismarck* und *Tirpitz* gingen ihrer Fertigstellung entgegen, während mit dem Bau von zwei weiteren 56000-Tonnen-Schlachtschiffen, welche die vorläufige Bezeichnung *H* und *J* führten, eben erst begonnen worden war. Es handelte sich also um eine Flotte, die sich noch im Aufbau befand und die keine beherrschende Rolle auf den Meeren spielen konnte.
Die Unterseebootflotte war erst 1935 wieder zum Leben erweckt worden, als der Fregattenkapitän Karl Dönitz die aus drei winzigen Booten bestehende Flottille ›Weddigen‹ schuf. 1939 waren es 57 U-Boote, von denen die Hälfte unter 250 Tonnen groß und für Atlantikfahrten unverwendbar war. Außerdem hatte ein großer Teil dieser Boote seine Versuchsfahrten noch nicht beendet. Wochen vergingen, bis die deutsche Kriegsmarine mehr als drei oder vier U-Boote gleichzeitig auf hoher See haben konnte.
Auf alliierter Seite gab es die majestätische britische Flotte von 1914 mit acht Geschwadern zu je acht Linienschiffen auch nicht mehr. Ein Wiederaufbauprogramm der Marine war in Ausführung, aber die Schlachtschiffe der ›King-George-V‹-Klasse und die Flugzeugträger vom Typ ›Illustrious‹ begannen erst 1941 vom Stapel zu laufen. Vorläufig bestand die englische Schlachtflotte aus 13 Veteranen des Ersten Weltkriegs, zehn Panzerkreuzern und drei Schlachtkreuzern, ferner aus sechs Flugzeugträgern, von denen fünf umgebaute alte Panzerkreuzer waren, und den einzigen seit 1919 gebauten Schlachtschiffen *Nelson* und *Rodney*.
Der englische Flottenbestand an Schiffen mit geringerer Tonnage war immerhin beeindruckend: 15 Kreuzer mit 21-cm-Rohren, 49 Kreuzer mit 15,2-cm-Rohren, 194 Zerstörer und 44 Geleitboote. Aber England mußte die Seefahrtswege überwachen, die den ganzen Globus umspannten, und die 2500 Handelsschiffe schützen, die unter englischer Flagge die Meere befuhren.
Wäre Italien sofort in den Krieg eingetreten, so hätte Großbritannien mit einer machtvollen und modernen Flotte rechnen müssen, nämlich mit vier Schlachtschiffen, darunter die neuen 35000-Tonner *Vittorio Veneto* und *Littorio*, 16 leichten und sieben schweren Kreuzern, 59 Zerstörern, 69 mit Torpedorohren ausgerüsteten Schnellbooten und 105 Unterseebooten. Die Nichtteilnahme Mussolinis am Krieg neutralisierte diese Mittelmeerarmada und erlaubte es, die französische Flotte, die im Gegen-

satz zum Heer auf den neuesten Stand gebracht worden war, in den Kampf gegen Deutschland mit einzubeziehen. Außer drei alten Panzerkreuzern verfügte diese französische Flotte über zwei Schlachtschiffe zu 26500 Tonnen, die *Dunkerque* und die *Strasbourg*.

In den Docks wurden die 35000-Tonnen-Schlachtschiffe *Richelieu* und die *Jean Bart*, die stärksten Schiffe ihrer Zeit, soeben fertiggestellt. Ferner bestand die Flotte aus sieben modernen schweren Kreuzern und 28 Torpedobootzerstörern, von denen weitere 24 im Bau waren. Die intensive Bautätigkeit der Werften, die fortgesetzten Verbesserungen und Neuentwicklungen hatten, zusammen mit dem organisatorischen Geschick des verstorbenen Marineministers Georges Leygues und den Fähigkeiten des Chefs des Admiralstabs, François Darlan, dazu beigetragen, daß Frankreich in den dunkelsten Stunden seines militärischen Daseins über die stärkste Flotte seit den Tagen der Monarchie verfügte.

England erlebte während der ersten Kriegswochen eine Reihe böser Überraschungen. Längs der Küsten, in den Buchten und Flußmündungen, wurden auf unerklärliche Weise britische Schiffe versenkt. In der Themsemündung flogen sechs Frachtdampfer hintereinander in die Luft, und das stärkste Schlachtschiff der Heimatflotte, die *Nelson*, mußte für mehrere Wochen zur Reparatur ins Dock.

Eines Abends berichtete der Erste Seelord, Flottenadmiral Sir Dudley Pound, seinem Vorgesetzten Churchill, die Deutschen besäßen eine Geheimwaffe, die beängstigende Verluste verursache. Es gebe keinerlei Abwehr gegen diese Waffe, solange man ihre Natur nicht kenne.

Tage voller Angst vergingen. Am 22. November wurde aus Southend-on-Sea an der Themsemündung gemeldet, ein deutsches Flugzeug sei von einer Flakbatterie stark unter Feuer genommen worden und habe mehrere große Gegenstände abgeworfen, von denen einer auf die Schlammbank von Shoeburyness gefallen und bei Ebbe sichtbar sei. Zwei Offiziere, die Minenspezialisten Ouvry und Lewis, fuhren sofort nach Woolwich. Trotz des dichten Nebels fanden sie den ominösen Gegenstand, richteten eine Behelfsbeleuchtung ein und machten sich an Ort und Stelle daran, die Mine – denn um eine solche handelte es sich – zu entschärfen. Es war eine eiskalte Nacht. Nasse Sturmböen fegten über die Schlammbank. Ouvry und Lewis standen unter Zeitdruck, denn sie mußten fertig sein, bevor die Flut kam. Sie zwangen sich zur Ruhe und schafften es. Das Glück kam ihnen zu Hilfe. Die deutsche Flugzeugbesatzung hatte im Flakfeuer vergessen, die Mine scharf zu machen. Ouvry und Lewis brachten diese Mine, die erste Geheimwaffe Hitlers, nach Southend. Es war eine Magnetmine. Jetzt mußten die Schiffskörper entmagnetisiert werden, damit die im seichteren Wasser ausgestreuten Minen sie nicht mehr fanden.

Die Aufgabe der ›Navy‹ war von nun an in erster Linie der Schutz der ›British Expeditionary Force‹, die nach dem Kontinent übergesetzt werden mußte. Kein einziger

Mann und kein Fahrzeug ging verloren. Als nächstes Ziel war die Blockade Deutschlands vorgesehen. Wie im Ersten Weltkrieg begann man damit, riesige Minenfelder zwischen Schottland und Norwegen zu legen. Auch wurde die sogenannte Phantompatrouille wieder aufgestellt, die zu Hilfskreuzern umgewandelten Überseedampfer, welche die Gewässer in der Höhe des 60. Breitengrades überwachen sollten. Am 23. November sichtete der Hilfskreuzer *Rawalpindi* in einer Entfernung von vier Seemeilen ein großes Kriegsschiff. Kurz darauf sank er nach erbitterter Verteidigung unter dem Feuer der *Scharnhorst*.

U-Boot-Krieg im Stil von 1916: Es gab wieder jene Herden von Schiffen, die von ein oder zwei Schlachtschiffen oder Kreuzern als Hirten geführt wurden, während bewaffnete Fischdampfer oder Korvetten sie wie Schäferhunde umkreisten. Die britischen Verluste waren trotzdem recht hoch: 41 Schiffe im September, 27 im Oktober, 21 im November und 25 im Dezember, insgesamt also 114 Schiffe mit 420000 Tonnen während der letzten Monate des Jahres 1939, was der versenkten Tonnage von 1916 entsprach. Aber auch die Kriegsschiffe wurden nicht verschont. Am 17. September überraschte der Kommandant Schuhart von *U 29* im Bristol-Kanal die *Courageous* bei einem Wendemanöver. Fünfzehn Minuten später hatte die britische Marine den Verlust eines Flugzeugträgers zu beklagen.

Vier Wochen später traf ein anderer, ebenso bitterer und unerwarteter Schlag die Seemacht England. Am 14. Oktober um 0 Uhr 59 ging durch den Rumpf des Schlachtschiffs *Royal Oak*, das in der Bucht von Scapa Flow vor Anker lag, eine Erschütterung. Der Kapitän wachte auf, vermutete eine kleine Explosion und stieg in die unteren Räume, um sich nach dem Schaden umzusehen. Inzwischen lud Kapitänleutnant Günther Prien von *U 47* in zwei Meilen Entfernung die Torpedorohre nach, um von neuem anzugreifen. Im milchigen Schein des Nordlichts tauchte das Boot auf. Die Reede lag in tiefem Schlaf. Es war alles so ruhig, daß der junge Fähnrich zur See von Varendorff die Luke öffnete, um etwas frische Luft zu schnappen, bis ihn der Kommandant mit leiser Stimme zurückrief. Achtundzwanzig Minuten nach dem ersten Angriff, um 1 Uhr 27, riß eine neue Salve die *Royal Oak* auf. Während das Schlachtschiff sank und 24 Offiziere und 809 Matrosen mit sich auf den Meeresgrund nahm, wendete Prien leise, glitt zwischen zwei auf Grund liegenden Schiffen durch den Kirksund, erreichte das freie Meer und steuerte nach Deutschland – dem Ruhm entgegen.

Wie zu Beginn des Seekriegs von 1914 war auch 1939 der Einsatz der Luftstreitkräfte sehr gering. Ein Befehl des britischen Kabinetts verbot die Bombardierung deutscher Schiffe in ihren Häfen. Bombenangriffe waren nur auf hoher See gestattet. Staffeln vom Typ ›Wellington‹ und ›Blenheim‹ machten von dieser Erlaubnis vor Wilhelmshaven Gebrauch, konnten aber ihr Ziel, die *Admiral Scheer*, nur gering beschädigen. Dagegen gelang es der deutschen Luftwaffe, bei einem einzigen Angriff auf Scapa Flow das ehemalige Flaggschiff Jellicoes, die in eine schwimmende Batterie umgebaute *Iron*

Duke, zu versenken. Der Oberkommandierende der Home Fleet, Admiral Sir Charles Forbes, schloß daraus, man habe die Luftgefahr übertrieben, ein Urteil, das schwere Folgen haben sollte.

Flucht und Ende der *Graf Spee*

Eine letzte Parallele zu 1914 war die Verwendung der schnellen ›Raiders‹. Die Jagd auf die *Admiral Graf Spee* verursachte nicht weniger Aufregung als im Ersten Weltkrieg die Verfolgung der *Königsberg* und der *Emden*.

Die britische Admiralität erhielt am 1. Oktober die Nachricht, die *Admiral Graf Spee* halte sich im Atlantik auf und habe den Dampfer *Clément* vor Brasilien versenkt. Zwanzig Tage später erreichten die Geretteten des norwegischen Dampfers *Lorentz H. Hansen* die Orkneyinseln und berichteten, ihr Schiff sei von der *Deutschland* versenkt worden. Demnach waren also zwei der vom Ausland als ›Westentaschenschlachtschiffe‹ bezeichneten drei deutschen Panzerschiffe am Werk, das eine im nördlichen und das andere im südlichen Atlantik. Dieser Typ war mit 28-cm-Geschützen bestückt, hatte eine Panzerung von 10 cm Stärke und wurde von Maschinen angetrieben, die eine Geschwindigkeit von 28 Knoten erlaubten. Diese geballte Stärke war in einem Schiff von 10000 Tonnen untergebracht, was dadurch möglich war, daß man statt der üblichen Vernietung die Panzerplatten verschweißt und so eine erhebliche Gewichtsverminderung erreicht hatte. Die Gefahr, die von diesen Schiffen drohte, mußte unter allen Umständen beseitigt werden.

Die Kommandanten der beiden Panzerschiffe waren grundverschieden. Kapitän zur See Paul Wenneker von der *Deutschland* war ein überaus vorsichtiger Mann und kehrte, nachdem er zwei Schiffe versenkt und eines gekapert hatte, am 11. November nach Wilhelmshaven zurück. Der Kommandant der *Graf Spee* dagegen, Kapitän zur See Hans Langsdorff, liebte das Wagnis. Seine Haltung war vorbildlich. Er versenkte kein Schiff, ehe nicht der letzte Mann es verlassen hatte, und die gegnerischen Offiziere wurden an Bord der *Graf Spee* mit allen Ehren empfangen, während die Mannschaften auf der *Altmark*, dem Versorgungsschiff der *Graf Spee*, so gut wie nur möglich untergebracht wurden. Langsdorff konnte sich rühmen, keinen einzigen Tropfen Blut vergossen zu haben.

Gegen diese beiden Panzerschiffe – später dann gegen die *Graf Spee* allein – entfalteten die alliierten Flotten einen Riesenaufwand. Nicht weniger als acht Marinedivisionen, bestehend aus Schlachtschiffen, Kreuzern und Flugzeugträgern, wurden zwischen Ceylon und den Antillen eingesetzt. Ein SOS des Dampfers *Trevanion* ließ am 22. Oktober hoffen, man könne das einsam operierende Panzerschiff ausmachen und umzingeln, aber die *Graf Spee* blieb unauffindbar auf dem weiten Meer. Um seine Verfolger abzuschütteln, war Langsdorff in weitem Bogen nach dem Indischen Ozean ausgewichen. Er kehrte dann in den Atlantik zurück, war aber mit seinen Erfolgen noch nicht recht zufrieden. Langsam gingen ihm Proviant und Öl aus. Er hatte seit dem 30. September nur neun Frachter von insgesamt 50000 Tonnen versenkt, was für ein derart mächtiges Schiff eigentlich recht wenig war. Er wollte daher vor seiner Rückkehr nach Deutschland seine Erfolge in den von Handelsschiffen wimmelnden Gewässern vor der Mündung des Rio de la Plata verbessern.

In den Morgenstunden des 13. Dezember befand sich die *Graf Spee* 150 Meilen vor Montevideo. Um 6 Uhr 08 meldete der Mann im Ausguck eine Rauchfahne. Langsdorff nahm sofort Kurs auf das vermeintliche Opfer. Acht Minuten später erkannte er, daß es sich um ein Kriegsschiff handelte. Langsdorff hatte zwar den Befehl, jeden Kampf zu vermeiden, aber eine Flucht wäre an diesem langen Sommertag sehr schwierig gewesen. Außerdem fühlte sich Langsdorff stark genug, es mit dem leichten Kreuzer, dessen Umrisse sich nun am Horizont abzeichneten, aufzunehmen. Einige Augenblicke später tauchten zwei weitere Schiffe auf, und nun war es für eine Flucht ohnehin zu spät. Der Deutsche hatte zwar Gegenlicht, aber die Sicht war hervorragend, der Wind schwach, und das Meer führte nur eine leichte Nordostströmung.

Der erste durch die *Graf Spee* entdeckte britische Kreuzer war die *Ajax,* die 15-cm-Kanonen führte. Der zweite war die ebenso starke *Achilles* der neuseeländischen Flotte, während das dritte Schiff die mit 20-cm-Geschützen bestückte *Exeter* war. Diese drei Schiffe bildeten unter der Leitung von Admiral Sir Henry Harrow die Gruppe G, eine der schwächsten Formationen, da sie weder über Schlachtschiffe noch über Flugzeugträger verfügte. Ein viertes Schiff dieser Division, der Kreuzer *Cumberland,* fehlte, denn er befand sich zur Brennstoffaufnahme vor den Falklandinseln. Langsdorff war jedem einzelnen der drei Gegner haushoch überlegen und hatte beste Aussichten, die feindlichen Kreuzer nacheinander zu erledigen, ohne selbst ernsthaften Schaden zu riskieren.

Das Feuer wurde um 6 Uhr 14 auf 19000 Meter Distanz eröffnet. Eineinhalb Stunden später war alles vorbei. Die *Exeter* hatte backbord schwere Schlagseite, drei ihrer vier Geschütztürme waren zerstört. Sie brach den Kampf ab und erreichte mit Müh und Not Port Stanley. Die zwei leichten Kreuzer hatten verbissen gekämpft und auf kurze Entfernung, über welche ihre Artillerie der des Gegners entsprach, das deutsche Panzerschiff während seines Duells mit der *Exeter* stark unter Feuer genommen und mehrmals getroffen. *Achilles* wurde nur leicht, *Ajax* aber schwer beschädigt. Sie blieben allein gegenüber dem mächtigen Gegner, dessen Feuerkraft nicht wesentlich geschwächt war. Die *Graf Spee* aber floh!

Sie war zwar nicht entscheidend angeschlagen, aber doch ziemlich stark beschädigt.

Die Kombüsen waren zerstört, der Schiffsrumpf durchbohrt, und ein Teil der Geschütze war ausgefallen. Außerdem waren viele Besatzungsmitglieder verwundet worden. Ein fanatischerer Mann als Langsdorff hätte vielleicht versucht, auf die offene See hinaus zu entweichen, der humane Kommandant der *Graf Spee* aber, der den Krieg im Grunde als einen einzigen Wahnwitz empfand, entschied sich dafür, umgehend einen Hafen anzulaufen, um sein Schiff wieder instand setzen zu lassen und die Verwundeten in ein Krankenhaus zu schaffen. Montevideo war nicht weit, so machte die *Graf Spee* dort fest. Damit aber hatte sie sich in die Falle begeben. Die beiden siegreichen Kreuzer, zu denen am nächsten Tag auch noch die von den Falklandinseln zurückgekehrte *Cumberland* stieß, legten sich wie Wachhunde vor die Dreimeilenzone.
Die drei folgenden Tage wurden auf der ganzen Welt fieberhaft verfolgt. Die britische Admiralität veröffentlichte einen Bericht über den glorreichen Kampf der drei Kreuzer. Gespannt wartete man auf die kommenden Ereignisse. Hitler schäumte vor Wut und bombardierte Langsdorff mit Funksprüchen, in denen er ihn der Feigheit beschuldigte und des Verrats verdächtigte. Die *Graf Spee* solle Montevideo verlassen und mit fliegenden Fahnen untergehen. Langsdorff weigerte sich, seine Mannschaft zu opfern, und widerstand dem deutschen Gesandten in Montevideo und den aus Buenos Aires herbeigeeilten Naziagenten. Die von der Regierung Uruguays zugestandenen 72 Stunden waren verflossen. Langsdorff mußte Uruguay verlassen oder sich mit Offizieren und Mannschaften in die Internierung begeben, was Hitler strengstens untersagt hatte. Am 17. Dezember um 18 Uhr war die Reede von Montevideo schwarz von Menschen. Die *Graf Spee* lief aus. Die drei englischen Kreuzer hatten noch keinerlei Verstärkung erhalten. Auf ihnen ertönte das Signal ›Klar Schiff‹. Aber Langsdorff hatte den größten Teil seiner Mannschaft an Land gehen lassen, und lediglich ein Sprengkommando steuerte das prachtvolle Schiff in die Mitte der Flußmündung. Zwei oder drei dumpfe Explosionen, dann sank die *Graf Spee* langsam im seichten Wasser. Lange danach noch konnte man das Wrack sehen. Langsdorff verließ sein Schiff als letzter. Am nächsten Tag beging er Selbstmord.
Den abergläubischen Hitler packte die Angst; denn was mit der *Graf Spee* geschehen war, hätte auch der *Deutschland* passieren können. Und die ganze Welt hätte Deutschland untergehen sehen. Er befahl daher, dieses älteste ›Westentaschenschlachtschiff‹ in *Lützow* umzutaufen.

Der finnisch-sowjetische Winterkrieg

Inzwischen ereigneten sich im Osten Dinge von weittragender Bedeutung. Rußland ging mit aller Kraft daran, die Früchte des Bündnisses mit Hitler zu ernten, die früheren Provinzen des zaristischen Rußlands, die drei Kleinstaaten Estland mit der Hauptstadt Reval (Tallin), Lettland mit der Hauptstadt Riga und Litauen mit der Hauptstadt Kowno (Kaunas). Die drei einander so ähnlichen und doch so verschiedenen baltischen Völker hatten den Tag gepriesen, der sie von russischer Herrschaft befreit hatte, und betrachteten Deutschland als Hüter ihrer Unabhängigkeit. Doch Hitler hatte sie wieder unter das alte Joch gebracht.

Am 28. September hatte die Sowjetunion Estland einen gegenseitigen Beistandspakt aufgezwungen, am 5. Oktober mußte Lettland und am 11. Oktober Litauen diesen trügerischen Vertrag unterzeichnen. Die Leute glaubten zwar, die baltischen Staaten könnten wenigstens ihre innere Unabhängigkeit behalten, aber ihre Hoffnungen wurden enttäuscht. Estland, Lettland und Litauen mußten ihre Grenzen sowjetischen Truppen öffnen. Die Inseln Dagö und Ösel, die Häfen Windau und Libau wurden sowjetische Stützpunkte.

Nur ein Ostseeland war noch übrig, das die sowjetischen Bedingungen nicht unterzeichnet hatte: Finnland.

Finnland war bedeutender als die drei baltischen Staaten. Dreieinhalb Millionen Einwohner lebten auf einem weiten Gebiet, das sich vom Finnischen Meerbusen bis zum Nördlichen Eismeer ausdehnte. Die Finnen kannten die Russen. Das ehemalige russische Großfürstentum reichte bis an den Rand von Sankt Petersburg und hatte sich immer gewisse politische und militärische Privilegien zu bewahren gewußt. Nach der Erlangung der Unabhängigkeit machte sich eine tiefe Verachtung für das bolschewistische Rußland im Land breit, gleichzeitig gab es eine nationalistische Bewegung, die Karelien forderte und behauptete, das ›Finnische Reich‹ erstrecke sich bis zum Ural. Die Sowjetunion verlangte im einzelnen: 1. den Abschluß eines Beistandspaktes; 2. einen Pachtvertrag für Hanko; 3. Recht auf Benutzung des Ankerplatzes von Lappohja; 4. einen breiten Grenzstreifen beiderseits des Ladogasees sowie die westliche Fischerhalbinsel im Austausch gegen doppelt so große Gebiete Nordkareliens; 5. die Zustimmung zur beiderseitigen Schleifung aller grenznahen Befestigungen, um Luft für Leningrad zu schaffen, sowie 6. eine Erweiterung des Nichtangriffspaktes.

Wäre die Regierung den Gefühlen der finnischen Bevölkerung gefolgt, hätte die Antwort auf die sowjetischen Forderungen ›Nein!‹ gelautet. So aber hörte sie lieber auf die Stimme der Vernunft und bot zwei Inseln an. Man fand einen sehr geschickten Unterhändler in der Person Paasikivis, der sich Stalin gegenüber behauptete und ihn sogar zum Lachen brachte. Die Russen drängten und drohten. Am 27. November, nach einem Grenzzwischenfall, verkündeten sie, ein Nichtangriffspakt mit Finnland sei geschlossen. Dieses Abkommen war aber nicht mit dem ›reaktionären Usurpator‹ Marschall Mannerheim, dem Präsidenten der finnischen Republik, geschlossen worden, sondern mit der Gegenregierung des ›Patrioten‹ Otto Kuusinen, welche die Russen provisorisch nicht in Helsinki, sondern in einer grenznahen Kleinstadt untergebracht hatten. Kuusinens ›Volksregierung‹ verlangte eine russische Intervention zur Befreiung Finnlands. Am 30. November griffen die Sowjets in Karelien an.

Der Völkerbund gab noch schwache Lebenszeichen von sich. Immer noch tagte er,

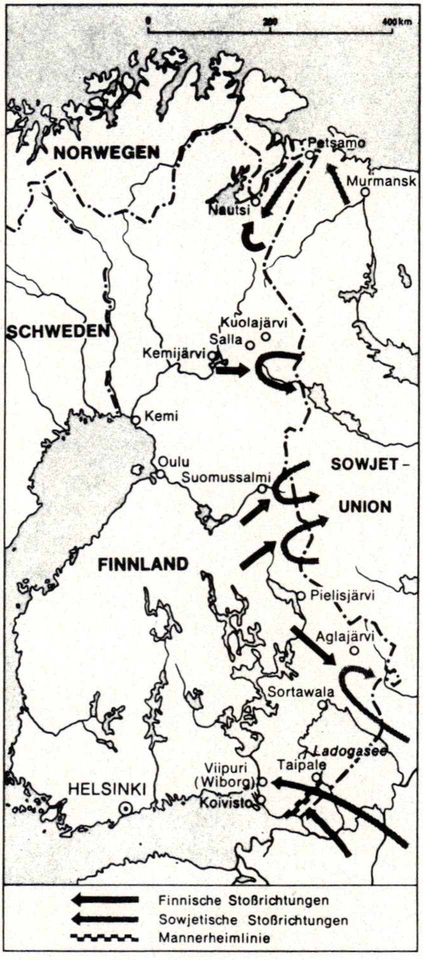

21. Dez. 1939
Die finnischen Truppen stoppen den russischen Angriff südlich Petsamo

20./21. Dez. 1939
Finnischer Gegenangriff bei Salla

30./31. Dez. 1939
Zwei russische Divisionen bei Suomussalmi vernichtet

14.–24. Dez. 1939
Finnischer Gegenangriff

11. Febr.–12. März 1940
Die russiche Offensive gegen Wiborg

1.–9. Dez. 1939
Die russischen Truppen scheitern an der Mannerheimlinie

Karte 6
Der finnisch-sowjetische Winterkrieg 1939/40

Mit den ersten Kriegstagen begannen die Leiden der Zivilbevölkerung und die Zerstörung Tausender Dörfer und Städte: Oft überraschten deutsche Panzer bei ihrem raschen Vorstoß nach Polen hinein die Bauern bei der Feldarbeit (oben). – Straßenkämpfe um die Ruinen einer polnischen Kleinstadt (unten).

Der deutsche Vormarsch hatte auf weiten Strecken den Charakter eines wirklichen Marsches in Formation (oben). Bereits nach den ersten zehn Tagen waren starke polnische Armeeverbände bei Radom eingeschlossen; dort gaben sich über 60000 polnische Soldaten gefangen (unten).

Der deutsch-sowjetische Nichtangriffspakt vom 23. August 1939 sah in seinem geheimen Zusatzabkommen die Aufteilung des östlichen Mitteleuropa in Interessensphären vor. Nach dieser Absprache begann am 17. September der Einmarsch der sowjetischen Truppen in Ostpolen, wo die Wehrmacht einen Teil des bereits eroberten Gebiets, zum Beispiel Lemberg, wieder räumte. Die Soldaten beider Länder übten seltsame Waffenbrüderschaft.

Die Maginotlinie, Stolz und Schild der Grande Nation, mit Milliarden Francs erbaut und für unverwundbar gehalten, erwies sich im Westfeldzug angesichts des Bewegungskriegs der deutschen Panzer als unbrauchbar (oben). – Der Winter 1939/40 blieb für die Soldaten an der deutsch-französischen Grenze ein Kampf mit der Langeweile; Der Krieg fand nicht statt, die Gulaschkanone regierte (unten).

nachdem Deutschland, Italien und Japan ausgetreten waren – und die Vereinigten Staaten von Anfang an nicht dazugehört hatten –, am Ufer des schönen Genfer Sees. Er klagte die UdSSR wegen der Aggression gegen Finnland an. Die Sowjetunion war darüber sehr erstaunt, denn nie, so hieß es, seien ihre Beziehungen zu Finnland besser gewesen, sie seien gegenwärtig so gut, daß Molotow und Kuusinen einen Freundschaftspakt unterzeichnet hätten. Die UdSSR verstehe den Sinn dieser Anklage nicht. Der Völkerbund schloß daraufhin die Sowjetunion aus. Nach diesem Schritt aber war er so erschöpft, daß er kurz darauf sanft verschied.

Oben im Norden aber begann der Krieg. Der erste Operationsplan der Russen war äußerst einfach: Er sah lediglich einen Marsch auf Helsinki vor, wo die sowjetfreundliche ›Volksregierung‹ unter O. W. Kuusinen etabliert werden sollte. Das russische Oberkommando fand es nicht einmal der Mühe wert, eine allgemeine Mobilisierung anzuordnen, sondern begnügte sich damit, die Einheiten des Militärbezirks Leningrad angreifen zu lassen. Doch stießen diese auf erbitterten Widerstand. Finnland verfügte nur über ein winziges Friedensheer von drei Divisionen mit 33000 Mann, 60 alte Panzer und knapp 100 einsatzbereite Flugzeuge der verschiedensten Typen. Die spontane Mobilmachung vervielfachte diese schwache Armee. 200000 Männer eilten zu den Waffen, bildeten sieben neue Divisionen und acht selbständige Brigaden, denen nur eine ihrem Mut entsprechende Bewaffnung fehlte. Auf der Karelischen Landenge zwischen dem Finnischen Meerbusen und dem Ladogasee widerstand die anspruchsvoll als Mannerheimlinie bezeichnete 140 Kilometer lange Kette von kleinen Werken, Blockhäusern und Unterständen jedem Ansturm der Russen. Die Russen setzten Panzer ein, aber die Finnen fanden rasch deren wunden Punkt: eine Panzerplatte, die rotglühend wurde, wenn der Motor mit Vollgas arbeitete. Sie warfen mit Benzin gefüllte Flaschen gegen diese glühende Platte und setzten so die Panzer in Brand. Nach einer Woche war die Offensive gestoppt, und das kleine Finnland wurde in der ganzen Welt wegen seines mutigen Widerstands gerühmt.

Rußland ergriff neue militärische Maßnahmen und übertrug die Führung dem Marschall Timoschenko, der aus der Ukraine und aus dem Kaukasus Elitetruppen herbeiführte. Da die Mannerheimlinie nicht einzunehmen war, griff die Rote Armee nun längs der finnischen Ostgrenze, die sich über eine Distanz von 1600 Kilometern zwischen dem Ladogasee und dem Nördlichen Eismeer hinzieht, mit überlegenen Kräften an.

Auf der einzigen Bahnstrecke, der Murmanbahn, wurden die 8., 9. und 14. Armee nach Norden geschafft. Inzwischen hatte es zu schneien angefangen, der Weg war unendlich lang, und die Soldaten froren entsetzlich. Trotzdem waren die Truppen bald an Ort und Stelle. Der Angriffsplan war wieder höchst einfach. Zehn Straßen durchquerten die tiefen finnischen Wälder. Auf jede dieser Straßen wurde eine schwere russische Division mit Panzern und schwerer Artillerie angesetzt. Alle diese Divisionen sollten westwärts marschieren und, soweit sich nachträglich aus Stoßrichtung und Kräfteeinsatz erkennen läßt, Finnland von den Landverbindungen nach Schweden abschneiden.

Am 17. Dezember hatte es den Anschein, als würde der russische Plan glücken. Eine der Vormarschkolonnen erreichte Kursu an der Straße nach Kemijärvi, 150 Kilometer vom Bottnischen Meerbusen entfernt, und eine andere war bis Suomussalmi, der Schlüsselstellung des Mittelabschnitts, vorgestoßen. Andere Kolonnen drangen am Ladogasee vor. Der finnische Generalstab erwog die Räumung Lapplands, um die Verteidigungslinie zwischen Uleaborg (Oulu) und Wiborg (Viipuri) neu aufzubauen. Das Ende des finnischen Widerstands schien gekommen. Doch vorher kam es noch zu einem dramatischen Umschwung. Die durch die schlechten Waldwege weit auseinandergezogenen sowjetischen Kolonnen wurden an der Spitze gestoppt, während bewegliche finnische Einheiten sie ständig von den Seiten her angriffen. Der tiefe Schnee und das hohe Buschwerk verurteilten die Panzer zur Untätigkeit. Die mit weißen Schneehemden getarnten finnischen Skitruppen rissen die Einheiten der Roten Armee immer wieder auseinander.

Auf dem Weg nach Suomussalmi wurde die 163. Infanteriedivision vollständig aufgerieben. Die ihr zu Hilfe eilende 44. Division traf das gleiche Schicksal. Die Spitzen der 8. Armee, die den Ladogasee zu umgehen versuchten, wurden von ihren Versorgungseinheiten abgeschnitten und teilweise aufgerieben. Die Russen zogen sich in Waldlichtungen zurück und fuhren ihre Panzer gleich Wagenburgen der alten Nomadenvölker im Kreis auf. Zahlreiche Soldaten fielen Kälte und Hunger zum Opfer. Die Finnen machten alles in allem kaum 2000 Gefangene. Die Überlebenden, denen vor Schwäche die Waffen aus der Hand fielen, lasen sie einen nach dem anderen auf.

Die wertvollste und wichtigste Beute waren die Briefe – Tausende von Feldpostbriefen, die man bei Gefangenen und Toten gefunden hatte. Fast alle sowjetischen Soldaten kamen aus Bauernfamilien. In den Briefen, die ihnen ihre Angehörigen schrieben, war von den unvorstellbaren Lebensbedingungen in Rußland die Rede. In jedem zweiten Brief war von der Kuh zu lesen, die man nicht mehr ernähren konnte und daher verkaufen mußte. Die unglaubliche Not Rußlands meldete sich so auf fremden Schlachtfeldern, wo die Söhne der russischen Erde den Tod der Gefangenschaft vorzogen.

In der ganzen Welt fand Finnland zwar große Bewunderung, aber wenig Hilfe. Man hatte gehofft, die skandinavische Solidarität würde ein Eingreifen Schwedens bewirken, aber Schweden gab zwar Geld und Waffen, ließ auch zu, daß ein 8000 Mann starkes Freiwilligenkorps aufgestellt wurde, blieb aber ansonsten lieber neutral. Dänemark schickte 800 und Norwegen 200 Freiwillige, nur die Hälfte dessen, was Ungarn entsandte. Die skandinavische Solidarität war eine hohle Phrase. Die einzigen, die Finnland wirksam hätten unterstützen können, waren die kriegführenden Nationen. Viele Deutsche hätten nur zu gerne gegen die Russen gekämpft, aber der deutsch-russische

Nichtangriffspakt war Hitler noch zu wertvoll. Frankreich und England hatten die Hände freier. Beide Länder hatten Stalins Vertrag mit Hitler nur allzu deutlich zu spüren bekommen; außerdem glaubte man sowohl in Paris wie in London, daß Deutschland den Auswirkungen ihrer Blockade durch Lieferungen aus Rußland entgehen würde. Finnland zu helfen bedeutete, Rußland und damit Hitler zu schwächen. Eine strategische Erwägung erhöhte noch die Sympathien der westlichen Länder für die Helden am Polarkreis: Eine Unterstützung Finnlands konnte den Alliierten den Vorwand für ein Fußfassen in Skandinavien liefern. Wenn man Schweden in der Hand hielte, könnte man Deutschland die lebensnotwendigen Eisenlieferungen abschneiden, und wenn man Norwegen hätte, wäre die Blockade hermetisch geschlossen. Am 16. Dezember verfaßte Churchill eines seiner beredsamsten Memoranden, durch das er die Allianz möglichst rasch zustande bringen wollte. Er sprach sich für eine Landung in Norwegen aus, selbst gegen alles internationale Recht. ›Die Humanität‹, schloß er, ›nicht die Legalität soll uns richten‹. Die Gedanken reiften aber nur sehr langsam in diesem eisigen Winter 1939/40. Das einzig Positive, das Frankreich und England für Finnland tun konnten, waren Waffenlieferungen. Aber was für Waffen! Frankreich holte aus seinen verstaubten Arsenalen 5000 Maschinengewehre von 1915 – berühmt als Ursache von Schießunfällen – und Artilleriematerial System De Bange, das schon 1914 außer Dienst gestellt worden war. Die Marine schickte ein Dutzend 30,5-cm-Geschütze, Überreste vom Geschwader Wrangel, die seit 1920 auf dem Kai von Biserta rosteten. Außerdem einige Granatwerfer ›Brandt‹, einige Panzerabwehrkanonen, einige automatische Gewehre Modell 24 und einige von England gelieferte Flugzeuge. Die Finnen waren bitter enttäuscht.

Die Rote Armee in den Augen des OKW

In den alliierten Generalstäben hatte man eigenartige Ideen. Deutschland könne ja nur durchhalten, weil es sich auf Rußland stütze, der Kampf in Finnland beweise aber die russische Schwäche. Die Kriegführung müsse also darauf hinausgehen, Rußland zu schlagen, worauf Deutschland zusammenbrechen werde. Der Chef des Stabes der französischen Armee, Doumenc, ordnete an, alle Möglichkeiten in dieser Richtung genau zu überprüfen. Man schlug vor, Baku zu bombardieren, um das russische Erdöl zum Versiegen zu bringen, den Aufstand der Kaukasier zu schüren und zu unterstützen und schließlich Murmansk anzugreifen, um dort – ausgerechnet mitten im arktischen Winter! – ein oder zwei Alpenjägerbrigaden zu landen. Alle diese Hirngespinste sind schwarz auf weiß niedergelegt – gewissenhaft ausgearbeitete Dokumente napoleonischer wie naiver Militärphantasie.

Ernsthafterer Art waren die Versuche, die Rote Armee aufgrund der finnischen Panzerkämpfe zu beurteilen.
Man erwähnte aus Gründen später möglicher Rückwirkungen nur die Schlußfolgerungen eines Berichts des OKW, der für Hitler angefertigt worden war:
›Quantitätsmäßig: gigantischer Militärapparat; Organisation, Ausrüstung und Führung: mittelmäßig; Befehlsprinzipien: gut; Offizierskorps: zu jung und unerfahren; Verbindungen und Nachrichtenwesen: schlecht; Truppe: ungleich und ohne Initiative; einfache Soldaten: guter Geist, bedürfnislos; Kampfgeist der Truppe: zweifelhaft. Im ganzen gesehen, ist das russische Volk kein Gegner für eine modern ausgerüstete und hervorragend befehligte Armee.‹
Dieses Dokument trägt das Datum des 31. Dezember 1939. Ein Jahr verworrener und verwirrender Ereignisse ging zu Ende, und der Vorhang hob sich über einem Jahr einschneidender Geschehnisse.

III. Kapitel Januar bis Mai 1940
Das Waffenarsenal der Westmächte — Der skandinavische Kriegsschauplatz

Aufbau und Organisation der französischen Armee

Im Westen befand sich der Krieg mehr denn je auf einem toten Punkt. Die Masse der beiderseitigen militärischen Verbände war jetzt aufmarschiert und stand für den Kampf bereit.

Die militärischen Anstrengungen Frankreichs ähnelten denen von 1914. Frankreich hatte 5 Millionen Mann mobilisiert, ein Achtel seiner Bevölkerung, eine unverhältnismäßig große Zahl angesichts der von der Rüstungsindustrie benötigten Arbeitskräfte. Das durch den Ersten Weltkrieg verursachte Geburtendefizit machte sich jetzt empfindlich bemerkbar. Eine Zählung vom 1. März 1940 ergab, daß die Globalstärke des Heeres 415 000 Mann weniger betrug als am 1. Mai 1917 nach drei Jahren Krieg und eineinhalb Millionen Verlusten an Toten und Verwundeten.

Zu Beginn der Feindseligkeiten hatte Frankreich 108 Divisionen aufgestellt, zu denen auch die Festungsverbände zählten. Eine Division umfaßte in der Regel eine Divisions-Aufklärungsgruppe (GRDI), drei Regimenter Infanterie (RI) und zwei Regimenter Divisions-Artillerie (RAD). 65 Divisionen waren aktive, nämlich 21 gewöhnliche Infanteriedivisionen (DI) oder motorisierte Divisionen (DIM), 12 nordafrikanische Infanteriedivisionen (DINA), 4 Divisionen Kolonialinfanterie (DIC), 2 leichte motorisierte Divisionen (DLM), 5 Kavallerie-Divisionen (DC) und 21 Festungsdivisionen oder -sektoren (DIF). Der Rest waren Ausbildungsdivisionen, davon 6 in Nordafrika und 37 im Mutterland stationiert. Letztere waren in zwei Kategorien unterteilt: 19 Divisionen der Serie A hatten aktive Kampftruppen, während 18 Divisionen der Serie B lediglich aktive Korpskommandeure hatten. Strengste Disziplin und ein scharfes Training wären nötig gewesen, um diese großen Einheiten kampfbereit zu machen. Zu diesen Divisionen und Armeekorps kamen zahllose Sondereinheiten und Dienstleistungsabteilungen. Was hier nachstehend angeführt ist, kann nur eine lückenhafte Aufstellung sein. Sie soll ein ungefähres Bild der Materialmengen und des organisatorischen Ballasts geben, mit dem Frankreich ins Feld zog:

40 Bataillone Panzer, 8 Panzertransportkompanien, 19 Bataillone Maschinengewehrschützen, 78 Bataillone und 5 Infanterieregimenter, die keiner Division zugeteilt waren, 56 Artillerieregimenter, 101 feste und 78 bewegliche Festungsbatterien, 188 motorisierte Transportkompanien, 32 bespannte Kompanien, 27 Maultierkompanien, 4 Regimenter auf Kraftwagen verladene Dragoner, 8 Bataillone Pioniere, 7 Bataillone Armie-

rungssoldaten, 12 Abteilungen Elektriker, 22 Brückenbauzüge, 17 Einheiten für schweren Brückenbau, 9 Schiffahrtskompanien, 8 Kompanien Barackenbauer, 10 Kompanien Waldarbeiter, 2 Kompanien Drahtseilbahnbauer, 33 Nachrichtenabteilungen, 14 Feldbäckereien, 60 Kompanien von Verwaltungsangestellten und Arbeitern usw.

An Truppenzahl und Materialaufwand übertraf diese Armee das deutsche Heer. Die Artillerie war umfangreicher und in ihrer Gesamtheit wesentlich stärker als die deutsche, bestand aber fast ausschließlich aus Material, das noch von 1918 datierte und nur auf einen Stellungskrieg eingerichtet war. Das Flak-Material war unzureichend, obwohl Frankreich das beste Luftabwehrgeschütz der damaligen Zeit, die Flakkanone 90, besaß. Infolge der Rivalitäten zwischen Heer und Marine war nur eine geringe Zahl dieser Geschütze hergestellt worden. Die Panzerabwehr verfügte über zwei Typen, eine recht gute 2,5-cm-Kanone und die 4,7-cm-Kanone, zweifellos die beste Waffe ihrer Art. Die Bewaffnung der Infanterie war zufriedenstellend. Sie bestand aus einem veralteten Gewehr, einem hervorragenden leichten Maschinengewehr, einem guten schweren Maschinengewehr aus dem Ersten Weltkrieg und zwei Modellen von Granatwerfern, die auch nicht schlecht waren. Allerdings besaß die französische Infanterie keine Nahkampfwaffen. Sie hatte keine Maschinenpistole und auch nicht die typische Abwehrwaffe, die Tellerminen, obwohl diese eigentlich ebenso leicht herzustellen gewesen wären wie Blechteller. Weitere Mängel waren auf den in der französischen Armee herrschenden typischen Militärintendantengeist zurückzuführen. Die Deutschen eroberten riesige Mengen von eingelagertem Material, während der kämpfenden Truppe Uniformen, Stiefel, Decken, Entfernungsmesser und viele andere notwendige Dinge fehlten. Die französische Generalstabsabteilung, die sich zu Beginn des Jahres 1940 mit einem Vergleich der französischen und deutschen Panzerwaffe zu befassen hatte, kam zu keinem beunruhigenden Ergebnis, weil sie nur die Stärke der einzelnen Panzertypen in Betracht zog. Die französischen Panzer waren schwerer, stärker gepanzert und besser bewaffnet als die deutschen. Die sieben Tonnen schweren Panzerspähwagen und besonders die zwölf Tonnen schweren R 35, R 40, H 35 und H 39 waren den deutschen Pz-Kw 1 und Pz-Kw 2 erheblich überlegen. Auch die Panzerspähwagen zu 15 Tonnen, die D 1 mit 16 und die Somua mit 20 und 22 Tonnen konnten den Vergleich mit den Pz-Kw 3 zu ihrem Vorteil bestehen. In der schwersten Kategorie waren die 20 Tonnen schweren Pz-Kw 4 mit ihrer 4-cm-Panzerung den 30 bis 33 Tonnen schweren und mit einer Panzerung von 6 bis 7 cm versehenen französischen Kampfwagen B 1, B 1a und B 1b bei weitem unterlegen. Die einzigen Vorteile der deutschen Panzer waren ihre etwas höhere Geschwindigkeit und ihr wesentlich größerer Aktionsradius. Was die Zahl der Kampfwagen betrifft, so stand die französische Panzerwaffe der deutschen in nichts nach. Alle Vermutungen, die über diesen Punkt nach der französischen Niederlage geäußert wurden, sind heute infolge genauer Unterlagen hinfällig geworden. Niemals hatte die deutsche Armee 8000 Panzer eingesetzt, wie im Prozeß von Riom behauptet worden war, auch keine 5920, wie später geschätzt wurde. Ein Dokument des OKW führt einzeln die Stärke und Typen der Panzer auf, die am 10. Mai 1940 eingesetzt wurden. Insgesamt waren es 2574 Kampfwagen einschließlich der Nachrichten- und Befehlspanzer; der Pz-Kw 4 war nur mit 278 Stück vertreten. Nach Abzug der Fossilien aus dem Ersten Weltkrieg hatten die Franzosen 2475 Panzer einzusetzen, darunter 270 Fünfunddreißigtonner des B-Typs. Dazu kamen 240 Panzerspähwagen und ungefähr 600 englische Panzer. Sie verfügten also über eine Überlegenheit an Zahl, Panzerung und Gewicht. Andere Umstände führten zu ihrer Vernichtung.

Ein Vergleich der Luftstreitkräfte fiel zuungunsten Frankreichs aus. Die französische Luftwaffe hatte sich zwar von dem Tiefstand des Jahres 1938 erholt, war aber noch weit davon entfernt, den Vorsprung Deutschlands einzuholen. Wäre ihr das überhaupt möglich gewesen? »Es ist schwer für ein Land mit 40 Millionen Einwohnern, gleichzeitig eine große Armee, eine große Flotte und eine große Luftwaffe zu besitzen«, gestand damals Daladier. Von 1937 bis 1939 hatte Deutschland 474000 Tonnen Aluminium produziert, Frankreich nur 140000 Tonnen. Deutschland stellte in dieser Zeit 65 Millionen Tonnen Stahl her, Frankreich nur 20 Millionen. Die einzige Möglichkeit, diesen Unterschied auszugleichen, hätte darin bestanden, im Frieden schon die französischen und englischen Rüstungsprogramme zu koordinieren und sich um amerikanische Unterstützung zu bemühen. Hinsichtlich des ersten Punktes war nichts geschehen. Was die US-Hilfe anbelangte, so hatte der französische Luftfahrtsminister der amerikanischen Industrie zwar Aufträge erteilt; die Werke aber konnten nicht genug liefern, die Herstellung ging nur langsam voran und wurde durch bürokratische Hindernisse verzögert. Schließlich beschloß der völlig unwissende amerikanische Kongreß unter dem Eindruck des finnischen Winterkriegs ein Waffenembargo. Damit waren 100 Curtiss-Jäger P 39 und 215 Glen-Martin-Bomber eingefroren, die in Auftrag gegeben und bereits fertiggestellt worden waren. Amerika stachelte England und Frankreich auf, das Hitlerregime niederzuschlagen, verschanzte sich aber im übrigen hinter seiner Neutralität und verweigerte vorübergehend jegliche Hilfe.

Rechnet man die englisch-französischen Luftstreitkräfte zusammen, so stellt sich heraus, daß deren Unterlegenheit wesentlich geringer war, als man später – aufgrund der Äußerungen von Soldaten, die behaupteten, sie hätten kein einziges nichtfeindliches Flugzeug gesehen – glaubte. Frankreich und England besaßen zu Beginn der Schlacht um Frankreich im Mai 1940 3450 Flugzeuge neuester Bauart (Frankreich: 1730). Deutschland verfügte ebenfalls über ungefähr 3500 Maschinen. (Am 10. Mai 1940 standen einsatzbereit: 2478 Kampfmaschinen und Jagdflugzeuge, dazu 501 Aufklärer und 555 sonstige Flugzeuge, überwiegend Transporter.) Doch täuscht diese Gegenüberstellung. Die Mehrzahl der englischen Jäger, in erster Linie die modernen ›Spitfire‹, waren für die Verteidigung Englands bestimmt und griffen in die Schlacht auf dem Kontinent nicht ein. Auf französischer Seite waren die Bomberstaffeln äußerst schwach, besonders Sturzbomber gab es nur wenige, weil das Oberkommando nicht an ihre Wirksamkeit glaubte. Man stellt außerdem mit Erstaunen fest, daß ein Großteil der französischen Luftstreitkräfte überhaupt nicht eingesetzt wurde und daß die Zahl der einsatzfähigen Flugzeuge am Tag des Waffenstillstands, am 24. Juni, größer war als am 10. Mai. In einem Punkt allerdings war Frankreich Deutschland entschieden unterlegen, nämlich was das militärische Denken seiner Generalität betraf. Das Brevier des Oberbefehlshabers, die Instruktion über den taktischen Einsatz großer Einheiten, besagte ausdrücklich, ein künftiger Krieg werde die Fortsetzung des letzten Krieges sein. ›Das Wesentliche der festgelegten Doktrin, die nach dem Sieg durch bedeutende Militärs festgelegt wurde, muß die Charta für den taktischen Einsatz großer Einheiten bleiben‹, heißt es in der Ausgabe von 1937. Besonders Panzer dürften nicht zu Illusionen verleiten. ›Die Panzerwaffe steht ihnen gegenüber, wie im letzten Krieg das Maschinengewehr der Infanterie‹. Wenn der Gegner Frankreich zum Bewegungskrieg zwingen wolle, so werde man ihn durch Befestigungen und anhaltendes Sperrfeuer daran hindern. Man versteht daher, warum das französische Oberkommando sich weigerte, aus dem Polenfeldzug Lehren zu ziehen. Warum hätte man die untergeordneten Stellen in Aufregung versetzen sollen, indem man sie an der Richtigkeit althergebrachter Prinzipien zweifeln ließ? Dabei war Frankreich nicht arm an neuen Ideen. 1921 hatte General Estienne bereits in der Theorie genau das beschrieben, was die Deutschen mit ihrem Panzerkrieg zwanzig Jahre später in der Praxis vorführten. Nicht umsonst hat man Estienne den ›Vater der französischen Panzerwaffe‹ genannt. Um 1930 holten Neuerer den Panzer aus der Infanterie heraus und schufen nach zahllosen Versuchen die leichte mechanisierte Division, die als Erbe der Kavallerie eine Einheit zur Aufklärung und Gefechtseröffnung sein sollte, aber keine Kampftruppe. Die drei Divisionen, die Frankreich im Mai 1940 besaß, waren das Beste, worüber die französische Armee verfügte. Eine vierte französische Panzerdivision wurde gerade eingefahren und kam auch noch zum Einsatz.

Die heftigsten Debatten wurden um das Panzerkorps geführt. Oberst de Gaulle verlangte schon 1935 in seinem Buch ›Vers l'armée du métier‹ nach einer Panzerwaffe. Er führte aus, daß sechs Divisionen mit je 500 Panzern im Falle eines feindlichen Einmarschs die Kampfhandlungen jederzeit auf gegnerisches Gebiet verlegen könnten. Am 15. März 1935 sprach Paul Reynaud über diese Auffassung de Gaulles vor dem Parlament. Die Vertreter der Nation hielten es aber für ihre heilige Pflicht, von militärischen Dingen nichts wissen zu wollen und derartige Fragen blindlings dem Generalstab zu überlassen. Daladier hatte als Wortführer des Generalstabs keinerlei Mühe, die Zurückweisung des Antrags zu betreiben. Die Panzerarmee wurde abgelehnt – allerdings gegen eine überraschend starke Minderheit von 124 Stimmen. Die Widerstände nahmen geradezu groteske Formen an. Der alte Kampfgenosse des Menschen, das

Pferd, hatte eine Menge von Pferdeliebhabern mobilisiert, die gegen den exotischen Kraftstoff Benzin den nationalen Treibstoff Hafer ins Feld führten. Man behauptete unter Hinweis auf einen mißglückten Versuch, daß die geforderten großen motorisierten Einheiten manövrierunfähig seien und daß Tausende von Fahrzeugen in Kolonnen von hundert Kilometern Länge alle Straßen verstopfen würden. Für sein Buch, das de Gaulles Ideen widerlegen sollte, gewann der ehemalige Professor der Militärakademie General Chauvineau keinen geringeren als Marschall Pétain zum Vorwortautor. Chauvineaus Buch trug den Titel: ›Ist eine Invasion noch möglich?‹. Die Antwort war ein kategorisches ›Nein‹. Der Panzer, ein wahrer Ahasver, sei dazu verurteilt, dauernd in Bewegung zu sein und stelle daher keine gefährliche Waffe dar. So meinte wenigstens General Chauvineau. Pétain schrieb in dem Vorwort: ›Die Front ist keine vorübergehende Erscheinung, deren man sich entledigen kann wie einer schlechten Gewohnheit.‹

Die Protokolle der Beratungen, die im ›Obersten Rat der Nationalen Verteidigung‹ beziehungsweise in den ihm vorangegangenen Gremien über die Schaffung einer Panzerdivision stattfanden (29. April 1936, 15. Dezember 1937, 2. Dezember 1938), zeigen deutlich die Bedenken des konservativen französischen Oberkommandos gegenüber einer solchen Neuerung. Man befürchtete insbesondere, die Gefechtsleitung könne den zentralen Kommandostellen durch eine Truppe aus der Hand genommen werden, die sich nicht mehr in die großen Verbände einfügen ließ. »Was geschieht, wenn das Aktionsfeld Ihrer Division sich über einen Frontabschnitt ausdehnt, der größer ist als der eines Armeekorps?« fragte General Dufieux. Die Dienstvorschrift zur Panzerführung bezeichnete die Panzereinheiten als dienende Truppen, die zur Unterstützung der Infanterie heranzuziehen seien. Die Aufgabe erfordere die Unterstellung der Panzerwaffe unter den Befehl der Infanteriegenerale. Die Neuerer rückten gegen die hergebrachte Vorstellung zu Felde, nach der die kämpfende Truppe, also auch die Panzereinheiten, von Befehlsstellen aus zu kommandieren seien, die am ›Fächerende‹, das heißt außerhalb der Feuerzone, saßen. Sie gingen so weit, Generale in Befehlspanzer setzen zu wollen, ja sogar in Flugzeuge, damit sie das Schlachtfeld überblicken könnten wie Napoleon in der Schlacht von Arcole. Der Titel, den de Gaulle seinem Buch gegeben hatte, war dazu angetan, den Widerwillen gegen die Modernisierungsbestrebungen noch zu verstärken. Die alten Generale sahen sich schon als Führer einer Milizarmee, während junge an der Spitze einer motorisierten Armee stünden, diese Neuerer, die sich mit aller Kraft an ihre Panzerbataillone klammerten, die sie für schlagkräftige und elastische Werkzeuge einer sinnvoll durchdachten Kriegführung hielten. Immerhin hielt es der französische Generalstab nach der Niederlage Polens für angebracht, etwas zu unternehmen. Am 16. Januar 1940 wurde die Aufstellung von zwei Panzerdivisionen angeordnet, die Schaffung einer dritten wurde am 20. März beschlossen. Zusammen mit den leichten motorisierten Divisionen bildeten sie schließlich jenes Panzerkorps, das die fortschrittlicheren Geister unter den französischen Militärs schon Jahre vor dem Krieg gefordert hatten. Die Aufgabenstellung dieses Korps entsprach allerdings nicht den ursprünglichen Plänen. Die französischen Panzereinheiten waren keine selbständige Waffe, keine strategischen Werkzeuge wie die Panzerdivisionen Guderians; sie sollten nur zu Gegenangriffen dienen, um die Geschlossenheit der Front wiederherzustellen.

Die junge deutsche Armee wuchs zusehends. Der im französischen Großen Hauptquartier mit der dauernden Überwachung der gegnerischen Kampfstärke beauftragte Offizier, ein Hauptmann Glain, mußte sich sagen lassen, er leide unter Halluzinationen, weil er ständig neue Korps feststellte. Seine Schätzungen waren indes außerordentlich exakt, denn am 10. April 1940 stellte er an der Westfront 137 deutsche Divisionen fest. Wir wissen heute, daß es an jenem Tag genau 136½ Divisionen waren. Auf französischer Seite dagegen wurden im Winter 1939/40 nur wenige neue Einheiten geschaffen; lediglich die Panzerdivisionen (DCR), eine leichte motorisierte Division, zwei Infanteriedivisionen, zwei nordafrikanische Infanteriedivisionen und zwei polnische Divisionen wurden neu aufgestellt. Deutschland hatte sein Menschenreservoir noch längst nicht erschöpft, während Frankreichs Reserven zu Ende gingen.

Die stärkste Unterstützung, die Gamelin erhielt, kam aus England. Im September 1939 trafen vier Divisionen der British Expeditionary Force (BEF) ein; im Mai 1940 schließlich standen elf englische Divisionen mit insgesamt 394195 Mann in Frankreich. Das war mehr, als Sir John French im Jahre 1914 Joffre hatte zur Verfügung stellen können, aber wesentlich weniger, als dem Oberkommando Fochs im Jahre 1918 von Sir Douglas Haig unterstellt worden war. Der militärische Aufwand der beiden Alliierten blieb sehr ungleich, denn während Frankreich von acht Franzosen einen zu den Waffen rief, wurde in England nur jeder vierzigste mobilisiert.

Das Britische Expeditionskorps besetzte den Abschnitt Lille zwischen Maulde und Halluin. Das Hauptquartier befand sich in Arras. Die Frage des einheitlichen Oberkommandos, die sich im Ersten Weltkrieg als äußerst problematisch gezeigt hatte, wurde dadurch gelöst, daß der britische General Lord Gort sich freiwillig dem Oberbefehl Gamelins unterordnete. Gort war der personifizierte Optimismus; er schickte höchst zuversichtliche Berichte nach England. Seine beiden Berater dagegen, Sir John Dill und Sir Alan Brooke, sahen die Lage mit wesentlich kritischeren Augen. In einem geheimen, für seine Frau bestimmten Tagebuch erwähnt Brooke immer wieder Zeichen mangelnder Disziplin bei der französischen Armee. ›Corap hatte mich zur 9. Armee eingeladen. Ich war schockiert von dem Bild, das die Truppen boten, die man vor mir vorbeidefilieren ließ.‹

Am nachteiligsten für die französische Armee wirkte sich ihre Befehlsstruktur aus. In Frankreich gab es nichts, was mit dem OKW vergleichbar gewesen wäre. Nicht nur Hitler hatte die Notwendigkeit einer Zentralisierung des Oberbefehls begriffen. Als

sich der Krieg auf die Sowjetunion ausdehnte, war alle Macht in den Händen Stalins vereinigt; England und Amerika hatten allmächtige Oberbefehlshaber: England durch die überragende Persönlichkeit eines Winston Churchill und Amerika dank seiner Verfassung, die den Präsidenten zum Oberbefehlshaber der Streitkräfte macht. Nur Frankreich besaß keine zentrale Kommandostelle.
Es gab ein Ministerium für Nationale Verteidigung, das nichts anderes war als das umbenannte ehemalige Kriegsministerium. Es gab einen Regierungschef, Edouard Daladier, aber der Gedanke, er könne etwa, wie Hitler oder Roosevelt, selber das Oberkommando übernehmen, war nach französischer Auffassung völlig ausgeschlossen. Es gab auch den General Gamelin, aber es hätte einer militärwissenschaftlichen Dissertation bedurft, um sagen zu können, welches eigentlich seine Befugnisse waren. Als dem Generalstabschef der Nationalen Verteidigung hätten alle drei Teile der Armee ihm unterstellt sein müssen, was aber durchaus nicht der Fall war, denn Marine und Luftstreitkräfte waren unabhängig voneinander und wachten eifersüchtig über die Wahrung ihrer Freiheiten. Als Oberbefehlshaber des Heeres hätte er – wie Joffre im Jahre 1914 – alleiniger Befehlshaber über die wichtigste Nordostfront sein können, doch auch das war er nicht, denn der Leiter der Nordostfront war General Georges. Dieser General Georges hätte nun wenigstens der Chef in seinem Operationsgebiet sein müssen, aber auch das war er nicht, denn Gamelin hatte sich jegliche Versetzung von Generalen vorbehalten und unterhielt obendrein direkte Verbindungen zu Stellen, die dem General Georges untergeordnet waren, was gegen alle Prinzipien der militärischen Hierarchie verstieß. Die französische Armee hatte also zwei Chefs, was bedeutete, daß sie im Grunde überhaupt keinen hatte.
Dieses Durcheinander griff natürlich auch auf die Stäbe über. Von Januar 1940 an waren der Stab Gamelins und der des Generals Georges voneinander getrennt. Der eine blieb in La-Ferté-sous-Jouarre, während der andere um Meaux herum verteilt lag. Gamelin selber hatte sich im Fort von Vincennes niedergelassen, unmittelbar an der Stadtgrenze von Paris und in nächster Nähe der Gefahr, das heißt der Regierung, des Parlaments und der politischen Salons. Dieses Fort Vincennes war ein recht finsterer Aufenthaltsort. Die Kasematten trieften von Salpeter und tödlicher Langweile. Die Festungsgräben waren getränkt mit dem Blut berühmter Füsilierter, vom Duc d'Enghien bis zu Mata Hari. Das Fort besaß keine Funkstation, ja nicht einmal einen Brieftaubenschlag. Zur damaligen Zeit glaubten naive Militärs noch an Brieftauben. Als ein Offizier vorschlug, einen Fernschreiber einzurichten, wurde er tadelnd gefragt, ob er etwa militärische Befehle mit Rennresultaten verwechsle. Im Mai konnte man dann ermessen, was Isolierung, Unwissenheit und Machtlosigkeit jenes Mannes, von dem das französische Volk glaubte, er befehlige die Armee, alles angerichtet hatten.
Viele, die mit Gamelin in Berührung gekommen waren, vermuteten, er verberge hinter seinem etwas salbungsvollen Getue die genaue Kenntnis vom wahren Stand der Dinge

und von der erdrückenden deutschen Übermacht; da er aber jeglichen Kräfteausgleich für unmöglich halte, habe er sich in sein Schicksal ergeben und versuche nun, möglichst viel Verantwortung von sich auf andere abzuwälzen. Als dann alles verloren war, wies er diese im Grunde recht nachsichtige Beurteilung zurück und erklärte: »Ich gestehe, daß ich an den Sieg geglaubt hatte...« Wenn man ihm auch Charakterstärke absprach, an seiner Intelligenz zweifelte niemand. Wie aber konnte ein intelligenter Mann – vorausgesetzt, daß man ihn ausreichend informiert hatte – damals an einen französischen Sieg glauben?

Die Affäre Mechelen

Nebel und Glatteis. Der 10. Januar, ein kalter Tag. Die Maas ist zugefroren. Die Soldaten eines belgischen Grenzpostens bei Mechelen wärmen sich in einer Holzbaracke. Auf das Geräusch eines Flugzeuges hin laufen sie ins Freie. Hinter einer Baumreihe geht eine Maschine nieder. Die Baumspitzen haben beide Flügel weggerissen. Der Motor steckt in einer Hecke. Ein Mann in langem, grauem Mantel betrachtet verstört die Trümmer des Flugzeugs.
Hinter der Hecke steigt eine dünne Rauchfahne hoch. Ein zweiter Mann in grauem Mantel verbrennt Papiere. Die Soldaten laufen auf ihn zu, schießen in die Luft, nehmen den Mann gefangen und löschen das Feuer.
Die Papiere wurden aber doch noch ein Opfer der Flammen, denn in der Baracke, wohin man die beiden Gefangenen geführt hatte, entriß der Major Reinberger dem Postenkommandanten Hauptmann Rodrigue die Schriftstücke wieder und warf sie in den Ofen. Rodrigue holte die Reste aus dem Feuer und verbrannte sich dabei die Hände. Der Deutsche griff sich die Pistole des belgischen Offiziers und setzte sie sich an die Schläfe. Man entwaffnete ihn sofort, worauf der Major seinen Kopf mehrfach an die Wand schlug und erklärte, er sei entehrt und müsse sich den Tod geben. Der andere Deutsche, ein Reservemajor Hoenmans, äußerte kein einziges Wort.
Der Hintergrund dieses Vorfalls war folgender: Major Reinberger vom Generalstab der Luftflotte 2 hatte alle Sicherheitsvorschriften außer acht gelassen und hatte das von Hoenmans gesteuerte Flugzeug benutzt, um nach Erledigung eines Auftrags von Münster nach Köln zurückzufliegen. Der Pilot hatte sich verflogen, und als ihm das Benzin ausgegangen war, mußte er notlanden. Die geheimen Dokumente, die Reinberger mit sich führte, befanden sich nun in Händen, für die sie gewiß nicht bestimmt waren.

Am darauffolgenden Tag überreichte der französische Militärattaché in Brüssel dem General Gamelin in Vincennes eine Note des Generals van Overstraeten, des militärischen Beraters des Königs und Generalissimus der belgischen Armee. In dieser Note war der Inhalt der angekohlten Dokumentenreste von Mechelen zusammengefaßt. Aus den geretteten Unterlagen ging hervor, daß Deutschland eine großangelegte Offensive im Westen plane. Im einzelnen war aus ihnen zu ersehen, daß Holland ›in Besitz‹ genommen werden sollte und ein Einmarsch in Belgien beabsichtigt war. Eine Karte der Ardennen wies besonders markierte Marschrouten auf. Die Übergänge über Maas und Sambre sollten genommen werden, und zwar durch Luftlandetruppen der 7. Fallschirmjägerdivision. Der genaue Tag des Beginns der Offensive war nicht vermerkt, aber die Belgier waren überzeugt, daß sie unmittelbar bevorstand. Damit war das Problem eines französisch-britischen Eingreifens in Belgien plötzlich aktuell.
Im Prinzip war das französische Oberkommando bereits seit längerem damit einverstanden. Ein entsprechender Beschluß war am 24. Oktober 1939 gefaßt worden. Zunächst jedoch hatte man lediglich an eine Vorverlegung der Truppen bis an die Schelde gedacht. Die deutschen Kolonnen sollten aufgehalten werden, bevor sie die französischen Grenzbefestigungen angreifen konnten. Später ging man weiter. Die belgische Armee war inzwischen verstärkt, gleichzeitig waren ernsthafte Befestigungsarbeiten unternommen worden. Die Hoffnung, die Belgier würden sich nicht nur symbolisch wehren, sondern wirksamen Widerstand leisten, wuchs zusehends. Warum also sollte man nicht mehr unternehmen als nur ein Verzögerungsmanöver? Warum nicht gleich nach Belgien gehen und sich dort festsetzen? Das bot mancherlei Vorteile: In moralischer Hinsicht würden Franzosen und Engländer endlich mit der Tradition Schluß machen, kleine Staaten einfach ihrem Schicksal zu überlassen, wie dies mit der Tschechoslowakei und Polen geschehen war. Wirtschaftlich gesehen, könnte man die wertvollen belgischen und nordfranzösischen Industriegebiete retten. Und vom strategischen Gesichtspunkt aus würde die Gefahr von Luft- und Seeangriffen gegen England um so geringer sein, je weiter die Deutschen vom Kanal entfernt blieben. Außerdem käme man der Ruhr, der großen feindlichen Rüstungsschmiede, einen gewaltigen Schritt näher. Darüber hinaus würden die zwanzig belgischen Divisionen die zahlenmäßige Unterlegenheit der Alliierten wettmachen.
Doch es gab auch gewichtige Gegenargumente. Durch eine Vorverlegung auf belgisches Gebiet würde die französisch-britische Armee aus der Befestigungszone und dem seit Herbst vorbereiteten Schlachtfeld herausgeführt. Sie würde sich damit in den belgischen Ebenen, in denen Panzer sehr gut operieren konnten, gegen alle französischen Kriegsführungsregeln verhalten und eine offene Schlacht riskieren müssen. Man antwortete auf diese Einwendungen, dies sei gar nicht vorgesehen, sondern es handle

sich einfach um die Vorverlegung einer Abwehrschlacht, um die Abwehr des feindlichen Ansturms außerhalb des Mutterlandes. Bliebe noch genug Zeit, sich einzugraben, Panzersperren zu errichten, die Artilleriestellungen auszubauen und die Schießpläne aufzustellen? Die Kommandeure der großen Einheiten waren der Auffassung, mindestens acht bis vierzehn Tage seien nötig, um die notwendigen Verteidigungsmaßnahmen zu treffen.
Ob sich ein derartiger Plan überhaupt realisieren ließ, hing von zwei Faktoren ab, nämlich von der gewählten Stellung und von der Art der Mitarbeit durch die Belgier. Die nächstgelegene günstige Verteidigungslinie war der Lauf der Schelde. Die Vorverlegung der Truppen bedeutete in diesem Fall kein Problem. Der Feind war weit, und es genügte, den äußersten linken Flügel um Maulde herumschwenken zu lassen.
Bei dieser Lösung hätte man allerdings Brüssel und den größten Teil Belgiens in Feindeshand fallen lassen müssen. Auch war die Schelde ein leicht zu überwindendes Hindernis. Auf ihr lagen zahlreiche Lastkähne, die, selbst wenn man sie versenkte, immer einen Übergang für die gegnerische Infanterie bilden würden.
Die Vor- und Nachteile einer zweiten Lösung, die den Albertkanal als Verteidigungslinie vorsah, waren entgegengesetzter Natur. Bei dieser Lösung hätte man sich zwar in unmittelbare Nähe der deutschen Grenze begeben, gleichzeitig jedoch nur ein kleines Stück von Belgien dem Gegner überlassen müssen. Außerdem hätte man hinter dem besten Panzergraben Europas Stellung beziehen können, denn die Ufer des breiten und tiefen Kanals fielen steil ab. Die Linie hätte sich auf die verschanzten Lager von Lüttich und Antwerpen stützen können. Doch hätten die alliierten Truppen bis zum Kanal einen fünfmal längeren Weg zurücklegen müssen als die Deutschen.
Neben diesen beiden extremen Möglichkeiten reifte inzwischen eine Kompromißlösung heran. Der Entwurf datierte vom 5. November und wurde am 14. November in der geheimen, persönlichen Instruktion Nr. 8, die Gamelin an Georges sandte, festgelegt. Die alliierten Truppen sollten sich auf der Linie Antwerpen–Löwen–Wavre–Namur festsetzen. Sie sollten dann die sich zurückziehende belgische Armee auffangen, nachdem diese am Albertkanal den Feind aufgehalten hätte. Die beabsichtigte Linie konnte von den motorisierten Divisionen in zwei und von der Infanterie in vier Tagen besetzt werden. Zur Unterstützung der Belgier sollte das Kavalleriekorps des Generals Prioux – zwei leichte motorisierte Divisionen – sich an die vorderste Linie begeben. Rechnete man mit einer Frist von einer Woche, blieb noch Zeit genug für die wichtigsten Arbeiten im Vorfeld.
Die Vorzüge waren unbestreitbar: Man behielt Brüssel, und die Front war entlang der Scheldelinie um 70 Kilometer kürzer. Von erheblichem Nachteil war die geringe Zahl natürlicher Hindernisse. Der Schelde-Nebenfluß Dijle, den die Engländer verteidigen sollten, ist nur ein Flüßchen mit zahllosen Nebenläufen, über die nicht weniger als 120 Brücken führen. Auch die flach dahinfließende Hesbave bot von Wavre bis Namur

keine Möglichkeit, eine Widerstandslinie aufzubauen. Die Belgier sollten hier einen Panzergraben ziehen; sie bauten auch wirklich eine Sperre aus mittelalterlich anmutenden Eisengittern, die als ›Eléments de Cointet‹ bezeichnet wurden. Sie weigerten sich allerdings, die geringste Auskunft über den Fortschritt ihrer Arbeiten zu geben. Sie teilten den Franzosen und Engländern lediglich vertraulich mit, sie würden um Hilfe ersuchen, falls sie angegriffen würden. Bis zu diesem Zeitpunkt fühlten sie sich wegen ihrer Neutralität auch ihren präsumtiven Alliierten gegenüber zu keiner engeren Zusammenarbeit verpflichtet.
Zu dem Problem Belgien kam das Problem Holland. Die Instruktion vom 14. November sah vor, Holland im Falle eines deutschen Angriffs zu Hilfe zu kommen und gegebenenfalls die holländische mit der belgischen Armee am Albertkanal oder an der Schelde zu vereinigen. Später wurde ein Plan ausgearbeitet, der die Besetzung der Inseln Beveland und Walcheren ins Auge faßte. Man würde von Antwerpen aus über Breda oder Tilburg vorstoßen und sich bemühen, das Dreieck Amsterdam–Den Haag–Rotterdam mit den Hauptstellungen der Verbündeten zu vereinigen. Die 7. französische Armee unter der Führung des forschen Generals Giraud war mit dieser Aufgabe betraut.
Somit hatte das französische Oberkommando die Wahl zwischen diesen beiden Abwehrmöglichkeiten, wenn das erwartete und von ihm sogar ersehnte große Ereignis, der deutsche Angriff, beginnen würde. Der Plan ›Albertkanal‹ sollte ausgeführt werden, falls alles gut ging, der Plan ›Schelde‹, falls das Schlimmste eintreten sollte. Die Variante ›Dijle‹ erschien indessen als die wahrscheinlichste Lösung. Als Ergänzung hatte man den Plan ›Breda‹ ausgearbeitet, der den Einmarsch in Holland vorsah.
Diesen Plänen war gemeinsam, daß alle beweglichen Kräfte der französischen Armee gleichzeitig in den Kampf geworfen werden sollten, außer der 7. Armee, die man auf holländischem Gebiet in Reserve halten wollte.
Das vollmotorisierte Kavalleriekorps war die beste Waffe für einen Gegenstoß nach einem Durchbruch deutscher Panzer. Aus diesem Verband löste man eine leichte motorisierte Division und verlegte sie nach Holland; zwei weitere Divisionen schickte man nach Tongres und Hannut, um den erwarteten Angriff auf die Stellung Antwerpen – Namur abzuwehren. Genauso verfuhr man mit den motorisierten Infanteriedivisionen, von denen sieben vom ersten Tag an im Kampf liegen sollten. Die französische Strategie überließ es dem Feind, die Initiative zu ergreifen. Sie war rein auf Verteidigung eingestellt und verwendete alle für einen Gegenstoß geeigneten Einheiten für andere Zwecke.
Es gab zahlreiche Einwände. Die meisten Korps- und Divisionsbefehlshaber waren gegen einen Einmarsch in Belgien. »Als man uns den Plan ›Dijle‹ erläuterte«, sagte La Laurencie, der Befehlshaber des III. Artilleriekorps, »hatten wir alle nur den einen Gedanken: Gebe Gott, daß wir ihn niemals ausführen müssen!« Obwohl die Engländer

an der Verteidigung der Kanalküste interessiert sein mußten, wandten sie sich doch entschieden gegen dieses strategische Konzept. Die Stabschefs drückten ihre Meinung folgendermaßen aus: ›Vorausgesetzt, daß sich die Haltung Belgiens nicht ändert, sind wir fest davon überzeugt, daß der deutsche Angriff an den vorbereiteten Stellungen entlang der französischen Grenze aufgefangen werden muß.‹

Die Haltung Brüssels änderte sich jedoch keineswegs. Im September 1939 hatten die Belgier einen französischen Angriff auf die Ruhr befürchtet, der notwendigerweise durch ihr Land geführt worden wäre; ein Drittel ihrer Streitkräfte hatten sie deswegen gegen Frankreich gewendet. Später verschoben sie das Kräfteverhältnis, wobei sie ständig befürchteten, irgendeine Unvorsichtigkeit könnte den Deutschen einen Vorwand für einen Angriff liefern. Die französische Grenze war mit Barrikaden gespickt, alle Verbindungen auf Generalstabsebene wurden abgelehnt. Falls also die französische Armee gezwungen sein sollte, in Belgien einzumarschieren, dann würde dies unter den Bedingungen einer dem französischen Oberkommando verhaßten Bewegungsschlacht geschehen. Diese konnte jedoch vermieden werden, wenn Belgien rechtzeitig um den französischen Einmarsch zum Schutz vor einem deutschen Angriff ersuchte. Aber daran glaubten selbst die größten Optimisten nicht mehr. Indes, die Notlandung der beiden deutschen Offiziere bei Mechelen an der Maas ließ diesen Wunschgedanken wiederaufleben. Die dort gefundenen Dokumente beseitigten alle Zweifel: Deutschland beabsichtigte die Verletzung der belgischen Neutralität.

Die Belgier hatten nunmehr allen Grund, die Engländer und Franzosen zu Hilfe zu rufen. Brüssel tat einen Schritt in dieser Richtung, indem es von Paris und London die Garantie forderte, daß Belgien nach Kriegsende in seinen bisherigen Grenzen, seiner staatlichen Souveränität sowie in seiner Kolonialhoheit voll anerkannt werde. Die Engländer waren nicht allzu geneigt, darauf einzugehen, aber die Franzosen hatten es eilig. ›Jede verlorene Stunde kann schwere Folgen haben‹, ließ Gamelin der belgischen Regierung mitteilen. Später sagte er, er habe »eine Enttäuschung erlebt, die ihm das Herz stillstehen ließ«, als ihm General Georges telefonisch mitteilte, er habe sich die Sache überlegt und frage sich, »ob es nicht besser sei, wenn man den Belgiern abrate, uns um Unterstützung zu bitten«.

Aber die Truppen waren bereits an der Grenze aufmarschiert. Menschen, Tiere und Motoren litten unter Nebel, Schnee und strenger Kälte. Die Belgier hatten wenigstens ihre Straßensperren weggeräumt und ihre Truppen an die Ostgrenze geworfen. In der Nacht vom 13. auf den 14. Januar erschien der belgische Militärattaché, General Delvoie, im Fort von Vincennes und überraschte den Generalissimus mit der Nachricht des belgischen Königs, daß »der Angriff für heute, Sonntag, den 14. Januar, mit Sicherheit vorauszusehen ist...« Gamelin antwortete, daß er nur einen entsprechenden Funkspruch erwarte; man solle sich aber beeilen, denn er könne seine Truppen nicht länger den Witterungsunbilden aussetzen. –

Der finnisch-sowjetische Winterkrieg (November 1939 bis März 1940), von den Finnen unter Marschall Mannerheim (oben links) mit Verbitterung und großem Geschick geführt, blieb trotz sowjetischer Territorialgewinne für die Russen eine militärische Blamage. Listenreich, oft mit Hilfe unkonventioneller Hilfsmittel wie Rentier- und Hundeschlitten (unten), hielt die kleine finnische Armee den Sowjets monatelang stand.

Im Frontbereich der Arktis kämpften die Finnen nicht nur gegen die Rote Armee, sondern auch gegen die grausamen Bedingungen des Polarwinters. Diese Bilder eines Kriegsberichterstatters geben Zeugnis vom Tod eines finnischen Infanteristen vor den Augen der Kamera.

Der Fall ›Weserübung‹, die Besetzung Dänemarks und die Eroberung Norwegens, begann am 9. April. Die erdrückende Übermacht der deutschen Waffen erzwang in Dänemark eine fast kampflose Übergabe: Deutsche Flugblätter auf den Straßen und deutsche Flugzeuge über den Häusern Kopenhagens (oben). Zum Kampf gegen Rußland an der Seite Hitlers fanden sich später auch Mitglieder eines dänischen Freikorps bereit (unten).

In Norwegen kam es zu erbitterten Kämpfen gegen die Deutschen, die von See her oder aus der Luft (oben) das Land in Besitz nahmen. Als Transportflugzeuge der deutschen Fallschirmjäger dienten dreimotorige Ju 52 (unten). Über 3000 Maschinen dieses Typs wurden im Krieg hergestellt; sie bildeten das Rückgrat der Luftlandeoperationen in Narvik, Holland und Kreta.

Hitler schäumte vor Wut. Die deutsche Offensive, an die ein Teil des französischen Generalstabs nicht glauben wollte, war in der Tat befohlen worden, und zwar für den 17. Januar (also nicht, wie die Belgier annahmen, für den 14.). Hitler hatte den Nachteil der kurzen Tage auf sich genommen; dafür hatte er den Vorteil eines hartgefrorenen Bodens und vereister Flüsse eingehandelt sowie die Möglichkeit, den Gegner zu überraschen. Nun mußte er hören, daß zwei deutsche Flieger mit allen Angriffsplänen in Belgien gelandet waren! Der Schatten des Henkers tauchte auf. Die Familien Reinberger und Hoenmans wurden verhaftet und von der Gestapo scharf verhört; Generaloberst Felmy, der Befehlshaber des Luftflottenkommandos 2, wurde abgesetzt, und selbst Göring wurde es unbehaglich zumute. Schließlich beruhigte sich Hitler aber wieder und überdachte die neue Lage. Sollte man zum vorgesehenen Datum angreifen oder die Offensive aufschieben? Die Entscheidung hing davon ab, ob die beiden Flieger die Unterlagen vernichtet hatten oder nicht.
Aus Brüssel kam der deutsche Luftwaffenattaché, General von Wenningen, den die Belgier ermächtigt hatten, die beiden Flieger unter vier Augen zu sprechen. Sie hatten ein Mikrofon im Sprechraum der Gendarmerie Etterbach versteckt, in dem das Treffen stattfand. Die Belgier konnten also hören, wie Reinberger sein Offizierswort gab, daß alle Papiere vernichtet worden seien. Wenningen überbrachte dem Führer diesen Meineid. Aber fast gleichzeitig traf noch eine andere Meldung ein. Die deutsche Abwehr berichtete, daß die 9. und 25. französische motorisierte Division ›mit laufenden Motoren‹ an der französisch-belgischen Grenze stünden und die Belgier die Straßensperren wegräumten. Die Geheimhaltung war also durchbrochen. Wenn man sofort angriff, konnte man vielleicht noch bedeutende Erfolge erzielen. Hitler befragte die Meteorologen, die aber zugeben mußten, daß das gute Wetter, das sie vorausgesagt hatten, auf sich warten ließe. Heftiger Schneefall machte die Luftwaffe operationsunfähig. Hitler beugte sich wieder einmal dem Himmel. Die Offensive wurde auf unbestimmte Zeit verschoben.
Der Schnee war es auch, der eine Änderung der belgischen Beschlüsse herbeiführte. Am 15. Januar erklärte der Generalstabschef, Van den Bergen, dem französischen Militärattaché, der Schnee mache eine Offensive höchst unwahrscheinlich. Folglich ließ er die Straßensperren wieder aufrichten und befahl den Truppen neuerdings, die britisch-französischen Armeen nötigenfalls mit Waffengewalt am Betreten belgischen Bodens zu hindern. Am gleichen Tag ließ der König Frankreich wissen, er könne es nicht verantworten, sein Land vorsichtshalber zu öffnen. Die französischen Truppen zogen sich wieder in ihre Winterquartiere zurück.

Hitler oder Manstein? Die Entstehung des Plans ›Sedan‹

Sooft die Westoffensive verschoben wurde, sooft wurden auch die entsprechenden Angriffspläne geändert. Wäre sie, wie ursprünglich vorgesehen, am 7. November 1939 in Gang gesetzt worden, hätte sie sich erheblich von der gleichfalls verschobenen Offensive vom 17. Januar 1940 unterschieden, erst recht aber von der Maioffensive 1940, denn inzwischen war die taktische Idee der ›Operation Sedan‹ herangereift.
Wer der Vater dieses Plans war, ist umstritten. Man nimmt allgemein an, daß er von dem General der Infanterie Erich von Manstein stammte, der ihn am 31. Oktober 1939 erstmals dem OKH unterbreitete. Manstein hatte aber keine Gelegenheit gehabt, Hitler seinen Plan vorzulegen. Erst als Hitler die wichtigsten Dispositionen zur Ausführung der Offensive bereits getroffen hatte, erfuhr er, daß Manstein denselben Gedanken gehabt hatte. »Manstein war strategisch sehr begabt«, erklärten Keitel und Jodl im Nürnberger Prozeß. Manstein selbst gab sich bescheidener; er räumte ein, Hitler habe möglicherweise dieselbe Idee gehabt wie er, es sei aber nicht sicher, ob sich Hitler von ihm habe inspirieren lassen. Der französische General Koeltz lobt in seinem Buch ›Comment s'est joué notre destin‹ Manstein, hebt dessen außerordentliche militärische Begabung hervor, fügt aber hinzu, daß der Plan Sedan nicht von einem General, sondern von einem Gefreiten, nämlich Hitler, stamme.
Wie schon während des Polenfeldzugs, war Manstein auch jetzt im Westen Generalstabschef der Heeresgruppe Rundstedt (A). Sein Stabsquartier lag in Koblenz. Er hatte nie engeren Kontakt mit Hitler gehabt. Obwohl er sich an der Verschwörung der Militärs gegen Hitler nicht beteiligte, unterschied sich seine Einstellung zum Nationalsozialismus nicht von der anderer Offiziere. Innerhalb der Generalität war er nicht sonderlich beliebt, denn er ließ auch nach außen hin spüren, daß er sich für sehr intelligent und für außerordentlich befähigt hielt.
Ende Oktober hatte das OKH die Pläne für die vom Führer angeordnete Offensive ausgearbeitet. Sie entsprachen den bescheidenen Zielen, die in der Führerweisung vom 9. Oktober aufgeführt waren, sahen also die Eroberung der belgischen Küste zur Erleichterung eines späteren Luft- und Seeangriffs gegen England vor. Manstein war erstaunt über die Mittelmäßigkeit dieses Plans. Das alles erinnerte sehr an den Schlieffenplan, insbesondere die weite Schwenkung des starken rechten Flügels, hatte aber andererseits wieder nichts mit dem Schlieffenplan zu tun, da lediglich Geländegewinn und nicht die Vernichtung des Feindes angestrebt wurde. Schlieffen, dessen Plan später von Moltke wesentlich abgeändert worden war, hatte beabsichtigt, bis zur unteren Seine vorzustoßen und die französische Armee zu umfassen. Der von Brauchitsch wiederaufgenommene und gleichzeitig abgewandelte Schlieffenplan konnte allenfalls zur Eroberung der Nordseehäfen führen. Rundstedts Heeresgruppe A fiel eine zweitrangige Rolle zu; mit zwei Armeen und einer einzigen Panzerdivision sollte sie in Richtung

Maas vorstoßen, jedoch lediglich zu dem Zweck, die Bewegung der Gruppe B (Bock) zu decken.
Am 31. Oktober ließ Manstein Rundstedt zwei Gegenvorschläge unterbreiten. Der eine Vorschlag bestand darin, daß sich das deutsche Heer, anstatt eine Offensive einzuleiten, selber angreifen lassen sollte, wozu man England durch Luftangriffe provozieren könne. Den aus seinen befestigten Stellungen hervorgelockten Gegner werde man dann leicht vernichten können. Der zweite Gegenvorschlag war für den Fall gedacht, daß die Offensive von Deutschland ausging. Manstein forderte eine Verstärkung der Heeresgruppe A durch Abzug von Truppen der Heeresgruppe B, für deren Aufgaben drei Armeen ausreichend seien. Die ebenfalls drei Armeen umfassende Heeresgruppe A sei auf diese Weise in der Lage, mehr als nur Flankendeckung zu leisten. Sollte der Feind den unwahrscheinlichen Fehler begehen, alle seine Truppen in Belgien einzusetzen, so führte Manstein aus, ›wird die letzte Entscheidung bei der 12. Armee, Richtung sommeabwärts, liegen‹. Mansteins Absicht war, gegen die Flanke der feindlichen Konterattacke wiederum einen Gegenstoß zu führen, statt sich mit einem bloßen Aufhalten des alliierten Gegenangriffs zu begnügen.
Das war aber noch nicht die ›Operation Sedan‹, das blitzartige Vorstoßen über die Maas und bis zur Küste. Manstein machte sich übrigens keine Illusionen. Seine Denkschrift hatte er ordnungsgemäß an Brauchitsch adressiert, von dem er weder Verständnis noch Mitarbeit erwartete. Er brachte Rundstedt dazu, sich mit Brauchitsch in Verbindung zu setzen, aber auch Rundstedt erreichte nach einer heftigen Aussprache mit dem Oberbefehlshaber des Heeres nur mit Mühe und Not, daß ihm aus den OKH-Reserven eine weitere Panzerdivision zugeteilt wurde. An seiner Aufgabe änderte sich nichts.
Am 12. November jedoch erhielt der Generalstab der Heeresgruppe A folgendes Schreiben:
›Der Führer hat nunmehr angeordnet: Am Südflügel der 12. oder im Streifen der 16. Armee ist eine dritte Gruppe schneller Truppen zu bilden und unter Ausnutzung des waldfreien Streifens beiderseits Arlon, Tintigny, Florenville in Richtung auf Sedan und ostwärts anzusetzen. Zusammensetzung: Stab XIX. AK, 2. und 10. Pz.Div., eine mot. Div., Leibstandarte, Reg. Groß-Deutschland usw.‹
Der Auftrag der Heeresgruppe lautete: ›Aufgabe dieser Gruppe soll sein, ... bei oder südwärts Sedan überraschend das Westufer der Maas zu gewinnen und dadurch günstige Voraussetzungen für die Weiterführung der Operation zu schaffen.‹
Wieder war es nicht die ›Operation Sedan‹, aber man kam ihr schon näher. Das XIX. Armeekorps wurde von Guderian befehligt, dem erfahrensten und unternehmungslustigsten deutschen Panzergeneral. Daß Guderian der Heeresgruppe A zugeteilt wurde, war ein entscheidender Schritt für die Verlegung des Schwerpunktes in die Ardennen. Zum erstenmal erschien eine Überraschungsoffensive mit Sedan als

Angelpunkt in einem Einsatzbefehl. Was noch fehlte, war die Ausnutzung des Erfolgs, nämlich das Losbrechen der Panzer über die nordfranzösischen Ebenen – jene Attacke einer mechanisierten Kavallerie, die in wenigen Tagen die französische Armee aus ihrem Gefüge bringen sollte. Manstein fragte sich, woher Hitler wohl diese Idee hatte. Er konnte sie nicht aus der Denkschrift vom 31. Oktober haben, die, wie Manstein wußte, nie das OKH verlassen hatte. Doch war General Busch, der Oberbefehlshaber der 16. Armee, einige Tage zuvor von Hitler empfangen worden, und es war nicht ausgeschlossen, daß Busch dem Führer diese Mitteilung von den in Koblenz entstandenen Ideen gemacht hatte. Es ist ebensogut möglich, schreibt Manstein, daß Hitler ganz allein auf diese Gedanken gekommen war. ›Wie sich später im russischen Feldzug zeigen sollte, hatte Hitler einen gewissen Instinkt in operativen Fragen.‹

Busch, so wissen wir heute, war in keiner Weise an der Entscheidung vom 12. November beteiligt. Zeugenaussagen von Keitel und Jodl zufolge äußerte Hitler anläßlich des OKH-Plans ähnlich wie Manstein: »Die haben sich Schlieffens Schuhe angezogen...« Als er sich später wiederum mit diesem Problem befaßte und über den Karten brütete, versuchte er sich von den Gedanken des großen Strategen Wilhelms II. zu befreien, der die ganze militärische Führung Deutschlands verhext zu haben schien. Der Einsatz Guderians bei der Heeresgruppe Rundstedt war seine erste Reaktion gegen den ›starken rechten Flügel‹. Außerdem ließ er für den Fall, daß der Überraschungsangriff auf Sedan große Erfolge bringen würde, die Überstellung sämtlicher Panzerdivisionen der Heeresgruppe B (bis auf eine) an die Heeresgruppe A vorbereiten. Der Gedanke, eine Bresche in die französische Front zu schlagen, die Schlacht mit einem Durchbruch im Zentrum zu gewinnen, ging ihm nicht aus dem Kopf.

Manstein seinerseits verfaßte eine Denkschrift nach der anderen, am 21. und 30. November, am 6. und 18. Dezember 1939 und schließlich am 12. Januar 1940. Ein Durchbruch im Zentrum schien ihm in zunehmendem Maße geboten. Er wiederholte mit seiner Strategie, die eine Umfassung der Flügel erstrebte, den berühmten Schlachtplan von Cannae. Schon für Hannibal hatte in der Überraschung des Feindes ein wesentlicher Vorteil gelegen. Ein besonderes taktisches Überraschungsmoment bot ein deutscher Vorstoß über die Ardennen. Auf französischer Seite betrachtete man diesen waldreichen Gebirgszug als ein unüberwindliches Hindernis für Panzereinheiten. Hitler aber hatte die Karten ganz genau studiert und erkannt, daß die großen Lichtungen von Arlon, Tintigny und Florenville gestatteten, die Maas zu erreichen, ohne auf Hochwald zu stoßen. Manstein arbeitete seinerseits die Operationspläne aus und sah immer deutlicher, daß es möglich war, die Sommemündung in einem Zug zu erreichen. Daß die Engländer und Franzosen sich in Belgien einschließen lassen würden, konnte er wirklich nicht ahnen. Jedenfalls stimmt es nicht, daß Manstein Hitler die Idee geliefert hatte. Er war bis dahin noch nie mit dem Führer zusammengetroffen; auch ist nach den Zeugenaussagen der Generalstäbler des OKW – Jodl, Warlimont,

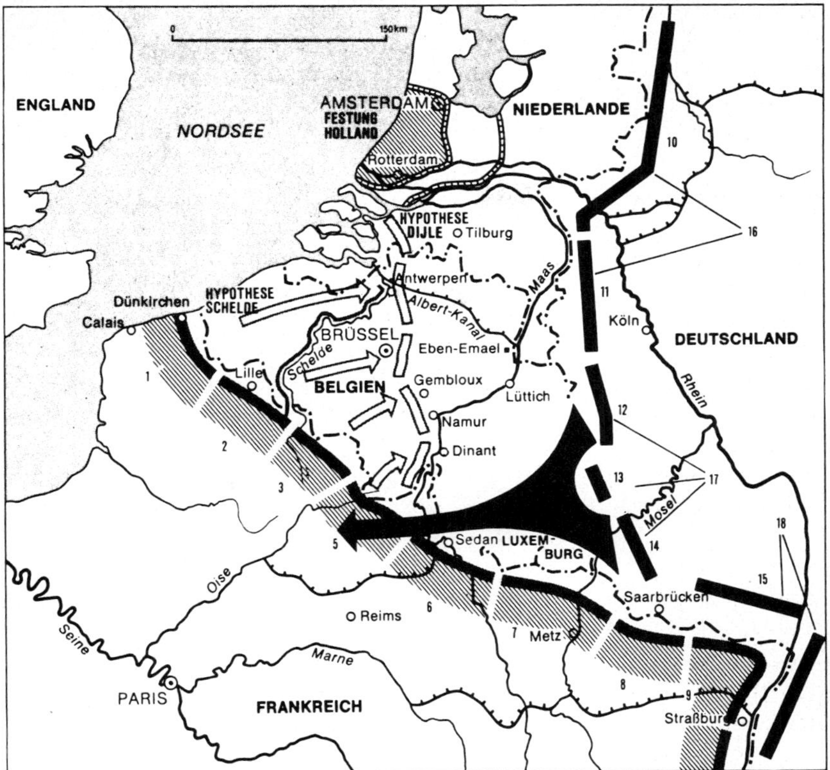

1 7. Armee (Giraud)
1 leichte mech. Div.
2 Inf. Div. (mot.)
4 Inf. Div.

2 1. Armee (Blanchard)
2 leichte mech. Div.
3 Inf. Div. (mot.)
7 Inf. Div.

3 Britisches Expeditionskorps (Gort)
9 Inf. Div.
1 Pz. Brig.

4 Allgemeine Reserven
1 Inf. Div. (mot.)
1 Inf. Div.
3 Pz. Div.

5 9. Armee (Corap)
1 Inf. Div. (mot.)
2 leichte Kav. Div.
1 Kav. Brig.
6 Inf. Div.

6 2. Armee (Huntziger)
2 leichte Kav. Div.
1 Kav. Brig.
6 Inf. Div.

7 3. Armee (Condé)
1 leichte Kav. Div.
1 Brig. Spahis
11 Inf. Div.
1 brit. Inf. Div.

8 4. Armee (Requin)
7 Inf. Div.
1 poln. Inf. Div.

9 5. Armee (Bourret)
9 Divisionen

10 18. Armee (Küchler)
1 Pz. Div.
1 Kav. Div.
6 Inf. Div.

11 6. Armee (Reichenau)
2 Pz. Div.
13 Inf. Div.

12 4. Armee (Kluge)
9 Inf. Div.
2 Pz. Div.

13 12. Armee (List)
mit Pz. Gruppe Kleist
5 Pz. Div.
11 Inf. Div.
3 mot. Div.

14 16. Armee (Busch)
18 Divisionen

15 1. Armee (Witzleben)
19 Inf. Div.

16 Heeresgruppe B (Bock)
einschl Reserven
29 Div.

17 Heeresgruppe A (Rundstedt)
einschl. Reserven
45 Div.

18 Heeresgruppe C (Leeb)
einschl. Reserven
29 Div.

Karte 7 Aufmarsch der deutschen und britisch-französischen Truppen am Vorabend des Westfeldzugs (Mai 1940)

Loßberg und anderer – keine einzige Denkschrift Mansteins bis auf Hitlers Schreibtisch gelangt.
Übrigens ging Mansteins Zeit im Generalstab zu Ende. Am 27. Januar 1940 wurde er zum Befehlshaber eines neuen Korps ernannt. Manstein begab sich nach Pommern, wo er das XXXVIII. Armeekorps aufstellte.
Nach dem Ausscheiden Mansteins wurde der Sedan-Plan nochmals differenziert. Am 13. Februar notierte Jodl in seinem Tagebuch, der Führer habe wieder die Frage der Schwerpunktbildung aufgeworfen und dabei darauf hingewiesen, daß man zu viele Panzer an zweitrangigen Fronten einsetze: ›Bei der 16. oder 18. Armee fehlen sie dann. Man sollte sie Richtung Sedan zusammenführen. Dort erwartet der Feind unseren Hauptstoß nicht.‹ Entsprechend diesen Anweisungen änderte das OKH zum wiederholten Male den Aufstellungsplan. Der Heeresgruppe A wurden die 1., 5. und 7. Panzerdivision zugeteilt. Generaloberst Bock, der nach dem ursprünglichen Plan neun Panzerdivisionen zur Verfügung hatte, behielt nur noch drei, und Rundstedt, der vorher nur eine Panzerdivision besaß, verfügte nunmehr über sieben, von denen fünf unmittelbar gegenüber von Sedan lagen. Außerdem wurde ihm noch die bisher zu Bock gehörende 4. Armee von Kluge unterstellt. ›Wir kommen dahin, daß wir südlich von Lüttich dreimal mehr Truppen haben als nördlich davon‹, notierte Jodl in seinem Tagebuch.
Jetzt erst, am 17. Februar, begegnete Manstein Hitler. Er war zusammen mit den neuernannten Kommandierenden Generalen Geyr von Schweppenburg, Schmidt, Reinhardt und Stumme, dem Divisionskommandeur Rommel und selbstverständlich auch Jodl und Keitel in die neue Reichskanzlei gebeten worden. Nach dem Frühstück zog sich Hitler mit Manstein in sein Arbeitszimmer zurück und fragte ihn nach seinen Ansichten über eine Offensive gegen Frankreich. ›Manstein meinte, die Entscheidung liege nicht westlich der Maas, sondern an der Maas selber, und zwar in der Gegend von Sedan und Charleville. Dazu benötige man dort starke Panzereinheiten oder überhaupt nichts. Alles, was man rückwärtig in Reserve halte, käme niemals rechtzeitig an die Kampffront...‹, notierte Jodl in seinem Tagebuch. Manstein schreibt in seinem Buch ›Verlorene Siege‹ über diese Unterredung: ›Ob und inwieweit Hitler bereits durch seinen Chefadjutanten von unserem Plan Kenntnis erhalten hatte, ist mir nicht klar.‹ In jedem Fall mußte ich feststellen, daß er sich erstaunlich schnell in die Gesichtspunkte, die die Heeresgruppe seit Monaten vertreten hatte, einfühlte.‹ Hitler gelang dies auch um so leichter, als er selbst seit Monaten ähnliche Gedanken hegte und außerdem am Vortage die letzten Befehle für deren Durchführung gegeben hatte.
Der Plan ›Sedan‹ war reif; jetzt mußte er mit größter Sorgfalt ausgeführt werden; die Schwierigkeiten waren enorm; die Ardennen waren voller Hindernisse.
Die wenigen Straßen waren eng und schlängelten sich in zahllosen Windungen durch den dichten Forst. Die motorisierten Einheiten und die Panzerdivisionen bildeten riesige Kolonnen, die Truppen mußten gestaffelt vorgeschickt werden, und mehrere

Einheiten waren gezwungen, denselben Anmarschweg zu benützen. Da der Zeitplan genau eingehalten werden mußte, blieb alles nicht unbedingt Notwendige auf den Waldwegen zurück. Der kleinste Irrtum, der geringste Widerstand und das harmloseste Bombardement hätte inmitten der Wälder ein unbeschreibliches Durcheinander bewirkt; an der Maas wären nur zusammenhanglose Truppenteile angelangt. Man fragt sich, ob es nicht ein Wahnwitz war, Wildschweinfährten für einen Vormarsch gegen die französische Armee zu wählen, da doch die offenen und harten Ebenen von Brabant für eine Panzerschlacht wie geschaffen schienen!
Bei einem Lagevortrag am 16. März riß Bock die Geduld:
»Ihr zieht da 15 Kilometer von der Maginotlinie entfernt vorbei und bildet euch ein, die Franzosen werden euch da einfach zuschauen! Ihr laßt eure Panzer auf den wenigen Ardennenstraßen rollen und vergeßt, daß das Flugzeug schon erfunden ist! Ihr bildet euch ein, ihr könnt die Maas in einem einzigen Tag überschreiten, und ihr rennt zum Meer mit einer offenen Flanke von 300 Kilometern. Und was wollt ihr machen, wenn ihr zwischen der Grenze und dem steilen Flußufer eingezwängt seid?... Oder wenn die Franzosen nicht in Belgien einmarschieren?... Oder wenn sie euch die Maas mit einem Teil der Truppen überschreiten lassen, um dann mit allen gesammelten Kräften anzugreifen?... Ihr könnt mir glauben, ihr phantasiert!...«
Man kann Bock, dem man die Hauptrolle abgenommen hatte, Verbitterung zugute halten, aber selbst Rundstedt, der Oberbefehlshaber der Heeresgruppe A, war beunruhigt: »Der kleine Gamelin ist geschickt, vergeßt das nicht!« Halder, ein hervorragender Soldat, verlangte, man solle wenigstens an der Maas haltmachen, damit die Infanterie den Panzern nachkommen könne, und erst dann zu einem offenen Gesamtangriff antreten. Jodl, ein glühender Verehrer Hitlers, war von der genialen Einfachheit des Planes ehrlich überzeugt, zog es aber doch vor, die Verantwortung von sich abzuwälzen: »Ich überreiche dem Führer einen Bericht, in dem ich betone, daß der Vorstoß auf Sedan ein Geheimpfad ist, auf dem man durch den Kriegsgott Überraschungen erleben kann.« Nur Guderian blieb zuversichtlich. Er sagte, er werde die Maas in fünf Tagen überschreiten. »Und was wollen Sie dann tun?« fragte ihn Hitler. »Wenn kein entgegenstehender Befehl kommt, werde ich am nächsten Tag in westlicher Richtung vorstoßen«, war die Antwort Guderians.
Das Ende der Vorbereitungen war abzusehen. Hitler selbst erfand die geschickten Manöver im Norden der Front, durch welche die Aufmerksamkeit des gegnerischen Oberkommandos abgelenkt werden sollte. Die 7. Fallschirmjägerdivision wurde nicht auf die Übergänge von Maas und Sambre angesetzt, wie es nach den bei Mechelen verlorengegangenen Plänen vorgesehen war, sondern griff Schlüsselpunkte an den Zugängen der ›Festung Holland‹ sowie den Albertkanal und die Befestigungen von Lüttich an. Einfache Hauptleute schritten durch die Bronzeportale der Neuen Reichskanzlei und berieten mit dem Führer, wie sie die Brücke von Vroenhoven angreifen

sollten und wie die Segelflieger die Luftlandetruppen auf Fort Eben-Emael absetzen würden. Inzwischen sollten die Panzer so unauffällig wie möglich durch den dunklen Ardennerwald gegen Sedan rollen. Es war Frühling geworden, an der Lothringer Front standen die Bäume nach dem harten Winter im ersten Grün, aber die militärische Aktivität hatte abgenommen.

Es war deutsche Gewohnheit, die Offensive zu Jahresanfang einzuleiten: 21. Februar 1916 bei Verdun, 21. März 1918 an der Somme... Im französischen Großen Hauptquartier beschloß man also, daß es in diesem Jahr keine Offensive mehr geben werde, denn Deutschland wolle nicht das Risiko eingehen, ›an dem Fels der französischen Armee zu zerschellen‹. Dieser seltsame Krieg wurde mehr und mehr zu einem waffenstarrenden Frieden.

Diese Lage der Dinge war für die Franzosen enttäuschend. Alle Zeugen – nach der damaligen Stimmung befragt – sagten darüber das gleiche: Gamelin wollte einen gegnerischen Angriff, denn er war fest überzeugt, daß im derzeitigen Stadium des Krieges die Defensive jede feindliche Offensive zum Scheitern bringen mußte, daß er die deutschen Armeen, komme es, wie es wolle, vor seiner lückenlosen Front stoppen könne. »Eine Milliarde würde ich geben, wenn ich angegriffen würde«, sagte er. Beunruhigt aber sah er in die Zukunft; Frühjahr und Sommer 1940 würden vergehen, und er würde tatenlos mit seiner riesigen, bewegungslosen Armee dasitzen; die Soldaten würden sich tödlich langweilen.

Tatsächlich aber hatte Hitler lediglich umdisponiert und den Franzosen nur einen Aufschub von zwei Monaten gewährt. Nachdem er nämlich gezögert und mehrmals seine Pläne geändert hatte, beschloß er schließlich, am 3. März das Unternehmen ›Weserübung‹ vor dem ›Fall Gelb‹ zu starten, das heißt zunächst Norwegen zu erobern und erst dann Frankreich anzugreifen. Auf seinem Weg nach Sedan machte der Krieg einen Umweg über den Polarkreis.

Das Unternehmen ›Weserübung‹

In Finnland waren die Kampfhandlungen im Januar weitgehend abgeflaut. Die von ihren Siegen erschöpften Finnen holten Atem, während die Russen gewaltiges Kriegsmaterial sammelten und sich auf ihren ursprünglichen Plan, den Durchbruch durch die Mannerheimlinie, vorbereiteten.

Die Offensive begann am 1. Februar gegen Wiborg (Viipuri), den Ostpfeiler des Verteidigungssystems auf der Karelischen Landenge. Die Hauptrolle spielte die Artillerie, indem sie die finnischen Stellungen konzentriert beschoß, ähnlich wie man dies im vorhergegangenen Krieg in Materialschlachten zu tun pflegte. Die Finnen verteidigten sich großartig. Das russische Oberkommando rechnete mit einer Einnahme Wiborgs am dritten Tag, aber am 1. März war die russische Armee noch keinen Schritt weitergekommen. Zwei russische Divisionen, die den Ladogasee im Norden zu umgehen versuchten, waren aufgerieben worden. Doch die finnische Armee war am Ende ihrer Kräfte. Sie hatte 20 Prozent ihres Bestandes verloren. Eine Ablösung der Truppen war nicht möglich, denn alle Mann standen an der Front, um den Druck der dreimal größeren Übermacht aufzuhalten. Den Soldaten fielen vor Ermüdung die Waffen aus der Hand.

In Frankreich und England diskutierte man inzwischen heftig weiter. Die Aufmerksamkeit wurde mehr und mehr auf den skandinavischen Kriegsschauplatz gelenkt, von dem man bisher wenig wußte und um den man sich so wenig gekümmert hatte, daß das Kartenmaterial des Generalstabs der französischen Armee nur aus einer Schulwandkarte bestand. Jetzt studierte man die norwegischen Täler, die schwedischen Eisenbahnen, die finnischen Kampfmethoden sowie die Ausrüstung und Verpflegung, die im hohen Norden kämpfende Truppen benötigten. Am 16. Februar ereignete sich auf See ein Zwischenfall, der die Aufmerksamkeit auf den Norden lenkte: Die *Altmark* hatte den Untergang der *Graf Spee* überlebt und versuchte nun plötzlich, mit 299 gefangenen englischen Handelsmatrosen an Bord nach Deutschland zurückzukehren. Auf Anordnung Churchills hatte der Zerstörer *Cossack* das Schiff im Jössingfjord, das heißt in norwegischen Hoheitsgewässern, geentert. Norwegen protestierte, aber wesentlich gravierendere Verletzungen seiner Souveränität standen bevor.

Die Alliierten hatten den Gedanken aufgegeben, Finnland durch eine Landung in Petsamo zu unterstützen. Das neue Ziel hieß Narvik. Die kleine Stadt war nur durch einen schmalen, aber stark bewaffneten Streifen neutralen schwedischen Gebietes von Finnland getrennt. Ihre Lage ließ es höchst zweifelhaft erscheinen, daß das geplante Expeditionskorps den erschöpften Soldaten des Marschalls Mannerheim würde helfen können. Narvik war aber der Hauptausfuhrhafen für schwedisches Erz nach Deutschland. Falls die Besetzung Narviks durch die Alliierten gelänge, könnte Deutschland nur mehr in der Hafenstadt Lulea – im Bottnischen Meerbusen gelegen und sechs Monate im Jahr zugefroren – Eisenerz verladen. Finnland, das so bösartig überfallen wurde, lieferte einen ausreichenden Vorwand, Deutschland von dieser Rohstoffquelle abzuschneiden.

Die Deutschen gingen davon aus, daß gut ist, was Deutschland nützt. Die Besetzung der norwegischen Küste war seit langem von Großadmiral Raeder gefordert worden. Am 14. Dezember stellte er Hitler den Norweger Quisling vor, der den Deutschen riet, Norwegen zu besetzen, um so den Alliierten zuvorzukommen, die mit Oslo bereits Absprachen über eine britisch-französische Landung getroffen hätten. Hitler, der sich beinahe ausschließlich mit seinen Offensivplänen gegen Frankreich beschäftigte, hatte die Vorschläge seines Admirals und die Wünsche des Verräters abgelehnt, kam aber auf

sie zurück, als der Zwischenfall von Mechelen an der Maas einen Aufschub der Westoffensive veranlaßt hatte.
Der Leiter der Norwegenexpedition wurde am 20. Februar bestimmt. Der nach Koblenz beorderte Befehlshaber des XXI. Armeekorps, General von Falkenhorst, erfuhr aus dem Munde des Führers, daß er mit der Eroberung Norwegens betraut sei und daß diese Aktion wichtig, sehr wichtig, außerordentlich wichtig für die ganze Kriegführung sei. Als Falkenhorst die Kanzlei verließ, kaufte er sich erst einmal einen Baedeker, um sich über das Land zu informieren, wo er Lorbeeren ernten sollte.
Die Russen drangen Schritt für Schritt auf der Karelischen Landenge vor. Diese unglaublichen Finnen, die das Sowjetreich beschämt hatten, hielten es nicht für richtig, bis zum letzten Mann zu kämpfen. Schweden schaltete sich ein, und während die Schlacht wütete, begab sich am 6. März eine finnische Abordnung zu Verhandlungen nach Moskau. Am 11. fiel Wiborg, aber am 13. wurde der Friede unterzeichnet. Finnland trat die Karelische Landenge ab, die Hälfte der Fischerhalbinsel und vermietete Hanko. Doch bewahrte es das Wichtigste, seine Unabhängigkeit.
Der Friede von Moskau nahm den Alliierten den Vorwand, Narvik zu besetzen. Sie waren weder zynisch genug, sich darüber hinwegzusetzen, noch wollten sie den Plan ganz aufgeben. Zwei für Norwegen bestimmte britische Divisionen wurden als Verstärkung dem Britischen Expeditionskorps in Frankreich zugeteilt, doch elf Bataillone blieben für alle Fälle in Reserve. In Frankreich setzte ein kleines Expeditionskorps, bestehend aus Alpenjägern und Fremdenlegionären, seine Übungen und Vorbereitungen im Jura fort. Man ließ sich Zeit. Frankreich und England wechselten Noten, berieten das Problem immer wieder und änderten ihre Pläne.

Regierungswechsel in Paris

Auch die Regierungen wechselten. Chamberlain und Daladier, die Männer von München, waren auf ihren Posten geblieben, obwohl sich die Hoffnungen nicht erfüllt hatten, die man in sie gesetzt hatte. Ihre Friedensmission war gescheitert. Aber sie konnten und wollten trotz dieses Bankrotts nicht zurücktreten. Die Kabinette, denen sie präsidierten, waren bunt zusammengewürfelt und mit schwachen Leuten besetzt. Der Verwaltungsapparat, dem sie vorstanden, lief in den alten, ausgefahrenen Bahnen des Friedens weiter. In diesem seltsamen Krieg verhielten sich nicht nur die Armeen wie im tiefsten Frieden; die öffentlichen Ämter standen ihnen in nichts nach.
Trotz der Erfahrungen von 1914 war die industrielle Mobilisierung nicht ausreichend vorbereitet worden. Spezialisten lagen an der Front wie alle anderen Arbeiter; es erwies sich als äußerst schwierig, sie gegen den Widerstand der Korpskommandanten

wieder an ihre Arbeitsplätze zurückzuholen. Die Abgeordneten landwirtschaftlicher Departements, die das Kanonenfutter im Ersten Weltkrieg geliefert hatten, protestierten gegen die Bevorzugung der Industriebevölkerung und forderten die gleiche für ihre Wähler. »Der Rüstungsminister ist Ingenieur und weiß nicht, was die Zeit der Aussaat bedeutet«, erklärte in der französischen Abgeordnetenkammer einer dieser Volksvertreter. »Ich weiß jedenfalls«, antwortete ihm der Minister Raoul Dautry, »daß wir gegenwärtig die Zeit der Granaten haben.« Die Hindernisse, die sich ihm entgegenstellten, waren teils komisch, teils tragisch. In der Pulverfabrik von Angoulême weigerten sich 4000 Spezialarbeiter, die man von der Front zurückgeholt hatte, Melinit herzustellen, weil man, wie sie behaupteten, dadurch kahl werde. Im Arsenal von Montluçon mußten infolge von Sabotage 120 Panzerabwehrkanonen verschrottet werden. Die Kommunistische Partei war für ungesetzlich erklärt und verboten worden. Sie arbeitete im Untergrund und focht für Hitler gegen den imperialistischen Krieg, wobei sie als Beispiel die UdSSR anführte, die mit dem Dritten Reich einen brüderlichen Frieden geschlossen habe. Vom allgemeinen Trend zum Totalitarismus erfaßt, engagierten sich mehrere Fraktionen der Rechten und bedeutende Teile der Linken für Hitler. Die durch eine geradezu exemplarisch schlechte Propaganda unzureichend aufgeklärte öffentliche Meinung schwankte wie ein Rohr im Winde. Man war zufrieden, daß das Land nicht besetzt war und daß kein Blut floß, aber man verstand weniger als je die seltsame Ruhe an der Front. Von Zeit zu Zeit ging eine Welle der Beunruhigung durch die Bevölkerung. Jenes Gefühl der Unsicherheit, das Katastrophen voranzugehen pflegt, erfaßte die ganze Nation, die weder im Frieden noch im Kriege lebte.
In England war die Moral nicht wesentlich besser. Das neue Musterungsgesetz erfaßte nur die ledigen jungen Männer; die Liste der Unabkömmlichen erstreckte sich sogar auf die Raupenableser, welche die Hecken reinigten. Die Gewerkschaften, an deren Spitze der alte Dickschädel Sir Walter Citrine stand, kämpften gegen jede kriegsbedingte Verlängerung der Arbeitszeit. Bis nach Frankreich predigten sie einen Waffenmalthusianismus. ›Die Delegierten der Trade Union warfen mir vor, Frauen einzustellen und die Männer mehr als sieben Stunden täglich arbeiten zu lassen‹, stellte Dautry fest. Unter den herrschenden Klassen wirkten sich die nazistische Infiltration und der Mangel an Patriotismus genauso stark wie in Frankreich aus. Der Cliveden-Kreis der Lady Astor war linkspazifistisch, aber die *Daily Mail* des Lord Rothermere schrieb kurz vorher, daß ›die kräftigen jungen Nazis Deutschlands unser Schutzwall gegen den Kommunismus sein werden‹. Später fand sich England unter dem deutschen Bombenhagel wieder zusammen – ein Umstand, auf den zurückzuführen ist, daß man lange Zeit den Defaitismus für ein französisches Monopol hielt. Eine objektive Betrachtung aber zeigt, daß das nicht stimmt.
Daladier wurde als erster gestürzt, und zwar am 19. März in einer geheimen Sitzung, die über die Ereignisse in Finnland beriet. Eigentlich war es nur ein halber Sturz, denn

Daladier behielt das Ministerium für Nationale Verteidigung und war somit in der Lage, Gamelin jederzeit zu decken. Paul Reynaud, das Symbol des Kriegs auf Leben und Tod, sozusagen der französische Churchill, wurde Ministerpräsident, doch seine Einsetzung stieß auf Schwierigkeiten, da nur 268 Abgeordnete für ihn, aber 156 gegen ihn votierten und 111 Abgeordnete sich der Stimme enthielten. Er wurde nur mit der Mehrheit von einer einzigen Stimme gewählt. Drei Stunden lang berieten die Minister, ob sie dieses klägliche Vertrauensvotum annehmen sollten. Sie entschlossen sich dazu, nachdem sie begriffen hatten, daß es keine bessere Lösung gäbe. Ein Beweis für die Zerrissenheit und Konfusion, die im ganzen Volk herrschte!
Die prinzipielle Entscheidung Frankreichs und Englands über die Entsendung eines drei oder vier Divisionen umfassenden Expeditionskorps nach Skandinavien fiel am 5. Februar. Hitler faßte denselben Entschluß einen Monat später; aber er traf seine Vorbereitungen viel schneller. Er hatte das OKW offiziell mit der Organisation der Expedition beauftragt, in Wirklichkeit hatte er sie sich selbst vorbehalten. Am 1. März legte er seinen Plan, die Weisung für den ›Fall Weserübung‹, endgültig fest, nachdem er Göring beruhigt und Brauchitsch barsch angefahren hatte, als beide gegen ihre Ausschaltung protestieren wollten. Dänemark würde besetzt, Landungen in Oslo, Kristiansand, Stavanger, Bergen, Trondheim und Narvik sollten folgen. Am 14. empfing er Raeder, der sich selber widersprach und vorschlug, Norwegen erst nach dem Sieg über Frankreich zu besetzen. Hitler entließ ihn mit den Worten, seine Entscheidung sei getroffen und werde nicht geändert.

18. März 1940: Hitler und Mussolini am Brenner

Am 18. März unterbrach Hitler die Ausarbeitung seiner norwegischen Pläne, um Mussolini am Brenner zu treffen. Es war das erste Treffen der beiden Diktatoren seit Kriegsbeginn. Hitler hatte sich über den Schwächeanfall Italiens im September geärgert und machte auch nicht den geringsten Hehl daraus: Er ließ ein Schreiben Mussolinis vom 4. Januar unbeantwortet, in dem ihm der Duce zu Verhandlungen riet und vor der Illusion warnte, England und Frankreich auf die Knie zwingen zu können. Um seinen wankelmütigen Verbündeten von der deutschen Stärke zu überzeugen, fuhr Hitler zum Brenner. In seinem Gepäck befand sich ein umfangreiches Aktenstück mit einer detaillierten Karte, auf der die Standorte der 207 bereits bestehenden oder in Aufstellung befindlichen deutschen Divisionen verzeichnet waren. In 1400 Meter Höhe hielten an der kleinen verschneiten Grenzstation die beiden Sonderzüge nebeneinander. Der fahrplanmäßige Zugverkehr zwischen Deutschland und Italien war für mehrere Stunden unterbrochen. Im Salonwagen Benitos hielt Adolf einen seiner berühmten

Monologe. Mussolini mußte sich den Polenfeldzug in allen Einzelheiten schildern lassen. Es folgte ein genauer Bericht über die neuen deutschen Taktiken und weitschweifige Ausführungen über die materielle und moralische Überlegenheit, dank der das Reich einen raschen Sieg über die entnervten westlichen Länder erringen würde. Ciano, der diesen Monolog schon einmal gehört hatte, war gespannt, wie sein Schwiegervater wohl auf die Tatsache reagieren würde, von Hitler zum passiven Zuhörer verurteilt zu sein.

Die Reaktion des Duce überraschte ihn. Mussolini war begeistert. Hitlers beeindrukkende Aufzählung der gewaltigen deutschen Kräfte hatte ihn kriegerisch gestimmt. »Italien kann keinen langen Krieg durchhalten«, sagte er, »aber ich bin der gleichen Meinung wie Sie, daß das Los Frankreichs besiegelt ist und daß alles andere, was sonst sich noch am Rande abspielt, ohne Bedeutung ist. Mein Entschluß ist gefaßt. Verstehen Sie, Führer...?« Die beiden Generalstäbe, so wurde beschlossen, sollten Pläne für die Verlegung von 20 italienischen Divisionen an den Rhein ausarbeiten, die den Zweck hatte, eine gemeinsame Offensive in Richtung Dijon vorzutragen.

›Der Führer kam strahlend vom Brenner zurück‹, notierte Jodl. In den nächsten Tagen widmete sich Hitler wieder voll und ganz der Norwegenexpedition.

Die ›Home Fleet‹ vor Norwegen

Am 2. April war Generalprobe. Hitler versammelte in der Reichskanzlei die verantwortlichen Stäbe. Die Karten für das Unternehmen waren an den Wänden aufgehängt, und die Offiziere gruppierten sich vor ihrem jeweiligen Operationsgebiet. Hitler befragte einen nach dem anderen, welches seine Aufgabe sei und wie er sich deren Erledigung vorstelle. Von 11 Uhr bis 19 Uhr ging Hitler mit den Offizieren den Plan durch, billigte oder ließ richtigstellen und unterbrach nur ein oder zweimal, um belegte Brötchen bringen zu lassen. Schließlich gab er sich zufrieden und legte den 9. April als Datum für die Landung fest. Die 3. Gebirgsjägerdivision sowie die 69., 169. und 196. Infanteriedivision sollten die erste Welle bilden, während die 2. Gebirgsjägerdivision sowie die 198. und 214. Infanteriedivision als Verstärkung folgen sollten.

Der Oberste Kriegsrat des gegnerischen Lagers versammelte sich am 28. März in London. Es wurde beschlossen, die norwegischen Gewässer zu verminen, ebenso den Fjord von Narvik, um die Erztransporte zu unterbinden. Gleichzeitig sollte die Operation ›Royal Marines‹, eine der Lieblingsideen Churchills, gestartet werden. Sie sah vor, schwimmende Minen in den Rhein zu werfen, welche die Brücken zerstören und die Schiffahrt behindern sollten. Das Unternehmen war für den 5. April angesetzt.

Der Plan ›Royal Marines‹ erschreckte aber die französische Regierung, die von deut-

scher Seite Repressalien gegen Fabriken und Städte in Frankreich befürchtete. Die von Paul Reynaud gegebene Zustimmung wurde von seinem Kriegskabinett nicht ratifiziert. Chamberlain sah darin sofort die Möglichkeit, das Eingreifen Englands noch hinauszuzögern, und ließ ›Wilfred‹, das heißt die Verminung der norwegischen Gewässer, vertagen. Churchill begab sich umgehend nach Paris und versuchte, die französische Regierung umzustimmen, mußte aber die Idee einer gleichzeitigen Durchführung der Operationen ›Wilfred‹ und ›Royal Marines‹ aufgeben. Immerhin erreichte er, daß die Verminung der norwegischen Gewässer am 8. April stattfinden konnte. Am gleichen Tag sprach Chamberlain vor einer Versammlung junger Konservativer. »Mr. Hitler«, erklärte er, »is a man who has missed the bus.« (Herr Hitler ist ein Mann, der den Autobus verpaßt hat.) Dieser Ausspruch sollte noch oft zitiert werden.
Zur selben Stunde stachen drei Zerstörer, die ersten der deutschen Norwegenexpedition, in Richtung Narvik in See. Kein einziger der zahlreichen alliierten Nachrichtendienste hatte davon eine Ahnung.
In Berlin herrschte während der folgenden Woche Alarmstimmung. Immer mehr Schiffe liefen aus, die alle ganz genaue Anweisungen hatten. Sie mußten unter englischer Flagge fahren, durften sich untereinander nur auf Englisch verständigen und hatten den Befehl, für ihre Reise jederzeit eine einleuchtende Erklärung bereit zu haben. Die Soldaten mußten sich selbstverständlich unter Deck aufhalten. Die Kriegsschiffe hatten sich als britische Schiffe vergleichbaren Typs ausgegeben, so die *Köln* als *HMS Cairo*, die *Königsberg* als *HMS Calcutta* usw. Trotzdem war die Gefahr einer Entdeckung groß. Um die Mittagszeit des 8. April wurde der deutsche Transporter *Rio de Janeiro* vor Kristiansand durch das polnische U-Boot *Orzel* torpediert. Die von Fischdampfern an Bord genommenen uniformierten Besatzungsmitglieder erzählten, sie hätten den Auftrag, Bergen gegen einen englischen Angriff zu verteidigen. Diese Nachricht erreichte die britische Admiralität am selben Abend. Man legte sie in den Korb für laufende Angelegenheiten, wo sie der zuständige Offizier erst am nächsten Morgen vorfand.
Die Engländer waren immerhin bereit. Die Transporte für Narvik sammelten sich im Firth of Clyde. Die Truppen wurden seit dem 7. April in Rosyth auf die Kreuzer *Devonshire*, *Berwick*, *York* und *Glasgow* verladen, die für die Fahrt nach Stavanger zwölf Stunden und für die Überfahrt nach Narvik einen Tag brauchten. Da man beschlossen hatte, stufenweise vorzugehen, beschränkte man sich vorläufig auf das Verlegen von Seeminen. Sollten die Deutschen dagegen etwas unternehmen, würde der Gegenschlag blitzartig folgen.
Aber in der Morgendämmerung des 9. April eröffneten die Deutschen einen neuen Blitzkrieg, der den Engländern keine Zeit für einen Gegenschlag ließ. Als die deutschen Truppen eben die Grenze überschritten und die Schiffe in den Häfen kaum angelegt hatten, weckten die deutschen Botschafter in Kopenhagen und Oslo die Regierungs-

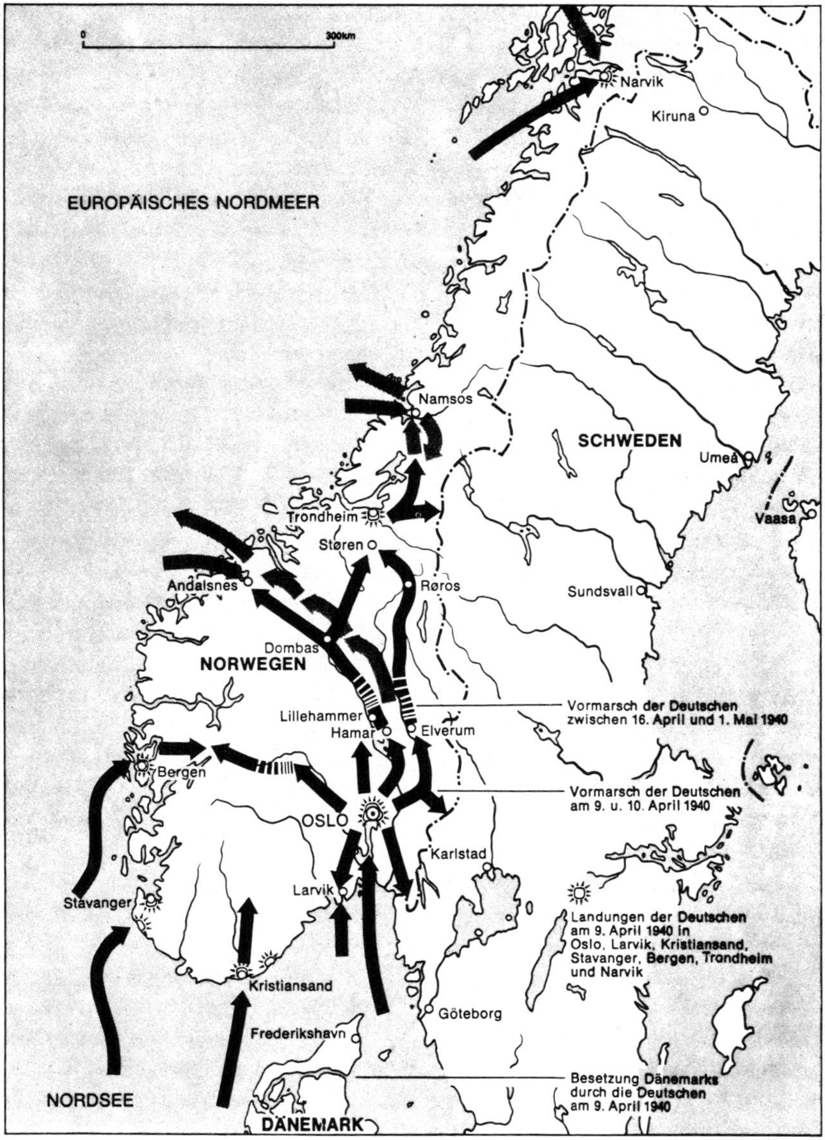

Karte 8 Unternehmen ›Weserübung‹. Schwarze Pfeile: deutsche Truppenbewegungen; graue Pfeile: alliierte Truppenbewegungen

chefs und verlangten von ihnen, sich den gegebenen Tatsachen zu fügen. Der dänische Staatsrat gab nach. Vielleicht hätte sich der norwegische ebenfalls gebeugt, wenn der deutsche Botschafter Bräuer nicht verlangt hätte, Quisling an die Spitze der Regierung zu stellen. Diese Forderung und der Widerstand der Küstenverteidigung gestatteten es dem König und seinen Ministern, die Hauptstadt zu verlassen und in die Wälder zu flüchten. Sie wurden zwar von Flugzeugen und Panzern verfolgt, konnten sich jedoch schließlich nach Norden zurückziehen.
Am Mittag desselben Tages waren sämtliche norwegischen Häfen in deutscher Hand. Der schwere Kreuzer *Blücher* war im Fjord von Oslo versenkt und der leichte Kreuzer *Königsberg* im Fjord von Bergen beschädigt worden. In Trondheim hatte sich ein Offizier in einem alten Fort verschanzt, aber sonst war die Überraschung vollkommen geglückt und der Landung keinerlei Widerstand entgegengesetzt worden.
Das Wetter war neblig, die See ging hoch, es schneite, die Sicht war schlecht und zeitweilig überhaupt unterbunden. Zum Schutz ihrer zweihundert Transporter hatte sich die deutsche Flotte in sechs Gruppen geteilt, die zwischen den Lofoten und dem Belt verstreut waren. Die englischen Minenleger operierten unter dem Schutz eines einzigen großen Schiffes, der *Renown*, und waren von zwei Zerstörer-Divisionen begleitet. Ein Zerstörer, die *Glowworm*, stieß auf den schweren Kreuzer *Admiral Hipper* und versuchte ihn zu rammen, sank jedoch im Feuer der deutschen Geschütze. In der Morgendämmerung des nächsten Tages traf die alte *Renown* auf die *Scharnhorst* und die *Gneisenau*, die plötzlich auf dem schaumbedeckten, weißen Meer auftauchten. Nach zehnminütigem Feuerwechsel zerstörte ein Glückstreffer der *Renown* den Hauptgefechtsturm der *Gneisenau*; das Schneegestöber trennte die Kämpfenden.
Der britischen Admiralität fehlte es nicht nur an Wachsamkeit, sondern auch an Scharfsinn. Als die ›Home Fleet‹ Scapa Flow und Rosyth verließ, war sie davon überzeugt, ein deutsches Geschwader bei seinem Durchbruch nach dem Atlantik abfangen zu können. Die Kreuzer, die Truppen an Bord hatten, luden diese schleunigst aus, um mit voller Fahrt zur Schlacht zu eilen.
Admiral Forbes, der Oberkommandierende, dampfte die ganze Nacht hindurch nach Norden, drehte dann aber nach Süden ab und verpaßte dadurch den entscheidenden Tag auf hoher See.
Dieser 8. April zeigt, daß Seeleute eben als Seeleute denken: Sie waren von der Anwesenheit großer Schiffe, für die in ihren Augen die Versenkung der *Glowworm* der beste Beweis war, fest überzeugt, und suchten diese Schiffe nun inmitten des Schneegestöbers. Erst am Morgen des 9. April rissen die Wolken auf. Mit dem Wetter wurden auch die Absichten der Deutschen klarer. Den Engländern blieb nur noch die Möglichkeit, die Deutschen anzugreifen, während sie in den Häfen die Truppen an Land setzten. Genau das beabsichtigte Forbes, aber die Admiralität widersetzte sich seinem Plan und verbot jeden derartigen Angriff, da unersetzliche Schiffe verlorengehen könnten

Am 10. April 1940 fand im Ofotfjord vor Narvik das erste Seegefecht zwischen deutschen und britischen Zerstörern statt. Deutsche Einheiten an der Mole von Narvik (vorherige Seite). – Deutsche Gebirgsjägereinheit auf einem Transportschiff unmittelbar vor ihrer Landung in Norwegen (oben). – Britische Truppen bei der Landung im Herjangsfjord bei Narvik im Mai 1940 (unten).

Gefangene norwegische Seeleute, deren Schiffe versenkt worden sind, werden von deutschen Marinesoldaten in ein Gefangenenlager abgeführt (oben). – Während bereits am 5. Mai unter dem nach England geflohenen König Haakon in London eine norwegische Exilregierung gegründet wurde, stießen die deutschen Truppen noch immer durch brennende Dörfer ins Landesinnere vor (unten).

Am 10. Mai 1940 begann die Westoffensive: Die Cointet-Gitter an der belgischen Grenze erwiesen sich für die deutschen Panzer des XVI. Armeekorps als keinerlei Hindernis (oben). – Das – wie Belgien – neutrale Holland erlebte die deutsche Eroberung durch Fallschirmjäger (unten), deren wichtigstes taktisches Ziel die Besetzung der Maasbrücke bei Moerdijk war.

und man auch nicht wußte, ob die Küstenbefestigungen noch in norwegischer Hand waren.

Das aufklarende Wetter begünstigte auch den Einsatz von Flugzeugen; eine deutsche Staffel kreiste über den englischen Panzerkreuzern, konnte jedoch nur den Zerstörer *Gurkha* versenken. Einige Stunden später entdeckte eine englische Sturzbomberstaffel unter Kapitän Patridge die von norwegischen Küstenbatterien beschädigte *Königsberg*. Die Staffel war auf den Orkneyinseln gestartet und hatte beinahe ihren maximalen Aktionsradius erreicht, doch nach einem Bombardement ging die *Königsberg* auf Grund: Zum erstenmal in der Geschichte des Seekriegs wurde ein großes Schiff von Flugzeugen versenkt.

Das Auftauchen der Deutschen in Narvik, 1000 Seemeilen von der Elbmündung entfernt, war eine solche Überraschung, daß man anfänglich an eine Namensverwechslung glaubte und annahm, es handle sich um den kleinen Walfängerhafen Larvik bei Oslo. Dann vermutete man, höchstens ein Frachter habe heimlich eine kleine Abteilung Soldaten so weit nach Norden geschmuggelt. Der Kapitän zur See Warburton-Lee erhielt den Befehl, mit den ihm unterstellten Zerstörern *Hardy*, *Hunter*, *Havoc*, *Hostil* und *Hotspur* in den Westfjord einzudringen, um den dreisten Einzelgänger zu erledigen und Narvik wieder zu nehmen. Am Abend des 9. April stoppte er bei der Lotsenstation von Tranöy im Westfjord, um sich genauer zu informieren. Dort sagten ihm die Lotsen, daß es sich nicht um ein einzelnes Schiff handle, sondern daß sechs Kriegsschiffe, wesentlich größer als seine – Warburton-Lees – Kähne, den Erzhafen erobert hätten. Diese Nachricht wurde an die Admiralität weitergegeben, doch diese weigerte sich, Verstärkung zu schicken und gab Warburton-Lee freie Hand: ›Entscheiden Sie, was Sie für richtig halten; wir decken Sie auf alle Fälle.‹ Die sofortige Antwort war: ›Going into action.‹

Am nächsten Tag war das Wetter wieder schlecht. Die eisbedeckten Berge der Lofoten lagen in Wolken, die Schneeflocken tanzten im Sturm. Warburton-Lee lenkte sein Geschwader blindlings durch die klippenreiche Enge. Die Überraschung war daher um so größer, als er plötzlich vor dem Hafen von Narvik auftauchte. Die Zerstörer *Wilhelm Heidkamp* und *Anton Schmidt* wurden torpediert und sanken, drei weitere wurden beschädigt. Als aber Warburton-Lee sich wieder zurückzog, tauchten plötzlich aus dem Herjangsfjord drei neue Gegner auf. Er stellte sich zum Kampf, doch zwei weitere Zerstörer kamen aus dem Ballangenfjord und nahmen sein Geschwader ins Kreuzfeuer.

Es waren nicht nur sechs deutsche Schiffe, wie die Lotsen von Tranöy behauptet hatten, sondern zehn kleine, aber starke deutsche Schiffe, die in den Westfjord eingelaufen waren und 2000 Soldaten gelandet hatten.

Das Zerstörergefecht verlief für die Engländer ungünstig. Warburton-Lee wurde auf der Brücke der *Hardy* getötet, kurz darauf sank der Zerstörer. Der *Hunter* ging es nicht besser. Der Zerstörer *Hotspur* wurde schwer beschädigt und schleppte sich mühselig mit seinen beiden unbeschädigten Kameraden aus dem Fjord. Zum Teil wegen des schlechten Wetters, zum Teil aus Furcht vor der *Renown,* die sie in der Nähe vermuteten, ließen die Deutschen die Gelegenheit verstreichen, das englische Geschwader völlig zu vernichten. Sie versäumten auch, die *Rauenfels* zu retten, die schwere Waffen für die Landungstruppen an Bord hatte. Sie wurde von dem Zerstörer *Havoc* versenkt. Wie sich zeigen sollte, schwächte dieser Umstand die Truppen in Narvik erheblich. Die englische Admiralität beschloß, die Angriffe fortzusetzen. Drei Tage später fuhren neun neue Zerstörer in den Westfjord ein. Diesmal aber waren sie nicht allein. Ein mächtiger Veteran, die *Warspite,* die schon die Skagerrakschlacht mitgemacht hatte, schützte sie. Die deutschen Zerstörer teilten sich und zogen sich bis in den Rombakenfjord zurück, dessen winklige Spitze an die schwedische Grenze stößt. Die Granaten der *Warspite* verfolgten und vernichteten sie. An den Ufern des eisigen Fjords brannten die deutschen Schiffe aus. Das Unterseeboot *U 64* teilte ihr Los. Narvik aber war fest in der Hand eines deutschen Gebirgsjägerregiments unter dem Befehl des Generals Dietl. Die englischen Matrosen verzichteten darauf, ihn zu vertreiben und den Sieg auf diese Weise zu vervollständigen. Für Hitlers Marine, die nur über 22 Zerstörer verfügte, war der Verlust von 10 Zerstörern vor Narvik ein schwerer Schlag. Dazu kam noch der Verlust der *Blücher,* der *Karlsruhe* und der *Königsberg,* die am 9. April versenkt worden waren, während die *Hipper,* die *Scharnhorst* und die *Gneisenau* schwer beschädigt worden waren. Erhebliche Zerstörungen wies auch die *Lützow* auf, die ein volles Jahr im Dock liegen mußte, ehe ihre Schäden wieder repariert waren. Norwegen hatte die deutsche Flotte empfindlich dezimiert; am 15. April waren nur mehr 2 leichte Kreuzer und 4 Zerstörer verfügbar.

In Paris hatte man nur bitteren Tadel für die Engländer übrig. Wie konnten sie sich nur derart überraschen lassen, und wozu hatten sie eigentlich ihre Flotte? Ihr berühmter Intelligence Service schlief vermutlich! Am Morgen des 9. April berieten Frankreichs Militärminister und Oberbefehlshaber und stritten sich heftig. Schließlich einigte man sich: Der wirkungsvollste Gegenschlag auf die Invasion in Norwegen sei ein Einmarsch in Belgien und die Besetzung des Albertkanals. Man beschloß, bei den Belgiern zu intervenieren und ihnen klarzumachen, daß man jetzt handeln müsse, da der größte Teil der deutschen Luftwaffe in Norwegen festliege. Die belgische Regierung war aber der Auffassung, daß die Ausdehnung des Krieges auf Skandinavien das Risiko einer deutschen Offensive gegen Belgien vermindern würde und daß es daher besser als je zuvor sei, neutral zu bleiben.

Nach der Sitzung im Elysee fuhren Reynaud und Daladier nach London. Sie wollten die geplante Besetzung der norwegischen Häfen, die durch den Frieden zwischen Rußland und Finnland aufgehoben worden war, nunmehr gegen einen dort schon festsitzenden Feind in aller Eile wieder durchsetzen. Churchill, der auf einmal Mäßigung zeigte, vertrat den Standpunkt, man solle sich auf Narvik beschränken. Die Franzosen waren wütend. Warum sollte man nicht auch Trondheim zurückerobern, das einen großen Hafen besaß und ein wichtiger Verkehrsknotenpunkt zwischen dem Süden und dem Norden Norwegens war? Die Einnahme von Trondheim würde den deutschen Erfolg in eine Niederlage verwandeln. Der Augenblick der Entscheidung war gekommen, und der eigentliche Krieg begann. Man beschloß, gleichzeitig Narvik und Trondheim zurückzuerobern.

Die norwegischen Landoperationen. Narvik

Die Lage der Deutschen in dem Erzhafen von Narvik war höchst abenteuerlich. Dietl verfügte nur über sein Gebirgsjägerregiment und zwei Batterien Gebirgskanonen, aber kaum über Munition. Mit Entsetzen sah Hitler die Möglichkeit, daß diese schwache deutsche Truppe gezwungen werden könnte, sich zu ergeben. Er beschloß, Dietl den Rückzug auf Trondheim zu befehlen, aber der Verbindungsoffizier zum OKH, Oberstleutnant von Loßberg, hielt den Funkspruch auf eigene Verantwortung zurück. Er war so mutig, sich zu Keitel und Jodl zu begeben und ihnen vorzuwerfen, sie gäben Befehle, die sich nicht ausführen ließen. Keitel verließ mit gewohnter Selbstsicherheit den Raum, indem er erklärte, es sei unter seiner Würde, mit einem so jungen Offizier, der sich derartig aufspiele, sich herumzustreiten. Der aalglatte Jodl gab zu, daß der Befehl sinnlos sei, doch sei der Führer gegenwärtig derart nervös, daß man ihm dies unmöglich beibringen könne. Darauf erwiderte Loßberg, daß der Führer sich andere Berater suchen solle, wenn die gegenwärtigen so wenig Autorität hätten. Jodl erinnerte sich nun eines Innsbrucker Professors, der Spezialist für norwegische Gebirgsformationen war. Man holte ihn und brachte ihn zu Hitler, dem er bewies, daß ein Rückzug über 1000 Kilometer Gletschergebiet von vornherein unmöglich sei. Hitler revidierte daraufhin seinen Befehl, ohne zu ahnen, daß dieser niemals weitergegeben worden war, und befahl Dietl, das besetzte Gebiet zu halten und sich im letzten Augenblick in Schweden internieren zu lassen. Jeder glaubte, Narvik werde in den allernächsten Stunden fallen.

Den Engländern fehlte aber jegliche Eingebung. Statt sich auf Narvik zu stürzen, landete die am 12. April verladene Brigade im kleinen Hafen von Harstad auf der Insel Hinnoy. Ihr Ziel aber lag 100 Kilometer entfernt hinter Bergriesen, deren Überwindung ebenso schwierig war, wie eine Montblanc-Besteigung. Churchill schickte nun einen alten Seebären, den energischen Admiral Lord Cork and Orrery, aber Churchill war nur die Admiralität, und MacKesey, der Befehlshaber der Landstreitkräfte, unterstand dem War Office und hörte infolgedessen überhaupt nicht auf die Ratschläge seines Marinekollegen. Dann mischte sich der Himmel drein und ließ eineinhalb Meter Schnee fallen. Da faßte Mackesey einen heroischen Entschluß: »Ich werde die Schneeschmelze abwarten.« Narvik hing nun nicht mehr von einem Handstreich ab, jetzt war ein richtiger Feldzug nötig.

Das alles hatte die Harmonie im alliierten Lager nicht gerade erhöht. Die französisch-englischen Beziehungen blieben süßsauer, und die Beziehungen innerhalb der führenden Kreise Frankreichs waren noch gespannter. Die fehlende Vorbereitung der Norwegenexpedition gab Anlaß zu Ärger und Gereiztheit. Paul Reynaud überhäufte Gamelin in der Sitzung des Kriegskabinetts vom 12. April mit Vorwürfen. Daladier erhob sich von seinem Platz als Vizepräsident des Ministerrats und setzte sich demonstrativ neben Gamelin ans andere Ende des Tisches, wie sich ein Rechtsanwalt neben seinen Klienten zu setzen pflegt. Nach der Sitzung entwarf Gamelin sein Entlassungsgesuch, aber Daladier veranlaßte ihn, es zu zerreißen, indem er andeutete, die Tage des Kabinetts Reynaud seien ohnehin gezählt.

In London wurde inzwischen ein grandioser Kriegsplan ausgearbeitet. Eine ganze Armada, bestehend aus den Panzerkreuzern *Valiant*, *Renown*, *Glorious* und *Warspite*, vier Luftabwehrkreuzern, 20 Zerstörern und zahlreichen Transportern sollte in den breiten Fjord von Trondheim eindringen, 100 Flugzeuge sie decken. Eine Brigade der regulären Armee sowie ein Bataillon Kanadier hatte den Auftrag, direkt in der Stadt an Land zu gehen, eine französische Brigade sollte als Verstärkung folgen. Diesen Frontangriff sollten zwei weitere Operationen unterstützen, welche 150 Kilometer nördlich von Namsos beziehungsweise 200 Kilometer südlich von Andalsnes angesetzt waren. Der Admiral Sir Roger Keyes, ein noch junger Mann voller Vertrauen in die Sache, erbat sich die Gunst, das Geschwader führen zu dürfen. 1918 hatte er sich schon einen Namen gemacht, als er Zeebrugge durch die Versenkung von Schiffen abgeschnitten hatte. Er verbürgte sich, bei Trondheim zu siegen. Der Angriff war unter dem Decknamen ›Hammer‹ für den 22. April geplant. Am 15. und am 17. landete die Vorhut, ohne auf Widerstand zu stoßen, in Namsos und Andalsnes. Aber der Rat der Generalstabschefs widerrief am 18. April das Unternehmen ›Hammer‹ mit der Begründung, das Risiko sei zu groß. Der darüber untröstliche Keyes erbot sich, die ältesten Kästen der Kriegs- und Handelsmarine gegen Trondheim zu führen, doch man nahm sein Angebot nicht an. Man vertrat vielmehr die Ansicht, die Stadt müsse ausschließlich mit Landtruppen genommen werden, und zwar durch eine Zangenbewegung, die die bei Namsos und Andalsnes gelandeten Truppen einleiten und durchführen müßten.

Diese feindlichen Landungsunternehmen brachten Hitler wieder in Bewegung. In Trondheim und in Narvik hatte sich die Lage nicht verändert. Die dort liegenden Truppen, insgesamt höchstens 5000 Mann, waren vom Gros der bei Oslo gelandeten deutschen Truppen abgeschnitten. Um ihnen zu Hilfe zu eilen, ordnete Hitler undurchführbare Märsche an, beabsichtigte er, auch die Marine eingreifen zu lassen, obwohl keine Schiffe mehr vorhanden waren. Er richtete seine Wut dann gegen die Norweger, die durch ihren Widerstand und die von ihnen angerichteten Zerstörungen im Gudbrandsdal den Marsch der 163. und 196. Infanteriedivision nach Trondheim verzögerten. Man hatte versucht, sie durch schonende Behandlung zu gewinnen, aber sie hatten mit der Waffe geantwortet. Hitler beschloß, seinen Gesandten zurückzurufen und für Norwegen den unbarmherzigen Terboven als Reichskommissar einzusetzen.

Für Hitlers Befürchtungen bestand aber kein Anlaß, denn sofort wendete sich das Blatt zuungunsten der Alliierten. Die einzige Möglichkeit für eine Einnahme Trondheims bestand in einem Frontalangriff, den die Generalstabchefs jedoch für zu riskant hielten. Lange Märsche auf drei Meter breiten Straßen durch Schnee und Schlamm bei gleichzeitiger deutscher Luftüberlegenheit – das war zuviel für schlecht ausgebildete und schlecht ausgerüstete Truppen!

Die Organisation der alliierten Expedition war schlecht: Die Luftabwehr kam erst mit der zweiten Angriffswelle und befand sich darüber hinaus auf dem ehemaligen Passagierdampfer *Ville-d'Alger*, der wegen seines großen Tiefgangs nicht in den winzigen Hafen Namsos einlaufen konnte. Die Deutschen ließen die Truppen, bestehend aus zwei englischen Brigaden und einer leichten französischen Division, ruhig landen; dann kamen die deutschen Flieger und setzten mit ihren Bomben die Stadt in Brand. General Carton de Wiart marschierte trotzdem mit seinen Engländern los, während der französische General Audet in Namsos mit seinen Leuten zurückblieb. Das Wetter war grauenhaft. Die durchfrorenen Truppen erreichten Steinkjer am Ende des Fjords von Trondheim, zogen sich aber rasch wieder zurück, und zwar eher wegen der Kälte und des Mangels am jeglichem Komfort als auf Grund der Feindeinwirkung.

Andalsnes, noch kleiner als Namsos, liegt am Ende eines tief eingeschnittenen Tals. Die Engländer sahen sich bereits als Sieger. Über einen 1500 Meter über dem Meeresspiegel gelegenen Paß erreichten sie das Gudbrandsdal, ein bedeutendes Verkehrs- und Wirtschaftszentrum. Von Dombas aus führte eine Straße nach Trondheim. Über diese konnte man die Verbindung zu Carton de Wiart herstellen; vorher jedoch mußte man für Flankendeckung sorgen und die Einheiten des norwegischen Obersten Ruge unterstützen, die bei Lillehammer das Gudbrandsdal sperrten. Die 148. Brigade eilte per Bahn und auf Straßen dorthin. Die 15. Brigade unter General Paget, die frisch aus Frankreich gekommen war, folgte. Der Zusammenstoß mit den deutschen Truppen unterbrach aber schlagartig ein Unternehmen, das anfangs einem Triumphzug zur Wiedereroberung Oslos geglichen hatte. Der General der 148. Brigade und alle Operationspläne fielen in die Hände der Deutschen. Diese Unterlagen bewiesen klipp und klar, daß Hitler den Engländern in Norwegen nur zuvorgekommen war. Paget führte die Reste des Expeditionskorps mit Mühe und Not nach Andalsnes zurück.

Am 30. April strahlte Hitler vor Freude. Seine Truppen im Gudbrandsdal hatten die Verbindung zu den Verteidigern von Trondheim hergestellt. Zwei Tage später war kein einziger Franzose oder Engländer in Mittelnorwegen mehr zu finden. Unter Bombenhagel waren sie abgerückt, hatten ihre Waffen zurückgelassen und zahlreiche Schiffe verloren. Sie hatten erkennen müssen, daß die militärische Überlegenheit zur See nichts wert ist ohne gleichzeitige Beherrschung des Luftraums.
In Narvik lag noch Schnee. Große Vorbereitungen waren im Gange. Churchill war es gelungen, den schüchternen Generalmajor MacKesey dem energischen Admiral Cork unterstellen zu lassen. Das von dem jungen General Béthouart, der beim Verlassen Frankreichs noch Oberst gewesen war, ausgezeichnet geführte französische Kontingent umfaßte eine Halbbrigade Alpenjäger, vier polnische Bataillone und zwei Bataillone der Fremdenlegion, die frisch aus Sidi-Bel-Abbès gekommen waren. Alle Legionäre waren Freiwillige, und da sich unter ihnen auch eine Anzahl Deutscher befand, stellte man ihnen Militärpapiere aus, die sie als ›bretonische Partikularisten‹ auswiesen. Man glaubte, sie würden auf diese Weise nicht von ihren Landsleuten als Hochverräter füsiliert werden, falls sie in Gefangenschaft gerieten. Der Angriffsplan war fertig. Es sollte in Bjervik, das tief im Herjangsfjord liegt, gelandet werden. Dann würde man Narvik vom Rombakenfjord her nehmen. Der Beginn der Operation war auf den 12. Mai festgesetzt.
Die Deutschen bemühten sich, die Gruppe Dietl zu verstärken. Hitler beabsichtigte bereits, die schwedische Neutralität zu verletzen, aber der durch ein an ihn persönlich gerichtetes Schreiben König Gustavs V. aufgescheuchte Göring konnte ihn davon abbringen. Die Schweden zahlten dafür, indem sie Munition und einige getarnte Verstärkungen durch ihr Land ließen. Die Luftwaffe schaffte ebenfalls Verstärkung heran, und zwar Mannschaften der 3. Gebirgsjägerdivision. Zu Land wurde Übermenschliches geleistet, um die Verbindung zwischen Trondheim und Narvik zu verstärken. Gebirgsjäger schufen eine Kette von Nachschubdepots, deren Errichtung, wie der Oberbefehlshaber Falkenhorst sich ausdrückte, eher einer Hochgebirgsexpedition als einer militärischen Operation glich: ›Die von unseren Abteilungen geleistete Arbeit kann man mit der Besteigung des Nanga Parbat vergleichen.‹
Alles war bereit für die Schlacht um die Eisenstraße. In Frankreich proklamierte Paul Reynaud, sie sei abgeschnitten, und in England versicherte Churchill, der Norwegenfeldzug werde mit einem Sieg enden, und die Alliierten würden Narvik nehmen und behalten.
Was dann aber kam, ließ den skandinavischen Kriegsschauplatz als völlig nebensächlich erscheinen. Der Monat Mai des Jahres 1940 brachte große Veränderungen.

IV. Kapitel 9. bis 18. Mai 1940
Sedan

Regierungskrise in London

Das erste Opfer des Mai 1940 war Chamberlain. Am 7. begann die Debatte über die Niederlage in Norwegen im Unterhaus. Unter den Abgeordneten herrschte Beschämung und Wut. Keyes, Amery, Duff Cooper, Lloyd George und Arnold Wilson, ein fast unbekannter Abgeordneter, der später als Heckbordschütze eines Bombenflugzeugs fiel, überhäuften den Premierminister mit Vorwürfen.
Er, der alte Mann von München, verteidigte sich mit einer Verbissenheit, die schon ans Sinnlose grenzte. Er appellierte an die Solidarität der Tories, doch das war gerade in dieser Atmosphäre und angesichts der Gefahr, in der sich das Land befand, verfehlt. Bei der Abstimmung über den Antrag zur Einführung der Zensur stimmten 30 Konservative mit der Opposition und 60 enthielten sich der Stimme. Die Majorität ging von 200 auf 80 Stimmen zurück. Leo Amery hatte seine feurige Parlamentsrede mit dem Ausruf beendet: »Sie sind hier zu lange geblieben für das Gute, das Sie hier getan haben. Gehen Sie, sage ich Ihnen! Um Gotteswillen, gehen Sie!« Chamberlain folgte diesem dramatischen Begehren. Er erhob sich, stolperte über die Füße seiner Minister, drehte sich am Ausgang noch einmal um und musterte mit grimmig-bitteren Blicken die Abgeordneten. Draußen faßte er sich wieder und brach von neuem los. Nachdem er als Premierminister für die Konservativen nicht mehr tragbar war, wollte er wenigstens als Premierminister der Unionisten überleben und suchte Unterstützung bei den Labourabgeordneten. Diese aber lehnten ab. Chamberlain versuchte nun, seinen Nachfolger vorzuschlagen, um Churchill wieder einmal auszuschalten. Sein Favorit war Halifax, aber Halifax war Lord, dem die Verfassung der Vereinigten Königreiche das Betreten des Unterhauses untersagte. Da es nicht möglich war, den Krieg durch das Oberhaus führen zu lassen, blieb also nur Churchill.
Viele waren noch gegen Churchill eingestellt, da sie in ihm den ewigen Heckenschützen sahen, den impulsiven Mann der Dardanellen, den unglücklichen Schatzkanzler von 1923 und den Verantwortlichen für den Fehlschlag in Norwegen. Der erste Schuldige war seine Admiralität gewesen, durch deren Nachlässigkeit zehn deutsche Konvois gleichzeitig in allen norwegischen Häfen von Oslo bis Narvik anlegen konnten. Während der Debatte hatte Churchill sich als Verantwortlichen bezeichnet, aber der alte Lloyd George hatte seinen weißhaarigen Schädel emporgereckt und ausgerufen: »Der sehr ehrenwerte Gentleman hat nicht das Recht, sich in einen Luftschutzbunker zu verwandeln, um seine Kollegen vor Splittern zu schützen!«

Eine Gruppe von Begeisterten schob jetzt den Mann in den Vordergrund, in welchem die öffentliche Meinung mehr und mehr die Energie verkörpert sah, deren England so sehr bedurfte. Eine andere Gruppe dagegen wollte ihm den Zutritt zu Downing Street verweigern. Churchill wartete nervös auf das Ergebnis der Abstimmung.
In Paris war indessen eine ähnliche, aber wesentlich schlimmere Krise ausgebrochen, denn sie betraf gleichzeitig Regierung und Oberkommando. Paul Reynaud wollte endgültig nichts mehr mit Gamelin zu tun haben. Er wurde darin durch einen Brief unterstützt, den Oberst de Gaulle an ihn unter Umgehung der militärischen Hierarchie gerichtet hatte. ›Das militärische Korps wird sich wegen des ihm eigenen Konformismus nicht von selber reformieren. Seine Reform ist Sache des Staatsmannes, der Sie sind und der sie durchführen muß. Ich habe keinen größeren Ehrgeiz, als Ihnen bei diesem kapitalen Werk helfen zu können.‹ Aber Daladier war noch immer der Verbündete des Generalissimus, in dem er nach wie vor den Funken des Genies vermutete. Im Kabinettsrat vom 9. Mai weigerte er sich, Gamelin abzusetzen. Reynaud antwortete darauf mit dem Rücktritt des Ministeriums. Er ersuchte seine Kollegen nur, diesen Entschluß bis zum nächsten Tag geheimzuhalten ... bis zum nächsten Tag, dem 10. Mai 1940, einem Freitag ...

9. Mai: ›Fall Gelb‹ wird ausgelöst

Am 27. April hatte Hitler Keitel und Jodl davon unterrichtet, daß er den Angriff gegen Frankreich, den ›Fall Gelb‹, für die Zeit zwischen dem 1. und 7. Mai vorgesehen habe.
Alles war bereit. Die Weisung vom 24. Februar war nicht mehr geändert worden. Die Einigkeit über Ziel und Durchführung war zwischen OKW und OKH, zwischen Hitler und seinen Generalen schließlich erzielt worden. Dieser Plan war übrigens bemerkenswert wegen seiner Nüchternheit und Klarheit. Die Heeresgruppe C (Leeb, 19 Divisionen) sollte die passive Front zwischen Luxemburg und der Schweiz halten, während die beiden anderen Heeresgruppen, B (Bock) und A (Rundstedt), aktiv eingreifen sollten.
Die Heeresgruppe B sollte einen Fesselungsangriff durchführen, rasch die ›Festung Holland‹ ausschalten, eine Verbindung der holländischen mit den englisch-französischen Truppen verhindern und mit einem blitzartigen Schlag den Eckpfeiler der belgischen Befestigungen im Raum Lüttich überrennen. 29 Divisionen, das heißt die 18. Armee unter Küchler und die 6. Armee unter Reichenau, waren dafür vorgesehen. Sie verfügten über verhältnismäßig wenig Panzereinheiten, dagegen hatten sie die größte militärische Neuheit jener Zeit zur Verfügung, nämlich die Luftlandetruppen der zu-

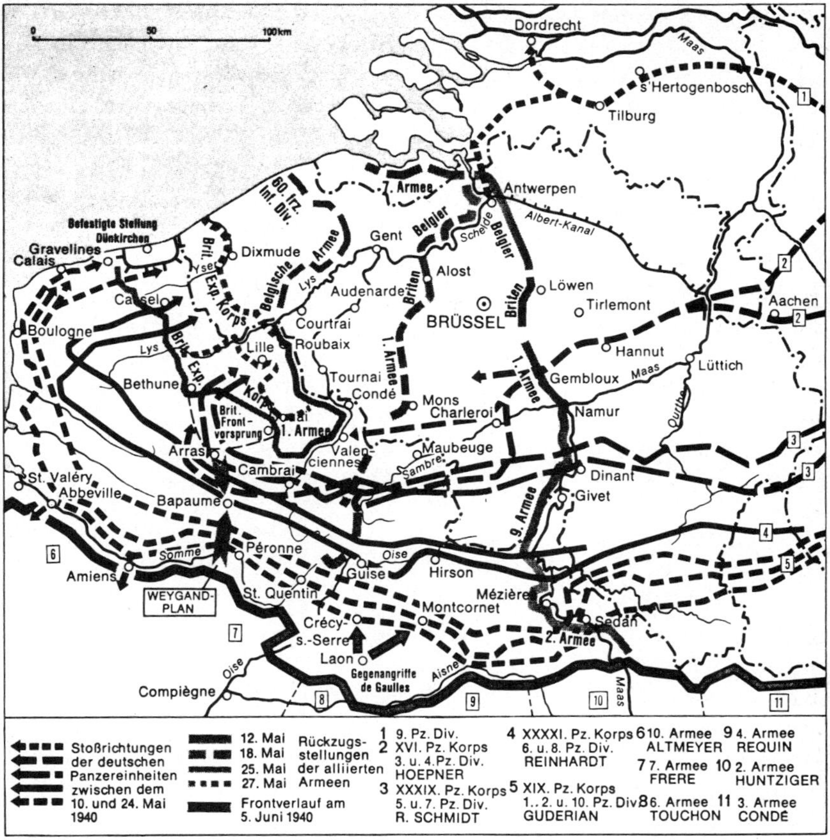

Karte 9 Die erste Phase des Westfeldzugs (›Fall Gelb‹) vom 10. Mai bis 5. Juni 1940

ständigen Luftflotte. Die Fallschirmjäger des Fliegergenerals Student und die Lastensegler des Grafen Sponeck sollten über Flugplätzen und Autobahnen abspringen beziehungsweise dort landen, die großen Brücken über Maas, Waal und Lek besetzen und die Befestigungswerke nach neuen, vom Führer erdachten Methoden angreifen. Man hoffte, durch diese völlig neue Taktik mit ihren charakteristischen, gezielten Schlägen die Aufmerksamkeit des gegnerischen Oberkommandos auf den nördlichen Flügel zu lenken und so den Feind zu veranlassen, den Schwerpunkt seiner Truppen dorthin zu verlagern.

Die Aufgabe der Heeresgruppe A war es dann, in Belgien einzufallen und die gegnerische Verteidigung einzudrücken.

Bock sollte also die Rolle des Ambosses spielen, während Rundstedt dazu ausersehen war, als Hammer zu fungieren. Ihm fiel die Hauptoffensive zu. Er verfügte über 45 Divisionen, darunter sieben Panzerdivisionen. Seine Aufgabe war, so schnell wie möglich den Maasübergang zwischen Dinant und Sedan zu bewerkstelligen, dann mit allen Kräften und mit größter Schnelligkeit in Richtung Sommemündung vorzustoßen, um die befestigte Zone Nordfrankreichs vom Rücken des Gegners her anzugreifen. Drei Armeen teilten sich in diese Aufgabe. Die 4. Armee (Kluge) sollte auf breiter Front zwischen Eupen und dem nördlichen Luxemburg angreifen, die 12. Armee (List) auf schmaler Front in Richtung Sedan vorstoßen und die 16. Armee (Busch) den Vormarsch gegen jede französische Reaktion vom Süden her decken.
Eine Besonderheit im Aufmarschplan der Heeresgruppe A war die Ballung der Durchbruchmittel. Lediglich Kluge behielt den direkten Befehl über seine Panzer, nämlich das XV. Panzerkorps, bestehend aus der 5. und 7. Panzerdivision unter dem Oberbefehl des Generals Hoth. Alle anderen schnellen Einheiten der Heeresgruppe waren zu einer ›Panzergruppe‹ vereinigt, die wegen der geringen Zahl von Straßen in drei Wellen gegen Sedan vorstoßen sollte. Dieser Panzerkeil bestand aus dem XIX. Korps Guderian (1., 2. und 10. Panzerdivision), dem XXXXI. Korps Reinhardt (6. und 8. Panzerdivision sowie die 2. motorisierte Infanteriedivision) und dem XIV. Korps Wietersheim (13. und 29. motorisierte Division). Das Oberkommando über die ›Panzergruppe‹ hatte Generaloberst von Kleist. Die in Polen angewendete Aufteilung des deutschen Heeres in eine rasche und eine langsamere Armee, in eine revolutionäre und eine konventionelle, wurde systematisch auch bei Sedan angewendet.
In vier Monaten wurde dank einer ausgezeichneten Technik des Generalstabs die strategische Idee Hitlers in einem Plan von großartiger Einfachheit und Kühnheit niedergelegt, in einer der hervorragendsten strategischen Kombinationen der Kriegsgeschichte.
Hitlers Nervosität wuchs. Die Zeit drängte. Am 3. Mai waren die Wetterbedingungen schlecht, und der Angriff wurde daher auf den 8. Mai verschoben. Am Siebenten abends erforderte ein letzter Blick auf die Wetterkarte einen neuen, von Brauchitsch geforderten Aufschub. Hitler gab nach: »Gegen mein Gefühl ... aber keinen Tag länger.«
Der vom OKW am Morgen des Neunten herausgegebene Befehl glich trotzdem wieder den fünfzehn vorhergegangenen. Man glaubte schon nicht mehr an einen Angriff und fing an, Witze zu machen. Dann aber kam nicht mehr das stereotype ›Angriff aufgeschoben‹, sondern folgender Befehl:

Berlin, den 9. V. 40.

W.FA/Abt. L-Nr. 22 – 180/40 g k CHEFS

Der Führer und Oberbefehlshaber ordnet an:

Tag A.............................. 10–V

Stunde Z .... 5 h 35

Die Kennworte ›Danzig‹ oder ›Augsburg‹ werden den verschiedenen Wehrmachtsteilen am 9. V. vor 21 h 30 durchgegeben.

Der Chef des Oberkommandos der Wehrmacht: *Keitel*

Am Neunten um 16 Uhr 48 verließ der Sonderzug des Führers Berlin-Finkenburg und kam noch vor Morgengrauen in Euskirchen an. Es war stockfinster, kalt und feucht. Infanteriekolonnen zogen lautlos durch die kleine Stadt. Der Aufstieg zu dem Felsennest bei Münstereifel, einem der vier Befehlsstände des obersten Kriegsherrn, erforderte eine halbe Stunde. Als Hitler und seine vierzehn Offiziere des OKW bei den im Wald verstreuten Bunkern ankamen, ging die Sonne über den im Nebel liegenden dunklen Wäldern auf. Seit einigen Minuten war die Offensive in Gang.

10. Mai: Einmarsch in Holland

Schlag aus heiterem Himmel auf Holland... Seit Tagesanbruch regnete es Fallschirmjäger über Rotterdam, Den Haag und auf der Insel von Dordrecht bei der großen Brücke von Moerdijk.

Mehrmals hatte man während des Winters versucht, eine gemeinsame Verteidigung Belgiens und Hollands zu organisieren, doch ohne Erfolg. Die auf ihre eigenen Kräfte angewiesenen Holländer mußten auf eine Verteidigung ihrer Grenzen verzichten. Sie beschränkten sich also auf die Verteidigung der Grebbelinie zwischen Rhenen und dem Ijsselmeer sowie der Festung Holland zwischen Rotterdam und Den Helder und riefen ihren historischen Verbündeten, die Überschwemmung, zu Hilfe. Die künstliche Insel, die sie auf diese Weise vor dem Angreifer entstehen lassen wollten, hätte von England unterstützt werden und möglicherweise mit der Hauptverteidigungslinie durch eine auf Antwerpen vorstoßende Armee verbunden werden können. Für die Überschwemmung waren vier Tage nötig. Die Holländer verfügten über zehn Divisionen, die diese vier Tage lang Widerstand leisten sollten. Im Norden hatte das IV. und II. Armeekorps den Auftrag, möglichst langsam um Arnheim zu schwenken; im Westen hatte man dem III. Armeekorps befohlen, längs der Peelsümpfe eine vorbereitete Stellung um jeden Preis zu verteidigen. Das I. Armeekorps war zwischen Rhein und Zuidersee verteilt und hatte die Aufgabe, die zurückgehenden Truppen

aufzufangen und das nationale Bollwerk, die ›Vestring Holland‹, zu schützen. Nur an vom Himmel fallende Angreifer hatte man nicht gedacht!
Die Holländer schlugen sich wacker. Die Stellungen an der Grebbe und am Peel wurden zwar rasch durchstoßen, aber ihre wichtigsten Flugplätze konnten sie eine Zeitlang halten. Doch das Herz des Landes vermochten sie nicht mehr zu befreien. Ihre Hilferufe nach französischen und englischen Luftstreitkräften blieben unerhört. Die Geschwader Kesselrings beherrschten die Luft. Nachdem diese 4000 Mann der 7. Fliegerdivision abgesetzt hatten, sorgten sie für Nachschub und Verpflegung. Die gelandeten Truppen wurden durch unaufhörliche Bombardements, welche den Gegner völlig in Unordnung brachten, unterstützt. Zwei- oder dreimal meldeten die Holländer, sie seien siegreich, aber einige Stunden später erfuhr man dann, daß die deutsche Besetzung schon wieder weiter fortgeschritten sei.

Belgien und der Albertkanal

Ein Schlag aus heiterem Himmel auch in Belgien. Einige Kilometer westlich von Maastricht lag der Albertkanal, eine sechzig Meter breite Wasserstraße mit senkrechten Ufern, der beste Panzergraben Europas. Die über ihn führenden zwei Brücken, die von Veldvezelt und die von Vroenhoven, waren sorgfältig für eine Sprengung vorbereitet worden. Zwei gepanzerte Befehlsstände schützten die Brücken. Zwischen Deutschland und den belgischen Verteidigungsstellungen lagen 30 Kilometer holländischen Gebietes. Als am Morgen des 10. Mai Alarm gegeben wurde, glaubte das 18. Infanterieregiment, daß ihm genug Zeit bliebe, sich auf den Angriff vorzubereiten. Vier Stunden später überschritten die ersten deutschen Truppen in aller Eile die unzerstörten Brücken. Wie war das nur möglich? Es kam so: Ein heftiges Luftbombardement hatte die Verteidiger vernichtet, dann waren Luftlandetruppen hinter dem Kanal abgesetzt worden, die dann die Brücken vom Rücken her eroberten. Die Grenzwächter waren entweder tot oder gefangen oder derart konsterniert, daß sie die Sprengung nicht vornehmen konnten. Die deutschen Fallschirmjäger hatten rasch jeglichen Widerstand gebrochen und die Stellung bis zum Eintreffen der Spitze der deutschen Truppen, die auf Maastricht vorstießen, gehalten.
Das einzige, was die Deutschen jetzt noch am Überschreiten des Kanals hätte hindern können, waren die Geschütze des Forts Eben-Emael, das sich über 65 Hektar erstreckte und mit acht Geschützen zu 7,5 cm und mit zweien zu 12 cm bestückt war. Die Geschütze waren in Panzertürmen untergebracht und konnten nach allen Seiten feuern. Fort Eben-Emael schwieg aber, obwohl es noch nicht erobert war und sich noch eine Garnison von tausend Mann in den Kasematten verteidigte. Das Fort war

noch nicht ganz in der Hand der Deutschen, aber seine Oberbauten waren bereits zerstört. Die mitten in der Befestigungsanlage gelandete Gruppe ›Granit‹ unter Witzig benötigte genau siebzehn Minuten, um mit Hohlladungen sämtliche Beobachtungs- und Geschützstände in die Luft zu sprengen. Dieser Handstreich war Hitlers eigenstes Werk. Er hatte ihn ersonnen, ausgearbeitet und durchführen lassen.
Alle diese Ereignisse zeigten, daß die Deutschen die Situation glänzend erfaßt hatten. Was da in einigen Stunden fiel, war der Angelpunkt der belgischen Verteidigung. Der Panzergraben, den man eine volle Woche hatte halten wollen, war in einem Vormittag genommen worden.
Die belgische Armee verfügte über 23 Divisionen. Die Linie, an der sie die erste Schlacht zu liefern gedachte, zog sich von Givet bis Lüttich längs der Maas hin, folgte dann dem Albertkanal von Lüttich bis zur Schelde und war durch drei feste Plätze – Namur, Lüttich und Antwerpen – verstärkt. Die Hauptkräfte der Armee waren in erster Linie gegen Holland konzentriert, als ob man den Stoß aus Richtung Tilburg und Breda zu erwarten hätte, nicht aber von Aachen und Maastricht her. Elf Divisionen lagen am Albertkanal, der von der Staatsgrenze zwischen einigen Metern und 40 Kilometer entfernt entlang führt. Diese Truppenverteilung öffnete die Flanke und war dadurch wenig geeignet, einen Angriff von Osten her aufzufangen. Während die zehn anderen Divisionen Abschnitte von zehn Kilometern zu verteidigen hatten, war die 7. Division zwischen Vroenhoven und Vedvezelt auf die doppelte Frontlänge verteilt. Man glaubte, sie sei durch Lüttich gedeckt, in der Flanke durch Eben-Emael geschützt und außerdem noch durch die Maas und den steilen Kanal abgeschirmt. Man hielt es eben nicht für möglich, daß der Gegner auf den Gedanken kommen könnte, den Angelpunkt des Verteidigungssystems mit einem Schlag auszuschalten. Aber Eben-Emael war der kleine Bruder von Sedan. Alle Versuche, die Brücken zurückzuerobern und Eben-Emael zu entsetzen, scheiterten kläglich. Um 17 Uhr überschritt die 4. Panzerdivision des Generalmajors Stever den Albertkanal, nachdem sie vorübergehend in Maastricht, wo man noch rechtzeitig die Brücken gesprengt hatte, aufgehalten worden war. Drei Luftangriffe der Belgier, Franzosen und Engländer scheiterten nacheinander. Eben-Emael kapitulierte schließlich, die Durchbruchsstelle verbreiterte sich zusehends. Am Morgen des 11. Mai mußten der Oberkommandierende, König Leopold III., sein neuer Generalstabschef General Michiels und sein Kabinettschef General van Overstraeten feststellen, daß der Feind die Verteidigungslinie am Albertkanal umgangen hatte. Es blieb also keine andere Wahl, als einen möglichst schnellen Rückzug auf die Hauptwiderstandslinie, die sogenannte ›KW-Linie‹, anzuordnen. Man hatte diese Frontverlegung ursprünglich eine Woche später vornehmen wollen, mußte sie aber nach der Lage der Dinge schon am zweiten Tag durchführen.
›K‹ bedeutete Koningshoykt, ein kleines Nest, das an der unteren Schelde liegt, und

mit ›W‹ war Wavre gemeint, eine Stadt, südöstlich von Brüssel gelegen. Dort beabsichtigten die Belgier energischen Widerstand zu leisten. Sie hatten eine Reihe von befestigten Unterständen errichtet und Panzersperren angelegt, die aus den sogenannten Cointet-Gittern bestanden. Die französisch-englischen Truppen sollten die Belgier längs dieser Linie verstärken. Aber würden sie auch rechtzeitig eintreffen?

Aufmarschplan und Gegenbewegungen der alliierten Streitkräfte

In England hatte die deutsche Offensive dazu beigetragen, die Regierungskrise zu lösen, in Frankreich aber wurde sie dadurch verhindert beziehungsweise aufgehalten. Churchill bildete am 10. Mai innerhalb von wenigen Stunden sein historisch gewordenes Ministerium, das mit wenigen Änderungen bis zum Sieg fortbestand: Attlee, Halifax, Bevin, Eden, Beaverbrook usw. Reynaud zog seine Demission zurück und wechselte mit seinem Feind Gamelin pompöse Worte: »Von nun an gibt es nur eines: Siegen.« Worauf Gamelin ebenso bombastisch antwortete: »Ich sehe hier nur eine Antwort: Frankreich!« Die Pleite begann mit Pathos.

Um 7 Uhr 30 überschritten die französischen Vorposten die belgische Grenze. Die Truppenbewegung ging unter der Bezeichnung ›Dijle‹ vonstatten. Selbst die Ausführenden waren von der Klugheit dieses Manövers so wenig überzeugt, daß die beiden wichtigsten Kommandeure, nämlich Prioux, der Befehlshaber des Kavalleriekorps, und Blanchard, der Oberbefehlshaber der 1. Armee, forderten, man solle lieber den Plan ›Escaut‹ (Schelde) durchführen, doch Billotte und Gamelin widersetzten sich. Es war zu spät!

Die britisch-französische Armee führte eine Schwenkung aus, deren Drehpunkt die alte, kleine Festung Givet-sur-Meuse war. Ein Heer von einer Million Soldaten bewegte sich über jene Ebenen, die schon so oft Schauplatz blutiger Schlachten gewesen waren. Zwischen den Felsen der Ardennen und den Polders von Zeeland marschierten die britisch-französischen Verbände ihrem Schicksal entgegen.

Den linken Flügel bildete die 7. französische Armee, die eigentlich in Reserve liegen und für Gegenangriffe hätte bereitstehen sollen, aber Gamelin hatte sich darauf versteift, seine Schlacht in weiter Entfernung zu suchen. Die von General Giraud sorgfältig vorbereiteten Bewegungen wurden mit bemerkenswerter Schnelligkeit durchgeführt. Schon am Abend des 10. Mai drangen die 1. motorisierte leichte Division und die 25. motorisierte Infanteriedivision in Holland ein, erreichten Bergen op Zoom und näherten sich Breda. Zur Rechten Girauds setzten sich die neun englischen Divisionen des Lord Gort in Bewegung und bezogen zwischen Löwen und Wavre Stellung, um die Belgier zu unterstützen, deren Front sich bis Antwerpen hinzog. Rechts von

den Engländern marschierte die 1. französische Armee, deren zwei leichte motorisierte Divisionen (DLM) in der Gegend von Saint-Trond Scharmützel durchführten, während ihre acht Infanteriedivisionen die klassische Durchbruchstraße von Gembloux sperrten. Daß das französische Oberkommando ausgerechnet hier den Hauptstoß erwartete, beweist die Tatsache, daß man gerade an diesen schmalen Frontabschnitt die besten Truppen gelegt hatte. Sie verfügten über Artillerie und Panzerabwehr, über die ausgezeichneten leichten motorisierten Divisionen (DLM) und hatten hinter sich die starken Panzerdivisionen (DCR). Jede Division der 1. Armee hatte nur einen Abschnitt von fünf bis sechs Kilometern zu halten. Der Armeebefehlshaber war General Blanchard, ein kluger und überlegter Offizier. Im Großen Hauptquartier sagte man von ihm, er sei zwar intelligent, leider aber Pessimist.
Der Nachbar von Blanchard war General Corap (9. Armee), ein ausgesprochener Landsknechtstyp. Sein Ruhm datierte noch aus dem Rifkrieg, in dessen Verlauf er als Infanterist Abd el Krim durch die Rifberge verfolgt und schließlich gefangengenommen hatte. Die von ihm befehligte Armee bildete zu Beginn des Krieges nur einen Teil der Ardennenarmee; spätere Verstärkungen blieben in bescheidenem Rahmen. Seine fünf Divisionen waren beauftragt, die erste Linie an der Maas von Namur bis in die Gegend von Sedan zu halten, wobei zwei von ihnen in den Befestigungen, die sie errichtet hatten, bleiben sollten, während die drei übrigen den Befehl hatten, sich auf belgisches Gebiet zu begeben. Jede dieser Divisionen hatte 15 bis 20 Kilometer Luftlinie zu verteidigen, in Wirklichkeit also – wegen der vielen Schleifen der Maas – wesentlich mehr.
Wahrhaft riesige Frontabschnitte! Dabei war nicht einmal die Ausrüstung vollständig: Die 61. Infanteriedivision hatte beispielsweise statt 25 nur 12 Geschütze, und die 102. Division (Festungstruppe) verfügte auf einem Frontabschnitt von 45 Kilometern statt über 72 lediglich über 43. Man muß Corap gegenüber gerecht sein: Er reklamierte und meldete mehrmals, seine Soldaten seien ungenügend ausgerüstet und außerdem recht mittelmäßige Krieger. Diese Beschwerden hätten ihn fast seinen Posten gekostet. Der alte Rifkrieger schien nicht verstehen zu wollen, daß man ihm einen passiven Frontabschnitt zugeteilt hatte, dichte Wälder mit tiefen Geländeeinschnitten, steile Felswände und schlechte Straßen. Sicher war es nicht unmöglich, daß der Gegner hier etwas unternehmen würde, besonders in Richtung auf Dinant, wo er schon 1914 vorgedrungen war, oder auf Mezières, wo mehrere große Straßen zusammenstießen. Aber jede Operation größeren Umfangs verlangte vorherige Truppenkonzentration und Artilleriemassierungen, was mindestens vierzehn Tage erfordert hätte und niemals geheim geblieben wäre. Mit zwei in Reserve gehaltenen Divisionen und den motorisierten Verbänden verfügte Corap – wenigstens nach Meinung des Oberkommandos – über genügend Kampfkraft, um einen vereinzelten Angriff aufzuhalten.

An die 9. Armee Coraps schloß sich die 2. Armee des Generals Huntziger an, deren Abschnitt am Ardennenkanal begann und bei Longuyon endete. Bei Sedan bestand ein kleiner Brückenkopf, der nach den Akten des Generalstabs angeblich ›durch den dahinter liegenden Wald von Marfée sehr gut gedeckt war‹. Feindliche Panzer, die aus dem Wald von Sedan vorstoßen wollten, könnten dies nur auf Wegen tun, die unter dem gestaffelten Feuer der auf den Höhen des linken Ufers verschanzten Batterien lagen. Befestigte Häuser, Unterstände, Kasematten und die Flußflanke sicherten gegen Nahangriffe. Allerdings hatte eine Parlamentskommission unter der Führung eines ehemaligen Offiziers des Ersten Weltkriegs, des Leutnants Pierre Taittinger, den ›rudimentären, um nicht zu sagen embryonalen Zustand der Verteidigungswerke um Sedan‹ schon festgestellt und hinzugefügt, man zähle wohl allzusehr auf die durch die Ardennen und die Maas gebildeten natürlichen Hindernisse. Der Oberbefehlshaber der 2. Armee hatte aber seinem Stab befohlen, darauf in leicht ironischer Weise zu antworten. Taittinger hatte gesagt: »Es gibt Landstriche, die für unsere Armee mit traurigen Erinnerungen verbunden sind. Um solche Erinnerungen, die ein Besuch in Sedan erweckt, nicht von neuem zu provozieren, sind einschneidende Maßnahmen unbedingt notwendig.« Darauf Huntziger: »Ich bin der Auffassung, daß keinerlei einschneidende Maßnahmen zur Verstärkung des Abschnitts Sedan notwendig sind. Wir haben schließlich nicht auf Herrn Taittinger gewartet, um zu arbeiten.«

Huntziger war gedeckt, denn Gamelin hatte seine Armee inspiziert und nichts auszusetzen gehabt. Außerdem hatte der Generalstab die Verteilung seiner Truppen gutgeheißen. Seine Instruktionen schrieben ihm vor, er habe in erster Linie die Umgehung der Maginotlinie zu verhindern. Daher hatte er auf seinen rechten Flügel am Brückenkopf von Montmédy seine vier besten Divisionen plaziert, nämlich die 41. Infanteriedivision, die 3. Kolonial-Infanteriedivision, die 3. Nordafrikanische Division sowie in der zweiten Linie die 1. Kolonial-Infanteriedivision. Es blieben ihm nur mehr zwei Divisionen übrig, die 55. und 71. Infanteriedivision, die aus alten Reservisten bestanden, deren Bewaffnung unvollständig und deren Ausbildungsstand und Kampfgeist mehr als schlecht waren. Er legte sie auf seinen linken Flügel an den Zugang nach Sedan.

Der Gipfel des Sinnlosen war erreicht: Die Maginotlinie schwächte Frankreich. Das war keine Festung, die Truppen ersparte, sondern ein Schwamm, der Truppen aufsog. Sie lähmte die besten Truppen der französischen Armee. Schlimmer war aber noch, daß diese Konzeption jeglichen strategischen Sinnes, ja sogar der simpelsten Vernunft entbehrte. Es hätte doch völlig klar sein müssen, daß man in allererster Linie eine kraftvolle Verbindung zwischen den unbeweglichen Heeresteilen und den auf sie zumarschierenden Armeen hätte herstellen müssen, damit das zu Recht oder zu Unrecht in Belgien operierende Heer wenigstens einen soliden Angelpunkt gehabt hätte. Aber das Gespenst der Maginotlinie vernebelte alle Köpfe. Huntzigers Aufmerksam-

Das Schicksal Hollands besiegelte der deutsche Luftangriff auf Rotterdam. Noch während der Kapitulationsverhandlungen warfen 57 deutsche Bombenflugzeuge ihre Sprenglast ab. Das Resultat: Fast tausend Tote und 80000 Obdachlose (vorherige Seite). – Zerbombte Häuser und erschöpfte Soldaten bestimmten auch in Belgien das Bild bis zum Tag der Kapitulation am 28. Mai 1940.

keit hätte sich nach seiner Linken wenden müssen, zu den schwierigen Operationen, deren Flanke zu decken seine Aufgabe gewesen wäre. Er aber beschäftigte sich fast nur mit seinem rechten Flügel, zog die besten Truppen seiner Armee dort zusammen und verschwendete mehr Beton für den ohnehin gut befestigten Abschnitt von Montmédy als für den unbefestigten Abschnitt Sedan. Weder Georges noch Gamelin störten seine Dispositionen. Sie schienen sich beide nicht mehr an das ›Kriegspiel‹ zu erinnern, bei dem einige Monate zuvor aufgedeckt worden war, daß die Ardennen kein Hindernis für Panzer seien und daß acht feindliche Divisionen in drei Tagen die Maas erreichen könnten. Gamelin und Georges schienen zwei völlig verschiedene Schlachten zu erwarten: Die eine sollte in Belgien und die andere an der Maginotlinie geschlagen werden; dazwischen sollte eine ruhige Zone liegen, die sich mit einigen mittelmäßigen und schwach ausgerüsteten Divisionen halten ließ.
Es gab aber noch weitere widersinnige Vorkehrungen. In Lothringen und im Elsaß wurden hinter der Maginotlinie immer mehr Truppen zusammengezogen; von Longuyon bis zur Schweizer Grenze standen vier Armeen – die 3., 4., 5. und 8.; das waren insgesamt 40 Divisionen, eine Unmenge Artillerie und Hunderte von Panzern. Das französische Oberkommando wußte sehr wohl, daß gegenüber nur ungefähr zwanzig deutsche Divisionen mittelmäßiger Qualität standen und daß dort kein einziger Panzer zu finden war. Trotzdem bestand es darauf, die Überlegenheit von zweieinhalb gegen eins beizubehalten, obwohl an allen anderen Teilen der Front die französischen Truppen dem Gegner unterlegen waren.

12. Mai: Guderian vor Sedan

Der 12. Mai war ein herrlicher Pfingstsonntag. In Frankreich gingen weißgekleidete Kinder zur Erstkommunion, in Belgien und Holland verfinsterte der Rauch der Kriegsfackel den Himmel.
Von nun an stand eines fest: Holland konnte nicht entsetzt werden. Giraud hatte sich nach seinem energischen Vorstoß gehütet, das Gros seiner Truppen nördlich der Schelde einzusetzen, und begnügte sich damit, seine 1. leichte motorisierte Division und die Aufklärungsabteilungen seiner beiden motorisierten Divisionen gegen Breda vorzuschicken. Die deutsche Luftwaffe ließ die nach Norden ziehenden französischen Kolonnen am 10. und 11. in Ruhe, griff aber plötzlich wieder an. Wo gestern noch disziplinierte Truppen unter blühenden Bäumen marschierten, bot sich heute ein Bild der Zerstörung: brennende Lastwagen, Blut von Zivilisten und Soldaten auf den von Bomben zerrissenen Straßen. Die 7. Armee stand ihre Feuertaufe tapfer durch, aber am Abend kam dann der Befehl zum Rückzug über die Schelde.

Am gleichen 12. Mai hielten die verbündeten Franzosen, Belgier und Engländer einen Kriegsrat im nahe bei Mons gelegenen Schlößchen Casteau ab. Auf der Fahrt nach dort hatten die hohen Chefs zum erstenmal konkrete Eindrücke vom Krieg bekommen. In Belgien und Holland hatte das Eingreifen der Luftwaffe den Marsch unter Blüten in ein blutiges Drama verwandelt. Dörfer brannten, die Straßen lagen unter Maschinengewehrfeuer, und die Furcht vor Fallschirmjägern hatte unsinnige Schießereien entfacht.
Frankreich war durch den mit Schaftstiefeln ausgerüsteten Daladier und die Generale Georges, Billotte und Champon vertreten, England durch einen Delegierten des Lord Gort und Belgien durch seinen König. Jeder wartete darauf, dem anderen Vorwürfe zu machen. Die Franzosen hatten die Dijle-Stellung nicht so vorgefunden, wie sie es erwartet hatten, und beanstandeten, daß die Belgier den Albertkanal so rasch aufgegeben hatten. Allerdings waren auch sie von der deutschen Luftwaffe sehr beeindruckt. König Leopold sagte später zu Overstraeten, mit dem er im Wagen zurückfuhr: »Das Vertrauen auf Erfolg scheint höchst begrenzt zu sein.« Immerhin hatte der König General Billotte als Oberbefehlshaber der alliierten Armeen des linken Flügels akzeptiert; die Einheit des Oberbefehls schien hergestellt, wie sich zeigen sollte, hielt sie aber den Rückschlägen nicht stand.

Auf Eilmärschen wurde das Kavalleriekorps vor Gembloux verlegt. Seine beiden leichten motorisierten Divisionen sollten den Gegner vier Tage lang aufhalten. Der Zusammenprall war hart, doch waren die ersten, im Generalquartier von La Ferté-sous-Jouarre eintreffenden Berichte befriedigend. Die Schlacht schien so zu verlaufen, wie das französische Oberkommando erwartet hatte: Vorstoß der Vorhut südlich von Lüttich, sich daran anschließender Versuch, die Stellung Antwerpen – Namur zu stabilisieren. Aber alles ging schneller, als man es sich vorgestellt hatte.
Alle Augen waren auf Gembloux gerichtet. In Lothringen und am Rhein herrschte nach wie vor Ruhe. In den Ardennen waren die fünf leichten Divisionen, die vor die 9. und 2. Armee gestoßen waren, gewaltsam zurückgeworfen worden. Man hatte deutsche Panzereinheiten im Semois-Tal festgestellt. Trotzdem fand man das nicht beunruhigend. Huntziger saß fest in seinen vorbereiteten Stellungen, und Coraps linker Flügel erreichte die Maas zwischen Givet und Namur. Das französische Oberkommando war immer noch fest davon überzeugt, der Feind werde seinen Hauptstoß nicht im schwierigen Gebiet der Ardennen wagen.
Am Abend des 12. Mai erschien über Bouillon eine französische Fliegerformation und warf Bomben. Die Fenster des Hotels Panorame zersplitterten. Generationen von Jägern hatten dieses Hotel – über dem Semois-Fluß gelegen – mit Jagdtrophäen dekoriert, die nun durch die Erschütterungen von den Wänden fielen. Ein riesiger Wildschweinkopf fiel krachend nur wenige Zentimeter von einem deutschen General

entfernt, der sich gerade über eine Karte gebeugt hatte, auf einen Tisch. Die Splitter einer Glaswand trafen ihn. Draußen war ein Munitionstransport in die Luft geflogen.
Der General, den eine tote Wildsau fast erschlagen hätte, war Guderian. Er schüttelte die Splitter ab und lachte. Vor einer halben Stunde erst war er im Hotel angekommen, wo sein Stabschef Oberst Nehring ungerührt den Gefechtsstand des Panzerkorps errichtet hatte, ohne sich um die nahe Brücke zu kümmern, die feindliche Bomber geradezu anziehen mußte. Guderian hielt es für besser, den Gefechtsstand zu verlegen.
Bouillon, die letzte kleine Stadt auf belgischem Boden, war nur fünf Kilometer von der französischen Grenze entfernt, die um 9 Uhr 30 von der Spitze der 1. Panzerdivision überschritten worden war. Kurz darauf drang sie in das Waldgebiet vor Sedan ein. Sie erschien auf dem berühmten Schlachtfeld unterhalb des Kalvarienbergs von Illy, von dem aus König Wilhelm I. von Preußen am 1. September 1870 den verzweifelten Angriff der Chasseurs d'Afrique des Generals Galliffet beobachtet hatte. Die französische Artillerie am linken Ufer schoß bemerkenswert genau, doch das brennende Sedan schien nicht verteidigt zu werden. Die Deutschen hatten also die Maas erreicht, und zwar sechzig Stunden nach Verlassen der Aufstellungsräume in der Eifel.
Leicht war das allerdings nicht gewesen, denn die Belgier hatten durch Sprengungen den Vormarsch erheblich behindert. Die französische Kavallerie hatte sich gut geschlagen, obwohl sie – wie befohlen – nie in Stellung gegangen war, ›ohne an Rückzug zu denken‹. Diese Taktik hätte zum Erfolg führen können, denn nur die erste der drei Panzerdivisionen des XIX. Korps war pünktlich zur Stelle, während die 10. Panzerdivision erst mitten in der Nacht eintraf und die 2. Panzerdivision, die den Zeitplan nicht hatte einhalten können, noch an der Semois lag.
Ein Fieseler ›Storch‹ landete neben dem neuen Gefechtsstand im Dorf Noirfontaine. Der Befehlshaber des Panzerkorps, General von Kleist, bestellte den ihm unterstellten General Guderian am folgenden Tag zu sich, um ihm Befehle zu erteilen. Guderian war über das, was man ihm sagte, verdutzt: Erstmals übertraf man ihn nämlich an Kühnheit.
Am nächsten Tag, dem 13. Mai 1940 um 16 Uhr, sollte er die Maas beiderseits von Sedan überschreiten, einen Brückenkopf bilden und die Höhe 247, das Dorf Wadelincourt und den Wald von Marfée nehmen.
Guderian protestierte heftig: Seine Truppen seien noch nicht versammelt, denn eine Division sei zurückgeblieben und das Regiment ›Großdeutschland‹ habe noch nicht einmal Bouillon hinter sich gebracht. Kleist aber konnte nichts ändern, denn dieser Befehl kam weder von ihm selbst noch vom Heeresgruppen-Oberbefehlshaber von Rundstedt und auch nicht vom Chef des OKH, von Brauchitsch, sondern von Hitler selbst. Dessen Schlachtplan hatte sich bewährt; die Einzeloperationen für Holland und Belgien, die er ausgearbeitet hatte, waren hervorragend geglückt. Abgesehen von den rein militärischen Erfolgen hatten die Blitzoperationen das vom Führer ersehnte Ziel

erreicht, die Aufmerksamkeit der Alliierten auf Lüttich und Rotterdam zu lenken, von Dinant und Sedan aber abzuwenden. Er ordnete an, daß im Wehrmachtsbericht die Manöver um Rotterdam und Lüttich groß herauszustellen seien, während über den Zug der Panzer durch die Ardennen kein Wort verloren werden dürfe. Die Franzosen sollten ihre Truppen weiterhin nach Belgien schicken, was sie übrigens prompt taten, als ob sie den Befehlen Hitlers gehorcht hätten. In der Führerweisung Nr. 11 vom 14. Mai 1940 hieß es: ›Der bisherige Verlauf der Offensive ergibt, daß der Feind den Grundgedanken unserer Operation nicht rechtzeitig erkannt hat. Er führt noch immer starke Kräfte gegen die Linie Antwerpen–Namur und scheint den Abschnitt vor der Heeresgruppe A zu vernachlässigen. Guderian verlangte einen Aufschub von einigen Stunden, um sein Korps neu zu formieren. Seine direkten Vorgesetzten gaben ihm recht, hatten aber nicht die Befugnis, Hitlers Zeitplan zu ändern.
Nach der Hitze des Tages schien die sternklare Mainacht eisig kalt zu sein. Das kleine Flugzeug, das Guderian zu seinem Gefechtsstand zurückbrachte, verirrte sich einen Augenblick über die französischen Linien. Die Artillerie feuerte immer noch. Alle während dieses Tages eingelaufenen Berichte hatten auf die Zielschärfe der französischen Artillerie hingewiesen. Eine Stellung wie die von Sedan unter derartigem Feuer zu nehmen, verlangte, daß man zuerst die Geschütze zum Schweigen brachte. Aber Guderian hatte dazu nicht genügend Artillerie. Eines nur tröstete Guderian: Der Befehlshaber der Luftflotte 3, General Sperrle, der bei seiner Besprechung mit Kleist zugegen gewesen war, hatte ihm versprochen, ihm die größte Luftunterstützung zu geben, die jemals eine Armee erhalten habe.

Die Luftwaffe erobert – die Infanterie besetzt

Sperrles Versprechen wurde ab 11 Uhr in die Tat umgesetzt. Kurz zuvor hatte General Grandsard, der Befehlshaber des X. französischen Korps, seinem Divisionär General Lafontaine, dem Kommandeur der 55. Infanteriedivision, gegenüber geäußert:
»Ich habe Ihnen ja immer schon gesagt, daß die Deutschen Wochen und Monate brauchen, um einen Angriff zu starten. Wir sind immer erst in Feindberührung vor einer Gefechtseröffnung. Sie können jetzt acht Tage in aller Ruhe zuschauen.«
Nichts konnte den Pessimismus eines Kriegers alter Schule rechtfertigen. Es war ein wenig enttäuschend, daß die Deutschen die Maas erreicht hatten und dies noch dazu so rasch, aber die französische Doktrin lehrte, daß man sich wirklich ernsthaft einzig und allein an der Hauptwiderstandslinie schlage und daß alles, was sich in den letzten drei Tagen ereignet hatte, sozusagen nur ein Hors d'oeuvre sei. Die Deutschen waren mit Panzerwagen gekommen, aber Panzerwagen können nicht schwimmen, und nach-

dem sämtliche Brücken am Vorabend um 21 Uhr gesprengt worden waren, einschließlich der Schleusenbrücken, war also von den Panzern nichts zu befürchten. Der schnelle Vormarsch der Deutschen hatte übrigens das Oberkommando alarmiert. Es gab den Befehl, um Sedan die Einheiten der Hauptreserve zu versammeln. Dem X. Korps waren schon die Artillerieregimenter 314 und 369 zugeteilt worden. Zweihundert Feuerschlünde, vom 7,5-cm-Geschütz bis zur 15,5-cm-Langrohrkanone, starrten von den Höhen westlich von Sedan. Allerdings herrschte ein gewisses Durcheinander im Gebiet des Armeekorps. Um die Verteidigung zu verstärken, hatte das Oberkommando beschlossen, das 71. Infanterieregiment in die vorderste Linie zu werfen, statt es in Reserve zu halten. Dieses Regiment hatte einen weiten Anmarsch hinter sich, und seine Eingliederung in die Front gestaltete sich schwierig. Die dadurch hervorgerufene Verwirrung griff auch auf die Nachbardivisionen über, die zusammenrücken mußten, um dem Regiment Platz zu machen. Diese Aufmarschbewegung, die erst in der Nacht vom Vierzehnten auf den Fünfzehnten beendet wurde, war insofern nützlich, als sie die Front der 55. Infanteriedivision verkürzte. Diese Division mußte sich schlagen, so gut sie eben konnte. Immerhin war sie in der vorteilhaften Lage, einen eventuellen Stoß in einem seit Monaten dafür vorbereiteten Gelände auffangen zu können. Der Gefechtsstand der Division befand sich in Font-Dagot an der Straße von Bulson nach Maisoncelles, zehn Kilometer hinter der ersten Linie. Der Kommandeur, Brigadegeneral Henri Jean Lafontaine, sah mit seinem dicken Schnurrbart aus wie ein alter Gallier und war mit seinen achtundfünfzig Jahren ziemlich jung für seinen Dienstgrad. Im Gegensatz zu Grandsard war er davon überzeugt, daß die Deutschen mit aller Wucht angreifen würden. Der ehemalige französische Militärattaché in Warschau, General Musse, hatte ihm ausführlich über den Polenfeldzug berichtet. Lafontaine war überzeugt, die Maas sei kein Hindernis für eine Armee, die ohne Schwierigkeiten Bug und Weichsel überschritten hatte. Das hatte er übrigens auch Huntziger schon bei der Übernahme seiner Division gesagt, aber dieser hatte nur mit den Schultern gezuckt: »Polen ist Polen! Hier sind wir in Frankreich, General!« Die durch ein Maschinengewehrbataillon und Gruppen von Festungsinfanterie verstärkte, aber durch Abtretung des 213. Regiments an die Armeekorpsreserve wieder geschwächte 55. Division hatte die Maas vom Ardennenkanal bis nach Pont-Maugis zu schützen. Links davon lag die 9. Armee des Generals Corap und rechts die von General Baudet befehligte 71. Infanteriedivision. Der Fluß in dem breiten Tal verlief hier auf der Seite der von der 55. Infanteriedivision besetzten Höhen. Von ihren Beobachtungsposten aus konnte man die Wälder der Ardennen sehen, aus denen auf kurvenreichen Straßen der Feind über Saint-Menges und Givonne herunterströmte. In größerer Nähe sah man die sumpfigen Wiesen um Bazeilles und Donchery, die lange Maashalbinsel von Iges unterhalb von Sedan und die kampflos aufgegebene brennende Stadt. Mit Recht hatte man die Widerstandslinie an den 1500 Meter langen Kanal zurückverlegt.

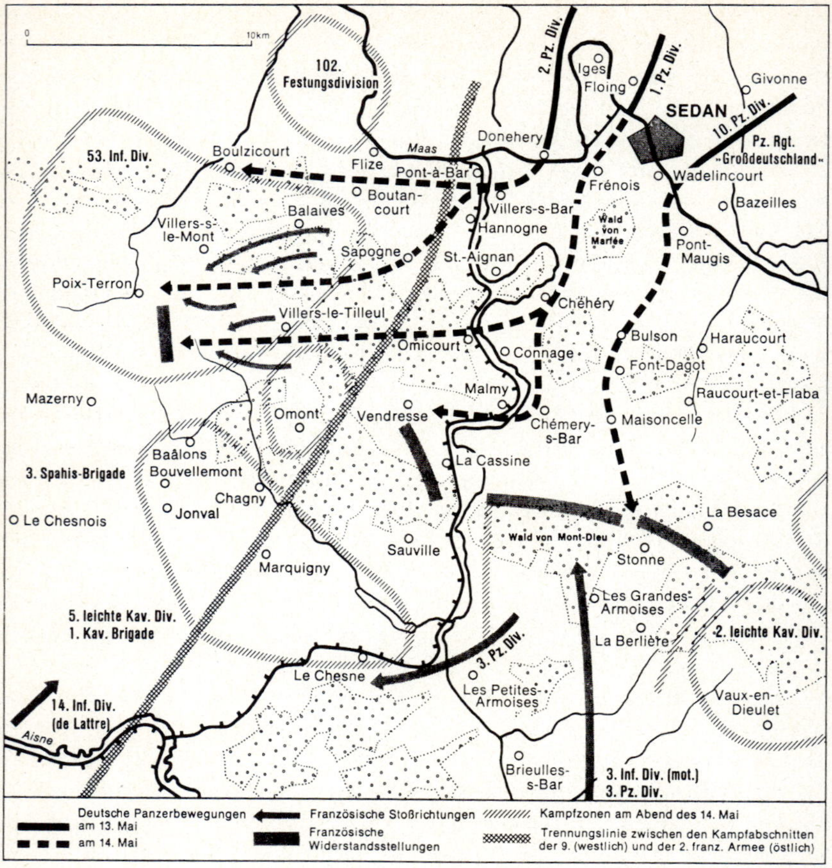

Karte 10 Die Kämpfe bei Sedan am 13. und 14. Mai 1940

Im übrigen war der Befehl gegeben worden, den Lauf der Maas zu verteidigen und auf den Fluß Sperrfeuer zu legen. Über fünfzig Betonbunker, die mit einem Maschinengewehr oder mit einer Kanone von 2,5 oder 4,7 cm bestückt waren, konnten jeden Zoll des Flusses bestreichen.

Im großen und ganzen bildete der Abschnitt einen Bogen. Der kleine Hügel des Waldes von Marfée war die Sehne zwischen Maas und Bar. Er ist schwer zugänglich, und seine Nordseite bot ein ausgezeichnetes Schußfeld auf den Bogen von Sedan. Dieser Halbkreis sollte die Auffanglinie bilden. Viele bedauerten, daß man die Hauptkampflinie nicht hierher verlegt und die Maasschleife aufgegeben hatte, die noch schwieriger zu verteidigen war als die Stadt. Die militärische Doktrin verlangte aber, sich an Wasserläufe zu klammern, an jene Panzergräben, die der liebe Gott geschaffen hatte.

Dies war also das Schlachtfeld der unglücklichen 55. Infanteriedivision der Serie B. Es sah aus, als hätte sich die deutsche Luftwaffe am 13. Mai unter allen französischen Divisionen ganz speziell diese Einheit ausgesucht, um sie erbarmungslos zu zerfetzen. Die von Sperrle versprochene Luftunterstützung umfaßte genau diesen Abschnitt. Die Ortschaften entlang der ersten Linie wurden zerstört: Hannogne, Villiers-sur-Bar, Croix-Piot, Frenois, Claire-et-Villette, die Vorstadt von Torcy, Wadelincourt, Pont-Maugis und Noyer-Pont-Maugis. Die Stukas bombardierten und beschossen die rückwärtigen Stellungen, Straßenkreuzungen, die Dörfer Bulson, Stonne und Raucourt-et-Flaba. Sie griffen die Kasematten an. Zahlreiche Befestigungswerke fielen aus, weil sie entweder unmittelbar getroffen wurden oder weil ihre Schießscharten durch hochgeschleudertes Erdreich verstopft wurden. Die deutschen Flieger arbeiteten methodisch mit Gruppen von dreißig Flugzeugen, indem sie ein großes Karussell flogen, aus dem wie heulende Pfeile die Stukas hervorstürzten. Selbst die Deutschen, die sich unter dem Luftdruck ihrer eigenen Bomben am Maasufer sammelten, waren sehr beeindruckt und hatten Mitleid mit ihren Gegnern. ›Der moralische Effekt muß furchtbar sein‹, notierte der Major von Kielmannsegg. ›Die französische Artillerie schweigt.‹ Und wo blieb die französische Luftwaffe? Am 10. und am 11. Mai hatten ihre Jäger einige Erfolge erzielt. Sie zeigte sich auch noch und schoß am 13. Mai am Vormittag drei Flugzeuge über der Maas ab. Das war der letzte sinnvolle Einsatz für sie gewesen in diesem Kampf, der sozusagen darin bestand, daß sich das Handwerk gegen die Großindustrie auflehnte. Als einige Stunden später eine Dreierpatrouille der Gruppe Murtin auftauchte, sah sie sich 80 Messerschmittmaschinen gegenüber, die 50 Bomber begleiteten. Die Patrouille verlor ein Flugzeug und schoß zwei gegnerische Maschinen ab. Für diesen Tag war es mit der Tätigkeit der französischen Fliegerei vorbei.

Inzwischen hatten sich die Angreifer immer mehr gesammelt. Von den Ardennenstraßen her strömten Massen von Menschen und Kampfgerät zum Becken von Sedan. Der Tag war heiß, der Staub trocknete die Kehlen aus, alle hatten brennenden Durst. Generalangriff um 16 Uhr! Das war Führerbefehl, und man mußte rennen, was das Zeug hielt, um diesen unbarmherzigen Zeitplan einzuhalten. Das Regiment ›Großdeutschland‹, dem die Hauptaufgabe bei dem Angriff zugedacht war, befand sich am Morgen noch vierzig Kilometer von seinem Bestimmungsort entfernt auf belgischem Gebiet. Am Rand des Waldes von Sedan sprangen die Soldaten des Regiments von den Lastwagen. Von dort waren noch sieben Kilometer zu marschieren. Die aufblasbaren Sturmboote und riesige Materialmengen mußten mitgeschleppt werden. Der Offizier, der die Spitzenkompanie immer wieder anfeuerte, war der Oberleutnant von Courbière, der wohl auf der Gegenseite gekämpft hätte, wäre das Edikt von Nantes nicht durch Ludwig XIV. widerrufen worden. Es war ein Gewaltmarsch, der Schweiß rann in Strömen – doch die französische Artillerie, die am Vortag noch die Hänge schwer beschossen hatte, schwieg. Floing brannte, und das Regiment mußte durch die Feuergarben rennen. Dann kam endlich die Maas, die schwarz an den Mauern einer verlassenen Textilfabrik dahinfloß. 15 Uhr. Es blieb also noch eine Stunde, um eine der schwierigsten Operationen der Kriegskunst durchzuführen, nämlich das Überschreiten eines Flusses, dessen gegenüberliegendes Ufer von befestigten feindlichen Stellungen strotzt.

»Wir Alten von Vierzehn-Achtzehn wissen recht gut, zu welchem Opfermut und zu welchem taktischen Geschick die französische Armee fähig ist«, sagte der Hauptmann Lothar Gittermann. »Wir sind gar nicht so siegesbewußt. Aber unsere jungen Offiziere und Soldaten vertrauen blindlings auf ihre Überlegenheit.«

Was diese dann erlebten, war nur dazu angetan, ihr Selbstvertrauen noch zu festigen. Guderian konzentrierte seine wenigen Mittel auf einer Strecke von zwei Kilometern zwischen dem Stadtrand von Sedan und der Halbinsel von Iges, die an dieser Stelle durch eine Maas-Schleife gebildet wird. Er konzentrierte sie aufs äußerste: Alles, was in der 1. Panzerdivision feuern konnte, wurde hier zusammengezogen, die Geschütze der Panzer, die motorisierte Artillerie, die Flak und die Pak. Die 10. Panzerdivision verfuhr südlich von Sedan bei Bazeilles auf gleiche Weise. Hauptsache war, daß man feuern konnte. Der Luftangriff durch die herabbrausenden Stukas, die jeden Franzosen glauben machten, er sei direkt anvisiert, hatte die Verteidiger niedergeschmettert. Sie konnten keinesfalls die Haltung der Soldaten des Ersten Weltkrieges wiederfinden, die sich nach dem stärksten Trommelfeuer aufrafften, sich rasch eine Waffe griffen, um den Angriff abzuschlagen. 1916 sagte man: Die Artillerie erobert, die Infanterie besetzt. Jetzt waren die Flugzeuge die Eroberer.

Was nun kam, war eigentlich nur mehr eine Kleinigkeit. Der unmögliche Angriff begann auf die Minute. Die Maas wurde in wenigen Augenblicken überquert. Bei Frenois wurde eine Zeitlang erbitterter Widerstand geleistet. In der Nähe von Schloß Bellevue hielt eine gut verteidigte und ebenso gut befehligte Kasematte die Angreifer auf. Doch diese drangen schließlich in die Befestigungsanlage ein und nahmen die Besatzung gefangen, deren 8,8-cm-Geschütz ausgefallen war. Um 19 Uhr war es noch heller Tag. Ohne daß ein einziger Panzer die Maas überquert hatte, stand das Regiment ›Großdeutschland‹ auf der Höhe 247 und hatte damit sein vorgeschriebenes Tagesziel erreicht. An diesem Abend stieß es sogar noch weiter bis in den Wald von Marfée vor.

Die 10. Panzerdivision traf anfänglich auf stärkeren Widerstand. Erst um 17 Uhr, also vierzig Minuten später als die Elitetruppen des Regiments ›Großdeutschland‹, landeten Leutnant Hanbauer und Feldwebel Ruberth vom 86. Schützenregiment am linken Ufer.

Von einem Beobachtungsstand des X. Artilleriekorps aus wurden die ihnen folgenden Soldaten gezählt: Es waren nur 40. Über eine wie durch ein Wunder nicht zerstörte Telefonlinie wurde diese Nachricht zu den höheren Stellen durchgegeben: ›Vierzig Deutsche haben die Maas bei Wadelincourt überschritten...‹

Auf deutscher Seite war Guderian in einem der ersten Sturmboote losgefahren. Als er am linken Ufer ankam, empfing ihn Oberstleutnant Beck mit dem Ruf: »Vergnügungsfahrten auf der Maas sind verboten!«

Auf französischer Seite hatte sich General Huntziger von seiner 50 Kilometer hinter der Front liegenden Befehlsstelle in Senuc nach dem Gefechtsstand des X. Artilleriekorps an der Berlière begeben, der nur 25 Kilometer hinter der Front lag. Dann war er wieder zurück nach Senuc gefahren, wo er um 19 Uhr eintraf, um sich sofort von weißbehandschuhten Ordonnanzen das Essen servieren zu lassen...

Ein Abgrund trennte die deutsche und die französische Auffassung von den Pflichten des Oberbefehlshabers! Bei den Deutschen waren die Anschauungen unter Hitlers Einfluß umgemodelt worden: Der Kommandeur mußte sich bei den vordersten Posten aufhalten oder in einem Flugzeug, wenn er einen Gesamtüberblick haben wollte, oder aber in einem Funkwagen, wenn er Befehle durchzugeben hatte. Persönlich hatte er einzugreifen, sobald er Gelegenheit dazu hatte. Nach der noch aus der Zeit des Ersten Weltkriegs stammenden Auffassung der Franzosen dirigierte der Chef den Krieg aus der Entfernung auf fast abstrakte Art mit dem nötigen zeitlichen Abstand, damit seine Entscheidungen nicht etwa durch Emotionen, die der Kampf hervorruft, beeinflußt werden konnten. In Senuc kam im Laufe des Abends eine einzige Nachricht an: »Vierzig Deutsche haben die Maas überschritten.« Das schien nur ein lokaler Zwischenfall zu sein. »Das sind vierzig Gefangene für uns«, sagte man Huntziger.

Die Kämpfe an der Maas

Im gleichen Augenblick brach der ganze linke Flügel der 2. Armee zusammen. Der Maasübergang hätte ein lokaler Zwischenfall sein können, wie ihn alle Armeen in allen Kriegen schon erlebt hatten. In diesem Fall aber löste er eine Panik aus, einen irreversiblen Prozeß – den Zusammenbruch einer ganzen Nation.

Soweit man das heute noch beurteilen kann, begann der Zerfall in Bulson, einem mittleren Dorf unterhalb des Waldes von Marfée, mit ungefähr hundert Einwohnern, einer Kirche ohne Pfarrer und einem Dutzend Bauernhäusern mit dem Misthaufen vor der Tür. Neun Monate lang hausten die Artilleristen in Scheunen. Das Land ist dort morastig und düster, das Klima feucht und kalt, ungesund für Menschen und noch viel ungesünder für die Pferde, die in Massen krepierten, ohne daß man sagen konnte, warum. Langeweile und Faulheit lasteten auf einer Truppe, deren Offiziere ebensowenig Geschmack am Kommandieren hatten wie die Mannschaften am Gehorchen. Die Kanonen standen nahe bei den Unterkünften, und die 10,5-cm-Langrohrgeschütze waren auf die Ausgänge des Waldes von Sedan gerichtet. Längst glaubten die Bedienungsmannschaften schon nicht mehr daran, jemals einen Schuß abfeuern zu müssen.

Das Unwahrscheinliche ereignete sich am 12. Mai 1940. Zunächst schien dieser Tag nur eine willkommene Abwechslung in das monotone Dasein der Artilleristen zu bringen. Die Stimmung war gut und blieb es auch bis zum Morgen des Dreizehnten, bis zu jenem Augenblick, als die Stukas auf die Batterien niederstießen. Die Verluste waren keineswegs groß, und kein einziges Geschütz fiel aus, aber die Kanoniere ließen alles im Stich und verkrochen sich in die Wälder. Gleichzeitig gingen die Deutschen auf die Maas los, wo General Lafontaine Zeuge war, wie eine große Zahl von Panzern und Panzerwagen völlig ungedeckt das vor der Maas liegende Glacis durchfuhr. Aber der französischen Artillerie fehlten jetzt die Kanoniere.

Dann flaute der Luftangriff ab. Einige Batterien feuerten noch. Fünf deutsche Panzer, die sich an der Ortsgrenze von Balan zeigten, wurden von 15,5-cm-Haubitzen abgeschossen. Vielleicht wäre es nicht schwierig gewesen, die verschreckten Soldaten wieder an ihre Kanonen zu bringen, wo sie den Rausch der Schlacht bei ihren Geschützen hätten auskosten können – bei jenen Geschützen, die sozusagen ihre Werkstatt bildeten, wo sie jenen handwerklichen Ehrgeiz möglicherweise wiedergefunden hätten, der von jeher die Grundlage des legendären Mutes der französischen Artilleristen gewesen ist. Im Grunde waren es ja nur Teile der deutschen Infanterie, die den Übergang über die Maas bewerkstelligt hatten. Kein einziger Panzer erreichte das linke Ufer vor dem nächsten Tag. Wenn die Artillerie sich wieder gefangen hätte, wäre diese Handvoll Soldaten von ihren Einheiten abgeschnitten worden und in Gefangenschaft geraten.

Die Artillerie aber war geflohen! Sie füllte die Straßen von Bulson nach Maisoncelles und von Bulson nach Chemery. Es war ein Zug von Kanonieren des 45., 99., 110., 145. und 310. Regiments, vermischt mit Troßsoldaten, Sanitätern und Fernmeldepersonal. Unten im Tal wurde noch gekämpft, die Kasematten hielten stand, und die Offiziere verteidigten sich in ihren Gefechtsständen, doch die Panik griff um sich wie ein Buschfeuer – und das bei Mannschaften, die noch nicht einmal den Schatten eines Feindes zu Gesicht bekommen hatten. ›Die Panzer der Boches sind in Bulson!‹ Dieses Gerücht gelangte bis zu den Stäben, deren letzte Verbindungen nur noch dazu dienten, diesen Unsinn weiterzuleiten. Die Gefechtsstände wurden hastig geräumt, Regimenter, wie die der 71. Infanteriedivision, die keine einzige Bombe explodieren sahen, verließen ihre Stellungen und zogen sich ungeordnet zurück. Oberste des Ersten Weltkriegs – einer von ihnen beging aus Scham Selbstmord – marschierten an der Spitze dieser

Operation ›Rette sich, wer kann‹. Gut disziplinierte Einheiten, wie die 5. leichte Kavalleriedivision, schlossen sich diesem Rückzug an und schleppten ihr gesamtes Material mit, denn sie waren davon überzeugt, es handle sich um einen ordnungsgemäßen Rückzugsbefehl. Der Tag ging in geradezu gespenstiger Ruhe zu Ende. Die Stukas waren verschwunden und der Kampflärm von den Hängen des Marfée-Waldes kaum hörbar. Die französische Armee war intakt, verfügte noch über Hunderte von Bataillonen, Tausende von Geschützen und Panzern und über eine jahrhundertealte Ruhmestradition, die das Herz eines stolzen Volkes hätte höher schlagen lassen müssen. Aber wozu sollte das nun alles nützen? Die französische Armee war geschlagen. Alle Bemühungen während der folgenden sechs Wochen waren in Wirklichkeit nur die letzten Zuckungen eines Sterbenden. Eine einzige Masche hatte sich gelöst, und das ganze Gewebe war zerfallen.

Durch die Motorisierung der Armee war die Straße zu einem militärischen Werkzeug erster Ordnung geworden. Sie hätte ausschließlich für militärische Zwecke requiriert, gesperrt und bewacht werden müssen. Im Notfall hätte man sich nicht scheuen dürfen, sie mit gewaltsamen Mitteln freizuhalten. Seit dem 10. Mai aber war sie von Flüchtlingen überschwemmt und verstopft mit langen Ardennenkarren, die von schweren Pferden gezogen wurden, mit Automobilen, die hoch mit Matratzen bepackt waren, mit Kinderwagen und Schubkarren, Vieh und allem, was die Bauern sonst noch retten wollten. Jede Truppenbewegung und jeglicher Nachschub von Soldaten und Munition war unmöglich geworden. Das Oberkommando wurde gelähmt in seinen Entschlüssen, die Armee war geschlagen, Frankreich vernichtet – und das alles nur aus dem einen Grund, weil die Verkehrsadern verstopft waren.

Die wenigen verantwortlichen Leute, die sich dem entgegenstellten, waren machtlos. Die Panik wurde zur Lawine. Die Zivilisten und Soldaten, die Hals über Kopf flohen, hatten nicht einmal von fern Schlachtenlärm gehört. Der 13. Mai war für sie ein Tag wie jeder andere gewesen. Man glaubte ja auch nicht recht an einen deutschen Angriff. Dann erfüllte urplötzlich das Geschrei von einer Niederlage die Ebene und lief dem beschämenden Niedergang voraus, den alle heimlich schon im Herzen fühlten.

Rommel in Dinant

Einer war noch schneller gewesen als Guderian, nämlich Rommel. Am 12. Mai hatte die Spitze seiner 7. Panzerdivision um 16 Uhr die Maas bei Dinant erreicht. Diese kleine, in einem Winkel des rechten Steilufers gelegene Stadt war kampflos besetzt worden. Fast wäre die Brücke heil geblieben, aber im letzten Moment, als bereits der erste deutsche Panzer auf sie zurollte, flog sie in die Luft.

Fünf Kilometer flußabwärts liegt – im Flußbett der Maas, gut einen Kilometer lang, fünfzig Meter breit, bewaldet, nahe dem linken Ufer – die Insel Houx. An dieser Stelle des Flusses treten die Steilufer zurück und umschließen ein Becken, in welchem der Ort Anhée liegt. Am Ostufer dagegen fallen die Felswände steil in den Fluß ab. Hier staute die Schleuse Nr. 5 den Fluß. Man hatte sie nicht gesprengt, um bei einem möglichen Sinken des Wasserspiegels den Verteidigungswert der Maas flußaufwärts zu erhalten. Sie war nicht befestigt; man hatte nicht einmal den Laufsteg zerstört. Lediglich einige Cointet-Gitter waren angebracht worden, hinter denen sich ein Maschinengewehr befand.
Gegenüber der 7. Panzerdivision lag der linke Flügel der Armee Corap, die 5. motorisierte Infanteriedivision und die 18. Infanteriedivision. Erstere lag südlich von Namur, während letztere zu Fuß die Straßen entlangkeuchte. Die Soldaten, die alle aus Anjou, Berri oder der Touraine stammten, waren gut. Allerdings fehlte ihnen für diesen Krieg jegliche Begeisterung; sie verstanden nicht, wofür sie eigentlich kämpfen sollten. Ein offizieller Bericht bezeichnete sie immerhin als ›höflich und diszipliniert‹. Aber der scheußliche Tornister, den auch die stark motorisierte moderne Armee nicht abzuschaffen vermochte, setzte den Infanteristen hart zu. Sie waren von Hirson gekommen und hatten hundert Kilometer zurücklegen müssen, um ihre Stellungen zu erreichen, also ebenso viele Kilometer wie Rommel. Nur hatte Rommel keinen einzigen Fußgänger in seiner Truppe. Außerdem hatte er die belgische Grenze bereits am Morgen überschritten, während die 18. französische Infanteriedivision, deren Einheiten zu Übungen verstreut waren, erst am Spätnachmittag die belgische Grenze passierte. Zwanzig Prozent der Mannschaften fehlten, weil sie auf Urlaub waren. Man wollte nämlich den im Winter aufgrund falschen Alarms nicht gewährten Urlaub nachholen. Selbst der kommandierende General Duffet befand sich bei seiner Familie in Besançon und kam erst am nächsten Tag bei seiner Division an.
Die französische Armee zog in den Kampf gegen einen Feind, von dem man wußte, daß er die Schlachten rasch und erbarmungslos schlug. Im Großen Hauptquartier saß Generalmajor Doumenc, der während des Ersten Weltkriegs den Nachschub für Verdun mit Lastwagen über die ›Voie Sacrée‹ organisiert hatte. Diesmal hieß es: ›Die 18. Division führt die Bewegung durch Fußmärsche aus.‹ So lautete das im Generalstabsjargon. Das bedeutete, daß die Mannschaften mit Blasen an den Füßen täglich 30 bis 40 Kilometer marschieren mußten, um ihr ›Feld der Ehre‹ zu erreichen.
Dann kamen die Flieger. Sie störten die Truppe wenig, zerbombten aber den Nachschubbahnhof von Hirson. Der Munitionsnachschub war abgeschnitten. Die Verpflegungsoffiziere der Regimenter kamen mit leeren Wagen zurück, die Soldaten waren gezwungen zu betteln oder zu plündern, wenn sie nicht verhungern wollten. Jetzt entdeckte man plötzlich, daß ein Marsch über offenes Land ohne Feuerschutz aus der Luft und ohne Flak schlecht möglich war. Ausgerechnet in dem Augenblick, in

dem man eine für den Stellungskrieg geschaffene Armee in einen Bewegungskrieg führte, machte man diese sensationelle Entdeckung!

Wie bei der 2. Armee hatte man auch hier zwei leichte Kavalleriedivisionen, diese überaus komplizierten Einheiten, mit dem Auftrag vorgeschickt, den Feind so lange aufzuhalten, bis die Infanterie an der Maas Stellung bezogen hätte. Hinter ihnen wurden zur Deckung zwei Bataillone des 66. und 77. Infanterieregiments auf Kraftwagen nachgeschickt. General Duffet folgte ihnen und überzeugte sich von der ungeheueren Schwierigkeit seiner Aufgabe. Wenn er sich auf halber Höhe festsetzte, konnte man den Talgrund nicht mehr sehen und mit den automatischen Waffen den Fluß nicht mehr beschießen. Es blieb den Franzosen nichts anderes übrig, als sich ans Ufer zu legen und so den Feind über sich zu haben. In Wirklichkeit hätte es weit größerer Kräfte als eines einzigen Infanterieregiments bedurft, falls man den Abschnitt halten, die Wege des rechten Ufers unter Feuer nehmen und gleichzeitig einen Feuervorhang über die zahllosen Flußschleifen legen wollte. Auf der Karte bildete die Maas eine hervorragende Verteidigungslinie, begibt man sich aber an Ort und Stelle, so ändert sich das Bild. Die dichten Wälder, die Steilhänge und die engen Taleinschnitte begünstigen den Angreifer mehr als den Verteidiger.

Außerdem war der Feind schon da, und zwar – nach dem französischen Kalender – vier Tage zu früh. Der Befehlshaber der 18. Division hatte geglaubt, er könne seine Leute sich ausruhen lassen und er selber habe genügend Zeit, um seinen Operationsplan festzulegen. Man glaubte, die Zerstörungen in Belgien, die Rückzugskämpfe der Ardennenjäger und die Manöver der 1. und 4. leichten Kavalleriedivision würden das Aufeinandertreffen hinreichend verzögern. Man vermutete außerdem, daß der deutsche Stoß gerade in dieser strategisch so schwierigen Gegend nicht sehr heftig sein werde. Die Zerstörungen in Belgien waren unwirksam gewesen, und die leichten Divisionen hatten sich schleunigst zurückgezogen. Mit zwei unvollständigen Bataillonen sollte also der arme General Duffet 20 Kilometer Front halten, bis seine sieben anderen, todmüden Bataillone ankamen. Duffet forderte Verstärkung an. Er erhielt sie auch durch die 1. leichte Kavalleriedivision, die sofort nach ihrem Rückzug über die Maas den Abschnitt verstärkte, statt sich erst rückwärts wieder neu zu formieren. Die 5. motorisierte Infanteriedivision stellte an ihre Nachbardivision ein Bataillon ab. Am Abend des 12. Mai stand eine gewisse Ordnung hinter den zerstörten Brücken... auf dem Papier wenigstens. Im Süden war die Verbindung zwischen der 22. Infanteriedivision und einigen Schwadronen der Dragoner und Jäger zu Pferd hergestellt. Im Zentrum lagen gegenüber von Dinant die beiden Bataillone der 77. und 66. Infanteriedivision, und im Norden lagen das von der 5. motorisierten Infanteriedivision ausgeliehene Bataillon sowie das zweite Bataillon der 39. Infanteriedivision. In seinem 15 Kilometer hinter der Front gelegenen Gefechtsstand konnte General Duffet ruhig schlafen. Er war überzeugt, das Wichtigste getan zu haben.

Rommel schlief bei seiner Vorhut. Um 4 Uhr früh stieg er in Begleitung eines seiner Offiziere einen schmalen Fußsteig hinunter, um die Versuche der Maasüberquerung des 7. Schützenregiments mit Sturmbooten zu beobachten. Das französische Feuer lag gut. Boote sanken. Ein Verwundeter schrie um Hilfe, ertrank aber vor den Augen des Generals. Rommel befahl, einige Häuser in Brand zu setzen, um einen Rauchvorhang zu bilden, dann stieg er in einen Pz-Kw 4 und fuhr ans Maasufer, um den Angriff voranzutreiben. Bei Leffe, das voller Verwundeter war, gelang es einer Kompanie, am linken Ufer Fuß zu fassen, doch kam sie nicht weiter und erlitt schwere Verluste. Der Tag hätte für die Wehrmacht schlecht begonnen, wenn die Insel Houx nicht gewesen wäre. Doch die französische Stellung war nicht mehr lückenlos, die Infiltration begann.

Es war etwas sehr Einfaches geschehen: Die Schleuse Nr. 5 war nicht bewacht worden, denn das 39. Infanterieregiment hatte seine Stellungen nicht bezogen. Keiner bemerkte diese Bresche, außer dem VII. deutschen Kradschützenbataillon. Bei Einbruch der Nacht begannen die Soldaten, einer nach dem anderen, die Maas auf dem Schleusenkamm zu überschreiten. Irgend jemand mußte das bemerkt haben (die Berichte widersprechen sich sehr), denn es wurde Sperrfeuer bei der Artillerie angefordert, die daraufhin 1200 Granaten auf den südlichen Teil der Insel verschoß. Die deutschen Angreifer schienen davon wenig beeindruckt zu sein, denn im Morgengrauen kletterten sie die bewaldeten Hänge hoch, zerstreuten einige vereinzelte Gruppen, nahmen das Dorf Grange und drangen in den Surinvaux-Wald ein. Die Lage war hier ganz anders als bei Sedan, denn die Tätigkeit der Luftwaffe war schwach, und die Kradschützen waren nur gering an Zahl. Allerdings war auch der Widerstand, auf den sie stießen, gleich Null. Nachdem sie Verstärkung durch einige Schützenabteilungen erhalten hatten, drangen sie weiter nach Westen vor.

Um das linke Ufer wieder zu säubern, befahl General Duffet nacheinander drei Gegenstöße. Die für die beiden ersten Gegenangriffe bestimmten Truppen konnten sich nicht sammeln, und der dritte begann um 20 Uhr, als es bereits zu spät war. Mit einem Bataillon des 39. Infanterieregiments hinter einer Kompanie Panzerwagen und der Unterstützung von drei Batterien hätte diese Konterattacke gegen einen Feind, der weder Panzer noch Pakgeschütze zur Stelle hatte, wirksam sein können. Rommel, der ebenfalls über die Schleuse von Houx über die Maas gegangen war, befand sich mitten unter seinen Soldaten. Er ließ auf die gegnerischen Panzerwagen ein wahres Feuerwerk los. Die Panzerwagen fuhren weiter und kamen bis an die Maas, aber aus unerklärlichen Gründen folgte ihnen die Infanterie nicht. Die Panzerwagen zogen sich daraufhin wieder zurück, der Gegenstoß blieb erfolglos.

Gleichzeitig war bei Monthermé zwischen Givet und Mézières ein dritter deutscher Brückenkopf gebildet worden, und zwar durch die 6. Panzerdivision des Korps Reinhardt. An keiner Stelle ist die Maas reißender, das Tal enger und der Wald dichter.

Die deutschen Kradschützenabteilungen und einige Panzerspähwagen waren über die große Straße von Givet gekommen. Artillerie hatte sie beschossen, als sie die Lichtung der Hautes-Buttes überquerten; sie waren dann ins Tal hinabgefahren und hatten die kleine Industriestadt Monthermé besetzt. Am anderen Flußufer hielt eine einzige Kompanie eine sieben Kilometer lange Flußschleife. Die Einheit bestand zur Hälfte aus Madegassen, zur anderen Hälfte aus Franzosen. Ein heftiger Luftangriff setzte sie außer Gefecht, und die Deutschen konnten den Fluß über die nur teilweise zerstörte Brücke überschreiten und die Verteidiger aufreiben.

Die französischen Panzerdivisionen

Auf dem Weg zu den fernen Hauptquartieren wurden die Hiobsbotschaften immer mehr beschönigt. Weil der Gegenangriff bei Houx nicht durchgeführt worden war, entrüstete man sich bei Corap in Vervins. Aber Huntziger, der in Senuc weilte, war ›nicht übertrieben beunruhigt‹. Und bei Georges in La Ferté mußte man bis 23 Uhr 45 warten, um zu erfahren, daß es ›bei Sedan bedenklich hapere‹. Der Bericht wurde nach Vincennes weitergegeben, aber mit einem besänftigenden Zusatz versehen: ›Hier ist alles ruhig‹. Weniger zuversichtlich wurde man, als es plötzlich so aussah, als seien die Truppen einfach geflüchtet und die Auffangstellung angeschlagen. General Georges beschloß nun, Huntziger unter seinen direkten Befehl zu stellen, um die Aufgabe des Generals Billotte zu erleichtern. Georges' Unruhe galt bezeichnenderweise nicht der 1. Armeegruppe, deren Verbindungen bedroht waren, sondern der geliebten Maginotlinie; er befahl Huntziger, unter allen Umständen und um jeden Preis eine Umgehung zu verhindern, einen Verteidigungsbogen zu bilden und den Gegner unbedingt an der Linie Inor–Montmédy aufzuhalten. »Der Ausgang des ganzen Krieges hängt davon ab«, sagte Georges zu Huntziger.

Zwangsvorstellung einer Gefahr, die nicht bestand? Die Umgehung kam zwar zustande, aber auf andere Art und zu anderer Zeit. Als Georges Huntziger befahl, eine mögliche Umgehung zu verhindern, interessierte sich das deutsche Oberkommando nicht im geringsten für die Maginotlinie. Das einzig sinnvolle Eingreifen des Oberkommandierenden hätte in der Umgruppierung der Reserven bestanden, von denen aber nur wenige verfügbar waren, da die Operation ›Dijle‹ die 7. Armee und die Mehrzahl der schnellen Divisionen geschluckt hatte. Georges hatte jetzt nur noch 17 Infanterie- und drei Panzerdivisionen. Kein General hätte mit so geringen Kräften einen Widerstand gegen die taktisch und technisch überlegenen Deutschen organisieren können.

Die Schwäche der 9. Armee und die Stärke der sich ihr gegenüber sammelnden Truppen wirkten jedenfalls nicht alarmierend. Alle großen Einheiten wurden auf Veranlassung des Oberkommandos Huntziger unterstellt: das XXI. Armeekorps, die 6. Infanteriedivision, die 3. motorisierte Infanteriedivision und die 3. Panzerdivision. Corap sei nicht ernsthaft angegriffen worden, meinte man, und außerdem habe er noch zwei Divisionen in Reserve, nämlich die 53. Infanteriedivision und die 4. nordafrikanische Infanteriedivision, eine der besten Truppen der französischen Armee. »Um Sie mache ich mir keine Sorgen, aber um Huntziger«, sagte Billotte zu Corap.

Der eiserne Kern der allgemeinen Reserven wurde durch drei Panzerdivisionen (DCR) gebildet, die nach französischer Auffassung dazu dienen sollten, die Stabilität der Front zu sichern. Zwei von ihnen waren schon der 1. Armee zugewiesen worden, um das Loch von Gembloux zu kitten. Die eine davon war seit dem Vorabend unterwegs und erreichte den Sammelpunkt bei Charleroi. Es war dies die 1. Panzerdivision. Die andere, die 2. Panzerdivision, brach nach der Gegend von Châlons auf, doch die höchst eigenartigen Transportvorschriften rissen sie bereits auseinander, ehe sie sich noch auf den Weg machte. Die Raupenfahrzeuge wurden verladen, während die nicht mit Ketten ausgerüsteten Fahrzeuge – einschließlich der Tankwagen – die Straße benutzen mußten. Wer sich diesen Plan ausgedacht hatte, lebte vermutlich noch in den Vorstellungen des Ersten Weltkriegs, also in einer Zeit, als die Fliegerei noch in den Kinderschuhen steckte und eine zusammenhängende, geschlossene Front sowie die Langsamkeit der Offensiven dafür sorgten, daß das Hinterland weitgehend verschont blieb. 1940 dagegen forderte jeder Eisenbahnzug, jede Fahrzeugkolonne die deutsche Luftwaffe geradezu heraus.

Am Abend des 13. Mai war die Zuweisung der 1. und 2. Panzerdivision noch nicht geändert worden. Die 3., die erst seit fünfzig Tagen bestand, erhielt den Befehl, bei Sedan einen Gegenangriff zu unternehmen.

Waren diese Panzereinheiten, die unter schwierigen Umständen aufgestellt worden waren, überhaupt kampffähig? Jede von ihnen umfaßte zwei schwere Panzerbataillone (120 Kampfwagen) und zwei mittlere Panzerbataillone (66 Kampfwagen). Jedenfalls stimmte es nicht, daß sie einem Drittel einer normalen deutschen Panzerdivision, die im allgemeinen zwischen 324 und 218 leichtere Panzer besaß, entsprachen. Im übrigen waren zahlreiche französische Kampfwagen der schweren Bataillone mit Kanonentypen des Ersten Weltkriegs ausgestattet, die im Kampf Panzer gegen Panzer durchaus eine große Durchschlagskraft besessen hätten, wenn die passende Munition noch von Frankreichs Rüstungsindustrie hergestellt worden wäre. Richtig ist, daß die Funkeinrichtungen defekt oder mangelhaft waren und daß das einfältige Verbot, durch Sprechfunk miteinander zu verkehren, den Funk fast zwecklos machte. Auch war die Flugabwehr unzureichend und das Nachschubsystem einfach unglaublich veraltet. Außerdem bestand keinerlei Verbindung zwischen diesen Divisionen und den Luftstreitkräften. Zu allem Überfluß befanden sich diese Einheiten in sklavischer Ab-

Von oben, von links: W. Keitel, Chef des OKW; A. Jodl, Chef des Wehrmachtsführungsstabes; W. v. Brauchitsch, Oberbefehlshaber (OB) des Heeres; F. v. Bock, Heeresgruppenführer; F. Halder, Chef des Generalstabs des Heeres; G. v. Rundstedt, Heeresgruppenführer; E. Rommel, Befehlshaber des Afrikakorps, Heeresgruppenführer; E. Lewinski v. Manstein, Heeresgruppenführer; H. Guderian, Panzergeneral.

Von oben, von links: K. Dönitz, OB Kriegsmarine ab 1943; H. G. v. Kluge, Heeresgruppenführer; E. Raeder, OB Kriegsmarine bis 1943; A. Kesselring, Luftflottenkommandeur, OB Südfront; H. J. Stumpff, Luftflottenkommandeur; H. Sperrle, Luftflottenkommandeur; A. Speer, Reichsminister für Bewaffnung und Munition; F. Sauckel, Sonderbeauftragter für den Arbeitseinsatz; F. Todt, Vorgänger Speers.

hängigkeit von höheren Kommandostellen, wo man nicht die geringste Ahnung von einer Panzerschlacht hatte, während die Divisionskommandeure – die Generale Bruneau, Bruché und Brocard – weder den Überblick und die Erfahrung noch das Draufgängertum und die gesunde Disziplinlosigkeit eines Rommel oder Guderian besaßen. Als Estienne, Hering und de Gaulle ein Panzerkorps forderten, verstanden sie darunter eine schnelle, schlagkräftige und einem autonomen Befehl unterstellte Waffe zum massiven Einsatz. Die französischen Panzerdivisionen wiesen keines dieser Merkmale auf. Nachdem man zuerst den Fehler begangen hatte, eine Panzerwaffe überhaupt abzulehnen, beging man einen zweiten Fehler, indem man sie zu spät aufstellte und unzulänglich organisierte. Die Panzerbataillone wären auch nicht wirksamer gewesen, wenn sie, wie 1918, der Infanterie unterstellt geblieben wären.
Die Nacht vom 13. auf 14. Mai verstrich. Die motorisierten deutschen Kolonnen durchquerten die Ardennen mit aufgeblendeten Scheinwerfern. Am Maasufer überwachten die unermüdlichen Generale Guderian, Rommel, Stever und Schaal die Brückenbauten, über die bei Morgengrauen die Panzer die Maas überqueren sollten. Auf französischer Seite griffen Furcht und Verwirrung immer mehr um sich.
In Belgien vollführte die 4. nordafrikanische Infanteriedivision einen Gewaltmarsch inmitten einer Lawine von Flüchtlingen. In Richtung Reims zogen die in panischer Angst fliehenden Zivilisten und Soldaten wie ein reißender Strom durch die Nacht. Der Troß der 3. Panzerdivision, der aus sehr guten Soldaten zusammengesetzt war, hatte alle Mühe, sich einen Weg zu bahnen. An der Brücke von Montgon am Ardennenkanal hatte die Feldgendarmerie eine Sperre errichtet und verteidigte sie mit dem Revolver in der Faust, um fliehende Soldaten aufzuhalten. Vor einer Artillerieformation, die in bester Ordnung ankam und von Offizieren geführt wurde, öffneten sie die Sperre und sahen dann zu ihrem Erstaunen, daß die Pferde gar keine Geschütze zogen, sondern nur die abgekoppelten Protzen.
In der Sprache des Obersten Hauptquartiers lautete die Zusammenfassung der Ereignisse des 13. Mai 1940 folgendermaßen:
›Zwischen Namur und Mezières (9. Armee) gelang es dem Feind zwei kleine Brückenköpfe zu bilden, den einen in Houx nördlich von Dinant, den anderen bei Monthermé. Einen dritten von größerer Bedeutung bildete er am Marfée-Wald in der Nähe von Sedan (2. Armee). Gegenangriffe wurden angeordnet, um ihn über die Maas zurückzuwerfen.‹

Am Morgen des 14. Mai 1940 ging der Kampf in Holland zu Ende. Am darauffolgenden Tag streckte die holländische Armee nach einem mit großen Bränden verbundenen Bombardement Rotterdams durch Kesselring die Waffen. Man versuchte noch, Antwerpen zu retten, aber General Georges hatte schon den Rückzug der schnellen Divisionen der 7. Armee beschlossen. Vor der Front der Belgier und Engländer wurde nicht ernsthaft gekämpft, dagegen um so mehr an dem Loch von Gembloux, wo die motorisierten leichten Divisionen schwere Verluste erlitten und hinter die Front der 1. Armee zurückgezogen wurden. Immerhin wurden Verteidigungsstellungen ausgebaut, und im großen und ganzen war in diesem Abschnitt die Lage befriedigend.

Am anderen Ende der Front ging die ›drôle de guerre‹ weiter. Die 8., 5. und 4. Armee blieben völlig bewegungslos und schossen nicht einmal auf feindliches Gebiet hinüber. Die 3. Armee wies ohne Schwierigkeiten einen schwachen Angriff ab, zog sich aber trotzdem aus dem Vorsprung von Longwy zurück, um eine Frontverkürzung vorzunehmen. Die durch den Brückenkopf von Montmédy geschützte 2. Armee hatte auf ihrem linken Flügel nicht viel zu befürchten. Das ganze Drama rollte nur an der Maas, genauer gesagt, an dem Bach Emmenance am Fuß der alten Befestigungen von Namur ab.

Für den Abschnitt Sedan ordnete das französische Oberkommando drei verschiedene Maßnahmen an. Erstens sollte eine Verteidigungsfront nach Osten am Ardennenkanal und an der Bar geschaffen werden, zweitens wollte man einen Gegenangriff im Norden vom kleinen Massiv des Waldes von Mont-Dieu aus unternehmen, und drittens beabsichtigte man, durch heftige Luftangriffe die gegnerischen Versuche einer Maasüberschreitung zu vereiteln. Diese drei Unternehmungen bildeten ein Ganzes. Durch die erste wollte man den Vormarsch der Deutschen stoppen, durch die zweite die am Vortage entstandene Bresche wieder schließen und durch die dritte den Feind hindern, Verstärkungen auf das linke Flußufer zu schaffen. Die Idee war vortrefflich, nur mußte man sie auch ausführen.

Guderian wußte wohl, daß sein Erfolg nur auf schwachen Füßen stand. Er mußte versuchen, sich auf dem linken Ufer der Maas auszubreiten, französische Gegenstöße abzuwehren und unverzüglich gegen Amiens vorzustoßen. Deshalb drängte er auch mit allen Mitteln und mit aller Energie, die 1. Panzerdivision solle die Maas überschreiten, und befahl General Kirchner, dem Kommandeur der Division, sofort mit allen Kräften in Richtung Westen anzugreifen und so weit wie möglich vorzustoßen. Die 10. Panzerdivision, die oberhalb von Sedan die Maas überquerte, mußte nach Süden schwenken und gegenüber von Mont-Dieu und Stonne die Flanke ihrer Nachbardivision decken. Es blieb also nur noch die 2. Panzerdivision übrig, die am Vortag an der Semois zurückgeblieben war. Sie kam endlich an, um die Maas bei Donchery zu überqueren. Guderian begab sich dorthin, ohne im Augenblick zu wissen, welche Aufgabe er ihr anvertrauen solle.

Hartnäckig griff die englisch-französische Luftwaffe die Brücken an. Die Staffeln flogen ihre Ziele in rasch aufeinanderfolgenden Wellen an, aber die Flak des Obersten von Hippel hatte gerade ihren besten Tag, schoß 150 feindliche Flugzeuge ab und verhinderte so jeden gezielten Bombenwurf. Inmitten dieses Stahlgewitters kam ein

älterer Herr, der Oberbefehlshaber der Heeresgruppe A, Generaloberst von Rundstedt, zu Guderian an die Brücke von Donchery, um ein wenig Pulver zu riechen. »Ist das hier immer so?« fragte er. Die Frage konnte Guderian, wie er in seinen Erinnerungen schreibt, ›mit gutem Gewissen bejahen‹.
Nachdem der hohe Chef wieder fort war, zögerte Guderian noch. Der Kommandeur der 2. Panzerdivision erwartete neben ihm seine Befehle. Wie sollte man nun die 2. Panzerdivision einsetzen? Vielleicht im Westen, um der 1. Panzerdivision, die Chemery genommen hatte und gegen den Kanal vorging, zu helfen, oder im Süden gegen die starke französische Konzentration von Panzern um Mont-Dieu? Zögernd zwischen Vorsicht und Draufgängertum, beriet sich Guderian mit seinen Offizieren. Major Wenk antwortete Guderian lachend mit dessen eigener Devise: »Klotzen, nicht kleckern!« Dieser Ausspruch gab die Entscheidung, Generalleutnant Veiel, der Befehlshaber der 2. Panzerdivision, würde seine Panzer gegen Westen wenden.
Durch einen Glücksfall traf die 3. französische Panzerdivision um 6 Uhr früh an der Front ein, ohne auch nur die geringsten Verluste an Menschen oder Material beklagen zu müssen. Ihre Vorposten gingen bis an den Wald von Mont-Dieu vor. Vor ihnen breitete sich ein stellenweise sumpfiges Tal aus, durch das ein Bach floß. Dahinter lagen Hügel, die das Dorf Chemery verdeckten, das die 1. deutsche Panzerdivision angriff, indem sie den Rücken der 3. französischen Panzerdivision, hinter der die 3. motorisierte Infanteriedivision als Verstärkung bereitstand, zuwendete. Die Deutschen waren noch nicht sehr zahlreich und griffen daher nur schwach an. Jeder General mit einem Blick für militärische Situationen hätte die Gelegenheit ausgenutzt, den noch im Sammeln begriffenen Gegner anzugreifen. Die französischen Generale befanden sich aber nicht bei den Kampftruppen wie die deutschen, konnten daher nicht die augenblickliche Lage beurteilen und die geographischen Möglichkeiten abschätzen. Der Befehlshaber Brocard der 3. Panzerdivision befand sich in diesem Augenblick bei Petits Armoises, zwölf Kilometer von Mont-Dieu entfernt, und stritt sich mit seinem Vorgesetzten, General Flavigny, herum. Flavigny, dem das XXI. Artilleriekorps unterstand, verlangte, Brocard solle sofort eingreifen, doch dieser erwiderte, er benötige zehn Stunden, um einen Angriffsplan auszuarbeiten und seine Panzer aufzutanken. Befehle und Drohungen berührten ihn nicht im geringsten. Es war fast 14 Uhr, als er sich mit seiner Division endlich nach vorn in Marsch setzte. Zu diesem Zeitpunkt überschritten aber die deutschen Panzer bereits seit Stunden die Maas.
Die Gelegenheit war verpaßt. Flavigny stoppte den Vormarsch der 3. Panzerdivision und ließ eine Verteidigungsstellung von 20 Kilometer Länge zwischen dem Weiher von Bairon und Stonne ausbauen. Die Division sollte die Waldwege sperren, eine Aufgabe, für welche die französische Panzerwaffe wahrlich nicht geschaffen worden war.
Gleichzeitig war die Rolle der 2. Armee in der Schlacht an der Maas beendet. Da die

deutschen Panzer nach einer anderen Richtung vorstießen, konnte sie ohne allzugroße Schwierigkeiten ihren Auftrag, die Maginotlinie zu schützen, bis Juni erfüllen. Es hätte gerade noch gefehlt, daß sie der Generalstabschef dieser Division vor der später eingesetzten Untersuchungskommission als Siegerin hingestellt hätte. Er war nahe daran. »Wenn der Name Sedan nicht gewesen wäre«, sagte dieser merkwürdige Herr, »wäre nach meiner Überzeugung der Rückzug der 2. Armee für eine unbedeutende Angelegenheit gehalten worden.«

An der Bar kämpfte man verbissener. Man versuchte verzweifelt, quer durch die wegen des Verschwindens der 55. und 71. Infanteriedivision geschaffene Bresche eine Auffanglinie zu bilden. Das 148. Festungsinfanterieregiment hatte den von der Maas und der Bar gebildeten Winkel zu halten. Die Reiter der 5. leichten Kavalleriedivision, der 3. Kavalleriebrigade und der 3. Spahibrigade verteidigten den Kanal und versuchten eine Verbindung nach dem Dorf La Cassine und zur 2. Armee herzustellen. Die vom Truppenübungsplatz Sissonne zu Fuß eintreffende letzte Reserve der 9. Armee, die 53. Infanteriedivision unter General Etcheberrigaray, wurde als Verstärkung in das Waldgebiet zwischen Bar und Vence, einem kleinen Nebenfluß, eingesetzt. Die Division kam schon völlig übermüdet an und erlebte dann gleich den Wirbel von Befehlen und Gegenbefehlen, der das ganze Ausmaß der Unwissenheit und des Durcheinanders bei den höheren Stellen zeigte. Schließlich blieben die Bataillone dort stehen, wo sie sich zufällig befanden. In stockfinsterer Nacht waren sie über ein riesiges Waldgebiet verstreut. Manche Einheiten hielten gut durch, andere lösten sich schon beim ersten Zusammenstoß auf.

Den ganzen 14. Mai über hielten einige wenige Einheiten der 1. und 2. französischen Panzerdivision dem Gegner stand. Die Verteidigung war in die Tiefe gestaffelt, zog sich über Waldlichtungen und Schneisen des Waldmassivs hin, über das Plateau Charlemagne, die Dörfer Malmy, Vendresse und Omicourt. Am Abend wurde eine neue Verteidigungslinie an der Vence gebildet. Der Weg nach Amiens war für Guderian noch nicht ganz frei.

Diese so leicht aufzuspaltende Front mußte aber schnellstens gestützt werden gegen den auf sie zustoßenden Sturmbock aus Richtung Sedan. Die Einheiten der Hauptreserve waren in andere Richtung dirigiert worden, und die 6. Armee des Generals Touchon, die die Verbindung zwischen der 9. und 2. Armee herstellen sollte, stand praktisch erst auf dem Papier. Lediglich die unter dem Befehl des energischen de Lattre de Tassigny stehende und aus Rethel kommende 14. Infanteriedivision schickte ein Bataillon des 152. Infanterieregiments an die Vence – ein Tropfen auf den heißen Stein.

Eine stärkere Hilfe und schlagkräftigere Einsatztruppe stellte die 2. Panzerdivision dar. Einem Befehl aus dem Großen Hauptquartier vom 14. Mai zufolge wurde sie aus der 1. Armee herausgenommen und der 9. Armee unterstellt. Ein weiterer Befehl beorderte sie nach Signy-l'Abbaye. Nach dem Plan auf dem Papier hätte sie inmitten der Panzer Guderians auftauchen können, um eine Panzerschlacht, für die Panzer ja dasind, zu schlagen. Sie hätte wenigstens den deutschen Vormarsch aufhalten sollen; dadurch hätte das Oberkommando Zeit gewonnen und einen neuen Schlachtplan ausarbeiten können.

Das unsinnige Transportsystem vereitelte aber alle Pläne. Wegen der fehlenden Verladerampen wurden die Panzer in Hirson ausgeladen, also 60 Kilometer vom vorgeschriebenen Sammelort entfernt. Die Wagen, darunter besonders die Nachschub- und Werkstattwagen, verloren sich im Durcheinander auf den Straßen und kamen schließlich in Signy an, wo sie näher am Feind waren als die Kampftruppen. Dort, wo sich der Treibstoff befand, waren keine Panzer, wo die Panzer standen, fehlte der Treibstoff. »Am Mittag des 14. Mai«, gestand General Bruché, der Befehlshaber der Panzerdivision, »konnte man sagen, daß es die Division nicht mehr gab; es gab nur noch verstreute Einheiten, um die sich die Kommandeure stritten.«

Ein anderes Ereignis hätte den Franzosen fast eine Atempause verschafft. Kleist, der Oberbefehlshaber der Panzergruppe, hatte Guderian befohlen, am Brückenkopf von Sedan haltzumachen, damit sich die Infanterie um die Panzer sammeln könne. Guderian setzte sich mit dem Gefechtsstand seines Vorgesetzten in Verbindung und protestierte, indem er darauf hinwies, daß man sich durch ein weiteres Zögern nur um den Überraschungseffekt bringe. Kleist erwiderte jedoch, Guderian renne blindlings in eine Katastrophe. Falls Guderian mit seinen Panzern in die Ebenen Nordfrankreichs vordringe, werde er von hinten angegriffen, zersprengt und vernichtet. Als Guderian zu seinem Korps zurückgekehrt war, widersetzte er sich diesem Befehl und stieß weiter vor. Kleist setzte ihn sofort ab, aber Rundstedt benachrichtigte schleunigst Hitler, der Guderian ebenso rasch wieder einsetzte. Das Ganze hatte nur drei Stunden gedauert.

Die auf sich selbst gestellten Verteidiger der Vence kämpften noch den ganzen 15. Mai über. Die deutschen Panzer waren in vollem Einsatz und forderten ständig Stukas an, um den Widerstand endlich zu brechen. La Horgne wurde bis 17 Uhr durch das 2. Algerische und das 2. Marokkanische Spahiregiment verteidigt, die zusammen nur über ein 2,5-cm-Geschütz verfügten. Das brennende Chagny wurde durch die 8. Ardennenjägerdivision noch bis 19 Uhr gehalten, Baalons und Bouvellemont verteidigten sich bis Mitternacht, dann durchbrachen die Reste des 152. Infanterieregiments die feindliche Umklammerung und erreichten die 11. Kürassierdivision, die immer noch in Jouvel kämpfte. Die französischen Truppen schienen sich gefangen zu haben.

Am Morgen des 16. Mai war Guderian schon wieder unterwegs. Der Durchbruch war gelungen, aller Widerstand zusammengebrochen. Mit hoher Geschwindigkeit jagte die Division über die Straßen und holte die langen Kolonnen fliehender Soldaten ein.

Sie wurden aufgefordert, die ihnen noch verbliebenen Waffen auf die Straße zu werfen. Dann fuhren die Panzer darüber und zermalmten sie. Den Soldaten wurde der Weg zum nächsten Gefangenensammelplatz gewiesen. Dann ging diese militärische Touristenfahrt weiter. Die Männer mit den schwarzen Baskenmützen saßen mit nacktem Oberkörper auf ihren Panzern und ließen sich von der Sonne bräunen, spielten Mundharmonika und überwanden ihre Müdigkeit mit Siegesbegeisterung. Heute, ein Vierteljahrhundert danach, gibt es noch unzählige Deutsche, die inzwischen grau geworden sind, aber immer noch behaupten, sie hätten nie das Leben so genossen wie im Mai 1940. Später aber mußten sie teuer dafür bezahlen.

Der Zusammenbruch der 9. französischen Armee

An der Maas nördlich von Sedan war die Lage den ganzen 14. Mai über recht eigenartig. Die auf allen Wegen aus den Ardennen rollenden deutschen Panzerkolonnen erreichten den Fluß zu verschiedenen Zeitpunkten. Wie Rommel am Vortage, griff jede Division sofort bei ihrer Ankunft an, wo und wie sie eben konnte. Die Mannschaften überquerten den Fluß mit Sturmbooten, auf Brettern oder Strohbündeln. Manche Soldaten durchschwammen ihn sogar. Mehrere Abschnitte waren noch ruhig, besonders gegenüber der 6. französischen Infanteriedivision oberhalb und unterhalb von Fumay. Die Deutschen schlugen nach starker Luftvorbereitung durch energische Stöße jeweils enge Breschen. Im Abschnitt der 5. motorisierten Infanteriedivision wurde die Maas durch die 5. deutsche Panzerdivision bei Yvoir überschritten, im Abschnitt der 22. Infanteriedivision in Chooz bei Givet durch die 6. Panzerdivision. Das französische Oberkommando hatte sich einen Durchbruchversuch auf breiter Basis vorgestellt, doch hatten sich die Deutschen nicht an das Vorbild von 1918 gehalten. Eine Reihe improvisierter Vorstöße ließ die französische Front zusammenbrechen.

Rommel hatte von seinem Brückenkopf aus den Kampf bereits in der Morgendämmerung wiederaufgenommen, vermochte aber nur fünfzehn Panzer auf das linke Ufer zu bringen. Alles, was er nun tun konnte, war, durch hinhaltende Scharmützel in dem Becken von Houx die langsam nachrückende Verstärkung abzuwarten. Die Gegenmaßnahmen waren nur schwach und unzulänglich. Die nach langem und ermüdendem Nachtmarsch eintreffenden französischen Einheiten ließen sich widerstandslos auseinanderjagen. Die beiden Panzerkompanien, die vorgeschickt worden waren und einen Gegenangriff ausführen sollten, fanden wieder einmal keine Infanterie vor, die sie begleiten sollten. Sie zogen sich also zurück und wurden längs der Straße von Philippeville nach Dinant sozusagen als Straßenwärter verteilt.

Rommels Druck verstärkte sich mit dem Eintreffen von zusätzlichen Truppen. Oberst von Bismarck, der Kommandeur des Schützenregiments 7, unterstützt vom Panzerregiment 25 unter Oberst Rothenburg, nahm Onhaye. Rommels Befehlspanzer wurde von einem gut getarnten feindlichen Geschütz getroffen. Mit aufgerissener Wange kroch der General auf allen Vieren aus dem Turm des umgestürzten Pz-Kw 3. Im selben Augenblick bombardierte die deutsche Luftwaffe die von Artillerie verstopfte Straße Dinant–Philippeville. Die Zugpferde rissen sich los und galoppierten, vermischt mit den Sattelpferden eines Kavallerieregiments, erschreckt in alle Richtungen auseinander. Dem unternehmungslustigen Rommel drohte eine neue Gefahr, denn die 1. französische Panzerdivision war im Anmarsch. Während der Nacht war sie durch einen vorbereitenden Befehl alarmiert worden, der besagte, die Einheit habe sich auf eine Änderung ihrer ursprünglichen Anordnungen gefaßt zu machen und für eine Unterstützung der 9. Armee bereit zu halten. Mittags kam dann der Durchführungsbefehl. Die Division sollte sich in Richtung Florennes in Bewegung setzen und die deutschen Panzer in die Maas zurückzuwerfen. Bis zum Fluß waren es nur noch 30 Kilometer. Wäre Bruneau nun ein wirklicher Panzergeneral gewesen, so wäre er in einen B 1 gestiegen und hätte seine Division direkt ins Feuer geführt. Die Schlacht war noch nicht entschieden. Man konnte also nicht voraussagen, welchen moralischen und materiellen Effekt das plötzliche Erscheinen von 200 schweren Panzern haben würde. Bruneau war aber kein Rommel, sondern ein General französischer Schule, für den ein Gegenangriff im Rahmen klarer und strikter Befehle durchgeführt wurde. Bruneau suchte den General Martin vom XI. Korps auf, um sich unter seinen Oberbefehl zu stellen. Dann suchte er nach einem Telefon, um General Corap zur Angleichung an die Befehle Martins zu veranlassen. Anschließend wollte er neuerdings General Martin aufsuchen, doch hatte dieser seinen Gefechtsstand in Florennes aufgegeben und war unauffindbar. In der Zwischenzeit waren Bruneaus Panzerbataillone vollzählig an ihrem Bestimmungsort angekommen. Sie waren zwar mit allem Material ausgestattet und von bestem Kampfgeist beseelt, hatten aber nur noch wenig Treibstoff in den Tanks, und niemand wußte, wo die Tankwagen steckten. Obwohl man nach dem Krieg viele Untersuchungen anstellte, steht heute noch nicht fest, wo sie geblieben sind. Kein Mensch wird auch jemals herausfinden, wieso die beste französische Panzerdivision nach vorne geworfen wurde, ohne daß ihr Befehlshaber auf den Gedanken gekommen war, daß auch der nötige Treibstoff vorhanden sein müsse. Um all das zu begreifen, muß man die Gedankengänge kennen, die die französische Führung nach vier Tagen Blitzkrieg immer noch nicht aufgeben wollte, nämlich die Idee einer zusammenhängenden Front, eines geordneten Hinterlands, freier Straßen und eines genügend großen zeitlichen Spielraums.

Inzwischen war es Nacht geworden. Bruneau suchte noch immer den unauffindbaren Martin. Die Panzerbesatzungen hatten sich voller Mut und Vertrauen unter ihren

Panzern, die im Wald gut versteckt waren, schlafen gelegt. Flavion, Corenne und Florennes warfen roten Feuerschein gegen den nächtlichen Himmel. Der Schlachtenlärm hatte aufgehört. Einige Panzerkommandanten konnten ihre Tanks auffüllen, indem sie bei Zivilpersonen Benzin ›organisierten‹. Sie übertraten damit eine strenge Vorschrift, die besagte, daß Panzer ausschließlich mit Flugbenzin betrieben werden mußten. Die auf die Suche nach den Tankwagen ausgeschickten Soldaten kamen unverrichteterdinge zurück... oder waren verschwunden. Um 5 Uhr früh meldete man dem General zum wiederholten Male, seine Division stehe bereit und nur ein einziger Panzer habe eine Panne. Rommel aber war vorgestoßen, Rommel hatte gesiegt, obwohl er seine Flanke ungedeckt 7000 Elitesoldaten und 5000 Tonnen Stahl geboten hatte.

Während die 1. Panzerdivision in Wartestellung verharrte, brach die 9. Armee zusammen. Die Maasschlacht ging ihrem Ende entgegen. Um 19 Uhr waren dem General des XI. Korps die Nerven durchgegangen. Die bei ihm einlaufenden Meldungen waren schrecklich. Überall wurden die Breschen größer. Die 18. Infanteriedivision löste sich auf, die 22. floh mit ihrem Kommandeur an der Spitze. Die hinter der Front liegenden Gebiete boten das typische Bild der Niederlage: Lange Artilleriekolonnen, Krankenwagen, Artillerieparks, die von ihren Einheiten getrennt worden waren – alles floh in wildem Durcheinander nach Westen. General Martin sah nur eine Möglichkeit, sein Korps zu retten; er faßte den Entschluß, sich auf die Linie Florennes–Philippeville–Marienbourg zurückzuziehen. Während sonst die Befehle oft genug nicht durchgekommen waren, verbreitete sich dieser wie ein Lauffeuer bei den Frontsoldaten. Dieser Befehl war aber eine folgenschwere Fehlentscheidung. Die einzige Möglichkeit, Teile des XI. Armeekorps zu retten, hätte darin bestanden, die Truppen, von denen sich einige mit großer Tapferkeit schlugen, jeden Meter Boden verbissen verteidigen zu lassen. Der Rückzugsbefehl aber führte zur völligen Auflösung. Genau wie die 55. und 71. Infanteriedivision am Tag zuvor bei Sedan, so hörten hier die 18. und 22. auf zu existieren. Keine einzige Einheit blieb an der von Martin befohlenen Linie stehen. Der Kommandeur der 18. Infanteriedivision fand auch nicht den geringsten Teil seiner Division vor. In dieser Situation blieb ihm nichts anderes übrig, als nach Paris dem Minister zu berichten, er sei mit 15000 Mann ausgezogen, sei nunmehr aber allein.

Andere Generale hielten es für ehrenvoller zu fallen. So Bouffet, der Befehlshaber des II. Artilleriekorps, Thierry d'Argenlieu, der Bruder des späteren Admirals, und Augereau, der Chef der Luftstreitkräfte der Armee. Nachdem sein letztes Flugzeug zerstört worden war, begab er sich an die Front und fiel mit dem Gewehr in der Hand bei der Verteidigung des Rathauses von Catelet.

In Vervins, dem Hauptquartier der 9. Armee, rief die Nachricht vom Rückzugsbefehl des XI. Armeekorps größte Bestürzung hervor. Corap hatte mit Billotte eine laut-

starke telefonische Auseinandersetzung, wobei er auf höchst soldatische Weise auf den Vorwurf antwortete, er habe die Maas aufgegeben. Am nächsten Tag wurde er durch General Giraud abgelöst. Dann wurde er mit einer Ungerechtigkeit, die nur durch die Umstände zu entschuldigen war, von Paul Reynaud als der Sündenbock hingestellt, der an der Niederlage schuld sei.
Nachdem man erst Martin wegen seines Rückzugs Vorwürfe gemacht hatte, taten Corap und Billotte das gleiche: Am 15. Mai um 2 Uhr 30 erhielt die ganze 9. Armee den Befehl, sich vom Feind abzusetzen und sich auf die Linie Marcinelle (Vorort von Charleroi)–Clerfontaine–Marienbourg–Rocroi–Signy-l'Abbaye zurückzuziehen. Dies sollte die letzte Kampfstellung sein, die ›unbedingt gehalten‹ werden müsse.
Die moralisch schwer angeschlagenen Truppen waren zu einem geordneten Rückzug nicht mehr fähig. Die 5. motorisierte Infanteriedivision stieg auf ihre Lastwagen und fuhr ins Landesinnere. Die 1. Panzerdivision konnte aus Spritmangel nicht weiter und wurde aufgerieben. Die 61. Infanteriedivision verflüchtigte sich in alle Winde, die 4. nordafrikanische Infanteriedivision machte den Eilmarsch vom Vortag in umgekehrter Richtung und brach vor Ermüdung zusammen. Philippeville und Clerfontaine wurden nach schwachem französischem Widerstand von Rommel genommen. In Philippeville ließ der deutsche General die französischen Offiziere, die sich ergeben hatten, zusammenkommen, drehte ihnen aber brüsk den Rücken, als sie um die Genehmigung ersuchten, ihre Offiziersburschen und ihr Gepäck mitnehmen zu dürfen. Vereinzelt fanden noch Kämpfe zwischen Panzern oder gegen Panzerabwehr statt, aber der französische Widerstand wurde rasch gebrochen. Die der 7. deutschen Panzerdivision zum erstenmal zur Verfügung gestellten Sturzkampfflieger stürzten auf den Feind nieder und zogen dann ihre heulenden Maschinen wieder hoch, während die Bomben reihenweise am Boden explodierten. Panzereinheiten, die mit einer Geschwindigkeit von 60 Kilometer je Stunde angriffen, wirbelten inmitten eines Feindes, der sich in völliger Auflösung befand, riesige Staubwolken auf. Es wurde Halali geblasen.

Die Lage im Großen Hauptquartier und bei den Stäben

Im Großen Hauptquartier und in den Stäben schien man merkwürdigerweise die Katastrophe nicht zu spüren. Am 15. Mai waren hier nur optimistische Töne zu vernehmen. Der Stab des Generals Georges telefonierte an Gamelin einen rosarot gefärbten Tagesbericht: »Nichts Neues von Bedeutung. Einige kleinere Einbrüche bei Mézières-Charleville. Abdichtung der Front bei Sedan. Der Angriff scheint gestoppt zu sein. Alle Gefangenen sprechen von der Übermüdung der deutschen Truppen...« In Vervins, bei Corap, wurden die Neuigkeiten noch als ›recht ermutigend‹ bezeichnet.

Das II. und XI. Artilleriekorps zögen sich ›wohlgeordnet‹ zurück und bildeten eine neue Verteidigungsfront. Eine am Abend in La Ferté-sous-Jouarre aufgestellte Zusammenfassung aller Meldungen war voller Vertrauen: »Der 15. Mai 1940 scheint eine gewisse Beruhigung an der Front gebracht zu haben. Unsere erschütterte Front wird wieder nach und nach hergestellt.« In den Augen der französischen Militärs mußte auf den deutschen Vormarsch, der seit dem 10. Mai im Gange war, notwendigerweise eine Pause folgen, um die Einheiten wieder zu sammeln, die Nachrichten und Nachschubverbindungen wiederherzustellen, die Artillerie nachzuziehen usw. Die Stabsoffiziere im Großen Hauptquartier beschrieben die Operationen auf die Art und Weise, in der Corneille die Menschen schildert – wie sie sein sollten und nicht, wie sie tatsächlich waren.
In Wirklichkeit wußten die Stäbe überhaupt nichts von dem, was in Wahrheit vorging. Darüber sind sich alle Zeugen einig. »Wir bekamen überhaupt keine Meldungen mehr«, sagte der Generalstabschef der 9. Armee. Im Kriegstagebuch der 9. Armee findet sich unter dem 15. Mai überhaupt keine Eintragung. ›Ereignisloser Tag‹, notierte einer der Offiziere Gamelins in Vincennes. Der unwiderrufliche Durchbruch der Deutschen wurde an dieser höchsten Kommandostelle der französischen Armee erst am 16. Mai um 11 Uhr vormittags bekannt, also volle vierundzwanzig Stunden nach der Katastrophe — und auch das erst durch einen Offizier, der den geradezu unglaublich kühnen Entschluß gefaßt hatte, direkt an das Große Hauptquartier zu telefonieren, um mitzuteilen, daß der Feind von allen Seiten ins Land ströme. Eine weitere Meldung, die in Vincennes eintraf, gab die Schuld an dem allgemeinen Rückzug der französischen Armee einem Hauptmann de Foulonge. Man suchte ihn, um ihn erschießen zu lassen, aber er war unauffindbar, denn es gab ihn überhaupt nicht. Die hohen Chefs und ihre Stabsoffiziere hatten weder eine konkrete Vorstellung von der Schlacht, noch besaßen sie die nötigen Nachrichtenverbindungen, um eine solche zu leiten. Die Nachrichtenübermittlung war von einer geradezu unwahrscheinlichen Langsamkeit, weshalb die Entscheidungen ständig hinter den Ereignissen herhinkten. Der Bankrott des Oberkommandos, das sich ganz auf einen Stellungskrieg vorbereitet hatte, war vollkommen.
In Vervins löste am Nachmittag des 15. Mai Giraud den General Corap ab. Seine ersten Befehle waren rigoros: Durchhalten um jeden Preis, an Ort und Stelle bleiben! Diese Anordnung bezog sich auch auf die Gefechtsstände der Generale, die unter keinen Umständen geräumt werden durften. Selbst der Armeeoberbefehlshaber wollte seine Befehlsstelle zu den Bataillonsgefechtsständen vorverlegen, von wo aus, wie er sagte, eine Schlacht geleitet werden müsse. Er tat dies auch bis zu dem Augenblick, in dem er mit seinem goldbetreßten Käppi auf dem Kopf und dem Generalsstander am Auto sich wie der gewöhnlichste Infanterist ergeben mußte, als er plötzlich eine Gewehrmündung auf sich gerichtet sah.

Plötzlich verbreitete sich im Großen Hauptquartier der Franzosen eine bestürzende Nachricht. Véron, der Stellvertreter des Stabschefs, überbrachte sie dem neuen Befehlshaber der 9. Armee: Die Deutschen waren in Montcornet im Departement Aisne, 20 Kilometer vor Vervins, auf halbem Weg zwischen Maas und Oise – auf der Straße von Laon nach Paris! Giraud wurde wütend. Das war absurd, unmöglich! Ein von der ›fünften Kolonne‹ in die Welt gesetztes Gerücht! Er verbot strengstens jede Weiterverbreitung und ordnete an, die Urheber derartiger Gerüchte als Defaitisten zu erschießen. Man kämpfte an der Bar, 15 Kilometer von Sedan entfernt, wo unter dem Befehl von General Touchon eine neue Armee, die 6., frisch eingesetzt worden war. Und da sollten die deutschen Panzer in Montcornet sein?!
Das Gerücht aber traf zu. Nachdem die 6. deutsche Panzerdivision vor Monthermé kurze Zeit aufgehalten worden war, war sie bis zu der Stadt durchgebrochen und hatte damit den Zusammenbruch der Front an der Maas besiegelt. Der von Sedan vordringende Guderian kam einen Augenblick später und wurde auf dem Hauptplatz durch den vor ihm eingetroffenen General Kempff, den Kommandeur der 6. Panzerdivision, begrüßt. Hunderte völlig überraschter Gefangener führte man aus den umliegenden Häusern heraus auf die Straße.

Kritik an der Verteidigungsstrategie Frankreichs

Der 15. Mai war ein entscheidender Tag; er war die erste große Wende in diesem Krieg. An diesem Tage begann der viele Jahre dauernde Leidensweg Frankreichs.
Keinerlei Illusion war jetzt mehr erlaubt. Was einige wenige bereits geahnt hatten, daß nämlich die deutsche der französischen Armee überlegen sei, war nun klar bewiesen. Wenn zwei Armeen gleich stark sind, können die Beschlüsse des Oberbefehlshabers, der Durchhaltegeist der Truppe und selbst das Kriegsglück den Ausschlag geben. Wenn aber zwei Armeen grundverschieden voneinander sind, kann vielleicht der Ablauf einer einzelnen Schlacht, nicht aber das Endergebnis des Konflikts beeinflußt werden. 1940 konnte nichts, aber auch gar nichts die französische Armee vor der Niederlage retten. Wenn Billotte nicht in Belgien einmarschiert wäre und Georges die Ardennen besser verteidigt hätte, wären die Kämpfe vielleicht anders verlaufen, hätten möglicherweise länger gedauert und die Deutschen höhere Verluste gekostet. Aber am Resultat hätte auch das nichts geändert. Auch einfallsreichere Entscheidungen der französischen Panzergenerale Bruneau und Brocard hätten auf die Dauer gegenüber der größeren Manövrierfähigkeit der deutschen Panzereinheiten und der Überlegenheit der Luftwaffe schließlich den Sieg der Wehrmacht nicht verhindern können. Am Abend des 15. Mai, also nach sechs Tagen Kampf, stand fest, daß die französische

Armee weder auf einer geschlossenen Front Widerstand leisten noch schnell genug einen Gegenstoß hatte ausführen können, denn die deutschen Truppen waren verblüffend beweglich. 1914 hatte zwar auch für Joffre der Krieg ungünstig begonnen, damals stand ihm aber genügend Hinterland zur Verfügung, in das er sich zurückziehen und wo er seine Truppen neu formieren konnte. Die Motorisierung hatte aber inzwischen die Größe der Schlachtfelder sozusagen zusammenschrumpfen lassen. Nach wie vor bestand jedoch die Verteidigungsstrategie darin, daß man Raum opferte, um Zeit zu gewinnen. Da aber, wie gesagt, dieser Raum durch die Motorisierung geschrumpft war, ließ sich durch Rückzugsbewegungen auch weniger Zeit gewinnen. Im Zweiten Weltkrieg mußte man über die Weiten Rußlands verfügen, falls man sich aus der Tiefe des eigenen Territoriums verteidigen wollte. In einem Land von der Größe Frankreichs, das für den Panzerkrieg geradezu geschaffen war, hätte man sich auf solch eine Strategie niemals einlassen dürfen.

Aus dieser Überlegung hätte man vielmehr die Konsequenz ziehen müssen, daß sich im Mutterland nur ein Krieg von begrenzter Dauer führen ließ. Damit hätte man vor der folgenden realistischen Alternative gestanden:

Entweder man suchte zu verhandeln, solange man noch Waffen besaß, oder aber man war entschlossen, unter keinen Umständen zu verhandeln. Dann aber hätte man unverzüglich alle nur möglichen Maßnahmen zur Weiterführung des Krieges außerhalb des Mutterlandes treffen müssen. Die Schlacht in Frankreich hätte dann den Charakter eines Nachhutgefechtes angenommen, das die Evakuierung von möglichst viel Menschen und Material nach England und Nordafrika gestattet hätte.

Aber der Gedanke einer Evakuierung Frankreichs wäre vermutlich ein Sakrileg gewesen, solange es die französischen Armeen noch gab. Ein patriotisches Volk wie die Franzosen wäre wahrscheinlich nie bereit gewesen, sein Land zu verlassen, wie das die Athener in den persischen Kriegen getan hatten. Der Waffenstillstand vom Juni war im Grunde bereits im Mai besiegelt.

Paris ist bedroht

Die Deutschen standen in Montcornet, der Weg nach Paris war offen. Das Große Hauptquartier verfügte über keine einzige Division, um diese Einfallstraße sperren zu können. Die Regierung wußte, daß die deutschen Panzer in einigen Stunden an der Porte de la Villette in Paris auftauchen konnten. Man kam überein, daß die Minister am 16. Mai um Mitternacht abreisen sollten. Im Hof des Quai d'Orsay verbrannte man riesige Stapel von Geheimdokumenten.

Weder General Noguès, der Militärdiktator von Nordafrika, noch sonst einer der kolonialen Prokonsuln war vom Ernst der Lage unterrichtet. Keiner rechnete mit der Möglichkeit, daß sein Befehlsbereich in Kürze Kampfgebiet sein könnte. Ähnlich unvorbereitet waren auch die hohen Militärs. Beispielsweise General Georges erklärte, daß er von dem Plan einer Fortsetzung des Krieges in Nordafrika erst in der zweiten Junihälfte gehört habe.

Am Abend des 16. Mai stand das XXXXI. deutsche Panzerkorps in Aubenton – zwischen Mézières und Guise – und das XIX. in Marle, 20 Kilometer vor Lens. Rommel unternahm einen nächtlichen Vorstoß und überschritt die Grenzstellungen im Mondschein bei Solre-le-Château, umging Maubeuge, rollte, so rasch es ging, über die verstopften Straßen, nahm ganze Regimenter gefangen, die den Feind noch meilenweit entfernt glaubten, besetzte Avesnes, Landrecies und Le Cateau und schuf dadurch im Hinterland der 1. französischen Armee heillose Verwirrung. Als er am Morgen des 17. haltmachte, hatte seine Division 120 Kilometer zurückgelegt, 35 Tote und 59 Verletzte zu beklagen, 10000 Mann gefangengenommen und 100 Panzer erbeutet. Guderian überquerte die Oise und erreichte am 18. Mai Saint-Quentin.
Am 16. Mai hätte die französische Armee eigentlich ein von General Georges ausgedachtes Manöver ausführen sollen; eine Zangenbewegung war vorgesehen, die sich hinter den deutschen Panzern schließen sollte. Giraud sollte im Norden den Befehl über die 1. und 2. Panzerdivision übernehmen, die durch Schwadronen von Somua-Panzern verstärkt werden sollte, und dann in südlicher Richtung angreifen. Der Befehlshaber der Nordostfront wußte überhaupt nicht, daß die 1. Panzerdivision völlig aufgerieben, daß die 2. vollkommen aus den Fugen geraten und auseinandergerissen worden war, daß der Oberbefehlshaber der Armee Giraud überhaupt nichts mehr zu befehligen hatte.
Seit dem 11. Mai gab es noch eine 4. Panzerdivision – zumindest war sie bereits teilweise aufgestellt. Als ihr Divisionär, Oberst de Gaulle, am 15. Mai im Gefechtsstand in Laon eintraf, war er allein auf weiter Flur. Die erste Truppe, der er begegnete, war eine chemische Kampfgruppe, die nur mit Karabinern bewaffnet war. Er legte diese Gruppe als Sicherungsgürtel hinter den Kanal von Sissonne und suchte dann die ihm zugeteilten Truppenteile zusammen, um seine Division aufzubauen. Der Plan Georges' war ihm überhaupt nicht mitgeteilt worden; sein ziemlich unklar abgefaßter Auftrag sah Verteidigungsmaßnahmen vor. An seiner Stelle hätte jeder andere französische Offizier vermutlich abgewartet und erst einmal alle seine Truppen gesammelt. De Gaulle aber schäumte vor Wut, seit er erfahren hatte, daß die Deutschen die Waffen französischer Soldaten einfach mit den Panzern zermalmten, anschließend ihren Marsch fortsetzten, indem sie den Franzosen zuriefen, sie hätten keine Zeit, Gefangene zu machen. In dieser Nacht schwor er sich, daß er kämpfen werde, bis der Feind besiegt und dieser nationale Schandfleck wieder weggewaschen sei. Er beabsichtigte, schon

am nächsten Morgen mit den Truppen, die er gerade zur Verfügung hatte, anzugreifen. Außerdem sagte ihm sein militärischer Instinkt, daß sich der Gegner viel rascher verstärken könne als er, weshalb er nur verlieren könne, falls er wartete.
Am Morgen sah die 4. Panzerdivision (DCR) folgendermaßen aus: ein Bataillon schwere Panzer (Typ B), zwei Bataillone mittlere Panzer (Typ R 35) und eine Gruppe Artillerie; sie besaß keine motorisierte Infanterie, kein einziges Panzerabwehrgeschütz und keine Flugabwehr. De Gaulle führte diesen Divisionsembryo bis nach Montcornet, unternahm einen Vorstoß von 30 Kilometern hinter die feindliche Linie, säuberte den Ort vom Feind, zerstörte die gegnerischen Fahrzeuge und kehrte am Abend mit 120 Gefangenen zurück, während über seinen Leuten die Stukas ihre Runden drehten. Am nächsten Tag wiederholte er das gleiche Manöver in Richtung Marle und zwei Tage später in die Gegend von Fismes, von wo ihn Georges abberief, um ihm eine andere Aufgabe zuzuteilen. Diese natürlich viel zu schwachen Vorstöße hatten den Vormarsch der deutschen Panzer weder aufgehalten noch die Bewegung des Feindes ernstlich beeinträchtigt. Trotzdem bewiesen sie, was ein Panzerkorps hätte ausrichten können, das in die Flanke des deutschen Vormarsches hineingestoßen wäre. Auch zeigten sie, daß die französischen Divisionen bei energischer Führung durchaus zu beachtlichen Teilerfolgen fähig waren.

18. Mai: Pétain Minister, Weygand Oberkommandierender

Am 17. und 18. Mai beruhigte man sich in Paris wieder, denn der Panzervorstoß war offensichtlich nicht gegen die Hauptstadt gerichtet. Die Abreise der Regierung wurde verschoben. Hitler, so hieß es, habe die Gelegenheit verpaßt. Paul Reynaud übernahm das Kriegsministerium, rief Marschall Pétain von seinem Botschafterposten in Madrid zurück und nahm ihn in sein Kabinett auf. Zum neuen Oberbefehlshaber machte er General Weygand, den er von seinem Kommando in der Levante abberief. General Georges bildete eine Frontlinie entlang der Aisne und dem Crozat-Kanal, vereinigte die noch unvollständige 6. Armee (Touchon) mit der noch fiktiven 7. Armee und befahl der 9. Armee, an deren Existenz er immer noch glaubte, die kanalisierte Sambre und den Sambre-Oise-Kanal zu halten. Er zeichnete eine Stellung Sambre-Oise-Aisne auf der Karte ein, an der seiner Ansicht nach die erschöpften deutschen Panzertruppen zwangsläufig zum Stehen kommen mußten. Das Bild, das sich so vom Kriegsschauplatz bot, war günstiger als das von 1914. Der rechte französische Flügel stützte sich auf den Rhein; bedeutende Teile der französischen Armee in Belgien und Nord-Frankreich waren von der Invasion nicht berührt worden. Was Georges aber nicht wußte, war, daß die Sambre schon aufgegeben und die Oise bereits überschritten worden war. Am 19. Mai nahm das XIX. deutsche Panzerkorps Peronne, das XXXXI. Busigny und das XV. Cambrai. In der ländlichen Villa des Bondons, der hübschen Residenz des Generals Georges, tauchte ein Gespenst auf: Gamelin. Mit der gleichen Hand, mit der er einst den Tagesbefehl zur Marneschlacht geschrieben hatte, verfaßte er jetzt eine Empfehlung, keinen Befehl, denn Georges war ja der Oberbefehlshaber Nord-Ost: es sei das beste, in den Rücken der deutschen Panzer vorzustoßen. Ebensogut hätte er zu der Einnahme von Berlin raten können, denn die von ihm empfohlene Bewegung war genau das, was man seit drei Tagen schon versuchte – allerdings vergeblich. Bis zu seinem Tod behauptete Gamelin, Frankreich wäre zu retten gewesen, wenn Georges seinen Rat vom 19. Mai befolgt hätte.

Am 20. Mai erschien Weygand in Vincennes. Trotz seiner dreiundsiebzig Jahre und einer recht abenteuerlichen Reise von zwei Tagen war er vollkommen frisch. Dem Ruf Reynauds folgend, hatte er Beirut zwei Tage vorher an Bord eines Glen-Martin-Bombers verlassen, mußte aber über Tripolitanien umkehren, verlor eine Nacht in Tunis, mußte das südliche Gebiet des Massif Central im Tiefflug überqueren und kam schließlich in Etampes an, wobei das Flugzeug Bruchlandung machte und sein Fahrgestell verlor. Die Insassen waren eine Zeit lang in der Maschine eingesperrt. Am gleichen Abend übernahm Weygand nach einem kurzen Besuch bei Georges den Oberbefehl. Beim Abendessen teilte man Gamelin mit, daß er abgesetzt sei; er war nicht im geringsten überrascht. Nach einer durchwachten Nacht übergab er sein Amt in aller Form dem Nachfolger, dem Armeegeneral Maxime Weygand. Dieser war im Vollbesitz seiner körperlichen und geistigen Kräfte; man wußte, daß er ehrenhaft und energisch, charakterstark und eigensinnig war, daß weder seine Autorität noch sein glühender Patriotismus bezweifelt werden konnten. Allerdings gehörte der ehemalige Husarenoberst von 1914, der Fochs Generalstabschef während des ganzen Ersten Weltkriegs gewesen war, einer anderen Zeit an. Vor dem Krieg hatte er in zwei Artikeln in der *Revue des Deux Mondes* die Forderung de Gaulles, man müsse die Armee unbedingt mit einer Panzerwaffe ausstatten, heftig kritisiert und erst einige Wochen vor Kriegsausbruch bei einem Reitturnier erklärt, Frankreich könne beruhigt sein, denn nie sei seine Armee so gut gerüstet und so hervorragend befehligt worden. Er war sich durchaus bewußt, daß man ihn gerufen hatte, um eine äußerst verfahrene Situation zu meistern. Vornehm und ohne zu zögern, hatte er die schwere Verantwortung übernommen. Er hatte aber keine Ahnung, wie schlecht die militärische Lage war, wußte auch nicht, daß man bereits erwog, den Krieg außerhalb Europas fortzusetzen, nachdem er in Frankreich verloren war, denn Paul Reynaud hatte ihn nicht unterrichtet. Abgesehen davon, hätte man nicht Weygand, sondern de Gaulle mit dem Oberkommando betrauen sollen.

Als Weygand das Oberkommando übernahm, übermittelte man Hitler die entscheidende Nachricht: »Abbeville ist eingenommen und der Kanal ist erreicht. 45 alliierte

Divisionen sind in Flandern eingeschlossen.« Jodl notierte: »Der Führer ist ganz außer sich vor Freude.«

Hitler erklärte dann, der Waffenstillstand werde im Wald von Compiègne unterzeichnet werden, Frankreich müsse an Deutschland alle jene Gebiete zurückgeben, die es ihm seit vierhundert Jahren weggenommen habe.

Seit dem Polenfeldzug spielten die gefürchteten Sturzkampfflugzeuge vom Typ Ju 87 eine wichtige Rolle bei der Niederkämpfung des Gegners (oben). – In den ersten Kriegsjahren fand man noch Zeit, Feindflugjubiläen der Kameraden mit allem Zeremoniell zu begehen (unten). Selten konnten sich die Piloten vom Ausmaß der durch sie verursachten Zerstörungen überzeugen (folgende Seite).

V. Kapitel 20. Mai bis 5. Juni 1940
Dünkirchen

Rückzug der 1. französischen Armee und der britischen Expeditionsstreitkräfte

Für die 1. französische Armee war der Anmarsch überaus anstrengend, denn der schnelle deutsche Vormarsch zwang zu höchster Eile. Da es aber junge Truppen waren, erholten sie sich rasch. Am Abend des 14. Mai hatte Blanchard seine drei Armeekorps – das III., IV. und V. – in die Lücke von Gembloux geworfen. Die Schlacht begann am gleichen Tag, doch beteiligten sich von den 82 Bataillonen, über die Blanchard verfügte, nur ein Dutzend direkt an den Kämpfen; es waren jene, welche sich im Zentrum der 1. Armee befanden.
Der Angreifer war das XVI. Panzerkorps unter General Hoepner. Alle deutschen Vorstöße wurden vom IV. französischen Korps erfolgreich abgewehrt. Es gelang sogar, die deutschen Truppen durch einen Gegenangriff zurückzuschlagen. Auf seiten der französischen Truppen war das Vertrauen so groß, daß der Befehlshaber schon erwog, die Truppen abzulösen und Saxophone und Akkordeons kommen zu lassen, um seine Soldaten zu unterhalten.
Am nächsten Tag war die Schlacht beendet. Um 2 Uhr morgens erhielt der rechte Flügel der 1. Armee, der nach der Niederlage der 9. Armee keine Flankendeckung mehr besaß, den Befehl, um Gembloux zu schwenken. Um 18 Uhr wurde dann dieser halbe Rückzugsbefehl in einen allgemeinen Rückzugsbefehl umgewandelt. Es wurde angeordnet, daß die 1. französische Armee sich auf den Kanal von Charleroi zwischen Sambre und Tubize zurückziehen solle, um dort die Stellung zu halten, »ohne an Rückzug zu denken«. Dieser Rückzugsbefehl betraf auch das britische Expeditionskorps, worüber dessen Angehörige noch erstaunter waren als die Franzosen. Sie hatten fast im Laufschritt 100 Kilometer zurückgelegt, um eine Stellung zu beziehen, von der man ihnen gesagt hatte, sie müsse ›bis zum letzten Blutstropfen‹ verteidigt werden. Man schickte sie zurück, ehe sie in Feindberührung gekommen waren.
Weder die britischen noch die französischen Soldaten waren von jenem Zusammenbruch unterrichtet, der sich rechts von ihnen ereignet hatte. Sie konnten also nicht ahnen, daß der überstürzte Rückzugsbefehl, dem sie nur schimpfend und murrend nachkamen, in Wirklichkeit viel zu spät gegeben wurde. Als er nämlich auf dem Gefechtsstand der 1. Heeresgruppe in Folembray unterzeichnet worden war, erreichten die deutschen Panzer gerade Montcornet. Gegenüber den motorisierten deutschen Einheiten, die ein Umgehungsmanöver ausführten, waren die im Norden liegenden französischen Armeen um zwei Tagesmärsche im Rückstand. Die französischen Stra-

tegen waren sich der Gefährlichkeit der Lage zwar bewußt, sahen aber keine Möglichkeit, der drohenden Einkesselung zu entgehen.
Am 22. August 1914 hatte Joffre in Charleroi den allgemeinen Rückzug seines linken Flügels befohlen. Für alle, die ihn damals mitmachten, blieb er die schrecklichste Erinnerung des ganzen Krieges. Andererseits rettete aber diese rasche Entscheidung des Generalissimus die Armee.
Auch im Mai 1940 hätte ein solch entschlossener Rückzug die Einschließung möglicherweise verhindert, wenn diese Entscheidung blitzartig gefallen wäre. Aber die für den Stellungskrieg ausgebildeten Generale waren dazu nicht fähig.
Als die deutschen Panzerdivisionen am 20. Mai die Sommemündung erreichten, war die 1. französische Heeresgruppe immer noch darauf bedacht, die Schelde zu verteidigen. Die 1. Armee kämpfte in der Umgebung von Maubeuge mit dem Auftrag, die Grenzstellungen zu halten, selbstverständlich ›ohne an Rückzug zu denken‹! Die nur geringfügig angegriffenen Engländer und Belgier lagen hinter dem Fluß; alle Nachrichtenverbindungen mit den Franzosen waren unterbrochen. Die im Süden durch ihre Flankenschutzeinheiten gedeckten deutschen Panzer stießen nach Norden gegen Arras und Calais vor und drückten auf den Kessel, in dem 46 alliierte Divisionen (eine Million Soldaten) und eine weitere Million Flüchtlinge zusammengepreßt waren. Die Flankenschutzeinheiten leisteten sich voller Verachtung für ihre Gegner sogar den Witz, Brückenköpfe an der Aisne und der Somme zu bilden.

Weygand an der Front

Der am Vorabend zum Oberkommandierenden ernannte General Weygand wollte nun versuchen, den eisernen Ring zu sprengen. Am 21. Mai, vierundzwanzig Stunden nach seiner Befehlsübernahme, war er schon wieder mit dem Flugzeug unterwegs, diesmal aber über dem Schlachtfeld. Er hielt es für erforderlich, mit den Nordarmeen persönlich Fühlung aufzunehmen. Doch das immer um ein Ereignis den militärischen Vorgängen nachhinkende Hauptquartier hatte diese Reise per Eisenbahn und Auto vorbereitet und erst im letzten Augenblick entdeckt, daß beide Reisewege schon unterbrochen waren. Gegen die Empfehlungen Paul Reynauds, der befürchtete, seinen neuen Generalissimus zu verlieren, beschloß Weygand, sich per Flugzeug an Ort und Stelle zu begeben. Er startete in Le Bourget mit einem Bomber, der von einer Jagdstaffel begleitet wurde.
Die Lage war zwar alles andere als günstig, aber man sah jetzt wenigstens, was sich ereignet hatte: Die französische Armee war durch den deutschen Panzervorstoß in zwei Teile zerschnitten worden, und besonders der eng umklammerte nördliche Teil

war von der völligen Vernichtung bedroht. Der südliche Teil war zu schwach, um dem deutschen Ansturm standhalten zu können. Falls man dieses zerbrochene Schwert nicht wieder zusammenschweißen konnte, war der Krieg verloren.
Eile tat also not. Gamelin hatte seine Darlegungen mit den Worten geschlossen: »Das Ganze ist eine Frage von Stunden.« Deutlicher konnte man es nicht sagen. In die von motorisierten Einheiten geschaffene Bresche strömten die übrigen deutschen Kräfte ein. Flieger meldeten, das Dreieck Laon - Montcornet - Neufchâtel sei feindfrei, und Flüchtlinge aus der Gegend von Maubeuge bestätigten, sie hätten Deutsche nur auf den Straßen gesehen. Aber die Lage der Deutschen verbesserte sich trotz ihrer abenteuerlichen Kühnheit, trotz der französischen Flugzeuge und trotz der Aussichten der Alliierten, sich wieder zu vereinigen. Der Plan der Alliierten, eine feste Front zu bilden, wurde mit erschreckender Geschwindigkeit gegenstandsloser. Alles war eben eine Frage von Stunden.
Ebenso wie seine Warnung, so war auch die vom abgesetzten Generalissimus empfohlene Truppenbewegung im Prinzip richtig. Selbstverständlich hätten die auseinandergerissenen Armeen mehr Aussichten auf einen neuen Zusammenschluß gehabt, wenn sie aufeinander zumarschiert wären. Weygand konnte also nichts anderes tun, als das strategische Konzept seines Vorgängers aufzugreifen, ein Konzept, auf das auch ein sechsjähriges Kind gekommen wäre, hätte man ihm eine Landkarte in die Hand gegeben. Gamelin, der in abstrakten Regionen schwebte, sah die Dinge sehr großzügig. Er wollte den ursprünglichen Zustand wiederherstellen, indem er die feindliche Bresche durch eine Rückeroberung der Maasübergänge, die durch eine Offensive der 2. Armee in Richtung Sedan und Mézières erfolgen sollte, wieder zu schließen beabsichtigte. Weygand dachte realistischer. Er wußte, daß die im Brückenkopf von Montmédy zusammengedrängte 2. französische Armee zu einem derartigen Manöver überhaupt nicht fähig war. Er sah die Möglichkeit einer Entsetzung der Nordarmeen nur in einer von der Somme ausgehenden Offensive, die einem Angriff der Nordarmeen in südlicher Richtung entgegenkommen sollte. Um sich über die Lage klarzuwerden und sich über die Möglichkeiten dieser Armeen zu unterrichten, flog er nach Flandern, wo ihm bereits sechsundzwanzig Jahre vorher eine Zusammenführung an der Seite Fochs gelungen war.
Schon die Umstände, die er bei seiner Ankunft vorfand, zeigten ihm, welches Durcheinander bei den Nordarmeen herrschte. Seine Maschine war über Boulogne beschossen worden und landete in Norrent-Fontes bei Béthune. Der Flugplatz war verlassen, der Oberkommandierende der französischen Armee fand nur einen – übrigens ›sehr dreckigen‹ – französischen Soldaten vor, der seinem obersten Chef gestattete, in einem Lieferwagen Platz zu nehmen. Dann traf er auf eine Frau, die ihn wiedererkannte, weil sie sein Gesicht von einer Fotografie aus dem Jahre 1918 kannte; sie setzte ihm ein Omlett vor. Durch reinen Zufall begegnete er schließlich einem Obersten des Stabes,

der ihm riet, bis nach Calais zu fahren. Er kletterte wieder in sein Flugzeug und landete auf einem noch von Bombenabwürfen rauchenden Gelände. Dort begegnete er dank einem weiteren Zufall auf dem Bürgermeisteramt dem Verbindungsoffizier zur belgischen Armee, General Champon, der ihm sagte, daß im Rathaus von Ypern eine Lagebesprechung angesetzt sei; König Leopold von Belgien, Lord Gort und Billotte erwarteten ihn bereits. Weygand begab sich unverzüglich nach Ypern, wo er zu seiner größten Überraschung feststellte, daß noch keiner der drei anwesend war.

Lagebesprechung der Alliierten in Ypern, Billottes Tod

Nach einer Stunde traf schließlich König Leopold ein, dem Weygand seinen Plan erläuterte. Um jeden Preis müsse der bis an den Kanal vorgestreckte Arm der Deutschen abgeschnitten werden. Gort und Billotte sollten in Richtung Süden angreifen, während Frère nach Norden vorzustoßen hätte. Die belgische Armee hätte dann die Deckung der Operation zu übernehmen, um dadurch möglichst viele englische Truppen zu entlasten. Weygand schlug daher vor, die belgische Armee solle sich zwecks Frontverkürzung auf die Yser zurückziehen. Da griff van Overstraeten, der entgegengesetzter Meinung war, ein und erklärte, die belgischen Soldaten seien übermüdet und benötigten zwei Tage Ruhe; falls das nicht geschehe, werde sich die Armee auflösen, wofür es bereits Anzeichen gebe. Außerdem hätte ein Rückzug auf die Yser die Aufgabe großer Teile belgischen Gebietes zur Folge; der Zweck der belgischen Kriegsbemühungen sei aber gerade die Verteidigung des Landes. Der König ließ seinen Militärberater ruhig reden und begnügte sich mit der Bemerkung, er werde seine Entscheidung anschließend bekanntgeben.
In Wirklichkeit waren die Mißhelligkeiten im belgischen Lager, die eine tiefe Spur in der Geschichte hinterlassen sollten, kaum mehr überbrückbar. Der in Ypern anwesende Ministerpräsident Pierlot und der Außenminister Spaak hatten mit ihrem König eine peinliche Auseinandersetzung gehabt, die durch bittere Briefe fortgesetzt wurde. Die beiden Staatsmänner bestanden auf der Fortsetzung der militärischen Zusammenarbeit mit den beiden von Belgien zu Hilfe gerufenen Nationen. Auch nach der unglücklich verlaufenen Schlacht, die der Verteidigung Belgiens gegolten habe, solle die Allianz weiterbestehen. Van Overstraeten dagegen war der Ansicht, daß die verlorene Schlacht und die Unmöglichkeit, Belgien durch Franzosen und Engländer vor einer Invasion zu schützen, eine Rückkehr Belgiens zur Neutralität rechtfertige. In einem am nächsten Tag an Pierlot gerichteten Brief geißelte der König die ›lächerliche Hast‹, mit der mehrere Minister für die Franzosen Partei ergriffen und sich nach Frankreich begeben hätten.

Da jedoch die Verbindungen nur wenige Stunden nach ihrer Abreise unterbrochen worden waren, konnte man ihnen wirklich keine übertriebene Hast vorwerfen; Leopold tadelte im Grunde ihre Abreise selbst.
Billotte kam schließlich, nachdem er Weygand in Calais und Dünkirchen vergeblich gesucht hatte, in Ypern an. Kein General in der ganzen französischen Armee stand in dem Ruf, energischer und begabter zu sein als er, doch war auch er an dem Bankrott des Oberkommandos, der durch die völlig unvorhergesehene Art des Kriegsverlaufes hervorgerufen worden war, nicht unbeteiligt. Die 1. französische Heeresgruppe war zu groß, zu kompliziert aufgebaut und hatte eine zu schwache Führung. Ihr Chef richtete seine Aufmerksamkeit zu wenig auf seine Armeen des rechten Flügels – die 12. und 2. Armee –, die als statische Waffen betrachtet wurden, das heißt nur eine ruhige Front zu verteidigen hätten. Die gegnerische Operationsidee begriff man erst in letzter Minute, als die Deutschen ihr Angriffsziel schon erreicht hatten. Die Engländer, die damit einverstanden waren, sich Billotte zu unterstellen, beschwerten sich, sie hätten vier Tage lang keine Befehle erhalten. Das gesamte interalliierte Verbindungssystem war ebenso wie die Prinzipien der militärischen Führung auf einen langsamen Krieg eingestellt. Der ultraschnelle Krieg, den Hitlers Konzeption erzwungen hatte, setzte die französischen Gegenspieler einfach matt.
Billotte schilderte die Lage der 1. Heeresgruppe. Das Bild war alles andere als erfreulich. Nachdem Brüssel drei Tage vorher geräumt worden war, gaben die Belgier den Unterlauf der Schelde auf und zogen sich auf den Kanal von Terneuven zurück. Die Engländer standen noch von Audenarde bis Maulde an der Schelde und verlängerten ihre Verteidigungslinie entlang der Scarpe bis Arras. Die 1. französische Armee, zu der Reste der 9. gestoßen waren, ragte wie eine Beule aus dem gesamten Frontabschnitt der Armeegruppe heraus. Es gelang ihr nur unter großen Schwierigkeiten, sich bei Maubeuge abzusetzen und an der unregelmäßig gebogenen Front zwischen Condé und Douai wieder zu sammeln. Sie wurde ständig an ihrer rechten Seite von den Deutschen überholt und hatte schwere und verlustreiche Kämpfe zu bestehen. Immerhin griffen am 21. Mai zwei Divisionen in Richtung Cambrai an, während die 5. und 50. britische Division, die von der Schelde zurückgenommen worden waren, unter dem Befehl von General Franklyn vor Arras zum Angriff übergingen. Das Ziel dieser beiden Unternehmungen war eine Verkleinerung der Bresche zwischen der Sommelinie und der 1. Heeresgruppe. Die von Weygand soeben befohlene Operation war schon angelaufen, aber es war offensichtlich, daß Billotte nur wenig Hoffnung auf ein Gelingen hatte.
Man wartete auf Lord Gort, aber dieser kam nicht. Das Gelingen eines Durchbruchs hing vom britischen Expeditionskorps ab, das bisher kaum in Kämpfe verwickelt gewesen war und nur 500 Mann Verluste aufzuweisen hatte. Weygand hatte plötzlich den Verdacht, Gort sei absichtlich nicht gekommen. Billotte hegte den gleichen Ver-

dacht schon seit einigen Tagen, denn achtundvierzig Stunden zuvor hatte er dem Großen Hauptquartier mitgeteilt, Gort habe die Absicht, sich mit seinem Expeditionskorps zurückzuziehen und in Calais einzuschiffen. Demnach hatten sich also die Engländer bereits entschlossen, ihre französischen Waffenbrüder in der Falle sitzen zu lassen! Niederlagen sind eben nicht gut für Bündnisse. Das gegenseitige Mißtrauen wuchs, und die interalliierten Beziehungen wurden immer gespannter.

19 Uhr. Weygand hatte Paul Reynaud fest versprochen, noch am gleichen Abend zurückzukehren. Ein Telefonanruf unterrichtete den General aber davon, daß der Flugplatz Calais nicht mehr benützt werden könne und daß eine neuerliche Flugreise mehr als gefährlich sei. Marinekommandant Abrial, der ›Admiral Nord‹, der auch Dünkirchen befehligte, schlug vor, den Generalissimus mit einem Torpedoboot nach Cherbourg zu bringen, was Weygand akzeptierte. Die Fahrt von Ypern nach Dünkirchen zeigte ihm wieder die rauhe Kriegswirklichkeit, von der er nicht die leiseste Ahnung hatte: das Durcheinander aus Zivilisten und Soldaten und die damit verbundene Lähmung des ganzen Hinterlandes, die die Durchgabe von Befehlen oder Anordnungen verhinderte. Über Dünkirchen war die deutsche Luftwaffe im Einsatz. Explodierende Bomben schreckten die völlig verängstigten Menschen plan- und ziellos umher. Ein riesiger brennender Öltank leuchtete unheimlich in der einbrechenden Dunkelheit. Die *Flore*, das kleine Schiff, das Weygand nach Cherbourg bringen sollte, fuhr zwischen zwei brennenden hölzernen Brückenmolen hindurch. Weygand hatte während dieses arbeitsreichen und gefährlichen Tages nichts Wesentliches erreicht, aber er hatte den Krieg ganz anders als von Vincennes aus gesehen und konnte die verzweifelte Lage nun überblicken.

Eine Stunde nach Weygands Abreise erschien Gort in Ypern. Das französische Hauptquartier hatte einfach vergessen, ihn von der geplanten Besprechung zu unterrichten. Daß sie stattfand, erfuhr er erst spät über London. Billotte erklärte ihm den Plan Weygands, aber Gort, dessen blindes Vertrauen in französische Generale in tiefste Skepsis umgeschlagen war, reagierte kaum. Es stimmte nicht, daß er den Befehl gegeben hatte, seine Armee einzuschiffen, aber er hatte schon daran gedacht und diese Idee auch bereits seiner Regierung unterbreitet, denn er glaubte nicht an die Möglichkeit, sich bis zur Somme durchschlagen zu können. Trotzdem versprach er, das Unternehmen mit allen ihm zur Verfügung stehenden Mitteln zu unterstützen.

Die Lagebesprechung war beendet. Billotte verließ Ypern im Wagen. Bei Bailleul wich ein Lastwagen der Festungstruppen nicht rasch genug aus. Billottes Wagen raste gegen einen Baum... Am übernächsten Tag starb der Oberbefehlshaber der 1. Heeresgruppe im Krankenhaus von Ypern, ohne das Bewußtsein wiedererlangt zu haben.

Arras und das OKH

Arras war zum Mittelpunkt der Schlacht geworden. In die vordringende deutsche Flut ragte es wie ein Kap. Die als Widerstandszentrum ausgebaute Stadt hatte eine Besatzung, die aus Formationen bestand, die erst vor kurzem aufgestellt worden waren und die Lord Gort nicht nach Belgien mitgenommen hatte. Die deutsche Luftwaffe bombardierte die Stadt. Die Zivilbevölkerung war geflüchtet. Aber die Garnison hielt durch. General Franklyn kam mit der 5. und 50. Division. Nur 40 Kilometer waren jetzt die französischen Linien an der Somme noch voneinander entfernt. So schmal war der Streifen, den man durchstoßen mußte, um die neun deutschen Panzerdivisionen in der Falle zu haben, sie von jedem Nachschub abzuschneiden und zu umzingeln.

Beim französischen Oberkommando war man sich jetzt im klaren. Kaum war Weygand wieder in Vincennes angelangt, als er auch schon den Operationsbefehl Nr. 1 diktierte: »Die feindlichen leichten Formationen, die Verwirrung und Panik hinter unseren Linien zu verbreiten suchen, müssen dort aufgerieben werden. Die deutschen Panzerdivisionen müssen in dem Kessel eingeschlossen werden, in den sie sich gewagt haben. Sie dürfen keinesfalls wieder herauskommen.« General Besson, der den Befehl über die Armeen Touchon und Frère übernommen hatte, sagte in seinem Tagesbefehl: »Es genügt jetzt nicht mehr, sich zu verteidigen. Man muß angreifen, angreifen und nochmals angreifen.« Man hatte verstanden, daß man auf eine motorisierte Offensive nur mit einer Verteidigung antworten konnte, die mindestens ebenso beweglich war. Diese militärische Handlungsbereitschaft kam aber erst zu dem Zeitpunkt, als die dazu nötigen Mittel gänzlich zerstört waren.

Hitler hatte indes auch keinen Grund zu ungetrübter Siegesfreude. Im Hauptquartier in Münstereifel schwankte man zwischen Jubel und Angstträumen hin und her. Die deutschen Armeebefehlshaber waren zwar weniger nervös als Hitler, aber keineswegs frei von Unruhe. Die schnellen Einheiten hatten den Kanal erreicht, aber die langsamen Einheiten hatten die Sambre-Senke noch nicht überschritten. Wenn der Gegner durch geschickte Operationen diese Lücke auszunutzen verstand, konnte dies für die deutschen Armeen katastrophale Folgen haben. Die Fußtruppen marschierten so rasch sie nur konnten, kamen aber nur langsam voran. In der Bresche operierten außer den Panzern nur die Spitzen der 4. Armee. Die 16. Armee hatte sich im Süden festgesetzt, und die 12. lag längs der Aisne. Die Armeen der zweiten Welle hatten Deutschland überhaupt noch nicht verlassen. An der Somme standen die motorisierten Einheiten des XIV. Armeekorps noch immer als Flankenschutz und hielten ihre Brückenköpfe, statt an der Seite der Panzer zu kämpfen, die dauernd die Infanterie und Artillerie ersetzen mußten und schon Abnützungserscheinungen zeigten. Die Panzergruppe Kleist meldete, sie habe die Hälfte ihrer Panzer eingebüßt. Die deutschen Streitkräfte waren auseinandergerissen, verstreut und übermüdet.

Am Abend des 21. Mai trafen alarmierende Nachrichten von der Front ein. Das OKH meldete erstmals, daß ein feindlicher Erfolg im Bereich des Möglichen liege. Die 7. Panzerdivision befand sich in kritischer Lage. Sie erreichte im Südosten von Arras Beaurain, aber das motorisierte Schützenregiment war nicht nachgerückt, und die Panzer mußten unter schweren Verlusten umkehren. Rommel wäre um ein Haar in Gefangenschaft geraten. Nur von seinem Nachrichtenoffizier begleitet, befand er sich eine Stunde lang inmitten eines ganzen Rudels französischer Panzer. Die deutschen Generale, die noch immer unter dem Eindruck der Marneschlacht von 1914 standen, jenem französischen Aufschwung, den Kluck beschrieben und glorifiziert hat, fragten sich schon, ob man etwa an einem Wendepunkt der Schlacht um Frankreich angelangt sei. ›Die Krise bei Arras‹ – so hieß es auch noch in späteren Berichten. Halder vermerkte in seinem Tagebuch: »Der Tag beginnt in ziemlich nervöser Stimmung... Die Entscheidung liegt auf den Höhen von Arras ... dann erst ... ist die Schlacht gewonnen.«

In Wirklichkeit hatten die Deutschen keinen Augenblick Grund zu Befürchtungen. Die ›Krise bei Arras‹ war reine Einbildung. Die Niederlage der 7. Panzerdivision war nur ein lokaler Zwischenfall. Das gemeinsame britisch-französische Unternehmen war viel zu schwach und viel zu schlecht koordiniert, als daß es die Spitze des deutschen Heeres ernstlich hätte gefährden können. Nur weil sie selber von der Größe ihres Erfolges überwältigt waren, verloren die Chefs der deutschen Wehrmacht zeitweise ihre Kaltblütigkeit.

Der erst am 22. Mai begonnene Angriff des V. französischen Korps in Richtung Cambrai brach schon zusammen, ehe die Stadt erreicht war. In Arras hatte General Franklyn weder genügend Soldaten, noch die erforderlichen Instruktionen, um mit einem Gewaltstoß die Befreiung der Nordarmeen zu beginnen. Er säuberte die Umgebung der Stadt, zog sich aber dann wieder hinter deren Mauern zurück und war über das Umfassungsmanöver der Panzer zwischen ihm und dem Kanal, das die Deutschen ständig vorantrieben, sehr beunruhigt. Am Abend des 23. Mai, nach heftigen Kämpfen, erhielt er von Gort den Befehl, Arras ›bis zur letzten Patrone‹ zu verteidigen.

Lord Gort beschließt die Einschiffung der britischen Truppen

Die Engländer waren gerade dabei, die Stadtausgänge zu verbarrikadieren, als Franklyn einen neuen Befehl erhielt, demzufolge er Arras nächtlicherweile räumen und die 5. und 50. Division an den Kanal der oberen Deûle führen sollte, um die Flanke der von Lord Gort geschaffenen Widerstandslinie an den Wasserläufen Nordfrankreichs zu decken. Der Leiter des britischen Expeditionskorps, der schon eine Rückkehr nach

Die englischen Jagdflieger, hier eine ›Spitfire‹ im Visier des deutschen Gegners, bildeten eine ernste Gefahr für die Deutschen (vorherige Seite). – Mit großen Erwartungen erschien das Britische Expeditionskorps 1940 auf dem europäischen Kontinent (oben), wurde aber schon am 20. Mai durch die Panzergruppe v. Kleist an der Sommemündung vom Hinterland völlig abgeschnitten (unten).

Für die Bewohner der dichtbesiedelten Gebiete Nordfrankreichs und Belgiens brachen die Kämpfe, die Vernichtung ihrer Häuser und das Elend des Flüchtlingsdaseins oftmals innerhalb von Stunden herein. Erst in den letzten Kriegsjahren lernte auch die deutsche Zivilbevölkerung die Grauen des Kriegs in der eignen Heimat kennen.

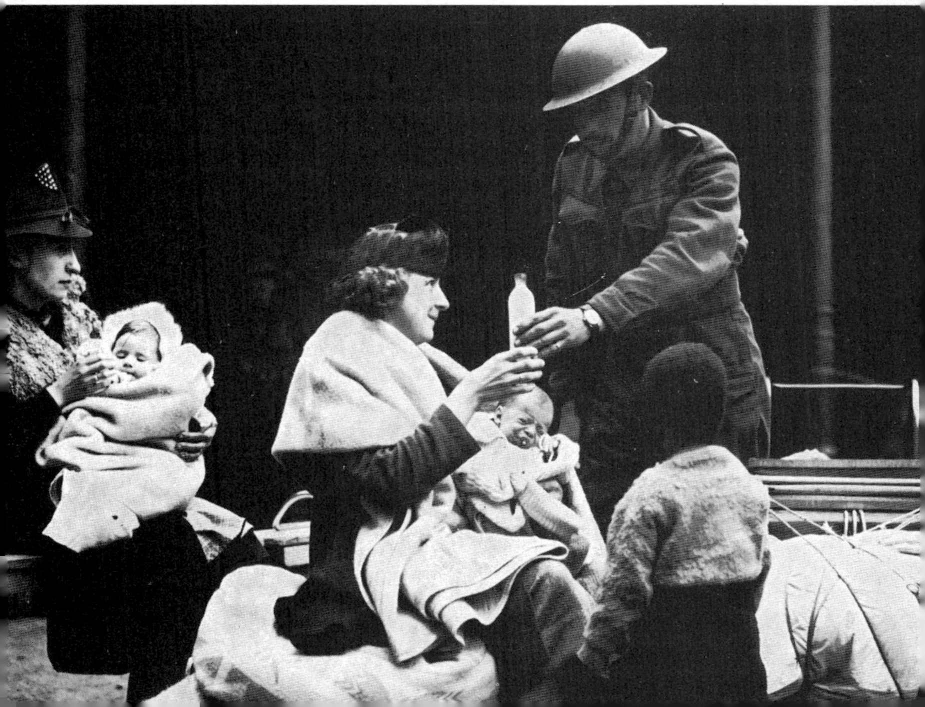

Die militärische Niederlage des britischen Expeditionskorps und sein hastiger Rückzug an die Kanalküste verwandelte sich in einen organisatorischen Triumph: Hitlers Befehl, die deutschen Panzerverbände vor Dünkirchen anhalten zu lassen, ermöglichte es, bis zum 4. Juni 340000 Mann alliierter Truppen nach England herüberzuretten.

England erwog, zog seine Truppen zusammen und wollte sich nicht auf eine ebenso abenteuerliche wie aussichtslose Sache einlassen. Diese Räumung von Arras und der plötzliche Rückzug über 35 Kilometer, durch den dieser die letzte Möglichkeit für eine Wende bietende Frontvorsprung aufgegeben wurde, waren dann der Grund für höchst giftige Polemiken. Man hat oft genug behauptet, der Weygandplan sei dadurch zunichte gemacht und das Schicksal der Nordarmeen besiegelt worden. Wenn man aber den wahren Sachverhalt kennt, urteilt man anders. Andererseits kann man auch die Wut des Generalissimus verstehen, der am Morgen des 24. Mai erfahren mußte, daß die Basis seines Rettungsplanes zerstört war. ›Obwohl ich heute die Gründe des Lord Gort kenne, kann ich mir immer noch nicht erklären, warum er mich nicht davon in Kenntnis gesetzt hatte‹, schrieb Weygand später.

Das ganze Gerüst des alliierten Oberbefehls brach wieder einmal zusammen. Der neue Oberkommandierende der 1. Heeresgruppe, General Blanchard, konnte das britische Vertrauen in die Fähigkeiten der französischen Generale auch nicht wiederherstellen. Nachdem Weygand den Gedanken eines Durchbruchs hatte aufgeben müssen, versteifte er sich auf die Idee der Bildung eines ›Brückenkopfs Flandern‹, der von Calais, Dünkirchen und Ostende aus versorgt werden sollte und der dank der alliierten Vormacht zur See unbegrenzt gehalten werden könnte. Als er diesen Plan gerade ausgearbeitet hatte, waren die Engländer schon entschlossen, sich wieder einzuschiffen und Frankreich zu verlassen. Lord Gort hatte diese Entscheidung im Einvernehmen mit London getroffen. Keiner wurde seit Kriegsbeginn so sehr kritisiert wie dieser ernste und gutgläubige Offizier. Die einzige militärische Qualität, die man ihm zugestand, war persönlicher Mut, für den er 1917 bei Cambrai mit dem Victoria Cross ausgezeichnet worden war. Dagegen warf man ihm entschieden seinen naiven Optimismus vor, mit dem er bis zur Katastrophe beruhigende Berichte nach London sandte, sowie seinen blinden Gehorsam gegenüber allen französischen Befehlen, seine organisatorische Unfähigkeit und schließlich seine mangelnde Erfahrung in der Führung größerer Einheiten. Wie seine französischen Kollegen, so glaubte auch er, er habe in einem genau begrenzten Frontabschnitt eine bequeme, gemütliche Schlacht zu liefern. Jetzt aber saß er in seinem Gefechtsstand in Premesques bei Armentières mitten in der zusammenbrechenden Front. Die Nacht erdröhnte unter den Explosionen, der Himmel war von Bränden gerötet. Die Verbindungen waren gestört oder völlig abgerissen; Bahnhöfe und Straßenkreuzungen wurden immer wieder mit Bomben belegt. Das britische Expeditionskorps war auf halbe Ration gesetzt worden, und die Artillerie hatte für keine zehn Tage mehr Munition. Er selber, der britische Oberbefehlshaber, wurde vom Feind derart bedrängt, daß er seinen Gefechtsstand zur Festung erklären mußte. Nur selten geriet ein Oberbefehlshaber in eine solch unerwartete Lage.

Wenn Lord Gort die taktische Situation betrachtete, so mußte selbst er, der berühmte Optimist, sich sagen, daß sie mehr als schlecht war. Das britische Expeditionskorps war völlig auseinandergefallen. Die 4., 3., 1. und 42. Division verteidigten sich in den schwachen Grenzfestungen nach Norden hin, und die 48., 44., 2. und 46. Division waren längs der ›Kanallinie‹ nach Südwesten in Stellung gegangen. Anstatt diese schwache Verteidigungslinie zu verstärken, marschierten die aus Arras zurückgerufenen Divisionen (die 5. und 50. Division), so schnell es die verstopften Straßen zuließen, nach Ypern. Die belgische Armee löste sich auf. Der Rückzug auf die Yser, den König Leopold schließlich genehmigt hatte, war nicht mehr möglich; außerdem war er sinnlos, seit der Plan, eine Öffnung bis zur Somme zu schaffen, fallengelassen worden war. Die 18. und 6. deutsche Armee waren zum Angriff in Richtung Roulers, Dixmuiden und Dünkirchen übergegangen. Ob nun die Belgier bis zum letzten Blutstropfen aushielten oder gleich kapitulierten, spielte kaum eine Rolle, denn der Unterschied hätte sich nur in einigen Stunden Aufschub bemerkbar gemacht. Gorts gesamte Nordflanke war ungedeckt. Die Franzosen hielten die beiden äußersten Zipfel der Südfront. Das Gros der 1. Armee war in einer Zange zusammengedrängt worden, die sich unaufhaltsam schloß. Das Kavalleriekorps war zerrissen, denn eine seiner motorisierten leichten Divisionen war nach Norden verlegt worden, um die Engländer zu unterstützen, während die beiden anderen den Airekanal bei La Bassée verteidigten. Im Westen wurde das Küstengebiet durch Reste des XVI. Korps und zwei Divisionen – 68. und 60. der Serie B – verteidigt. Die ganze Wucht des Panzerangriffs lastete auf diesem Abschnitt. Falls dieser verlorenging, war der Zugang zum Meer abgeschnitten und die Einkesselung nicht mehr zu vermeiden. Boulogne war am 24. Mai gefallen, obwohl ein britisches Garderegiment zur Verstärkung aus England eingetroffen war. Calais, das den Befehl erhalten hatte, sich bis zum Äußersten zu wehren, wurde heftig bedrängt. Ein einziger Hafen blieb noch offen: Dünkirchen. Doch machte man sich keine Illusionen darüber, daß auch er in einigen Tagen in Feindeshand sein würde.

An die Evakuierung hatte Lord Gort schon seit einiger Zeit gedacht. Er hatte sich an die britische Admiralität gewandt, und als er von ihr eine abschlägige Antwort erhielt, hatte er sich wieder auf den geplanten Durchbruch zur Somme konzentriert. Nachdem er dann die Aussichtslosigkeit dieses Unternehmens eingesehen hatte, wollte er sich hinter der Kanallinie einigeln. Wie sich zeigte, war auch die letzte Eingebung Weygands, einen Brückenkopf zu bilden, undurchführbar. Es blieb also nur noch die Möglichkeit, entweder ehrenvoll zu kapitulieren und sich in Gefangenschaft zu begeben oder sich in Richtung Meer zurückzuziehen, was soviel hieß wie Flucht. Alle Waffen und Ausrüstungsgegenstände, kurz alles, was zu einer Armee gehört, sollte in Flandern zurückbleiben. Die Navy sollte – wie ein Zerstörer die Überlebenden eines gesunkenen Schlachtschiffs auffischt – so viele Soldaten wie nur irgend möglich aufnehmen.

Dies war der Entschluß, den Lord Gort am 25. Mai 1940 in seinem Gefechtsstand in Premesques faßte. Am nächsten Tag, einem Sonntag, begab er sich am frühen Morgen nach Attiches zum Gefechtsstand des Generals Blanchard. Dieser hatte einen Rückzug in drei Staffeln vorbereitet, war aber dabei von der Voraussetzung ausgegangen, es werde ein stabiler Brückenkopf in der Gegend von Dünkirchen gebildet. Lord Gort sagte seinem nominellen Vorgesetzten kein Wort von seinem Entschluß. Bei seiner Rückkehr nach Premesques fand er jedoch eine Botschaft Edens vor, die ihm auftrug, die Rettung des britischen Expeditionskorps ›als seine vordringlichste Aufgabe zu betrachten‹. Die Häfen westlich von Gravelines, fügte Eden hinzu, sollten für die Evakuierung benutzt werden. Die Royal Air Force werde volle Unterstützung geben und die Navy eine Flotte von Schiffen und Transportern stellen.

Das Einvernehmen zwischen dem britischen Kriegskabinett und dem Leiter des Expeditionskorps war also zustande gekommen. In Dover versammelte Admiral Bertram Ramsay die Kanal-Postschiffe, die holländischen Küstenfahrer, die Jachten der Themse, die Pinassen der Ozeandampfer aus Southampton, die Londoner Hafenschlepper, die Trawler und die Fischerboote aus Hull und Grimsby.

Die Operation ›Dynamo‹ begann. Es war auch allerhöchste Zeit.

Hitler und Dünkirchen

Die ›Krise bei Arras‹ hatte den Vormarsch der deutschen Panzer nicht gestört. Alle zehn Divisionen standen jetzt an der Flanke des Brückenkopfs von Dünkirchen. Die 9. Division war aus der 18. Armee herausgenommen worden, um die Panzergruppe Kleist – XIX. Panzer- und XXXXI. Armeekorps, insgesamt sechs Divisionen, die zwischen Saint-Pol und dem Meer operierten – zu verstärken. Die Gruppe Hoth – XXXIX. und XVI. Korps mit vier Divisionen – griff zwischen Saint-Pol und Lens an. Die Alliierten konnten diesem Ansturm nur Reste der zwei leichten motorisierten Divisionen entgegensetzen.

Am 23. Mai hielt ein rollendes Hauptquartier in einem kleinen Bahnhof bei Münstereifel. Göring rief den Führer an. Er hatte allen Grund zu triumphieren. Seine Luftwaffe war, noch mehr als die Panzer, die entscheidende Waffe in den Kämpfen seit dem 10. Mai gewesen. Aber Göring beklagte sich in seiner grenzenlosen Ruhmsucht, die Luftwaffe werde nicht in ausreichendem Maße herangezogen. Die Lorbeeren würden ihm von der Armee genommen, deren Generale die nationalsozialistische Bewegung im Grunde verachteten. Göring verlangte seinen Anteil. Er forderte insbesondere, es ihm zu überlassen, die britische Armee zu vernichten, die in der Falle von Flandern gefangen saß. Er bot sich an, England durch Zerstörung seiner Häfen zur Kapitulation zu zwingen.

Für Hitler war die Schlacht im Norden zu Ende. Der ›Fall Gelb‹ war durchgeführt worden. Jetzt kam der ›Fall Rot‹ an die Reihe, der zweite Teil des Feldzugs im Westen, der den Franzosen die totale Niederlage bringen und mit der völligen Besetzung Frankreichs abgeschlossen werden sollte. Er wollte vom 31. Mai 1940 an eine machtvolle Offensive gegen Aisne und Somme beginnen, die wiedererrichtete Front durchbrechen und die noch intakten französischen Armeen hinter der Maginotlinie umgehen. Wie gewöhnlich, stieß er dabei auf den Widerstand der Militärs, die es für angebracht hielten, erst einmal die Armee zu ordnen und die Panzerdivisionen wieder aufzufüllen, ehe man neue Ziele in Angriff nahm. Hitler wies alle Einwände zurück, gestand aber zu, daß die Verluste der Panzerdivisionen Grund zur Sorge gaben.

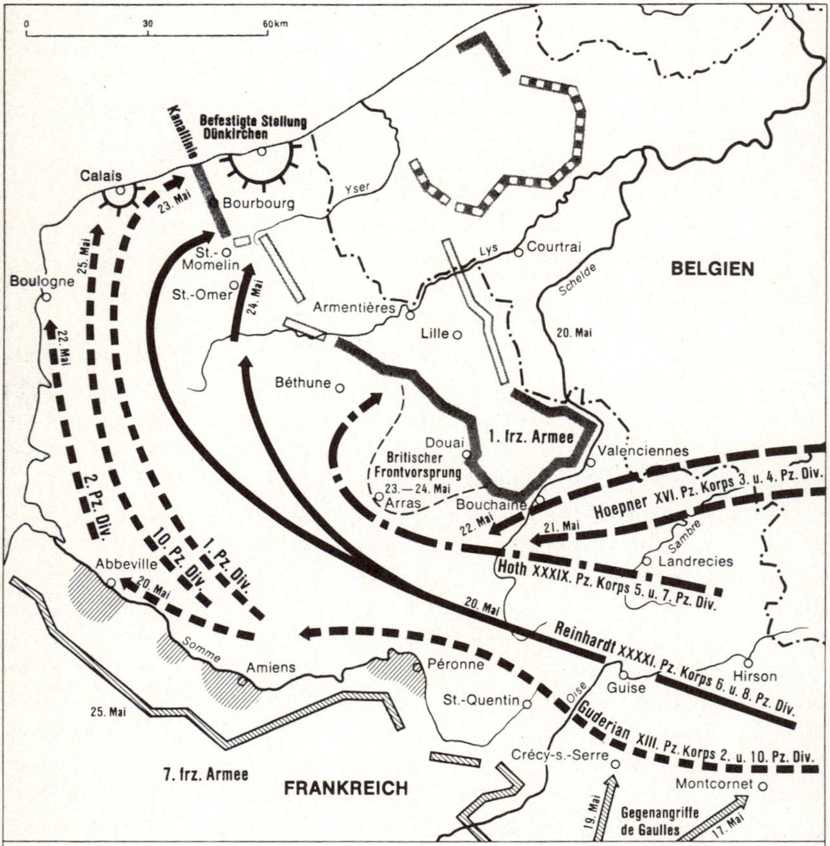

Karte 11 Der Vorstoß der deutschen Panzerdivisionen auf Dünkirchen (20. – 25. Mai 1940)

Etwas anderes beschäftigte ihn nicht weniger: Das Terrain, auf dem die Panzer operierten, war seiner Ansicht nach für eine Panzerschlacht nicht mehr geeignet. Er selber hatte am 10. Oktober 1939 Brauchitsch und Halder eine Notiz über den zweckmäßigen Einsatz von Panzern vorgelesen, in der es hieß, man müsse sie ›vor endloser Zersplitterung in belgischen Städten, vor allem in den endlosen Industriestädten‹ bewahren. In Flandern kam dann noch das Labyrinth von Kanälen und Überschwemmungsgebieten dazu. Der ehemalige Gefreite Hitler nahm seine Erinnerung zu Hilfe, um dieses wassertriefende Gebiet zu beschreiben, das er nur im Herbstregen und im Schlamm des Grabenkrieges gekannt hatte. Jetzt aber war man im Mai, außerhalb der Städte und in einem unzerstörten Land. Keitel, dem er seine Auffassung vortrug, gab ihm selbstverständlich recht.

Göring fuhr wieder ab, nachdem er die Versicherung erhalten hatte, die Leistungen der Luftwaffe würden in Zukunft größer herausgestellt.

Am 24. Mai fuhr Hitler nach Charleville zum Gefechtsstand Rundstedt. Dort war man in äußerst schlechter Laune, denn man hatte eben einen Befehl des OKH erhalten, wonach um Mitternacht des nächsten Tages die 4. Armee Kluges – einschließlich sämtlicher Panzerdivisionen – aus der Heeresgruppe A Rundstedts herausgezogen und der Führung Bocks unterstellt werden sollte. Begründet war dieser Befehl mit dem Hinweis, daß man die Leitung der Schlacht vereinheitlichen müsse. Hitler war wütend, denn diese Truppenverlegung war hinter seinem Rücken angeordnet worden. Er widerrief den Befehl Brauchitschs, beglückwünschte Rundstedt und versicherte ihn seines Vertrauens. »Sie haben meine Gedankengänge großartig erfaßt«, sagte er ihm. Dann war er wieder strahlender Laune und hörte sich den Bericht über die Operationen der Heeresgruppe an, der ihm vom Stabschef, General von Sodenstern, dem Nachfolger Mansteins, vorgetragen wurde.

Die Lage der Deutschen war nun wieder hervorragend. Hoth hatte die Höhen um das Becken von Lens genommen; Kleist hatte Boulogne erobert und war dabei, Calais einzunehmen. Die 1. Panzerdivision hatte den Wasserlauf erreicht, der als erster auf der Liste der europäischen Gewässer steht, die Aa. Dieses kanalisierte Flüßchen mündet bei Gravelines ins Meer. Guderian war also nur achtzehn Kilometer von Dünkirchen entfernt, dem letzten Verbindungspunkt zwischen den britisch-französischen Armeen und der Außenwelt. Achtzehn Kilometer konnten Panzer spielend in einer Stunde schaffen, aber die Einschließung war praktisch beendet, und man brauchte sich nicht mehr zu beeilen. Daher hatte Rundstedt auch dem Ersuchen Kluges nachgegeben und einen Tag Ruhe für die Panzer genehmigt. Die Anordnung hierfür war am Vorabend um 18 Uhr 10 erlassen worden.

Hitler billigte diese Anordnung nicht nur, sondern erweiterte sie noch, denn die Panzer mußten geschont werden und sollten in Zukunft keine Verluste mehr haben. ›Aufgabe der Luftwaffe ist es, jeden Feindwiderstand der eingeschlossenen Teile zu brechen und

das Entkommen englischer Kräfte über den Kanal zu verhindern.‹ Die Devise lautete: ›Dünkirchen wird der Luftwaffe überlassen.‹ Die Bodenoffensive sollte von der Heeresgruppe B weitergeführt werden, und zwar mit den normalen Divisionen der 6. Armee; die Panzer aber durften die Linie Lens – Béthune – Aire – Saint-Omer – Gravelines nicht überschreiten.
Nachdem Hitler wieder abgefahren war, erhielt Rundstedt einen Funkspruch des OKH, der ihm vorschrieb, die Offensive nördlich der Kanallinie mit aller Kraft fortzusetzen. Er kümmerte sich nicht um diesen Befehl. Am nächsten Tag, dem 25. Mai, erhielt er vom OKW eine recht eigenartige Mitteilung. Man hatte ihn zum Schiedsrichter ernannt. Brauchitsch und Hitler waren wieder einmal verschiedener Meinung. Brauchitsch bestand darauf, daß man stärksten Druck auf die Südflanke des Kessels ausüben müsse, um Dünkirchen einzunehmen und den Feind so rasch wie nur möglich gefangenzunehmen. Guderian meldete aus Gravelines, daß er die Stadt sehen könne und auf Schiffe schieße, da er Zeuge von umfassenden Truppenverladungen sei. Er ersuchte um Genehmigung, in die beim Feind herrschende unglaubliche Unordnung einbrechen zu dürfen. Brauchitsch war damit einverstanden, aber Hitler wiederholte immer wieder seine Gründe, weshalb er die Panzer schonen wollte. Schließlich fand er auch noch eine Möglichkeit, um den stolzen Brauchitsch wieder einmal zu verletzen, indem er zu verstehen gab, er wolle die Frage nicht selber entscheiden, sondern überlasse die Entscheidung Rundstedt. Man verlangte von dem Oberkommandierenden der Heeresgruppe A, zwischen seinem Vorgesetzten und dem Führer zu entscheiden. Rundstedt zögerte keine Minute und gab Hitler recht.
Diese Entscheidung sollte in Zukunft sehr umstritten bleiben. Hier, wie auch in anderen Fällen, so hieß es, habe sich der für die Strategie verantwortliche Gefreite Hitler gegen die Auffassung seiner Generalität durchgesetzt. Es wurde auch vermutet, Hitler habe den Vormarsch der Panzer gegen Dünkirchen aus politischen Gründen aufgehalten, da er mit England verhandeln und daher den Briten die Erniedrigung ersparen wollte, ihre Armee in Gefangenschaft wandern zu sehen. Es gibt aber nicht eine einzige Zeugenaussage, die diese Meinung bestätigt. Hitler beging ganz einfach vor Dünkirchen den ersten seiner großen taktischen Fehler, doch hatte auch Rundstedt seinen Teil der Verantwortung dafür, da er zuerst den Befehl Hitlers vorwegnahm und nachher die Meinung seines Führers teilte.

27. Mai: Belgien kapituliert. Druck auf Dünkirchen

Am 27. Mai 1940 erhielten die Alliierten ihrerseits für einen noch viel größeren Fehler die Quittung, nämlich für ihren Einmarsch in Belgien. Die belgische Armee ergab sich mitten in der Schlacht. Damit fiel die linke Flanke der Nordarmeen zusammen.
Eine dramatische Aussprache war diesem Entschluß König Leopolds vorausgegangen. Am 25. und 26. Mai hatten Pierlot und drei seiner Kollegen den König auf seine Verantwortung hingewiesen. Die Regierung war einstimmig der Auffassung, das Mißgeschick der Armeen entbinde Belgien nicht von der Pflicht zur Solidarität, die es selbst begründet habe, als es Frankreich und England zu Hilfe rief. Die Regierung war entschlossen, den Krieg außerhalb des Landes fortzusetzen. Sie forderte den König auf, das zu tun, was die Königin von Holland und die Großherzogin von Luxemburg getan hatten, nämlich das Land demonstrativ zu verlassen.
Leopold lehnte diesen Vorschlag rundheraus ab. Die Sache der Alliierten sei verloren, Frankreich werde in einigen Tagen kapitulieren, und England könne bestenfalls in seinen fernen Kolonien weiterkämpfen. Folglich sei die Rolle Belgiens ausgespielt, und es bleibe dem Land nicht anderes übrig, als ein gewisses nationales Leben zu erhalten in einer, wenn auch beschränkten, Unabhängigkeit. Was ihn, den König betreffe, so sei es seine Pflicht, die Leiden seines Volkes zu teilen. Die Spannung war derart, daß die Minister, welche die ganze Zeit über gestanden hatten, um die Erlaubnis baten, sich setzen zu dürfen. Spaak war so bestürzt, daß er in Ohnmacht fiel. Eine Annäherung der beiderseitigen Standpunkte erwies sich als nicht möglich. Achtundvierzig Stunden später verließ Pierlot Belgien, während Leopold III. seinen Degen übergab.
Die Lage der belgischen Armee war nicht verzweifelter als die des britischen Expeditionskorps und die der 1. französischen Armee. Die Erschöpfung der Truppen, das Durcheinander, das hinter der Front herrschte, das Schwinden der Vorräte, das Ausbleiben von Nachschub und nicht zuletzt der Munitionsmangel betraf alle drei gleichermaßen. Die zwischen Thielt und Roulers bestehende Bresche war nicht breiter und nicht gefährlicher als jene, die sich am gleichen Tag zwischen Cassel und Hazebrouk geöffnet hatte. Die belgische Armee hätte gut noch zwei oder drei Tage an der Verteidigung des Brückenkopfes teilnehmen können, der möglicherweise die letzte Rettung für die Soldaten hätte sein können, die dem Ruf zu den Waffen am 10. Mai gefolgt waren. Aber Leopold sah nicht ein, warum er seine Untertanen für eine Sache opfern sollte, die ihm fremd geworden und die nicht mehr die seine war. »Auf 1700 Quadratkilometern, zwischen unserer Front und dem Meer, waren 450000 Soldaten, 800000 ansässige Zivilpersonen und eine Flüchtlingsmasse, die man ebenfalls auf 800000 Personen schätzen kann, zusammengedrängt«, schrieb der belgische Generalstabschef. »Hätten die Deutschen ihren Angriff quer durch die kopflose Bevölkerung fortgesetzt, wären ebensoviel Zivilpersonen wie Soldaten umgekommen.«

Um 17 Uhr fuhr der stellvertretende Generalstabschef, General Desrousseaux, in einem Auto, das eine große weiße Fahne zeigte, auf die deutschen Linien zu. Nachdem der Wagen bei Thielt mehrfach von Gewehrkugeln getroffen und dann von einer Befehlsstelle zur anderen weitergeschickt worden war, landete er schließlich beim Gefechtsstand Reichenaus, der die 6. Armee befehligte. Desrousseaux erklärte, er komme zu Waffenstillstandsverhandlungen, doch Reichenau erwiderte ihm, er könne nur eine Kapitulation entgegennehmen. Hitler war inzwischen benachrichtigt worden. Seine Entscheidung lautete: Bedingungslose Kapitulation. Die belgische Armee sei in ihrer Gesamtheit gefangenzunehmen und habe die Straßen frei zu machen, um den Deutschen die Fortsetzung des Angriffs gegen die Franzosen und Engländer zu erleichtern. Dem König wurde erlaubt, das Schicksal seiner Soldaten als Kriegsgefangener zu teilen, wie er es verlangt hatte. Nachdem die Übergabe der Fahnen und Standarten im einzelnen geregelt war, stellte das Protokoll Nr. 1 dem König das Schloß Laeken bei Brüssel ›mit einer Suite von ungefähr zwanzig Offizieren und Hofleuten und rund hundert Dienstboten‹ zur Verfügung.
Die belgische Kapitulation überraschte die Engländer nicht allzu sehr. Schon am 25. Mai hatte König Leopold an den König von England ein Schreiben gerichtet, in dem er auf die Möglichkeit hinwies, daß die belgische Armee die Waffen strecken werde. Am Morgen des Siebenundzwanzigsten meldete Admiral Keyes, der Vertreter Churchills beim belgischen König, dem britischen Befehlshaber Lord Gort, ein Waffenstillstandsersuchen könne jeden Augenblick erfolgen. Frankreich dagegen wurde überhaupt nicht unterrichtet. Weygand ›traf diese Nachricht wie ein Blitz: nichts, keine Warnung, kein Hinweis ließ mich einen derartigen Entschluß voraussehen‹.
Das Schicksal der britisch-französischen Truppen im Kessel von Dünkirchen schien besiegelt.
Am 27. Mai verschlechterte sich ihre Lage nochmals. Hitler hatte festgestellt, daß die normalen Divisionen auf der Stelle traten, und hatte seinen Befehl vom Vierundzwanzigsten rückgängig gemacht. Er ordnete an, die Panzer sollten einen letzten, harten Vorstoß unternehmen, ehe sie sich gegen Somme und Aisne wandten.
An der Aa griff Guderian mit der 1. Panzerdivision, dem Regiment ›Großdeutschland‹ und der ›Leibstandarte Adolf Hitler‹ in Richtung Dünkirchen an. Die französische 68. Infanteriedivision, die sich den Frontbrechern von Sedan entgegenwarf, war dieselbe Einheit der Serie B, die bei Sedan das Hasenpanier ergriffen hatte. Sie schlug sich verbissen und geschickt, verhinderte einen deutschen Durchbruch und sammelte sich bei Tagesende am alten Mardykkanal. Den Hafen mit einem Handstreich zu nehmen war jedoch nicht möglich gewesen. Diese Division lieferte den Beweis, daß die alten französischen Reservisten – nachdem sie erst einmal die durch Panzer und Stukas hervorgerufene Überraschung überwunden hatten – genausogut waren wie die Soldaten des Ersten Weltkriegs. Es war die Schuld der hohen französischen Armeeführer, daß

Die Generale Weygand, Gamelin und Pétain (oben von links). Das Urteil der Historiker über die französische militärische Führung 1940 ist nicht schmeichelhaft. – Am 31. Mai flogen Churchill, General John Dill, Clement Attlee (unten von links) sowie General Lord Ismay (ganz rechts) zu einer Sitzung des Obersten Kriegsrates nach Paris. Zweiter von rechts der damalige französische Verteidigungsminister Paul Reynaud.

Am 14. Juni 1940 erfolgte die kampflose Besetzung von Paris durch deutsche Truppen: Am Etoile (oben), in der Rue de Rivoli (unten). ›Um zehn Uhr früh‹, schreibt der amerikanische Diplomat R. Murphy, ›wurden kleine Kommandos deutscher Soldaten den französischen Feuerwehrmännern beigegeben – fast die einzigen Menschen, die zum Schutz von Paris zurückgeblieben waren.‹

sie es nicht verstanden hatten, ihre Soldaten auf einen modernen Krieg mit allen seinen Überraschungen vorzubereiten.
Guderian, vorübergehend durch den Widerstand der gegnerischen Truppen und durch Überschwemmungen aufgehalten, war nur noch acht Kilometer von Dünkirchen entfernt. Seine Artillerie beschoß die Stadt, die gleichzeitig von der Luftwaffe bombardiert wurde. Das Rathaus, die Hauptpost und die Docks wurden zerstört, die Petroleumtanks brannten und verbreiteten stickigen Rauch, den der Wind auf die Stadt niederdrückte. Der Hafen war ebenfalls beschädigt, man konnte die Schleusen bei Ebbe nicht mehr schließen. Die Räumung schien sich in eine Niederlage zu verwandeln. Die britische Admiralität rechnete, nur 45 000 Mann, etwa ein Zehntel der Eingeschlossenen, nach England zurückschaffen zu können, doch schon die Operationen des ersten Tages ließen es fraglich erscheinen, ob überhaupt diese geringe Zahl noch erreicht werden konnte. Der erste Dampfer, der anlegte, war die *Mona's Isle*. Nachdem das Schiff wie durch ein Wunder von den Luftangriffen verschont worden war, wurde es beim Auslaufen durch die Batterien von Gravelines beschossen, und hundert von den 1400 Soldaten an Bord kamen um. Fünf weitere Transportschiffe drehten ab, ehe sie Dünkirchen erreicht hatten. Am ersten Tag wurden insgesamt nur 7669 Soldaten eingeschifft.
Das Verladen der Truppen war nicht das einzige Problem. Zunächst mußten ja die Soldaten erst einmal in Dünkirchen sein, und ob sich das bewerkstelligen ließe, war äußerst fraglich.
In den frühen Morgenstunden fand eine französisch-britische Beratung statt. Lord Gort, der entschlossen war, seinen Plan durchzuführen, ohne sich um die in den letzten Zügen liegende Allianz zu kümmern, war überhaupt nicht erschienen. Anwesend waren Blanchard, dessen Blick dem eines Häftlings glich, der die Mauern seiner Zelle betrachtet, Admiral Abrial, dem die Engländer vorwarfen, er verstecke sich unter zehn Meter Beton in seiner Bastion 32, der französische General Fagalde und der englische General Adams, die die Abschnitte West und Ost des Brückenkopfs befehligten, und schließlich noch General Koeltz, den Weygand geschickt hatte und der versuchen sollte, ein einheitliches Kommando wiederherzustellen. Er erläuterte den neuen Plan seines Vorgesetzten, der vorsah, Calais zurückzuerobern, um den Nachschub für die Armeegruppe zu ermöglichen. Das Mißverständnis trat jetzt klar zutage: Weygand dachte noch an einen dauerhaften Brückenkopf, und Blanchard hatte die Verteidigung der Lys, ›ohne an Rückzug zu denken‹, angeordnet. Aus Unwissenheit oder auf Befehl ließ der Vertreter Lord Gorts die Franzosen in ihrem Glauben und informierte sie nicht über den Plan seines Vorgesetzten und seiner Regierung, die den Gedanken an einen weiteren Widerstand inzwischen aufgegeben hatten und nur noch – unter Zurücklassung allen Materials – auf die Rettung ihrer Truppen bedacht waren.
Das auf einem Hügel liegende Cassel beherrschte die üppige, vom Krieg noch unbe-

rührte flandrische Ebene. Plötzlich unterbrach ein dumpfes Geräusch wie von einem Erdbeben aus Richtung Dünkirchen die Stille des frühen Morgens. Die erste Welle der deutschen Bomber lud ihre Last über der Stadt ab, und dichte Rauchwolken stiegen am nordwestlichen Horizont hoch. Es war der erste Angriff an diesem Tag. Dann fing die Ebene an, im Süden zu brennen. Vom Rathaus von Cassel aus konnten die Generale beobachten, wie ein Dorf nach dem andern in Flammen aufging. Die 6. deutsche Panzerdivision und die 20. motorisierte Division griffen Seite an Seite an, während die 8. Panzerdivision den Angriff im Gehölz von Hazebrouck unterstützte. Trotz aller Bemühungen der 46. englischen Division war der Hügel von Cassel am Abend westlich und östlich schon umgangen und der schmale Schlauch, durch den die französisch-englischen Truppen strömten, war um 15 Kilometer enger geworden. Die englischen Truppen standen noch an der Grenze zwischen Comines und Bourghelles und die französischen Divisionen südlich von Lille bei Seclin und Carvin. Hundert Kilometer trennten sie von Dünkirchen, das unter dem Feuer von Guderians Geschützen lag, der nur noch acht Kilometer von der Stadt entfernt war. Hundert Kilometer gegen acht Kilometer!

Auf den Straßen zogen die motorisierten und bespannten Kolonnen langsam dahin. Die deutsche Luftwaffe behinderte diesen Rückmarsch noch, indem sie auf die alten, gepflasterten Straßen die Häuser der Städte und Dörfer stürzen ließ. In Armentières war ein Irrenhaus durch eine Bombe zerstört worden, und die völlig konfusen Insassen in ihren braunen Samtröcken mischten sich unter die Flüchtenden. Zum erstenmal seit dem 10. Mai fiel wieder Regen. Das war immerhin ein gewisser Vorteil, denn er behinderte die deutsche Lufttätigkeit. Andererseits durchnäßte er die jammervolle Kolonne der Fliehenden, ermüdete und entmutigte die Menschen noch mehr. Am 27. Mai schien die Räumung Dünkirchens ein Hirngespinst zu sein. Keine vierundzwanzig Stunden würde es mehr dauern, bis die Deutschen den Hahn zugedreht hätten...

Die Kämpfe um Lille

Die entscheidende Ursache für die schließlich allen Erwartungen zum Trotz doch noch erfolgreiche Räumung Dünkirchens war die bei den hohen deutschen Befehlsstellen und im Oberkommando sich ausbreitende Verwirrung. Alles hatte seit Beginn des Feldzugs großartig geklappt. Dann aber ging alles ziemlich durcheinander, und man versäumte, die Früchte von Sedan zu ernten.

Rundstedt hatte den günstigen Augenblick verstreichen lassen, als er die Panzer vor Dünkirchen stoppte. Auch Bock versäumte den richtigen Zeitpunkt. Die belgische Kapitulation hatte ihm alle Wege nach Flandern geöffnet, aber er zauderte, ließ sich bei

Ypern in Gefechte mit dem II. englischen Korps ein, gestattete der an der Seite der Belgier kämpfenden 60. französischen Infanteriedivision, sich abzusetzen und den Brückenkopf zu erreichen, wo sie sofort den Ostabschnitt für die Verteidigung organisierte. Die Möglichkeit, Dünkirchen durch einen Überraschungsangriff zu nehmen, war damit vertan.

Im Süden und Osten war die Kriegführung des deutschen Oberkommandos auch höchst mittelmäßig. Die 6. und 4. Armee verhedderten sich ineinander und stritten sich dann bei Lille um die Frage, wer welchen Abschnitt übernehmen sollte. Die Heeresgruppe Rundstedt wartete den ganzen entscheidenden 28. Mai vergeblich auf Befehle. Rundstedt selber war der Ansicht, sein Auftrag sei erfüllt, als er das Meer erreicht und den linken Flügel der Alliierten umfaßt hatte. Hitler interessierte sich wieder einmal nicht für die Flandernschlacht. Die flüchtenden Soldaten, die ihre Waffen wegwarfen, waren ihm völlig gleichgültig. Sein ganzes Trachten konzentrierte sich jetzt auf den ›Fall Rot‹. Wie war die neue französische Front mit einem einzigen Schlag zum Einsturz zu bringen? Sollte man alle schnellen Truppen am rechten Flügel vor der Somme zusammenfassen, wie Brauchitsch es vorschlug, oder sie im Zentrum versammeln, in der Champagne, was Hitler beabsichtigte? Und Paris? Sollte man Paris zum Hauptziel machen oder es lieber seitlich liegen lassen und nur an die Vernichtung der feindlichen Armeen denken? Der Führer besprach sich lange mit seinen militärischen Beratern. Dünkirchen war für ihn längst erledigt.

Vom 27. Mai 1940 an wurde der Ring um Dünkirchen immer lockerer. Der Durchbruch im Abschnitt Cassel–Hazebrouk wurde nicht ausgenützt. Die 10. Panzerdivision war schon nach der Somme abkommandiert, die übrigen Panzerdivisionen erhielten den Befehl, sich für die gleiche Truppenbewegung bereitzuhalten. Hitlers Ungeduld und Eile, Frankreich den Gnadenstoß zu versetzen, gab den Engländern erneut Gelegenheit zu einem Rückzug über das Meer.

Die einzige, wirklich ernsthafte Schlacht wurde um Lille geschlagen, also um ein Gebiet, das für den Sieger in keiner Weise mehr wichtig war. Die Hauptaufgabe war dabei Rommel zugefallen. Am 27. Mai schrieb er an seine Frau Lu: »Ich bin sehr beschäftigt damit, die Franzosen und Engländer in Lille einzuschließen. Was meine Wäsche usw. anbelangt, ist alles in Ordnung...« Er hatte bei Givenchy den Kanal von La Bassée überschritten und war, verstärkt durch eine zusätzliche Panzerbrigade, gerade auf die Stadt vorgestoßen. Bei Einbruch der Nacht erstattete ihm Oberst Rothenburg Bericht. Er habe die Straße bei Lomme, welche die Verbindung mit Armentières herstellte, in unmittelbarer Nähe Lilles unterbrochen. Es war zu spät, um das III. französische Armeekorps, die 12. Infanteriedivision, die 32. Infanteriedivision und einen Teil der 1. motorisierten Infanteriedivision abzufangen, die General de la Laurencie mit bewundernswerter Energie nach Dünkirchen führte. Es war ebenfalls zu spät, die Befehlshaber des IV. und V. Armeekorps, die Generale Aymes und René Altmayer gefangenzunehmen, die ihren Armeekorps an der Lys weit vorausgeeilt waren. Die sechs Divisionen, die sie hinter sich gelassen hatten, wurden in dem Netz, das sich westlich der Deûle zusammengezogen hatte, gefangen. Die Engländer, die diese Falle offengehalten hatten, waren einfach abmarschiert. Der Bruch im alliierten Oberkommando nahm den Soldaten, die weit vom Meer entfernt kämpften, jede Möglichkeit eines Entrinnens.

In Lille schuf die Schnelligkeit, mit der sich die Ereignisse überstürzten, eine unglaubliche Verwirrung. Vorgestern noch hatte sich die Luftabwehr von Lille selber beglückwünscht, als sie zwei ihr der Form nach unbekannte Flugzeuge abgeschossen hatte, die auf dem Flugplatz landen wollten. Es waren leider zwei Glen-Martin-Maschinen gewesen, die von den Amerikanern geliefert worden waren und die dem Präfekten des Departements Nord die Millionen bringen sollten, die er zur Deckung seiner Ausgaben brauchte. Jetzt aber sah der Präfekt Fernand Carles plötzlich einen deutschen Offizier in sein Büro eintreten, der ihn aufforderte, nach unten zu kommen, um den deutschen General zu begrüßen. Er antwortete mit dem Ersuchen, der General möge zu ihm heraufkommen. »Ich bin zu Ihnen heraufgekommen, weil Sie der erste französische Beamte sind, den ich an seinem Platz vorgefunden habe«, sagte ihm dann der deutsche General.

Während die Deutschen nach der Mitte Frankreichs vorstießen, drängten 100000 Menschen nach Lille. Sie kamen aus Orchies, aus Pont-à-Marq, aus Douai und Attiches. Die Nacht vom 27. auf den 28. Mai war stockdunkel. Ein riesiger Menschentreck stockte in der angsterfüllten Dunkelheit. Die Kolonnen vermischten sich, und die Straßen waren kilometerweit von Menschen verstopft. Niemand kannte den Sinn und das Ziel dieses blindlings weitermarschierenden Zuges, und das Gerücht ging um, der Rückzug sei abgeschnitten. Viele ließen sich einfach hinfallen, wo sie gerade waren, mitten zwischen der zurückgelassenen Habe anderer Flüchtlinge, zwischen aufgegebenem Kriegsmaterial und toten Pferden.

Bei Morgengrauen befand sich General Juin, der Kommandeur der 15. motorisierten Infanteriedivision, vor Haubourdin, wo er die Deûle überschreiten wollte. Ein unglaubliches Durcheinander hatte die Brücke unpassierbar gemacht. Er schwenkte querfeldein, kehrte um und bezog Verteidigungsstellungen in den Ortschaften südlich der Stadt, in Wattignieslez-Lille, Ronchin und Abrisseau. Als er einige Stunden später angegriffen wurde, zog er sich kämpfend nach Postes und Arras zurück.

Im Westen bildeten sich andere Widerstandszentren, so in Lambersart und Canteleu, wo General Mellier, der Kommandeur der 1. marokkanischen Division, alle verstreuten Truppen zusammenzog, sowie in Loos, wo General Jenoudet ein Karree mit Teilen der 1. motorisierten Infanteriedivision bildete, die ihrem durchgebrochenen Armeekorps nicht hatten folgen können. Besonders in Haubourtin sammelten sich hinter dem Deûle-Kanal bedeutende Kräfte, nämlich die 25. motorisierte Infanteriedivision und

die 2. und 5. nordafrikanische Infanteriedivision. Molinier, der dienstälteste General, übernahm das Oberkommando und versuchte den Widerstand der verstreuten Teile der 1. Armee fest in die Hand zu nehmen.
In Haubourdin war noch eine unzerstörte Brücke vorhanden. General Dame, einer der jüngsten Divisionäre der Armee und Kommandeur der 2. nordafrikanischen Infanteriedivision, verlangte, man solle einen Durchbruch wagen. Dieser wurde auch um 19 Uhr 30 versucht, doch konnten die Soldaten sich nicht entfalten. Einige Gruppen fanden einen anderen Übergang über die Deûle. Der Rittmeister Marquis de Moustiers, Abgeordneter des Departements Doubs und Kommandeur der Aufklärungsabteilung der 15. motorisierten Infanteriedivision, brachte seine Kürassiere bis nach Dünkirchen, allerdings nicht ohne auf den Widerstand der Engländer zu stoßen, die lieber ihre überzähligen Lastwagen verbrannten, als sie ihren unglücklichen Alliierten zu überlassen. In Lille ging der Kampf noch drei Tage weiter. Eine Abteilung des 38. Infanterieregiments nahm den deutschen General Hanke gefangen und fand bei ihm ein Verzeichnis der sieben deutschen Divisionen, welche die Stadt angriffen. Betrunkene Soldaten, Zuhälter und anderes Gesindel, auch Huren gesellten sich zu den Verteidigern und hielten verbissen die Widerstandszentren. Um die Zivilbevölkerung zu schonen, beschossen die Belagerer die Stadt kaum, schickten mehrmals Parlamentäre und ließen einen Regen von Flugblättern auf die Verteidiger niedergehen, auf denen stand, daß jeder Widerstand zwecklos sei, daß ihre geliebten britischen Verbündeten sie schmählich im Stich gelassen und sich schon wieder eingeschifft hätten. Schließlich bot General Waeger dem General Molinier die ehrenvolle Kapitulation an. Molinier nahm am 31. Mai an, und am 1. Juni 1940 schritt er mit Säbel und weißen Handschuhen, gefolgt von den Generälen Dame, Mesmy und Jenoudet, einem Ehrendetachement voran, vor dem die Sieger präsentierten.
Es war ein völlig unzeitgemäßes Schauspiel. Hitler bestätigte das, indem er General Waeger am nächsten Tag seines Postens enthob.

Die Rettung der britischen Expeditionsstreitkräfte

Während der Kämpfe um Lille besserte sich für die Engländer die Lage in Dünkirchen. Die Zahl der auf Schiffe verladenen Soldaten stieg von Tag zu Tag: 17804 waren es am 28. Mai, 47310 am 29., 53823 am 30. und 68014 am 31. Mai. Göring hatte zuviel versprochen, denn seine Luftwaffe war nicht imstande, eine ganze Armee aufzureiben.
Die Verluste der Engländer waren jedoch groß, und das Hafenbecken und die Reede starrten von zerfetzten Wracks. Von den 848 britischen Schiffen aller Größen, die an der Rettungsaktion teilnahmen, wurden 235 zerstört, darunter der Postdampfer *Queen*

of the Channel und neun Zerstörer. Aber das Schiffskarussell drehte sich Tag und Nacht. Verladen wurde gleichzeitig an der Westmole, an der Ostmole und am Strand. Hier legten die Schiffe an, was wegen der Wracks immer schwieriger wurde und wegen der Luftangriffe auch oft genug aufgegeben werden mußte. Hier standen in langen Reihen die Soldaten mit den Füßen im Wasser und warteten auf die Barkassen, die sie zu den weiter draußen liegenden größeren Schiffen bringen sollten. Das Meer erwies sich wieder einmal als alte Freundin Englands und blieb völlig ruhig. Die geringste Brandung hätte den Strand unbenutzbar gemacht und die Zahl der Evakuierten um die Hälfte verringert.

Hauptsächlich am Strand arbeitete die außerordentlich tüchtige Freiwilligenflottille, die dem Ruf der Admiralität Folge geleistet hatte. Es waren Fischer, Yachtmen, Matrosen der Handelsmarine und Flottenveteranen. Sie waren in Regimenter aufgeteilt worden, wurden unter zahllosen Zwischenfällen bis an die französische Küste geschleppt, die unter einem Rauchschleier lag und von der her ständig Explosionen herüberdröhnten. Was sich dort Auge und Ohr bot, konnte selbst das Herz eines alten Kriegers erbeben lassen. Die Stukas stießen auf die Schiffe nieder und Splitter der Abwehrgeschosse prasselten auf das Meer. Leichen schwammen schlingernd im Kielwasser. Es verlangte außerordentliche Kräfte, die überladenen Boote zu steuern. Niemals wird sich eine Liste all der Seeleute aufstellen lassen, die an dieser Rettungsaktion teilnahmen, denn die meisten Schiffsbesatzungen nahmen sich nicht einmal die Zeit, sich einzutragen. Sie fuhren so rasch es ging nach Dünkirchen, brachten ihre Ladung Soldaten zurück nach England und legten gleich wieder ab.

Zur Rettung des Expeditionskorps hatte England seinen sorgfältig gehüteten Schatz, seine Luftstreitkräfte, eingesetzt, die es bisher so ängstlich für den Schutz seiner Insel zurückgehalten hatte. Die 16 Staffeln des Fighter Command hatten den Auftrag, vom Morgen bis zum Abend über Dünkirchen Deckung zu fliegen. Sie schossen 262 deutsche Maschinen ab und verloren selber 133.

Die Deutschen hielten erstaunlicherweise immer noch still. Das III. französische Armeekorps und die noch weiter zurückliegenden englischen Divisionen konnten sich daher aus schier hoffnungslosen Situationen befreien. Am Abend des 28. Mai lagen die 4. und die 42. Division noch an der Lys, aber vierundzwanzig Stunden später, am Abend des 29. Mai, befand sich die eine schon im verschanzten Lager, während die andere hinter der Yser in Sicherheit war. Die 50. und die 5. Division, die von Arras nach Ypern verlegt worden waren und nach dem Ausfall der belgischen Armee das britische Expeditionskorps gerettet hatten, waren ebenfalls außer Gefahr. Man hatte sie schon aufgegeben. Selbst Truppen, die sich in abenteuerlichster Lage befanden, etwa die in Cassel festsitzende 135. Brigade oder die zwischen Hazebrouck und Merville schon verlorengeglaubte 44. Division, entkamen den Klauen des Feindes. Vor Dünkirchen, während des Einschiffungsmanövers, verhielten sich die Deutschen an-

fangs nur wie Zuschauer. Der Generalstabschef der 4. Armee, Generalmajor Kurt Brennecke, schilderte dieses Schauspiel seinem Vorgesetzten, Generaloberst Günther von Kluge, folgendermaßen: »Große Schiffe fahren an die Kais heran. Bretter werden angelegt, und Menschen stürmen auf die Schiffe. Alles Material bleibt zurück...« Der General empfand Unbehagen bei dem Gedanken, »diese Menschen später wieder neu ausgerüstet vor uns zu haben«.
Am Abend des 30. Mai war alles im Brückenkopf versammelt, der durch den alten Mardykkanal, den oberen und unteren Colmekanal, den Kanal zwischen Bergues und Furnes und den Nieuportkanal begrenzt wurde. An den Zugängen türmten sich unglaubliche Mengen von Fahrzeugen, die von den verschiedenen Einheiten zurückgelassen werden mußten, als sie den Brückenkopf betraten. Die Stadt brannte lichterloh, die Luftwaffe bombardierte sie dauernd, doch die Rettungsaktion ging unvermindert weiter, ja die Zahl der hin- und herpendelnden Schiffe nahm sogar noch zu. Das III. britische Korps war schon fort, das II. Korps hatte sich soeben eingeschifft. Das I. Korps lag noch im Ostabschnitt in Stellung, doch sollte der Brückenkopf am nächsten Tag durch die Räumung von Furnes und den Rückzug auf den Canal des Chats verkleinert werden. Lord Gort verließ seinen Gefechtsstand in La Panne, um nach London zurückzukehren, und übergab den Befehl über die restlichen englischen Truppen an Alexander. Der Erfolg übertraf alle Erwartungen. 126000 Mann waren schon evakuiert worden, und am darauffolgenden Tag wurde die Zahl von 200000 fast erreicht. Darunter befanden sich zunächst nur 15000 Franzosen.

Das Gespenst der Niederlage

Am Freitag, dem 24. Mai 1940, begriff Weygand, daß er seine Nordarmeen nicht mehr retten konnte. Er wußte auch, daß er einem neuerlichen Ansturm der Deutschen mit den ihm verbleibenden Kräften nicht gewachsen war. Mit Tränen in den Augen sagte er zu Paul Baudouin, dem Generalsekretär des Kriegskabinetts: »Ein besiegter General hat kein Recht mehr, weiterzuleben. Warum bin ich nicht am Sonntag in Etampes bei der Bruchlandung umgekommen?«
Nachdem die Nordarmeen aufgerieben waren, verblieben Frankreich noch fünfzig Divisionen. Diesen standen 150 deutsche Infanteriedivisionen und 10 Panzerdivisionen gegenüber. In einer neuen Schlacht wäre also ein französischer Soldat auf drei deutsche gekommen, und fünf deutsche Flugzeuge und Panzer hätten einem französischen gegenübergestanden.
Weygand betrachtete das Problem von allen Seiten. Fünfzig Divisionen, auf eine Front von 540 Kilometer verteilt, konnten höchstens das bilden, was er einen ›Sandwall‹

nannte. Die Alpenarmee, die gegen Italien in Stellung lag, mit dessen Eintreten in den Krieg man jeden Augenblick rechnen mußte, war ohnehin auf das Minimum reduziert worden. In Nordafrika lagen noch etliche Divisionen, die Weygand nur ungern abziehen wollte, weil er mit dem Protest von General Noguès rechnen mußte. Paul Reynaud kam ihm zu Hilfe. »Man müsse«, so sagte der Ministerpräsident, »alles in die Schlacht gegen die Deutschen werfen, die Truppen in Afrika seien zugunsten des Mutterlandes abzuberufen.« Weygand befahl also die in Algier stationierte 84. und 85. Infanteriedivision nach Frankreich. Weiterhin rief er die Truppen aus Narvik, das General Béthouard eben eingenommen hatte, zurück und ordnete an, aus den bei Sedan geretteten und den aus Dünkirchen entkommenen Kräften leichte Divisionen zu je zwei Infanterieregimentern zu bilden. Das alles aber reichte bei weitem nicht für den Aufbau einer starken Front und die Bereitstellung der notwendigen Reserven.
Da Weygand sich nicht in der Lage sah, seine Front zu verstärken, entschloß er sich, sie zu verkürzen. Eine Lösung bot die Räumung der Maginotlinie. Paris und die Küste konnte man so zwar schützen, doch gab man damit die stärksten militärischen Mittel, die Frankreich noch besaß, aus der Hand und öffnete gleichzeitig das Rhonetal für eine Truppenverbindung Italien–Deutschland. Die umgekehrte Lösung bestand in der Aufgabe der Hauptstadt und des Küstengebiets. Diese Lösung ermöglichte eine Neugruppierung der verbliebenen Streitkräfte um die noch unverbrauchten Ostarmeen. Sie hätte aber einen Abbruch der Verbindungen zu den Seemächten zur Folge gehabt und letzten Endes zu einer Einschließung geführt. Weygand kam schließlich zu dem Schluß, es sei am besten, dort Widerstand zu leisten, wo man sich gerade befand, also am Rhein und an der Maginotlinie, an der Aisne und an der Somme. ›Weiche Taktik und harte Strategie‹, das war die Formel, nach der er, sollte es zu einer Entscheidungsschlacht kommen, handeln wollte.
Nachdem er sich entschieden hatte, hielt es der Generalissimus für angebracht, die Regierung über den Ernst der Lage aufzuklären. Im Kriegsrat vom 25. Mai legte er seinen Schlachtplan dar und stellte deutlich heraus, daß es, wenn diese Schlacht verlorenginge, keinerlei Rettung mehr gäbe: »Wir können durchbrochen werden. In diesem Fall müssen die Reste der Armee bis zum letzten Atemzug kämpfen, um die Ehre zu retten.« Am 29. Mai erneuerte er seine Warnung in einer an den Ministerpräsidenten gerichteten Note: ›Es kann der Augenblick eintreten, der es Frankreich unmöglich macht, den militärischen Kampf zum Schutze seines Bodens wirksam fortzusetzen. Dieser Augenblick ist gekommen, wenn die Stellungen, die die französischen Armeen zu halten angewiesen wurden – ohne an Rückzug zu denken –, endgültig durchbrochen werden.‹
Damit stand der Regierung das Gespenst der Niederlage vor Augen. Berge von neuen Problemen kamen mit ihm. In einem ganz neuen Vertrag, der übrigens durch die Abgeordnetenkammer noch nicht ratifiziert worden war, hatten sich Frankreich und Eng-

land gegenseitig getrennte Verhandlungen untersagt. Ohne den juristischen Wert einer solchen Verpflichtung von seiten Frankreichs zu bezweifeln, stellte Albert Lebrun, der Präsident der Republik, während des Kriegsrats am 25. Mai die Hypothese von den »verhältnismäßig günstigen Bedingungen« auf, die Deutschland vielleicht anbieten werde, und fügte hinzu, daß derartige Bedingungen »mit klarem Kopf genau geprüft« werden müßten. Gleichzeitig fragte er, »ob man nicht mehr Freiheit zu einer solchen Überprüfung habe, bevor die französischen Armeen vernichtet würen«. Ob bei diesem Kriegsrat das Wort ›Waffenstillstand‹ schon fiel oder nicht und wer es als erster ausgesprochen hat, ist unwichtig. Die harten Tatsachen ließen sich nicht vertuschen. Frankreich war praktisch besiegt und mußte an die unmittelbaren Folgen einer Niederlage denken. Alle Diskussionselemente für die dramatischen Debatten des kommenden Monats waren bereits da.

Das mangelnde Waffenglück der Armeen zerstörte die Solidarität unter den Alliierten, zerstörte aber auch die Einheit und Einigkeit Frankreichs. Man fragte nach den Verantwortlichen, überwältigt von Erschöpfung, Wut und Scham. Die Militärs und die Politiker beschuldigten sich gegenseitig und waren doch gleichermaßen schuldig. Pétain, der den Franzosen gesagt hatte, eine Invasion sei nicht möglich, war tief entrüstet über eine Note des Ministerpräsidenten, mit welcher die Absetzung von fünfzehn Generalen bekanntgegeben wurde: »Ich kann nicht zugeben, daß man auf die Armee die Fehler der Politik abwälzt.« Weygand, der vor einem Jahr noch erklärt hatte, die französische Armee sei niemals besser gewesen, mußte zur Kenntnis nehmen, daß ›Frankreich den enormen Irrtum begangen habe, in einen Krieg einzutreten, ohne über das nötige Material und die erforderliche militärische Doktrin zu verfügen‹. Die hohen Offiziere hatten nicht unrecht, als sie äußerten, die verabscheuungswürdige Politik, die Demagogie und die wiederholten Lügen des Regimes hätten die nationale Widerstandskraft aufgeweicht und die Kampfmoral geschwächt. Andererseits stand aber die Armee der Politik, was ihren intellektuellen Niedergang und ihre Neigung betrifft, sich auf den verblichenen Lorbeeren längst vergangener Siege auszuruhen, in nichts nach.

Außer der drohenden Niederlage gab es aber auch noch andere Schwierigkeiten und Sorgen. Pétain verhehlte durchaus nicht, daß er kein Freund eines Kampfes bis zum Äußersten war: »Es ist einfach und dumm zu sagen, man werde bis zum letzten Mann kämpfen. Man sagt so etwas besser nicht und tut es auch nicht. Nach unseren Verlusten im letzten Krieg und unserer schwachen Geburtenzahl ist dies außerdem ein Verbrechen!« Weygand hatte Angst vor einer Revolution: »Wenn ich wenigstens sicher wäre, daß die Boches uns genügend Truppen ließen, um die Ordnung aufrechtzuerhalten...« Die politische Phrasendrescherei von einem Kampf bis zum Äußersten war widerlich. Die einzige Möglichkeit, so hieß es, den Widerstand nach der Vernichtung der Armeen fortzusetzen, sei eine nationale Erhebung, die jedes Haus zur Festung, jedes Messer zur Waffe und jeden Franzosen zum Helden mache. Dabei war wohl noch nie ein Land so wenig für einen patriotischen Selbstmord geeignet. Alle jene, die ihn predigten, waren die ersten gewesen, die einem kleingläubigen Vorteilsdenken Vorschub geleistet hatten. Paul Reynaud widersetzte sich der Idee eines Waffenstillstands: »Ich ersuche Sie dringend, Pläne für ein letztes Bollwerk um einen Seehafen auszuarbeiten...« Dieses befestigte und verproviantierte nationale Bollwerk, das eine echte Festung darstellen muß, soll in erster Linie die bretonische Halbindel sein. »Ich habe die Absicht, zwei Jahrgänge ausheben zu lassen und sie nach Afrika zu schicken, um sie dort mit im Ausland gekauften Waffen die Verteidigung Nordafrikas ausbauen zu lassen...« Die Strategie des Ministerpräsidenten bestand demnach in folgendem: ein Bollwerk in der Bretagne, um die Regierung dort in Sicherheit zu bringen, in Nordafrika ein zweites, von wo aus – dank der Beherrschung der Meere – die Basis für eine Revanche geschaffen werden sollte. Das war eine Vorstellung, die man schon hätte haben müssen, ehe der erste Schuß fiel. Aber man war sich der haushohen Unterlegenheit des französischen Militärs eben nicht bewußt gewesen und hatte eine Niederlage im Mutterland nicht in Betracht gezogen. Das war eine Rückzugsstellung, die man vielleicht auch noch nach dem Durchbruch bei Sedan hätte errichten können, also nachdem es klargeworden war, daß weder Regierung noch Oberkommando etwas aus dem Polenfeldzug gelernt hatten. Jetzt aber war Ende Mai, die wichtigsten militärischen Mittel waren zerstört, Frankreich völlig desorganisiert, und die noch verbliebenen Kräfte rafften sich an Ort und Stelle zu einem Widerstand auf, nach dessen Zusammenbruch alle Wege bis zu den letzten Provinzen und den entlegensten Häfen offenstünden.

Churchill in Paris

Am 31. Mai kam Churchill mit Attlee nach Paris. Dill und Ismay begleiteten ihn ebenfalls. Reynaud wies ihn darauf hin, daß die Zahl von 15 000 bei Dünkirchen verladenen Franzosen gegenüber 165 000 Briten einen sehr schlechten Eindruck auf die französische Öffentlichkeit machen würde. Churchill antwortete, daran sei doch wohl das französische Oberkommando in erster Linie schuld, denn während die Engländer den festen und deutlichen Befehl zur Einschiffung erhalten hätten, wisse man immer noch nicht, ob die Franzosen bleiben oder ob sie sich ebenfalls einschiffen wollten. Weygand, der zu dieser Beratung mit Reitstiefeln und klirrenden Sporen erschienen war, sagte, er wolle den Brückenkopf nicht aufgeben, solange er nicht wisse, ob die französischen Divisionen in Lille noch am Leben oder schon tot seien. Churchill meinte darauf, man müsse in dieser Hinsicht leider alle Hoffnung fahren lassen. Mit Tränen in den Augen fügte er hinzu, er habe Befehl gegeben, die Verwundeten zuletzt auf die Schiffe zu bringen, um möglichst viele kampffähige Soldaten zu retten. Er hoffte jetzt 200000 Mann evakuieren zu können, aber das gesamte Kriegsmaterial, darunter 1000 Geschütze, sei verloren. Wenn auch nur geringe deutsche Streitkräfte in Großbritannien landen würden, stießen sie also höchstens auf einen heftigen Widerstand der Zivilbevölkerung. Dieses Wort war ein Hieb gegen Frankreich, dessen Zivilbevölkerung an alles andere dachte, als den deutschen Eindringlingen heftigen Widerstand entgegenzusetzen. Man kam überein, den Brückenkopf so lange zu halten, bis man die Gewißheit hätte, daß keine alliierte Truppe mehr die See erreichen könne. Dann schickte man sich an, sich in gemeinsamer Rührung durch britisch-französische Großmutsbezeugungen gegenseitig zu übertreffen. Paul Reynaud ließ in den Entwurf für das Protokoll den Satz aufnehmen, die Engländer würden sich zuerst einschiffen. Churchill protestierte in seinem englisch gefärbten Französisch mit großen Gesten: »Nein, nein, gemeinsam, Arm in Arm!« Er forderte für die Engländer die Ehre, die letzten Boote schützen zu dürfen.

Dagegen stießen Paul Reynaud und Weygand an eine Mauer, als sie von dem englischen Premierminister den Einsatz der gesamten englischen Luftstreitkräfte bei der unmittelbar bevorstehenden Schlacht auf französischem Boden forderten. Ohne daß die beiden davon eine Ahnung hatten, war die Entscheidung darüber schon gefallen. Einige Tage vorher hatte der Air Chief Marshal Sir Hugh Dowding, der Mann, der von Anfang an gegen den Einsatz der Jagdflieger auf dem Kontinent gewesen war, verlangt, vom Kabinett gehört zu werden. Er führte dort aus, daß die Feldzüge in Norwegen und Frankreich schon 400 ›Hurrican‹-Flugzeuge gekostet hätten, was gleichbedeutend mit 16 Jagdstaffeln sei, und forderte, daß das Fighter Command ›nicht weiterhin auf dem Altar der französisch-englischen Solidarität geopfert werde‹. Alles, einschließlich der kostbaren ›Spitfires‹, um Dünkirchen zu evakuieren –, aber nichts für andere Ziele! Sir Hugh Dowding war darauf gefaßt, mit Churchill, dem Dauerapostel der Allianz, aneinanderzugeraten. Zu seiner großen Überraschung gaben ihm alle Minister ohne Widerrede recht.

Die letzten Stunden von Dünkirchen

Abgesehen von der Frage der Unterstützung durch die Royal Air Force schien die britisch-französische Allianz im französischen Kriegsministerium an diesem Tag völlig intakt zu sein. In Dünkirchen sah es allerdings anders aus, denn dort mehrten sich die Zwischenfälle unter den uneinig gewordenen Alliierten. Eine feindselige Demonstration empfing die ersten französischen Soldaten, die entsprechend der Devise ›Arm in Arm!‹ auf der Mole erschienen. Die Kommandeure verstanden sich auch nicht besser als ihre Mannschaften. Alexander stritt sich mit Abrial herum, den die Engländer ›Admiral Abri‹ (Admiral Unterstand) nannten. Die Admiralität ließ wissen, daß sie am 1. Juni die Einschiffungsmanöver einzustellen gedenke, da an diesem Tag alle Engländer schon wieder in ihre Heimat gebracht sein würden. Weygand und Paul Reynaud protestierten und verlangten, die britischen Schiffe sollten noch einige Tage für die französischen Truppen zur Verfügung stehen. Die Admiralität beugte sich dann schließlich einem Befehl Churchills.

Die Franzosen kämpften inzwischen tapfer. Trotz des großzügigen Angebots des Premierministers Churchill waren es Franzosen und keine Engländer, welche als letzte Nachhut Dünkirchen verteidigten. Die Auswahl unter den Truppen erfolgte ganz von selbst. In den Dünen und Kellern von Malo-les-Bains hauste eine Menge von Soldaten, die ihre Waffen weggeworfen, und von Offizieren, die ihre Soldaten im Stich gelassen hatten. Der Schreck hatte aus ihnen eine ängstlich zitternde Herde gemacht. Die Schlacht rückte immer näher, sie lagen unter Artilleriefeuer und Bombardement und warteten nur darauf, daß der ganze Schlachtenlärm einmal aufhöre. Viele zogen auch die Gefangenschaft einer Flucht über das Meer vor, auf dem sie so viele Wracks und Ertrunkene schwimmen sahen. Darunter waren aber auch noch die 50000 Tapferen, die den Brückenkopf verteidigten. Sie waren nicht mehr die Flüchtenden von Dinant und Sedan – sie waren wieder richtige Soldaten geworden. Im Westabschnitt hielten die alten Reservisten der 68. Infanteriedivision ihre Stellungen bis zum 1. Juni, verloren am 2. nur das Dorf Spicker und hielten am 3. Juni abends immer noch eine Front, die sich im rechten Winkel von Mardyk nach den Vorstädten von Dünkirchen hinzog. Links von ihnen, im befestigten Flandernabschnitt, der durch das 137. Infanterieregiment verstärkt worden war, wurden zunächst die alten Wälle von Bergues Seite an Seite mit einem Bataillon Loyals gehalten. Nach dem Abzug der Engländer wurde der Abschnitt Schritt für Schritt auf die Landenge von Notre-Dame-des-Neiges zwischen die Sümpfe Petites Moeres und das Überschwemmungsgebiet von Coudekerke zurückverlegt. Dahinter setzte sich die von ihrem Gewaltmarsch von Lille nach Dünkirchen leidlich ausgeruhte 12. motorisierte Division am Canal des Chats fest und hatte nun allein die ganze östliche Flanke des Brückenkopfs zu verteidigen. Der Divisionsgeneral Janssen war in seinem Gefechtsstand im Fort des Dunes gefallen, aber die Division widerstand hartnäckig allen Angriffen des 1., 2. und 3. Juni. Das flache, morastige und teilweise überschwemmte kleine Schlachtfeld bot einen ungewöhnlichen Anblick. Rauchwolken lagen wie künstlicher Nebel über dem Boden, denn abgesehen von dem in Flammen gehüllten Dünkirchen brannten auch die Stahlwerke von Firminy, Betriebe in Bergues, der Rangierbahnhof von Saint-Pol, die Zichorientrocknerei von Teteghem, die Flachsschuppen und inmitten der explodierenden Munitionswagen die riesigen Mengen zurückgelassenen Materials. Die Deutschen waren jetzt entschlossen, endgültig Schluß zu machen und griffen tapfer und energisch an. Da sie sechs Divisionen einsetzen konnten, wollten sie direkt auf Dünkirchen durchstoßen. Weil sie aber nur über einige Panzer verfügten und die Franzosen sich an die Stukas gewöhnt hatten, konnten die um Dünkirchen liegenden wenigen französischen Regimenter auf die Art kämpfen, auf die man sie wie die ganze Armee geschult und vorbereitet hatte. Die drei zu eins überlegenen Deutschen gewannen zwar Terrain, konnten aber an keiner Stelle durchbrechen. Am 2. Juni hatten die letzten 4000 Engländer französischen Boden verlassen. Von den französischen Truppen sollte als erstes das Kavalleriekorps eingeschifft werden, das dringend für die unmittelbar bevorstehende Schlacht an der Somme gebraucht wurde. Die Rauchwolke über Dünkirchen bildete den besten Schutz gegen Luftangriffe, aber trotzdem blieben die Verluste so hoch, daß die Truppenverladungen am Hafen nur noch nachts stattfinden konnten. Für die Einschiffungen in der Nacht vom 2. auf den 3. Juni, welche die Admiralität als letzte bezeichnet hatte, wurde noch einmal alles aufgeboten, was greifbar war : 13 Postdampfer, 11 Torpedoboote, 2 Frachtdampfer, 5 Radbagger und eine Unzahl von kleinen Schiffen und Schleppern, die ganze Züge von Booten hinter sich herzogen, fuhren gegen Dünkirchen, verstärkt durch einige Kriegschiffe und ungefähr hundert französische Fischerboote. Leider waren infolge unzulänglicher Anordnungen zu viele französische Soldaten in der Feuerlinie zurückgelassen worden. Mehrere Schiffe warteten stundenlang und fuhren dann leer zurück. Man wollte 35 000 Mann mitnehmen, aber es waren schließlich nur 26000.

Es kam aber noch eine Nacht – wohl die tragischste von allen. Die zusammengewürfelte Armada lief wieder aus Dover aus. Der Feind zeigte wenig Lufttätigkeit, aber die deutschen Infanteristen standen nicht einmal drei Kilometer vom Strand und vom Hafen entfernt. Am Vortage hatte die Admiralität übereilt zwei Dampfer zwischen den Molen versenken lassen, doch war die Sperrung nur unvollständig, und wieder einmal legten die Rettungsschiffe längs der Mole bis zur Uferpromenade von Malo an. Es waren Maßnahmen getroffen worden, welche sicherstellten, daß sich die an der Front liegenden Truppen auf Dünkirchen zurückziehen konnten, und zwar unter dem Schutz von zwei Staffeln, die sich als letzte vom Feind lösen sollten. Einige Geschütze und Maschinengewehre feuerten weiter, um den Feind zu täuschen. Munition und Geschützverschlüsse wurden ins Wasser geworfen oder im Sand vergraben. Die letzten Pferde ließ man frei. Die Soldaten verließen ihre Kampfstellungen, sammelten sich in kleinen Trupps und gingen schweigend zum Hafen. An der Front herrschte absolute Ruhe, denn auch die Deutschen waren von den harten Kämpfen erschöpft und schliefen.

Der Rückmarsch der französischen Soldaten wurde aber immer langsamer, denn die Schiffe konnten wegen der Verstopfung der Einfahrt und der vielen Wracks nur unter Schwierigkeiten anlegen. Die Einschiffung ging verhältnismäßig rasch vonstatten, doch waren die, welche auf die Schiffe kamen, vor allem kleine Gruppen, die schon dawaren, als die Dämmerung sich herniedersenkte. Die Kampftruppen, die Verteidiger von Dünkirchen, die Infanteristen, Artilleristen und Pioniere der 68. Infanteriedivision, der 12. motorisierten Division und des Befestigungsabschnitts warteten hinter einer Menschenmauer, während die Stunden dieser kurzen, viel zu kurzen Nacht verflossen.

Die Befehle der Admiralität waren streng: Das ganze Rettungsmanöver mußte um 3 Uhr 30 abgeschlossen sein. Juninächte sind kurz, und die Engländer wollten nicht noch mehr Verluste riskieren. Die Spitze der 12. Infanteriedivision erreichte die Mole erst um 3 Uhr und hatte dort eine Menschenmasse vor sich, die auf ihr Erstrecht pochte. Die Truppen des Befestigungsabschnitts, die bis zuletzt die Zugänge nach Dünkirchen zu halten hatten, befanden sich noch weiter hinten auf den zerstörten Kais. Die 68. Infanteriedivision und Teile der 32., die mit ihr im Feuer gestanden hatten, sollten an anderer Stelle eingeschifft werden, doch war dort alles von Dienststellen der 1. Armee verstopft. Die todmüden Männer, die eine ganze Woche an der Front gekämpft hatten, schwebten nun zwischen Angst und Hoffnung. Sie standen so nah den rettenden Schiffen; die Nacht war ruhig — und sie mußten nun warten, warten und auf der Stelle treten.

Längs der Molen warfen die letzten Schiffe die Haltetaue ab, und die Matrosen zogen die Laufstege ein. Die Kapitäne wußten, daß der Hafen diesmal unwiderruflich um 4 Uhr verstopft werden würde und sie dann selber Gefangene wären, falls sie das offene Meer nicht vorher erreichten. An Bord waren die Soldaten unvorstellbar eng zusammengepreßt. Die beginnende Morgendämmerung und das Leuchten der Brände ließen an Land noch Tausende von Stahlhelmen aufschimmern. Diese Soldaten mußten bleiben.

Der britische Offizier, der das Einschiffungsmanöver leitete, der Commodore H. R. Troup, berichtete über die Schlußszene. General Allaurent, der den letzten Trupp befehligt hatte, kam mit seinem Stab an der Mole an. Vor ihnen lag ein Streifen schwarzen Wassers, gleichsam die Mauer eines Gefängnisses, das sie für Jahre nicht verlassen würden. Das Wasser zwischen ihnen und dem Torpedoboot wurde immer breiter. Der General und seine Offiziere schlugen die Hacken zusammen und salutierten vor der entschwindenden Freiheit. Einige Minuten später kündigten Explosionen der Blockierungsschiffe an, daß die ›Operation Dynamo‹ abgeschlossen war.

Sie hatte immerhin einen unerhofften Erfolg gebracht. Statt 45 000 Mann, wie man zu Anfang beabsichtigt hatte, wurden aus dem Brückenkopf 338 000 evakuiert, darunter 123 000 Franzosen. Sogar die letzte Nacht hatte noch gute Ergebnisse gebracht, da 26 175 Mann in der kurzen Zeit zwischen Abend und Morgendämmerung aus einem zerstörten Hafen evakuiert werden konnten. Die bedauerliche Zurücklassung von 34 000 kampffähigen Soldaten, der letzten Verteidiger von Dünkirchen, war ein Geschenk an den Feind. Schuld daran waren Irrtümer über die Stärke der tatsächlich

im Brückenkopf befindlichen Truppen sowie eine mangelhafte Organisation, denn 10000 Plätze waren auf den Schiffen am 4. Juni frei geblieben.
Die Propagandatrompeten der Alliierten tönten diesen Erfolg in alle Welt. Man wollte damit die Niederlage vergessen machen, bei der in weniger als einem Monat drei französische Armeen, die britische, belgische und holländische Armee vernichtend geschlagen worden waren. Hitler ließ drei Tage lang die Glocken läuten und gab, ohne zu übertreiben, bekannt, daß 75 Divisionen aufgerieben worden seien, ihr Kriegsmaterial erbeutet wurde, daß 1200000 feindliche Soldaten gefangen, verwundet oder getötet worden waren, während die deutschen Verluste außerordentlich niedrig gehalten werden konnten, nämlich 10255 Tote, 8643 Vermißte und 42523 Verwundete. Die Alliierten verschwiegen diese Zahlen, um zu zeigen, daß Seemächte nicht umzingelt werden können und daß die Beherrschung der Meere der entscheidende Trumpf aller Strategie bleibe.
Für England mochte das seine Gültigkeit haben, Frankreich aber war tödlich getroffen.

VI. Kapitel 5. bis 24. Juni 1940
Das Ende Frankreichs

Die deutsche Offensive an Somme und Aisne

Der deutsche Angriff an Somme und Aisne war vom französischen Hauptquartier für den 10. Juni erwartet worden. Aber wieder einmal waren die Deutschen schon früher bereit. Am 5. Juni um 5 Uhr morgens begann die Artillerie zu feuern, Stukas stießen auf die französischen Stellungen nieder, und Panzer erschienen im Niemandsland. Der zweite Teil des Frankreichfeldzugs, der ›Fall Rot‹, hatte begonnen.

Für die Franzosen war es eine hoffnungslose Schlacht. An der Maas und in Belgien hatte Frankreich 30 Divisionen verloren, abgesehen von den neun englischen. Durch Abzug von Truppen aus den Alpen und aus Nordafrika war es möglich gewesen, wieder insgesamt 66 Divisionen an die Nordostfront zu stellen. Das waren 23 Divisionen weniger, als hier am 10. Mai gestanden hatten. Auch waren die neuaufgestellten Divisionen nur leichte Einheiten mit je zwei statt drei Infanterieregimentern und mit nur zwei bis drei Artilleriegruppen statt fünf. Die großen Panzereinheiten oder halbgepanzerten Einheiten wurden durch eine neuaufgestellte motorisierte leichte Division neuesten Datums, zwei unvollständige Reservekavalleriedivisionen und drei schwache leichte Kavalleriedivisionen gebildet. Sie waren alle zusammen nicht so viel wert wie zwei deutsche Panzerdivisionen.

Dieser Stummelarmee gegenüber befand sich das deutsche Heer in einer wesentlich günstigeren Lage als am 10. Mai. Damals hatten die Deutsche ausschließlich mit schnellen Truppen in schwierigem Gelände angegriffen, während die Fußtruppen in ständig zunehmendem Abstand folgten. Nun konnte die Infanterie gleichzeitig mit den Panzern vorgehen. Vom Rhein bis zum Kanal standen den 27 französischen Divisionen 45 Divisionen der Wehrmacht gegenüber. Gegen die 22 Divisionen, die Weygand in Reserve hielt, konnte die Wehrmacht das Doppelte einsetzen. Sie konnte sich auf eine Massenschlacht und eine Schlacht mit schnellen Kräften einlassen. Sie war in jedem Falle überlegen.

Trotzdem war die Kampfmoral des französischen Soldaten am Vorabend dieses ungleichen Kampfes erheblich gefestigter, denn zum erstenmal in diesem Krieg fühlte er sich wirklich geführt und befehligt. Weygands Anweisungen waren intelligent, kurz und bündig. Sie lauteten: Aufgabe der linearen Verteidigung, Staffelung in die Tiefe, geschlossene, feste Stützpunkte, keine Angst vor einem Überrollen durch Panzer. Die Frontsoldaten hatten wieder Vertrauen, doch machten sich alle, die das ungleiche Kräfteverhältnis kannten, keinerlei Illusionen.

Die einst so ruhmreiche Armee Frankreichs ist geschlagen – gefallen, gefangen, geflüchtet. Marschall Pétain, Chef des neuen Kabinetts, bittet durch Vermittlung der spanischen Regierung um Waffenstillstand. Am 22. Juni um 18 Uhr 50 unterzeichnet General Huntziger im Wald von Compiègne, im selben Eisenbahnwagen wie beim Waffenstillstand 1918, für Frankreich die Verträge (unten rechts).

Erfolgreiche deutsche Jagdflieger waren der Stolz ihres Meisters Göring und kamen mit Vorrang in den Genuß der höchsten Kriegsauszeichnungen (oben). Fliegerasse wie Mölders, Galland, Marseille, Rudel oder Baumbach wurden der Jugend als leuchtende Vorbilder suggeriert. – Verwundetenbetreuung durch Kameraden (unten).

6. Juli 1940: Ganz Berlin war auf den Beinen (am Pariser Platz, oben), um den ›Führer‹ und die Generale seiner siegreichen Armee nach dem Westfeldzug auf blumenübersäten Straßen (unten) willkommen zu heißen. Vor dem Reichstag am 19. Juli ernannte Hitler zwölf Generale zu Generalfeldmarschällen; Göring wurde Reichsmarschall.

Bilder vom Tod in Frankreich: von Geschossen zerfetzt, geplündert und liegengelassen. Während das offizielle Deutschland frenetisch jubelt, zieht die europäische Bevölkerung Bilanz: Über 200000 Soldaten aus Deutschland, Frankreich, Großbritannien, Holland und Belgien sind gefallen, fast doppelt so viele verwundet oder vermißt.

Auf deutscher Seite waren wieder die Generale der vorhergegangenen Schlachten beteiligt. Bock stand am linken Flügel von der Sommemündung bis zum Massiv von Saint-Gobain mit der 4., 6. und 9. Armee, Rundstedt mit der 2., 12. und 16. Armee im Zentrum von Saint-Gobain bis Montmédy. Leeb befehligte den Frontabschnitt von Luxemburg bis zur Schweiz. Ihm unterstanden die 1. und die 7. Armee. Diesmal sollte er aus der Passivität herausgehen und an zwei Abschnitten, nämlich in Lothringen und im Elsaß, angreifen.

Als Angriffstag hatte der ungeduldige Hitler zunächst den 31. Mai festgesetzt. Verkehrsstauungen in der Etappe und eine gewisse Unordnung bei den Panzerkolonnen zwangen ihn, einen Aufschub von sechs Tagen zuzugestehen. Das Angriffsmanöver war in zwei Etappen durchzuführen. Zuerst sollte die Heeresgruppe B (Bock) die Sommefront durchbrechen; dann sollte die Heeresgruppe A (Rundstedt) in der Champagne angreifen und mit allen ihren Truppen die Ostarmeen vom Rücken her fassen. Dies würde durch eine Schwenkung erfolgen, die bis Dôle und Pontarlier reichen würde. Die Heeresgruppe B hatte den Befehl, sich fächerförmig auszubreiten. Ein Teil sollte Paris einnehmen und über Troyes, Dijon und Lyon an den Alpen vorbei in Richtung Mittelmeer vordringen. Der andere Teil hatte den Auftrag, die Bretagne zu besetzen und die Küste bis zu den Pyrenäen zu sichern.

Hitler hatte seinen Plan – anders als die Operation von Sedan – ohne jedes Schwanken ausgearbeitet. Keinerlei Reaktion des Gegners war darin vorgesehen. Der Plan war eher ein militärisches Marschprogramm als die Vorbereitung einer Schlacht. Diese Kühnheit war kalkuliert, denn das deutsche Oberkommando war genauestens über die der französischen Armee verbliebenen Kräfte unterrichtet. Im Mai hatte Deutschland noch etwas riskiert, im Juni war das nicht mehr der Fall.

Hartnäckiger Widerstand der Franzosen

Der alte, ruhmreiche und zur Ohnmacht verurteilte Weygand zog sich jeden Abend zu einer Foch-Gedächtnisstunde zurück, um von dessen Schatten eine wunderbare Eingebung zu erflehen. Er hatte seine schwache Streitmacht in drei Gruppen aufgeteilt. Die 2. Heeresgruppe unter General Prételat, bestehend aus der 8., 5. und 3. Armee, hatte die noch unverletzte Grenze zwischen Basel und Longuyon zu halten. Die 4. Heeresgruppe war dem Verlierer von Sedan, General Huntziger, unterstellt. Sie bestand aus der 2. und 4. Armee und hatte die Aufgabe, den Weg nach Châlons zu sperren. Die 3. Heeresgruppe, die schwächste von allen, bestand aus der 6., 7. und 10. Armee und zog sich von Reims bis zum Meer hin. Weygand wußte sehr wohl, daß seine Front nach Westen zu immer schwächer wurde. Um die Streitkräfte besser zu verteilen, hätte er mehrere Tage benötigt, denn die Straßen wurden bombardiert und waren von Flüchtlingen verstopft. Hinter der Frontlinie hatte Weygand seine Reserven aufgegliedert, die Gruppen Petiet und Audet hinter der 3. Armeegruppe und die Gruppe Buisson hinter der 4., insgesamt vier Infanteriedivisionen, eine halbe englische Panzerdivision und die Reste einer leichten mechanisierten, einer motorisierten und einer Panzerdivision. Das alles war unbedeutend, aber die Frontsoldaten wußten das nicht.

Am Abend des 5. Juni besserte sich in Vincennes, Montry und La Ferté die Stimmung. Die Verbindungsoffiziere strahlten Optimismus aus. Die Igeltaktik war begriffen und angewandt worden, und die Truppen schlugen sich tapfer. In den Dörfern verbarrikadiert, ließen sie die Panzer ruhig vorbeirollen und vernichteten die nachfolgende Infanterie. Die Panzerdurchbrüche waren von jetzt an nur mehr Breschen, wie die, welche Rommel zwischen Abbeville und Amiens geschlagen hatte, oder wie die der 10. Panzerdivision in der Gegend von Noyon. Es war drückend heiß, und die Tage waren endlos. In den Dörfern gab es nur mehr Soldaten und verirrte Hunde, und in den Ebenen hörte man während der Gefechtspausen das Gebrüll der Kühe, die gemolken werden wollten. Diese Art der Kriegführung war grundverschieden von dem Seite-an-Seite-Kämpfen, von dem Abriegeln und von dem Stellungskrieg, den Gamelin erwartet hatte. Die französischen Soldaten gewöhnten sich daran. Alle deutschen Generale, die über die ersten Tage der Schlacht um Frankreich berichteten, erwähnten ausdrücklich die Zähigkeit des Widerstandes, den sie antrafen. Rommel berichtet, die französischen Soldaten hätten sich verzweifelt geschlagen. Tippelskirch schreibt, die französische Führung habe sich nun, ›wo sie in einer vorbereiteten Stellung zum erstenmal in diesem Krieg eine Abwehrschlacht führen konnte, vorübergehend in ihrer alten Meisterschaft gezeigt‹. Manstein erklärte die blutigen Verluste seines XXXVII. Korps folgendermaßen: ›Als ich mich mit den elsässischen Gefangenen unterhielt, erzählten viele, nicht ohne Stolz, daß ihr Vater in der deutschen Armee, in der Garde oder in der kaiserlichen Marine gedient hatte.‹

Weygands Taktik wäre wirksam gewesen, hätte man die Panzerkolonnen, die durch das System der Stützpunkte eindrangen, zerstört, aber das war mit den wenigen Panzern, die von den Vogesen bis an den Kanal verteilt waren, nicht möglich!

Am 6. Juni wiederholten sich die Ereignisse des Vortages. Im Zentrum schob sich ein Keil vor, der Chemin des Dames ging verloren, doch die Gesamtgliederung blieb intakt. Im Westen von Amiens griff der Feind weniger stark an als am Vortag, und trotzdem begann gerade hier die Front in beängstigender Weise zu zerbröckeln. Die 51. britische Division, die aus Schotten der Highlands bestand und die einzige englische Division an der Front war, sowie das 31. französische Infanterieregiment hatten eine Front von 60 Kilometern zu halten. Die französischen und englischen Soldaten schlugen sich wacker, aber General Fortune, über die ziemlich starken Verluste beunruhigt und über den neuen Verteidigungsplan nur unzureichend informiert, befürchtete, von den Häfen abgeschnitten zu werden, und befahl einen allgemeinen Rückzug auf die Bresle.

Am 7. Juni wurde die Verteidigungsschlacht am rechten Flügel und im Zentrum der 3. Heeresgruppe fortgesetzt, aber am linken Flügel begann der Zusammenbruch. Das Panzerkorps Hoth (5. und 7. Panzerdivision sowie die 2. motorisierte Division) unternahm einen Massenangriff auf das Plateau von Hornoy. Es gab keine wilde Flucht wie bei Sedan; die Truppen verteidigten sich zäh; aber die schwache Stellung war einem derartigen Ansturm nicht gewachsen.

Rommel befahl die Umgehung der Stützpunkte und ordnete an, querfeldein vorzugehen und Straßen und Dörfer zu vermeiden. Er drang tief in die französische Stellung ein, überraschte die 17. leichte mechanisierte Division beim Ausladen und durchstieß sie, ohne sich aufzuhalten. Der Durchbruch war geschafft. Am Abend erlebte die verblüffte Badestadt Forges, wie plötzlich verstaubte deutsche Panzer in den schattigen Alleen auftauchten.

Der Weg nach Rouen war nun offen. Die 10. französische Armee unter Robert Altmayer wurde in zwei Teile gespalten, und das IX. Artilleriekorps, das die linke Flanke bildete, war zwischen der unteren Seine und dem Meer blockiert. Seine Geschichte ist rasch erzählt. Einige hundert Mann konnten sich in Le Havre und Saint-Valéry-en-Caux einschiffen, der Rest mitsamt dem Korpskommandanten Ihler und dem englischen General mit dem hier nicht angebrachten Namen Fortune kapitulierte am 12. Juni.

Inzwischen hatte Mussolini am 10. Juni 1940 Frankreich und England den Krieg erklärt. Die Heeresgruppe B hatte die Seine überschritten, Gaillon und Louviers genommen und marschierte auf Évreux zu. Der rechte Flügel der 3. französischen Heeresgruppe, die seit dem Zusammenbruch ihres linken Flügels ungedeckt war, zog sich auf die weitere Umgebung von Paris zurück und verlor beim Übergang über die Oise einen Teil ihrer Artillerie. Der zweite Teil der deutschen Offensive hatte begonnen. Am 9. Juni um 4 Uhr 30 hatte Rundstedt zwischen Soissons und den Argonnen angegriffen. Jetzt kam der Gnadenstoß!

Wie an der Somme schlugen sich die französischen Soldaten überall mit der Kraft der Verzweiflung. Die 14. Infanteriedivision des Generals de Lattre de Tassigny wies den deutschen Angriff auf Rethel ab. Das XXXXI. Panzerkorps wurde von der 6. Armee vor Fismes gestoppt und das XIX. Panzerkorps durch einen Gegenangriff der 3. Panzerdivision und der 7. leichten mechanisierten Division durcheinandergebracht. Aber zwischen Aisne und Maas verfügten die Deutschen über 6 Panzerdivisionen, 27 Infanteriedivisionen der ersten und 11 Divisionen der zweiten Linie, sowie 15 Divisionen Sofortreserven gegen 23 französische Divisionen einschließlich aller Reserven. Die Armeen Weygands waren einfach physisch nicht mehr in der Lage, den gegnerischen Vormarsch aufzuhalten.

Reims wurde erobert, La Montagne de Reims fiel. Die Marne wurde überschritten. Die deutschen Panzer rollten über die flache Champagne. Eingenebelt vom Staub folgten die Infanteriemassen. Die Möglichkeit eines ›Zusammenbrechens unserer Stellungen‹, die Weygand in seiner Note vom 29. Mai ins Auge gefaßt hatte, war jetzt Wirklichkeit geworden.

Briare: Die Allianz bricht zusammen

Am 11. Juni erlebte Paris eine Erscheinung, die alle modernen militärischen Katastrophen begleitet: Der Ruß brennender Treibstofflager regnete auf die Stadt. Die Regierung hatte sich schon am Vortag nach Tours abgesetzt. Plakate mit der Unterschrift des Militärgouverneurs Hering verkündeten, Paris sei eine offene Stadt. Es war Weygand, der diese Entscheidung getroffen hatte, denn er hielt es für sinnlos, die von Osten und Westen eingeschlossene Hauptstadt zerstören zu lassen. Die Deutschen verkündeten durch Funk, daß sie diese Neutralisierung nur anerkennen würden, wenn jeder Widerstand an der Linie Saint-Germain–Versailles–Juvisy–Saint-Maur und Meaux aufhöre. Diese Bedingung wurde angenommen.

Die Nachricht, Paris werde nicht verteidigt – das hieß, daß der Stadt die Schrecken einer Schlacht erspart bleiben würden –, war paradoxerweise dennoch das Signal für eine Panik. Unübersehbare Menschenmassen, schwarz vom Ruß, der vom Himmel fiel, drängten aus der Stadt. Man saß auf allen möglichen Fahrzeugen, schob Karren vor sich her und Kinderwagen, schleppte Säuglinge und große Wäschebündel mit fort. Die fliehenden Pariser verstärkten die Flut der Flüchtlinge aus dem Norden, die in den noch freien Teil Frankreichs strebten.

Während die Regierung Tours erreichte, zog sich das Hauptquartier nach Briare zurück. Churchill kam dort am 11. Juni abends – von elf ›Hurrican‹-Jägern eskortiert – mit seinem Privatflugzeug, einer ›Flamingo‹, an. Man führte ihn zur Wohnung Weygands, einem bonbonroten Gebäude, das den bukolischen Namen ›Maiglöckchenschloß‹ führte. Reynaud, Pétain, George und Weygand erwarteten ihn, ebenso General de Gaulle, den Reynaud bei der letzten Umbildung seines Kabinetts zum Unterstaatssekretär im Kriegskabinett gemacht hatte. Churchill kam in Begleitung Edens und der Generale Dill, Ismay und Spears. Die Dämmerung, die sich ballenden Wolken, das aufziehende Gewitter und der flackernde Kerzenschein verliehen dieser französisch-englischen Unterredung eine düstere und unheilverkündende Stimmung. Weygands Vortrag über die militärische Lage bestürzte die Briten. »Mein Mund war plötzlich wie ausgetrocknet«, berichtete Spears, obwohl der Generalissimus die Situation alles andere als hoffnungslos schilderte. Dabei hatte er kein einziges Bataillon mehr in Reserve. Der 135 Kilometer lange Abschnitt der unteren Seine wurde durch fünf Divisionen gehalten, von denen zwei nur zwei Infanterieregimenter besaßen, die 44 Kilometer zwischen Ourcq und Marne wurden sogar nur von einer einzigen Division verteidigt. »Doch die 2. Heeresgruppe«, führte Weygand aus, »konnte sich wieder sammeln, und es ist nicht zu leugnen, daß der Gegner sehr ermüdet ist. Das Rennen spielt sich jetzt zwischen seinem Durchhaltevermögen und unserer Erschöpfung ab. Der Kriegsgott wird entscheiden!« Leider aber hatte der Kriegsgott schon entschieden. Mehr als die Hälfte der deutschen Infanteriedivisionen war überhaupt noch nicht eingesetzt worden, und die Panzer hätten noch spielend die Pyrenäen erreichen können.

Weygand hatte seinem Temperament entsprechend nervös und rasch gesprochen. Churchill, der ihn nicht sehr schätzte, verlangte Georges' Meinung zu hören, den er persönlich kannte und dem er vertraute. Der nüchterne und traurige Georges gab sich wesentlich pessimistischer in seinen Ausführungen als sein Vorgesetzter. Das Ende war erreicht, Frankreich war erledigt. Churchill resignierte aber nicht und wendete seine ganze Beredsamkeit auf: ein Sturzbach von Wörtern, in einer abenteuerlichen Mischung aus Englisch und Französisch vorgetragen, der ebenso unverständlich wie zeitweise verständlich war und mit einer Mimik unterstrichen wurde, die von eindringlicher Überredung bis zur wütenden Explosion alle Register spielen ließ. Aber seine pathetischen Worte waren schwach gegenüber einer Invasion, die sich immer weiter über das besiegte Frankreich ausdehnte. Er wünschte, Deutschland möge sich auf England stürzen, um Frankreich eine Schnaufpause zu geben, aber er befehligte die Wehrmacht leider nicht. Er wünschte auch, man solle den Widerstand durch eine Guerilla fortsetzen, aber eine Guerilla entsteht spontan und läßt sich nicht von einem Schloß aus anordnen. Er versprach englische Hilfe, aber das, worüber er verfügte, war verschwindend gering: nämlich eine Division sofort (›mit 72 Kanonen‹ fügte er vertraulich hinzu, als ob er ein großes, rettendes Geheimnis preisgebe) – und 25 Divisionen ›für einen Gegenangriff im Frühjahr‹. Dabei standen die Deutschen direkt vor Paris und drangen jeden Tag 50 Kilometer weiter vor!

Dann verlangte Pétain das Wort. »Er war so blaß«, berichtete Spears, »daß man ihn für eine Gipsfigur hätte halten können. Er sprach zu seinen Händen, die vor ihm auf dem Tisch lagen. Monsieur Churchill habe daran erinnert, daß es auch im vorigen Krieg verzweifelte Momente gegeben habe und daß der Umschwung gekommen sei, als man alles schon verloren geglaubt habe. General Weygand habe darauf geantwortet, daß die Lage nicht die gleiche sei und daß man 1914/18 keine Zusammenarbeit von Panzern und Luftstreitkräften gekannt habe. Er, Pétain, wolle noch folgendes beifügen: Im März 1918 habe er zwanzig Divisionen eingesetzt, um die Armee Gough zu retten, die an der Somme durchstoßen worden war, und etwas später dann weitere zwanzig Divisionen, am gleichen Tag, als Monsieur Churchill in sein Hauptquartier gekommen sei. Ohne die bleiche Stirn zu heben, sprach Pétain dann weiter, immer noch zu seinen Händen: ›Damals hatte England sechzig Divisionen auf französischem Boden stehen...‹«

Jetzt hatte England keine Divisionen; dafür besaß es Flugzeuge – und von den Luftstreitkräften hing in erster Linie der Ausgang der Schlacht ab. Reynaud forderte den totalen Einsatz der RAF. Da wurde Churchill plötzlich sehr verschlossen. Die Franzosen versuchten das Gespräch fortzuführen. Weygand berichtete über seine Beobachtungen bei einem Luftangriff, den er vor einigen Tagen im Hauptquartier des Generals Altmayer erlebt hatte. Die einzige Möglichkeit, den französischen Soldaten wieder ein gewisses Überlegenheitsgefühl zu verschaffen, bestand seiner Ansicht nach in einem massiven Einsatz der englischen Luftstreitkräfte, die den Himmel von den deutschen Flugzeugen reinigen würden, welche die französischen Soldaten demoralisierten. Jetzt sei der entscheidende Augenblick gekommen, noch sei es Zeit. Der Einsatz müsse aber sofort erfolgen, denn sonst sei es zu spät.

Churchill spielte den doppelgesichtigen Janus. Zu seinen Fliegern und dem Air Chief Marshal Dowding sprach er genauso, wie jetzt Weygand zu ihm sprach, aber vor den Franzosen führte er die Argumente seiner Leute ins Treffen. Nein, es war gar nicht der entscheidende Augenblick. Dieser sei erst gekommen, wenn Hitler seine Luftwaffe gegen England einsetzen würde, denn dort werde die Entscheidungsschlacht geschlagen. Die RAF müsse also für diesen Endkampf aufgespart werden, von dem das Schicksal der Welt abhänge. Wenn diese Schlacht verloren würde, wäre alles verloren, werde sie aber gewonnen, dann wäre alles gewonnen. Auch Frankreich wäre dann gerettet. »If we can keep command of the air, and if we can keep the seas open, we will win it all back to you...«

Nach mehreren Stunden gingen die französisch-englischen Beratungen ergebnislos zu Ende. Eine kurze Sitzung am nächsten Tag brachte nur Wiederholungen. Keinerlei Beschluß war gefaßt worden. Es wurde am Rande von der ›Festung Bretagne‹ gesprochen, die General Altmayer vorbereiten sollte, auch davon, daß die Mitarbeit der britischen Marine dazu unerläßlich sei, doch von einer Weiterführung des Widerstands in Nordafrika fiel kein Wort.

Die Allianz war tot. Keine weiteren Besprechungen fanden statt. Man konnte England keine Vorwürfe machen, weil es seine beste Waffe, die 25 Jagdstaffeln des Fighter Command, seiner eigenen Verteidigung vorbehalten wollte. Churchill wäre der letzte gewesen, der kaltblütig von Frankreich gefordert hätte, es sollte die völlige Verwüstung seines Landes und die Hinschlachtung oder Gefangennahme seiner ganzen Bevölkerung wortlos hinnehmen, während England die paar Flugzeuge eifersüchtig behielt, die möglicherweise eine Wendung bringen konnten. »Man muß bedenken«, schrieb er später, »daß bei dieser ganzen unglückseligen Unterredung der Gram mich zerfraß und peinigte, daß England mit seiner Bevölkerung von 48 Millionen nicht

fähig gewesen war, einen größeren Beitrag in dem Landkrieg gegen Deutschland zu leisten, und daß bis jetzt neun Zehntel der Menschenverluste und 99 Prozent des Leidens über Frankreich allein hereingebrochen waren.« Aber alle diese sentimentalen Regungen und Gewissensbisse konnten ihn nicht davon abhalten, zuerst und vor allem an das Wohl und die Rettung seines Vaterlandes zu denken.
Gegen Mittag des folgenden Tages flog Churchill wieder ab. Da der bedeckte Himmel die ›Hurricanes‹ hinderte, als Eskorte mitzufliegen, flog er tapfer mit seiner ›Flamingo‹ allein und überquerte die deutschen Linien. Über dem brennenden Le Havre zerriß der schützende Wolkenvorhang, und die ›Flamingo‹ mußte in 30 Meter Höhe den Kanal überfliegen, um den deutschen Jägern zu entgehen.
Der Bericht, den Churchill am gleichen Abend dem Kabinett erstattete, hatte zum Inhalt: Frankreich ist verloren.

Die ›Festung Bretagne‹

Um 13 Uhr 15, drei Stunden nach Churchills Abreise, unterzeichnete General Weygand den allgemeinen Rückzugsbefehl, den er am Vortage verfaßt hatte. Das Ziel war, die Verbände geschlossen zurückzunehmen, deren Auflösung und Einkesselung nur mehr eine Frage von Stunden sein konnte, wenn sie in ihren Stellungen verblieben. Die Armeen sollten sich auf eine Linie zurückziehen, die von der Schweiz über Les Rousses, Champagnole, Dole, die Côte d'Or und das Morvan, die Loire zwischen Briare und Tours, über Alençon und Caen bis zur Küste hinzog. Die Maginotlinie sollte aufgegeben werden. General Prételat, der Oberbefehlshaber der 2. Heeresgruppe, hatte dies schon einige Tage früher vorgeschlagen, aber Weygand hatte eine nachteilige moralische Wirkung befürchtet und die Entscheidung aufgeschoben, wobei er hinter diesem zwecklosen Schild Frankreichs die völlig unangeschlagene 3., 5. und 8. Armee stehen ließ. Jetzt befahl er deren raschesten Rückzug auf die Linie Saarburg–Epinal–Dijon. Der Festungstrain sollte den Rückzug decken und dann zum Gros stoßen. So wurde die unheilvolle Maginotlinie, die Milliarden gekostet hatte – eine Summe, mit der man ein ganzes Heer hätte aufstellen können – und die das gesamte militärische Denken Frankreichs beherrschte, kampflos aufgegeben.
Im Zentrum zogen sich die 2. und 4. Armee auf Troyes und Nevers zurück. Der linke Flügel löste sich auf. Die 7. Armee (Frère) und die Armee von Paris unter General Hering, die mehr in der Phantasie als in der Wirklichkeit bestand, zogen in Richtung Orléans, wobei sie Paris seitlich liegen ließen. Die 10. Armee des Generals Altmayer wurde dem Großen Hauptquartier direkt unterstellt und mußte sich auf der Achse

Rouen–Argentan–Rennes zurückziehen. Ihr wurde eine doppelte Aufgabe zugeteilt. Erstens sollte sie das westliche Ende der Verteidigungslinie halten und zweitens die ›Festung Bretagne‹ ausbauen und verteidigen.

Armee – das hört sich majestätisch an! Es bedeutet ein Großes Hauptquartier, zahlreiche Dienststellen, zahlreiche starke Einheiten und Stäbe, die von Stufe zu Stufe die Befehle des Oberkommandierenden ausführen. Jetzt aber bestand nur mehr das Wort, gleich einer Fassade vor einem eingefallenen Haus. Die Hälfte der Divisionen gab es überhaupt nicht mehr, und viele von denen, die noch übrig geblieben waren, besaßen nur drei oder vier Bataillone und kaum noch Artillerie. Desertieren konnte, wer dazu Lust hatte, denn man brauchte sich nur in den Flüchtlingsstrom zu mischen und von ihm treiben zu lassen. Befehle konnten ohnehin schon kaum mehr durchgegeben werden, denn die Straßen waren verstopft und das Fernmeldematerial verloren.

Befehle, die eigentlich hätten chiffriert werden müssen, wurden jetzt über das ständig belegte, teilweise beschädigte und veraltete zivile Telefonnetz im Klartext übermittelt. In Briare war das ›Maiglöckchenschloß‹, das Quartier des Oberbefehlshabers der französischen Armee, mit der Truppe und der Außenwelt nur durch einen an der Mauer neben dem Klosett angebrachten Fernsprechapparat verbunden, der zwischen 12 und 14 Uhr nicht funktionierte, weil dann die Posthalterin beim Mittagessen war. Einige Tage später konnte sich das Deuxième Bureau über den deutschen Vormarsch nur mehr durch telefonische Anrufe in den bedrohten Städten informieren, und zwar auch nur mittels eines Mauerapparats, der im Büro des Direktors der Volksschule von Ussel angebracht war. Der Todeskampf Frankreichs spielte sich auf gespenstige Weise ab: Eine Phantombefehlsstelle gab einer Schattenarmee Anweisungen.

General Altmayer hörte am 12. Juni erstmals von der ›Festung Bretagne‹. Er wurde beauftragt, ›eine Verteidigungsfront längs der Rance und Vilaine zu bilden, um Rennes in der Höhe von Vitré zu decken‹. Seine Armee war nach der Gefangennahme des linken Flügels auf zwei Divisionen zusammengeschrumpft. Man verstärkte sie, indem man ihr die vier Divisionen des XVI. Korps zuwies, welche indes so gut wie gar nicht existierten. Die Mannschaften und der General Fagalde waren zwar aus Dünkirchen entkommen, die Divisionen waren aber weder organisiert noch neu ausgerüstet worden. Ihr Bestand belief sich nominell auf 50000 Mann; kampffähig waren am 13. Juni indes höchstens zwei oder drei Bataillone. Am 16. Juni sollten 12 Bataillone – acht Batterien mit 7,5-cm-Kanonen und vier Batterien mit 2,5-cm-Geschützen – einsatzbereit sein. Das aber entsprach nicht einmal der Geschützstärke einer normalen Division.

Die Kampfgruppe Fagalde hatte noch einen weiteren Nachteil; sie befand sich nämlich nicht in der ›Festung Bretagne‹, sondern in der Gegend von Alençon in der Normandie. Statt am Ausbau der Front an Rance und Vilaine mitzuarbeiten – wofür übrigens kein einziger Meter Stacheldraht vorhanden war –, mußte sie sich vor einem zehnmal schnelleren Gegner zurückziehen. Am 17. Juni stieß Rommel 240 (!) Kilometer vor, während die Verteidiger der hypothetischen ›Festung Bretagne‹ mit wunden Füßen mühsam marschierten. So mußten die deutschen Panzer schon lange vor ihnen in Rennes und Brest sein...!

Das französische Kabinett tagt in Cangé

Tours war zur Hauptstadt Frankreichs geworden. Die Ministerien hatte man auf die Schlösser der Touraine verteilt; die Verbindungen unter ihnen waren wegen der großen Entfernungen und der dauernd verstopften Straßen denkbar schlecht. Wochen hätte es gedauert, eine halbwegs normale Regierungstätigkeit wiederaufzunehmen. Unbegreiflicherweise hatte man aber die Loire zur letzten Rückzugslinie erklärt. Man wäre am liebsten – wie 1914 – gleich nach Bordeaux gegangen. Aber Tours lag noch auf dem Weg nach Brest, und die Regierung wußte noch nicht recht, wohin sie sich wenden sollte.

Schloß Cangé war nun der Sitz des auf der Flucht befindlichen Präsidenten der französischen Republik. Während Churchill nach London zurückflog, fuhren Reynaud und Pétain nach diesem Exil-Elyseepalast. Weygand war ihnen gefolgt und traf in Cangé ein, als der Ministerrat schon versammelt war. Der für die Beratungen gewählte Salon hatte nicht einmal einen genügend großen Tisch. Es war inzwischen 19 Uhr geworden, die Sonne stand noch hoch am Himmel, und unten, im grünen Tal, floß friedlich der Cher.

Weygands Lagebericht war noch katastrophaler und ungeschminkter als der vom Vortag, den er in Anwesenheit Churchills gegeben hatte. Auch der letzte Hoffnungsschimmer war verblichen. Die Armeen waren zwar noch fest in der Hand ihrer Generale, doch konnten sie sich binnen weniger Tage in eine die Ordnung im Lande gefährdende Menschenmasse verwandeln. Eine Fortsetzung der militärischen Operationen war nicht mehr möglich; es war Pflicht gegenüber der Armee und dem Land, den Feind um Bekanntgabe der Waffenstillstandsbedingungen zu ersuchen.

Auf diesen Schock waren die Minister nicht gefaßt. Da sie von militärischen Problemen keine Ahnung hatten und von der Planung und Durchführung aller Operationen sorgfältigst ferngehalten worden waren, fielen sie ihren eigenen Propagandareden zum Opfer. Man feierte noch die Räumung von Dünkirchen als einen Sieg, der alle feindlichen Erfolge in den Ardennen als nebensächlich abtat. Die Schlacht in Frankreich war angeblich in vollem Gange, und die deutschen Panzer, so hieß es, waren ausgepumpt. Paris war ja noch nicht genommen, und hinter Paris lag die Loire, an der die Entscheidungsschlacht geschlagen werden sollte.

Der von Schlaflosigkeit, Angst und Kränkungen geplagte Weygand hatte zu diesen Zivilisten, in denen er die Hauptverantwortlichen sah, in gereiztem Ton gesprochen, mit der pathetischen Eindringlichkeit des höchsten Heerführers, der vom Gipfel des Ruhmes soeben in die tiefste Erniedrigung gestürzt worden war. Das Kabinett war wie gelähmt. Sollte man die Niederlage hinnehmen? Um einen Waffenstillstand bitten? Die öffentliche Meinung, Frankreich und die Welt würden das nie verstehen! Paul Reynaud ergriff das Wort. Weygand, so führte er aus, habe als Militär gesprochen, aber das Problem sei nicht ausschließlich militärischer Natur. Ein Ersuchen um Waffenstillstand sei zwecklos, denn Hitler sei kein Gentleman alter Schule wie Wilhelm II., Hitler sei ein Dschingis-Khan, für den das Kriegsziel ausschließlich in der Vernichtung des Besiegten bestehe. Es sei daher nötig, den Kampf fortzusetzen, sich in der ›Festung Bretagne‹ zu verbarrikadieren, und, falls man von dort vertrieben werde, nach Algier, nach Dakar oder nach Fort-de-France zu gehen und abzuwarten, bis die Amerikaner die nötigen Panzer und Flugzeuge hergestellt hätten, mit denen dann der Feind zermalmt werden könne.

Die Diskussion endete in unsagbarer Verwirrung. Weygand ging wieder. Mehrere Minister hatten Argumente gegen den Waffenstillstand vorgebracht, die einen feurig – Dautry und Louis Marin –, die anderen – Queuille und Chichery – besonnener. Der Propagandaminister Jean Prouvost hatte seine entschiedene Abneigung gegen ein Verlassen des Mutterlands zum Ausdruck gebracht. Nur Marschall Pétain hatte einem Waffenstillstandsersuchen kategorisch zugestimmt. Es wurde keinerlei Beschluß gefaßt. Reynaud hatte Churchill ersucht, wieder nach Frankreich zu kommen, um mit der französischen Regierung die Lage noch einmal zu beraten. Ehe man das Unwiderrufliche unternehmen wollte, war eine letzte Aussprache nötig.

Churchill landete, wiederum eskortiert von mehreren ›Hurricanes‹, am 13. Juni um 13 Uhr in Tours. Kein Mensch erwartete ihn auf dem kurz zuvor bombardierten Flugplatz. Er trieb einen Wagen auf und irrte dann mit Halifax und Beaverbrook in der mit Flüchtlingen überschwemmten Stadt umher. Das Grand Hôtel öffnete für den englischen Premierminister sein sonst wegen Nahrungsmittelmangels geschlossenes Restaurant und ließ ihm ein Mittagessen vorsetzen, das der undankbare Churchill als Schlangenfraß bezeichnete. Während er – unter argen gastronomischen Verzichten – seinen Hunger stillte, wurde er überall von der französischen Regierung gesucht. Paul Baudouin entdeckte den Britenpremier, als dieser sich gerade vom Mahl erhob, und nahm ihn mit zur Präfektur, wo Reynaud ihn erwartete. Die Unterredung begann sofort.

Reynaud erklärte, er spreche im Auftrag seines Ministerrates. Welche Haltung, fragte er, werde England einnehmen, wenn das Schlimmste geschähe und Frankreich gezwungen wäre, sich wegen der erdrückenden deutschen Übermacht vom gemeinsamen Schlachtfeld zurückzuziehen?

Churchill ging nicht gleich auf diese Frage ein, sondern verfiel zunächst, wie schon in Briare, in eine pompöse Rhetorik. Er predigte vom Mut der letzten Viertelstunde, kam auf seine Idee von einem Guerillakrieg in Frankreich zurück, der das Grab der Wehrmacht sein werde. Eigenartigerweise sprach er kein Wort von der französischen Flotte, deren zukünftige Rolle doch einer der wichtigsten Gesichtspunkte gewesen wäre, und erwähnte auch mit keiner Silbe das französische Kolonialreich, jene riesige Rückzugsstellung, von der aus die britisch-französische Zusammenarbeit hätte neu organisiert werden können. Statt dessen forderte er das Unmögliche.

Churchills pathetischer Aufwand war umsonst. Die französische Niederlage war nicht mehr zu leugnen. Der Premier begab sich wieder auf den Boden der Tatsachen und erklärte, England werde ,keine nutzlosen Vorwürfe erheben, sondern als Sieger Frankreich ›in seiner Würde und Größe‹ wiederherstellen. Allerdings könne keine Rede davon sein, Frankreich aus dem am 28. März geschlossenen Vertrag zu entlassen, in dem es sich verpflichtet habe, von jedem separaten Waffenstillstand oder Friedensschluß Abstand zu nehmen. Einen harten Schlag einzustecken sei etwas anderes, als ihn zu sanktionieren.

Inzwischen war es Spätnachmittag geworden, und der Himmel verfinsterte sich. Wieder kam die Unterredung ins Stocken. Die Engländer standen wie ein Block Reynaud und Baudouin gegenüber. Nur mühsam verbargen sie ihre Enttäuschung über das, was sie als ›defätistische Politik‹ (dieses Wort stammt von Spears) von seiten Paul Reynauds empfanden. Nachdem sie eine Unterbrechung der Sitzung verlangt hatten, um sich zu beraten, spazierten sie unter düsteren Gesprächen um das verschlammte Wasserbecken im Garten der Präfektur. Am unnachgiebigsten war Beaverbrook. »Lassen Sie sich auf nichts ein!« sagte er zu Churchill. »Wir verlieren hier nur unsere Zeit! Fliegen wir zurück!«

Nach Wiederaufnahme der Sitzung erklärte der englische Premierminister, die Beratung mit seinen Ministern habe seine Ansichten nicht geändert. Er fügte hinzu, Reynaud solle einen feierlichen Appell an Roosevelt richten, den er, Churchill, nachdrücklich unterstützen werde. Während der nächsten achtundvierzig Stunden werde England den französischen Truppen weiter Beistand leisten. »Diese Stunde ist vielleicht die dunkelste unseres Lebens«, schloß Churchill. »Unser Kriegsziel bleibt die völlige Niederwerfung Hitlers.« – »Wenn ich das Vertrauen auf den Sieg verlieren würde, so wäre mein Leben nicht mehr wert gelebt zu werden«, antwortete darauf Paul Reynaud.

Waffenstillstand oder nicht? Das französische Kabinett zerfällt

Im Park von Cangé warteten die französischen Minister. Sie waren sehr erstaunt, Paul Reynaud allein zu sehen. Bouthillier erinnerte Reynaud daran, es sei am Vortage vereinbart worden, daß die gesamte Regierung mit Winston Churchill verhandeln werde. Reynaud erwiderte, Mister Churchill habe es eilig gehabt, und außerdem sei sein Erscheinen in Cangé überflüssig, da die beiden Regierungen sich in allen Punkten einig seien. Bouthillier und Chautemps protestierten. Wie könne man, fragten sie, von Einigkeit reden, wo doch der Ministerrat seine Entscheidung aufgeschoben habe?
Dann sprach abermals Weygand. Das Bild, das er von der militärischen Lage gab, war in seiner Düsterheit kaum mehr zu übertreffen; sein Verlangen, der Vernichtung der französischen Armee ein Ende zu machen, konnte nicht eindringlicher vorgebracht werden. Die Flotte, so schlug er vor, solle man in die afrikanischen Häfen verlegen, ehe man um einen Waffenstillstand ersuche, um sie so dem Zugriff des Gegners zu entziehen. Dagegen erklärte er für ›absurd und anrüchig‹ das Projekt der Regierung, sich nach den überseeischen Besitzungen abzusetzen. »Ich werde den französischen Boden nicht verlassen, selbst wenn man mich hier in Fesseln legen sollte.« Dann verlangte er sehr nervös, in sein Hauptquartier zurückkehren zu dürfen. Er ging und äußerte im Vorzimmer nach Soldatenart seine Meinung über die Politiker, die, ›den Hintern im bequemen Lehnsessel‹, das zwecklose Opfer der Soldaten verlängerten.
Die Dämmerung brach herein, und feiner Regen fiel. Der Park verschwand in der Dunkelheit, das Cher-Tal war nicht mehr sichtbar. Marschall Pétain bat um die Erlaubnis, eine Erklärung verlesen zu dürfen. Es war inzwischen so dunkel geworden, daß er ans Fenster treten mußte, um den Text entziffern zu können. Das tiefe Schweigen ringsum gab der brüchigen Stimme des Greises etwas Schauriges. »Es ist für die französische Regierung unmöglich, französischen Boden zu verlassen, ohne zu emigrieren, ohne zu desertieren. Die Erneuerung unseres Landes muß an Ort und Stelle eingeleitet werden. Wir können nicht auf die Wiedereroberung Frankreichs durch alliierte Kanonen zu unbekanntem Zeitpunkt und unvorherzusehenden Bedingungen warten. Ich bleibe beim französischen Volk, ob nun innerhalb oder außerhalb der Regierung, um seine Leiden und sein Elend zu teilen. Der Waffenstillstand ist in meinen Augen die notwendige Vorbedingung für das Überleben des ewigen Frankreichs.«
Das Dilemma war da. Zwei patriotische Auffassungen standen einander gegenüber. Die eine war bereit, die Gegenwart zu opfern und die Nation dem Feind auszuliefern, nur um das Prinzip der Ungebrochenheit aufrechtzuerhalten und um von einer ungewissen Zukunft eine völlige Wiederherstellung zu verlangen. Die andere Richtung war der Meinung, man müsse die Leiden Frankreichs mildern, die Gefangennahme seiner Armee verhindern, vermeiden, daß ein Gauleiter über Frankreich gesetzt werde, und müsse eine nationale Erneuerung vorbereiten, indem man aus der Kata-

strophe möglichst viel rette. Keine Klasse, keine Partei, ja vielleicht keine einzige Familie gehörte geschlossen der einen oder anderen dieser beiden entgegengesetzten Richtungen an. Die Kommunisten waren durchaus für den Waffenstillstand – genau wie Weygand und Pétain. De Gaulle kam aus dem gleichen religiösen und konservativen Milieu wie jene, die sich in großer Zahl für einen Waffenstillstand einsetzten. Der alte Rechtspolitiker und Patriot Louis Marin bezog mit all seiner Kraft Stellung gegen den Waffenstillstand, aber er war darum kein besserer Franzose als der Baske und ehemalige Frontkämpfer Jean Ybarnegaray, der als disziplinierter Soldat gehorchte und dem Waffenstillstand zustimmte. Der Technokrat Jean Monnet war gegen, der Technokrat Yves Bouthillier war für den Waffenstillstand. Der Radikale Chautemps war dafür, der Radikale Herriot war absolut dagegen. Manche unter den Befürwortern eines Waffenstillstands waren bereits von der totalitären Ideologie angesteckt und bewunderten den Nationalsozialismus, andere dagegen, vor allem Weygand, waren fanatische Gegner Deutschlands und sahen im Waffenstillstand lediglich eine Pause, während der man sich auf einen neuen Waffengang vorbereiten konnte. Die Argumente der einen wie der anderen Seite waren so stark, daß jede der beiden Auffassungen als völlig ehrenhafter Standpunkt anzusehen ist. Der weitere Gang der Ereignisse gab weder den einen noch den anderen recht. Jene, die Frankreich verlassen hatten, kamen mit der Aureole des Siegers zurück – aber was hätten sie wohl bei ihrer triumphalen Rückkehr vorgefunden, wenn die Daheimgebliebenen nicht so schwere Arbeit geleistet hätten, um Bestehendes zu erhalten? Die wilden, gegenseitigen Anklagen, mit denen sich beide Teile nun schon seit einem Vierteljahrhundert überhäufen, werden künftigen Geschlechtern nichts mehr besagen. Sie werden keine Helden und Verräter, keine Kapitulanten und Abenteurer mehr unterscheiden, sondern nur in einem tragischen Konflikt zerstrittene Franzosen sehen. Am nächsten Tag wurde nur eine einzige Entscheidung getroffen: die Flucht nach Bordeaux. Bei der ersten Sitzung des Ministerrats in Cangé hatte Paul Reynaud die Beratung über einen Waffenstillstand vertagen lassen, um vorher mit Churchill zu sprechen. Bei der zweiten Sitzung berief er sich auf den Appell, den Churchill und er an Roosevelt gerichtet hatten, um wieder einen Aufschub der Waffenstillstandsfrage zu erreichen. Schon am 10. Juni – wenige Minuten vor seiner Abreise aus Paris – hatte Paul Reynaud sich an den Präsidenten der Vereinigten Staaten gewandt und ihn im Namen der Solidarität aller demokratischen Völker aufgefordert, England und Frankreich zu helfen, und zwar mit allen Mitteln, ›ausgenommen die Entsendung eines Expeditionskorps‹. Jetzt ging er noch weiter und verlangte den sofortigen Kriegseintritt Amerikas. »Wir müssen erst die Antwort des Präsidenten abwarten, ehe wir darüber beschließen, ob man mit dem Feind verhandeln oder den Kampf von außerhalb Frankreichs aus fortsetzen soll«, sagte er zu seinen Ministern.

Die Deutschen in Paris. Zusammenbruch Frankreichs an allen Fronten

Am frühen Morgen des 14. Juni 1940 verließen die Ministerwagen das Loiretal in Richtung Bordeaux. Ungefähr zur gleichen Stunde zogen die Sieger in Paris ein. Sie kamen über die Porte Maillot, marschierten am Arc de Triomphe vorbei zur Place de la Concorde und bezogen dann in den verlassenen Kasernen Quartier. Es waren keine Panzertruppen, sondern Infanteristen der 18. Armee. Die Pariser waren sehr verwundert über die Pferdegespanne, denn seit Wochen hatten sie nur von Panzern gehört. Trotz des Exodus war die Hauptstadt nicht menschenleer. Die Cafés waren geöffnet und auf den Champs-Elysées waren zwei oder drei Kinos in Betrieb. Der Rundfunk wurde sofort requiriert und spielte ›Deutschland, Deutschland über alles‹ und das Horst-Wessel-Lied. Die Uhr am Bahnhof Saint-Lazare war von unbekannter Hand um 7 Uhr 10 angehalten worden, und auf dem Eiffelturm wehte noch immer die Trikolore. Die ersten deutschen Soldaten, die den Turm erstiegen, zogen sie ein und nahmen sie als Andenken mit.

Für die Verteidigung der ›Festung Bretagne‹ rechnete das französische Oberkommando mit englischer Unterstützung. Es gab noch einige britische Truppen in Frankreich, in erster Linie eine ›Gruppe Beauman‹, die sich aus der Sommeschlacht hatte retten können, und die 52. Division, die von der Maginotlinie, wo sie am 10. Mai gelegen hatte, bis nach Contentin marschiert war. England stellte seine einzige Panzerdivision zur Verfügung, die eigentlich schon gänzlich verbraucht war, sowie eine kanadische Division. Das war der Rest der noch kampffähigen britischen Truppen. Sir Alan Brooke, der neue Oberbefehlshaber des britischen Expeditionskorps, traf am Abend des 11. Juni an Bord eines alten holländischen Frachtdampfers in Cherbourg ein. Da aber die Hafeneinfahrt zu dieser Stunde bereits gesperrt war, konnte der kleine Frachter nicht mehr anlegen. Alan Brooke erhielt nicht einmal die Erlaubnis, mit einem Lotsenboot an Land zu gehen. Erst am übernächsten Tag begab er sich nach Briare, um mit Weygand und Georges Kontakt aufzunehmen.

Die Fahrt nach Briare war für Brooke deprimierend. Ununterbrochen strömten Flüchtlingskolonnen aus dem Norden. Orléans war eine einzige undurchdringliche Masse von Autos. In der Umgebung der bis auf den letzten Tropfen geleerten Tankstellen standen Hunderte verlassener Wagen. Scharen übermüdeter Frauen und Kinder kampierten am Straßenrand. In den Ortschaften standen lange Menschenschlangen vor den Bäckereien und Brunnen. Von Zeit zu Zeit tauchten in dem unaufhörlichen Menschenstrom einzelne Truppenteile, Militärfahrzeuge und Geschütze auf. Um in diesem Chaos nicht hoffnungslos steckenzubleiben, waren Brooke und seine Offiziere gezwungen, gelegentlich Straßensperren zu errichten. Nach zwölfstündiger Fahrt kam der Oberbefehlshaber des britischen Expeditionskorps schließlich vollkommen erschöpft in Briare an.

Am nächsten Tag wurde Brooke von seiner Aufgabe in Kenntnis gesetzt. Er sollte an der Verteidigung der ›Festung Bretagne‹ teilnehmen, deren Errichtung, wie man ihm sagte, vom Obersten Alliierten Rat beschlossen worden sei. Wortlos zog Brooke seinen Taschenzirkel hervor und maß auf der Karte die Länge der vorgesehenen Front: 150 Kilometer. »Man braucht dazu fünfzehn Divisionen. Wo sind sie?« Weygand und Georges zuckten nur resigniert mit den Schultern. »Ich weiß«, sagte Weygand, »es handelt sich um ein reines Hirngespinst.« Und Georges meinte: »Einfach eine romantische Idee!«

Die Rückfahrt Brookes war ebenso unangenehm wie die Hinfahrt. Unmittelbar nachdem er in Mans angekommen war, wo er sein Hauptquartier aufgeschlagen hatte, ließ er sich mit Sir John Dill verbinden. Er berichtete ihm, daß seiner Ansicht nach der Bretagneplan völlig undurchführbar sei und daß er keine andere Möglichkeit sehe, als die britischen Truppen umgehend wieder einzuschiffen. Der britische Generalstabschef war höchst verwundert und fragte, um was für einen Plan es sich denn dabei überhaupt handle. Einige Minuten später rief er dann wieder an und teilte Brooke mit, er habe inzwischen mit Churchill gesprochen. Der Premier habe ihm versichert, daß in Briare keinerlei Abkommen über die gemeinsame Verteidigung der Bretagne getroffen worden sei. Brooke solle alle britischen Truppen, die nicht im Verband der 10. französischen Armee kämpften – das heißt die Voraustruppen der kanadischen Division sowie zwei Drittel der 52. Division und sämtliche Verwaltungseinheiten –, nach England zurückführen. Entsprechende Befehle unter Dringlichkeitsstufe folgten. Während des Essens wurde wieder aus London angerufen. Diesmal verband Dill gleich mit dem Premierminister, mit dem Brooke jetzt zum erstenmal sprechen konnte. Churchill forderte Brooke auf, die Einschiffung aufzuschieben, denn man müsse der Allianz bis zum Schluß treu bleiben und mit allen Kräften den französischen Widerstand unterstützen. Brooke antwortete brüsk, es sei unmöglich, einen Kadaver wieder zum Leben zu erwecken. Während einer halben Stunde ging die Unterhaltung in diesem Ton weiter. Schließlich jedoch blieb dem Generalleutnant Brooke nichts anderes übrig, als gewissermaßen strammzustehen und das Gespräch mit einem ›Yes, Sir‹ zu beenden.

Dennoch war es ihm gelungen, Churchill zu überzeugen. Bereits am nächsten Morgen wurde der Einschiffungsbefehl wiederholt. Das gerade im Umzug befindliche Große Hauptquartier in Briare wurde von Sir John Dill benachrichtigt, daß General Brooke ihm nicht mehr unterstehe. In Cherbourg, Brest, Nantes, La Rochelle, Verdon und Bayonne drängten 136000 Engländer, 20000 Polen und 18000 Franzosen auf die Schiffe. Ganz ohne tragische Zwischenfälle ging dieses Unternehmen allerdings nicht ab, denn die mit 5800 Mann beladene *Lancastria* wurde beim Verlassen der Loiremündung von der Luftwaffe versenkt. Noch nach Wochen spülte die Flut die Leichen englischer Soldaten an Land.

Von einer ›Festung Bretagne‹ konnte keine Rede sein. Alle Bemühungen des Generals Altmayer, diesen romantischen Befehl auszuführen, blieben vergeblich. Am 16. Juni verlegte er seinen Gefechtstand nach Rennes, und bereits wenige Stunden später wurde er mitten in der Stadt gefangengenommen. Von der ganzen 10. Armee war nur noch das III. Artilleriekorps des hartnäckigen La Laurencie übrig, der über Nantes aus der bretonischen Falle entwischte und sich fechtend auf die Creuse zurückzog.
Der Plan, an der Loire eine feste Verteidigungslinie zu bilden, ließ sich nicht verwirklichen. Alle Flußübergänge wurden heftig bombardiert. An den verbliebenen Brücken stauten sich riesige Mengen von Soldaten und Zivilisten; sie traten sich gegenseitig, um über den Fluß zu kommen. Es hätte übrigens nicht viel gefehlt, und das Große Hauptquartier wäre an der Brücke von La Charité-sur-Loire in Gefangenschaft geraten. Die in einen Güterwagen verladenen Archive des Oberbefehlshabers fielen in die Hände der Deutschen. Darunter befanden sich 3000 Geheimdokumente, die unter anderem die französisch-britischen Vorbereitungen für eine Verletzung der norwegischen Neutralität klar bewiesen, ferner der Plan einer Blockierung der Donau in Rumänien, Pläne für die Sabotage der rumänischen Petroleumquellen und die Unterlagen über einen Angriff auf Baku.
Alles, was dem Feind jetzt noch entrinnen konnte, flüchtete in das Massif Central. Endlose Lastwagenkolonnen kletterten ratternd die steilen Straßen des Limousin und der Auvergne hoch. Das Große Hauptquartier kam in Vichy an, setzte alle Kurgäste des Hôtel du Parc auf die Straße, begann sich einzurichten wie für einen siebenjährigen Krieg – und zog am nächsten Tag schleunigst wieder aus, weil die Deutschen schon in Lapalisse standen. Für achtundvierzig Stunden machte man in La Bourboule Halt und setzte dann die abenteuerliche Reise Richtung Montauban fort.
In den Alpen begann der Krieg nur langsam. Zwei Tage nach der Kriegserklärung meldete die kleine, von General Olry befehligte Armee – bestehend aus drei Festungssektionen, einer Kolonialdivision und drei Infanteriedivisionen der Serie B – nur ›freundschaftliche Kontakte‹ zwischen Franzosen und Alpini-Patrouillen. Mussolini, der Angst hatte, seinen Teil vom Kuchen nicht abzubekommen, befahl Marschall Badoglio, die Offensive zu beginnen. »Wir haben nicht einmal die ausreichende Zahl von Hemden für alle Soldaten«, erwiderte ihm Badoglio. »Ich versichere Ihnen«, war Mussolinis Antwort, »daß im September alles vorbei sein wird und daß ich einige tausend Tote brauche, um mich als Kriegführender an den Tisch des Friedens zu setzen.« Die 1., 4. und 7. italienische Armee wurden an der Grenze zusammengezogen und der Angriff auf den 18. Juni festgesetzt.
In Lothringen, im Elsaß und in der Franche-Comté versuchten die französischen Ostarmeen, den Rückzugsbefehl vom 12. Juni durchzuführen. Um sich in der Gegend von Dijon zu sammeln, mußten sie 250 Kilometer zurücklegen. Seit dem 11. Juni aber hatte Guderian sich eine Bresche zwischen dem rechten Flügel der 4. und dem

Die französische Kapitulation zerriß die politische Führung Frankreichs in zwei unversöhnliche Lager. Während Pierre Laval (oben rechts mit Ferdinand Buisson) als stellvertretender Ministerpräsident von Vichy aus die Zusammenarbeit mit den Deutschen suchte, bildete der General de Gaulle (unten rechts mit Staatspräsident Lebrun) in London ein ›Nationalkomitee der Freien Franzosen‹, das am 28. Juni 1940 von den Engländern anerkannt wurde.

Hitlers Treffen mit Spaniens Staatschef Franco (oben) am 23. Oktober in Hendaye an der spanischen Grenze verlief ergebnislos: Spanien lehnte den Eintritt in den Krieg an der Seite der Achsenmächte ab. – Englands Führung blieb 1940 auf sich allein gestellt: König Georg VI. (unten links mit de Gaulle) und Premierminister Winston S. Churchill (rechts), der ein Kriegskabinett bildete, in dem Konservative und Labourleute saßen.

Generale im Schatten der Politik: H. Giraud, Kopräsident des Nationalen Verteidigungskomitees (links); F. Darlan, Minister der Vichy-Regierung, ab 1942 bei den Alliierten (Mitte); J. Gort, Chef des britischen Expeditionskorps, Hochkommissar in Palästina (rechts). – Dreimächtepakt zwischen Deutschland, Japan und Italien am 27. September 1940 (unten): Am Tisch von rechts: Ribbentrop, Hitler, Ciano, Kurusu.

Die Mächtigen im Schatten des Ruhms: M. Bormann, Reichsleiter, Chef der Parteikanzlei, 1945 vermißt. R. Hess, Stellvertreter Hitlers bis 1941, 1946 verurteilt (oben links). H. Himmler, Reichsführer SS, Chef der Polizei, ab 1943 Innenminister, 1945 Selbstmord (oben rechts). – Admiral Canaris, Chef der deutschen Abwehr, 1945 hingerichtet, und sein Rivale Heydrich, 1940 Gestapochef, stellvertretender Reichsprotektor, 1942 ermordet (unten).

linken der 2. französischen Armee geschaffen. Wie Manteuffel im Jahre 1871 stieß er rasch vor, um der 2. Armeegruppe den Rückzug abzuschneiden. Der Alptraum des französischen Generalstabs, die Umgehung der Maginotlinie, wurde damit gleichzeitig Wirklichkeit. Am 16. Juni stand Guderian bereits an der Saône. Er überrannte die in aller Eile aufgerichtete, schwache gegnerische Verteidigung, wobei General de Cosson fiel. Dann ließ er mit der charakteristischen Wendigkeit der deutschen Führer schneller Truppen sein XXXXI. Korps um Gray schwenken, um es zwischen Charmes und Remiremont an die Mosel zu legen, während er selber an der Spitze der 2. Panzerdivision in Richtung Besançon und Pontarlier vordrang.

Die französische Front war zusammengebrochen. Unter dem Vorwand, den Abschnitt seiner Armeegruppe an Ort und Stelle besichtigen zu wollen, eilte General Prételat bis nach Gex, von wo aus er dann angeblich vergeblich zurückzukommen versuchte, um das Los seiner Soldaten zu teilen. Die auf sich selbst gestellten drei Armeebefehlshaber Condé, Bourret und Laure hatten nur eine sehr verschwommene Ahnung von der Lage. Die von ihnen befohlenen Truppenbewegungen erwiesen sich als undurchführbar. Die deutsche Luftwaffe hatte sie bis jetzt noch nie belästigt, nun aber griff sie mit aller Gewalt an. Die französischen Kolonnen gerieten durcheinander und lähmten sich gegenseitig.

Die 7. deutsche Armee überschritt den Rhein und besetzte das Elsaß. Mehrere Divisionen – das gesamte XX. Korps – befanden sich noch in der Gegend von Metz. Die Rapporte meldeten, daß der Feind in der Rückzugslinie der Armeegruppe erschienen sei. Bourret und Condé schickten einen verzweifelten Funkspruch an das Große Hauptquartier.

»Melden Lage äußerst kritisch, 23 Einheiten teilweise auseinandergerissen, 7 organische Teile von Armeekorps, 2 Generalquartiere der Armee von Einschließung bedroht. Rückzug und Neuformierung unmöglich. Massenhaft Flüchtlinge. Überall Bombardierungen. Beschwören Sie sofort Meldung an Oberbefehlshaber und Regierung.«

Georges antwortete, die 2. Heeresgruppe habe das befohlene Manöver auch weiterhin auszuführen. Dann fügte er noch etwas von ›Rettung der Ehre der Fahne‹ hinzu – das klassische Zeichen dafür, daß alles verloren ist.

Einige Stunden nach diesem Funkspruchwechsel zog Guderian in Pontarlier ein. Auf seinen Bericht antwortete Hitler telegraphisch: »Meldung beruht auf einem Irrtum. Gemeint ist wohl Pontailler-sur-Saône.« Guderians Antwort: »Kein Irrtum. Bin selbst in Pontarlier an Schweizer Grenze.«

Der Sturz Reynauds. Pétain fordert Beendigung der Kampfhandlungen

Lagen die Regierungsstellen in Tours allzuweit auseinander, so hockten sie in Bordeaux allzu eng zusammen. Die Rue Vital-Carles war zum Regierungsboulevard geworden. Paul Reynaud hatte seine Büros in einem Hotel eingerichtet, der Präsident der Republik saß im daneben liegenden Präfektenpalais, während der Innenminister Georges Mandel seinen Amtssitz in der in der Rue Esprit-des-Lois gelegenen Präfektur aufgeschlagen hatte.
Der englische Gesandte, den man in ein Schloß im Médoc einquartieren wollte, hatte es vorgezogen, lieber eng zusammengepfercht mit dem Botschaftspersonal im Konsulat in der Rue Montesquieu zu wohnen. Ein weiterer ›strategischer Punkt‹ war die Wohnung von Paul Baudouin, in der sich die Freunde Weygands trafen. Ein wichtiger Treffpunkt war auch das Rathaus an der Place Pey-Berland, dessen Hausherr, der Bürgermeister Adrien Marquet, sich vom Sozialisten zum Faschisten gewandelt und das gesamte städtische Personal Pierre Laval zur Verfügung gestellt hatte. Das Dreieck, in dem sich die letzte Phase der Dritten Republik abspielte, hatte kaum tausend Meter Seitenlänge – aber die Gegensätze, die damals dort aufeinanderprallten, hat Frankreich bis heute noch nicht ganz überwunden.
Rundherum brodelte eine unübersehbare Menschenmasse – von den Ärmsten der Flüchtlinge bis zu den Spitzen des Adels, der Wissenschaften und Künste – und nicht zuletzt des Geldes. Das nationale Unglück verband alle Schichten der Gesellschaft in der Sorge um die alltäglichsten Probleme, von denen Wohnung und Nahrung die dringlichsten, aber nicht die einzigen waren. So konnte man Gulbenkian, den Gebieter über Millionen Tonnen von Petroleum, um ein paar Liter Benzin betteln sehen, um nach Süden weiterreisen zu können. Furcht machte sich in den Herzen der Franzosen breit, die sich immer in Sicherheit und von einem mächtigen Staat beschützt gefühlt hatten. Die Hitze, die Ermüdung, das Warten, die Angst und der Kummer schufen jene irreale Atmosphäre, von der alle Berichte aus dem Bordeaux jener Tage sprechen.
Die erste der zahlreichen Attacken, die zum Sturz des Ministerpräsidenten Paul Reynaud führten, kam am 15. Juni von seiten des Admirals Darlan. Als er von der Möglichkeit eines Waffenstillstands hörte, brauste er auf: »Hören Sie mir gut zu: Wenn das geschieht, dann fahre ich mit der Flotte ab . . . !« Das war eine großartige Aussicht: François Darlan, der mit der ganzen französischen Flotte in englische Häfen einlief! Das hatte ihn mit einem Schlag zum berühmtesten und zu diesem Zeitpunkt wichtigsten Franzosen gemacht. Die tieferen Gründe für sein späteres Umschwenken wird man wahrscheinlich nie erfahren. Als er von Paul Reynaud aus Royan nach Bordeaux gerufen wurde, erklärte er dem Ministerpräsidenten mürrisch, daß dessen Absicht, 870000 Mann nach Nordafrika zu transportieren, einfach undurchführbar sei. In Wirklichkeit hatte Darlan bereits seine Wahl getroffen. Das Aus-

laufen der Flotte hätte jeden Waffenstillstand unmöglich gemacht, hätte das gesamte französische Empire mitgerissen und dem Krieg – sei es zum Besseren oder zum Schlimmeren – einen völlig anderen Verlauf gegeben.
Einige Minuten nach Darlan erschien Marschall Pétain beim Ministerpräsidenten. Er verlangte eine Sitzung des Ministerrats für 16 Uhr und erklärte, er werde zurücktreten, wenn das Waffenstillstandsersuchen nochmals vertagt werde.
Dann traf Weygand aus Vichy ein. Die Anordnung, in Bordeaux zu einer Zusammenkunft um 10 Uhr 30 bei Paul Baudouin zu erscheinen, war von Marschall Pétain unterzeichnet, der dem Oberbefehlshaber in keiner Weise etwas zu befehlen hatte. Weygand verständigte korrekt Paul Reynaud, der ihm mit der Formel »Sie sind immer willkommen!« antwortete. Um endlich einmal ausschlafen zu können, war Weygand mit seinem Sonderzug gekommen. Alle Vorfahrtsrechte des Oberkommandierenden hatten nichts genützt, da die Schienenwege durch Bombardierungen unterbrochen waren und riesige Umwege gefahren werden mußten. Nach zwölfstündiger Fahrt stand der Zug 150 Kilometer von seinem Abfahrtsort entfernt in Châteauroux, denn er war nach Norden umgeleitet worden, statt nach Süden zu fahren. Mit viel Mühe wurde er dann in die Richtung Bordeaux dirigiert, wo er erst nachmittags am Bahnhof Bordeaux-Bastide eintraf. Mit Tränen in den Augen empfing der Befehlshaber des XVIII. Korpsbezirks, General Lafont, seinen Chef und Freund. Er hatte den Auftrag, ihn sofort zu Paul Reynaud zu begleiten.
Der wegen seines Wutausbruchs in Cangé etwas verlegene Weygand hatte sich vorgenommen, völlig ruhig zu bleiben. Als ihm aber Paul Reynaud seinen Plan auseinandersetzte, nach dem Beispiel Hollands mit der Regierung außer Landes zu gehen, während Weygand mit der Armee kapitulieren sollte, konnte der Generalissimus nicht mehr an sich halten. »Was Sie da versuchen«, brüllte er los, »ist eine Verlagerung der Verantwortung! Die Regierung hat es auf sich genommen, den Krieg zu erklären, jetzt muß sie auch die Verantwortung für den Waffenstillstand übernehmen.« Vergeblich versuchte Reynaud Weygand zu überreden, indem er vorschlug, er werde ihm den Befehl erteilen und so das Oberkommando decken, aber Weygand antwortete, er lasse keinen Schandfleck auf die französischen Fahnen kommen und werde sich weigern, diesen Befehl auszuführen.
Wieder einmal standen sich zwei Auffassungen von patriotischer Pflicht gegenüber. Die Weigerung des Generalissimus entsprach dem Ehrenkodex, wie ihn die überwiegende Mehrzahl der Offiziere anerkannte. Sieben Jahre später gab der zweithöchste Offizier der französischen Armee, der General Georges, vor einer vom Geist der Résistance erfüllten Untersuchungskommission seinem ehemaligen Vorgesetzten voll und ganz recht: »Die Regierung hat zu entscheiden, ob der Kampf fortgesetzt werden soll oder nicht. Eine Kapitulation in offener Feldschlacht ist eine Schande für jeden Oberkommandierenden. Unsere Gesetze verbieten es übrigens ausdrücklich. Para-

graph 234 des Militärstrafgesetzbuchs bestraft ein derartiges Verhalten mit Tod und Degradierung.«

Um 16 Uhr 15 wurde die von Pétain verlangte Kabinettsitzung eröffnet. Ob der Marschall nun müde oder schwankend geworden war – er war nicht mehr so kategorisch in seinen Forderungen wie noch einige Stunden zuvor. Schlau verfolgte Reynaud seinen Plan, indem er mit der angsterfüllten Ungeduld des Greises rechnete, der gegen jede Fortsetzung der nutzlosen Schlächterei war. Er führte an, daß Waffenstillstandsverhandlungen mehrere Tage in Anspruch nehmen würden, während eine einseitige Einstellung des Feuers sofortige Wirkung habe. Pétain war bereit, diesen Gesichtspunkt Weygand näherzubringen, der im Wintergarten wartete, nachdem er über die jüngsten militärischen Ereignisse berichtet hatte. Nach einer Viertelstunde kam Pétain dann zurück und teilte dem Ministerrat mit, Weygand sei nicht in die Falle gegangen. Der zweite Versuch Reynauds, die Armee allein kapitulieren zu lassen, damit ›Frankreich eine Wilhelmine von Holland und kein Leopold von Belgien sei‹, war gescheitert.

In der Sitzung war auch der gewandte, spitzfindige Chautemps auf seine Art am Werk. Er widersprach der Auffassung Reynauds nicht, daß Hitlers Bedingungen unannehmbar sein würden, doch meinte er, man könne es ja einmal versuchen und ihn danach fragen. Wenn Hitler den Waffenstillstand verweigere oder unehrenhafte Bedingungen, wie etwa die Auslieferung der Flotte, stelle, dann habe man ja den Beweis dafür, daß keine andere Möglichkeit bestehe, als den Krieg von jenseits des Meeres aus fortzusetzen. Reynaud erkannte die Falle und wollte sich dem Vorschlag widersetzen, aber ein rascher Abstimmungsversuch belehrte ihn, daß dreizehn seiner Minister für und sechs gegen den Vorschlag Chautemps' waren. Er erhob sich und erklärte seinen Rücktritt, doch gelang es dem Präsidenten Albert Lebrun, ihn zum Widerruf seiner Entscheidung zu bewegen.

Weygand wartete immer noch im Wintergarten. Reynaud begab sich zu ihm: »General, der Ministerrat ist für Kapitulation des Landheeres. An Ihnen ist es, diese zu vollziehen.« Weygand war wütend und verlangte seine Entlassung. Er schwor, daß man ihn nie im Leben zu einer derartigen Gemeinheit werde bewegen können. Und dazu habe man ihn so weit herkommen lassen! Damit war auch der dritte Versuch, das Schicksal der Armee von dem des Landes zu trennen, gescheitert.

Am Abend hatte Paul Reynaud wieder hinter dem mit vergoldeten Akanthusblättern verzierten Ebenholzschreibtisch des Präfekten des Departements Gironde Platz genommen, als ihm zwei Besucher gemeldet wurden, der britische Gesandte Campbell und General Spears. Gleichzeitig überbrachte man dem Ministerpräsidenten einen Funkspruch, der ihn erblassen ließ. »Unser Appell hat nichts gefruchtet, die Amerikaner wollen keinen Krieg erklären«, flüsterte er. Roosevelt versprach zwar materielle Hilfe, doch schloß seine Antwort mit den Worten: »Ich nehme an, Sie werden verstehen, daß diese meine Erklärungen keinerlei Verpflichtung militärischer Art bedeuten. Nur der Kongreß könnte solche eingehen.«

Am darauffolgenden Tag – Sonntag, den 16. Juni – verlas Marschall Pétain seine Rücktrittserklärung im Ministerrat. Die flehentlichen und zusammenhanglosen Bitten Lebruns ließen ihn dann seinen Rücktritt doch noch hinausschieben, da diesem Schritt zweifellos eine Auflösung des ganzen Kabinetts gefolgt wäre.

Reynaud teilte den konsternierten Ministern anschließend die negative Antwort Roosevelts mit sowie die Haltung der britischen Regierung, die Worte Churchills, welche die Franzosen als eine Zustimmung zu einem Separat-Waffenstillstand aufgefaßt hatten, nicht zu ratifizieren. Reynaud fügte noch hinzu, er habe den englischen Premierminister zu einer klärenden Aussprache für den gleichen Tag nach Nantes gebeten.

Die Ereignisse überstürzten sich. Campbell erschien wieder auf der Präfektur und teilte mit, er sei eben telefonisch von einer neuen Haltung der englischen Regierung informiert worden: England sei damit einverstanden, daß Frankreich um Bekanntgabe der Waffenstillstandsbedingungen ersuche, unter der Bedingung, daß die französische Flotte sich nach englischen Häfen begebe und während der Dauer der Verhandlungen dort bleibe. Den genauen Text dieser englischen Zustimmung brachte der Gesandte kurz darauf. Einige Minuten vor 16 Uhr erschien er dann zum drittenmal, um den Ministerpräsidenten von einem neuerlichen Funkspruch in Kenntnis zu setzen, demzufolge er die Rückgabe des Reynaud bei seinem zweiten Besuch ausgehändigten Textes verlangen müsse. Gründe für dieses seltsame Verlangen konnte er nicht angeben.

Campbell befand sich noch bei Paul Reynaud, als dieser von London aus angerufen wurde. Es war de Gaulle, der am andern Ende der Leitung sprach. Was dieser ihm mitzuteilen hatte, konnte man nur als sensationell bezeichnen. Dem bereits in die Knie gezwungenen Frankreich bot England eine Fusion an. »Frankreich und Großbritannien sind von nun ab nicht mehr zwei Nationen, sondern die französisch-englische Union. Jeder französische Staatsbürger erhält sofort auch englische Staatsangehörigkeit, jeder Engländer wird sofort Franzose. Es wird ein einziges einheitliches Kriegskabinett gebildet, dem alle Land-, Luft- und Seestreitkräfte unterstehen. Die Union wird alle ihre Kraft einsetzen, um den Feind zu bekämpfen, gleichgültig, wo die Kämpfe sich abspielen werden. Auf diese Weise werden wir siegen.«

Das war ein großartiger Gedanke, ein echtes Churchill-Projekt, wenn es auch nicht seine Idee gewesen war. Es stammte von dem eiskalten Lord Halifax, de Gaulle, Monnet, Pleven und Robert Vansittard, einem Diplomaten alter Schule, und wurde vom britischen Kabinett mit Begeisterung angenommen. »Ich war ziemlich überrascht«, sagte Churchill, »alte und erfahrene Politiker so begeistert zu sehen für ein Projekt, dessen mögliche Verwicklungen und Konsequenzen überhaupt nicht bedacht worden waren.« Es handelte sich hierbei im Grunde um eine durch den französischen Zusammenbruch ausgelöste Gewissensmanifestation Englands. Nach dem Schock von Dünkirchen hatte England sich wieder beruhigt und beabsichtigte, wenigstens nach außen hin das Bild eines ruhigen Sommers zu bieten. Keine einzige Bombe fiel auf britisches Gebiet, und die Strandbäder, denen jederzeit eine Invasion drohte, waren überfüllt. Der aus seinem hart getroffenen Land gekommene de Gaulle fand die in London herrschende Fröhlichkeit, die zufriedenen Spaziergänger in den Parks und die tressengeschmückten Portiers vor den Klubs widerlich. Diese zur Schau getragene Gleichgültigkeit verbarg jedoch in Wirklichkeit eine tiefe innere Unruhe. Durch sie war die Begeisterung der Kabinettsmitglieder zu erklären, die zwei Nationen, deren eine schwer angeschlagen war, während die andere vom Krieg überhaupt noch nichts zu spüren bekommen hatte, nun für eine ungewisse Zukunft vereinigen wollten.

Von London aus sahen die Dinge ganz anders aus als von Bordeaux. Die schreckliche Niederlage verschloß das Denken gegen alles, was nicht sofort reale Vorteile bringen konnte. Ein neues Gespenst, der Hunger, richtete sich vor den flüchtenden Menschenmassen auf. General Georges meldete: »17 Uhr. Lage weiter verschlechtert. Ernste Verpflegungsschwierigkeiten bei Truppe und fliehender Bevölkerung. Beschlußfassung unbedingt erforderlich.« Ein Gedanke einigte die ganze Nation von den Armeeführern bis zum letzten Soldaten, von den von Hunger gepeinigten Flüchtlingen bis zum alten Marschall, der sich weigerte, weiterhin an den Kabinettsitzungen teilzunehmen – der Gedanke an eine sofortige Beendigung des Krieges. Die britisch-französische Union war ein grandioses Abstraktum, die herrschende Verwirrung aber war die grausame Realität.

Wieder einmal – es war das letzte Mal – traten die Minister der Regierung Reynaud zusammen. Dieser berichtete dem Kabinett von dem britischen Fusionsangebot und erklärte sich gleichzeitig mit diesem Plan völlig einverstanden. Er habe mit Churchill telefoniert und eine Zusammenkunft in Quiberon oder Concarneau vereinbart. In der Reaktion der Minister mischten sich Überraschung, Mißtrauen und offene Feindseligkeit gegenüber England. Ybarnegaray erklärte, England wolle offensichtlich aus Frankreich ein Dominion machen. Chautemps, der Tränen in den Augen hatte, weil man ihm eben die Bombardierung seiner Heimatstadt Blois gemeldet hatte, sagte, es gebe jetzt keine andere Wahl, als mit der Schlächterei endlich Schluß zu machen. Die sarkastische Bemerkung Mandels: »Der Ministerrat ist gespalten ... auf der einen Seite sind die Tapferen, auf der anderen die Feiglinge«, löste wütende Zwischenrufe aus. Hartnäckig bestand Paul Reynaud darauf, die Armee habe allein zu kapitulieren, während die Regierung ins Exil gehen solle, um dort mit Hilfe einer vorübergehenden britisch-französischen Symbiose Frankreichs Wiedergeburt vorzubereiten. Aber die Mehrheit der Minister war jetzt gegen Reynaud und forderte ihn auf, zu demissionie-

ren, um vom Präsidenten der Republik mit einer Regierungsneubildung beauftragt zu werden. Dann könne er Pétain ausschalten und Weygand absetzen. Doch von dem verzweifelten, völlig aufgelösten Lebrun waren die notwendigen Schritte in diesem Augenblick nicht zu erwarten.
Zwei Stunden später hatte Paul Reynaud abgedankt. Am Abend wurde Marschall Pétain mit der Neubildung der Regierung beauftragt. Als Präsident Albert Lebrun ihn bat, sich mit der Ernennung der Minister möglichst zu beeilen, zog Pétain aus seiner Brieftasche eine Namensliste und antwortete: »Meine Regierung? Da ist sie!«
Am 17. Juni um 0 Uhr 30 wurde der spanische Gesandte Lequerica aus tiefem Schlaf geweckt. Der neue Außenminister Paul Baudouin bat ihn, der deutschen Regierung das Waffenstillstandsersuchen des französischen Kabinetts zu übermitteln.
Mittags ertönte dann die brüchige Stimme eines Achtzigjährigen aus allen Lautsprechern. Aus zahllosen Augen flossen dabei Tränen, doch gleichzeitig fiel ein riesiger Stein vom Herzen der Nation. »Ich opfere mich für Frankreich, um sein Unglück zu mildern«, sagte Marschall Pétain. »Mit blutendem Herzen sage ich allen Franzosen, daß der Krieg beendet werden muß.«

Die letzten Kämpfe

Überall hörten die Kämpfe auf. Die Generale berichteten, daß die Regimenter sich auflösten und die Soldaten die Front verließen. Die Deutschen hißten weiße Fahnen und riefen, der Krieg sei aus. Damit veranlaßten sie Tausende, sich in Gefangenschaft zu begeben. Viele Franzosen fraternisierten mit den Deutschen. Als man sich über die ungenauen Formulierungen der Radioansprache klar wurde, wurde eine neue Fassung gesendet, in der es hieß: »Man muß *versuchen*, den Krieg zu beenden«... Damit konnte man einige Einheiten wieder zusammenfassen, doch war von militärischen Operationen oder einer zusammenhängenden Front keine Rede mehr. Alles, was die Truppe noch tun konnte, war eine Verzögerung des deutschen Vormarsches, indem kleine Kommandos die Flußübergänge und Ortseingänge hinhaltend verteidigten. Zu allem Überfluß bemühten sich die Zivilbehörden und sogar militärische Stellen, den Mut der letzten Verteidiger des Vaterlandes zu brechen. Bürgermeister, bekleidet mit ihrer Amtsschärpe, forderten Truppenbefehlshaber auf, das Ortsgebiet zu verlassen, als ob es sich um Zigeuner gehandelt hätte. Herriot in seiner Eigenschaft als Bürgermeister von Lyon verleugnete den Patrioten Herriot und widersetzte sich der Zerstörung der Brücken seiner Stadt, obwohl dadurch die gesamte Verteidigung des Südostens in Frage gestellt wurde. Im traditionsgemäß konservativen Westen war die Ablehnung jeglichen Patriotismus' am stärksten. General de La Laurencie, der sich aus dem

Perche nach dem Anjou zurückzog, meldete dem General Besson, er kämpfe ›inmitten einer nationalen Auflösung‹. In Angers forderte ihn der Bürgermeister auf, die Stadt nicht zu verteidigen, um ihr die Schrecken eines Bombardements zu ersparen. Und noch weniger konnte er Nantes verteidigen, da General Griveaud, der Befehlshaber des XI. Korpsbezirks sich geweigert hatte, die Brücken sprengen zu lassen.
In Saumur wollten die durch einige Offizierschüler von Saint-Maxence verstärkten Kadetten der Kavallerieschule die Loireübergänge verteidigen, doch fuhr der Bürgermeister in einem Lautsprecherwagen durch die Stadt und verkündete, Saumur sei offene Stadt und dürfe nicht verteidigt werden. Ähnliches ereignete sich in Tours, in Poitiers und Cholet, in der ganzen Bretagne, im Maine, Anjou und im Poitou, von den schon besetzten Provinzen gar nicht zu reden. Über allen Ortschaften wehten weiße Fahnen. Das disziplinierte Verhalten der Wehrmacht rief bei vielen Franzosen eine überraschende Sinnesänderung hervor, denn die Propaganda hatte die Deutschen immer nur als Brandstifter und Sadisten hingestellt. Vielen notleidenden Flüchtlingen wurde von den Deutschen geholfen. Riesige Plakate, die einen Feldgrauen zeigten, der ein Kind auf dem Arm hielt, wurden in allen eroberten Ortschaften angeschlagen. Der Text auf diesen Plakaten lautete: »Von deiner Regierung verlassene Bevölkerung, vertraue den deutschen Soldaten!« Die Wut der Nation war nicht mehr gegen die feindliche Armee und das siegreiche Deutschland gerichtet, sondern gegen die für dieses Unglück verantwortlichen Politiker. Als Paul Reynaud Bordeaux verließ, wurde er von vielen Leuten wild beschimpft. In Bordeaux wagten die Parlamentarier sich nicht mehr in die ihnen für Beratungen zur Verfügung gestellten Kinos, weil sie fürchteten, gelyncht zu werden.
Eine der ersten Maßnahmen der neuen Regierung war die Erklärung aller Städte mit über 20000 Einwohnern zur ›offenen Stadt‹, in deren Bereich keinerlei Widerstand geleistet werden durfte. Den Truppen war es verboten, sie zu durchqueren. Die Generale führten vergeblich ins Treffen, daß solche Maßnahmen jede Verteidigung des Landes unmöglich machten. Doch in der Lage, in der sich Frankreich damals befand, spielten militärische Erwägungen keine Rolle mehr.
Brest wurde am 19. Juni erobert. Am gleichen Tag nahm Rommel die Forts, die Zitadelle, die Stadt und den Kriegshafen von Cherbourg. Die Loire, die schon am 16. Juni bei La Charité überschritten worden war, wurde am 19. und 20. Juni entlang ihrem ganzen Lauf überquert, und Provinzen, die nie eine Invasion in neuerer Zeit erlebt hatten, wie Berry und Poitou, erdröhnten nun unter dem Gleichschritt deutscher Kolonnen. Im Osten war die Lage der 2. Heeresgruppe verzweifelt. Das XXXXV. Korps versuchte vergeblich nach Pontarlier durchzubrechen und wurde in der Schweiz interniert. Die 8. Armee wurde bei Gérardmer (Vogesen) teilweise vernichtet, das gleiche Schicksal ereilte die 5. Armee bei Saint-Dié. Die zwischen Maas und Mosel zusammengepreßte 3. Armee meldete, sie habe kein Brot mehr für

die 1200000 Soldaten und Zivilisten. Ein Drittel von dem, was einmal die französische Armee war, wurde zwischen Metz und Besançon allmählich aufgerieben. Am 21. Juni griffen 22 italienische Divisionen zwischen der Maurienne und Queyras an, damit auch Mussolini sich als Sieger aufspielen konnte.

De Gaulle nach London

Am 17. Juni startete auf dem Flugplatz Mérignac heimlich eine kleine Maschine, überflog den brennenden Hafen von La Pallice, die in Flammen stehenden Dörfer und Städte der Bretagne, ging zu einer Zwischenlandung auf der Insel Jersey nieder und erreichte schließlich Croydon. An Bord befanden sich drei Passagiere, General Spears, Leutnant Geoffroy de Courcel und General de Gaulle, der erst am Tag zuvor aus London gekommen war und nun wieder dorthin zurückflog. De Gaulle hatte sich an der Aisne geschworen, so lange zu kämpfen, bis die Ehre der Nation wiederhergestellt sei. Der General machte sich ans Werk. In London begleitete Spears de Gaulle unverzüglich in die Downing Street, wo Churchill nach seiner Tagesarbeit im Garten etwas frische Luft schnappte. General de Gaulle führte vor dem Premierminister aus, er werde den Kampf an der Seite der Engländer weiterführen, ein Nationalkomitee mit seinen Parteigängern gründen und vor allem einen Aufruf an die gefangenen Franzosen richten, sie sollten ihren Mut nicht verlieren. In einer weiteren Ansprache wolle er die freien Franzosen auffordern, sich ihm und seinem Werk anzuschließen. Churchill gratulierte ihm zu diesen Ideen, bedankte sich bei ihm und stellte ihm die Sender der BBC zur Verfügung. Als de Gaulle gegangen war, fuhr er Spears an: »Warum haben Sie mir diesen unbekannten General hergebracht? Was soll ich denn mit dem anfangen? Warum haben Sie mir keinen Politiker gebracht, Mandel oder einen anderen, hinter den sich die Franzosen stellen würden? Eben einen Mann mit Namen...«
Am nächsten Tag, dem 18. Juni 1940, wurde die erste gaullistische Proklamation gesendet. Die oft erwähnte Phrase: »Frankreich hat eine Schlacht verloren, aber nicht den Krieg!« war in diesem Aufruf nicht enthalten. Sie wurde erst einige Tage später in London plakatiert. Nach einigen technischen Bemerkungen über die Niederlage, forderte der unbekannte General alle auf britischem Gebiet befindlichen Franzosen auf, sich mit ihm in Verbindung zu setzen, um den Kampf fortzuführen. Der Ton dieser Ansprache war recht kühl, die Stimme des Generals war alles andere als mitreißend. Alle, die diese Ansprache inmitten von Flüchtlingen und Soldaten mitangehört haben, können bestätigen, daß sie eher Ironie, Feindseligkeit und Beschimpfungen hervorrief als Zustimmung. Dagegen klangen allen noch die pathetischen Worte Pétains im Ohr: »Ich opfere mich für Frankreich, um sein Unglück zu mildern.«

In Bordeaux herrschte eine Atmosphäre ängstlicher Erwartung. Die Deutschen hatten immer noch nicht geantwortet, und die Unruhe wuchs von Minute zu Minute. Hitler hatte weder Polen noch Norwegen, Holland und Belgien einen Waffenstillstand zugestanden, sondern stets die bedingungslose Kapitulation gefordert. Man konnte also mit Fug und Recht annehmen, daß er Frankreich, den am meisten gehaßten Feind, nicht anders behandeln würde. Der Gedanke an eine Exilierung des Kabinetts nach Nordafrika nahm daher Gestalt an. Pétain indes war durch seinen Schwur, das Mutterland unter keinen Umständen zu verlassen, gebunden, aber der Präsident der Republik wollte ins Exil gehen. Man schlug vor, ein Teil der Regierung solle ihn unter der Führung des Stellvertretenden Ministerpräsidenten Camille Chautemps nach Algier begleiten, während die Heimattreuen Weygand, Baudouin, Bouthillier und andere mit dem Marschall in Frankreich verbleiben würden. Lebrun sollte sich nach einem Zwischenaufenthalt in Perpignan, wo sein Quartier schon in vollem Blumenschmuck auf ihn wartete, in Port-Vendres einschiffen. Für die Regierungsmitglieder und die Parlamentarier, die den Präsidenten und die Exilregierung begleiten wollten, waren auf dem Passagierdampfer *Massilia*, der abfahrbereit in Le Verdon lag, zweihundert Plätze reserviert worden.

Am 19. Juni 1940 weckte Lequerica endlich seinerseits Baudouin. Die deutsche Regierung hatte sich bereit erklärt, ihre Bedingungen für die Einstellung der Feindseligkeiten bekanntzugeben, und verlangte die Benennung von Verhandlungsbevollmächtigten. Gleichzeitig riet sie der französischen Regierung, sie möge sich zu dem gleichen Zweck mit Italien in Verbindung setzen.

Diese Delegation hätte eigentlich schon längst ernannt sein sollen, doch war in dieser Hinsicht nichts geschehen. In aller Eile wurde sie daher zusammengestellt. Ihre Mitglieder wurden der Gesandte Léon Noël, der bevollmächtigte Minister Rochat, der Admiral Le Luc und die Generale Parisot und Bergeret. Zum Vorsitzenden der Kommission ernannte Weygand den General Huntziger, den er von seiner Armee abkommandierte und der zutiefst bestürzt war, als ihm der neue Verteidigungsminister den wahren Grund seiner Abberufung bekanntgab. Die Delegation wurde angewiesen, für den Fall, daß die Deutschen die Auslieferung der Flotte verlangten, die Verhandlungen sofort abzubrechen. Diese Bedingung wurde auch den drei voller Angst und Spannung wartenden Engländern mitgeteilt. Es waren dies Lord Lloyd, der Seelord Alexander und der Admiral Sir Dudley Pound, die unerwartet in Bordeaux eingetroffen waren. Darlan versicherte zusätzlich unter Ehrenwort, kein einziges französisches Kriegsschiff werde jemals in deutsche Hände fallen. Churchill verbarg aber keineswegs seine Zweifel am Ernst dieses Versprechens.

Als die Waffenstillstandsdelegation sich am 20. Juni um 14 Uhr endlich auf den Weg machte, hatte die Mutlosigkeit in Bordeaux ihren Höhepunkt erreicht. Während der Nacht waren deutsche Flieger über der provisorischen Hauptstadt erschienen und hatten ungefähr zwanzig Menschen getötet. Das kurze Bombardement hatte genügt, um die politische und gesellschaftliche Elite Frankreichs in eine geradezu beschämende Panik zu versetzen. Der Exodus begann wieder in Richtung Toulouse und Bayonne. Bombardierung von Bordeaux, der weitere deutsche Vormarsch bis La Roche-sur-Yon, Niort und Poitiers schienen zu beweisen, daß Deutschland nicht ernsthaft an einen Waffenstillstand dachte. Albert Lebrun bestand darauf, sofort nach Perpignan abzureisen, damit er sich rechtzeitig nach Nordafrika einschiffen könne. Da kam Pierre Laval an der Spitze einer Gruppe seiner Anhänger in den Wohnsitz des Präsidenten gestürmt. Laval war außer sich. Einen Augenblick lang sah es sogar aus, als wolle er den Präsidenten tätlich angreifen. Laval forderte Lebrun auf, erst abzudanken, bevor er außer Landes fliehe. Pétain verbot nach kurzem Zögern allen Inhabern eines öffentlichen Amts, Bordeaux zu verlassen. »Und wenn Lebrun sich nicht um ein solches Verbot kümmert und doch abreisen will?« fragte Baudouin. »Dann lasse ich ihn festnehmen«, war Pétains Antwort. Nur einige Parlamentarier, unter ihnen der Exminister Mandel, begaben sich an Bord der *Massilia*, deren Besatzung sie schwer beschimpfte, denn sie sah in ihnen die Deserteure nach einer Niederlage, die sie selbst verschuldet hatten.

Am 21. Juni wurde die französische Waffenstillstandskommission in Fochs Eisenbahnwagen geführt, der auf persönliche Anordnung Hitlers hin aus dem Museum im Walde von Compiègne geholt und genau an den Platz gestellt worden war, wo er sich am 11. November 1918 befunden hatte. Nach Weygands Aussage hatte man damals die Unterzeichnung des Waffenstillstands in einen Wald verlegt, um den deutschen Stolz nicht allzusehr zu verletzen. Hitlers Absicht aber war, den französischen Hochmut zu demütigen. Die internationale Presse war anwesend, und der deutsche Rundfunk übertrug die Zeremonie. Hitler ließ seine Augen über die historische Stätte schweifen. Sein Gesicht verzog sich zu einer Grimasse, als er die Inschrift an dem Denkmal las: ›Hier wurde der Hochmut des deutschen Kaiserreichs gebrochen...‹ Nachdem er Befehl zur Schleifung des Denkmals gegeben hatte, das an eine Niederlage erinnerte, die nun wieder wettgemacht war, stieg er in den Waggon und setzte sich auf den Platz, den 1918 Marschall Foch eingenommen hatte. Keitel verlas ein Schriftstück, in dem Frankreich, ›ein tapferer Gegner‹, des Meineids und des Angriffs beschuldigt wurde. Dann wurde der Text der Waffenstillstandsbedingungen der Delegation übergeben. Die französischen Unterhändler wurden darauf aufmerksam gemacht, daß keinerlei Diskussion zugelassen sei und daß sie höchstens Aufklärungen verlangen könnten. Noël erinnerte vergeblich daran, daß die deutschen Unterhändler 1918 die Genehmigung erhielten, sich mit ihrer Regierung in Verbindung zu setzen, ehe sie die alliierten Bedingungen unterzeichneten. Alles, was man ihm zugestand, war ein Telefonat mit Weygand, dem er die Bedingungen vorlas. Die Verbindung war jedoch so schlecht, daß der Text nur undeutlich zu verstehen war. Weygand wiederholte die Sätze, wie er sie eben verstand, und sein Ordonnanzoffizier, Hauptmann Glaser, schrieb sie nieder. Auf diese Weise wurde der französischen Regierung ihr Unterwerfungskontrakt mitgeteilt.

Mitten in der Nacht trat der Ministerrat in den Räumen des Präfekten der Gironde zusammen. Es wurde festgestellt, daß die Flotte gerettet und keine entehrende Klausel in den Bedingungen enthalten sei, mit Ausnahme jener, welche die Auslieferung der deutschen politischen Flüchtlinge verlangte. Dagegen war die Härte der Bedingungen erschreckend. Drei Fünftel des Landes wurden besetzt. Die Gefangenen wurden nicht entlassen. Die Besatzungskosten hingen vom Wunsch und Willen des Siegers ab. Lebrun, Darlan und selbst Chautemps erklärten diese Bedingungen für unannehmbar und sprachen erneut von der Fortsetzung des Krieges in Nordafrika. Der anschließende Bericht Weygands war jedoch völlig entmutigend. In Nordafrika standen nur noch vier schwache gemischte Divisionen, die über kein einziges Flakgeschütz verfügten und keinen einzigen Panzer besaßen, der nach 1918 gebaut worden war. Der General war der Meinung, daß die deutsche Armee ihre Siege auch jenseits des Mittelmeers fortsetzen könne und daß jeder französische Widerstand nach kurzer Zeit zusammenbrechen werde.

Schließlich wurde beschlossen, Huntziger solle alles versuchen, Paris von einer Besetzung frei zu halten, damit eine organisierte Verwaltung Frankreichs möglich bleibe. Niemand aber glaubte ernsthaft daran, daß sich Hitler erweichen lassen würde.

Während der ministeriellen Beratungen wartete ein höchst ärgerlicher Herr im Vorzimmer, der englische Gesandte Ronald Campbell. Als Baudouin die Sitzung verließ, hielt Campbell ihn an und machte seinem Ärger Luft. Seit zwei Stunden warte er nun schon! Er, der Gesandte einer noch verbündeten Macht, habe das Recht, informiert und um Rat gefragt zu werden. Baudouin gab sich reichlich undiplomatisch, als er antwortete, die Deutschen verlangten eine französische Antwort bis 9 Uhr morgens und er habe jetzt keine Zeit für eine lange Unterhaltung. Am nächsten Tag verließ Sir Ronald Bordeaux mit dem letzten britischen Schiff. Die diplomatischen Verbindungen zwischen England und Frankreich waren abgebrochen.

In Compiègne wies Keitel alle Bitten um Milderung der harten Bedingungen zurück. Die Franzosen hätten die Wahl zu unterzeichnen oder die Verhandlungen abzubrechen. Einstimmig erteilte der Ministerrat, der am Vortag noch so heftig gegen eine Annahme der Waffenstillstandsbedingungen protestiert hatte, dem General Huntziger die Weisung, sofort zu unterzeichnen. Um 18 Uhr 30 wurde am 22. Juni 1940 der Waffenstillstand geschlossen.

Vorher aber hatte Huntziger noch eine letzte Erklärung abgegeben. Artikel 23 machte das Inkrafttreten des Waffenstillstands von dem Abschluß eines gleichartigen Abkom-

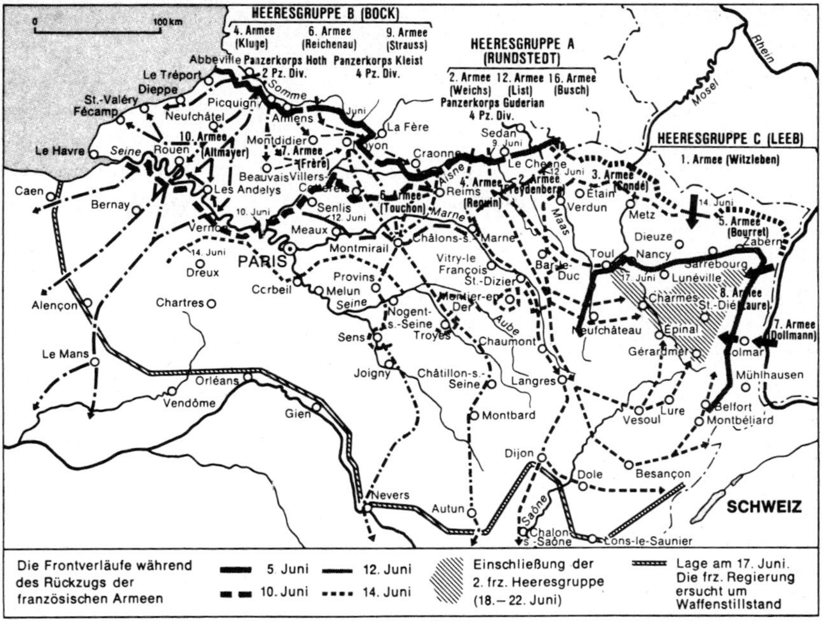

Karte 12 Zweite Phase des Westfeldzugs (›Fall Rot‹), vom 5. bis 17. Juni 1940

mens mit Italien abhängig. Die französische Abordnung sollte sich also sofort nach Rom begeben, doch Huntziger erklärte ausdrücklich, Frankreich könne nicht die gleichen Bedingungen wie dem siegreichen Deutschland einem Land zugestehen, das überhaupt nicht gekämpft habe. »Wenn uns derartige Bedingungen abverlangt werden, müssen wir unsere Handlungsfreiheit wieder zurückfordern. Unsere Marine und unsere Luftstreitkräfte sind völlig intakt. Frankreich hat schon andere Schicksalsschläge überstanden. Wenn es einen Waffenstillstand unterzeichnet, so wird es die Bedingungen loyal erfüllen. Rom darf aber Frankreich nicht mit einer durch nichts zu rechtfertigenden Habgier kommen!«

Als Huntziger dies mit stolzer und energischer Stimme erklärte, ahnte er nicht, daß er schon gewonnen hatte und daß sein wichtigster Verbündeter in diesem Punkt Adolf Hitler war. Dieser hatte nämlich, sobald er von dem französischen Waffenstillstandsersuchen Kenntnis erhalten hatte, Mussolini zu einer Konferenz gebeten. Die Zusammenkunft fand in München statt, und zwar in dem gleichen Saal, in dem 1938 mit Chamberlain und Daladier verhandelt worden war. Der Duce, dessen Truppen kaum eingegriffen hatten, stellte große Ansprüche. Er wollte territoriale Entschädigungen in Tunis und auf Korsika, bestand auf einer italienischen Besetzung Frankreichs bis zur Rhone und auf Auslieferung der französischen Flotte. Zu seiner größten Enttäuschung strich Hitler seine ehrgeizigen Forderungen rücksichtslos zusammen. Er erklärte ihm, er wünsche Frankreich keinen Vernichtungsfrieden aufzuerlegen, und ersuchte Mussolini, er möge verstehen, daß Bedingungen, wie er sie stellen wolle, Frankreich nur zu einer Fortsetzung des Krieges in seinen überseeischen Besitzungen zwingen werde. Der Duce bestand darauf, die Achsenmächte sollten wenigstens die Auslieferung der französischen Flotte fordern, doch Hitler erklärte, das sei gerade die Forderung, an der alles scheitern würde.

Wütend und enttäuscht fuhr Mussolini wieder ab. Während die Delegation Huntziger in Rom in relativ freundlicher Atmosphäre verhandelte, drängte Mussolini Badoglio, er solle wenigstens Nizza erobern, damit Italien ein Recht auf die Besetzung dieser Stadt habe. Es war aber alles umsonst, denn die italienische Offensive kam nicht über die Stadtmitte von Menton hinaus. Die französischen Verluste waren unbedeutend. In den Alpen scheiterte die italienische Offensive ebenso wie an der Küste. Zum erstenmal hatte Gamelin sich als Prophet erwiesen, als er seinerzeit erklärte: »Wenn Italien uns angreifen sollte, so brauche ich dafür vier Divisionen.« Über genau so viel verfügte jetzt General Olry.

Nach der Einnahme von Lyon am 19. Juni und dem Vorstoß von Culoz marschierten die deutschen Truppen gegen Chambéry und Grenoble. Im Rhônetal drangen sie bis Tournon vor. Der Widerstand, auf den sie hier stießen, brachte ihnen zwar einige Verluste, konnte aber den Ablauf ihrer Operationen nicht im geringsten stören. Als der Waffenstillstand in Rom unterzeichnet wurde, der damit den Vertrag von Compiègne in Kraft setzte, war die Alpenarmee bereits völlig umgangen.

Am 25. Juni um 0 Uhr 35 wurde das Feuer eingestellt. Die äußerste von der deutschen Armee erreichte Linie zog sich von Bellegarde über Aix-les-Bains, Voiron, Tournon, Saint-Etienne, Clermont-Ferrand, La Châtre, Montmorillon, Angoulême bis nach Royan hin. Die Truppen mußten fast überall zurückgenommen und hinter die Demarkationslinie verlegt werden. In der Maginotlinie wollten sich einige Werke nicht ergeben und kapitulierten erst Anfang Juli. Mehrere Befehlshaber, wie beispielsweise der Oberstleutnant Schwarz, der den befestigten Unterabschnitt Hagenau befehligte, verfaßten Protestnoten, in denen sie erklärten, ihre Verteidigungsmittel seien unangetastet; wenn sie sich ergäben, so geschehe das nicht aufgrund der feindlichen Übermacht, sondern ausschließlich in Befolgung des Befehls der französischen Regierung. Die französischen Verluste waren schwer. In 45 Tagen waren 121 000 Soldaten gefallen. Die Holländer hatten 3000 Tote, die Belgier 7000 und die Engländer nur 3500 Tote zu beklagen. (Genaue Zahlen der holländischen und belgischen Gefallenen stehen bis heute nicht fest.) Im Verhältnis dazu waren die deutschen Verluste erstaunlich niedrig, nämlich 27074 Tote, 111 034 Verwundete und 18 384 Vermißte. Der Schweizer Historiker Eddy Bauer bemerkt hierzu: ›Vom 10. Mai bis 4. Juni, also während der Kämpfe um Sedan und Dünkirchen, beliefen sich die deutschen Verluste auf nur 2449 Mann im Tagesdurchschnitt, in der Zeit vom 5. bis 25. Juni, obwohl die Kämpfe vom 17. ab an Heftigkeit verloren, auf durchschnittlich 4762 Mann pro Tag. Dies beweist, daß die französische Verteidigung von der Sommeschlacht an härter geworden war. Aber zu diesem Augenblick erlaubte das Kräfteverhältnis den Franzosen bereits keinerlei Hoffnung mehr.‹

Das erste große Kapitel des Zweiten Weltkriegs war abgeschlossen. Frankreich war von der Liste der Weltmächte gestrichen, Hitler beherrschte Europa von der Weichsel bis zum Atlantik. Der Waffenstillstand, dem er zugestimmt hatte und den er später bitter bereuen sollte, ließ Nordafrika frei von deutschen Truppen und machte es zum künftigen Sprungbrett für die Wiedereroberung.

VII. Kapitel Juli bis Oktober 1940
Die Schlacht um England

Hitler erwartet ein englisches Friedensangebot

Frankreich war besiegt. Die Kanonen schwiegen. Der Krieg war aus. Die Welt fragte sich, wie eine derartige Katastrophe möglich gewesen war.
Einige Sachverständige analysierten die technischen Gründe der französischen Niederlage und wiesen dabei auf den Effekt der blitzartigen Überraschung durch die Zusammenarbeit der feindlichen Luft- und Panzerwaffe hin. Die Weltmeinung aber wußte nur von der überstürzten Flucht ganzer Armeen und dem Zusammenbruch eines einst so tapferen und stolzen Volkes. In der Präambel zum Waffenstillstandsabkommen hatte der Sieger folgendes vermerkt: ›Frankreich ist nun nach einem heroischen Widerstand in einer einzigen Folge blutiger Schlachten besiegt worden und zusammengebrochen. Deutschland beabsichtigt daher nicht, den Waffenstillstandsbedingungen die Charakterzüge von Schmähungen gegenüber einem so tapferen Gegner zu geben...‹ Dieser ehrenvolle Satz wurde von der öffentlichen Meinung ignoriert. Jahre hindurch glaubte die Welt, Frankreich habe nicht gekämpft. Eine Teilwahrheit wurde zur ausschließlichen Wahrheit gemacht, ein Umstand, der schwer auf der Moral einer ganzen Nation gelastet hat und noch immer lastet.
Hitler erlebte Tage der Apotheose. Sein Sieg war vollständig. Zuerst und vor allem der Sieg über das verhaßte Frankreich, das er nun in der Hand hatte und das ihm auf Gnade und Ungnade ausgeliefert war. Ein weiterer Sieg war der über die eigenen Generale, die alle ohne Ausnahme von einem gefährlichen Gegner gesprochen und einen langen und blutigen Krieg vorausgesagt hatten. Nachdem Hitler seinen Rachedurst gestillt hatte, gönnte er sich eine Pause. Er verließ seinen düsteren rheinischen Gefechtsstand und verlegte ihn nach Bruly-de-Peche an die belgisch-französische Grenze nahe bei Rocroi. Mit zwei alten Kriegskameraden besuchte er die Schlachtfelder von 1914 bis 1918 in Flandern und in der Champagne, wo er das Elendsdasein eines Infanteristen miterlebt hatte. Dann verließ er Bruly-de-Peche wieder, denn die flache Landschaft behagte ihm nicht. Sein neues Hauptquartier verlegte er in die Nähe von Freudenstadt im Schwarzwald. Das zurückeroberte Elsaß lag in nächster Nähe. Er begeisterte sich an dem deutschen Charakter dieses Landstrichs und bemitleidete die Bevölkerung wegen der Leiden, die sie unter französischer Herrschaft hatte erdulden müssen. Die Place Kléber in Straßburg wurde in Adolf-Hitler-Platz umgetauft, in Mülhausen erfuhr die Rue du Sauvage, die ›Wilder-Mann-Straße‹ ebenfalls die Ehre, nach dem Führer benannt zu werden, was den dabei anwesenden Elsässern ein nur

England, im Jahr 1940 auf sich allein gestellt, erwartete die Invasion der Deutschen. Sandsackbarrikaden und Schützengräben waren keine unüberwindlichen Hindernisse, hoben aber die Moral und damit die psychologische Verteidigungsbereitschaft der Zivilbevölkerung (oben). – ›Kinderlandverschickung‹ englischer Kinder, die ihre Visitenkarte auf dem Schulranzen aus Sackleinen tragen (unten).

Übungen des Zivilschutzes, der sogenannten ›Home Guard‹. ›Überall im Land, in jeder Stadt, in jedem Dorf‹, schreibt Churchill in seiner Kriegsdarstellung, ›sammelten sich Scharen entschlossener Männer, bewaffnet mit Jagdflinten, Sportgewehren, Keulen und Speeren. Daraus sollte bald eine umfassende Organisation entstehen. Sie näherte sich rasch einem Stand von anderthalb Millionen Mann und erhielt nach und nach eine gute Bewaffnung.‹

mühsam unterdrücktes Schmunzeln entlockte. Vichy protestierte gegen diese Maßnahmen, die nach einer Wiedervereinigung ohne vorherigen Friedensvertrag aussahen, sowie gegen die Ausweisung französischsprechender Lothringer. Adolf Hitler kümmerte sich nicht darum. Seine Pläne gingen ganz erheblich weiter als bis zur Wiedereingliederung der ehemaligen Reichslande. Außer Metz und Straßburg wollte er auch die ›alten deutschen Städte‹ Toul und Verdun dem Reich einverleiben. Auch spielte er mit dem Gedanken, die ›Seedeutschen‹, die Holländer, ›heim ins Reich‹ zu führen und Burgund wieder zu germanisieren, indem er dort deutsche Kolonien mit den aus Siebenbürgen und Tirol stammenden Deutschen schaffen wollte.
Vorläufig war es aber noch zu früh, von diesen hochfahrenden Plänen zu sprechen. Zuerst mußte England um Frieden bitten. Hitler zweifelte nicht, daß dies geschehen würde. Die Engländer sind Realisten, und sie hatten ihren Festlandsdegen, die französische Armee, verloren. Von Amerika hatten sie nichts zu erhoffen, denn der Erste Weltkrieg hatte die Amerikaner gründlich von allen Interventionsgelüsten in Europa geheilt. Von Rußland war ebensowenig zu erwarten. »Es sieht unsere großen Erfolge mit Tränen in den Augen, aber es ist nicht stark genug, um Deutschland anzugreifen.« Molotow hatte sich beeilt, dem Führer zum Sieg über Frankreich zu gratulieren. England stand also allein da und müßte vollkommen verrückt sein, wenn es diesen Krieg weiterführen wollte, um so mehr, als es genau wußte, daß Hitler weder seinen Handel noch sein Empire zerstören wollte. So jedenfalls sah Hitler die Lage. »Die Engländer können den Frieden haben, wann sie wollen«, sagte er zu Jodl. »Sie brauchen nur darum zu ersuchen ... ich bin jederzeit bereit.« Was man von England nur verlangen würde, wäre freie Hand für die Neuordnung Europas und die deutsche Expansion nach Osten. Während des ganzen Monats Juni fiel nicht eine einzige Bombe auf England, und im Juli beschränkte sich die Lufttätigkeit auf die Bombardierung von Häfen. Hitler verkündete die Teildemobilisierung der deutschen Armee durch Auflösung von 35 Divisionen. Außerdem wies er alle diplomatischen Vertretungen an, die Verbindungsversuche englischer Agenten nicht negativ zu behandeln. Hitlers Unterhaltungen mit Männern seiner engsten Umgebung drehten sich immer um das gleiche Thema: Die Engländer würden verhandeln und der Krieg im Westen sei zu Ende.

Die Tragödie von Mers El-Kébir

Da aber traf die Nachricht von einem Ereignis ein, das aufs deutlichste zeigte, daß England fest entschlossen war, den Kampf mit allen Mitteln fortzusetzen: die Zerstörung eines Teiles der französischen Flotte.
Diese Flotte war zum Alpdruck für die Briten geworden. Die französische Admiralität

hatte sie daher möglichst weit von den heimatlichen Häfen und Gewässern stationiert. Ein erheblicher Teil befand sich in englischen Häfen, so zwei Schlachtschiffe, acht Zerstörer, das große U-Boot *Surcouf* und etwa 200 kleinere Schiffe. Ein weiterer Teil unter dem Kommando des Admirals Godfroy, ein Schlachtschiff sowie vier Kreuzer, ankerten vor Alexandria, und ein Flugzeugträger sowie zwei Kreuzer befanden sich bei den Antillen. Die beiden 35 000-Tonnen-Schiffe, die schon vom Stapel gelaufen, aber noch nicht völlig fertiggestellt waren, hatten bei der Besetzung der Bretagne die Docks verlassen. Die *Jean Bart,* die noch nicht bestückt war, erreichte nur Casablanca, während die *Richelieu,* die bereits ihre 38-cm-Geschütze besaß, bis Dakar fuhr. Sieben Kreuzer waren in Algier stationiert, während das mächtigste Geschwader im Hafen von Mers El-Kébir vor Anker lag. Es waren dies die Schlachtschiffe *Bretagne* und *Provence*, das Flugzeugmutterschiff *Commandant-Teste*, sechs Zerstörer der *Terrible*-Klasse und schließlich die kostbaren Schlachtschiffe *Dunkerque* und *Strasbourg*. Gerade wegen dieser beiden letztgenannten schwimmenden Festungen war England höchst beunruhigt. Wenn es Deutschland gelingen würde, sie zur *Scharnhorst* und *Gneisenau* hinzuzufügen, wäre damit eine Schlachtfront möglich, gegen die England seine gesamte Flotte einsetzen müßte. Der Artikel 7 des Waffenstillstandsabkommens mit Frankreich und der Schwur des Admirals Darlan waren die einzigen Garantien, die England gegen diese Gefahr schützten.

Die Voraussetzungen, unter denen das Unternehmen ›Catapult‹ beschlossen wurde, das die französische Flotte außer Gefecht setzen sollte, blieben unbekannt. Die britische Admiralität riet davon ab, aber Churchill bestand auf der Durchführung. Es scheint, als hätten für ihn weniger militärische Gründe eine Rolle gespielt als vielmehr der Wunsch, zu beweisen, daß England mit dem Mut der Verzweiflung weiterzukämpfen entschlossen sei. ›Echt englische Art und Manier, sich selber den Rückzug abzuschneiden, indem man fremde Schiffe versenkt‹, schrieb der unbestechliche Geschichtsschreiber Vichys, Robert Aron. Und Churchill verglich sich in seinen Memoiren mit Danton: ›Die verbündeten Könige bedrohen uns, und wir werfen ihnen als Herausforderung den Kopf eines Königs vor die Füße...‹ Die Analogie ist höchst unklar – jedenfalls aber war das Unternehmen ›Catapult‹ keine sehr ritterliche Tat. Doch die Demonstration von Energie und Stärke, welche damit bezweckt war, zeitigte die von ihrem Urheber erhoffte Wirkung.

In England lief ›Catapult‹ ohne Schwierigkeiten ab. Die französischen Besatzungen wurden im Schlaf überrascht. Die Verluste beliefen sich auf einen Toten auf englischer, drei Tote auf französischer Seite und einige Verwundete. In Alexandria ließ Admiral Godfroy seine Schiffe neutralisieren, die dann an der Reede verrosteten, keine Kesselheizmittel mehr hatten und deren Geschützverschlüsse an Land unter Verschluß gehalten wurden. In Dakar wurde die *Richelieu* manövrierunfähig geschossen, aber nicht völlig zerstört. In Mers El-Kébir aber erfolgte das schreckliche Ende.

Entsprechend den Vorschriften des Waffenstillstandsabkommens wurden die Schiffe abgerüstet. Die fünf großen Einheiten lagen nebeneinander an der noch nicht ganz fertiggestellten Mole. Gegenüber, auf der anderen Seite des Hafenbassins, waren die sechs Zerstörer vertäut. Die Feuer waren gelöscht, und die Mannschaften brachten Munition an Land.

Die von Vizeadmiral Somerville befehligte Flottenabteilung ›H‹ erschien am 3. Juli um 7 Uhr morgens. Sie bestand aus einem Schlachtkreuzer, zwei Schlachtschiffen, einem Flugzeugträger, zwei Kreuzern sowie elf Zerstörern und begann mit der Verlegung von Minen in der Hafenausfahrt. Dann überbrachte Kapitän zur See C. S. Holland dem Admiral Gensoul ein Ultimatum, das eine Reihe von Möglichkeiten zur Wahl stellte: 1. Abfahrt mit dem englischen Geschwader und Fortsetzung des Krieges gegen Deutschland und Italien. 2. Aufsuchen eines Hafens in Großbritannien unter englischer Kontrolle mit einer beschränkten Mannschaft. 3. Aufsuchen der Antillen, wo die Schiffe unter amerikanischer Kontrolle bleiben würden, bis die Feindseligkeiten eingestellt seien. 4. Versenkung der Schiffe. 5. Ablehnung aller vorgeschlagenen Möglichkeiten. Was den letztgenannten Vorschlag anbelangte, machte der englische Admiral darauf aufmerksam, daß er alle Vollmachten und nötigen Mittel habe, um die französischen Schiffe zu zerstören. Dem französischen Admiral wurden sechs Stunden Bedenkzeit zugestanden.

»Als anglophiler Protestant wäre ich am liebsten mit den Engländern abgefahren«, sagte Admiral Gensoul. Er war aber gewissenhaft genug, sich zu sagen, daß durch eine solche Handlung der Waffenstillstand aufgehoben und die Besetzung Nordafrikas die Folge sein würde. Er ließ Somerville antworten, er werde auf Gewalt mit Gewalt antworten. Als dann der Befehl zum Anheizen der Kessel gegeben wurde, waren die Besatzungen begeistert, denn sie glaubten, man fahre jetzt in die Schlacht gegen die Deutschen.

Zehn Tage nach dem Waffenstillstand waren die Verbindungen noch immer völlig gestört. Darlan hatte zuerst seinen Befehlsstand von Maintenon bei Paris nach Royan verlegt und dann die Reste seiner Admiralität nach der kleinen Pyrenäenstadt Nérac zurückgezogen, wo seine Schwester ein Anwesen besaß, auf dem sie ein provisorisches Asyl einrichten konnte. Gensoul beschränkte sich auf eine kurze Meldung, in der er die übrigen Möglichkeiten überhaupt nicht erwähnte, sondern nur sagte, daß starke englische Seestreitkräfte ihm eine Frist von sechs Stunden zugestanden hätten, um seine Schiffe zu versenken, und daß er die Absicht habe, Widerstand zu leisten. Er hoffte gar nicht, eine Antwort zu erhalten, doch bekam er fünf Minuten, bevor der erste Schuß fiel, einen Funkspruch der Admiralität, die seine Haltung billigte und ihm befahl, das Ultimatum zurückzuweisen.

Kurz zuvor hatte Gensoul noch geglaubt, er könne die Katastrophe verhindern. Er hatte es auf sich genommen, Holland die Geheimbefehle zu zeigen, die jeder Kommandant eines französischen Kriegsschiffes bei sich unter Verschluß hatte. Indem er zum letztenmal die Geheimchiffre benutzte, hatte Admiral Darlan Gensoul daran erinnert, daß ein Schiffskommandant stets verpflichtet sei, sein Schiff zu zerstören, statt es in fremde Hand fallen zu lassen. Holland, dem sein Auftrag im Grunde zuwider war, begab sich schleunigst zu Somerville, der sich seinerseits beeilte, London zu informieren, daß er den Beweis habe, daß die französischen Schiffe niemals in Feindeshand fallen würden. Die Lords der Admiralität waren geneigt, dieser französischen Versicherung Glauben zu schenken, aber Churchill wollte seinen ›Königskopf‹. Um 16 Uhr 26 erhielt Somerville, der die Frist des Ultimatums spontan verlängert hatte, folgende Anweisung Churchills: ›Die französischen Schiffe müssen sich vor Dunkelheit unseren Bedingungen fügen oder sich selbst versenken oder von Ihnen versenkt werden.‹ Kurz vor 16 Uhr 30 verließ Kapitän Holland die *Dunkerque,* um seinem Admiral die endgültige Weigerung der Franzosen zu überbringen. Als er an der *Bretagne* vorbeifuhr, salutierte der Wachoffizier, der nur mehr einige Minuten zu leben hatte. Das Feuer wurde um 17 Uhr 54 eröffnet. Da die französischen Schiffe nicht Anker gelichtet hatten, waren sie ein leichtes Ziel. Die *Strasbourg* und die Torpedobootzerstörer *Terrible, Tigre* und *Volta* kappten ihre Anker und fuhren durch die von den Engländern gelegten Minen, während um sie die Salven der britischen Schiffe donnerten und Flugzeuge sie verfolgten. Die *Dunkerque,* die das gleiche Manöver versucht hatte, konnte es nicht durchführen, feuerte aber vierzig Schuß auf die *Hood.* Die *Provence,* die schwer angeschlagen war, lief auf Grund, feuerte aber aus allen Rohren. Eine 15-Zoll-Granate ließ den Zerstörer *Mogador* in die Luft fliegen. Die *Bretagne,* die von der ersten Salve getroffen worden war, explodierte. Das Feuer wurde eingestellt, als Admiral Gensoul signalisierte, seine Schiffe seien alle außer Gefecht. Am nächsten Tag versuchten auf Weisung Londons drei Wellen von Torpedoflugzeugen vergeblich, die *Dunkerque,* die nur leicht beschädigt war, zu versenken. Mit einem überflüssigen Bordwaffenbeschuß gegen die mit Geretteten beladenen Schnellboote erhöhten sie die französischen Verluste an Toten auf 1297, von denen allein 977 mit der *Bretagne* untergingen. Krieg zwischen Frankreich und England hätte das Ergebnis dieses Angriffs sein können. Darlan erklärte: »Ich wurde von meinen Waffenbrüdern verraten! Sie haben meinem Wort, das ich ihnen gegeben hatte, nicht geglaubt.« Dabei zitterte seine Stimme vor Trauer und Wut. Auf seinen Befehl hin wurde die Abrüstung der Schiffe abgebrochen. Ein Gegenangriff durch die *Strasbourg* sowie die in Algier liegenden Kreuzer wurde angeordnet und die Bombardierung von Gibraltar beschlossen. Der Außenminister Paul Baudouin erreichte, daß diese Kriegshandlungen aufgeschoben wurden und daß man auf Mers El-Kébir mit dem Abbruch der diplomatischen Beziehungen, die de facto ohnehin schon nicht mehr bestanden, antwortete. Der heimliche Groll der französischen Marine und der Franzosen gegen England wird noch lange weiterbestehen.

England bereitet sich auf eine deutsche Invasion vor

Von Calais aus konnten die Deutschen die englische Küste sehen. Die große Frage des Sommers 1940 war, wann und wie würden sie einen Landungsversuch machen? Hätte man diese Landung sofort nach dem französischen Zusammenbruch versucht, so wären die Deutschen in England nur auf äußerst schwache Landstreitkräfte gestoßen. Bei einer Inspektion von Saint Margarets Bay bei Dover, wo deutsche Landungsunternehmen am ehesten zu erwarten waren, hatte Churchill damals nur drei Pak-Geschütze auf einem Küstenstreifen von fünf Meilen vorgefunden. 224000 Soldaten waren aus Dünkirchen zurückgekommen, und 144000 waren nach der Schlacht in Frankreich zurückgekehrt, aber sie hatten von den sechshundert Panzern, mit denen sie ausgezogen waren, nur ganze neun wieder mitgebracht und von tausend Geschützen nur zwölf. England besaß nur noch 786 Feldgeschütze, 167 Pak, 178 leichte und 81 mittlere Panzerwagen. Zu den zwölf unvollständigen Divisionen, die noch dazu schlecht ausgebildet waren und England nie verlassen hatten, wurden mit einem Federstrich 12 weitere Divisionen, die aus den vom Kontinent zurückgekommenen Soldaten zusammengestellt wurden, hinzugefügt, doch mußten diese vollkommen neu ausgerüstet werden. Ironside, der Befehlshaber der Home Force, der übrigens bald durch Sir Alan Brooke abgelöst wurde, hatte auf einer Karte die Verteidigungslinie eingetragen, die vom Bristol-Kanal um London herum bis Wash sich hinzog und weiterging bis zur Teesmündung, um die Midlands zu schützen. Leider aber war diese Linie ebenso illusorisch wie die berühmte ›Festung Bretagne‹. Außerdem verteidigen alle Inselbewohner sich an der Küste, und es wäre Selbstmord, wenn man dem Feind erlaubte, Brückenköpfe zu bilden. Die beweglichen Streitkräfte waren viel zu schwach, um einen gelandeten Feind ins Meer zurückzuwerfen. Also sammelte man alle Verteidigungsmittel an der Küste, aber achthundert Kilometer Küste sind nur allzu günstig für eine Truppenlandung. Die Zahl der ›V.P.‹ (Verwundbare Punkte) überstieg die Tausend. Um sie alle zu befestigen, hätte es ungeheuerer Mengen von Minen, Stacheldraht und Beton bedurft. Man mußte sich auf einige Abschnitte in Kent und Sussex beschränken, die wegen der Kontinentnähe am meisten gefährdet waren. Ungefähr siebzig Meilen Küste waren durch Drahtverhaue, Minenfelder und Netze geschützt. Der Rest blieb ohne Schutz. Die Byzantiner sollen angeblich das Meer angezündet haben. Dieser Gedanke ließ Lord Hankey nicht mehr schlafen, und er machte sich daran, das Griechische Feuer zu modernisieren, indem er das Petroleum Warfare Department schuf. Die Versuche ergaben, daß diese Art der Verteidigung zwar kein ausgesprochenes Hirngespinst war, aber unerhört teuer zu stehen kommen würde.
Zahlreiche englische Patrioten befürchteten, daß die Bevölkerung sich im Ernstfall lau und gleichgültig verhalten werde; eine ganze Anzahl von Theaterstücken, Romanen und Satiren beschäftigten sich mit diesem Thema. Ein Gedicht lautete:

Golf
Ich gab mich hin dem edlen Sport,
Als unsre Feinde landeten,
All unsre Truppen rannten fort,
Und Englands Schiffe strandeten.
Als ich die schlimme Nachricht hörte,
Sie beinah' mich beim Golfspiel störte.

Keine Voraussage wurde aber jemals derart Lügen gestraft. Es wäre übertrieben zu behaupten, England sei ›zu den Waffen geeilt‹. Es hatte ja kaum welche. Doch war der Wille, für das bedrohte Vaterland zu kämpfen, allgemein. Der erste Aufruf erfolgte am 14. Mai 1940 durch Anthony Eden, der die Schaffung eines ›Local Defense Volonteers‹-Korps bekanntgab, das im Falle einer Invasion an der Verteidigung der Städte und Dörfer teilnehmen sollte. Drei Tage später patrouillierten schon die ersten Bataillone an den Ufern, und nach kaum einer Woche hatten schon 250000 Freiwillige den Einstellungsvertrag unterzeichnet. Dünkirchen und der französische Zusammenbruch beschleunigten noch die Rekrutierung. Im Juli, als die ›Locals‹ in ›Home Guards‹ umbenannt wurden, war die Million schon überschritten.

Mannschaften gab es also genug, nur fehlten die Waffen. Sie waren schon rar bei der regulären Truppe, bei dem Milizheer hatten sie ungeheueren Seltenheitswert. Ein Appell an die Bevölkerung hatte die Ablieferung von rund 20000 Gewehren der verschiedensten Typen gebracht, darunter sogar uralte Enfield-Büchsen aus dem Sezessionskrieg. Trotzdem fehlte natürlich noch die weitaus größere Anzahl der notwendigen Waffen, weshalb manche recht unkonventionelle Lösungen suchten. Die aus dem spanischen Bürgerkrieg zurückgekommenen Dynamiteros wurden Instruktoren und Ausbilder der Home Guard, Anwälte und Lehrer übten Herstellung und Gebrauch von Molotow-Cocktails, um Panzer damit in Brand zu setzen, andere bastelten Piken aus Besenstielen. Die Home Guard wurde vom Volk ironisch als ›Besenstielarmee‹ bezeichnet. Doch sie entwickelte sich rasch. Bei Kriegsende verfügte sie über eigene Artillerie und Panzer.

Der feindliche Fallschirmjäger war zum Schreckgespenst geworden. Die Kirchenglocken riefen zeitweise nicht mehr zum Gottesdienst, sondern sollten nur läuten, um abspringende Fallschirmjäger anzukünden. Die RAF schauderte bei dem Gedanken, was ihren Piloten geschehen könnte, wenn sie über feindlichem Territorium abspringen mußten. Sie ließ es daher der Home Guard untersagen, irgend etwas gegen Fallschirmspringer zu unternehmen, sofern sie weniger als sechs seien, denn kein britisches Flugzeug hatte eine Besatzung von mehr als fünf Mitgliedern. Gegen Lastensegler wurden die Sportplätze mit allen möglichen Hindernissen gespickt und die Straßen mit Bogenkonstruktionen überdeckt.

Die historische Festung Englands war immer schon seine Flotte, doch sah sich die Royal Navy bei einer eventuellen Abwehr einer deutschen Invasion über den Kanal und die Nordsee sehr beschränkt durch die zu erwartende Tätigkeit der deutschen Luftwaffe. Das Hauptgewicht der Verteidigung wurde also, den Erkenntnissen des modernen Krieges entsprechend, auf die Luftstreitkräfte verlagert. Das Schicksal des letzten noch kampffähigen Gegners von Hitler hing also von der Beherrschung der Luft ab.
München hatte sich gerade auf die Luftverteidigung ausgewirkt; das unsanft aufgeweckte England war nicht wieder eingeschlafen. Man hatte eine machtvolle Erdbasis für Luftschlachten vorbereitet, das Observer Corps, das während der Friedensillusionen in sanftem Schlummer gelegen hatte, wurde wiedererweckt und verstärkt. Die Zahl der Flugplätze wurde vergrößert, und große Mengen von Material verschiedenster Art für Reparaturen bei Bombenschäden wurden in Depots gestapelt. Das ›System‹ wurde arbeitsfähig gemacht durch eine geheime Zusammenarbeit mit dem General Post Office. Es handelte sich dabei um ein Fernmeldenetz, das unter Zuhilfenahme aller zivilen Einrichtungen die an einer Luftschlacht direkt oder indirekt beteiligten Stellen miteinander verband und so eine zentrale Lenkung gestattete. Man muß all diese Verteidigungsmaßnahmen kennen, wenn man den Ablauf der Kämpfe über England verstehen will. Die ›ganz wenigen‹ (›so few‹), von denen Churchill sprach, hatten unter sich eine erhebliche Anzahl von Einrichtungen, die ihre Wirksamkeit merklich erhöhten. Die bevorstehenden Kämpfe sollten mehr sein als ein Turnier einiger Ritter der Luft.
Außerdem stand der RAF noch eine äußerst wichtige Erfindung zur Verfügung. Im Jahre 1935 hatte sich der Luftfahrtminister nach der Möglichkeit von ›Todesstrahlen‹ gegen feindliche Flugzeuge erkundigt. Watson Watt vom National Physical Laboratory antwortete ihm, Todesstrahlen in der vom Minister gewünschten Form und Art seien nicht zu verwirklichen, dagegen sei es nicht unmöglich, ein Flugzeug schon außer Sichtweite des menschlichen Auges aufgrund der Reflektierung elektromagnetischer Wellen durch die Ionosphäre zu entdecken. Aufgrund dieser Auskunft wurde dann das ›Radio Direction Finding‹ (RDF) entwickelt, heute weltweit bekannt unter der Bezeichnung ›Radar‹. Als einzige Nation besaß England 1940 eine doppelte Detektionskette: CH (Chains Home), das heißt das gewöhnliche Radar, und CHL (Chain Home Low-flying) gegen Tiefflieger. Von den Shetlands bis Wales wachten geheimnisvolle Einrichtungen über England. Die britischen Erfolge in der Schlacht um England wären ohne diese stummen Wächter nicht möglich gewesen.
Unter den drei großen Verbänden der englischen Luftwaffe (Aufklärung, Bomber und Jagdflieger) spielte der letztgenannte, das ›Fighter Command‹, die entscheidende Rolle. Sein Chef, Air Chief Marshal Sir Hugh Dowding, hatte unter seinem Befehl die hervorragendste und eigenwilligste britische Streitkraft, und er selbst war wohl

die farbloseste und kälteste Persönlichkeit der englischen Fliegerei. Daher wohl auch sein Spitzname ›Stuffy‹, was etwa mit ›der Muffige‹ zu übersetzen wäre. Er hatte eine entschiedene Abneigung gegen Uniformen und kleidete sich, wann immer es ging, wie ein konservativer Advokat. Er hauste allein, war Spiritist und verkehrte mit den Geistern gefallener Piloten. Seine technischen Fähigkeiten und seine Willenskraft machten ihn zu einem einzigartigen Chef. Er hatte das Fighter Command geformt und war auch sein Kommandeur während der härtesten Kämpfe.

Vor dem Krieg hatte ›Stuffy‹ hartnäckig die Priorität der Jäger beim Bau von Flugzeugen gefordert und mit aller Energie 53 Staffeln geschaffen, davon 51 für die Metropolitan Air Force. Er hatte zwei Typen von Jagdflugzeugen bauen lassen, ›Hurricane‹ und ›Spitfire‹; als die ›Spitfire‹ sich als die bessere erwies, veranlaßte er die Industrie, mit Vorrang diesen Typ zu bauen. Bei Kriegsbeginn konnte er nur 39 Staffeln mobilisieren, doch begann er sofort ein wildes Ringen mit Ministern und Generalen, um diese Staffeln in England zu behalten. »Für mich begann die Schlacht um London im September 1939«, sagte er. Dank seinem Egoismus verfügte er, als England allein stand, über 446 Jäger, darunter 331 einsatzbereite ›Hurricans‹ und ›Spitfires‹ – das Minimum für die Verteidigung Englands.

Neben Dowding gab es noch Lord Beaverbrook, den Churchill an die Spitze des neugeschaffenen Ministeriums für Flugzeugbau gestellt hatte. Die gesamte RAF war gegen dieses Ministerium und seinen Minister eingestellt. Der Kanadier Max Aiken, der zum Lord Beaverbrook ernannt worden war, Selfmademan, Zeitungsmagnat und Gründer des *Daily Express*, war in keiner Weise für diesen Posten qualifiziert. Zu allem Überfluß war er jähzornig, dünkelhaft und hochmütig, so daß man sich auf schlimmste Zusammenstöße zwischen ihm und den zivilen sowie militärischen Stellen gefaßt machen mußte. Churchill setzte auf seine großartige Energie und seine erstaunliche Einbildungskraft. Er setzte und gewann. »Die Wirkung von Lord Beaverbrooks Erscheinen konnte nur durch ein Wort wiedergegeben werden: magisch«, sagte später Dowding. Im Mai erfuhr der erstaunte Generalstab, daß der neue Minister für Flugzeugbau 325 statt der vorgesehenen 261 Maschinen liefern werde. Im Lauf der folgenden Monate überstiegen die Lieferungen ständig die vorhergesehenen Zahlen. Die Verluste in Norwegen, Belgien und Frankreich waren wettgemacht, und am 11. August 1940, am Vorabend der Entscheidungsschlacht, verfügte Sir Dowding über 704 Jäger, darunter 620 ›Hurricans‹ und ›Spitfires‹, also über doppelt soviel wie im Mai. Das Fighter Command wurde in vier Gruppen aufgeteilt. Eine davon, die Nummer 10 mit dem Hauptquartier in Bath, verteidigte den Südwesten Englands. Die zweite mit der Nummer 13 hatte ihr Hauptquartier in Newcastle-on-the-Tyne und verteidigte Schottland sowie die nördlichen Grafschaften. Die dritte Gruppe, die Nummer 12 mit dem Hauptquartier in Nottingham, schützte das Industriezentrum, die Midlands. Die vierte und wichtigste Gruppe führte die Nummer 11 und hatte ihr Hauptquartier in Uxbridge (Middlesex). Sie hatte London und den Südosten zu verteidigen, wo man die Invasion erwartete.

Die Engländer glaubten an eine Invasion, und Churchill bestärkte sie noch in diesem Glauben. »Die Schlacht um Frankreich ist zu Ende, die Schlacht um England beginnt«, predigte er. Seine Reden waren zum Teil trivial – »Wir warten auf euch – und die Fische ebenfalls« – oder pathetisch – »Wir werden an unseren Ufern kämpfen, wir werden auf unseren Hügeln kämpfen, wir werden in unseren Dörfern und Städten kämpfen, und wir werden uns niemals ergeben.« Sein Thema war immer das gleiche: Deutschland würde erst den Krieg gewonnen haben, wenn es England niedergerungen habe – und das werde sich niemals ereignen. Er wollte das englische Volk vorbereiten auf die Prüfungen, die ihm bevorstanden. Seine große Hoffnung war, daß Amerika nicht neutral bleiben werde, wenn die Mutter seiner Demokratie und die Wiege seiner Zivilisation durch die barbarischen Nazis angegriffen wurde. Wenn er den klaren Julihimmel betrachtete, wünschte er sich manchmal, er möchte voller schwarzer Kreuze sein und Canterbury, Oxford und Westminster lägen in Trümmern, damit die Vereinigten Staaten endlich begriffen. Jeden Tag schrieb er an Roosevelt, verlangte verzweifelt Waffen, nahm dankend das Geschenk von 900 alten 7,5-cm-Kanonen aus dem Ersten Weltkrieg an und bat um die leihweise Überlassung von 50 Zerstörern. Amerika war der Leitstern, auf den Churchill während seines langen, einsamen Ringens hoffend schaute.

Er selber richtete sich auch für den Krieg ein. Man hatte an der Ecke Saint James Park - Storey's Gate einen Unterstand für den Premierminister vorgesehen. Churchill besichtigte ihn, fand ihn unheimlich, ordnete eine Vergrößerung sowie Neumöblierung an und forderte den Einbau eines Getränkeschranks. Außerdem ließ er noch eine Wohnung für sich und seine Gattin anfügen. »Da gehe ich nur als Sieger wieder heraus oder, falls Hitler gewinnen sollte, mit den Füßen voran«, sagte er. Dann ließ er die Worte der Königin Viktoria an allen Plakatsäulen anschlagen, die diese in schlimmen Augenblicken des Burenkrieges gesagt hatte: ›Bitte versteht, es herrscht kein Pessimismus in diesem Haus. Die Möglichkeit einer Niederlage ziehen wir gar nicht erst in Betracht!‹

Die Gefahr akzeptierte Churchill, aber nicht den Mangel an Komfort. Er setzte sein gewohntes Leben in seinen *battle apartments* fort, rauchte seine teueren Zigarren in gewohnter Menge, speiste und trank dabei reichlich wie im tiefsten Frieden und arbeitete im Bett liegend, angetan mit seinem rotgoldenen Schlafrock. Dagegen war er aber auch jederzeit bereit, irgendeinen gefährlichen Platz zu inspizieren, mit dem Flugzeug da- oder dorthin zu fliegen, obwohl dauernd feindliche Flieger am Himmel waren.

War aber die zur Schau getragene britische Entschlossenheit wirklich echt? Das ist sehr schwer zu sagen, denn nachdem die Ereignisse eine günstige Wendung genommen hatten, konnte der keimende Defätismus sich nicht entfalten. Es ist aber bekannt, daß es unter der Aristokratie, den Bankiers, den Großkaufleuten und der anglikanischen Kirche Leute gab, die geneigt waren, sich dem Unvermeidlichen zu fügen, und die bereit gewesen wären, einen neuen Frieden von Amiens zu schließen. Man weiß auch, daß auf den Kanalinseln, dem einzigen britischen Gebiet, das die Wehrmacht erobern konnte, diese nicht von einer verzweifelt kämpfenden Guerilla, wie sie Churchill den Franzosen empfohlen hatte, empfangen wurde, sondern ganz im Gegenteil mit sehr viel Zuvorkommenheit. Selbst Churchill machte sich keine allzugroßen Illusionen. Er brüstete sich, daß die Behandlung der Frage eines Kompromißfriedens niemals auf dem Terminkalender des Kabinetts gestanden habe, schrieb aber andererseits an Lord Lothian, seinen Botschafter in Washington: ›Hämmern Sie dem Präsidenten dauernd ein, daß, falls dieses Land erobert und besetzt wird, sich möglicherweise eine Quislingregierung bildet und einen Frieden schließt, der England zu einem deutschen Protektorat macht.‹ Gegen die Gefahr eines Nachgebens der Elite spielte er den insularen Hochmut der Massen aus, diesen Geist der Unbesiegbarkeit, der in der englischen Geschichte schon immer eine wichtige Rolle gespielt hat. Er übertrieb sein Vertrauen, um es auch anderen einzuimpfen. Besser als jeder andere wußte er aber auch, daß einige tausend Fallschirmjäger, die über Flugplätzen absprangen und damit den Weg für eine Luftinvasion öffneten, in England genau wie in Holland die ganze Verteidigung durcheinanderbringen und in ein paar Tagen die Kapitulation erzwingen könnten. Jeder Morgen, an dem keine Landung erfolgte, war eine Erleichterung.

Hitler zögert

Während Churchill glücklich über den ihm von Hitler zugestandenen Aufschub war, fing dieser an, sich über den britischen Realismus langsam klarzuwerden. Wenn sich England nicht entschließen konnte, um Frieden zu bitten, war er wohl oder übel gezwungen, es mit Waffengewalt dahin zu bringen. Dadurch wurde aber eine neue und unerwartete Situation geschaffen. Lange Zeit wollte man nicht glauben, daß Hitler seine Truppen bis an den Kanal habe stürmen lassen, ohne dabei an eine Invasion in England zu denken. So unwahrscheinlich es auch scheinen mag – er dachte wirklich ernsthaft nicht an eine Invasion. Dieser Mann, der wahnwitzige Dinge plante und sogar einen neuen Sezessionskrieg der Deutschamerikaner ins Auge gefaßt hatte – daran, daß seine Soldaten eines Tages am Strand von Kent, nur dreißig Kilometer von Calais entfernt, Fuß fassen könnten, daran hatte er nicht gedacht! Folglich waren auch für ein derartiges Unternehmen keine Vorbereitungen getroffen worden.
Seine Weisung Nr. 6 vom 9. Oktober 1939 erwähnte unter den Zielen einer Offensive gegen Frankreich ›möglichst viel ... Raum als Basis für eine aussichtsreiche Luft- und

Seekriegsführung gegen England‹. Von Landoperationen gegen England war keine Rede. Am 21. Mai, als die Panzer Abbeville erreichten, machte Großadmiral Raeder Hitler darauf aufmerksam, daß es Zeit sei, für alle Fälle den Plan zu einer Landung in England auszuarbeiten. Zu dem Chef des Stabes der Seekriegsleitung, Admiral Schniewind, sagte Raeder dann: »Der Führer glaubt nicht recht an eine Landung und interessiert sich auch gar nicht dafür.« Am 20. Juni kam Raeder bei einer Unterredung mit Hitler wieder auf das gleiche Thema zu sprechen, doch der Führer ging auch diesmal nicht darauf ein.

Erst am 2. Juli 1940 erwähnt ein Schreiben des OKW erstmals das Unternehmen ›Seelöwe‹. ›Der Führer und Oberste Befehlshaber hat entschieden: Unter bestimmten Voraussetzungen, deren wichtigste ist, die Luftüberlegenheit zu erringen, kann eine Landung in England in Frage kommen. Der Zeitpunkt bleibt demnach vorläufig offen. Vorbereitungen für die Durchführung zu einem möglichst frühen Zeitpunkt sind einzuleiten... Alle Vorbereitungen müssen dem Rechnung tragen, daß es sich nur um die Vorbereitung eines möglichen Falles handelt.‹

Sofort begannen Generalstabsbesprechungen, aber eigenartigerweise interessierte sich Hitler überhaupt nicht dafür. Für die Landung in Norwegen hatte er alles bis ins kleinste Detail geregelt, die Fahrtroute eines jeden Schiffes genau durchgesprochen und für jede Kompanie die Ziele festgelegt. Und beim Einfall in Belgien hatte er selbst die Einnahme von Eben-Emael und den Überraschungsangriff auf den Albertkanal geplant. Jetzt handelte es sich um ein Unternehmen, das Cäsar geglückt und an dem Napoleon gescheitert war, um die Eroberung Englands, und ausgerechnet da zeigte sich Hitler zerstreut und gelangweilt. Der wahre Grund für sein Verhalten war, daß er noch immer an eine Bitte um Frieden von seiten Englands glaubte. Die Weisung Nr. 16 vom 16. Juli begann folgendermaßen: ›Da England trotz seiner militärisch aussichtslosen Lage noch keine Anzeichen einer Verständigungsbereitschaft zu erkennen gibt, habe ich mich entschlossen, eine Landungsoperation gegen England vorzubereiten und, wenn nötig, durchzuführen.‹ Dieses ›wenn nötig‹ im Vokabular eines Mannes, der sonst nur kategorisch redete und dachte, ist bezeichnend für seine damaligen Überlegungen.

Der 19. Juli war ein Tag des Triumphs. Berlin war ein Meer von Fahnen. In der Krolloper erschien Hitler als Triumphator. Außer Göring, der zum Reichsmarschall ernannt worden war, bildeten die zwölf neuernannten Marschälle, Keitel, Brauchitsch, Rundstedt, Bock, Leeb, Reichenau, List, Kluge, Witzleben, Milch, Kesselring und Sperrle sein Gefolge. Hitlers Rede war von ausgesprochener Mäßigung. Er streckte England die Hand zum Frieden hin. »In dieser Stunde fühle ich mich verpflichtet, vor meinem Gewissen noch einmal einen Appell an die Vernunft auch in England zu richten. Ich glaube dies tun zu können, weil ich ja nicht als Besiegter um etwas bitte, sondern als Sieger nur für die Vernunft spreche. Ich sehe keinen Grund, der zur Fortsetzung dieses

Krieges zwingen könnte. Ich bedauere die Opfer, die er fordern wird. Auch meinem eigenen Volk möchte ich sie ersparen... Herr Churchill mag nun diese meine Erklärung wieder abtun mit dem Geschrei, daß dies nur die Ausgeburt meiner Angst sei und meines Zweifels am Endsieg. Ich habe dann eben jedenfalls mein Gewissen erleichtert gegenüber den kommenden Dingen...« Einen Augenblick lang glaubte das deutsche Volk, England werde spontan die Waffen strecken, besiegt von der Großmut des Führers.

Am 22. Juli antwortete Halifax: »Deutschland wird den Frieden erhalten, wenn es die von ihm besetzten Gebiete geräumt, alle von ihm unterdrückten Freiheiten wiederhergestellt und Garantien für die Zukunft gegeben hat.« Von Berlin aus fuhr Hitler nach Berchtesgaden. Seine Euphorie war vorbei. Er rief Keitel zu sich und fragte ihn, ob er glaube, daß es möglich sei, Rußland noch vor dem Winter niederzuschlagen, wenn Deutschland sofort angreife. Keitel war ein Jasager, doch kam diese Frage so unerwartet, daß es ihm die Sprache verschlug. Hitler geruhte, ihm seine Gründe für eine derart überraschende Frage auseinanderzusetzen. Er hielt es für wichtig, eine Erklärung für die ihm unbegreifliche Haltung Englands zu finden. Hitler und auch wohl England waren sich darüber klar, daß England verloren wäre, falls es keinen Verbündeten fände. Da es immer noch nicht kapitulieren wollte, hatte es offenbar die Hoffnung auf einen solchen immer noch nicht aufgegeben. Aber wen? Amerika? Nein, Amerika konnte ja gar keinen Krieg anfangen. Also blieb nur Rußland. Weil England ein russisches Eingreifen erwartete und erhoffte, wies es also die großherzigen Angebote Deutschlands ab. Wenn man nun Rußland niederschlug, war alles gelöst, denn dadurch würde man Englands letzte Hoffnung zerstören und gleichzeitig Deutschland den notwendigen Lebensraum schaffen. Übrig blieb nur mehr die Zeitfrage. Hitler wollte kurze Kriege. War es möglich, Rußland vor Winteranfang auf die Knie zu zwingen? Nur über diesen Punkt beriet er mit den Befehlshabern der Wehrmacht.

Damit befand sich Keitel wieder auf vertrautem Gebiet. Der Juli ging vorbei. Der größte Teil des deutschen Heeres lag im Westen. Es waren mindestens sechs Wochen erforderlich, um die Truppen nach Osten zu wenden. Demnach konnte der Feldzug gegen Rußland nicht vor der zweiten Septemberhälfte beginnen, denn man würde sofort in die Schlammperiode geraten. Wenn die Rote Armee auch noch so schwach war, die Entfernungen und die schlechten Straßen würden jede Hoffnung auf einen kurzen Krieg zunichte machen, der zu Ende wäre, ehe der russische Winter jede militärische Bewegung stoppte.

Zwei Tage nachdem er zu dieser Einsicht gekommen war, rief Hitler am 31. Juli 1940 die Oberbefehlshaber des Heeres und der Marine auf den Berghof. Als erster trug Großadmiral Raeder seine pessimistischen Gedanken über ein Landungsmanöver vor, das für den 13. September, den nächstmöglichen Zeitpunkt, geplant war, und schlug vor, dieses Manöver auf 1941 zu verschieben, denn Mai oder Juni seien wesentlich günstiger als Herbstanfang. Weit davon entfernt, die Meinung seines Großadmirals gelten zu lassen, erklärte Hitler, die Engländer würden in ›ein bis zwei Jahren‹ durch den Luft- und U-Boot-Krieg besiegt werden. Dann gab er unvermittelt das Thema England auf und sprach von Rußland.

Damit wechselte auch der Ton der Unterredung. Die Gleichgültigkeit schlug in Leidenschaft um. Hitler wiederholte das, was er Keitel schon erklärt hatte. Der Schlüssel, die wahre Lösung, bestehe in einer Niederwerfung Rußlands. Je eher diese erfolge, desto besser sei es. Man hätte schon 1940 damit beginnen können, aber die Zeit sei bereits zu weit fortgeschritten, also werde der Angriff im Frühjahr 1941 erfolgen. 120 Divisionen seien im Osten einzusetzen, während 60 im Westen bleiben sollten. Dazu müßten 20 neue Divisionen geschaffen werden. Die geplante Auflösung von 35 Divisionen werde nicht stattfinden. Die Vorbereitungen werde man durch eine erhöhte Tätigkeit der Wehrmacht im Mittelmeergebiet und durch die offenkundige Fortsetzung der Vorbereitungen einer Landung in England tarnen. Nach Vernichtung der Roten Armee werde der bolschewistische Staat aufgelöst und Rußland aufgeteilt.

Diese Gespräche wurden durch direkte Zeugen, die alle in ihrer Aussage übereinstimmen, bestätigt, und zwar durch Keitel beim Nürnberger Prozeß, durch Halders Tagebuch, durch den Geschichtsschreiber des OKW, Greiner, und andere. Keinerlei Diskussion schloß sich an Hitlers Vortrag über diesen Plan an, der alle bisherigen Erfolge des Krieges in Frage stellte und für Deutschland einen Abgrund von Gefahren öffnete. Einen Tag zuvor hatte Brauchitsch noch zu Halder gesagt, es sei besser, »daß man mit Rußland Freundschaft hält«. Jetzt waren sie beide auf dem Berghof – und schwiegen. Mit Hitler diskutierte man nicht. Göring äußerte einmal: »Unterstellen wir, er hätte einen Befehl gegeben und ich hätte ihn sabotiert. Glauben Sie, irgend jemand hätte auf mich gehört? Nun, Hitler hätte sich nicht einmal die Mühe gemacht, mich zu erschießen. Er hätte einfach gesagt: ›Armer Göring, hört nicht auf ihn, er ist nicht mehr ganz richtig im Kopf.‹ ... Solche Dinge waren einfach unmöglich.«

Diese Zusammenkunft vom 31. Juli war grundlegend für die kommenden Ereignisse. Der Krieg breitete sich aus und wurde abwechslungsreicher. Doch das blutige Bild diente nach Hitlers eigenen Worten nur zu einer umfassenden Tarnung oder stellte in seinen Augen bestenfalls nur eine Reihe zweitrangiger Unternehmen dar. Hitlers Denken war nur auf einen Punkt gerichtet: die Niederwerfung Rußlands. Alles, was nicht mit diesem Ziel zusammenhing, war für ihn nur eine Nebenerscheinung.

Außer England und Rußland gab es noch einen anderen Kriegsschauplatz, das Mittelmeer, das durch das Eintreten Italiens in die Kampfhandlungen einbezogen worden war.

Die strategische Lage Italiens war hervorragend; es beherrschte die Meerenge zwischen Sizilien und Nordafrika, durch Rhodos beherrschte es den östlichen Teil des Mittelmeeres. Das in langen Friedensjahren vernachlässigte Malta war einem Handstreich durch feindliche Luftlandetruppen ausgesetzt, denn es hatte nur drei alte Gloucester-Doppeldecker vom Typ ›Gladiator‹ als Schutz zur Verfügung. Ironisch hatte man die drei alten Kisten ›Glaube‹, ›Hoffnung‹ und ›Barmherzigkeit‹ getauft. In Ostafrika hatte Italien am 1. Juni 1940 90000 italienische Soldaten und 182000 Askari stehen, denen 22000 über den Sudan, Somaliland und Kenia verstreute Engländer gegenüberstanden. In Nordafrika standen 14 Divisionen mit 160000 Mann unter Marschall Balbo den 36000 Mann des Generals O'Connor gegenüber. Dessen Vorgesetzter, Sir Archibald Wavell, verfügte in seinem Middle East Command, das neun Länder und ein Gebiet von 8640000 Quadratkilometer umfaßte, nur über zwei Infanteriedivisionen, eine unvollständige Panzerdivision, zwei selbständige Brigaden und ein Kamelreiterkorps von 500 Meharisten. Italien konnte also Ägypten in die Zange nehmen, Suez erobern und den Ostausgang des Mittelmeeres sperren. Am Westausgang lag das gefürchtete Gibraltar, aber jeder kannte die Schwäche dieser veralteten Festung, die noch dazu von der dritten faschistischen Macht Europas umschlossen war und überdies von ihr zurückverlangt wurde.

Nach der Niederlage Frankreichs wurde die Lage als derart ernst angesehen, daß am 22. Juli die britischen Generalstabschefs lange über eine vollkommene Räumung des Mittelmeers von englischen Geschwadern berieten. Das Ergebnis war, daß diese schwerwiegende Maßnahme nicht etwa abgelehnt, sondern nur vertagt wurde, um den Gang der Ereignisse noch etwas zu beobachten.

Hätte nun Deutschland die Möglichkeit gehabt, England eine entscheidende Niederlage im Mittelmeer zuzufügen? Es hätte dies ganz bestimmt gekonnt, und der erste, der das erfaßt hatte, war Jodl. Er überreichte dem Führer ein Memorandum mit dem Titel: ›Invasion oder nicht?‹ Darin führte er aus, ein Landungsversuch in England sei eine sehr gewagte Sache, die man nur im äußersten Notfall unternehmen solle. Statt dessen schlug er vor, Gibraltar zu erobern, das Mittelmeer abzuriegeln, die Kanarischen Inseln und die Azoren zu nehmen und Panzer nach Libyen zu schicken, um die Italiener bei der Einnahme von Suez zu unterstützen. Der Plan ›Felix‹ – Gegenstück und Bremse des englischen und russischen Abenteuers – nahm Gestalt an.

Das Unternehmen ›Seelöwe‹

Gleichzeitig wurde Hitler als Schiedsrichter von Heer, Luftwaffe und Marine angerufen, die sich bei der Vorbereitung des Unternehmens ›Seelöwe‹ nicht einigen konnten. Brauchitsch hatte einen sehr umfangreichen Plan ausgearbeitet, in dem er die Heeresgruppe A (Rundstedt) und die Heeresgruppe B (Bock) einsetzte. Rundstedt sollte zum Sturm auf England mit zwei Armeen antreten, der 16. (Busch) und der 9. (Strauß). Die eine sollte sich zwischen der Insel Texel und Boulogne einschiffen und sechs Divisionen in die Landungszonen werfen – Ramsgate – Dover, Folkestone – Dungerness und Rye – Hastings –, während die anderen vier Divisionen in der Bucht von Brighton und auf der Insel Wight landen sollten. Die Heeresgruppe B hatte den Auftrag, die 6. Armee (Reichenau) zu stellen, die ihrerseits den Befehl erhalten hatte, sich in Cherbourg einzuschiffen und in der Bai von Lyme westlich Portsmouth zu landen. Die deutsche Zange würde sich dann wieder einmal schließen. Der Heeresgruppe A war befohlen worden, eine Operationsbasis von Southampton bis Gravesend zu schaffen, dann unter Umgehung von London mit dem linken Flügel vorzustoßen und die Entscheidungsschlacht an der mittleren Themse bei Oxford zu schlagen. Nachdem die Heeresgruppe B Bristol genommen hätte, sollte sie nach Osten schwenken und das feindliche Gros vom Rücken her angreifen. Man hoffte mit den gegnerischen Kräften rasch fertig werden zu können; die Besetzung von ganz England und Schottland wäre dann nur mehr Formsache.

Gegen diesen Plan wehrte sich die Marine. Sie hatte, wie sie behauptete, weder die notwendigen Transportmittel noch die erforderlichen Deckungskräfte und am allerwenigsten die für die Vorbereitung nötige Zeit. Raeder verlangte zehn Tage, um die erste Welle von 13 Divisionen überzusetzen, und konnte keinen genauen Zeitplan für die folgenden Divisionen angeben. Er mußte mit Verzweiflungsangriffen der englischen Flotte rechnen, und die zur Flankendeckung erforderlichen Minenfelder im Kanal und in der Nordsee waren für die mit den unvorhersehbaren Risiken des Meeres vertrauten Seeleute viel weniger sicher als für die Landratten des Heeres. Aus all diesen Gründen schlug der Großadmiral eine erhebliche Verkürzung der Invasionsfront vor. Er war der Ansicht, es sei besser, sich auf eine Landung zwischen Beachy Head und Dover zu beschränken. Damit wäre jedoch kaum ein Viertel jenes Plans erfüllt worden, den das Heer vorgeschlagen hatte.

Brauchitsch breitete seine Karten wieder aus und plädierte von neuem für den Plan des Heeresgeneralstabs. Die Invasion habe nur dann Erfolg, wenn England auf breiter Front angegriffen werde. Die Befürchtungen der Marine nähmen den Truppen jegliche Manövrierfähigkeit, ließen sie gegen Steilküsten anrennen, zwinge die Panzer auf das sumpfige Gebiet von Kent und führe sie in eine Frontalschlacht, die man unbedingt vermeiden wolle. Auch die Luftwaffe war eingeschüchtert und wollte ihre Fallschirmjäger in Reserve halten. Dabei mußte man sie unter allen Umständen auf die Küste abspringen lassen, um die Invasion mit einem harten und plötzlichen Schlag zu eröffnen. General Jodl hatte vollkommen recht, wenn er sagte, eine Invasion sei immer eine riskante Angelegenheit, doch nur Kühnheit könne das Risiko mindern. Die Entscheidung lag nun in Hitlers Hand. Zur Überraschung aller Anwesenden entschied er sich für Vorsicht. Die Invasionsfront solle sich nicht über Brighton hinaus ausdehnen, die Insel Wight und Southampton blieben seitlich liegen. Die Teilnahme der Heeresgruppe Bock und das Schwenkungsmanöver der 6. Armee wurden nicht beschlossen, sondern

für den Notfall aufgehoben. Hitler bestand auf einer unerläßlichen Vorbedingung für den Beginn des Unternehmens ›Seelöwe‹: Zuerst müsse die RAF von der deutschen Luftwaffe vernichtet sein, eher werde kein Befehl zur Durchführung gegeben. Außerdem müsse die Luftwaffe nach Erledigung ihres Gegners noch stark und kampfkräftig genug sein, um die Landstreitkräfte auf englischem Boden unterstützen zu können.
Nach der Besprechung vom 31. Juli 1940 diktierte Hitler die Weisung Nr. 17. Die Luftoffensive gegen England sollte am 5. August beginnen. Ziel sei die Vernichtung der gegnerischen Luftstreitkräfte durch direkte Schläge gegen die RAF und ihre Bodenanlagen sowie die Flugzeugbau- und Reparaturwerke. Systematische Angriffe auf Städte und Terrorbombardements waren untersagt. Den Befehl hierzu behielt sich Hitler (Weisung Nr. 17) ausdrücklich vor.
Die hierfür vorhandenen deutschen Kräfte bestanden aus drei Luftflotten. Die Luftflotte 5 unter Generaloberst Stumpff lag in Skandinavien und sollte nur Nordengland angreifen. Die Luftflotte 2 unter der Führung des Generalfeldmarschalls Kesselring hatte ihre Flugplätze zwischen Zuidersee und Seine. Das Hauptquartier befand sich in Brüssel und der vorgeschobene Gefechtsstand am Kap Gris-Nez. Ihr fielen die Angriffe auf England bis zu der Linie Portsmouth–Oxford–Manchester zu. Die Luftflotte 3 unter Generalfeldmarschall Sperrle mit dem Hauptquartier in Paris und dem Gefechtsstand in Deauville lag in der Normandie und der Bretagne. Sie sollte von Südwesten und Westen her angreifen.
Insgesamt standen bei den drei Luftflotten am 10. August 2255 Flugzeuge einsatzbereit, davon 998 zweimotorige Bomber (Do 17, Do 215, He 111 und Ju 88), 316 Stukas (Ju 87), 702 Jäger (Me 109), 261 Zerstörer (Me 110) und 78 Aufklärer. Diese 2255 Maschinen sollten also das Britische Empire auf die Knie zwingen!

Luftwaffe gegen RAF

Der ›verschärfte Luftkrieg‹ gegen England wurde vom Oberkommando der Luftwaffe am 4. August freigegeben. Wegen der schlechten Wetterbedingungen wurde der erste ›Großkampftag‹ erst auf den 13. August angesetzt. Doch ein entscheidendes Datum war bereits der 12. August. Bomberformationen griffen sechs Radarstationen im Süden Englands an, und die Station Ventmoor auf der Insel Wight wurde fast völlig zerstört. Man schätzte, daß vierzehn Tage nötig seien, um sie wieder in Betrieb zu setzen. Dieser Schlag war beängstigend. Der erste Einsatz des Radarsystems wies diese Waffe als eine der wichtigsten für die englische Verteidigung aus. Mit dieser Einrichtung konnten die Engländer die Angreifer beobachten, wie sie sich in der Luft sammelten und sich ihr Ziel suchten. Sämtliche Operationen waren sofort auf dem

Das von Adolf Hitler immer wieder aufgeschobene Unternehmen ›Seelöwe‹, die Eroberung Englands, wurde am 12. Oktober 1940 endgültig aufgegeben. An seiner Stelle hatte sich die ›Luftschlacht um England‹ entwickelt, die auf deutscher Seite von den Luftflotten 2 und 5 bestritten wurde. Für die rund 1300 Kampfflugzeuge vom Typ He 111 (oben) und den entsprechenden Jagdschutz war London das hauptsächlichste Ziel (unten).

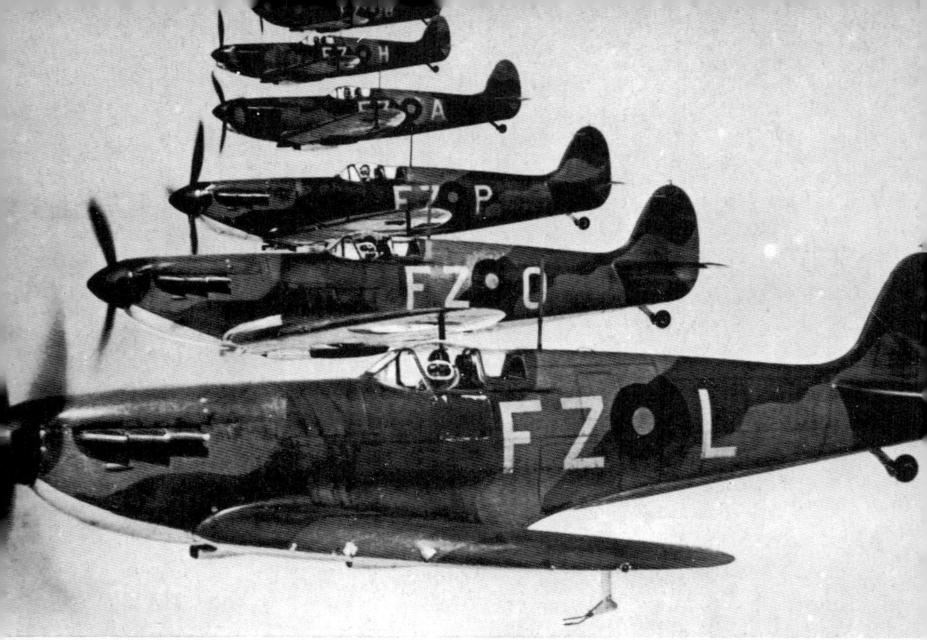

Daß die deutsche Luftwaffe in der ›Luftschlacht um England‹ in der Zeit vom 13. August (›Adlertag‹) bis 6. September 1940 fast 800 Maschinen einbüßte, verdankten die Engländer ihren Jagdflugzeugen vom Typ ›Hurricane‹ und ›Spitfire‹ (oben), die den Jägern der deutschen Luftwaffe vom Typ Me 109 ebenbürtig waren (unten).

Radarschirm sichtbar. Dadurch konnten die englischen Jäger aufsteigen und sich formieren, ehe die deutschen Bomber England erreicht hatten. Alle deutschen Versuche, die RAF schon am Boden zu zerstören, mußten hier scheitern, während sie in Polen und Frankreich hervorragend geglückt waren. Wenn aber die Deutschen die Radarstationen angriffen, so war das der Beweis, daß sie deren Existenz kannten und von ihrer Wichtigkeit wußten. Wie aber sollte man die hundert Meter hohen Masten verstecken?
Am folgenden Tag wurde keine einzige Radarstation angegriffen. Die Zerstörung von Ventmoor war den Deutschen unbekannt geblieben, denn die Berichte über den Angriff besagten, daß die Angriffe gegen die Radarkette erfolglos gewesen seien. Eine Radarstation war eben ein undankbares Ziel. Göring befahl daraufhin die Auswahl lohnenderer Ziele.
Der 13. August erhielt den glorreichen Namen ›Adlertag‹. Die erste deutsche Staffel wurde durch Radar um 5 Uhr 30 über Amiens festgestellt, eine zweite überflog die Küste bei Dieppe, während eine dritte aus Richtung Cherbourg kam. Wie bei einer Bewegung von Landstreitkräften wurde dieser Angriff in Zangenform ausgeführt, wobei der eine Zangenarm England in Höhe der Themse erreichte, während der andere den englischen Luftraum bei dem Solentarm umschloß. Ziel waren die vorspringenden Gebiete von Kent, Hawkinge und Manston sowie die Flugzeugwerke von Farnborough. Mittags und um 16 Uhr kamen die Deutschen wieder und erzielten damit 1485 Starts an diesem Tag. Der deutsche Wehrmachtsbericht sprach von bedeutenden Erfolgen und kündigte an, diese Offensive werde bis zur völligen Vernichtung des Feindes fortgesetzt werden.
In Wirklichkeit war dieser erste Tag ein Fehlschlag gewesen. Die beschädigten Flugplätze waren zehn Stunden später schon wieder verwendungsfähig. Die Zusammenarbeit von Bombern und Jägern hatte nicht geklappt. Die deutsche Luftwaffe hatte 55 Flugzeuge verloren, die Engländer nur 13 Maschinen und 7 Piloten. Von nun an wurde die ganze Schwäche der Luftwaffe im Kampf gegen England offenbar. Die Me 109 konnte nur zwanzig Minuten über England bleiben, und die Me 110 war der ›Spitfire‹ gegenüber nicht wendig genug. Die Ju 87, die in Frankreich mit so viel Erfolg eingesetzt worden war, wurde durch die Sperrballons stark gehindert, war für eine besonnen schießende Flak ein willkommenes Ziel und durch ihre Langsamkeit jedem Jäger ausgeliefert. Die Dornier, Heinkel und Ju 88 konnten nur 500 Kilogramm an Bomben mitnehmen, und ihre mangelhafte Zieleinrichtung gestattete keine genauen Abwürfe. Die Siege in Polen und Frankreich hatten Illusionen erweckt. Göring und seine Generale begriffen nicht, daß es jetzt keine Überraschungseffekte mehr gab und man es mit einem Gegner zu tun hatte, der über entsprechende Abwehrmittel verfügte. Sie glaubten noch an die Möglichkeit, ihre Hitler gegenüber gemachten Versprechungen halten zu können, die englischen Jagdflieger würden in zwei Wochen nicht mehr existieren und die Luftwaffe könne dann das Unternehmen ›Seelöwe‹ vorbereiten.

Am 14. August war schlechtes Wetter und die Lufttätigkeit wurde eingeschränkt. Am 15. aber wurde eine große Schlacht geschlagen, in die auch die Luftflotte 5 von Norwegen her eingriff. Die drei deutschen Luftflotten zusammen setzten an diesem Tag 1786 Maschinen ein.
Die englischen Gruppen 12 und 13 griffen die anfliegenden Deutschen schon über der See vor Newcastle an, und zwar so konzentriert, daß die deutschen Piloten, die von Radar keine Ahnung hatten, sich dies nicht erklären konnten. Da die Me 109 keinen genügend großen Aktionsradius hatte, setzten sich die angreifenden deutschen Staffeln ausschließlich aus Me 110 zusammen, deren Unzweckmäßigkeit dabei deutlich hervortrat. Die Bomber luden einen Teil ihrer Last über der Nordsee ab und flüchteten in die Wolken, um schleunigst wieder nach Norwegen zurückzukommen. Von da an nahm die Luftflotte 5 nur mehr bei Nacht an Angriffen gegen England teil.
Im Süden war der Kampf ausgeglichener. Die Flugplätze und Bodeneinrichtungen von Lympne, Hawkinge, Middlewallop, West Malling, Martlesham und Croydon wurden schwer beschädigt. Dowding mußte zu seiner höchsten Beunruhigung feststellen, daß die vorgeschobenen Flugplätze in Kent unbenutzbar waren und die Aktionsfähigkeit des Fighter Command dadurch erheblich vermindert wurde. Er ließ im Tagesbericht veröffentlichen, die Deutschen hätten 180 Flugzeuge verloren – wahrscheinlich sogar noch 53 mehr –, was unter der englischen Bevölkerung großen Jubel auslöste. In Wirklichkeit beliefen sich die Verluste der Luftwaffe auf 75 Flugzeuge. Der deutsche Wehrmachtsbericht war aber hinsichtlich der englischen Verluste noch großzügiger. Und nicht nur im Wehrmachtsbericht tauchten falsche Verlustziffern des Gegners auf, sie wurden auch bei deutschen Generalstabsbesprechungen zitiert, wo man die Zahl der noch vorhandenen britischen Jagdflugzeuge auf 300 schätzte. Das war nur die Hälfte der Dowding noch zur Verfügung stehenden Jäger!
Am 17. August wurden die allzu verwundbaren Stukas aus den Angriffskräften herausgezogen. Am 24. August änderten die Deutschen ihre Taktik. Im Verhältnis zu den Jägern wurde die Zahl der Bomber verringert, aber die Angriffe wurden jetzt auf die Sector Stations, die Befehlsstände der Luftschlacht, konzentriert. Biggin Hill, Kenley, Hornchurch und Northweald, die wichtigsten Stellen des Fighter Command, wurden zerstört, und in Bentley Priory, von wo aus Dowding seine Reserven einsetzte, wurde man wieder sehr nervös. Dowding wußte nicht genau, in welchem Umfang er die Luftwaffe verkleinerte, aber was ihm nur allzugut bekannt war, waren die Verluste seines Fighter Command. Und er merkte immer mehr, daß sich die Lage zugunsten der Deutschen veränderte. Wenn die Angriffe auf die Sector Stations noch eine Woche mit gleicher Heftigkeit weitergingen, mußte er die Gruppe 11 auf einen Abschnitt nördlich von London zurückziehen, was bedeutet hätte, daß die Gefechtszeit der englischen Jäger erheblich verkürzt und das Handikap der Anflugzeit der deutschen Jäger über den Kanal ausgeglichen wäre. Die Deutschen hatten die weiche Stelle im englischen

Panzer entdeckt, sie brauchten nur immer weiter in dieselbe Kerbe zu schlagen, um die RAF in die größten Schwierigkeiten zu bringen.
Aber die Deutschen wechselten wieder einmal die Taktik. Die Zerstörung des Fighter Command, die Vorbedingung für eine Invasion, wurde in den Hintergrund geschoben und reiner Rachedurst, der in den Terrorangriffen seinen Ausdruck fand, spielte von nun an die Hauptrolle. Am 24. August fiel abends der erste Bombenregen auf London. Da die Bomben nicht sehr dicht fielen, wurden weit voneinander entfernt gelegene Punkte, wie Tottenham, Islington, London Wall und Bethnal Green getroffen. Dabei handelte es sich jedoch um einen Irrtum der Flieger, denn die beabsichtigten Ziele waren die Petroleumtanks von Thameshaven und die Flugzeugwerke von Rochester und Kingston, aber der ›Knickebein‹, das Funkpeilgerät der Bomber, funktionierte nicht, und die Besatzungen luden ihre Bomben wahllos ab. Vom Dach des Imperial Chemical Building aus beobachtete Churchill die ringsum ausbrechenden Brände. Seine Reaktion erfolgte unverzüglich: Vom nächsten Tag ab sollte das Bomber Command mit Angriffen auf Berlin antworten.
Die Nacht vom 25. August 1940 brachte für die Berliner eine recht geräuschvolle Überraschung. Der Angriff wurde von 80 Bombenflugzeugen ausgeführt, von denen jedoch 42 umkehren mußten, ehe sie Berlin erreicht hatten. Drei Straßenzüge im Wilhelmstraßenviertel wurden getroffen, nur wenige Meter von Hitlers Schlafzimmer entfernt schlugen Bomben ein. Rund 20 Menschen wurden getötet. Die moralische Wirkung überstieg den materiellen Schaden bei weitem. »Wenn ein einziges englisches Flugzeug unsere Luftabwehr durchbrechen kann, wenn eine einzige Bombe auf Berlin fällt, dann will ich Meier heißen«, hatte Göring einmal gesagt. Aber die Engländer kamen mehrere Nächte hintereinander, ohne daß die Flak oder die Nachtjäger auch nur eine einzige Maschine abgeschossen hätten. Man erzählte sich, die englischen Flugzeuge seien mit einer Farbe bemalt, die sie unsichtbar mache! Ausgerechnet in dem Augenblick, da die Zeitungen schon von einem sterbenden England faselten, besaß die englische Fliegerei die Alleinherrschaft im Luftraum über der Reichshauptstadt.
Am 4. September wurde das Winterhilfswerk im Sportpalast eröffnet. Hitler sprach. »Sie kommen in der Nacht ... werfen ihre Bomben wahllos und planlos auf zivile Wohnviertel ... Ich habe das drei Monate nicht beantworten lassen in der Meinung, sie würden diesen Unfug einstellen. Herr Churchill sah darin ein Zeichen unserer Schwäche. Sie werden verstehen, daß wir jetzt nun Nacht für Nacht Antwort geben, und zwar in steigendem Maße.«
Die erste Stadt Englands, gegen die Hitler sein furchtbares Versprechen wahr machte, war Liverpool, das mit Brandbomben angegriffen wurde, die ungeheueren Schaden anrichteten. Dann, am 7. September nachmittags um 17 Uhr, kam London an die Reihe. Die Überraschung war vollkommen, obwohl in der Nacht vorher bereits 60 Tonnen Spreng- und Brandbomben über der Stadt abgeworfen worden waren. Die Gruppe 11

erwartete einen neuen Angriff auf die Sector Stations und war aufgestiegen, um diesen abzufangen. 625 deutsche Kampfmaschinen durchquerten das schwache Londoner Abwehrfeuer. Die Bombenabwürfe waren hauptsächlich auf das Arsenal von Woolwich und die Docks gerichtet, so daß man diesen Angriff vom 7. September nicht als ausgesprochenen Terrorangriff bezeichnen kann, doch wurden auch die benachbarten, stark bevölkerten Viertel schrecklich getroffen.

In der Nacht lag dann eine riesige Feuerwolke über der Themse und leuchtete in die Straßen der City wie einst das Big Fire von 1666. Diese Riesenfackel leitete die Nachtbomber, die keine Funkpeilung mehr brauchten, um ihre Bomben in das Feuermeer werfen zu können.

Für das englische Oberkommando war dieses erste Bombardement Londons das Zeichen für eine unmittelbar bevorstehende Landung der Deutschen. Es schien auch die sich seit einigen Tagen mehrenden Nachrichten zu bestätigen. Luftbilder zeigten Truppenkonzentrationen zwischen Amsterdam und Cherbourg und eine gewaltige Invasionsflotte von 172 Frachtern, 1200 Motorbooten, 1800 Kähnen, auf die man Landungsrampen montiert hatte, und 352 anderen Fahrzeugen. Die RAF griff diese zusammengewürfelte Armada an, und der von Calais herüberschallende Donner der Bomben ließ den Bewohnern von Kent das Herz aufgehen, aber die deutsche Flak zielte gut, und der angerichtete Schaden stand in gar keinem Verhältnis zu den schweren englischen Verlusten. Die deutschen Truppen sammelten sich an der Kanalküste. Bayerische Gebirgsjäger übten an der Steilküste von Kap Gris-Nez, um sich auf die Überwindung der Küste von Folkestone und Dungeness vorzubereiten. Ein SS-Führer namens Dix war bereits zum Chef der Gestapo in England ernannt worden, und stapelweise lagen auch schon die Plakate bereit, welche die englische Bevölkerung unter Androhung der schlimmsten Repressalien davor warnten, an den Kämpfen teilzunehmen. Eine Liste mit Namen von 2000 Persönen, die verhaftet werden sollten, war schon seit längerem fertiggestellt. Eine weitere Liste bezeichnete die Einrichtungen wie Freimaurerlogen, Boy-Scouts, Church of England usw., die aufgelöst oder streng überwacht werden sollten. Kurz, alles war für die Invasion bis ins kleinste vorbereitet.

Um 20 Uhr 07, während in London die Brände wüteten, beschlossen die Generalstabschefs die Parole ›Cromwell‹ auszugeben, was bedeutete: ›Invasion vermutlich innerhalb von vierundzwanzig Stunden.‹ Das Meer war ruhig, die Wettervorhersage günstig und die Gezeiten ebenfalls. Es traf also alles zusammen, was einen deutschen Angriff für den 8. September erwarten ließ.

Die seit Juli andauernden englischen Bemühungen hatten es ermöglicht, 30 Divisionen – darunter drei Panzerdivisionen – aufzustellen, aber nur vier davon waren vollständig ausgerüstet. Die Ausrüstung von acht weiteren wurde als ›fairly good‹ bezeichnet. 12 Divisionen standen in Ulster, in Schottland und in den nördlichen und westlichen Grafschaften. 13 auf zwei Armeen verteilte Divisionen sollten die Uferschlacht liefern, und zwar zwischen Cornwall und Wash. Nördlich und südlich von London standen das IV. und VII. Korps mit zwei Panzerdivisionen, einer kanadischen, zwei englischen Divisionen und einigen selbständigen Brigaden als Reserve des Oberbefehlshabers Sir Alan Brooke. Das alles wog, sowohl an Zahl wie an Kampfkraft, nicht schwer gegenüber der deutschen Wehrmacht, doch darf man nicht vergessen, daß die Engländer große Möglichkeiten hatten, da eine Landungstruppe nur nach und nach ihre volle Wirksamkeit entfalten kann. Was die britische Stärke zu Lande betraf, so war der ideale Augenblick für eine deutsche Invasion schon verpaßt.

›Cromwell‹ rief überall eine fieberhafte Tätigkeit, aber auch Verwirrung hervor. Viele Ortschaften hatten die Auslösung des Alarmzustands mit der Bekanntgabe einer erfolgten Landung verwechselt und läuteten Sturm. Dörfer wurden verbarrikadiert, verschiedene Behörden hatten den Kopf verloren und ließen die Brücken sprengen. Der Home Guard hatte Churchill als Parole gegeben: ›You can take on with you!‹ Sie versammelte sich, bewaffnet mit ihren Piken und alten Büchsen, und wartete.

In Wirklichkeit war das Bombardement Londons, dieser Zielwechsel der Luftwaffe, einer der schwersten deutschen Fehler gewesen. Dowding hatte das übrigens sofort erfaßt, und bei allem Mitgefühl für London beglückwünschte er sich zu der seinen Sector Stations zugestandenen Pause. Auf deutscher Seite hatten zwei Luftflottenkommandeure, Kesselring und Sperrle, das ebenfalls begriffen. Sie versuchten Göring klarzumachen, daß sie vor dem Sieg über die RAF stünden und daß man ihnen jede Möglichkeit dazu nähme, wenn man jetzt Strafexpeditionen gegen London unternehme, statt militärische Ziele zu zerstören. Aber Göring war in einem geradezu hysterischen Freudentaumel. Er hörte sich die Berichte von zurückkehrenden Flugzeugbesatzungen an und begeisterte sich im Rundfunk in einer Neros würdigen Weise an dem brennenden London, worüber sogar die deutschen Generale empört waren. Seinen beiden Feldmarschällen erklärte er, Hitler habe eine neue geniale Idee gehabt, indem er zu Terrorangriffen schreite, durch die das Risiko einer Landung ganz erheblich gemindert würde.

Aufschub der Invasion

In den nächsten Tagen ließ die Invasion, auf die sich ganz England vorbereitet hatte, immer noch auf sich warten. Am 11. September stellte man in Berlin während einer Lagebesprechung fest, daß die englischen Luftstreitkräfte noch nicht genügend geschwächt seien, weshalb man mit der Einschiffung der Truppen noch nicht beginnen könne. Am Vierzehnten kamen erfreulichere Nachrichten über die deutsche Botschaft in Washington, die einen Bericht übermittelte, in dem die Lage in London als katastrophal hingestellt wurde. Eine Revolution drohe, die Vorstadtbevölkerung fliehe aus East End nach West End, verlange Churchills Rücktritt und sofortigen Friedensschluß. Den Briten könnten die Nerven von einem Augenblick zum anderen durchgehen. Hitler beschloß, die Entscheidung auf den Siebzehnten zu vertagen. Da zehn Tage für die Vorbereitungen nötig waren, wurde die Invasion theoretisch auf den Siebenundzwanzigsten verschoben, doch gestatteten die Mondphase und die Gezeiten keinen Landungsversuch vor dem 8. Oktober. Die Marineleute betonten, daß es sich dabei um ein sehr spätes Datum handle, denn gleich danach kämen die Nebel und die Herbststürme. Hitler reagierte nicht darauf. Er rechnete damit, daß sein guter Stern ihn vor einer Kanalüberquerung behüten werde, die er instinktiv ablehnte, und dies um so mehr, als alle seine Generale dafür waren. Große Vorbereitungen waren getroffen worden, um gegen London einen nie dagewesenen Luftangriff zu entfesseln. Es war damit zu rechnen, daß die RAF bei der Verteidigung Londons endgültig vernichtet wurde. Auch konnte man hoffen, daß eine Landung sich erübrige, weil England zweifellos bald um Frieden bitten werde.

Der 15. September 1940, ein wichtiger Tag in der Schlacht um England, begann mit einem strahlend schönen Morgen. Die Sonne ging über einem spiegelglatten Meer auf. Am Kanal hatten die ständigen Bombardements die Landschaft derart verwandelt, daß sie einem Schlachtfeld auf dem Kontinent glich.

Kurz vor 11 Uhr kam Churchill als einfacher neugieriger Besucher nach Uxbridge, dem Gefechtsstand der Gruppe 11. »Ah, heut ist Sonntag, genau wie damals bei Waterloo«, meinte er. »Was ist los, meine Herren?« Der Gruppenkommandeur, der Neuseeländer Keith Park, antwortete ihm: »Vorläufig ist gar nichts los.« »Sir«, unterbrach ein anderer Offizier das Gespräch, »es ist hier verboten zu rauchen. Die Klimaanlage verträgt das nicht, und außerdem besteht Feuersgefahr«. Churchill warf seine Zigarre weg und trat sie aus. Er konnte nicht ahnen, daß der Stummel dann eingerahmt wurde und der Staffel bis Kriegsende als Talisman diente. Er betrachtete neugierig die Tätigkeit im ›Operation Room‹, der wie ein kleines Theater aussah, mit seiner Bühne, dem Parkett und dem Rang. Bunte Lampen zeigten Position und Einsatzgrad der verschiedenen Staffeln an. Fünfundzwanzig Mädchen in blauen Hemdblusen schoben kleine Plättchen mit Croupierrechen auf einem großen Plan hin und her. Die ganze Verteidigung Londons war hier konzentriert.

Churchill wollte gerade wieder gehen, da leuchtete eine rote Lampe auf und ein Lautsprecher meldete, daß eine Gruppe von ›40 plus‹ die französische Küste bei Dieppe überflogen habe und Newhaven ansteuere. Die Schlacht vom 15. September begann. Die Engländer waren von Anfang an im Vorteil, denn ihre Flieger waren bereits aufgestiegen, als die Deutschen die britische Küste überflogen. Fünf ›Spitfire‹-Staffeln kamen aus Canterbury, Dover und Maidstone und kreisten die gegnerischen Jäger ein. Sechs weitere Staffeln kamen nördlich von London her und lösten sie ab. Die

Me 109, die nur zwanzig Minuten über England bleiben konnten, drehten ab, und die nun allein gelassenen Bomber erlitten schwere Verluste durch die ›Hurricans‹ und ›Spitfires‹. Vom Boden aus sah man die Kämpfenden wie silberne Schuppen in der Sonne glänzen und ab und zu einen Fallschirm sich öffnen. Auf London fielen einige Bomben, aber verglichen mit dem vergangenen Sonntag war das ein Kinderspiel.
Nachmittags ballten sich Wolkenmassen über Kent und Sussex zusammen. Die Deutschen kamen in drei großen Formationen und flogen zwischen Dungeness und Dover ein. Die eine Formation wurde über Canterbury zersprengt, die beiden anderen erreichten London, und über der Stadt spielten sich dann die Luftkämpfe ab. Dieses Mal richteten die deutschen Bomben wieder erheblichen Schaden an. Der Gaskessel von Eastham flog in die Luft, ein Fernsprechamt wurde zerstört, Westminster, Fleet Street und der Buckinghampalast wurden getroffen, doch blieb das Fighter Command voll in Aktion. Auf ihrem Rückflug wurden die deutschen Maschinen noch einmal von vier Reservestaffeln angegriffen und bis aufs Meer hinaus verfolgt.

Am Abend ging dann ein Siegesgerücht durch ganz England. Die deutschen Verluste seien geradezu phänomenal gewesen. In den brennenden Straßen Londons ertönten wie Racheschreie die Rufe der Zeitungsverkäufer, die Sonderausgaben anboten, in denen zu lesen stand, der Feind habe 185 Flugzeuge verloren, gegen 60 englische. Das wäre ein erstaunliches Ergebnis gewesen, aber die Meldung traf wieder einmal nicht zu. Die Deutschen hatten nur 56 Flugzeuge verloren, doch diese Richtigstellung erfolgte erst nach dem Krieg. Jedenfalls aber endete dieser Tag im Siegestaumel der Londoner Bevölkerung.

Eine ganz andere Stimmung herrschte auf deutscher Seite. Die Flugzeugbesatzungen waren unzufrieden. Den Analysen des Generalstabs zufolge war die gesamte RAF schon mehrmals völlig zerstört worden, aber trotzdem sahen sich die deutschen Flieger immer wieder einem starken Gegner gegenüber. Göring, dessen zweite große Pleite nach Dünkirchen jetzt die Schlacht um England war, warf den Jagdfliegern mangelnden Kampfgeist vor und machte sie für die hohen Verluste der Bomber verantwortlich. Der durch vierzig Luftsiege und sein Ritterkreuz gegen eventuelle ›Unannehmlichkeiten‹ geschützte Fliegeroffizier Galland verteidigte seine Kameraden. Als Göring ihn fragte, was er denn eigentlich wolle, antwortete er eiskalt: ›Spitfires‹. Später beklagte sich Galland dann direkt bei Hitler über eine einfältige Propaganda, welche die gegnerischen Flieger als Waschlappen hinstellte. Er konnte dabei die Überraschung erleben, daß Hitler die englischen Flieger sehr lobte.

Am Siebzehnten wurde bei einer Konferenz in der Reichskanzlei festgestellt, daß die Kampfkraft der RAF durch die Schlacht vom vorgestrigen Tag nicht gebrochen worden war. Die Vorbedingungen für einen Invasionsversuch waren demnach nicht erfüllt. Es wurde beschlossen, die Bombenangriffe fortzusetzen, sie aber in die Nacht zu verlegen. Am Vortag war eine andere Entscheidung getroffen worden, die sich in einem einzigen Satz im Tagebuch des Oberkommandos der Wehrmacht wiederfindet: ›Die Heeresgruppe B wird vom 17. 9. – 19. 9. nach dem Osten transportiert.‹ Schon am 26. August hatten zehn Divisionen Infanterie und zwei Panzerdivisionen Marschbefehl nach Südpolen erhalten, unter dem Vorwand, die rumänischen Petroleumfelder gegen eine sowjetische Bedrohung abzuschirmen. Jetzt wurde eine ganze Heeresgruppe, die noch dazu in der ersten Planung des Unternehmens ›Seelöwe‹ eine wichtige Rolle zu spielen hatte, nach Osten verlegt.

VIII. Kapitel Oktober bis Dezember 1940
Vom europäischen Krieg zum Weltkrieg

London im Bombenhagel

Es war Herbst geworden. Die Verteidigung der Britischen Inseln wurde jetzt durch die Nebel und Stürme sehr begünstigt. Das Unternehmen ›Seelöwe‹ war vor 1941 nicht mehr möglich. Dafür ließ Hitler jetzt immer mehr Bomben auf die englische Bevölkerung werfen. Die Tagflüge wurden spärlicher, statt dessen nahmen die Nachtflüge immer mehr zu. Von September 1940 bis Januar 1941 wurde London während sechsundachtzig aufeinanderfolgender Nächte bombardiert, außer am 3. November, an dem die Sirenen schwiegen, was bei der Bevölkerung eine ängstliche Spannung hervorrief. Die mittlere Zahl der Nacht für Nacht erscheinenden Flugzeuge betrug 160, die monatlich 6500 Tonnen Bomben abwarfen. Alle Londoner Bahnhöfe wurden getroffen, auf alle Stadtviertel regnete es Bomben; 900 Brände, darunter neun Großbrände stellte man fest. Die City und der Hafen wurden ganz besonders schwer getroffen. Um die Docks standen kilometerweit abgedeckte Häuser, und die Kuppel von Saint Paul's ragte aus einem Ruinenmeer hervor. Abend für Abend drängte sich die Menschenmenge, die Decken, Matratzen und die wertvollsten Dinge mit sich schleppte, in die ›Underground‹-Schächte, während viele Stoiker in ihrem Bett blieben und sich auf ihr Glück verließen. Jeden Morgen fanden dann eine ganze Anzahl der nächtlichen Troglodyten, die aus der Untergrundbahn kamen, anstelle ihrer Behausung nur mehr einen Trümmerhaufen vor.
Englischer Gleichmut antwortete der deutschen Zerstörungswut. »London can take it« und »Business as usual« sind Schlagworte aus den Tagen der ›Blitz‹-Angriffe. Die dauernd wiederholten Angriffe, Fotos vom Feuersturm und die Zerstörung oder Beschädigung allgemein bekannter Londoner Sehenswürdigkeiten, angefangen beim Buckinghampalast bis zum Wachsfigurenkabinett der Madame Tussaud, beeindruckten die ganze Welt. Wer aber einen Gesamtüberblick über die Geschehnisse hatte, wußte schon, daß alle Bemühungen der Luftwaffe zwecklos sein würden. Um London zu zerstören, hätte es einer mindestens zwanzigmal stärkeren Luftwaffe bedurft, und noch viel mehr wäre nötig gewesen, um die britische Entschlossenheit zu zerbrechen. Hitler besaß bei weitem nicht die entsprechende Anzahl von Flugzeugen, um die Voraussagen des italienischen Strategen Douhet von dem jeden Widerstand brechenden Terrorangriff wahr zu machen.
London wurde allnächtlich weiter bombardiert, doch richteten die Bomber jetzt von Zeit zu Zeit ihre Aufmerksamkeit auch auf bestimmte andere Ziele. Die Flugzeug-

werke von Woolston, Weybridge, Farnborough usw. wurden zuerst systematisch mit Bomben belegt, doch wurden die Ergebnisse als nicht ausreichend beurteilt, und das ganze Gewicht des Luftkriegs wurde auf die großen Industriestädte, die Arsenale der Midlands, verlegt. In der Nacht vom 14. auf 15. November erschienen nur 21 Bomber über London, aber 509 über Coventry. Das neue deutsche Peilsystem, das X-Gerät, wurde zum erstenmal hier angewendet. Trotz aller Störversuche erreichten 449 Flugzeuge die Stadt. Eine Stunde später war Coventry ein über 100 Meilen im Umkreis sichtbares Flammenmeer. Das Stadtzentrum mit seinen wertvollen Baudenkmälern war ein einziger Schutthaufen. Von der Kathedrale aus dem 14. Jahrhundert blieben nur noch die Außenmauern stehen. Die deutsche sowie die englische Sprache bereicherten sich in der Folge mit dem neuen Wort ›coventrieren‹, um die Zerstörung einer Stadt durch einen einzigen Anflug zu bezeichnen. Der Erfolg des Angriffs war vergleichsweise gering. Zwar gab es 550 Tote, doch wurden die einundzwanzig getroffenen Fabriken der Autostadt Coventry in ihrer Produktionskapazität nicht wesentlich geschwächt. Die Luftwaffe überschätzte infolge des schauerlichen Anblicks, den das brennende Coventry bot, den angerichteten Schaden. Anstatt einen zweiten Angriff gegen die Stadt zu fliegen, bombardierte sie anschließend Birmingham, Leeds, Sheffield, ferner die Hafenstädte Southampton, Bristol und ganz besonders Liverpool. Die weite Streuung der Produktionsstätten hinderte die britische Rüstung nicht daran, täglich Fortschritte zu machen. Die RAF erhielt jetzt mehr Flugzeuge, als sie verlor.

U-Boot-Krieg

Der Seekrieg nahm härtere Formen an. In seinem französischen Hauptquartier entwarf Konteradmiral Dönitz Pläne für einen neuartigen Einsatz der U-Boot-Waffe. Danach sollten die U-Boote nicht mehr einzeln, sondern in Gruppen angreifen, wobei das erste U-Boot, das einen Konvoi aufspürte, diesen lediglich verfolgen und dabei alle anderen in den gleichen Gewässern kreuzenden U-Boote benachrichtigen sollte. Erst wenn dann das gesamte Rudel beisammen war, sollte der Angriff aufgetaucht bei Nacht erfolgen. Vor Tagesanbruch würden dann alle Boote tauchen und sich zerstreuen, dabei aber den Konvoi im Auge behalten und in der folgenden Nacht wieder angreifen. Eine Ozeanüberquerung würde so zu einer aufreibenden, mörderischen Dauerschlacht.

Für die Engländer war diese Rudeltaktik eine böse Überraschung. Die erste Operation dieser Art gelang der deutschen U-Boot-Waffe Anfang September. Am 20. September erfolgte ein besonders harter Schlag, als Prien fünf U-Boote gegen den Konvoi HX 72 sammelte und in zwei Nächten von den 47 Schiffen des Geleitzugs elf versenkte und eins schwer beschädigte. Für die Engländer war es nur gut, daß Dönitz zuwenig U-Boote zur Verfügung hatte, um seine neue Taktik voll zur Wirkung zu bringen. Bei Kriegsbeginn hatte er 57 Unterseeboote, und von September 1939 bis September 1940 wurden 28 neue Boote fertiggestellt, aber die Verluste bezifferten sich bis dahin ebenfalls auf 28. Der Bestand war also gleichgeblieben, doch wären mindestens 300 U-Boote nötig gewesen, um dem englischen Schiffsverkehr den Todesstoß zu versetzen.

Der zweite Kriegswinter war für England eine dunkle Zeit. Die Vorstellung, von allen Ländern verlassen zu sein, lastete auf der ganzen Nation. Seit dem Zusammenbruch Frankreichs konnte keine einzige Allianz geschlossen werden. Amerika sympathisierte wohl mit Großbritannien, hielt sich aber – wenigstens nach außen hin – in jeder Hinsicht zurück, und die Beziehungen zwischen Sowjetrußland und dem Deutschen Reich waren noch befriedigend, wenn auch, wegen einiger territorialer Streitfragen, nicht mehr ganz so ungetrübt. London war schwarz vom Ruß der Brände. Die Beschädigungen der Abwasserkanäle und die in den Unterständen Nacht für Nacht zusammengepferchten Menschenmassen ließen Seuchen befürchten. Es brachen zwar keine Epidemien aus, aber die Londoner hatten dennoch bald alle das Aussehen von Schwerkranken, denn der dauernde Luftalarm und das ständige Übernachten in den U-Bahn-Tunnels zerrte erheblich an den Nerven. Im Ausland glaubten wegen der Goebbelspropaganda viele Leute, England sei praktisch schon besiegt. Man sah die oberflächlichen Wunden, aber nicht, daß das Land in seiner Substanz, in seiner inneren Kraft, noch nicht gebrochen war. Lloyds versicherte nach wie vor die Schiffe und zahlte jedesmal, wenn die Glocke der ›Lutine‹ angeschlagen wurde, um ein neues Opfer der feindlichen U-Boote zu melden. Die Versorgung der Inseln mit Lebensmitteln und Rohstoffen für die Industrie erfolgte weiter in erträglichem Maß. Dabei war die Industrie Englands nicht einmal ausschließlich der Rüstung gewidmet, denn ein Teil arbeitete für den Export, damit der Kriegsschatz nicht allzu rasch erschöpft wurde. Immerhin schwand er immer mehr dahin, und schwere Sorgen lasteten auch in dieser Hinsicht auf der Regierung. Der jüngere Pitt hatte ähnliche Sorgen im Krieg gegen Napoleon gekannt. Trotz der seither eingetretenen Wandlungen in der Kriegführung und trotz der durch die Luftfahrt hervorgerufenen Aufhebung der Isolierung der Britischen Inseln lassen sich die beiden Situationen miteinander vergleichen. Ein Eroberer hatte sich des Kontinents bemächtigt, aber ein gewisser Gleichgewichtszustand hatte sich am Kanal gebildet, während in anderen Teilen der Welt schicksalhafte Ereignisse die Zukunft vorbereiteten.

Umschwung in Rumänien

Im Osten Europas konsolidierte sich die Sowjetunion überraschend schnell. Die drei baltischen Staaten, denen Rußland im Herbst 1939 volle Souveränität zugesichert hatte, wurden zu Sowjetrepubliken. Russische Truppen hatten das rumänische Bessarabien besetzt. Das entsprach dem deutsch-sowjetischen Nichtangriffspakt vom Vorjahr, aber die Russen nahmen sich gleich die Nordbukowina und den Kreis Herta (Moldau) dazu. Hitler war durch diese sowjetischen Eigenmächtigkeiten höchst beunruhigt, denn er fürchtete für das rumänische Erdöl, ohne das, wie er sagte, Deutschland den Krieg nicht fortsetzen könne und das man vor der russischen Gier schützen müsse. Auch mußte mit den an Rumänien gerichteten Forderungen der beiden Besiegten von 1918, Ungarn und Bulgarien, auf Abtretung Siebenbürgens beziehungsweise der südlichen Dobrudscha Schluß gemacht werden. Ciano und Ribbentrop trafen sich im Belvedere in Wien, um darüber zu entscheiden. Als man am 30. August die Karten mit den neuen Grenzen vorlegte, sank der rumänische Außenminister Manolescu ohnmächtig zu Boden. Deutschland und Italien gaben Ungarn Nordsiebenbürgen sowie den Szeklerzipfel und Bulgarien die südliche Dobrudscha wieder zurück. Rumänien hatte damit zwei Drittel seiner Bevölkerung und seines Gebietes in weniger als einem Jahr verloren. Heftige Proteste der Bevölkerung waren die direkte Folge. Der allgemein verachtete König Carol II. dankte ab und flüchtete in Begleitung seiner unheilvollen Favoritin ›Madame Lupescu‹ (ehemals Magda Wolf) außer Landes. Sein Sohn Michael war noch unmündig. Hitler bot dem energischen Diktator Antonescu, der noch von Carol II. berufen worden war, zum Schutz gegen den russischen Expansionsdrang als beste Garantie die Besetzung des Landes durch deutsche Truppen an, was Antonescu mit Freuden annahm.

Malta und Sidi Barrani

Im Mittelmeergebiet ging der Krieg nur langsam weiter. Malta hätte sich längst in italienischer Hand befinden können, wenn die Italiener sich nur der geringen Mühe unterzogen hätten, die Insel zu nehmen. So ließen sie die günstige Gelegenheit vorübergehen. Der aus Gibraltar auslaufende Flugzeugträger *Ark Royal* schickte nach der strategisch so wichtigen Insel zwei Staffeln ›Hurricane‹, von denen die eine durch widrige Winde über dem Meer abstürzte. Von dem Träger *Argus* flogen 12 ›Hurricans‹ nach Malta ein. An Bord der *Warspite*, dem Veteranen von Narvik und der Schlacht im Skagerrak, kreuzte Admiral Cunningham weiter im Mittelmeer und bedrängte die italienische Flotte, die aus Treibstoffmangel ohnehin nur selten Tarent verlassen konnte.

In Libyen wurde Balbo von der eigenen Flak abgeschossen. Sein Nachfolger, Marschall Graziani, erhielt von Mussolini den Befehl, an dem Tag, an dem der erste deutsche Soldat den Fuß auf englischen Boden setzen würde, in Ägypten einzumarschieren. Nachdem dieses wichtige Ereignis aber auf sich warten ließ, beschloß der Duce, der Wehrmacht zuvorzukommen, aber Graziani ersuchte um Aufschub. Unter der Drohung, durch einen General ersetzt zu werden, ›der sich seinen Marschallstab noch verdienen könne‹, eröffnete er die Offensive am 13. September. Die Engländer zogen sich zurück, und die Italiener drangen bei einer Backofenhitze vor, inmitten von Staubwirbeln, welche die Menschen wie Mumien ausdörrten. Graziani gab seine geplante Flügelschwenkung durch die Wüste auf und begnügte sich, seinen linken Flügel längs der Küste bis zur Niederlassung Sidi Barrani vorwärts zu treiben. Dort hielt er an und meldete, er könne den Vormarsch erst wieder fortsetzen, wenn der Wassernachschub geregelt sei. Der Marsch auf Suez wurde bereits nach 50 Kilometern gestoppt.

Japan breitet sich aus

Der Zweite Weltkrieg, dessen Beginn man auf den 1. September 1939 festsetzt, hatte schon zwei Jahre früher begonnen. Den Konflikt zwischen Japan und China, der am 7. Juli 1937 mit dem Zwischenfall an der Marco-Polo-Brücke in Peking begann, könnte man vielleicht als den eigentlichen Weltkriegsbeginn ansehen. Als in Europa die Kriegsfackel aufflammte, war China schon seit vielen Monaten ein Feuerherd. Die Japaner hatten die chinesischen Ostprovinzen besetzt und in Nanking eine Satellitenregierung unter der Präsidentschaft des Wang Tsching-Wei, eines früheren Mitschülers Tschiankai-scheks, gebildet. Obwohl sie jede Gewaltmaßnahme scheuten, sahen die Amerikaner mit größtem Mißvergnügen, wie sich die Japaner immer weiter ausbreiteten, und sie taten daher ihr Bestes, um die Chinesen bei ihrem Widerstand zu unterstützen.

Die chinesische Regierung hatte als Hauptstadt Tschungking und als Stützpunkte die Provinzen Sezuan und Yünnan. Diese vom Meer weit entfernten Provinzen drohten zu ersticken, denn nur zwei Verkehrswege gestatteten eine Versorgung mit Kriegsmaterial: die durch die Hochgebirge von Burma führende Burmastraße und die von Haiphong kommende und über eine Unzahl von Brücken, Tunnels und andere Bauten bis in die Provinz Yünnan führende Eisenbahn.

Der Zusammenbruch Frankreichs machte diese beiden Verbindungswege höchst problematisch, denn Indochina war jetzt eine leichte Beute, da das ferne Frankreich seine Kolonie nicht mehr verteidigen konnte. Wenn die Japaner sich dort festsetzten, dann konnten sie die Bahnlinie unterbrechen und die Burmastraße bedrohen. Eine

Militärmission unter der Führung des Generals Issaku Nishihara traf in Hanoi ein, wo sie eine wirre Situation vorfand, denn zwei Generalgouverneure stritten miteinander um die Macht, der General Catroux, der sich gerade de Gaulle anschließen wollte, und der von Pétain ernannte Admiral Decoux, der ihn ablösen sollte. Catroux trat am 20. Juli zurück. Nun forderte Nishihara von Decoux das Recht, Haiphong und die Bahnlinie für militärische Zwecke gegen China benutzen zu können. Sollte er ablehnen, würde eine Invasion erfolgen.

Die Komplikationen in Indochina erleichterten nicht gerade die Situation der französischen Regierung. Sie war am 1. Juli von Bordeaux nach Vichy verlegt worden. Die Minister waren überzeugt, daß der Aufenthalt in dem Kurort nur einige Wochen dauern werde. Man rechnete mit der baldigen Rückkehr des Kabinetts nach Paris. Pierre Laval war inzwischen als Vizepräsident in die Regierung eingetreten. Sein Plan war, Frankreich in das siegreiche totalitäre System einzugliedern. Ihm war es geglückt, alle Hoffnungen und Wünsche des alten Marschalls zu erfüllen, indem er ihm durch die vereinigten beiden Kammern das Amt eines Präsidenten der Republik anvertrauen und ihn mit der Ausarbeitung einer neuen Verfassung beauftragen ließ. Er war davon überzeugt, daß er nun das Instrument für die Durchführung seiner Politik in Händen hielte und daß er, hinter der blauen Uniform des alten Verdunkämpfers Pétain verborgen, Frankreich einem neuen Schicksal entgegenführen werde.

Die Vichyregierung stand vor dringenden und schwierigen Aufgaben. Sie mußte die Rückkehr der Flüchtlinge einleiten, die Lebensmittelversorgung organisieren, die Verwaltung neu aufbauen, die Wirtschaft wieder ankurbeln, die Demarkationslinie zwischen der besetzten und der unbesetzten Zone Frankreichs festlegen, sich um die Freilassung der Kriegsgefangenen bemühen und einen *modus vivendi* mit dem Sieger finden. Zu allen diesen Aufgaben, von denen verschiedene mit Geschick und Mut erledigt wurden, kam noch die Sorge um die Aufrechterhaltung des französischen Kolonialreichs. Indochina war zwar 15 000 Kilometer entfernt, und eine Möglichkeit, dem Land zu helfen, bestand so gut wie gar nicht, aber deswegen durfte es sich doch nicht völlig selbst überlassen bleiben. Zwei Auffassungen standen hier einander gegenüber. General Buhrer, der Generalstabschef der Kolonialtruppen, konnte Weygand und Pétain von seiner Idee überzeugen, daß ein bewaffneter Widerstand in Indochina, wo 110000 Mann standen, die für drei Monate Munition hatten, sinnvoll sei. Baudouin führte dagegen aus, daß die indochinesischen Luftstreitkräfte nur aus vierzehn Jagdflugzeugen und 28 veralteten Bombern beständen. Folglich sei ein Widerstand gegen die japanische Flottenmacht aussichtslos. Man verhandelte weiter, während in Hanoi Decoux sich gegen immer unverhülltere Drohungen behaupten mußte. Am 3. September ordnete er die Mobilisierung an, nachdem er das Ultimatum Nishiharas zurückgewiesen hatte. Er ließ den Hafen von Haiphong sperren und drahtete nach Vichy, es sei besser, Indochina zu verlieren, als es zu verraten.

Karte 13 Japanische Eroberungen in China (Ende 1940)

Die Japaner zögerten jetzt. Nishihara milderte sein Ultimatum, und neue Verhandlungen begannen. Ein politischer Vertrag, dem dann ein militärisches Abkommen folgte, erkannte die Souveränität Frankreichs über Indochina an und beschränkte die Zahl der zulässigen japanischen Truppen auf 25 000 Mann in Tonking. Die japanischen Kräfte wußten aber nichts von den Beschlüssen Tokios und griffen am 22. September Dong-Dang und Langson an. Zwei Bataillone der Fremdenlegion wurden schwer angeschlagen, sie hatten 800 Tote, unter ihnen die beiden Obersten Luvet und Louat. Ein Befehl des Kaisers beendete die Kämpfe. Indochina hatte nun zwei Herren: die französische Verwaltung und die japanische Besatzung, die bis 1945 im Lande blieb.

Churchill setzt auf die USA

Die Lage in England war besonders schwierig. Lange Zeit war Großbritannien Japans Verbündeter gewesen und hatte dieses Bündnis nur auf amerikanischen Druck hin gelöst. England versuchte nun, wenigstens freundschaftliche Beziehungen mit der großen Seemacht des Fernen Ostens zu unterhalten. Alles sprach für eine Aufrechterhaltung des Friedens im Pazifik, und dies um so mehr, als Japan Australien und Neuseeland bedrohte, woher England ausgezeichnete Truppen bezog. Im Juni beschloß London, sich nicht mehr um die Meinung der Amerikaner zu kümmern und die Burmastraße zu schließen. Im September ließ Churchill sie dann wieder öffnen. Anscheinend war das ein nebensächlicher Beschluß, der in dem Augenblick gefaßt wurde, als die Schlacht um England auf ihrem Höhepunkt angelangt war, als die Docks und die City lichterloh brannten. Diese scheinbar beiläufige Entscheidung hatte aber einschneidende Folgen. Churchill hatte sich für eine systematische Gleichschaltung der englischen Politik mit der Amerikas entschieden. Er setzte auf ein Eingreifen Amerikas – und diesem Ziel mußte alles andere untergeordnet werden.

Ob eine solche Hoffnung berechtigt war, mußte sich erst noch erweisen. Amerika war zu diesem Zeitpunkt nicht geneigt, in den Konflikt der europäischen Völker aktiv einzugreifen.

Dadurch, daß Churchill den Vereinigten Staaten acht Stützpunkte auf den Antillen und in Neufundland zur Verfügung stellte, erhielt er endlich die erbetenen fünfzig alten Zerstörer, doch erfolgte auch hier, genau wie für andere Waffen, die Lieferung ›cash and carry‹, das heißt, die Engländer mußten bar bezahlen und auch selber den Transport übernehmen, denn die Amerikaner wollten ihre Schiffe nicht in die Blockadezone schicken. Was sie liefern konnten, war im übrigen recht wenig im Verhältnis zu dem, was England dringend brauchte.

Amerika befand sich gerade im Wahlkampf. Franklin D. Roosevelt hatte mit der Tradition gebrochen und bewarb sich ein drittes Mal um das Amt des Präsidenten. Die Republikaner setzten ihm Wendell Willkie, einen Neuling auf der politischen Bühne, gegenüber. Dieser war eine zweitrangige Persönlichkeit, die mit einer Riesenreklame hochgespielt wurde. Die beiden Konkurrenten waren sich indes in einem Punkt einig: Sie würden Amerika unter allen Umständen aus dem Krieg heraushalten. Den gleichen Schwur hatte schon Wilson im Jahre 1916 getan. Daran erinnerten sich jetzt die Isolationisten und wurden äußerst mißtrauisch. Roosevelts Botschafter in London, Joseph Kennedy, riet Washington, lieber einen Vertrag mit Hitler zu schließen, statt England in einem sinnlosen Krieg zu unterstützen. Roosevelt mußte ihn zurückrufen, obwohl Kennedy ihm bei der Wahl von großem Nutzen war und über ein riesiges Vermögen verfügte. Kennedy fuhr dann aus England ab und nahm eine Luftschutzsirene mit. Er meinte dabei, dieses Ding sei recht praktisch, um damit auf

Trotz großer Verluste der Luftwaffe in der ›Luftschlacht um England‹ flogen die deutschen Maschinen Tausende von Tag- und Nachteinsätzen über der Insel. Birmingham, Plymouth, Coventry, vor allem aber die britische Hauptstadt waren immer wieder ihre Ziele. Am 4. September 1940 erklärte Hitler im Berliner Sportpalast: ›Wir werden ihre Städte ausradieren.‹ Der systematische Luftkrieg gegen die Zivilbevölkerung begann.

Bilder der Verwüstung, wie sie Deutschland erst im Laufe des Jahres 1943 kennenlernen sollte, waren in London bereits im Herbst 1940 (oben das Zeitungsviertel der Fleet Street) an der Tagesordnung. Vom 7. September bis 3. November wurde die englische Hauptstadt 57 Nächte hindurch von durchschnittlich 200 Bombenflugzeugen angegriffen. Trotz aller Behinderung durch diese Angriffe produzierte das Land 1940 allein fast 10000 Flugzeuge.

seinem Besitz am Cape Cod die Schar der Kennedykinder zum Mittagessen zusammenzurufen. Die Sirenen Londons, die Gefahr anzeigten, die Schmerzen und Tod voraussagten, wurden so durch einen englandfeindlichen Plutokraten mit einer kaum verhohlenen Schwäche für Hitler lächerlich gemacht.
Der amerikanische Isolationismus wäre noch viel stärker gewesen, wenn nicht die deutschen Siege den Japanern die Köpfe verdreht hätten. Präsident der neuen japanischen Regierung war zwar der alte, weise Mann Prinz Konoye, doch war die Militärpartei, die den Krieg in Europa dazu benutzen wollte, Japans nationale und nationalistische Ziele zu verwirklichen, in der Übermacht. Außenminister Matsuoka verhandelte mittels seines Gesandten in Berlin, Kurusu, über den Abschluß eines von Hitler aus Angst vor den USA und der UdSSR initiierten Dreierpaktes mit Deutschland und Italien, der dann auch am 27. September von Ribbentrop, Ciano und Kurusu unterzeichnet wurde. Japan erkannte die führende Rolle Deutschlands und Italiens bei der Neuordnung Europas an, während Deutschland und Italien ihrem neuen Partner Japan die gleiche Rolle für das weitaus größere Ostasien zugestanden. Daß England besiegt sei, war sozusagen zwischen den Zeilen zu lesen. Durch die Ausschaltung Englands bedrohte der Dreierpakt aber Amerika, denn es war darin ausdrücklich niedergelegt, daß, wenn einer der drei Bündnispartner von einer gegenwärtig nicht im Krieg befindlichen Macht in einen Krieg verwickelt würde, die beiden anderen Partner den Bündnisfall als gegeben erachten und der betreffenden Macht ebenfalls den Krieg erklären würden. Churchill schrieb sofort an Roosevelt und riet ihm, auf diese Herausforderung mit der Entsendung eines Geschwaders nach Singapur zu antworten. Die amerikanische Reaktion aber war zurückhaltend. Der Kampf um die Präsidentschaft lief auf Hochtouren. Willkies Wahlzirkus zog von Bundesstaat zu Bundesstaat, während Roosevelt erklärte, er sei im Weißen Haus zu sehr beschäftigt mit der Wahrung der amerikanischen Neutralität, als daß er sich solche Propagandareisen erlauben könnte. Churchill gründete die gesamte englische Politik auf das Eintreten Amerikas in den Krieg, doch war ein entsprechender Schritt der USA noch nicht abzusehen.

Die Anfänge des Freien Frankreich. Dakar

In London hatte Charles de Gaulle seine Dienststelle zuerst in einem Geschäftshaus, dem Stephen's House am Embankment eingerichtet. Die Hauptstadt des Freien Frankreich bestand aus drei Zimmern, in denen einige Tische und umgestürzte Kisten herumstanden. Die ersten Rekrutierungsversuche des jungen Generals wurden von den Engländern verhindert, indem sie ihn die Repatriierungslager von Haydock und Aintree nicht betreten ließen. In anderen Lagern folgten sie ihm auf den Fersen, um die Franzosen von den Waffenstillstandsklauseln zu unterrichten, denen zufolge die von de Gaulle angeworbenen Soldaten bei Gefangennahme durch die Deutschen als Freischärler sofort erschossen würden. Am 14. Juli konnte de Gaulle nur die Parade eines winzigen Häufleins Freiwilliger abnehmen, während in Frankreich Hymnen der Verehrung und Liebe für den alten Marschall Pétain zum Himmel stiegen.

Am 8. August wurde durch ein Übereinkommen zwischen Churchill und de Gaulle das Statut für die Verwendung Freiwilliger des Freien Frankreich festgelegt. Einer der Artikel lautete: ›Diese Truppe darf niemals gegen Frankreich eingesetzt werden.‹ Allerdings gab es auch noch ein geheimes Schreiben Churchills, das durch eine Antwort de Gaulles bestätigt wurde, in dem es hieß, ›das Freie Frankreich könne seinen Weg wählen, ohne weder direkt noch indirekt durch Deutschland zu irgend etwas gezwungen zu sein‹. Die veröffentlichte Klausel wurde also durch diesen Geheimbrief wieder aufgehoben. Daraus entstand schon von Anfang an eine gewisse Konfusion in der gaullistischen Bewegung.

Genau wie der Aufruf an die in England befindlichen Franzosen, sie sollten sich als Freiwillige einschreiben lassen, war auch der Aufruf an das französische Kolonialreich enttäuschend für de Gaulle. Von sämtlichen Gouverneuren hatte sich nur Catroux de Gaulle angeschlossen, doch war er inzwischen von Decoux abgelöst worden und besaß keine Truppen mehr, die er hätte kommandieren können. In Nordafrika und Syrien hätten die Generale Noguès und Mittelhauser fast mit Pétain gebrochen, kamen aber dann wieder davon ab, und zwar hauptsächlich aus dem Grund, weil niemand mit ihnen gehen wollte. Als erstes schloß sich dann das französisch-britische Kondominium der Neuen Hebriden de Gaulle an. Seine Verfassung erlaubte ihm gar keine andere Wahl. Die Niederlassungen in Indien folgten unter englischem Druck. Einige Enthusiasten, wie der Kolonialgouverneur Eboué, General Larminat, Major Ornano und Hauptmann Hauteclocque, genannt Leclerc, verschafften dem gaullistischen Gedanken in den riesigen Gebieten Französisch-Äquatorialafrikas Gewicht. Anfang August hatte sich dann die Bevölkerung von zwei Millionen Quadratkilometer von Vichy getrennt und erkannte das ›Comité de la France libre‹ mit dem General de Gaulle als Symbol des Vaterlandes an.

So eindrucksvoll sich diese großen Gebiete auf der Landkarte machten, so wenig repräsentierten sie an realer Macht. Die riesigen Territorien waren nur von 3 Millionen Eingeborenen und kaum 6000 Weißen besiedelt. Das Reich de Gaulles konnte nur an Bedeutung gewinnen, wenn es sich auch auf die reicheren und günstiger gelegenen Kolonien Westafrikas ausdehnen konnte. De Gaulle war das klar, und er glaubte, Guinea durch einen Handstreich nehmen zu können, wie es Leclerc mit Kamerun gemacht hatte. Von Konakry führten eine Straße und eine Eisenbahnlinie nach Dakar. Diese Stadt war ein strategischer Punkt von weltweiter Bedeutung und gleichzeitig das bedeutendste französische Wirtschafts- und Verwaltungszentrum südlich von Algier. Als Herr über Dakar wäre de Gaulle zu einer kriegführenden Macht geworden. Er hätte eine Armee aufstellen und beweisen können, daß seine Bewegung ein Gegengewicht gegen die Vichygetreuen und die von ihm geforderte Anerkennung der Souveränität auf mehr gebaut sei als auf seine eigene Person.

Plötzlich rührte sich Churchill. Am 6. August erklärte er im Beratungszimmer von Downing Street dem Chef der Freien Franzosen, daß dessen Plan eines langsamen Vordringens auf Dakar in keinem Verhältnis zur Wichtigkeit des Unternehmens stehe. Da Churchill selber Dakar für die harte Atlantikschlacht brauchte, war England bereit, der Expedition mit einem sehr starken Geschwader beizustehen, und zwar unter der einzigen Bedingung, daß diese Flotte nur während einer ganz kurzen Zeit in Anspruch genommen werden dürfte. Folglich müsse Dakar direkt angegriffen werden. Churchill redete sich in Begeisterung und mischte dabei französische und englische Wörter wahllos durcheinander.

De Gaulle zögerte. Das Unternehmen, das er als ein rein französisches betrachtet hatte, wechselte durch die englische Beteiligung entschieden seinen Charakter. Die Wichtigkeit des Unternehmens ließ ihn sein Zaudern überwinden. Niemals hatte de Gaulle einen so großen Fehler gemacht.

Von Anfang an war das Unternehmen vom Pech verfolgt. Irrtümer verzögerten es, und Indiskretionen wurden begangen, ohne daß man je erfuhr von wem und über was. Im ›Ecu de France‹ in der Germyn Street und im ›Coq Hardi‹ in der Stratton Street sollen junge gaullistische Offiziere Trinksprüche mit der Devise ›Auf nach Dakar!‹ ausgebracht haben. Auch soll de Gaulle in allzu auffallender Weise bei ›Simpson's‹ Tropenausrüstungen bestellt und zu offen mit seinem Vertreter in New York, Jacques de Sieyès, telefoniert haben. Zur Unvorsichtigkeit kam auch noch Verrat. Ob mit oder ob ohne Grund, dieser Verdacht lastete bis zum Schluß auf dem Freien Frankreich und hatte den häufigen Ausschluß der Franzosen von Geheimsachen sowie manche beleidigende Äußerung zur Folge.

Die Hoffnungen de Gaulles, dem Churchill einen gewaltigen Erfolg vorausgesagt hatte, wurden enttäuscht. Die alliierte Flotte bestand nicht aus hundert, sondern nur aus zwanzig Schiffen, darunter den alten Schlachtschiffen *Barham* und *Resolution* sowie dem Flugzeugträger *Ark Royal*. Selbst wenn diese Flotte stärker gewesen wäre, so hätten die Einwohner Dakars noch lange nicht ›unter der aufgehenden Sonne ein mit Schiffen bedecktes Meer‹ (Churchill) sehen können, denn dichter Nebel lag über der See. Die Parlamentäre wurden auch nicht zum Gouverneur geführt, sondern fanden am Kai pflichtgetreue Offiziere vor, die sie aufforderten, sofort wieder umzukehren, was diese dann auch unter Maschinengewehrbeschuß taten, wobei der Enkel des Marschalls Foch verletzt wurde. Dann fingen die großen Geschütze der *Richelieu* zu feuern an und rächten den Überfall auf Mers El-Kébir vom 5. Juli, indem sie trotz der schlechten Sicht den Kreuzer *Cumberland* kampfunfähig schossen. ›Warum beschießen Sie mich?‹ funkte Admiral John Cunningham an Land. Die Antwort war: ›Ziehen Sie sich zwanzig Meilen zurück.‹ De Gaulle versuchte nun sein Legionärsbataillon in Rufisque an Land gehen zu lassen, aber heftiger Widerstand warf ihn zurück.

Am nächsten Tag, dem 24. September, und am übernächsten Tag, dem 25. September, wies Generalgouverneur Pierre Boisson zwei Ultimaten zurück. Das englische Geschwader beschoß die Stadt, die sich jedoch verteidigte. Die vorhandenen U-Boote verließen den Hafen. Eines davon wurde versenkt, doch ein anderes, das gerade aus dem Trockendock gekommen und noch frisch mit Mennige gestrichen war, was ihm unter Wasser das Aussehen eines riesigen Goldfisches gab, torpedierte die *Resolution.* Das schwer getroffene Schlachtschiff hatte zwar starke Schlagseite, konnte sich aber mit 600 Toten und Verwundeten an Bord bis Freetown schleppen lassen. Von Churchill traf ein Telegramm ein, das den Admiral Cunningham zum Rückzug aufforderte. Der Nebel hatte sich aufgelöst, und die Flotte entfernte sich unter der sinkenden Sonne.

3. Oktober: Hitler und Mussolini am Brenner

Das Abenteuer von Dakar hätte dem Krieg eine Wendung geben können. Hitler hatte das Unternehmen ›Seelöwe‹ praktisch schon aufgegeben und überdachte von neuem seine strategischen Pläne. Zum Krieg gegen Rußland war er zwar entschlossen, aber trotzdem faßte er die Eroberung des Mittelmeers sozusagen als Zwischenspiel ins Auge. Wäre die englisch-gaullistische Expedition nach Dakar geglückt, so wäre ein Gegenschlag in Nordafrika unumgänglich gewesen.

Nach Jodl und seiner Denkschrift ›Invasion oder nicht?‹ drängten alle, die auf Hitler Einfluß hatten, zu einer ›Mittelmeerstrategie‹, in erster Linie Großadmiral Raeder. Er wagte es, Hitler über seine Pläne zu befragen, und im Laufe von zwei Besprechungen unter vier Augen gelang es ihm, mit dem Führer eine Unterhaltung über die nun, nach der Verschiebung des Unternehmens ›Seelöwe‹, nötig gewordene Neuorientierung der Strategie zu führen. Hitler wies wiederholt auf die Schlüsselstellung Rußlands hin. Er gab allerdings auch zu, daß das Mittelmeer während der Winterpause in Zentraleuropa ein Kriegsschauplatz von großer strategischer Bedeutung sein konnte. Beim Vorstoß auf Suez konnten die Deutschen nur bedingt behilflich sein. Mussolini betrachtete das östliche Mittelmeer als sein alleiniges Jagdgebiet. Also mußte man im Westen Ansatzpunkte für das deutsche Heer suchen. Das Unternehmen ›Felix‹ zielte

auf Nordafrika. Aber auf dem Weg dorthin lag ein herausforderndes Objekt, die letzte Kralle, mit der sich England an den Kontinent festklammerte: Gibraltar, das Hitler ganz besonders interessierte. Seit der Einnahme von Eben-Emael hielt er sich nämlich für einen großen Spezialisten im Einnehmen von Festungen, und die Idee, sein Genie an dem berühmtesten Felsen der Welt zu erproben, erschien ihm verlockend. Später sollten die Azoren und die Kanarischen Inseln besetzt werden, da sie ihm als U-Boot-Stützpunkte und vorgeschobene Stellung gegen eine zwar noch nicht akute, aber immerhin mögliche amerikanische Bedrohung nützlich zu sein schienen. Und schließlich war er davon überzeugt, daß ihm die Sperrung des Mittelmeeres und der offene Weg nach Marokko ein Druckmittel gegen Frankreich lieferte. Gewiß, das waren nicht die Absichten der von Hitler so oft beschworenen ›Vorsehung‹, aber es handelte sich immerhin um wichtige Projekte, mit denen sich eine Winterpause ausfüllen ließ.
Die diplomatischen Vorbereitungen begannen im September. Am 4. Oktober traf Hitler mit Mussolini am Brenner zusammen. Wie im vergangenen März hielten die beiden Sonderzüge nebeneinander im Grenzbahnhof, doch lag jetzt kein Schnee, sondern die Höhen erglänzten in herbstlichem Gold. Hitler erklärte seinem Gesprächspartner, dem Duce, er habe sich entschlossen, Gibraltar zu nehmen, weshalb man auch Franco in den Krieg hineinziehen müsse. Deshalb habe er auch schon den Schwager des spanischen Diktators, Serrano Suñer, nach Berlin eingeladen. Da ihn das Zögern Suñers beunruhigt habe, halte er es für unbedingt notwendig, mit Franco persönlich zu sprechen. Er wolle daher bis nach Hendaye, also an die spanische Grenze fahren, schon um zu zeigen, welchen Wert er auf diese Zusammenkunft lege. Er habe Mussolini lediglich davon in Kenntnis setzen wollen und zähle auf dessen Hilfe.
Diesem Plan stimmte Mussolini zu. Dagegen beunruhigte ihn Hitlers Vorhaben, Frankreich in eine kontinentale Koalition einzubeziehen. Aber über die Tatsache, daß Deutschland ohne sein Wissen in Rumänien militärische Maßnahmen ergriffen hatte, konnte er seinen Ärger kaum verbergen. Rumänien war in seinen Augen ein Schutzland Italiens, und er fand es unzulässig, daß die Deutschen es zu ihrem Protektorat machen wollten. Zu Ciano sagte er nachher: »Hitler stellt mich immer vor vollendete Tatsachen! Diesmal werde ich ihm in der gleichen Münze heimzahlen: Er wird aus den Zeitungen erfahren, daß ich in Griechenland einmarschiert bin...«

In Frankreich gingen die Vorbereitungen langsam weiter. Pierre Laval wirkte dabei entscheidend mit. Der Marschall konnte ihn nicht ausstehen, ja er verachtete ihn sogar; er warf ihm seine politische Vergangenheit vor, sein auf recht zweifelhafte Weise erworbenes Vermögen, seine vulgären Manieren und seine Schmuddeligkeit, seine schwarzen Zähne, den Geruch von kaltem Tabakrauch, den er verbreitete, und die Aura des Unmoralischen, die ihm anhing. Am 10. Juli aber hatte Laval die Nationalversammlung zu einer geradezu triumphalen Abstimmung von 569 Stimmen gegen 80 veranlaßt, die Philippe Pétain zu einem wahren König Frankreichs machte. Die Politik Pétains war zu verschlagen, als daß sie sich auf eine Seite festgelegt hätte. Das Kabinett war eine antideutsche Brutstätte, so daß Weygand, der Verteidigungsminister, ganz offen von Revanche sprach. Nur Laval vertrat eine andere Meinung als alle anderen Minister. Für ihn war es eine Tatsache, daß der deutsche Sieg unwiderruflich war und daß die einzig mögliche Zukunft Frankreichs in einer loyalen Zusammenarbeit mit dem Sieger bestand.

Es war aber nicht leicht, mit diesem Sieger Kontakt aufzunehmen. Die Bedingungen von Compiègne waren hart, aber das genügte ihm offenbar noch nicht. Die Departements Nord und Pas de Calais wurden der deutschen Militärverwaltung in Brüssel zugeteilt, die noch in Frankreich befindlichen Kriegsgefangenen wurden nach Deutschland gebracht, für die Zivilbevölkerung wurden die Lebensmittel rationiert, und zwar derart, daß sie geringer waren als jene, welche die Deutschen 1918 erhalten hatten. Außerdem mußte Frankreich täglich 400 Millionen Franc Besatzungskosten zahlen, was faktisch eine erdrückende Kriegsentschädigung war. Nachdem Hitler den Irrtum eingesehen hatte, Nordafrika nicht beachtet zu haben, forderte er acht Flugstützpunkte in Marokko und das Benutzungsrecht der Bahnlinie Casablanca-Tunis. Vichy antwortete auf diese Forderung mit dem Argument, sie widerspreche dem Waffenstillstandsabkommen, war aber im übrigen auf das Schlimmste gefaßt. Es geschah aber gar nichts, denn Deutschland sprach nicht mehr von diesen Bedingungen. Warum nicht, das blieb bis heute unbekannt.

Laval setzte seine Arbeit fort. Als er zum erstenmal im Juli nach Paris fuhr, wußte er noch nicht, welchen Weg er einschlagen solle, zählte nur auf sein Glück und auf seinen Spürsinn. Generalfeldmarschall von Brauchitsch, der Oberbefehlshaber des Heeres, selbst General Streccius, der Chef der Militärverwaltung Frankreichs, waren für ihn zu hochgestellte Persönlichkeiten. Er hängte sich daher an eine Persönlichkeit zweiten Ranges, an Otto Abetz, der vor dem Krieg für die Hitlerpropaganda gearbeitet hatte und damals beauftragt gewesen war, französische Intellektuelle ins Nazilager herüberzuziehen. Abetz ließ den Vizepräsidenten des Ministerrates Frankreichs mehrere Stunden im Vorzimmer warten, aber Laval sagte später: »Ich hätte ihn auch die ganze Nacht über im Rinnstein erwartet.« Als er dann endlich empfangen wurde, hörte er sich ergeben das endlose Gerede des Herrn Abetz an: »Ich bin in Karlsruhe geboren. Ich war noch Kind, als Ihre Flieger meine Geburtsstadt bombardierten. Das war am Fronleichnamstag 1916. Ich habe geschworen, mein Leben der deutsch-französischen Annäherung zu widmen« usw. Der Überblick über die Lage, der dann folgte, brachte die beiden Männer zu dem Schluß, daß ein gemeinsamer Kampf gegen England die beste Basis für eine deutsch-französische Zusammenarbeit bildete. Abetz hatte als Frankreich-Referent im Büro Ribbentrop keinen bestimmten Auftrag, erklärte jedoch, er werde nach Berlin fahren und hoffe, daß dort die Gedanken, die sie nun zu zweit entwickelt hätten, Anklang finden würden. Laval fuhr im Gefühl seiner ungeheuren Wichtigkeit und umgeben von Geheimnissen nach Vichy zurück. Sofort begann er mit seinen Versuchen, Weygand, Bouthillier, Ybarnegaray, Baudouin, Noël und François-Ponçet aus der Regierung zu drängen. »Ich warte die Rückkehr von Abetz ab«, sagte er zu Pétain. »Ich rechne damit, daß er das Versprechen bedeutender Erleichterungen für Frankreich mitbringt, aber es wäre lächerlich auf deren Verwirklichung zu hoffen, solange in Vichy Leute sitzen, die ganz offen die Niederlage Deutschlands wünschen.«

Die Wartezeit war lang, aber sie endete im Triumph. Der eifrige Abetz kam am 5. August in der Uniform eines deutschen Botschafters in Paris an. Dank einem unglaublichen Zufall war seine Ankunft in Berlin gerade mit einer Sinnesänderung Hitlers zusammengefallen, der nun plante, Frankreich am Krieg gegen England teilnehmen zu lassen. Abetz konnte seine Vorgesetzten davon überzeugen, daß er der rechte Mann für diese Politik sei, denn seine Frau sei Französin, er habe schon Verbindungen in Frankreich, und er sei mit dem einzigen wirklichen Politiker in ganz Vichy einer Meinung. Auf diese Weise stützte Laval Abetz und Abetz deckte Laval. In Vichy war man skeptisch gegenüber diesem relativ Unbekannten gewesen, dessen Rückkehr sich verzögerte, weswegen alle Regierungsbeschlüsse vertagt werden mußten. Damit, daß er nun als Botschafter wiederkam, war der Beweis erbracht, daß Vizepräsident Laval sich nicht mit einem Phantasten oder Abenteurer eingelassen hatte.

Von nun an kannte Lavals Überheblichkeit keine Grenzen mehr. Er fuhr oft nach Paris. Am 28. August wurde er von Brauchitsch empfangen, dem er die Teilnahme Frankreichs am Krieg gegen England anbot. Doch der sture Soldat antwortete ihm: »Deutschland braucht keine französische Hilfe, die ohnehin gleich Null wäre...« Laval schluckte diese Abfuhr und fuhr nach Vichy zurück, um dort die Reinigung des Kabinetts von deutschfeindlichen Mitgliedern weiterzubetreiben.

Am 4. September erklärte Pétain Weygand, er könne von nun ab auf seine Dienste als Minister verzichten. Gleichzeitig schwenkte er neuerdings um und ernannte Weygand zum Generalbevollmächtigten für Afrika mit Sitz in Algier.

Eine weitere Sinnesänderung Pétains erfolgte einige Tage später: Am 20. September empfing er den Schriftsteller und Professor der philosophischen Fakultät der Universität Besançon, Louis Rougier, der sich unter Zuhilfenahme seiner angelsächsischen Beziehungen aus eigenem Antrieb zum Vermittler zwischen Vichy und London angeboten hatte. Ihm, dem völlig unbekannten Vermittler gegenüber, machte Pétain – nach Rougiers Aussage – recht kühne Erklärungen: »Sagen Sie den Engländern, daß ich Weygand nach Nordafrika schicke, wo ihn die Deutschen nicht überwachen können; er hat den Auftrag, dort eine Armee aufzustellen, die uns eines Tages nützlich sein kann... Laval ist der Mann, den ich am meisten auf der Welt verachte, aber vorläufig brauche ich ihn noch. Dann aber werde ich mich von ihm trennen. Das können Sie den Engländern sagen...« Zum Abschied gab er Rougier ein wichtiges Handschreiben mit, in dem es hieß: ›Der Marschall Pétain, Staatschef, empfiehlt Professor Rougier der wohlwollenden Aufmerksamkeit aller unserer diplomatischen und konsularischen Vertreter. Ph. Pétain, 20. September 1940.‹

Laval bei Hitler

Adolf Hitler war nicht sehr mutig. Nur ungern kam er aus seinen bombensicheren Unterständen heraus. Seinen Sonderzug ließ er stets in der Nähe eines Tunnels halten. Einem solchen unterirdischen Schlupfwinkel an der kleinen Bahnlinie von Vendôme und Pont-de-Braye verdankt das kleine Nest Montoire-sur-Loire seinen Platz in der Geschichte.

Abetz brachte am 22. Oktober Laval dorthin. Laval glaubte, Ribbentrop zu treffen, und war, als er erfuhr, daß er sich dem Führer gegenübersehen werde, derart beeindruckt, daß er nach seiner eigenen Aussage nur mehr ›verdammte Sch...‹ sagen konnte. Das Zusammentreffen war ausgesprochen freundschaftlich. Laval rief aus, es sei ihm unmöglich, seiner tiefen Überraschung und Rührung Ausdruck zu verleihen. Er sehne ›als Franzose‹ von ganzem Herzen die Niederlage der Engländer herbei. Hitler gefiel diese Beweihräucherung, und er versicherte, er sei sich des Sieges gewiß. Der Führer fügte hinzu, er wolle keinen Rachefrieden, sondern wünsche lediglich, daß die Engländer für die Kosten des Krieges aufkämen. Anschließend äußerte er den Wunsch, Marschall Pétain am übernächsten Tag zu empfangen. Laval antwortete, der Chef des französischen Staates hege keinen größeren Wunsch, als mit dem Führer des Deutschen Reiches zusammenzutreffen.

Hendaye: Hitler und Franco

Der Sonderzug Hitlers, dieser mit Flak gespickte Unterstand auf Rädern, fuhr anschließend nach Hendaye, wo eine Zusammenkunft mit Franco vereinbart worden war. Wie üblich, hielt Hitler eine lange Ansprache. Er verlangte von Franco, Spanien solle am 10. Januar 1941 in den Krieg eintreten, und versprach ihm, daß Gibraltar von den deutschen Spezialtruppen in einigen Tagen genommen sein und dann wieder mit der spanischen Nation vereint werden würde. Bewegungslos und ungerührt, die Hände übereinander gelegt, die Beine gekreuzt, hörte Franco mit blassem Gesicht die lange Rede Hitlers an. Dann sprach er.

Spanien wolle Gibraltar selbstverständlich wieder zurückhaben. Seine Eroberung sei aber eine rein national-spanische Angelegenheit und könne infolgedessen nur von Spaniern durchgeführt werden, könne aber nicht als Geschenk einer fremden Macht an Spanien fallen, selbst wenn Spanien mit dieser befreundet sei. Dazu aber sei es unumgänglich, die spanische Armee vollkommen neu auszurüsten. Die Eisenbahnen, die im Bürgerkrieg zerstört worden seien, müßten wieder ausgebaut werden, außerdem müsse die unterernährte spanische Bevölkerung erst wieder zu Kräften kommen. Spanien zähle auf deutsche Hilfe für alle diese Dinge, aber es könne in dem von Hitler geforderten kurzen Zeitraum unmöglich kampfbereit sein.

Hitlers Darstellung war langatmig gewesen, und Franco versuchte nun, es ihm gleichzutun. Hitler war aber nicht der Mann, der sich lange Reden anhörte. Er stand brüsk auf, sagte, wenn es um Spanien so stünde, dann wäre er umsonst gekommen und es bliebe ihm nichts anderes übrig, als wieder abzufahren. Franco wartete, bis Hitler sich wieder beruhigt hatte, und setzte in ruhigem Ton seinen Vortrag fort. Darauf ergriff wieder Hitler das Wort, erging sich in drohenden Anspielungen gegen jene, die nicht verstehen wollten, daß die Situation Englands verzweifelt sei und daß der totale deutsche Sieg unmittelbar bevorstünde. Franco erwiderte, daß der deutsche Sieg tatsächlich schon errungen sei; er beschränke sich vorläufig jedoch nur auf den Kontinent. Es sei allerdings möglich, daß auch England eines Tages besetzt werde. Dies hätte aber zur Folge, daß sich die britische Flotte nach Kanada zurückzöge und das britische Empire den Kampf mit amerikanischer Hilfe fortsetzte. Er, der Chef des spanischen Staates, sei seinem Volk und der Geschichte verantwortlich, er müsse auch einen möglicherweise langen Krieg sowie alle Lasten und Risiken einer solchen Intervention in Betracht ziehen. Spanien benötige eine günstige Konstellation, in der sich die Kriegsbegeisterung seines Volkes wieder entfachen lasse, eines Volkes, das gegenwärtig nur seine Ruhe haben wolle. Franco forderte Mauretanien, ganz Marokko und die Provinz Oran, mit anderen Worten den größten Teil des französischen Nordafrika – und das in dem Augenblick, in dem Deutschland hoffte, Frankreich an seine Seite ziehen zu können!

Die Unterredung dauerte sieben Stunden. Hitler brach die Debatte ab und schlug vor, die Außenminister sollten einen Vertragsentwurf fertigstellen. Als er aus dem Konferenzraum in einem Waggon seines Sonderzugs wieder zu seinem eigenen Wagen zurückging, sagte er: »Ich würde mir lieber drei oder vier Zähne ausziehen lassen, als das noch einmal mitzumachen.« Nach einem ziemlich langweiligen Festessen ging die Diskussion zwischen Serrano Suñer und Ribbentrop weiter. Dieser übertrieb Hitlers Unzufriedenheit gewaltig und verstieg sich zu nackten Drohungen. Genau um Mitternacht entließ er Suñer und forderte ihn auf, am nächsten Morgen vor 8 Uhr mit einem annehmbaren Vertrag wieder zu erscheinen. Zur festgesetzten Stunde erschien aber nur der Unterstaatssekretär Espinoza de los Monteros, der einen vollkommen unbedeutenden, nichtssagenden Text mitbrachte. Ribbentrop hatte dann gerade noch Zeit, ein Flugzeug zu besteigen, um Hitler einzuholen, der mit dem Sonderzug nach Montoire zu Pétain fuhr. »Den ganzen Weg über«, erzählt der Dolmetscher Paul Schmidt, »schimpfte Ribbentrop auf den ›Jesuiten‹ Suñer und den ›undankbaren Feigling‹ Franco, der ›uns alles verdankt und nun nicht mitmachen will‹.«

Montoire: Hitler und Pétain

Der Unterredung von Montoire ging in Vichy eine heftige Szene voraus. Laval war wütend geworden, als Pétain ihm seine Absicht mitteilte, sich von Baudouin begleiten zu lassen: »Wenn ein anderes Mitglied Ihrer Regierung als ich an dieser Zusammenkunft teilnimmt, wird sie nicht stattfinden!« Die Drohung war lächerlich, denn die Zusammenkunft war vom Führer verlangt worden, und wenn sich Laval einbildete, der Gabenverteiler Hitlers Frankreich gegenüber zu sein, so war das noch völlig unbegründet. Aber Pétain gab nach.

Genau wie von den Gesprächen in Hendaye, so sind uns auch von denjenigen, die in Montoire geführt wurden, nur höchst fragmentarische Zeugenaussagen überliefert. Über die äußerlichen Zeremonien kann man rasch hinweggehen: Die Soldaten der Leibstandarte erwiesen regungslos wie Statuen die Ehrenbezeigungen. Hitler erwartete Pétain am Bahnsteig, der Händedruck Auge in Auge – all diese Bilder eines lächerlichen Prestiges, welches die Propaganda von Vichy bis zum Überdruß ausnützte, sind ja bekannt. Die äußerliche Würde verließ den Marschall nie. Er war ein sehr alter Mann, dessen geistige Präsenz von Zeit zu Zeit aussetzte, der inmitten eines im Grunde erniedrigenden militärischen Pomps zu einer Audienz beim Sieger ging. Als man Pétain später fragte, was in Montoire eigentlich geschehen sei, antwortete er mit falscher Naivität: »Nichts.« Er hatte sich aber ein Sündenregister anhören müssen, eine Aufzählung der französischen Verbrechen seit 1919, anschließend mußte er den

Standardmonolog über die Unbesiegbarkeit der deutschen Armee und die schon vollendete Niederlage Englands über sich ergehen lassen. Hitler fragte ihn dann, ob Frankreich entschlossen sei, seinen Boden gegen alle englischen Angriffe zu verteidigen und die abgefallenen Territorien wieder zu erobern. Pétain erwiderte, daß Frankreich materiell und moralisch zu viel gelitten habe, um sich auf einen neuen Konflikt einlassen zu können. Hitler antwortete darauf, daß seine Friedensbedingungen davon abhängen würden, in welcher Art und Weise Frankreich ihm helfe. Als das Wort ›Frieden‹ fiel, reagierte der alte Marschall wie ein Kavalleriepferd, das ein ihm bekanntes Signal hört. Er fragte, warum Deutschland Frankreich nicht über sein Schicksal aufkläre und warum es nicht deutlich beweise, daß es keinen Rachedurst Frankreich gegenüber habe. Warum erleichtere man Frankreich nicht die Rückkehr ins Alltagsleben, indem man die Besatzungskosten ermäßige, die Kriegsgefangenen freilasse und eine günstigere Demarkationslinie ziehe. Laval griff in das Gespräch ein und gab zu, daß eine Kriegserklärung an England gegenwärtig unmöglich sei, denn solch ein Schritt erfordere die Vorbereitung der öffentlichen Meinung. Dagegen sei eine Zusammenarbeit mit Deutschland auf anderen als auf militärischen Gebieten durchaus erwünscht. Im Grunde zeitigten die Gespräche von Montoire nur ein Resultat, nämlich das Wort Zusammenarbeit: ›collaboration‹. Im Oktober 1940 war dieses Ergebnis so etwas wie eine Medaille aus Blech; später sah man in ihm ein Verbrechen.

Beginn des italienisch-griechischen Kriegs

Der Oktober 1940 brachte noch ein letztes Ereignis, das einen der Wendepunkte des Krieges bilden sollte.

Nach seiner Unterredung mit Pétain blieb Hitler noch zwei Tage in Montoire. Seine Entschlüsse waren noch nicht endgültig getroffen. Das Vorhaben ›Seelöwe‹ war noch immer aktuell, die Enttäuschung von Hendaye hatte den Plan, Gibraltar zu erobern, nicht gänzlich umgestoßen, und Hitler hoffte noch immer auf eine Sinnesänderung Francos, gleichgültig ob diese durch Überredung oder durch Einschüchterung erfolgen würde. Eine kleine Gruppe von Offizieren des OKH arbeitete einen Feldzugsplan gegen Rußland aus, doch war die Geheimhaltung dermaßen streng, daß es ihnen sogar untersagt wurde, irgend etwas darüber schriftlich niederzulegen. Ribbentrop aber wachte über die Erhaltung der deutsch-russischen Allianz, deren Urheber zu sein er sich rühmte. Er war beunruhigt über die Spannung, die das Erscheinen deutscher Truppen in Rumänien hervorgerufen hatte, und schlug Hitler vor, er möge sich mit Stalin treffen. »Sie sind verrückt«, antwortete Hitler. »Sie wissen recht wohl, daß Stalin niemals nach Berlin kommen wird – soll ich vielleicht nach Moskau gehen?«

»Ich erhielt nur die Genehmigung, an Stalin zu schreiben und ihn zu bitten, uns Molotow zu senden«, berichtete später Ribbentrop. Für Hitler standen also sämtliche Möglichkeiten noch offen. Er hatte von Mussolini einen Brief erhalten, der ihn sehr beunruhigte. Der Duce beklagte sich über Griechenland. Er sprach von Provokationen, die er nicht dulden wolle. In Griechenland regierte aber der deutschfreundliche Diktator Metaxas, ein ehemaliger Zögling der Militärakademie Potsdam, dessen Sympathien den totalitären Mächten gehörten. Außerdem war Hitler gegen jegliche Komplikationen auf dem Balkan. Er wollte vorläufig alles vermeiden, was Rußland einen Vorwand für eine Intervention hätte liefern können. Es war ohnehin schon riskant gewesen, militärische Maßnahmen zum Schutz der für Deutschland unbedingt notwendigen Petroleumquellen ergreifen zu müssen. Es galt also, Mussolini unter allen Umständen zurückzuhalten, ohne dabei die deutschen Absichten preiszugeben.

Von Montoire aus teilte Ribbentrop Ciano telefonisch mit, Hitler wünsche eine Zusammenkunft mit dem Duce in einer norditalienischen Stadt. Die Zustimmung kam am darauffolgenden Tag. Falls der Führer einverstanden sei, könne die Zusammenkunft am Montag, dem 28. Oktober 1940, in Florenz stattfinden.

Hitler zog nicht in Erwägung, daß sein Verbündeter alle Anstrengungen machte, ihn vor vollendete Tatsachen zu stellen. Am 14. Oktober hatte Mussolini den Marschall Badoglio, seinen Generalstabschef, gefragt, wieviel Truppen und wieviel Zeit nötig seien, um die Griechen zu schlagen. Der Marschall hatte geantwortet, daß 20 Divisionen und drei Monate ihm erforderlich erschienen. Dann hatte Badoglio zu fragen gewagt, was denn die Deutschen von dem Projekt eines Feldzuges in Griechenland hielten. Mussolini wurde wütend. Hatte Hitler ihn vielleicht gefragt, als er Polen angriff? Und Norwegen? Und Frankreich? Hatte er die begründete Empfindlichkeit seines Alliierten berücksichtigt? Er, Mussolini, sei der Ansicht, Griechenland müsse dauerhaft in die strategische Sphäre Italiens einbezogen werden. Er wolle den Epirus, Korfu und die Ionischen Inseln annektieren, sich in Saloniki festsetzen, unabhängig davon, ob das Deutschland gefalle oder nicht! Der Feldzug hätte spätestens am 28. Oktober zu beginnen. Die Generale wurden aufgefordert, geeignete Vorbereitungen zu treffen. Acht Tage lang widersetzte sich Badoglio diesem Plan. Er gab zu bedenken, daß er von den Marine- und Luftwaffengeneralen negative Beurteilungen der Erfolgsaussichten eines Krieges erhalten habe, daß die Jahreszeit ungünstig sei und daß auf dem Epirus bald Schnee liegen werde. Er führte auch an, daß in Albanien nur acht italienische Divisionen stünden, daß die schlechten Häfen die Aufstellung der fehlenden zwölf Divisionen erheblich verzögern würden. Diese Einwände machten den Duce rasend. Er, Mussolini, wolle selbst nach Griechenland gehen, um die Schande der Italiener zu sehen, die vor den Griechen Angst haben. Ciano gegenüber bemerkte er, er sei bereit, jederzeit Badoglios Demission anzunehmen, falls dieser ihn darum ersuchte. Der derartig gewarnte Marschall zog es vor, sich ruhig zu verhalten.

Am 27. Oktober verließ Hitler Montoire. In Yvoir-sur-Meuse, wo eine der Durchbruchschlachten vom Mai stattgefunden hatte, wurde der Sonderzug angehalten. Man überreichte Hitler einen Brief Mussolinis. Dieser Brief war achtundvierzig Stunden vorher bei der italienischen Botschaft in Berlin angekommen, aber die deutschen Behörden erlaubten keinem Mitglied der Botschaft, Hitler den Brief zu überbringen. In diesem Schreiben teilte Mussolini mit, er habe sich entschieden, den Krieg gegen Griechenland unverzüglich zu beginnen. Danach fuhr der Zug mit doppelter Geschwindigkeit. In München wartete auf den Führer ein Telegramm, in dem Fürst Bismarck, der deutsche Geschäftsträger in Rom, mitteilte, Ciano habe ihn zu sich bestellt und ihm das Ultimatum vorgelesen, das drei Uhr morgens der griechischen Regierung gestellt werden sollte. Italien bezichtigte darin Griechenland der Konspiration mit England und verlangte von Griechenland, bestimmte Gebiete, die noch näher bekanntgegeben würden, besetzen zu dürfen, damit diese Konspiration endlich aufhöre. Die griechische Regierung hatte drei Stunden Zeit, sich zu entscheiden. Falls bis sechs Uhr keine bedingungslose Unterwerfung erfolgt sei – so stand dort zu lesen –, würden die Kriegshandlungen beginnen.
»Die Stimmung in den beiden Sonderzügen Hitlers und Ribbentrops war nicht gerade rosig...«, erzählt Dr. Schmidt, »...denn sowohl in Hendaye als auch in Montoire hatte Hitler nicht erreicht, was er sich vorgenommen hatte. Bei der gespannten Atmosphäre ... konnte man den Ruck fast körperlich verspüren ... den unser Zug beim Umbiegen nach Süden ... vollführte. ›Die Polizei eilt zum Ort der Tat‹ hätte man die Lage ... beschreiben können.«
In Florenz war der Bahnhof prachtvoll dekoriert. Mussolini wartete in seiner schönsten Uniform. »Heute früh«, sagte er »haben im Morgengrauen die siegreichen italienischen Truppen die albanisch-griechische Grenze überschritten.« Als er die Unzufriedenheit auf dem Gesicht seines Alliierten sah, fügte er hinzu: »Seien Sie nicht beunruhigt, das Ganze ist in vierzehn Tagen vorbei.« Vierzehn Tage später waren die Truppen Mussolinis in einem allgemeinen Rückzug begriffen.
Nach dem Feldzugsplan sollte die 9. italienische Armee über Florina und Edessa nach Saloniki marschieren. Die Griechen nutzten aber das unübersichtliche Terrain und die Schneestürme zu einem Gegenangriff und besetzten im Rücken der italienischen Armee den Knotenpunkt Koritza. Nur ein überstürzter Rückzug rettete die Armee vor der Gefangennahme. Die 11. italienische Armee sollte den Epirus erobern und dann gegen Athen vorstoßen. Der Widerstand der Griechen, die von General Alexander Papagos befehligt wurden, war überaus geschickt und unglaublich hartnäckig. Die Griechen paßten sich sofort dem Gebirgskrieg an, griffen instinktiv zur Infiltrationstaktik und waren gegen die Witterungseinflüsse völlig unempfindlich, während die Italiener vor Kälte zitterten. Es gelang ihnen nicht einmal, sich Janina zu nähern. Am 21. November war die endgültige Niederlage besiegelt. Die italienischen Streitkräfte

zogen sich ungeordnet auf eine Berghöhe zwischen dem Ochridasee und dem Meer zurück und versuchten Valona und Tirana zu decken.
An demselben 21. November wiegte sich das italienische Flottengeschwader in Tarent in Sicherheit. Es war elf Uhr abends, der Mond stand im letzten Viertel. Sämtliche Schlachtschiffe ankerten im Ostwinkel der äußeren Bucht, zwischen der Insel San Pietro und der Landspitze San Vito. Insgesamt waren es sieben große Schiffe, von denen zwei, die 41 000 Tonnen großen *Littorio* und *Vittorio Veneto*, erst vor kurzem erworben worden waren. Eine hölzerne Brückenmole, zwei Linien Netze und drei Ballonsperren schützten sie. Die offene Flanke deckten mehrere Kreuzer. Gegen diese stark verteidigte Basis war bisher weder ein See- noch ein Luftangriff geführt worden. Plötzlich gab es Alarm. Die Flak schoß. Schlagartig war das Ufer erleuchtet. Zwei Flugzeuge hatten eine Reihe von Leuchtraketen abgeschossen, in deren grellem Licht die Silhouetten der Schiffe auftauchten. Zwölf ›Swordfish‹, alte einmotorige Zweidecker, näherten sich im Tiefflug von Osten. Admiral Andrew Cunningham hatte sich entschlossen, die italienische Flotte in ihrem Nest zu treffen. Der Angriff erfolgte vom Flugzeugträger *Illustrious* aus, der einige Wochen zuvor Cunningham unterstellt worden war. Ein anderer Flugzeugträger, die *Eagle*, sollte eigentlich auch an dieser Operation teilnehmen. Doch sie war zu veraltet und den italienischen Bombern, die sie am 9. Juli vor Kalabrien getroffen hatten, war es gelungen, sie vollkommen außer Gefecht zu setzen. Außerdem hatte Cunningham bei einem Zusammenstoß drei Flugzeuge verloren. Er vereinte alles, was ihm geblieben war, nämlich 21 Flugzeuge auf der *Illustrious*, verteilte sie auf zwei Wellen und ließ die erste Welle, bestehend aus 12 Flugzeugen, um 20 Uhr 40 180 Meilen vor Tarent starten.
Zwei Stunden später trafen die Torpedos der ›Swordfish‹ die *Cavour* und die *Littorio*. An den Bränden orientierte sich die zweite Welle, die fünfzig Minuten nach der ersten aufstieg und von nur neun Flugzeugen gebildet wurde. Ihre Torpedos verfehlten die *Vittorio Veneto*, rissen aber die *Caio Duilio* auf und beschädigten die *Littorio* nochmals so sehr, daß sie in der Bucht sank. Die Hälfte der italienischen Panzerflotte war zerstört; zwei ›Swordfish‹ kehrten nicht mehr zur *Illustrious* zurück.

Neue deutsche Mittelmeerstrategie

Am 5. November 1940 war Franklin Roosevelt mit 27 Millionen Stimmen zum Präsidenten der Vereinigten Staaten wiedergewählt worden. Sein Gegner Willkie hatte nur 23 Millionen Stimmen erhalten. Roosevelt hatte zwar immer verkündet, die Neutralität der Vereinigten Staaten zu wahren, aber niemand bezweifelte, daß Roosevelt an der Spitze Amerikas für Deutschland eine Drohung und für England eine Hoffnung sein werde. »Die Nachricht von der Wiederwahl war für mich eine unglaubliche Erleichterung«, sagte Churchill. Goebbels ordnete an, daß die Presse die amerikanischen Wahlen mit ausgesprochener Verachtung kommentieren solle. Ein italienischer Diplomat vermerkte allerdings in seinem Tagebuch: ›Die offiziellen Stellen sehen in dieser neuen Präsidentschaftsperiode eine Warnung, denn sie befürchten, Amerika werde in kürzester Zeit in den Krieg eintreten.‹

Die Fehlschläge Italiens brachten für Deutschland neue Probleme. Der Panzergeneral von Thoma kam aus Afrika zurück und berichtete in entmutigender Weise über den Wert der italienischen Armee sowie über die Feindseligkeiten der Italiener, die er zu erdulden gehabt habe. Hitler ordnete an, die Ausrüstung der 4. Panzerarmee für den Wüstenkrieg zu unterbrechen, forderte jedoch am 5. November den Generalstab des Heeres auf, Maßnahmen auszuarbeiten, die wegen der italienischen Fehlschläge in Albanien notwendig werden könnten. Einige Tage später traf Badoglio sehr niedergeschlagen in Innsbruck ein, um über die Zukunft der deutsch-italienischen Waffenbrüderschaft zu sprechen. »Der Krieg«, sagte ihm Keitel voller Überheblichkeit, »ist gewonnen; es handelt sich nur mehr darum, ihn zu beenden, indem man England anzuerkennen zwingt, daß es ihn verloren hat.« Dann hielt er Badoglio einen Vortrag über die herrliche deutsche Armee: 230 Divisionen, von denen 185 Linientruppen seien, davon 20 Panzerdivisionen und 12 motorisierte. Dieser Demonstration von Macht gegenüber mußte Badoglio eingestehen, daß er alle seine 74 Panzerwagen nach Libyen geschickt habe; er bat im Auftrag des Duce, man möge ihm 700 eroberte französische Panzer schenken. Aber Keitel wies diese Bitte mit der Begründung ab, daß diese Panzer zur Ausrüstung neuer deutscher Einheiten vorgesehen seien. Dagegen kam er auf den Vorschlag zurück, eine Panzerdivision nach Libyen zu schikken, was aber wiederum Badoglio – seinen Instruktionen entsprechend – zurückweisen mußte. »Wenn ich sie bei uns 'reinlasse«, hatte ihm Mussolini gesagt, »gehen sie nie wieder heraus.«

Der 12. November war ein Tag wichtiger Entscheidungen. Jodl übergab dem Führer einen Bericht über die Unmöglichkeit einer Landung in England. Hitler billigte diesen Rapport und verfaßte seine Weisung Nr. 18, die eine ganz neue Art der Kriegsführung vorsah.

Der erste Absatz betraf Frankreich: ›Das Ziel meiner Politik gegenüber Frankreich ist, mit diesem Land in einer für die zukünftige Kriegführung gegen England möglichst wirkungsvollen Weise zusammenzuarbeiten... Vordringliche Aufgabe der Franzosen ist die defensive und offensive Sicherung ihrer afrikanischen Besitzungen gegen England und die de-Gaulle-Bewegung. Aus dieser Aufgabe kann sich die Teilnahme Frankreichs am Krieg gegen England in vollem Maße entwickeln...‹ Dann kam Hitler auf Spanien zu sprechen: ›Das Ziel des deutschen Eingreifens auf der Iberischen Halbinsel (Deckname ›Felix‹) wird sein, die Engländer aus dem westlichen

Mittelmeer zu vertreiben. Hierzu soll Gibraltar genommen und die Meerenge abgeschlossen werden...‹

Der dritte Punkt behandelte die Atlantischen Inseln: ›Die Herren Oberbefehlshaber der Kriegsmarine und Luftwaffe prüfen, wie die spanische Verteidigung der Kanaren zu unterstützen ist beziehungsweise die Kap Verden in Besitz genommen werden können. Die Frage einer Besetzung von Madeira und der Azoren bitte ich ebenfalls zu prüfen, ebenso die sich daraus ergebenden Vor- und Nachteile...‹

Angesichts dieser Anordnung konnten Jodl und alle, die eine Mittelmeerstrategie verteidigt hatten, annehmen, sie hätten gewonnen. Hitler ging jetzt mit Leidenschaft ans Werk. Während er die Möglichkeiten einer Einnahme Gibraltars erwog, arbeitete er an einem großen Modell der Festung und sprach ständig von der Eroberung der Archipele, die seine Luftwaffen- und Marinechefs zwar einnehmen, nicht jedoch halten zu können glaubten.

An Mussolini hatte Hitler einen sehr langen Brief geschrieben, in dem er bedauerte, zu spät durch Florenz gekommen zu sein. Er sei jedoch entschlossen, die englische Gefahr in Griechenland zu bannen, was aber nicht sofort geschehen könne, denn militärische Operationen großen Umfangs seien auf dem Balkan vor dem Monat März unmöglich. Die Absperrung des Mittelmeeres dagegen sei jetzt aktuell. Und er fügte hinzu: ›Die Mittelmeerfrage muß noch in diesem Winter bereinigt werden, da zu dieser Zeit auch am besten der Einsatz deutscher Kräfte möglich ist...‹

Das Haupthindernis aber, die Neutralität Francos, war noch immer nicht beseitigt. ›Zu diesem Zwecke‹, schrieb der Führer dem Duce, ›will ich versuchen, Spanien zu einem schleunigen Kriegseintritt zu bewegen...‹ Wie das geschehen sollte, wußte jedoch auch Hitler nicht zu sagen.

Der Riß im deutsch-russischen Bündnis

Am Anhalter Bahnhof Blumen, Hammer und Sichel. Der Volkskommisar des Äußeren, Wjatscheslaw Molotow, kam auf Einladung Ribbentrops nach Berlin. Ribbentrop blieb die erwünschte Belohnung für seine Initiative allerdings versagt. Während der Besprechungen öffnete Molotow kaum die Lippen. Ribbentrop wiederholte fortwährend, keine Macht der Welt könne die englische Niederlage aufhalten. Der ironische und durchdringende Blick des Russen brachte den eingebildeten Ribbentrop fast zur Verzweiflung.

Hartnäckig diskutierte der Volkskommissar dagegen mit Hitler. Er beklagte sich über die Intrigen des Reiches in Finnland und drohte mit der Wiederaufnahme der Kriegshandlungen gegen dieses Land, falls es weiterhin die Infiltration von deutschen Trup-

Die Gesamtstärke der englischen Flotte war trotz der konkurrierenden Seemächte USA und Japan bei Kriegsbeginn noch immer imponierend: 15 Schlachtschiffe (unten), 7 Flugzeugträger 64 Kreuzer und fast zweihundert Zerstörer (oben) operierten zum Schutz englischer Interessen auf den Meeren des Erdballs.

Während der ersten vier Kriegsjahre war der Seekrieg im Atlantik im wesentlichen ein Kampf der deutschen U-Boote gegen die englische Blockade. Nach anfänglichen Einzeloperationen erfolgte allmählich die Ausdehnung des Operationsgebiets auf den gesamten Atlantik in Form von Suchbewegungen ganzer U-Boot-Gruppen. Torpedierte Tanker (oben) und durch Wasserbomben versenkte U-Boote (unten) markierten bald jede Seeroute.

pen dulden sollte. Er beschwerte sich auch über das Eindringen deutscher Truppen in Rumänien und drohte mit dem Abschluß eines Protektoratsvertrages mit Sofia, wie ihn Berlin von Bukarest hatte unterzeichnen lassen. Er verlangte die Kontrolle der Meerengen, die Bildung von sowjetischen Marine- und Luftstützpunkten in der Türkei. Als Hitler versuchte, ihn auf den Persischen Golf und Indien abzulenken, nahm ihm Molotow den rhetorischen Wind aus den Segeln, als er sagte, es seien nur die europäischen Fragen, die ihn interessierten. Hitler, der in Bad Godesberg fast vor Wut erstickt war, als Chamberlain sich erlaubt hatte, ihm eine Frage zu stellen, ertrug mit ungewöhnlicher Geduld die gezielte Antwort des kleinen Mannes mit Zwicker und stählernem Auge. Der Verlauf dieser Unterredungen war weit davon entfernt, einen Riß zwischen Sowjetrußland und Hitlerdeutschland offenbar werden zu lassen. Das Protokoll sprach von einer Übereinstimmung in allen Punkten, einschließlich der russischen Ansprüche auf die Meerengen. Wenn man den Wortlaut dieses Protokolls für bare Münze nahm, dann war das deutsch-russische Bündnis in keiner Weise gestört. Die wirtschaftliche Zusammenarbeit war überhaupt nicht berührt worden, und sämtliche Bedingungen des Moskauer Paktes blieben bestehen. Aber der Schein trog. Alle Zeugen berichten, daß Hitler nach diesen beiden Unterhaltungen mit Molotow außerordentlich erregt war. »Meiner Überzeugung nach«, sagt Paul Schmidt, »sind in diesen Tagen die Entscheidungen gefallen, die Hitler zu seinem Angriff auf die Sowjetunion veranlaßt haben.« »Der Führer«, berichtete Keitel, »sah in den Worten Molotows den Beginn eines großen Einkreisungsmanövers um Deutschland. Dem beschloß er zuvorzukommen.«

Es gab aber noch andere Gründe, die Hitler veranlaßten, einen Feldzug gegen Rußland ins Auge zu fassen. Alle Hoffnungen auf einen kurzen Krieg hatten sich als trügerisch herausgestellt. England hatte sich nun auf seiner Insel verbarrikadiert und war nur unter schwierigsten Umständen angreifbar. Die Operationen im Mittelmeer brachten keine endgültige Lösung. Amerika war militärisch nicht zu fürchten, aber seine wirtschaftliche Kraft verschaffte England ständig wachsende Hilfsquellen. Deutschland hing dagegen mehr und mehr von den großen Rohstoffquellen Rußlands ab. Hitler brachte Molotows Sicherheit, die sich so sehr von seinem bescheidenen Verhalten im Jahre 1939 unterschied, mit dieser Tatsache in Verbindung. Wenn Deutschland nicht sehr achtgab, würde es immer mehr in die Abhängigkeit Rußlands geraten, was dem Ziel der nationalsozialistischen Bewegung, das von Anfang an die Zerstörung des Bolschewismus war, diametral entgegenlief. Der Pakt mit den Sowjets war eine politische Notlösung gewesen, die einer bestimmten Phase des Krieges entsprach. Nun aber bestand das Risiko, daß daraus eine tödliche Umarmung werden konnte, falls sich die Bedingungen, die zu diesem Pakt geführt hatten, nicht änderten.

Menschen sind komplizierte Wesen. Es gibt ganz wenige hundertprozentige Zyniker.

Adolf Hitler war keiner von ihnen. Sein Zusammengehen mit Moskau hatte ihn innerlich immer beschämt. Viele Generale und viele deutsche Aristokraten, die in der Tradition Weimars erzogen worden waren, akzeptierten dieses Bündnis wesentlich skrupelloser als der österreichische Plebejer, dessen erste politische Auseinandersetzungen wilde Schlägereien mit dem Rotfrontkämpferbund gewesen waren. Hitler erleichterte sein Gewissen, als er den Kampf mit einem ideologischen Feind aufnahm, dessen Politik und Strategie ihn für eine gewisse Zeit zum Verbündeten gemacht hatten.

Italienische Niederlagen in Nordafrika

Mit Mussolini dagegen verband Hitler nicht nur eine ideologische Solidarität, sondern sogar eine gewisse Bewunderung und Freundschaft. Nur so ist Hitlers ungeheure Nachsicht verständlich. Seit drei Monaten kamen alle Schwierigkeiten für Deutschland, alle Niederlagen der Achse, von Italien her. Hitler machte sich zwar keine Illusionen mehr, beklagte sich aber trotzdem nie über den Gründer des italienischen Faschismus. Im Gegenteil, die Schwierigkeiten, mit denen Mussolini zu kämpfen hatte, rührten ihn manchmal zu Tränen: ›Er hatte zwei große Tränen in den Augen. Welch seltsamer Mann!‹ schreibt Ciano. Hitler versicherte Ciano, er stehe mit seiner ›ganzen Kraft‹ an der Seite Mussolinis. Dessen Lage wurde immer schwieriger. Er wechselte die Generale aus, entließ Soddu, den Oberbefehlshaber der albanischen Front, der während der Schlacht von Jannina Filmmusik komponiert hatte. Er trennte sich sogar von Badoglio und ersetzte die beiden durch den Optimisten und Deutschenfreund Cavallero, der sich einbildete, die Tätigkeit eines Generalstabschefs mit der Führung des albanischen Kriegs vereinbaren zu können. Die militärische Lage wurde dadurch nicht besser. Die Griechen nahmen Argyrokastron und den Hafen von Santi Quaranta. Den Italienern ging es längst nicht mehr darum, Saloniki und Athen zu erobern, sondern um die Frage, wie sie sich in Albanien halten konnten.

Plötzlich aber spielten die Niederlagen in Albanien keine Rolle mehr. In Afrika drohte ein italienischer Zusammenbruch. Nach ihrem schüchternen Vorstoß bis Sidi-Barrani hatten die Italiener zehn Lager zwischen dem Meer und den Steilhängen von Sofafi errichtet. Sie hatten sie schlecht gesichert und wagten sich nicht weiter auf Patrouille, als ihre Kanonen reichten. Ihre Bewaffnung war ungenügend, und die kleinen Fiat-Panzer von zwei Tonnen erwiesen sich als wahre Särge für ihre Besatzungen. Die Kampfmoral entsprach der Bewaffnung. Das harte Wüstenleben hatte die Offiziere und die Mannschaften einander nicht nähergebracht. Anstatt den gleichen Mangel an Komfort und den gleichen Durst zu teilen, lebten beide unter sehr verschiedenen materiellen Bedingungen. Vom Marsch nach Marsa Matruk war nicht mehr die Rede.

Die italienische Armee hatte die Hilfe der deutschen Panzer zurückgewiesen und ruhte sich nun auf ihren mittelmäßigen Erfolgen aus. Wavell wollte nicht mehr länger warten. Wie Admiral Cunningham hatte auch er eine Verteidigungsschlacht vorbereitet und beschloß dann wie dieser, seinerseits anzugreifen. Graziani hatte sieben Divisionen zur Verfügung, Wavell nur zwei, nämlich die 4. indische und die 7. Panzerdivision. Am 9. Dezember 1940 umgingen die Engländer an einem eisigen Morgen das italienische Lager von Nibeiwa, töteten den kommandierenden General, der noch im Pyjama war, eroberten das Lager innerhalb von zwei Stunden, nahmen auf die gleiche Weise in viertägigen Kämpfen Tummar-West, desgleichen Tummar-Ost, Maktila, Sidi Barrani usw. Vier italienische Divisionen wurden aufgerieben. Die britischen Verluste an Toten, Verwundeten und Vermißten betrugen 624 Mann. 38 300 Italiener wurden gefangengenommen.

Wavell hatte nicht einmal von einem solchen Sieg zu träumen gewagt. Er war so wenig darauf vorbereitet, ihn auszunützen, daß die 4. indische Division mit dem Befehl angegriffen hatte, sich nach dem Sudan in Bewegung zu setzen, sobald der ›raid‹ gegen Sidi Barrani beendet sei. Am 12. Dezember wurde der Befehl trotz der wütenden Proteste des Divisionskommandeurs O'Connor für die 4. indische Division bestätigt. Nachdem sie auf einen nebensächlichen Kriegsschauplatz versetzt worden war, sollte sie nach und nach durch die 6. australische Division ersetzt werden, die erst für den Wüstenkrieg vorbereitet werden mußte. Das ist nicht das einzige Beispiel für die unglaublichen Fehler, welche die Engländer bei ihrer Kriegführung im Mittelmeerraum gemacht hatten. Während Graziani seine Frau schickte, um Mussolini zu beschimpfen, wollte er sich in einem Sprung bis nach Tripolis zurückziehen, damit, wie er sagte, »das italienische Banner weiterhin auch noch über einer Zitadelle Nordafrikas wehe«.

Lavals Sturz

Der von Italien enttäuschte Hitler mußte auch mit Frankreich Enttäuschungen erleben. Der Grundgedanke des Operationsplans ›Felix‹ war, die Vichy-Regierung über den Umweg einer Wiedereroberung der französischen Kolonialbesitzungen in den Krieg hineinzuziehen. Am 29. November, fünf Monate nach dem Waffenstillstand von Compiègne, fand in der deutschen Botschaft in Paris eine Besprechung statt. In Gegenwart von Laval und Abetz saßen sich General Huntziger, Admiral Darlan und der junge General Warlimont gegenüber, der als der wichtigste Mitarbeiter Jodls galt. Sie diskutierten über die Wiedereroberung des Tschad-Gebietes; das die Gaullisten in der Hand hatten, sowie über die geplante Besetzung Britisch-Nigerias, denn Hitler hatte Frankreich dieses riesige Gebiet im Zentrum Afrikas als Entschädigung für Tunis versprochen. Am 10. Dezember wurde die Konferenz fortgesetzt. Warlimont zeigte sich von dem Ergebnis sehr befriedigt und ließ 5000 Karten von Französisch-Ostafrika beschaffen. Deutschland konnte erwarten, daß die Offensivbewegungen im Tschad nach der Regenzeit beginnen würden. Gleichzeitig wurde eine symbolische Aktion vorbereitet: Hitler hatte den Gedanken des französischen Nationalsozialisten Benoist-Méchin aufgenommen und beschlossen, die sterblichen Überreste des Herzogs von Reichstadt, des Sohnes Napoleons, in den Invalidendom in Paris überführen zu lassen. Die Pariser, welche unter einem harten Winter zu leiden hatten, beantworteten dieses großzügige Angebot mit einem Witz: ›Sie nehmen uns unsere Kohlen und geben uns dafür die Asche.‹ Indes, der Kollaborations-Generalstab plante großartige Feierlichkeiten. Der Marschall sollte höchstpersönlich nach Paris kommen und die kostbare Reliquie in Empfang nehmen. Viele hofften bereits, er werde nicht mehr in die provisorische Hauptstadt Vichy zurückkehren. Die Zeremonie sollte am 15. Dezember stattfinden, an dem Tag also, an welchem die sterbliche Hülle Napoleons nach Paris überführt worden war. Dank der glorreichen Hand des Führers sollten Vater und Sohn vereint werden.

Mitten in die Vorbereitungen platzte jedoch am 13. Dezember die Nachricht, daß Laval aus der Regierung gejagt und in Vichy verhaftet worden sei.

Die Deutschen setzten ihn wieder auf freien Fuß. Der Botschafter Abetz, der seine Karriere in Frage gestellt sah, fuhr sofort mit Panzerspähwagen nach Vichy, befreite den Gefangenen, brachte ihn ins Hotel du Parc und führte ihn vor Pétain. Laval brach sogleich in Beschimpfungen aus: »Sie sind nur ein Waschlappen, eine Wetterfahne, eine alte Vogelscheuche!« Sein nächster Satz brachte ihm später die Todesstrafe ein: »Von jetzt an werde ich meine Freunde bei den Deutschen suchen.« Blaß vor Wut ging er hinaus und fuhr – im gleichen Wagen – mit Abetz nach Paris.

Die Ausschaltung Lavals hätte für Vichy schlimme Folgen haben können. Es ging aber glimpflich ab, Frankreich mußte nicht einmal auf die Asche des kleinen Herzogs verzichten. In einem Zeremoniell, an dem Pétain nicht teilnahm und das ebenso frostig war wie die Witterung, wurde sie am festgesetzten Tag überführt. Die bereits beschlossene Freilassung einer gewissen Anzahl französischer Kriegsgefangener wurde gestoppt, die Demarkationslinie hermetisch abgeriegelt und allen französischen Ministern das Betreten von Paris untersagt. Der Nachfolger Pierre Lavals als Kronprinz Pétains, Admiral Darlan, wurde zu Hitler befohlen und von diesem mit Beschimpfungen überhäuft. Weitere Repressalien gab es nicht. Dies war um so erstaunlicher, als ein Wort Hitlers genügt hätte, die Vichy-Regierung abzuschaffen und eine ihm genehme Regierung in Paris einzusetzen. Für diese nationalsozialistisch ausgerichtete Regierung hätte er nämlich auf die deutschfreundlichen Kandidaten Brinon, Déat, Doriot und Laval jederzeit zurückgreifen können. Die Vichy-Regierung aber blieb.

Damals begriff man diese Milde nicht, heute ist sie verständlich: Hitler interessierte die deutsch-französische Kollaboration nicht mehr. Er war voll und ganz mit den Hindernissen und Komplikationen der Mittelmeeroperationen beschäftigt. Gibraltar zu nehmen, hatte er aufgegeben. Franco ließ sich nicht umstimmen, und gegen dessen Willen wollte er nicht durch Spanien marschieren. Die Azoren, Dakar und der Tschad lagen außerhalb seiner strategischen Überlegungen. Das Unternehmen ›Felix‹ wurde abgeblasen. Nach viermonatigem Schwanken setzte sich bei Hitler die Überzeugung durch, daß die Entscheidung einzig und allein in den russischen Ebenen gesucht werden müsse.

Am 13. Dezember gab Hitler die Führerweisung Nr. 20 heraus, genannt ›Unternehmen Marita‹, die vorwiegend hinhaltende Maßnahmen vorsah: »Ich sehe wohl«, sagte er zu seinen Vertrauten, »daß der italienische Beistand gleich Null ist, aber die strategische Lage Italiens ist zu wichtig, als daß ich zugestehen könnte, daß das Land aus diesem Krieg vollkommen zusammengebrochen hervorginge.« Folglich sollten die deutschen Truppen mit Hilfe Rumäniens und Bulgariens im Frühjahr Griechenland besetzen und dadurch den Krieg auf dem Balkan beenden. Fünf Tage darauf, am 18. Dezember, unterzeichnete Hitler die Weisung Nr. 21, deren Deckname ›Barbarossa‹ lautete. Dieses Dokument ist in Nürnberg unter der Nummer 446 PS aufbewahrt, ein Text von acht Seiten, der als das wichtigste Dokument des Zweiten Weltkriegs angesehen werden muß. Darin waren jene Operationen zusammengefaßt, die nach der Meinung Hitlers und seiner militärischen Ratgeber nötig waren, um die sowjetische Armee in einem kurzen Sommerfeldzug zu vernichten. Danach sollte die neue deutsche Grenze die Linie Wolga – Archangelsk sein, ein Projekt, das Deutschland in einen Wirbel von Niederlagen und Verlusten stürzen sollte. Der vorletzte Abschnitt enthielt allerdings folgende Einschränkung: ›Alle... Anordnungen müssen eindeutig dahin abgestimmt sein, daß es sich um Vorsichtsmaßnahmen handelt für den Fall, daß Rußland seine bisherige Haltung gegen uns ändern sollte.‹ Hitler hatte diesen Satz gewohnheitsmäßig geschrieben, wie immer hatte er sich nicht festgelegt; alle Möglichkeiten blieben offen.

Obwohl der Führer in seinen Siegen schwelgte, hatte er sein erklärtes Ziel, den Endsieg, 1940 nicht erreicht. Wie schon der vergangene Winter, so war auch dieser außerordentlich hart. Der verbitterte Mussolini sah den Schnee auf Rom fallen und sagte zu Ciano: »Dieser Schnee und diese Kälte sind gut, so sterben die Halben, und diese mittelmäßige italienische Rasse wird verbessert werden.« Frankreich, das eine größere Niederlage als je zuvor in seiner Geschichte hatte hinnehmen müssen, litt unter seinem Elend und seiner Erniedrigung. London wurde von der Luftwaffe am 25. Dezember zwar kaum behelligt, aber am 29. erfolgte dann der bisher schwerste Luftangriff:

1500 Brände leuchteten zum Himmel, Guildhall brannte vollkommen nieder, acht Kirchen wurden zerstört. Trotz der Stürme versenkten die deutschen Unterseeboote 360000 Bruttoregistertonnen englischen Schiffsraums. Roosevelts Weihnachtsansprache vom 24. Dezember enthielt die bislang feindseligsten Äußerungen über die Achsenmächte, denn er sagte ihnen die Vernichtung voraus. Aber nur einigen seiner intimsten Freunde war jene Absicht bekannt, die er unter tropischem Himmel auf einer Kreuzfahrt nach den Wahlen geäußert hatte: »Ein Nachbar leiht seinen Schlauch seinem Nachbarn, dessen Haus in Flammen steht.« Seither suchte er nach einem Weg, wie man England Waffen leihen könnte, die es sich wegen seiner schwindenden Finanzen nicht kaufen konnte.

IX. Kapitel Januar bis Mai 1941
Italienische Niederlagen und deutsche Triumphe

3. Januar: Die Schlacht von Bardia

Am 3. Januar 1941 wurde vor Sonnenaufgang der Mittelabschnitt der Befestigung von Bardia unter massiertes Artilleriefeuer genommen. Die erste Schlacht des Jahres 1941 begann.

Die Gegend war öde. Die Küstenlinie fiel zum Mittelmeer in großen Geröllfeldern ab. Der Hafen war eine unbedeutende Bucht. Die Straße nach Tobruk zog sich schwarz durch die Wüste dahin, verlief in gefährlichen Kurven bis zu der kleinen Stadt, stieg wieder auf das Plateau hinauf und führte dann nach Fort Capuzzo und zur ägyptischen Grenze. Die Italiener hatten sich auf diese Stellung nach ihrer Niederlage bei Sidi Barrani und dem Verlust von Sollum zurückgezogen. Als sich Graziani noch weiter zurückziehen wollte, ertönte die ärgerliche Stimme Mussolinis: Italien sei nun oft genug erniedrigt worden. Es kommt jetzt nicht mehr in Frage, daß auch nur eine Handbreit italienischen Bodens freiwillig aufgegeben werde. Bardia müsse bis zum letzten Blutstropfen verteidigt werden.

Der Angriff war keine Überraschung mehr. Die Italiener wußten jetzt, daß die Briten sie um jeden Preis vernichten wollten. Die Engländer waren zwar immer noch Deutschland gegenüber auf Verteidigung bedacht, aber sie befürchteten jetzt keine Landung mehr und zögerten nicht, erhebliche Kräfte von der Insel abzuziehen und mit massiven Mitteln den schwächsten Partner der Achse anzugreifen. Von August bis Dezember wurden 76000 Mann aus dem Vereinigten Königreich nach Ägypten verlegt, und die vier Passagierdampfer *Queen Elizabeth*, *Queen Mary*, *Aquitania* und *Mauritania* transportierten auf einer einzigen Fahrt aus Australien und Neuseeland 50000 Soldaten heran. Gleichzeitig formierten sich 80000 Mann, unter ihnen 27000 Südafrikaner im Sudan und in Kenia, um gegen die italienischen Kolonien Äthiopien und Eritrea vorzugehen. Mussolini hatte sich eingebildet, er trete in den Krieg nur mit dem einzigen Ziel, sich einen Platz an der Tafel der Friedenskonferenz zu sichern. Jetzt mußte er aber entdecken, daß er das ganze Gewicht und die größten Verluste des Kampfes zu tragen hatte, während sein deutscher Verbündeter nur einige Flugzeugbesatzungen und einzelne U-Boote verlor. In Bardia waren mehrere italienische Verbände stationiert. Die 1. und die 2. Division der Schwarzhemden, die 62. Division ›Marmarica‹, die 63. ›Cyrene‹, die 64. ›Catancaro‹. 45000 Mann unter dem Befehl des Generals Bergonzoli waren in einem Befestigungsring von 30 Kilometern Durchmesser zusammengezogen, der sich weder auf dem Land- noch auf dem Seewege versorgen ließ. Ein Panzerabwehrgraben, Stacheldrahthindernisse und Minenfelder umgaben den Stützpunkt. Das Wasser war streng rationiert, die Bewaffnung mittelmäßig und die Kampfmoral äußerst schlecht.

Die Angreifer waren zwei Infanteriebrigaden. Sie wurden verstärkt durch 23 Panzer, welche die 7. Panzerdivision hatte abstellen können. Die Australier griffen gegen einen fünfmal so starken Gegner an. Sie waren in Palästina hart ausgebildet worden und brannten darauf, den legendären ›Anzacs‹ von 1915 nachzueifern. Um 8 Uhr 30, drei Stunden nach Beginn des Sturmes, hatte die 16. Brigade die Verteidigungslinie durchbrochen und 8000 Gefangene gemacht. Die 17. Brigade griff den Westabschnitt an, während die *Warspite*, die *Barham* und die *Terror* den Westabschnitt unter einem Hagel von 38-cm-Geschossen begrub. Am Abend war der Befestigungsring in zwei Hälften geteilt. Am nächsten Tag besiegten die Australier, unterstützt von sechs Panzern, die restlichen Italiener. Bergonzoli, der nicht kapitulieren wollte, war in die Wüste ausgewichen. Aber die 40 000 Gefangenen waren mit ihrem Schicksal mehr als zufrieden. Der Sieger hatte 456 Tote und Verletzte zu beklagen.

In Italien sprach man wieder einmal von dem Kampf des italienischen Flohs gegen den britischen Elefanten. »Ein merkwürdiger Floh«, sagte Mussolini bitter, »der zwischen Sidi Barrani und Tobruk über 1000 Geschütze verfügt.«

Der britische Landsieg wurde allerdings von einem alarmierenden Ereignis zur See etwas überschattet. Am 10. Januar wurde ein Konvoi, der Malta versorgen sollte, durch 40 Maschinen vom Typ Ju 87 und Ju 88 angegriffen. Vor allem die Begleitschiffe wurden mit einer Entschlossenheit attackiert, die die Engländer von den Italienern nicht mehr gewohnt waren. Die *Warspite* fuhr zwar unter dem Bombenhagel weiter, aber der Sieger von Tarent, der Flugzeugträger *Illustrious*, wurde sechsmal getroffen. Brennend erreichte er La Valetta, wo die Bomber vergeblich versuchten, ihn zu versenken. Die Angreifer gehörten zum X. Fliegerkorps, das von Norwegen nach Sizilien verlegt worden war, und nun zum erstenmal im Mittelmeerraum operierte.

Krieg in Albanien

Der Krieg in Albanien war entsetzlich, der Winter außerordentlich kalt. Die Italiener besaßen keine Winterkleidung; jedoch, verglichen mit ihnen, waren die Griechen geradezu nackt. Die Griechen hatten Waffen französischer und deutscher Herkunft; schon deshalb stieß der Munitionsnachschub auf unüberwindliche Schwierigkeiten. Die Engländer schickten ihnen 180 000 Paar Stiefel, 300 000 Paar Socken, 200 000 Dekken, ferner das Material, das sie in Sidi Barrani und in Bardia den Italienern abgenommen hatten, darunter Geschütze, die nun gegen ihre ehemaligen Besitzer feuerten.

Die Briten entsandten unter dem Oberbefehl des Vize-Luftmarschalls d'Albiac auch eine kleine Luftflotte, bestehend aus 39 Jägern und 18 Bombern. Tausende von Soldaten zogen sich schwere Erfrierungen zu. Auf beiden Seiten schwand die Kampfkraft zusehends.
Alexander Papagos, ein kleiner General mit dunklen Augen, der Oberbefehlshaber der griechischen Armee, blieb aber trotz allem offensiv. Obwohl ihm nicht mehr als dreizehn Divisionen zur Verfügung standen, denen die Italiener 21 Divisionen, darunter eine Panzerdivision, entgegensetzen konnten, wollte er Valona und Tirana erobern. Zudem beabsichtigte er mit Unterstützung seiner griechischen Gebirgsbauern, die einen Guerillakrieg führten, die Italiener aus Albanien zu vertreiben, sobald die Witterungsverhältnisse es erlaubten.
Papagos' Eile war begründet, denn die rechte Flanke der Griechen war jederzeit von den Deutschen bedroht. Papagos wurde nämlich berichtet, daß deutsche Offiziere in Zivil, darunter der Oberst Zeitzler, der Stabschef der Panzergruppe 1, sich in Bulgarien aufhielten, und Vorbereitungen für einen Brückenschlag über die Donau im Gange seien. Bogdan Filoff, der bulgarische Ministerpräsident, hatte versucht, dem deutschen Druck zu widerstehen und seinen allzu deutschfreundlichen Landwirtschaftsminister Bagriamoff entlassen. Es war ihm aber klar, daß er von Moskau die erhoffte Unterstützung nicht bekam, weshalb sich Bulgarien den Achsenmächten nicht entziehen konnte. Hitler verlangte von ihm drei Dinge: Eintritt in den Dreierpakt, Öffnung Bulgariens für deutsche Truppen, die Griechenland angreifen sollten, und schließlich eine aktive Teilnahme an den Kampfhandlungen. Der zum 13. Januar auf den Berghof eingeladene König Boris wandte ein, sein Land sei unvorbereitet, außerdem bestehe die Gefahr eines türkischen oder russischen Eingreifens. Auch wies er darauf hin, daß in der Dobrudscha eine starke deutsche Flankendeckung erforderlich sei. Trotz dieser Einwände war er aber mit einer bulgarisch-deutschen Zusammenarbeit prinzipiell einverstanden. Schon am 22. Januar legte sein Generalstabschef Bojdeff auf einer Geheimkonferenz mit den Vertretern des deutschen Oberkommandos die Details dieser Zusammenarbeit fest.
Durch diese Wendung der Dinge verloren die griechischen Siege an Gewicht. Ein Volk von sieben Millionen Einwohnern stand gegen eine riesige Übermacht. Hitler, der Herr des Kontinents, konnte nicht zulassen, daß Italien siegte, er durfte aber ebensowenig gestatten, daß der südliche Balkan ein Flugplatz Englands wurde, denn dies hätte eine ständige Bedrohung der unentbehrlichen Erdölquellen Rumäniens bedeutet. Damals träumte Churchill davon, in Griechenland eine Plattform zu errichten, von der aus – dank der Beherrschung der Meere – die Wiedereroberung des Kontinents begonnen werden konnte. Jedenfalls befahl er Sir Archibald Wavell, die Griechen mit allen Mitteln, über die er verfüge, zu unterstützen.
Wavell war davon wenig begeistert, denn sein Middle East Command war schon auf

zwei Kriegsschauplätze verteilt, nämlich auf Ost- und Nordafrika, und nun drohte eine weitere Zersplitterung. Er fragte bei den Generalstabschefs an, ob man tatsächlich sicher sei, daß es sich bei den deutschen Truppenbewegungen auf dem Balkan nicht nur um einen Bluff handle. Die Antwort, versehen mit Churchills Unterschrift, lautete: ›Wir erwarten und befehlen, daß Sie sich sofort mit aller Sorgfalt unseren Entschließungen fügen, für die wir die volle Verantwortung übernehmen.‹ Am 13. Januar war Wavell in Athen, wo er mit Metaxas und Papagos verhandelte. Er bot ihnen zwei Artillerieregimenter und 60 Panzer an. Die Griechen lehnten ab. Sie könnten zehn Divisionen akzeptieren, aber zwei Regimenter und einige Panzer wären eine unzureichende Unterstützung, die lediglich ein sofortiges Eingreifen der Deutschen provozieren würde. Man kam überein, die Engländer zu Hilfe zu rufen, sobald die Wehrmacht die Donau überschreite, denn die Griechen waren entschlossen, ob mit oder ohne Hilfe, bis zum letzten Blutstropfen zu kämpfen. Wavell fuhr, mit seinem Mißerfolg vollauf zufrieden, nach Kairo zurück.

In Ostafrika begann der Krieg. Ein britisch-indischer Verband unter Generalleutnant Platt drang in Eritrea ein, ein britisch-südafrikanischer unter Generalleutnant Sir Alan Cunningham überschritt die Grenze von Somaliland. Der Herzog von Aosta, ein Vetter des Königs von Italien, der den Titel eines Vizekönigs führte, hatte die riesigen Gebiete zwischen dem Roten Meer und dem Rudolfsee zu halten. Ihm standen rund hundert Bataillone zur Verfügung, aber die vollständige Befriedung Äthiopiens war bisher nicht gelungen. Der Oberst Sandford, der allein eine ganze feindliche Armee wert war, durchreiste das Land, rief zum Aufstand auf und kündigte die Rückkehr des Kaisers Haile Selassie an. Mussolini selber machte sich keine allzu großen Illusionen. Er hatte dem Herzog von Aosta freie Hand gegeben, als er sagte, das Schicksal Italienisch-Afrikas werde in Europa entschieden.

Mussolini auf dem Berghof

Hitler stand auf dem Bahnsteig einer kleinen Bergstation in der Nähe Salzburgs bis an die Knöchel im Schnee. Er wartete auf seinen Verbündeten Mussolini. Der Duce, der sich an seine großsprecherischen Reden von Florenz erinnerte – ›Führer, ich werde in vierzehn Tagen in Athen sein‹ –, befürchtete weniger Vorwürfe als Beileidsbezeigungen und hatte dieses Treffen daher so lange wie möglich hinausgezögert. Während der Zugfahrt hatte er wieder einmal die italienische Nation beschimpft. Die faschistische Fassade von Kraft und Mut war zusammengebrochen. Die Engländer hatten Tobruk besetzt, und in Albanien war die 7. Elitedivision, genannt ›Lupi di Toscana‹, die zur Verstärkung entsandt worden war, schon bei ihrem ersten Eingreifen aufgerieben worden. Herzlich, beinahe unterwürfig begrüßte Hitler den Duce und ließ sich seine Unzufriedenheit nicht anmerken. Die Besprechungen fanden vor den riesigen Fenstern des Berghofs statt, durch die man einen herrlichen Ausblick auf die verschneiten Berge hatte. Der einzige Vorteil, den Hitler aus seiner überlegenen Position zog, war, daß er ununterbrochen redete, was seinen ebenso geschwätzigen Partner zur Verzweiflung brachte. Doch Hitler sagte dem Duce kein Wort über den Plan ›Barbarossa‹, der ja auch für den Verbündeten eine Schicksalsfrage war. Die Vorbereitungen waren in vollem Gange. Der Beginn der Operationen war für den Mai festgesetzt. Sie sollten beginnen, sobald die russischen Ebenen wieder für Panzer befahrbar sein würden.

Hitler schwieg zwar über Rußland, verheimlichte aber nicht, daß er das Projekt einer Landung in England aufgegeben hatte. Die Engländer würden aber, so meinte er, die Landung immer noch befürchten: »Erschwerend kommt noch hinzu, daß England jetzt die Pistole der Landung auf sich gerichtet fühlt, während man nachher erfahren würde, daß Deutschland eine leere Pistole in der Hand hält.« Gibraltar dagegen war noch immer aktuell: »Die Schließung der Meerenge von Sizilien ist ein armseliger Ersatz für den Plan, den ich ausgearbeitet hatte und den der undankbare Franco hat scheitern lassen. Noch jetzt würden Sie unserer Koalition einen großen Dienst erweisen, wenn es Ihnen gelingt, ihn zum Kriegseintritt zu bringen. Die Lage im Mittelmeer würde dann vollkommen geändert sein.«

Den Deutschen gegenüber standen die Italiener immer Höllenqualen aus. Der kleine General Guzzoni, der eine Perücke und ein Korsett trug, war voller Minderwertigkeitskomplexe, als er nach seiner Ankunft dem arroganten Keitel die an zwei Fronten katastrophale Lage schildern mußte. Er erbat für Albanien bayerische Gebirgsjäger und für Libyen jene Panzerdivision, die Badoglio einige Wochen zuvor auf Befehl Mussolinis hatte zurückweisen müssen.

Hitler selbst nahm es auf sich, die Weigerung Deutschlands zu formulieren: »Wir sind noch nicht im Krieg mit Griechenland. Wenn die Truppen, die wir nach Albanien schicken würden, in rückwärtigen Stellungen blieben, hätte das Schauspiel von Deutschen, die mit verschränkten Armen dastünden, während die Italiener kämpften, eine bedauerliche moralische Wirkung. Wenn sie eingesetzt würden, könnte das eine Intervention der Türken hervorrufen und den Krieg auf dem Balkan vorzeitig ausdehnen. Ich werde Ihnen auch keine Panzerdivisionen nach Afrika schicken. Wir haben ohnehin schon schwer zu tragen, und es ist mir unmöglich, hochwertige Einheiten nach Gegenden zu schicken, wo sie nicht voll zur Wirkung kommen könnten.«

Der Führer legte dann in großen Linien den Plan ›Marita‹ dar und erörterte die Frage, wie der Balkankrieg zu Frühjahrsbeginn beendet werden könne. Mussolini zog eine ärgerliche Grimasse, als Hitler ihm darüber hinaus mitteilte, daß er beabsichtige, die Jugoslawen an der Besetzung Griechenlands teilnehmen zu lassen. Mussolini hatte vorgehabt, den jugoslawischen Staat aufzuteilen und zu zerstören – und jetzt schlug ihm Hitler die Jugoslawen als Verbündete vor! Der Duce forderte nun, der Regierung von Belgrad kein Eingreifen zu erlauben, bevor die Gegenoffensive im Frühjahr nicht die italienische Ausgangsposition in Albanien wiederhergestellt habe. Dann mußte er sich einen langen Vortrag Hitlers über taktische Einzelheiten anhören: wie die Italiener ihre Flak verbessern sollten, wie sie ihre Angst vor Panzern überwinden könnten, wie Minenfelder ausgelegt werden müßten, wie ihre großen Unterseeboote für die Versorgung Tobruks eingesetzt werden könnten usw. Mussolini verbarg seine Ungeduld hinter einer regungslosen Miene, aber Guzzoni war begeistert von dem militärischen Genie des Führers.

Tobruk fällt. Der italienische Rückzug

Als Mussolini Salzburg verließ, leistete man in Tobruk noch Widerstand; als Mussolini in Rom ankam, war Tobruk gefallen. Der Anmarsch war für die Engländer entsetzlich schwierig gewesen. Ein Sandsturm hatte die 7. Panzerdivision vier Tage lang zugedeckt, und die tägliche Wasserration war auf knapp zwei Liter beschränkt worden. Als endlich die Schlacht begann, war der italienische Widerstand an verschiedenen Stellen hartnäckiger als gewöhnlich, aber schließlich spielte sich alles genauso ab wie bei Bardia. Vor Sonnenaufgang hatten die englischen Pioniere die Minenfelder unschädlich gemacht, und durch die schmale Bresche war die 6. australische Division ins Innere des befestigten Lagers eingedrungen. General Pitassi Mannella, der Garnisonskommandant, war schon am ersten Tag gefangengenommen worden, und am Morgen des zweiten Tages kapitulierte General della Mura, der Kommandeur der 66. Division. 400 Engländer wurden verwundet oder getötet, 25 000 Italiener gefangengenommen. Außerdem fielen den Engländern die unzerstörten Hafenwerke, große Vorräte an Wasser und Benzin und sogar das reichlich mit Kohlen versorgte Elektrizitätswerk in die Hände.

Die Verfolgung ging weiter. Das Land hatte jetzt ein anderes Gesicht. Es war nicht mehr die elende Wüste an der ägyptischen Grenze, sondern der Djebel el Akhdar mit seinen besiedelten Tälern. Vor den überraschten Engländern tauchten italienische Höfe auf, umgeben von gepflügten Äckern, rosafarbenen Häusern und Windmotoren. Die Schwierigkeiten waren aber für die Engländer noch nicht vorbei. Plötzlich regnete es in Strömen, und der Schlamm, den sie schon vergessen hatten, machte ihnen zu schaffen. Die Panzer kamen nicht mehr weiter, und die Flugplätze waren nicht mehr brauchbar.

Die Italiener hatten riesige Verluste erlitten, aber sie verfügten noch über erhebliche

Kräfte, nämlich über die 17. Division ›Pavia‹, die 25. ›Bologna‹, die 27. ›Brescia‹, die 55. ›Savona‹, die 60. ›Sabratha‹, die Panzerdivision ›Babini‹ und kleinere Einheiten. Der Djebel el Akhdar war eine großartige Verteidigungsstellung, seine Ausläufer deckten Benghasi, die Hauptstadt des italienischen Nordafrika.
Graziani wollte keine Niederlage mehr riskieren. Auch Mussolinis Vorhaltungen bewogen ihn nicht, den Djebel zu halten, dessen Einschließung zu Land und zu Wasser ihm nicht ohne Grund unvermeidlich erschien. Am 3. Februar befahl er den allgemeinen Rückzug. Er selbst verließ seinen Gouvernementssitz in der Stadt.
Um dem Gegner längs des Meeres den Rückzug abzuschneiden, durchquerte die 7. Panzerdivision unter Generalmajor Sir Michael O'Moore Creagh den Djebel. Sie bewegte sich auf verschlammten Wegen bei Mondschein vorwärts und legte in 24 Stunden 150 Kilometer zurück. Am Morgen des 5. Februar traf sie auf eine endlose Kolonne von Italienern, die langsam auf der Via Balbia dahinzog. Die 4. Hussards unter Oberst Combe schnitt ihnen den Weg bei Dada-Fomm ab, und das Gros der Panzerdivision griff die Italiener von der Flanke her an. Zwei Tage lang versuchten die Italiener, sich einen Durchgang zu verschaffen. Als aber dann die 6. australische Division aus dem eroberten Benghasi eintraf und sie von hinten angriff, streckten sie die Waffen. 25 000 Mann erhöhten nun die Zahl der Kriegsgefangenen, die im Verlauf dieses Unternehmens gemacht wurden, auf 150000. General Tellera, der Befehlshaber des XXIII. Korps, fiel, und der energische Bergonzoli, der aus Tobruk und Bardia entkommen war, geriet in Gefangenschaft.
Diesmal war Hitler ernsthaft beunruhigt. Er sah schon den vollkommenen Verlust Nordafrikas vor sich und damit die Möglichkeit, daß England Italien zwang, sich aus dem Kriegsgeschehen zurückzuziehen. »Die militärische Lage«, sagte er zu den Oberbefehlshabern der Wehrmacht, »wäre dann immer noch besser als vor einem Jahr, aber es darf nicht riskiert werden, daß Italien innerlich zusammenbricht. Wir müssen helfen.« Jetzt war Hitler bereit, Mussolini die Panzer, die er ihm einige Tage zuvor verweigert hatte, zu liefern. Aber er stellte Bedingungen. Die Italiener hätten ihren statischen Krieg aufzugeben, ebenso den Gedanken, sich in Tripolis einzuigeln. Sie müßten ihre eigene Panzerdivision ›Ariete‹ nach Afrika schicken und einwilligen, daß alle schnellen Einheiten unter dem Oberbefehl eines deutschen Generals vereinigt würden, der im Prinzip dem italienischen Oberkommando unterstehe, in Streitfällen aber das Recht haben müsse, sich an das OKW zu wenden. Falls Rom diese Bedingungen nicht akzeptiere, halte Deutschland sich vollkommen aus der Angelegenheit heraus, denn es ziehe vor, lieber nichts zu tun, als zu riskieren, daß seine Truppen unter Bedingungen kämpfen sollten, die keinerlei Hoffnung auf Erfolg böten.
Die Zustimmung Mussolinis ließ nicht auf sich warten. Er fügte noch hinzu, daß Marschall Graziani aus Afrika zurückbeordert worden sei und nie wieder dorthin geschickt werden sollte. Der General Gariboldi werde ihn ersetzen.

Hitler hatte für Afrika schon eine 5. Leichte Division aufstellen lassen, die er nun mit einem Panzerregiment verstärkte; außerdem beschloß er, um das deutsche Afrikakorps (DAK) zu ergänzen, ihm die erst kürzlich aufgestellte 15. Panzerdivision zu unterstellen. Zuerst war als Oberkommandierender General von Funck vorgesehen, doch kam dieser von einer Aufklärungsfahrt nach Tripolitanien so pessimistisch zurück, daß Hitler ihn für den Posten nicht geeignet hielt. Dann rief er Erwin Rommel am 6. Februar nach Berlin. Dieser erhielt dort seine Instruktionen und fuhr sogleich nach Rom, von wo aus er an seine Frau schrieb, seine erste Begegnung mit den Italienern sei ausgezeichnet verlaufen. Am 12. Februar befand er sich in Tripolis, am 15. flog er bis zur libyschen Grenze, um sich ein Bild von der militärischen Lage zu machen.

Es ist allerdings leichter, einen General zu beordern, als ein ganzes Armeekorps zu verladen. Die Einschiffung der 5. Leichten Division konnte nicht vor dem 20. März beginnen und die der 15. Panzerdivision nicht vor Mai. Wochenlang lagen sich die Italiener und Engländer gegenüber.

Die Lage der Italiener war entsetzlich, denn sie hatten ihr gesamtes Material verloren, und ihre Kampfkraft war gebrochen. Defätismus machte sich breit. Zu der Bedrohung durch die Nilarmee kam eine unbestimmte, noch erschreckendere Drohung aus den Tiefen der Wüste, nämlich die ›Long Range Desert Group‹, die das große libysche Erg entlangzog. Die Truppen des Freien Frankreich, die vom Tschad gekommen waren, bedrohten Mursuk, und die Senussi rebellierten und träumten von blutiger Rache. Die deutsche Hilfe war noch weit, die Bedrohung aber unmittelbar. Sollte nach der Cyrenaika nun auch Tripolitanien verlorengehen?

In der großen Syrte, dem südlichsten Punkt des Mittelmeergebietes, hatten die Engländer El Agheila erobert. Sie fanden dort nur absolute Trockenheit vor und hatten große Wassersorgen. Immerhin gingen sie noch 500 Kilometer weiter vor und kamen dann neuerdings in kolonisierte Gebiete, in denen die Italiener 3,5 Millionen Dattelpalmen gepflanzt hatten, auf die sie sehr stolz waren. Einzig und allein die Wüste leistete den Engländern Widerstand. ›Der Sand im Vergaser ist ein wesentlich ernsthafteres Problem als der Italiener‹, meinten die Befehlshaber der Truppen verächtlich. Die Panzer erlitten beträchtliche Schäden durch Verschleiß, aber der Siegesrausch trieb die Männer weiter. 1000 Kilometer von El Agheila bis Tripolis! Die tunesische Grenze war nicht mehr als 200 Kilometer entfernt. Die Eroberung des gesamten italienischen Nordafrikas wäre für die Engländer nur noch ein Kinderspiel gewesen.

Aber das Hirngespinst Griechenland hatte den Vorrang. Am 29. Januar war der griechische Moltke, der deutschfreundliche, einarmige Diktator Metaxas, an Leukämie gestorben. Er hatte dauernd auf eine deutsche Vermittlung gehofft. Churchill sah in seinem Hinscheiden auch das Ende des entscheidenden Widerstandes, der seinem Balkanplan entgegengesetzt worden war. Am 12. Februar verließ Eden in Begleitung von John Dill London. In Kairo schlossen sich Wavell und dessen Luftwaffenbefehlshaber Longmore an. Die Delegation sollte sich nach Athen, Ankara und Belgrad begeben, um gegen die Achse eine Koalition zu bilden, die vom Ägäischen Meer bis zur Donau reichen sollte, 50 bis 60 Divisionen stellen könnte und deren Rückgrat die englischen Truppen, Panzer, Flugzeuge und Schlachtschiffe bilden würden. Leider ließ die Furcht vor Deutschland allen Mut erlahmen. Belgrad weigerte sich, die britischen Besucher zu empfangen. In Ankara, wo sie empfangen wurden, hörte man sie nicht an. Die Türken gingen so weit, die ›Hurricane‹- und ›Blenheim‹-Staffel, die Longmore ihnen befehlsgemäß anbot, abzulehnen. Sie würden sich verteidigen, falls man sie angriffe, meinten sie, aber sie wollten um keinen Preis Deutschlands Aufmerksamkeit auf sich ziehen, indem sie sich einer antideutschen Front unter Führung der Engländer eingliederten.

In Athen war Metaxas durch den Präsidenten der Bank von Hellas, Alexander Korisis, ersetzt worden. Die Lage, wie er sie den Engländern schilderte, war mehr als schlecht. In Albanien erschöpften sich die Griechen, in Thrazien hatten sie einem täglich zu erwartenden Angriff nur drei Divisionen entgegenzusetzen. Bulgarien war voller Touristen in Schaftstiefeln der Wehrmacht, die Wege auskundschafteten, die Tragfähigkeit von Brücken feststellten und Flugplätze anlegten. Koritzis bestätigte den Willen der Griechen, sich zu verteidigen, ohne Rücksicht auf die Nationalität oder die Zahl der Angreifer.

Man konnte in dieser Entschlossenheit kaum etwas anderes sehen als einen nationalen Selbstmord.

Die Schwäche Griechenlands und der türkisch-serbische Rückzieher brachten Churchill nicht von seinem Balkanplan ab. Er untersagte O'Connor, in Tripolitanien einzudringen, und ordnete an, Wavell solle eine Reserve von vier Divisionen im Nildelta bilden. Die 7. Panzerdivision und die 6. australische Division, beide in Wüstenschlachten erprobt, setzten sich in Richtung Alexandrien in Bewegung und ließen einige Kerntruppen zurück, um die sich zwei große Ersatzeinheiten formierten, nämlich die 2. Panzerdivision und die 9. australische Division. Diese bildeten eine Kette von Verteidigungsposten, verbarrikadierten sie mit Stacheldraht, gaben also in dem Moment ihre Offensivkonzeption auf, als das Angriffsgenie Rommel afrikanischen Boden betrat.

Das alles um eines europäischen Abenteuers willen, das wegen der ungleichen Kräfte von vornherein zum Scheitern verdammt war. Churchill hatte den strategischen Vorteil, den die Beherrschung des afrikanischen Küstengebietes bot, aufgegeben. Er begab sich damit der Chance, jenen entscheidenden Schritt gegen Italien zu unternehmen, den Hitler so fürchtete.

Das Leih- und Pachtgesetz

In Amerika, wo noch immer Frieden herrschte, fiel in der ersten Märzhälfte eine Entscheidung, die den Ausgang des Zweiten Weltkrieges in erheblichem Maße beeinflußte: Der Kongreß stimmte für das Leih- und Pachtgesetz. Die erste urkundliche Niederlegung dieses berühmten Gesetzes geht auf den 10. Januar 1941 zurück, als der Sekretär des Abgeordnetenhauses diesen wichtigen Gesetzestext, der ihm vom Weißen Haus übersandt worden war, mit einem Stempel versah, der ihn zur Bill HR-1776 machte. Die Debatte über das Für und Wider dieses Gesetzes erreichte ein Ausmaß, das seiner Bedeutung entsprach. Die Rhetorik, die um dieses Projekt entfaltet wurde, alle Versicherungen, es solle verhindern, amerikanische Boys auf die Schlachtfelder Europas zu schicken, waren nichts als Vernebelungen. Wer auch nur ein bißchen nachdachte, mußte verstehen, daß diese Vorlage eine befristete Kriegserklärung war, ein Eintreten in eine verhängnisvolle Knochenmühle.

Der Entwurf stammte von einem Juristen namens Cox aus der Justizabteilung des Schatzamtes. Der Wortlaut war recht beeindruckend: »Jeder Nation, deren Verteidigung er für die der Vereinigten Staaten lebenswichtig halte, kann der Präsident verkaufen, überführen, tauschen, mieten, leihen oder schenken – auf welche Art auch immer – jedes zur Verteidigung dienende Instrument, das ihm angemessen erscheint.« Als Gegenleistung sei er berechtigt, »jeden direkten oder indirekten Vorteil, den er als angemessen empfindet, anzunehmen«. Es wurde ihm die uneingeschränkte Entscheidungsgewalt hinsichtlich der zu begünstigenden Nationen zugestanden und keinerlei Begrenzung bezüglich Art und Höhe der Hilfeleistung auferlegt. »Wenn ich recht verstehe«, sagte ein Senator aus Texas, »gestattet dieses Gesetz, den Panzerkreuzer *Texas* der Sowjetunion zur Verfügung zu stellen.« Er hatte recht verstanden – genau das erlaubte das Gesetz.

Gegen diese unerhörte Vollmacht vereinigten sich alle pazifistischen, isolationistischen und sonstwie gegen Roosevelt eingestellten Kräfte. Die beiden katholischen Kardinäle O'Connel und Dougherty, beides Irländer, traten zur Quäkerkirche über, um gegen Amerikas Weg in den Krieg zu protestieren. Der General und Geschäftsmann Robert E. Wood, der Präsident der Kaufhausgesellschaft Sears and Roebuck,

Im Jahre 1943 operierten rund 400 deutsche und italienische U-Boote. Die Fertigstellung von 288 Einheiten bedeutete sogar einen absoluten Höhepunkt, doch die Einführung des Radar-Systems machte die Boote über Wasser äußerst verwundbar. Selbst der Einbau verstärkter Flak, meist 2-cm-Vierlinge, konnte die Verluste durch Fliegerbomben (unten) nicht aufhalten.

Von oben, von links: A. Rosenberg, Reichsminister für die besetzten Ostgebiete; H. Frank, Generalgouverneur in Polen; A. Seyss-Inquart, Reichskommissar für die besetzten Niederlande; V. Quisling, norwegischer Regierungschef; J. Terboven, Reichskommissar für das besetzte Norwegen; M. Horthy, Reichsverweser Ungarns; E. Hacha, Staatspräsident des Reichsprotektorats; J. Tiso, slowakischer Staatspräsident; I. Antonescu, rumänischer Ministerpräsident. Alle, außer Horthy, wurden nach 1945 hingerichtet.

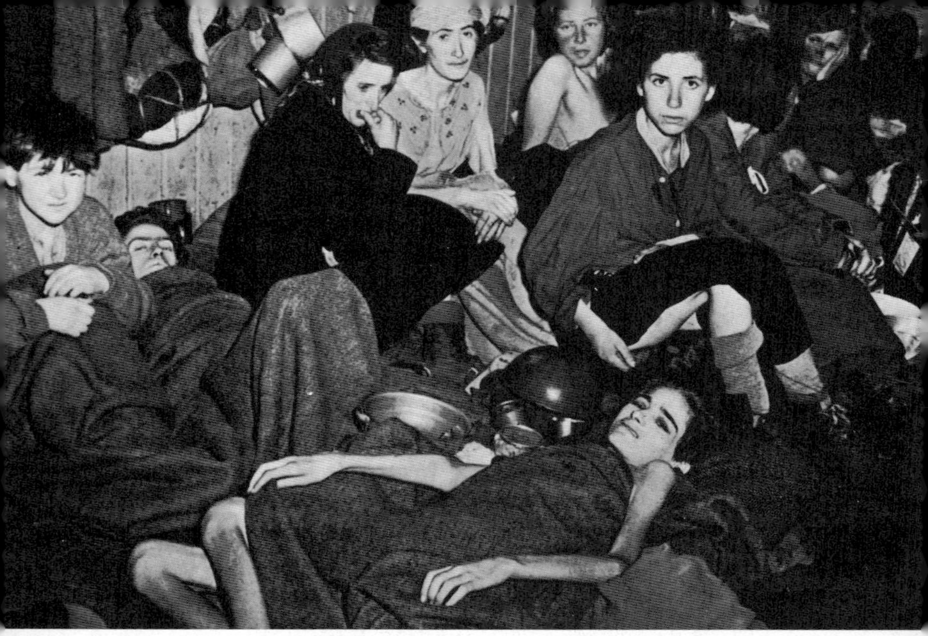

Partisanen drohte der Galgen (vorherige Seite), der jüdischen Bevölkerung das KZ (oben). Millionen anderer wurden als Fremdarbeiter ins Reich verschleppt (unten). ›Ob die anderen Völker im Wohlstand leben oder ob sie verrecken vor Hunger, das interessiert mich nur soweit, als wir sie als Sklaven für uns brauchen, anders interessiert mich das nicht‹, erklärte Heinrich Himmler am 3. Oktober 1943 in Posen (Nürnbg. Dok. 1919-PS).

gründete das Komitee ›America first‹ und sammelte ungeheure Summen, um die Bill HR-1776 zu bekämpfen. Der parlamentarische Führer dieser Opposition war der Senator von Montana, Burton K. Wheeler, doch die Seele der Kampagne war der Oberst Lindbergh. Seine Besuche in Deutschland, bei deren Gelegenheit er die nationalsozialistischen Politiker kennengelernt hatte und Einheiten der deutschen Luftwaffe besichtigen konnte, hatten ihn von der Unbesiegbarkeit des Totalitarismus überzeugt. Er schrieb seine Eindrücke in ›Wave of the Future‹ nieder und kam zu dem Schluß, Amerika müsse sich in Amerika verteidigen, in erster Linie durch Schaffung einer Luftflotte von 10000 Flugzeugen, um jegliche Gefahr abzuwenden.
Interventionisten und Isolationisten erschienen abwechselnd vor den Kommissionen der beiden Abgeordnetenhäuser: Lindbergh, Johnson, Hoover gegen Knudsen, Stimson, Knock, Dorothy Thompson und andere. Nur langsam setzten sich die Befürworter des neuen Gesetzes durch. Am 18. Februar ergab eine erste Abstimmung im Repräsentantenhaus 260 gegen 165 Stimmen. Diese Abstimmung wurde am 11. März durch den Senat mit 60 gegen 31 Stimmen bestätigt. Als die Bill zu einer Schlußabstimmung in das Repräsentantenhaus zurückging, erhielt sie diesmal eine triumphale Mehrheit von 317 gegen 71 Stimmen. Viele der Persönlichkeiten, die sie bekämpft hatten, besonders der Senator Vandenberg, erklärten, daß sie die Anwendung des Gesetzes mit allen Kräften unterstützen würden, sobald dieses Gesetz in Kraft sei.
Die Annahme des Leih- und Pachtgesetzes war eine Weltsensation. Alle Städte des Britischen Empire flaggten mit amerikanischen Fahnen. De Gaulle, der das Wochenende auf Chequers verbracht hatte, wurde im Morgengrauen von einem rotgoldenen Fabelwesen geweckt. Es war Churchill in seinem chinesischen Morgenrock, der in das Zimmer des Franzosen stürzte und vor Freude tanzte. Hitler erklärte verächtlich, dieses Gesetz sei von der internationalen Finanzwelt diktiert worden und werde die Vernichtung Englands nicht aufhalten. Er wußte aber sehr wohl, welches Gewicht sich gegen ihn auf die Schicksalswaage gelegt hatte. Er zog daraus den Schluß, daß es notwendiger denn je sei, sich der russischen Rohstoffquellen zu bemächtigen und umfangreiche Vorbereitungen für den bevorstehenden Kampf zu treffen.
Zunächst wurden drei Nationen als Empfänger der Leih- und Pachtlieferungen vorgesehen. Die erste war China, die zweite war England, das 28 starke Schnellboote erhielt, und die dritte Griechenland, dem Amerika ansehnliches Artilleriematerial liefern wollte. Das Arsenal der Demokratien begann zu funktionieren, aber für Griechenland war es schon zu spät.

Am 1. März trat Bulgarien dem Dreierpakt bei und folgte damit den Vasallen der Achse, Ungarn, Rumänien und Slowakei. Am nächsten Tag schon überschritten deutsche Truppen die Donau auf Brücken, die innerhalb von vier Tagen erbaut worden waren.
Erdrückende Truppenmassen setzten sich gegen Griechenland in Marsch. Fünf Armeekorps, das XI., XIV., XVIII., XXX. und XXXX. bildeten die 12. Armee. Die Panzergruppe Kleist bestand aus der 5., 9. und 11. Panzerdivision sowie der 2. Panzerdivision, die dem II. Korps zugeteilt war. Dazu kam das VIII. Fliegerkorps, das von dem Fliegergeneral von Richthofen befehligt wurde, und außerdem noch eine ganze Reihe von technischen Truppen, besonders Eisenbahnern, die die Aufgabe hatten, das Beste aus dem mittelmäßigen Eisenbahnnetz des Balkans herauszuholen. Den Oberbefehl hatte zunächst Generalfeldmarschall von Kluge, der als bester deutscher Taktiker galt. Hitler ersetzte ihn im letzten Augenblick durch einen Schwaben, der dem Ruf der Schwerfälligkeit seines Landes gerecht wurde, nämlich Generalfeldmarschall List. »Der Balkan ist gebirgig«, hatte der Führer erklärt, »folglich braucht man einen Gebirgler dazu.«
Um das schwache griechische Heer niederzuwerfen, das schon mit 24 italienischen Divisionen im Kampf lag, war das ein riesiger Aufwand, aber Deutschland wollte nichts riskieren. Ein englisches Expeditionskorps war dazu bestimmt, an der Seite der Griechen zu kämpfen. Hitler wollte den Inselbewohnern, den Engländern, zeigen, daß sie den Fuß nicht auf den Kontinent setzen konnten, ohne zerschmettert zu werden. Auch war es möglich, daß die Türken eingriffen, und Hitler wollte stark genug sein, auch sie zu schlagen. Jugoslawien beunruhigte ihn nicht, obwohl es gewisse antideutsche Tendenzen unter den Ministern des Prinzregenten Paul gab. Die britischen Interventionsversuche waren gescheitert. Zur Zeit waren Verhandlungen im Gange, um auch Belgrad in den Dreierpakt aufzunehmen.
Im Grunde war Hitler durchaus nicht kampflustig. Er zog widerwillig in die Balkanarena, in die er sich wegen des törichten Angriffs Mussolinis auf die Griechen begeben mußte, denen die Achse nicht das geringste vorzuwerfen hatte. Die Truppen, die die Donau überschritten, waren eigentlich dazu bestimmt, die Ukraine zu besetzen, und nur äußerst unwillig befahl ihnen Hitler nun diesen Umweg über das Ägäische Meer. Er hoffte immer noch, daß die Griechen sich an das Reich wenden würden mit der Bitte, es möge sich zwischen sie und die Italiener stellen. Die deutschen Truppen bewegten sich nur langsam vorwärts – es war mehr eine Demonstration als ein blitzkriegartiger Vormarsch. Hitler gab den Griechen Zeit zum Überlegen.
Die deutsche Haltung rief in Rom heftigen Protest hervor. »Die Deutschen«, sagte Guzzoni, »versuchen friedlich nach Griechenland vorzudringen, während unsere

Leute kämpfen und sterben.« Im Februar hatten die Italiener einen ersten Erfolg errungen, indem sie nach der Einnahme der Höhen von Tepelenë gegen Valona vordrangen. Mussolini versuchte, diesen winzigen Erfolg auszubeuten, der im Grunde nur ein Verteidigungsunternehmen war, und wollte der deutschen Intervention zuvorkommen. Dazu begab er sich nach Albanien, um den Mut seiner Soldaten zu entflammen, aber der große italienische Angriff, der am 9. März begann, wurde gestoppt und endete am 11. mit einer totalen Niederlage. Den Italienern blieb also nichts anderes übrig, als den Sieg untertänigst aus den Händen ihres Verbündeten entgegenzunehmen.

Zwischen Engländern und Griechen gingen die Besprechungen weiter. Sir John Dill erklärte, es sei unmöglich, das gesamte griechische Staatsgebiet zu verteidigen. Er verlangte die Aufgabe Salonikis, den Rückzug der Epirusarmeen auf das Massiv des Pindus und die Schaffung einer kurzen Verteidigungslinie, die sich von der Aliakmonmündung bis zum Berg Kaimaktsalan erstrecken sollte. Die Griechen wiesen diese Vorschläge ab. Sie wollten die Metaxas-Linie nicht opfern, die den Schutz gegen Bulgarien hin bildete, doch gestanden sie eine Verkürzung der albanischen Front zu und versprachen, 23 Bataillone an die Aliakmonlinie zu legen, welche die Engländer nicht überschreiten wollten. Wavell beabsichtigte, die neuseeländische Division, die 6. australische Division, eine Panzerbrigade und später dann die 7. australische Division sowie eine polnische Brigade nach Griechenland zu verlegen. Generalleutnant Sir Maitland Wilson, genannt ›Jumbo‹, der dieses kleine Expeditionskorps befehligte, mußte also zwangsläufig seine ursprünglichen Pläne reduzieren.

Die Griechen konnten sich jedoch nicht entschließen, ihre albanischen Eroberungen aufzugeben, die sie mit viel Blut erkauft hatten. Am 4. März erfuhr Dill, daß die Verkürzung der Front nicht befohlen worden war und daß Wilson nur mit 16 griechischen Bataillonen rechnen konnte, statt mit den versprochenen 23. Die Mazedonienarmee, die den linken Flügel der Aliakmonlinie decken sollte, war ihrerseits nur ein sehr schwaches Armeekorps, das fast keine Artillerie besaß. Der Einsatz eines Expeditionskorps erschien immer sinnloser. In London kamen die Generalstabschefs überein, von einer Entsendung abzuraten.

Churchill zögerte, aus Athen aber erhielt er indignierte Protesttelegramme. ›Wie kämen wir dazu, Griechenland aufzugeben‹, drahtete der Botschafter Palairet. ›Die ganze Welt würde uns an den Pranger stellen.‹ Eden drang ebenfalls auf Erfüllung der eingegangenen Verpflichtungen. Wieder einmal standen militärische Gegebenheiten gegen politische Notwendigkeiten. Churchill fügte sich den letzteren. Am 7. März begannen britische Truppen, im Piräus und in Volos zu landen. Sie fanden ein entsetzlich armes Land vor, eine Bevölkerung, die hungerte, eisige Berge und schauerliche Straßen. Der Frühjahrsregen hatte begonnen und überzog das Land mit einer dicken Lehmbrühe, in der die Fahrzeuge versanken.

Aber die Eröffnung der Feindseligkeiten ließ auf sich warten. Die ›diplomatische Belagerung‹ Jugoslawiens ging weiter. Im Februar hatte Hitler den Ministerpräsidenten Svetkovic und den Außenminister Cinkar-Markovic empfangen, doch hatte ihn deren Zögern und Zurückhaltung fast zur Verzweiflung gebracht. Er lud daher den Prinzregenten Paul persönlich auf den Berghof. Dieser verlangte die Geheimhaltung des Treffens und wollte sich – auch im Angesicht des Herrn von Europa – noch immer nicht zum Eintritt in den Dreierpakt bereitfinden. Hitler erklärte sich bereit, die Grenzen Jugoslawiens zu garantieren. Gleichzeitig aber deutete er an, daß eine Weigerung nach so vielen Zugeständnissen als äußerst unfreundlicher Akt betrachtet werden würde. Mit diesem freundschaftlichen Ultimatum versehen, fuhr Paul wieder ab.

In Belgrad herrschte alles andere als Einmütigkeit. In der Auseinandersetzung um das deutsche Ultimatum machten sich die verschiedenen Interessen und Sympathien der einzelnen jugoslawischen Nationalitäten bemerkbar. Die Kroaten und Slowenen, deren Führer der stellvertretende Ministerpräsident Macek und der Pater Kulovec waren, verlangten eine Zustimmung, die sie unter das deutsche Protektorat bringen und damit gegen italienische Ansprüche schützen würde. Die Serben aber wollten keinerlei Verbindung mit Hitler. Am 20. März folgten zehn Mitglieder des Kronrats dem Prinzen Paul, indem sie sich teils aus Überzeugung, teils aus Resignation für den Pakt aussprachen; fünf enthielten sich der Stimme und drei stimmten dagegen. Gabriel Dositej wetterte von der Kanzel gegen das Dritte Reich. Der Regent kümmerte sich nicht um diesen Bannfluch, und am Fünfundzwanzigsten unterzeichneten Svetkovic und Cinkar-Markovic in Wien in einer Atmosphäre von Mißtrauen und Antipathie den Pakt.

Als ihr Zug am übernächsten Tag in der jugoslawischen Hauptstadt eintraf, herrschte Belagerungszustand. Bei Verlassen ihres Waggons wurden sie verhaftet und erfuhren, daß Prinz Paul in seinem Palais bewacht werde.

Dieser Staatsstreich war erfolgt, ohne daß ein Tropfen Blut vergossen worden wäre. Die Truppen hatten die wichtigsten Parteigänger einer Allianz mit dem Deutschen Reich aus den Betten geholt. Der Oberbefehlshaber, der Fliegergeneral Dusan Simovic, übernahm die Macht, verwies Prinz Paul des Landes und erklärte den siebzehnjährigen Peter II., den Sohn des ermordeten Alexander, zum König. Die kriegerischen und stolzen Serben jubelten, liefen zu Tausenden in den Dörfern zusammen, sangen in Riesenchören ›Oi Serbio‹ und die rauhen Komitadschilieder und berauschten sich an der Idee, daß sie den Lauf der Geschichte änderten, indem sie dem Tyrannen, der Frankreich niedergeworfen hatte, trotzten. In Kroatien dagegen folgte die Hälfte der Männer dem Mobilmachungsbefehl des Generals Simovic nicht.

Auf die Engländer hatten die Vorgänge in Jugoslawien eine ermunternde Wirkung. Eden und Dill, die nachdenklich nach England zurückreisten, erfuhren in Malta die Neuigkeit und kehrten unverzüglich um. In Athen gab es eine gewisse Ernüchterung. Simovic war zwar bereit, Dill zu empfangen, aber nur unter der Bedingung, daß der General in Zivil erscheine; auch zöge er es vor, wenn Minister Eden in Griechenland bleibe. Aus Belgrad brachte dann Dill enttäuschende Eindrücke mit. Simovic war nicht der starke Mann, den er sich vorgestellt hatte. Die Junta der Verschworenen war bereits zerstritten, und wenn auch das jugoslawische Volk davon überzeugt war, den Stern Deutschlands zum Erlöschen bringen zu können, so begriffen die Führer der Bewegung jetzt, in welche Gefahr sie sich begeben hatten. Simovic ließ Berlin wissen, daß der Staatsstreich an der deutschfreundlichen Haltung seines Landes nichts geändert habe. Von den englischen Vorschlägen wollte er nichts hören. Diese bestanden in einem Bündnisvertrag und einer blitzartigen Invasion in Albanien, um die Italiener zu verjagen, bevor die Deutschen Zeit hätten, sich in Bewegung zu setzen. Außerdem würde man dann die Türkei in den Krieg hineinziehen und so eine riesige Front bilden, die Deutschland vom Rücken her angreifen könnte. Die deutsche Reaktion erfolgte zu rasch. Der Putsch in Belgrad hatte in der Nacht vom 26. zum 27. März stattgefunden. Am Siebenundzwanzigsten mittags waren die Befehlshaber der Armee und der Luftwaffe beim Führer versammelt. Dieser teilte ihnen mit, daß er beschlossen habe, ›Jugoslawien militärisch und als Staatsgebilde zu zerschlagen‹. Die dazu nötigen Maßnahmen wurden sofort ergriffen. Die 2. Armee des Generalobersten von Weichs begann sich sofort in Kärnten und der Steiermark zu konzentrieren, und die Luftflotte 4 des Generalobersten Löhr stellte sieben Jagdfliegergruppen und drei Stukagruppen auf, welche die Aufgabe hatten, Belgrad unbarmherzig zu zerstören. Im Süden wurde die Aufgabe der 12. Armee geändert, denn sie war stark genug, um gleichzeitig Griechenland anzugreifen und sich in die Flanke der Jugoslawen zu werfen, um die Verteidigungslinien zwischen Skoplje und Nisch zu durchbrechen und sich dann fächerartig zwischen Monastir und Belgrad auszubreiten. Hitler ließ durch seinen Militärattaché in Italien, den General von Rintelen, Mussolini einen Brief überreichen, der von ihm in fast befehlendem Ton verlangte, in Albanien nichts weiteres zu unternehmen. Er solle sich damit zufriedengeben, so gut wie möglich den jugoslawischen Angreifern Widerstand zu leisten.

Der Plan der Operation war in der Führerweisung Nr. 25 niedergelegt. Diese enthielt diesen folgenschweren Satz: ›Der Beginn von Operation Barbarossa ist um vier Wochen zu verschieben.‹

Der Angriff gegen Rußland, die Eröffnung eines Blitzkrieges, der die Rote Armee in vier Monaten vernichten sollte, war vorher auf den frühesten Beginn der guten Jahreszeit festgesetzt worden. Mussolinis Eingreifen auf dem Balkan verschob ihn nun auf den Sommer.

Rommels erster Sieg in Afrika

Auf dem Balkan war es ruhiger geworden, und in Albanien hatten die Kämpfe fast aufgehört. In Thrazien und Thessalien vereinten sich die griechischen Kräfte, so gut es eben ging, mit dem britischen Expeditionskorps, das inzwischen aus Ägypten eingetroffen war. In Bulgarien und Österreich gingen die deutschen Truppenzusammenziehungen weiter. In Jugoslawien stand eine erregte Bevölkerung unter Waffen, aber die neue Regierung hoffte immer noch, den im Nachbarland bereits herrschenden Kriegsbrand fernhalten zu können.

Da flammte plötzlich der Krieg in Libyen wieder auf. Die Engländer sollten ihren Fehler teuer bezahlen, den sie begangen hatten, indem sie zwei strategische Ziele gleichzeitig zu erreichen beschlossen.

Am 21. Februar hatte ein britisches Aufklärungsflugzeug in der Wüste ein achträdriges Fahrzeug entdeckt, das nicht italienischer Herkunft war. Folglich mußte es ein deutsches Fahrzeug sein. Einige Tage später erhielten die Briten eine Nachricht aus Tripolis, die besagte, daß eine Panzereinheit, vermutlich ein Regiment, dort ausgeladen werde. Am 8. März nannte eine weitere Nachricht den Namen des Generals, der die deutschen Truppen befehligte: Rommel. Das war nun kein Unbekannter mehr seit dem Frankreichfeldzug, und sein Erscheinen in Afrika ließ für die allernächste Zukunft auf erhöhte feindliche Tätigkeit schließen. Der britische Oberbefehlshaber beunruhigte sich aber deswegen nicht. Wavells Überlegungen sahen etwa folgendermaßen aus. Die Anwesenheit deutscher Panzer und die heftigen Luftangriffe, die den Hafen von Benghasi unbenutzbar machten, waren gewiß Zeichen, die zu einer genaueren Überprüfung der Lage Anlaß gaben. Wenn man aber die Möglichkeiten von Tripolis in Betracht zog, so konnte man annehmen, daß zwei Monate erforderlich seien, bis eine Armee aufgestellt war, mit der man wirksame Operationen durchführen konnte. Lokale Unternehmungen waren zwar nicht auszuschließen, aber bevor ein wirklich großer Schlag geführt werden könnte, wäre die große Hitzeperiode angebrochen. Die Gefahr war also für den Herbst vorauszusehen, nicht aber mehr für das Frühjahr.

In einer Hinsicht immerhin täuschte sich Wavell nicht: Rommel verfügte nicht einmal über die gesamte 5. Leichte Division, und die Landung der 15. Panzerdivision war nicht vor Mai beendet. Die Motore besaßen nicht einmal Sandfilter, und die Fahrzeuge, die nur gewöhnliche Reifen hatten, versanken im Sand. Die Italiener schickten ihre Panzerdivision ›Ariete‹ sowie die motorisierte Division ›Trento‹. Doch waren diese beiden Einheiten höchst unvollkommen ausgerüstet, General Gariboldi mit seinem gewaltigen Schnurrbart, dem Rommel theoretisch untergeordnet war, zeigte nicht sehr viel mehr Mut als sein Vorgänger. Im OKH betrachtete man diesen afrikanischen Panzerfeldzug mit sehr viel Nüchternheit und Zurückhaltung. Halder,

der Chef des Heeresgeneralstabs, forderte Rommel auf, ihm bis zum 20. April einen Plan für die Wiedereroberung der Cyrenaika vorzulegen, riet ihm aber, vorläufig sehr vorsichtig zu sein, und untersagte ihm, über Agedabia hinaus vorzustoßen. Die Annahmen Sir Archibald Wavells waren also in diesem einen Punkt eigentlich richtig: Es würden zweifellos kleinere Gefechte stattfinden, jedoch keine großen Unternehmungen.

Am 24. März ging Rommel gegen die Engländer vor und vertrieb sie von ihrem Vorposten El Agheila. Die Briten zogen sich auf Mersa Brega zurück, wo die 2. Panzerdivision eine Verteidigungsstellung ausgebaut hatte. Ohne bei irgend jemand die Genehmigung dafür einzuholen, griff Rommel am Einunddreißigsten vorsichtig wie ein Boxer an, der seinen Gegner erst abtastet. Der gegnerische Widerstand war sehr stark. Rommel setzte den Frontalangriff nicht weiter fort, sondern umging die feindliche Stellung auf einer schmalen Wüstenpiste zwischen zwei unpassierbaren Sandgebieten. In der Sahara bewies er wieder seinen Geländesinn wie einst im Bogen von Houx und auf dem Plateau von Hornoy. Listig täuschte er den Gegner über die wahre Stärke seiner Panzer, indem er eine Überlegenheit vorspielte, die gar nicht vorhanden war. Er ließ nämlich durch einige Fahrzeuge riesige Staubwolken aufwirbeln, die den Eindruck erwecken sollten, als seien enorme Kolonnen im Anmarsch.

Vom 1. April ab hatte er dann den Eindruck, daß die Engländer sich kampflos zurückzogen. Er war nur für einen Einbruch ausgezogen, mit dem Befehl, Agedabia nicht zu überschreiten. Jetzt begriff er, daß, wenn er diesem Befehl nicht gehorchte, die ganze Cyrenaika ihm gehören würde.

Agedabia war inzwischen genommen worden. Die Versuchung war für Rommel zu stark. Er teilte seine Kräfte in drei Gruppen auf. Die eine, bestehend aus der Aufklärungsgruppe der 5. Leichten Division und der Division ›Brescia‹, marschierte an der Küste entlang gegen Benghasi. Die zweite Kolonne, die aus dem 5. Panzerregiment bestand, überquerte den Djebel el Akhdar, und die dritte, die aus der Division ›Ariete‹ und dem Gros der 5. Leichten Division zusammengesetzt war, umging den Djebel durch die Wüste.

Als das Manöver bereits angelaufen war, traf eine Warnung des OKW ein, also direkt von Hitler: ›General Rommel wird aufgefordert, keine Risiken einzugehen, besonders aber seine Flanke nicht zu gefährden, indem er sich gegen Benghasi ausbreitet.‹ An der Spitze der Vorhut war aber der junge Freiherr von Wechmar schon unterwegs zur Hauptstadt Italienisch-Nordafrikas. Er flehte Rommel an, ihn weitermachen zu lassen. Rommel setzte seinen Kommandoposten aufs Spiel und sagte einfach: »Ja.« Er war eben nicht nur dem Feind gegenüber ein wagemutiger General, sondern besaß auch Courage gegenüber seinen Vorgesetzten.

Am Morgen des 4. April zog Wechmar, umjubelt von den italienischen Kolonisten,

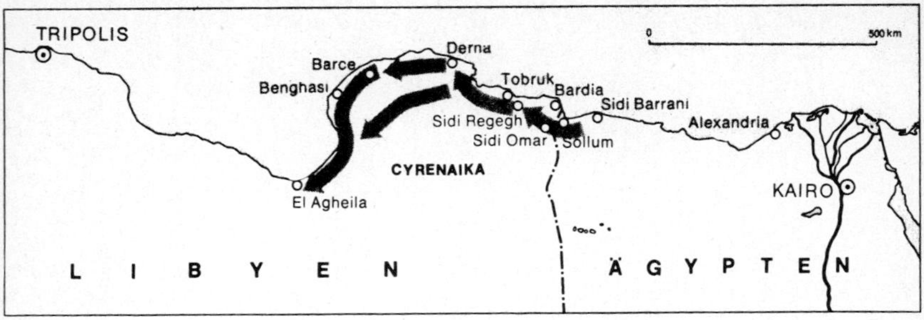

Karte 14 Der Vorstoß Wavells in der Cyrenaika (9. Dezember 1940 bis 9. Februar 1941)

in Benghasi ein. Er hatte keinen einzigen Mann verloren. Gleichzeitig mußte Rommel einen wütenden Angriff abwehren. Gariboldi hatte ihn endlich an seinem vorgeschobenen Gefechtsstand erreicht und ihm befohlen, sofort dieses wahnwitzige Unternehmen abzubrechen. Alle deutsch-italienischen Einheiten seien zerstreut, alle Lastwagen hätten mitten in der Wüste ihre Last abgeladen und seien nach hinten unterwegs, um Treibstoff nachzuholen. Gariboldi wütete und drohte. Rommel ließ sich nicht einschüchtern. Im kritischsten Augenblick dieser Auseinandersetzung kam ihm ein Telegramm zu Hilfe. Der Führer gab zu, daß er von Berlin aus die Lage nicht übersehen könne, und gab dem Kommandierenden General des Afrikakorps freie Hand. Gariboldi verließ ihn wütend mit dem Bemerken, er werde sich an das Comando Supremo wenden. Rommel wandte sich wieder seiner eigentlichen Aufgabe zu.

Bei den Briten herrschte ein beträchtliches Durcheinander. Der geschickte O'Connor war nach Ägypten zurückversetzt worden. Neuer Oberbefehlshaber war nun Generalleutnant Neame, ein Mann, der ebenso ein Neuling im Wüstenkrieg war wie seine Soldaten. Wavell kam schleunigst aus Kairo und brachte O'Connor mit, den er Neame als Berater beigab; doch hatten die raschen Bewegungen der deutsch-italienischen Kolonnen den gesamten britischen Plan durcheinandergebracht und der Schlacht inzwischen ein völlig anderes Gesicht gegeben. Die englischen Linientruppen waren unzureichend gegenüber einem Feind, der seine Truppenzahl durch seine Beweglichkeit gewissermaßen vervielfachte. Die 3. indische Brigade, die als Verstärkung einige Tage vorher eingetroffen war, besaß weder Artillerie noch Panzerabwehr. Die 7. australische Division bestand nur aus zwei Brigaden, und die 2. Panzerdivision verfügte lediglich über 47 Panzer, von denen die Hälfte erbeutete italienische M 3 waren. Es gab keinerlei einheitlichen Widerstand, keine geschlossene Gegenbewegung wurde dem deutschen Durchbruch entgegengesetzt.

In seinem Fieseler ›Storch‹ überflog Rommel den Djebel. Dabei entdeckte er die

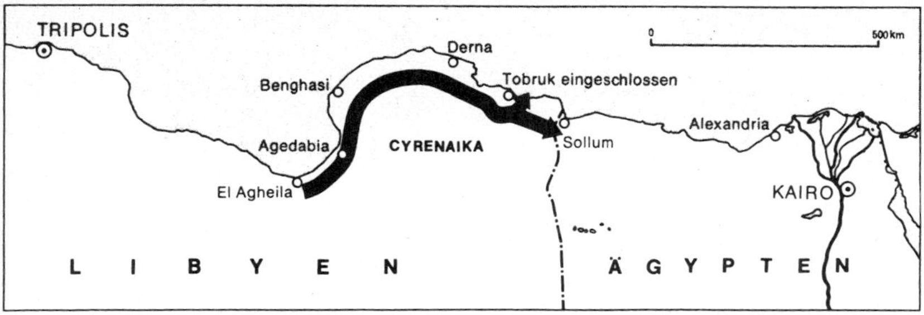

Karte 15 Der Vorstoß Rommels in der Cyrenaika (24. März bis 12. April 1941)

großen Depots in Mechili und in Derna, die ihn dazu verlockten, den Weg der Division ›Ariete‹ und der 5. Leichten Division nach Norden zu lenken. In der Nacht zum 6. April stieß eine deutsche Patrouille zwischen Derna und Mechili auf einen britischen Stabswagen. In dem Auto saßen O'Connor, Neame und Combe. Ihr Fahrer kämpfte und fiel, die Offiziere wanderten in die Gefangenschaft. O'Connor trug noch die italienische Verdienstmedaille, die er 1918 an der Piave bekommen hatte. Ein vierter englischer General, Gambier-Parry, geriet am nächsten Tag in Mechili in Gefangenschaft, und ein fünfter, der Brigadegeneral Remington, kapitulierte in Derna. Der zu einem einfachen Vorstoß von der tripolitanischen Grenze aufgebrochene Rommel hatte damit in zehn Tagen die Stellungen der Achse bis an die ägyptische Grenze vorgeschoben.

Es blieb Tobruk. Durch einen reinen Glücksfall war die dort in Garnison liegende 24. australische Brigade im letzten Augenblick durch die 18. australische Brigade, welche die Cyrenaikaarmee verstärken sollte, unterstützt worden. Dazu kamen noch die 20. und 26. australische Brigade, die zusammen mit der 24. australischen Brigade die 9. australische Division bildeten. Generalmajor Lavarack gelang es, den deutschen Überraschungsangriff zu stoppen, in dessen Verlauf der Kommandeur der 15. Panzerdivision, Generalmajor von Prittwitz und Gaffron, der an der Spitze seiner Truppen auf das Schlachtfeld gezogen war, fiel. Ein zweiter deutscher Angriff, der einige Tage später erfolgte, mißglückte ebenfalls. Dann begann die Belagerung. Die über die Seeseite versorgten 36000 Engländer hielten einen befestigten Ring von 48 Kilometer Umfang, den zu brechen Rommel nicht die nötigen Kräfte hatte.

Rommel war jetzt weltberühmt. Generaloberst Halder behauptete zwar immer noch, es handle sich um einen Verrückten, aber der vom OKH zur Inspektion des Afrikakorps entsandte General Paulus kam voller Bewunderung für Rommel zurück. Ungeahnte Möglichkeiten schienen sich für das Deutsche Reich auf dem afrikanischen Kontinent zu eröffnen.

Etwas Seltsames ereignete sich in der Nacht vom 5. zum 6. April. Gavrilovic, der jugoslawische Gesandte in Moskau, wurde mitten in der Nacht geweckt und in den Kreml gerufen. Stalin erwartete ihn bereits. Er legte Gavrilovic einen bereits einige Zeit zuvor von Simovic angeregten Nichtangriffspakt zwischen der UdSSR und Jugoslawien fertig zur Unterschrift vor. Die Mächte versprachen sich darin, beiderseitig ihre Unabhängigkeit zu wahren und ihre Hoheitsrechte sowie ihre territoriale Unverletzlichkeit gegenseitig zu garantieren. Im Fall, daß einer der beiden Staaten von einer dritten Macht angegriffen würde, versprach der andere, eine freundschaftliche Haltung gegenüber der angegriffenen Signatarmacht zu bewahren.
Diese eigenartige Haltung der Sowjets ausgerechnet in dem Augenblick, in dem sich die Wehrmacht um Jugoslawien sammelte und mit der Eröffnung der Feindseligkeiten von einem Moment zum anderen zu rechnen war, fand bis heute keine ausreichende Erklärung. Wie so vieles andere, verschwand auch dieses Geheimnis in den Archiven, die vielleicht niemals geöffnet werden. Damals glaubten manche, diese Haltung Stalins hätte den plötzlichen Krieg zwischen der Sowjetunion und dem Dritten Reich zur Folge gehabt. Der sowjetisch-jugoslawische Pakt wurde von Belgrad sofort jubelnd akzeptiert und in alle Welt hinausposaunt. Er erweckte bei den Jugoslawen große Hoffnungen und ließ insbesondere die Serben glauben, ihr traditioneller Bündnispartner, der jahrhundertelang die Slawen beschützt hatte, werde ihnen zu Hilfe eilen. Aber nichts geschah.
Einige Stunden später verwüstete einer der grausamsten Luftangriffe die jugoslawische Hauptstadt. Während in Athen Prinz zu Erbach-Schönberg, der deutsche Gesandte, die Kriegserklärung überreichte, die als Grund das Eingreifen der Engländer in Griechenland anführte, begnügte sich die Reichsregierung gegenüber Belgrad damit, »die verbrecherische und verschwörerische Clique«, die sich der jugoslawischen Regierung bemächtigt habe, als verantwortlich für diese Strafaktion zu bezeichnen.
Die von ihren militärischen Fähigkeiten sehr überzeugten Generale Belgrads weigerten sich, die englischen Ratschläge anzunehmen, und bestanden darauf, die Grenzen Jugoslawiens selbst zu verteidigen. Eine erste Armeegruppe deckte Kroatien von Fiume bis Brod, die zweite reichte bis zum Eisernen Tor, und eine dritte lag längs der bulgarischen Grenze und sollte außerdem noch Bulgarien besetzen. Was dabei als Armee bezeichnet wurde, waren nur drei oder vier Divisionen, die über keinerlei Panzer verfügten und noch weniger über Panzerabwehrwaffen. Die Luftwaffe besaß 930 zum Teil veraltete Flugzeuge, wovon 300 verwendbar waren. Der deutsche Feldzug war gegen diese schwache Armee nur insofern bewundernswert, als die Truppen alle natürlichen Hindernisse überwanden. Kleist fuhr mit seinen Panzern auf den Schienen des Orientexpresses und durchbrach die Engpässe von Tsaribrod; er nahm

Nisch, schickte seine 5. Panzerdivision in Richtung Albanien und fuhr mit der 11. Panzerdivision und der 60. motorisierten Division das Morawatal entlang, nahm Belgrad vom Rücken her ein, drehte nach Süden und schloß die nach Bosnien zurückgeworfenen Reste der jugoslawischen Armee ein.
In einer noch straßenärmeren Region operierte General Stumme. Er nahm Skoplje, teilte dann seine Truppen, stellte am Ochridasee die Verbindung mit den Italienern her und umging die englisch-griechischen Stellungen bei Florina. In Kroatien hatte sich, im selben Augenblick, als die ersten deutschen Panzer dort erschienen, eine Separatistenregierung gebildet. Dieser künstlich geschaffene Staat, der Jugoslawien nun einmal war, fiel bei der Niederlage seiner Armee auseinander. In elf Tagen war der Krieg zu Ende. Simovic verschwand, und sein Nachfolger, General Kalafatovic, befahl der Armee, die Waffen niederzulegen. Die Deutschen behielten nur die 344000 serbischen Gefangenen. Die Wehrmacht hatte einen ihrer billigsten Siege errungen, denn sie hatte nur 151 Tote, 15 Vermißte und 392 Verwundete zu beklagen. Die Vernichtung eines Staates, der sich als Nachfolger der Habsburgermonarchie bezeichnete, forderte weniger Menschenleben als ein einziges Wochenende in Europa mitten im Frieden.
Trotz aller englischen Vorstellungen konnten sich die Griechen nicht entschließen, die Metaxaslinie aufzugeben, die gegen eine bulgarische Invasion errichtet worden war und an deren Stelle nun die deutsche Invasion trat. General Bakopulos verfügte zu ihrer Verteidigung über die Brigaden ›Evros‹ und ›Nestos‹ sowie über die 7., 14., 18. und 19. Infanteriedivision. Von letzterer behauptete man, sie sei motorisiert, was in Wirklichkeit aber kaum der Fall war. Insgesamt verfügte er also über 25 Bataillone, 37 Batterien und 24 Panzerwerke. Bei den Engländern, die sich 50 Kilometer weiter rückwärts festgesetzt hatten, beließ Papagos nur die 12. und 20. Infanteriedivision. Auf diese Weise teilten die beiden alliierten Armeen ihre Kräfte und bereiteten sich auf zwei verschiedene Schlachten gegen einen erdrückenden Feind vor.
Die Griechen waren jedoch andere Soldaten als die Jugoslawen. Die drei deutschen Divisionen, die die Brigade ›Nestos‹ angriffen, wurden hart gestoppt. Im Rupelengpaß erlitt die 5. Gebirgsdivision schwere Verluste, und die 6. kam auf den Kämmen westlich der Struma nur langsam vorwärts. Drei Tage lang dauerten die heftigsten Land- und Luftangriffe auf die Metaxaslinie, die aber nirgends nachgab.
Die Entscheidung wurde durch eine der Panzerdivisionen von Sedan, die 2. Panzerdivision des Generals Veiel, erzielt. Sie kam nach Jugoslawien durch das Strumicatal und stieß auf keinerlei Widerstand bis nach Strumica. Das Tal verlief nach Westen weiter, aber Veiel hatte eine gute Idee. Er drehte nach Süden und führte seine Division über eine elende Bergstraße bis zum Doiransee, den er im Westen umging. Dann überschritt er die jugoslawisch-griechische Grenze und fuhr auf einem schwindelnden Weg in das Vardartal hinab. Die einzige Reserve des Generals Bakopulos, die 19. mo-

torisierte Division, war noch nicht zur Stelle, um die Deutschen aufzuhalten. Am 8. April brachten Veiels Panzer 90 Kilometer hinter sich und kamen um Mitternacht in Saloniki an. Die eingeschlossenen Verteidiger der Metaxaslinie erhielten nun von Papagos die Genehmigung zur Kapitulation. Die Deutschen überhäuften sie mit Lob, bewunderten die hervorragende Ausführung der Befestigungen und erklärten ihnen, was Hitler einige Tage später in seiner Siegesrede sagte: »Ihr seid die einzigen Truppen, die unter dem Bombardement von Stukas ausgehalten haben.«

Die Stellung ›Jumbo‹ Wilsons, dessen linker Flügel umgangen war, erwies sich nun als unhaltbar. Papagos versuchte Wilson zu bewegen, sich mit seinen Truppen in das Innere des Landes zu begeben, um das britische Korps mit der Epirusarmee zu vereinigen, aber der britische General zog es vor, sich lieber von den Griechen abschneiden zu lassen als vom Meer. Sein Rückzug liest sich wie eine Geschichte aus dem Griechenland der Antike: Olymp, Thermopylen... Der Marsch auf äußerst schlechten Straßen durch die noch winterlichen Berge war außerordentlich beschwerlich. Viele Australier sahen zum erstenmal in ihrem Leben Schnee. Der eisige Regen und deutsche Bombenangriffe machten den Rückzug zu einem wahren Leidensweg.

Am Achtzehnten fand im königlichen Palast von Tatoi eine Besprechung zwischen Wilson und Papagos statt. Sie begann unter einem schlechten Vorzeichen, denn am gleichen Morgen hatte der Ministerpräsident Korisis Selbstmord begangen. Er war damit im Abstand von nur ein paar Tagen dem Beispiel des ungarischen Außenministers, des Grafen Teleki, gefolgt, der die sklavische Abhängigkeit seines Landes vom Hitlerreich nicht mehr ertragen konnte.

Der Bericht des Generals Papagos war trostlos. Die Epirusarmee war nahezu eingeschlossen, denn die Deutschen waren mit großer Geschwindigkeit in Richtung Janina vorgestoßen. Alle Straßen wurden unbarmherzig mit Maschinengewehrfeuer belegt. Die Moral der Truppe war erschüttert, der Krieg verloren. Die Anwesenheit englischer Truppen in Griechenland war sinnlos geworden. Es war besser, wenn sie wieder abzogen. Die Griechen würden sie so gut wie möglich decken und schließlich die Waffen niederlegen, um eine restlose Verwüstung ihres Landes zu vermeiden. Sie wollten aber den Kampf auf ihren Inseln mit den dort noch befindlichen Mitteln und Möglichkeiten fortsetzen.

Die griechische Haltung war loyal, mutig und realistisch, jene Churchills dagegen die pure Heuchelei. »Wir können nicht in Griechenland gegen den Willen der Griechen bleiben und ihr Land der Verwüstung anheimgeben«, drahtete er an Wavell. Er schob die Schuld auf den jugoslawischen Zusammenbruch, den griechischen Oberbefehl, die Zersetzung der griechischen Armee, kurz auf alle und alles außer auf Winston Churchill, den eigentlichen Schuldigen, der die englischen Truppen in diesen Hinterhalt geschickt hatte.

Wieder kam das Meer dem Land zu Hilfe. Die Evakuierung begann. Die Zahl von

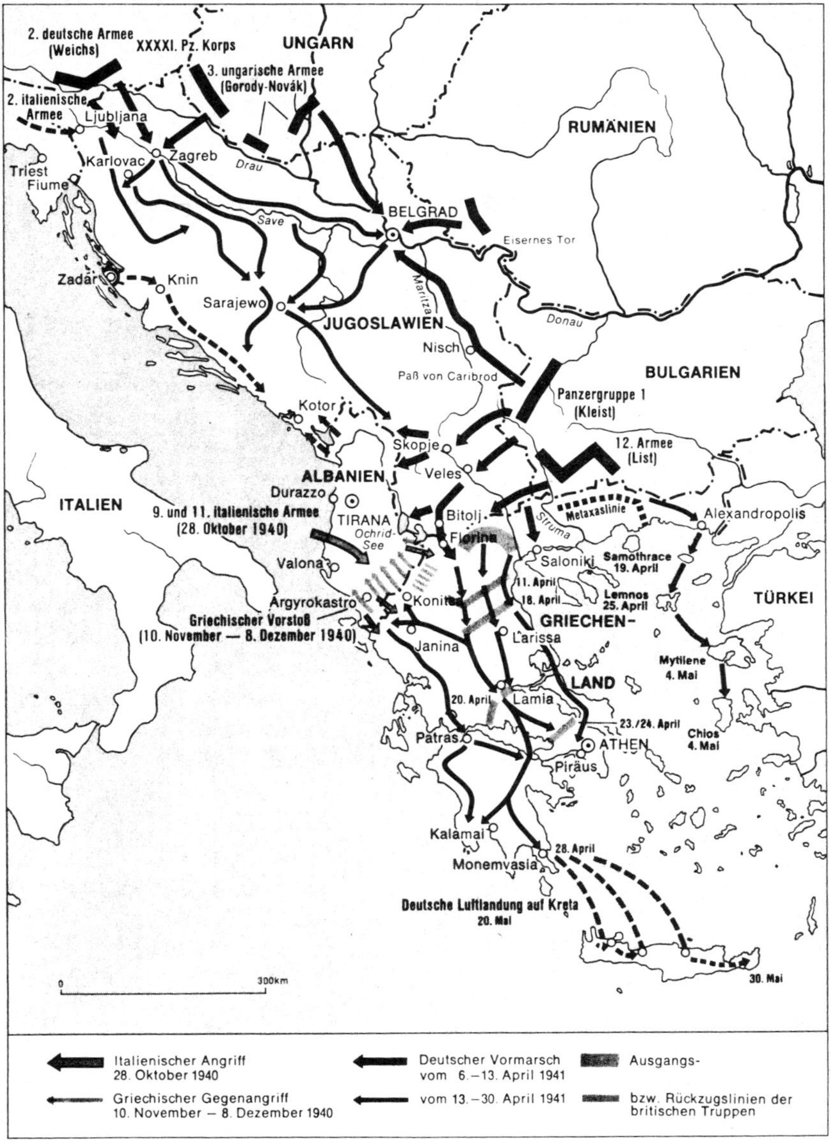

Karte 16 Der Balkanfeldzug (Oktober 1940 bis Mai 1941)

55000 Soldaten war zwar gering im Verhältnis zu Dünkirchen, aber die Möglichkeiten des Ägäischen Meeres waren auch nicht die der Nordsee. Am 28. und 29. März aber wurde vor Kap Matapan die italienische Flotte durch Cunningham angegriffen und verlor dabei die Kreuzer *Pola*, *Fiume* und *Zara*; die *Vittorio Veneto* konnte sich mit Mühe und Not retten und blieb außer Gefecht. Dagegen verfügte Vize-Luftmarschall John d'Albiac nur noch über wenige ›Hurricanes‹ und konnte gegen die Luftwaffe nicht das geringste ausrichten. Man beschloß, das Risiko möglichst zu verkleinern, indem man die Schiffe auf die zahlreichen kleinen griechischen Häfen verteilte. Sieben Kreuzer, zwanzig Zerstörer und Schaluppen wurden von kleinen Küstendampfern unterstützt.

An den Thermopylen wurde hinhaltend gekämpft. Die Thermopylen sind nicht mehr der Engpaß, den einst Leonidas verteidigte. Inzwischen befindet sich dort durch das Zurückweichen des Meeres ein flacher Streifen zwischen Küste und Gebirge. Dieser wurde von der 6. neuseeländischen Brigade gegen die 5. deutsche Panzerdivision verteidigt. Die Engländer konnten sich ohne große Schwierigkeiten absetzen und zogen dann weiter zum Peleponnes über Theben, Korinth, Mykene, Argos und Sparta. Die Einschiffung der englischen Truppen wurde fortgesetzt, allerdings nicht ohne einige schwerwiegende Zwischenfälle. So wurden bei Nauplia der holländische Dampfer *Slamat* und die beiden Zerstörer *Diamond* und *Wryneck* durch Stukas versenkt, wobei sehr viele Soldaten ums Leben kamen. Während die Panzerbesatzungen Athen nahmen und die Hakenkreuzfahne auf der Akropolis hißten, sprangen deutsche Fallschirmjäger über dem Kanal von Korinth ab und öffneten deutschen motorisierten Truppen den Isthmus. Die letzten Tage dieses Krieges waren ein Wettrennen auf den schlechten Straßen des Peloponnes. Die restlichen Truppen wurden in der Nacht vom 30. April zum 1. Mai in Kalamai, dem Hafen von Sparta, eingeschifft. Wieder einmal besaß der britische Löwe nur noch den Felsen von Gibraltar, um sich auf dem europäischen Kontinent festzukrallen.

Auch jetzt hatte England den Schaden möglichst gering gehalten. Von 58000 britischen Soldaten konnten 41000 nach Kreta und Ägypten zurückgebracht werden. Wie in Dünkirchen aber mußte sämtliches Material zurückbleiben. Durch einen weiteren Blitzkrieg konnte die Wehrmacht auf der gebirgigen und an Straßen armen Halbinsel beweisen, daß sie auf der Höhe ihrer Beweglichkeit und Stärke war. Hitler stand auf dem Gipfel seines Ruhmes. Das Bild, das er am 4. Mai von seinem Sieg gab, war beeindruckend: 575000 feindliche Gefangene in 25 Tagen bei 1750 gefallenen und vermißten deutschen Soldaten. Hitlers Kriege kosteten die Deutschen nicht viel Blut, und ihr Führer konnte noch mit Recht voller Verachtung von den ›Schlächtern von 1914‹ sprechen.

X. Kapitel Mai bis Juni 1941
England geschlagen und gerettet

Heß in England

Der mysteriöse Mann war in die Maryhill-Kaserne in Glasgow geführt worden. Er erklärte, er heiße Alfred Horn und wünsche den Herzog von Hamilton persönlich zu sprechen.

Am nächsten Tag, am Sonntag, dem 11. Mai, begab sich der Herzog, Wing Commander der RAF, in die Kaserne. Der Mann wandte ihm ein blasses, abgespanntes Gesicht mit tief in den Höhlen liegenden Augen zu.

»Kennen Sie mich wieder? Sie haben während der Olympischen Spiele in Berlin bei mir gespeist. Ich bin Rudolf Heß.« Hamilton brauchte einige Augenblicke, um sich zu erinnern, daß Rudolf Heß der Stellvertreter des Führers war und daß er ihn tatsächlich in Berlin getroffen hatte. Heß berichtete ihm, er sei am Vortage von Augsburg abgeflogen mit der Absicht, auf dem Flugplatz von Dungenal zu landen, doch habe er befürchtet, von der Flak abgeschossen zu werden und sei deshalb lieber mit dem Fallschirm abgesprungen. Er habe nach dem Herzog von Hamilton verlangt, weil er diesen als einen der vernünftigen Engländer ansehe, die ihm in seiner eigenmächtig unternommenen Mission helfen könnten. Er sei unter großem persönlichem Risiko gekommen, um dem Bruderkrieg zwischen Deutschland und England ein Ende zu machen.

Hamilton weigerte sich, den Mann weiter anzuhören, denn er war sich überhaupt nicht sicher, ob sein Gesprächspartner wirklich Rudolf Heß war. Außerdem fühlte er sich nicht berechtigt, irgendwelche Besprechungen mit diesem vom Himmel gefallenen Sendboten aufzunehmen. Erst Sir Ivon Kirkpatrick vom Foreign Office, der sich längere Zeit in Berlin aufgehalten hatte, erkannte Heß ohne den geringsten Zweifel wieder und nahm dessen Erklärungen auf. Heß wollte die Grundlage für eine englisch-deutsche Versöhnung schaffen. Deutschland verpflichte sich, das Britische Empire zu respektieren und England ein Bündnis gegen amerikanische Territorialwünsche anzubieten. Als einzige Gegenleistung verlange Deutschland freie Hand auf dem europäischen Kontinent. Heß betonte, daß seine Initiative völlig ohne Wissen Hitlers erfolgt sei, doch sei er sicher, daß er mit seinem Handeln der innersten Überzeugung und dem aufrichtigen Wunsch des Führers entspreche.

Es steht heute außer Zweifel, daß Hitler tatsächlich keinerlei Kenntnis von dem Abenteuer dieses Mannes hatte, der erst sein Sekretär, dann sein Stellvertreter gewesen war. Er erfuhr davon in Berchtesgaden durch einen Brief des Flüchtlings. Seine

Reaktion war eher Fassungslosigkeit als Wut. »Ich sehe ihn noch vor mir«, berichtete Keitel, »wie er in seinem großen Arbeitszimmer auf und ab ging, sich mit dem Finger an die Stirn tippte und sagte, Heß müsse geistig nicht normal gewesen sein.« Heß, ein exaltierter Mensch mit Neigung zu Halluzinationen, war Hitler geradezu mystisch ergeben. Er glaubte wirklich, daß er Verhandlungen einleiten könne. Die britische Regierung ließ ihn wissen, daß er Kriegsgefangener sei und als solcher bis zum Ende der Feindseligkeiten behandelt werde.

Heß war überrascht. Er glaubte fest an die Kraft der Drohung, durch welche er seinen anglophilen Gefühlen Ausdruck gab. »Sie müssen sich klar darüber sein«, sagte er zu Kirkpatrick, »daß Deutschland gewiß ist, den Krieg zu gewinnen. Hitler macht alles in gewaltiger und genialer Weise. Sie haben ja überhaupt keine Idee von der Zahl der Flugzeuge und der Unterseeboote, die in Deutschland gebaut werden.« Angesichts von Kirkpatricks phlegmatischer Haltung geriet er etwas in Wut. »Meine Reise bietet Ihnen die letzte Möglichkeit. Wenn Sie sie nicht ergreifen, wird Hitler sich veranlaßt sehen, England zu versklaven. Das ist sein gutes Recht und sogar seine Pflicht.«

Britische Zwischenbilanz

Diese Drohungen waren in dem Augenblick, als sie ausgesprochen wurden, weit davon entfernt, bloß leeres Gerede zu sein. England kämpfte seit zehn Monaten allein. Es war ihm bisher gelungen zu überleben, aber das war auch alles. Heftige Luftangriffe verwüsteten das Land nach wie vor. Am 19. April kamen in London durch Bomben 2300 Menschen um. Kein Weg führte die Engländer aus diesem Abgrund von Blut, von Schweiß und Tränen, den ihnen Winston Churchill versprochen hatte. Von den Erfolgen des Winters war im Frühjahr nur ein einziges Resultat geblieben, die Eroberung Italienisch-Ostafrikas. Alle anderen Vorteile, die den Italienern gegenüber errungen worden waren, hatten die Deutschen wieder rückgängig gemacht. Das griechische Festland war verloren. Der Feind eroberte die Ägäischen Inseln, und der ganze britische Ehrgeiz war darauf beschränkt, Kreta zu halten. Doch dessen Verteidiger, der Neuseeländer General Bernard Freyberg, der schon sechsunddreißigmal verwundet worden war, meldete seiner Regierung in Wellington, daß seine Truppen sich in einer Falle befänden. In Afrika standen die Truppen der Achse wieder an der ägyptischen Grenze. Um die Deutschen am Ausladen der 15. Panzerdivision, die Rommel zur Verstärkung erhalten sollte, zu hindern, stimmte die britische Admiralität einem Vorschlag Churchills zu, der darin bestand, das Schlachtschiff *Barham* zu versenken, um den Hafen von Tripolis zu blockieren. Admiral Cunningham protestierte schaudernd gegen die Versenkung eines großen Schlachtschiffes. Lieber nahm er das

Mussolini am 9. Mai 1940: ›Nach meinen Reden müßt Ihr Euch an mein Schweigen gewöhnen. Nur Taten werden es brechen.‹ Einen Monat später, am 10. Juni, trat Italien in den Krieg ein. – Unten von links: P. Badoglio, Oberkommandierender der italienischen Streitkräfte, stürzte 1943 den Duce; U. Cavallero, italienischer Generalstabschef, Gegner Hitlers; R. Graziani, Kommandeur der in Libyen stationierten Truppen.

Deutschlands italienischer Bundesgenosse, auf der Suche nach neuem Prestigezuwachs auf dem Balkan, überschritt am 28. Oktober 1940 die albanisch-griechische Grenze. Die von Artillerie (unten) unterstützten Angriffe der Infanterie- und Gebirgsjägereinheiten (oben) der 11. Italienischen Armee wurden jedoch von den Griechen bereits nach fünf Tagen gestoppt, die Italiener aus albanischem Gebiet zurückgeworfen.

Risiko auf sich, die Flotte gegen Tripolis zu führen und die Stadt zu bombardieren. Die Überraschung war vollkommen. Das Geschwader verfeuerte in 42 Minuten 530 Tonnen Munition auf den Hafen, doch waren die Resultate bei weitem nicht dem Aufwand entsprechend, denn die 15. Panzerdivision fuhr unbeirrt fort, ihre Panzer auszuladen.

Es tauchten neue Gefahren für England auf. Die arabische Welt schien sich gegen den britischen Löwen zu wenden. Im Ersten Weltkrieg waren die Araber von den Engländern gegen die Türken, die damals ihre Herren waren, aufgehetzt worden, aber die Rolle des Schutzheiligen, die England für den Zionismus spielte, hatte die arabischen Sympathien sich den Achsenmächten zuwenden lassen. Wenn ›Sidhi Mussolini‹ sich eher lächerlich gemacht hatte, als er sich selbst zum Schwert des Islam erklärte, so bewunderten sie doch den Fanatiker Hitler, seinen wilden Antisemitismus sowie seine großartigen Siege. Den Engländern war durchaus bekannt, daß Kairo beim Einzug Rommels mit Hakenkreuzfahnen flaggen würde, und sie wußten ebensogut, daß ein immer stärkerer Haß gegen Großbritannien sich in dem Gebiet zwischen Indus und Nil ausbreitete.

Im April wurde es im Irak brenzlig. Der Bündnisvertrag von 1930 hatte den Engländern zwei Truppenstützpunkte zugestanden, nämlich in Shaibah bei Bassorah und in Habbaniya im Euphrattal. Durch eine Militärverschwörung jedoch wurde der Regent Abdul Illah gestürzt und durch den geschworenen Englandfeind Raschid Ali el-Gailani ersetzt. Irakische Truppen marschierten gegen den Stützpunkt Habbaniya und besetzten das höher gelegene Plateau mit Geschützen. Im Stützpunkt lebte man hinter einem einfachen Gitterzaun wie im tiefsten Frieden; die britischen Soldaten hatten ihre Familien bei sich. Die Bedrohung erschien aber dermaßen ernst, daß Churchill, obwohl Wavell zu Verhandlungen riet, den Vize-Luftmarschall Smart bevollmächtigte, diese Truppenansammlung mit Waffengewalt auseinanderzusprengen. Verstärkung wurde aus Indien angefordert, und eine Brigade, die nach Malaya unterwegs war, zurückgehalten. Hitler sah schon den großen arabischen Aufstand kommen und versprach den Irakern seinen Beistand.

Auf diese Weise wurden die britischen Streitkräfte immer weiter zerstreut und unbarmherzig auseinandergezogen, während die wirkliche Schlacht um das Leben Englands sich in den atlantischen Gewässern abspielte.

Von allen Drohungen, die Rudolf Heß ausgesprochen hatte, klang eine am bittersten und furchtbarsten in englischen Ohren: »Sie können sich gar nicht vorstellen, wie viele Unterseeboote Hitler baut.« Allerdings hatte sich der Stellvertreter des Führers dabei etwas in rhetorische Effekte verstiegen. Die dem U-Boot-Bau zugestandene Priorität entsprach bei weitem nicht den Forderungen Raeders und Dönitz'. Nachdem das hervorragende VII-C-Atlantik-U-Boot (770 Tonnen, 12 Torpedos, 18 Knoten, 6500 Seemeilen Reichweite) gebaut worden war, versuchten die beiden Admirale seit 1939 einen Serienbau dieses Bootes durchzusetzen. Aber Hitler war der Ansicht, daß der Krieg gegen England kurz sein werde und seine Admirale zu weit sähen. Sie hatten 850 U-Boote verlangt, doch wurde ihr Programm auf 372 zusammengestrichen und die Baukapazität von 25 Booten pro Monat wurde bei weitem nicht erreicht. Im Frühjahr 1941 war die Zahl der verfügbaren Unterseeboote in etwa die gleiche wie zu Beginn der Feindseligkeiten. Die erhöhten englischen Verluste, die von 320000 Tonnen im Januar auf 687000 Tonnen im April anstiegen, waren in erster Linie auf die verbesserte Taktik und die größere Kühnheit der U-Boot-Kommandanten zurückzuführen.

Von diesen U-Boot-Kommandanten wurde als erster Günther Prien berühmt. Andere folgten. Schepke erhielt das Eichenlaub zum Ritterkreuz am 20. Dezember 1940, weil er als erster mehr als 200000 Tonnen Handelsschiffe versenkt hatte. Kretschmer übertraf ihn noch mit 300000 Tonnen und drei Zerstörern. Am 8. März aber rief der Flottenstützpunkt Lorient vergeblich U 47 unter Kommandant Prien, dessen letzter Funkspruch gemeldet hatte, daß er unverzüglich tauchen müsse. Am Siebzehnten erfolgte das gleiche Schweigen auf die Funkrufe an U 99 mit Kommandant Kretschmer und an U 100 mit Kommandant Schepke. Innerhalb von neun Tagen war für drei der berühmten U-Boot-Fahrer der Krieg zu Ende. Prien wurde von der *Wolverine* versenkt, Schepke von der *Vanoc* gerammt und zwischen dem Turm und dem Kiel des Zerstörers zerquetscht; Kretschmer wurde ins Meer geschleudert, als die *Walker* die U 99 rammte. Er beendete den Krieg in Gefangenschaft.

Diese Erfolge ließen England etwas aufatmen, aber die Lage blieb trotzdem sehr ernst. Der Hafen von London hatte nur noch ein Viertel seiner ehemaligen Leistungsfähigkeit, und die Importe waren auf die Hälfte zurückgegangen. Schiffe mit einer Tonnage von 2600000 Tonnen waren beschädigt und lagen in den Docks. Man baute fieberhaft Begleitschiffe, rasch zusammengebastelte Korvetten, und vervollkommnete die Abwehrmittel gegen U-Boote. Aber die Deutschen verbesserten gleichzeitig ihre Angriffsmittel. Die Operationen der U-Boote wurden unterstützt durch die viermotorigen Focke-Wulf 200, die weit ausgedehnte Patrouillen zwischen Brest und Bergen flogen und deren Wirksamkeit noch größer gewesen wäre, wenn Göring sich nicht mit der

Bemerkung: »Alles, was fliegt, gehört mir« eine Zeitlang geweigert hätte, die Maschinen dem Admiral Dönitz zu unterstellen. Viele Konvois fanden ein grausames Ende. Der Konvoi SC-26 wurde von sieben U-Booten angegriffen, die sechs Schiffe versenkten, während der Konvoi HX-126 durch neun U-Boote zehn Schiffe verlor. Das Leben der Handelsschiffsbesatzungen, besonders auf Tankern, war ein einziger Alptraum.

Die Jagd auf die *Bismarck*

Zu den Unterseebooten kamen die großen Überwasserschiffe. Bis ans Ende der Welt trugen diese deutschen Korsaren ihre todbringenden Waffen. Es waren zu Hilfskreuzern umgebaute Handelsschiffe, die die weiten Meere durchkreuzten, sich an geheimen Treffpunkten neu versorgten, verlassene Inseln wie die Kerguelen in geheime Stützpunkte verwandelten und geradezu Wunder an Ausdauer und Erfindungsgeist vollbrachten. Zwanzig Monate lang durchfuhr die *Atlantis* drei Ozeane und versenkte dabei 22 Schiffe von insgesamt 145 697 Tonnen. Sie wurde schließlich im südlichen Atlantik durch den Kreuzer *Devonshire* versenkt. Die Besatzung konnte von deutschen und italienischen U-Booten an Bord genommen werden.

Die *Pinguin* hatte sich die Antarktis zum Jagdgebiet erwählt. Sie traf dort auf eine norwegische Walfängerflotte, zerstörte drei Walkocher nebst Harpunierflottille, setzte dann ihr Zerstörungswerk in wärmeren Meeren fort, ehe sie im Indischen Ozean dem Kreuzer *Cornwall* unterlag. Die meisten dieser Korsaren endeten auf diese Art, aber einige, darunter die *Kormoran*, konnten wieder nach Europa zurückkehren; die *Thor* brachte sogar Prisen mit.

Die großen Kriegsschiffe blieben auch nicht untätig. Das ›Westentaschenschlachtschiff‹ *Admiral Scheer* blieb fünf Monate lang auf hoher See, legte 46 419 Meilen zurück und zerstörte eine Handelstonnage von 100 000 Tonnen sowie den Hilfskreuzer *Jervis Bay*.

Nach einem langen Reparaturaufenthalt in den Docks, wo ihre Schäden aus den Kämpfen vor Norwegen beseitigt wurden, fuhren die beiden Schlachtschiffe *Scharnhorst* und *Gneisenau* zu Beginn 1941 wieder aus. In der Höhe von Neufundland versenkten sie zwischen dem 22. Februar und dem 16. März 22 Schiffe und konnten heil nach Brest zurückkehren.

Da erhielt die britische Admiralität eine seit Wochen erwartete – und gefürchtete – Nachricht: Die *Bismarck* war in See gestochen. Durch Luftaufklärung war am 21. Mai das große Schlachtschiff im Korsfjord südlich von Bergen entdeckt worden, als es sich eben zum Auslaufen anschickte. Eine zweite Aufklärerwelle fand am Abend des 22. Mai den Fjord leer. Fünf Konvois waren gleichzeitig auf hoher See, der SC-31 auf dem

Heimweg nach England und der OB-324 auf dem Weg nach Westen. Ein weiterer Konvoi, NS-8B, war mit Truppen nach Ägypten unterwegs. Alle drei Konvois lagen in der vermuteten Fahrtrichtung der *Bismarck*. Sämtliche Eskortschiffe einschließlich der alten Linienschiffe wie die *Ramillies* und die *Revenge* waren nur kleine Fische gegenüber dem stärksten Schlachtschiff der Welt. Die *Bismarck* war 42500 Tonnen groß, lief 28 Knoten und besaß acht 38-cm-Geschütze. Auch die neuesten englischen Schlachtschiffe *King George V* und *Prince of Wales*, die soeben fertiggestellt worden waren und erstmals eingesetzt wurden, waren, zumindest in der Panzerung, nicht so stark.

Das Auslaufen der *Bismarck* ließ eine Generaloffensive der deutschen Flotte erwarten. Der nagelneue Kreuzer *Prinz Eugen* begleitete den Riesen. Großadmiral Raeder verfügte noch über die schweren Kreuzer *Lützow* und *Admiral Hipper*, die leichten Kreuzer *Köln* und *Emden*; in Brest lagen die starken Schlachtkreuzer *Scharnhorst* und

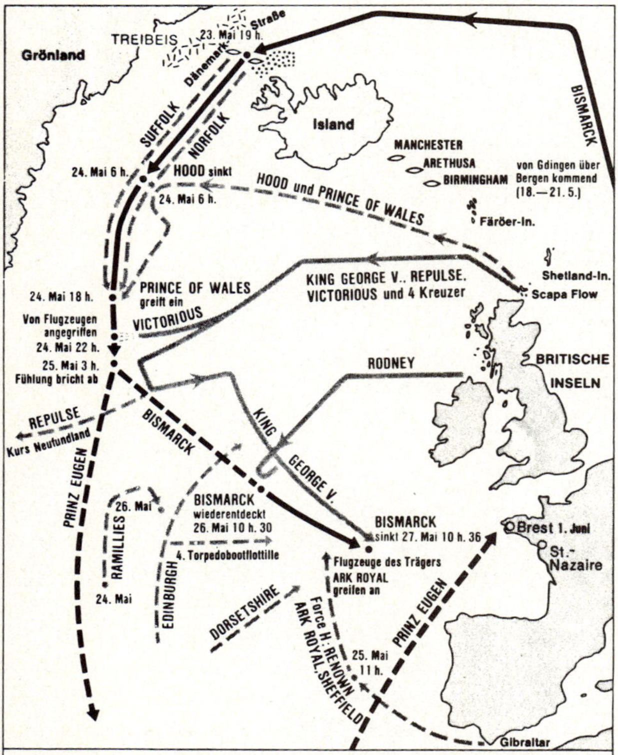

Karte 17
Die Jagd auf die *Bismarck* (Mai 1941)

Gneisenau. Sir John Tovey, als Nachfolger von Admiral Forbes an der Spitze der Home Fleet, sah einer Schlacht entgegen, von der die wirtschaftliche Existenz des Vereinigten Königreichs abhing.

Aber Glück und Kühnheit halfen den Engländern. Am 6. April erreichte als einziges von vier Flugzeugen die Maschine des Flying Officer Campbell von der 22. Staffel des Coastal Command die Reede von Brest und torpedierte die *Gneisenau.* (Campbell fand dabei den Tod.) Dieses mutige Unternehmen des Gegners veranlaßte die deutsche Admiralität, die allein noch kampffähige *Scharnhorst* nicht zur *Bismarck* stoßen zu lassen. Das große Schiff, das von Admiral Lütjens kommandiert wurde, befand sich jetzt nur noch in der Begleitung der *Prinz Eugen* und mußte auf seinen guten Stern vertrauen.

Am 23. Mai waren die Witterungsverhältnisse in der Dänemarkstraße (zwischen Island und Grönland) höchst eigenartig. In diesen Breiten ist die Mainacht nur eine verlängerte Dämmerung, aber der Nebel machte den Tag zu einem von milchigem Licht durchfluteten Halbdunkel, auf das die Augen empfindlich reagierten. Die Straße war fast zugefroren. Nur auf der isländischen Seite war eine Fahrrinne von einigen Meilen Breite offen. Die zwei 20-cm-Kreuzer des Konteradmirals Wake-Walker, die *Suffolk* und die *Norfolk,* patrouillierten an der Eisbarre. Um 19 Uhr 22 entdeckte die *Suffolk* die *Bismarck* sowie die *Prinz Eugen* in einer Entfernung von weniger als acht Meilen. Die *Suffolk* zog sich in den Nebel zurück und folgte dem Gegner mit Radar. Eine Stunde später, als der Nebel aufriß, wurde die *Norfolk* auf weniger als sechs Meilen durch das erste von der *Bismarck* gegen ein feindliches Schiff abgefeuerte Geschoß getroffen. Die *Norfolk* versteckte sich nun ebenfalls im Nebel und folgte mit der *Suffolk* den beiden deutschen Schiffen. Das Schneetreiben, die durch das Phosphoreszieren des Packeises hervorgerufenen Spiegelungen, das Eis, das gegen die mit 28 Knoten Geschwindigkeit fahrenden Schiffe prallte, und das Nordlicht schufen eine seltsame, von allen Beteiligten später als schwer beschreibbar bezeichnete Stimmung. Aus 600 Meilen Entfernung eilte Admiral Holland aus Südwesten herbei. Er kommandierte den Schlachtkreuzer *Hood,* das größte Kriegsschiff der Welt. Ihm folgte die *Prince of Wales,* die das stärkste Kriegsschiff gewesen wäre, hätte es die *Bismarck* nicht gegeben. Die *Hood* mit ihren zwanzig Jahren aber war zu alt, und die *Prince* war noch zu jung, denn sie war gerade fertiggestellt und noch nicht eingefahren. Admiral Tovey wollte schon der *Prince of Wales,* die besser geschützt war als die *Hood,* befehlen, an die Spitze zu fahren. Doch er dachte an das höhere Dienstalter Hollands und unterließ es. Die Anfahrt war schwierig; Holland wollte den Gegner überraschen und verzichtete auf Radar und Funk. Dadurch wurde er von den vier Zerstörern, welche das große Schiff bisher begleitet hatten und sich nun im Schneetreiben verloren, getrennt. Die *Hood* entdeckte ihren Gegner kurz nach 5 Uhr, aber dieser legte sich so, daß seine gesamte Artillerie feuern konnte, während die Engländer nur einen Teil der ihren benutzen

konnten. Wegen ungenügender Geschwindigkeit konnte Holland sich der *Bismarck* nicht nähern, und auf große Entfernung war der Einfallwinkel der Geschosse der *Bismarck* sehr gefährlich für die alte *Hood,* die kein gepanzertes Deck besaß.
Um 5 Uhr 25 eröffneten die beiden englischen Schiffe auf 25 000 Meter Entfernung das Feuer. Die deutschen Geschütze antworteten wie ein Echo. Eine Vollsalve der *Bismarck* traf die *Hood,* eine Flamme stieg vor dem Kamin auf und einige Sekunden später flog das größte Schiff der Welt in einer riesigen Explosion in die Luft. Die *Hood* war untergegangen wie die *Queen Mary* und die *Indefatigable* in der Skagerrakschlacht, die wie sie Opfer von Konstruktionsfehlern waren, durch die sich das Feuer auf die Munitionsbunker ausbreiten konnte. Von 95 Offizieren und 1324 Mann Besatzung wurden nur der Seekadett W. J. Douglas, der Steuermann A. E. Briggs und der Matrose R. E. Tilburn von einem englischen Zerstörer aus dem eisigen Wasser gerettet.
Die alleingebliebene *Prince of Wales* wurde in vier Minuten siebenmal getroffen. Admiral Wake-Walker nahm es auf sich, dem Schlachtschiff den Abbruch des Gefechts zu befehlen. Zusammen mit der *Suffolk* und der *Norfolk* führte er die von der britischen Admiralität aufgebotenen, haushoch überlegenen Kräfte gegen die *Bismarck.*
Die *Bismarck* war auch nicht unverletzt geblieben. Von einem Treffer der *Prince of Wales* war ihre linke Seite aufgerissen und Masut strömte aus. Normalerweise hätte sich Lütjens in einen norwegischen Hafen flüchten müssen, denn er hatte ja einen brillanten Sieg für Hitlers Marine errungen. Aber wegen des Ölverlusts war eine Umkehr nicht mehr möglich, und so entschloß er sich, nach Süden weiterzufahren. Um 8 Uhr 01 funkte er an die Seekriegsleitung, er habe die Absicht, Saint Nazaire zu erreichen.
Alles, was auf dem Atlantik umherkreuzte, wurde gegen die *Bismarck* aufgeboten. Tovey kam von Scapa Flow mit der *King George V*, der *Repulse* und dem Flugzeugträger *Victorious*; die *Ramillies,* die *Revenge* und die *Rodney* verließen die Konvois, die sie zu begleiten hatten, um sich an der Verfolgung der *Bismarck* zu beteiligen. Somerville kam von Gibraltar mit der *Ark Royal,* der *Renown,* zahlreichen Kreuzern, darunter die *Sheffield,* und Zerstörern. Die Deutschen befahlen ihrerseits allen ihren U-Booten, sich um die *Bismarck* zu sammeln, selbst wenn sie keine Torpedos mehr hätten, um durch ihre große Zahl falschen Alarm auszulösen. Auch *U 556* hatte keine Torpedos mehr. Im aufgewühlten Meer sah sein Kommandant Wohlfahrt in seinem Periskop den Flugzeugträger *Ark Royal* und den Panzerkreuzer *Renown* in voller Fahrt in einer Schaumwolke vorbeibrausen. Mit gemischten Gefühlen beobachtete er das prachtvolle Schauspiel.
Den ganzen 24. Mai über begleiteten die *Prince of Wales*, die *Suffolk* und die *Norfolk* in sicherer Entfernung die *Prinz Eugen* und die *Bismarck.* Um 18 Uhr trennten sich die beiden deutschen Schiffe. Der unbeschädigte Kreuzer fuhr genau südwärts, während die *Bismarck* nach Südosten abdrehte. Um Mitternacht fand eine ›Swordfish‹-Staffel der *Illustrious* die *Bismarck.* Trotz Nacht und Sturm und trotz der Unerfahrenheit der

Besatzungen gelang es, ein Torpedo in die Breitseite der *Bismarck* zu jagen. Drei Stunden später kam eine große Enttäuschung für die Verfolger. Die *Suffolk* war dauernd Zickzack gefahren, um sich gegen die U-Boote zu schützen und fand nun die *Bismarck* nicht mehr auf dem Radarschirm. Churchill, der ununterbrochen über die Verfolgung auf dem laufenden gehalten wurde, war einer Ohnmacht nahe. Die Spur war verloren! Das Unterhaus, dessen Sitzungssaal durch einen Bomber zerstört worden war, wollte sich gerade im Church-House, dem Hauptsitz der anglikanischen Kirche, versammeln. Wie sollte er nun vor das Parlament hintreten und gestehen, daß die *Bismarck*, nachdem sie die *Hood* versenkt hatte, in aller Ruhe heimfuhr!

Der Tag und die Nacht vergingen. Die Verfolgung löste sich von selber auf. Die Schiffe, deren Bunker fast leer waren, begaben sich eines nach dem anderen in den nächsten Hafen. Die *Repulse* steuerte auf Neufundland zu, während die *Victorious*, die *Prince of Wales*, die *Revenge*, die *King George V* und die *Rodney* Island ansteuerten. Die Admiralität war übrigens davon überzeugt, daß diese letzten Anstrengungen zwecklos seien. Nachdem Lütjens seine Spur verwischt hatte, war er vermutlich außer Gefahr. Die ›Catalina‹-Patrouillen suchten rein routinemäßig das Meer zwischen der Bretagne und Island ab, denn dort hoffte man, die *Bismarck* wieder zu entdecken, obwohl sie dann schon außerhalb der Gefahrenzone gewesen wäre.

Das südlichste dieser Patrouillenflugzeuge wurde von dem Flying Officer D. A. Briggs der 209. Staffel des Coastal Command gesteuert. Das Wetter war scheußlich, es stürmte, und der Himmel war dicht bewölkt. Um 10 Uhr 30 am Sechsundzwanzigsten sah Briggs ein großes Schiff. Er mußte sehr weit heruntergehen, um es zu identifizieren, und die Flak schoß mit einer solchen Genauigkeit, daß er fast nicht wieder hochgekommen wäre. Inmitten von Explosionen trudelte er herum und erreichte schließlich die Wolken, während sein Funker die große Neuigkeit weitergab. Die *Bismarck* war wiedergefunden! Man vermutete sie irgendwo am Polarkreis, und in Wirklichkeit befand sie sich 600 Meilen westlich von Brest. Zweifellos war sie jetzt gerettet. Zwischen ihr und dem Hauptgeschwader des Admirals Tovey lagen 100 Meilen. Sie würde nun sehr bald unter den Schutz der Luftwaffe kommen. Die einzigen englischen Schiffe, die noch eine Möglichkeit hatten, sie abzufangen, waren die von Gibraltar kommende alte *Renown*, die aber selbst einer angeschlagenen *Bismarck* weit unterlegen war. Alle Hoffnungen galten dem Flugzeugträger *Ark Royal*.

Die ›Swordfish‹ starteten unter größten Schwierigkeiten auf dem von Gischtwolken übersprühten schwankenden Deck. Wellen und Wolken berührten sich fast. An dem von Briggs angegebenen Punkt wurde ein Schiff auf dem Radarschirm entdeckt. Die Torpedos jagten direkt über dem Meer dahin, und die Maschinen überflogen das Schiff so niedrig, daß sie es fast berührt hätten. Zu ihrem größten Entsetzen erkannten jetzt die Besatzungen ihr Opfer. Briggs hatte sich in seinen Schätzungen um 25 Meilen getäuscht. Es war die *Sheffield*, welche die ›Swordfish‹ torpediert hatten!

Beinahe torpediert hatten – denn der Kreuzer war durch ein rasches Manöver den Torpedos ausgewichen. Mit hängendem Kopf flogen die ›Swordfish‹-Besatzungen wieder zur *Ark Royal* zurück.

Diesmal war es wirklich die letzte Möglichkeit. Unter dem Lieutenant-Commander T. P. Coode starteten 15 ›Swordfish‹. Die Sicht war schlecht, als sie um 19 Uhr 10 abflogen. Wenn sie jetzt wieder nicht die *Bismarck* entdecken würden, so würde das Schlachtschiff in der Nacht verschwinden und beim Morgengrauen unter dem Schutz der Luftwaffe in die Iroisebucht einfahren. Um 20 Uhr 47 war es fast Nacht. Die Staffeln waren durch den Sturm zerstreut worden, und die Flugzeuge mußten nun einzeln angreifen. Der Angriff dauerte 38 Minuten lang. Ein Torpedo traf die *Bismarck*, aber deren Panzerung war derartig stark, daß, genau wie bei dem Treffer vom Vortag, nur geringer Schaden entstand. Ein zweites Torpedo war gegen das Heck gerichtet. Schlechte Beleuchtung und das aufgewühlte Meer verzögerten um einige Sekunden das Ausweichmanöver. Einige Sekunden, die einige Meter ausmachten, und einige Meter, die den Unterschied zwischen Triumph und Tod bedeuteten. Das Torpedo hatte die Schrauben beschädigt und das Ruder verklemmt. Die Geschwindigkeit der *Bismarck* fiel auf drei Knoten. Das Schiff war nicht mehr zu steuern.
Die Todesnacht der *Bismarck* begann. Um 1 Uhr 20 kam eine Einheit von fünf Zerstörern unter Kapitän Vian und fuhr um den fast unbeweglich daliegenden Riesen herum. Die kleinen Schiffe konnten noch zwei Torpedos anbringen. Als dann am Morgen die *Rodney* und die *King George V* eintrafen, machte die *Bismarck* so gut wie überhaupt keine Fahrt. Meer und Wind erreichten die Stärken 5 und 7 und verzögerten die Eröffnung des Feuers bis 8 Uhr 47. Die *Bismarck* antwortete bald nur noch schwach. Um 10 Uhr 15 war sie ein einziges Flammenmeer, und alle ihre Geschütze schwiegen. Tovey, dessen Bunker vollkommen leer waren, drehte auf England zurück und befahl den Kreuzern, den besiegten Feind zu versenken. Die *Norfolk* und die *Dorsetshire* führten den Befehl aus. Um 10 Uhr 36 verschwand die *Bismarck* in den Fluten. Trotz des stürmischen Wetters wurden 110 Mann der Besatzung gerettet.

Die Eroberung Kretas

Im gleichen Augenblick, als die Verfolgung der *Bismarck* zu Ende ging, entschloß sich Churchill schweren Herzens, ein Projekt aufzugeben, an dem er bisher hartnäckig festgehalten hatte. Am Tag zuvor ließ er noch an Wavell drahten, daß ein Sieg in Kreta unbedingt notwendig sei. Jetzt stimmte er sogar den Vorschlägen des Generalstabs zu, der eine Räumung der Insel vorschlug, auf der man, wie Churchill gehofft hatte,

Bereits am 4. November 1940 beschloß Hitler einen Entlastungsfeldzug, um in Griechenland der Bildung einer Balkanfront zuvorzukommen. Infolge des Belgrader Militärputsches am 27. März 1941 wurde der Angriff auf Jugoslawien ausgedehnt. Am 6. April rückten deutsche Truppen über die Grenzen vor. Für die Landser war es der vierte Feldzug, der auch hier oft noch den Charakter eines reinen Vormarsches hatte.

Nach vier Tagen zog die 14. Panzerdivision in Agram ein (oben), und weiter ging es, zu Fuß, zu Pferd oder Wagen, über die staubigen Gebirgswege des Balkans (unten) nach Süden. Am 18. April waren die Kämpfe in Jugoslawien beendet: 344000 Soldaten wanderten in die Gefangenschaft. König Peter II. fuhr nach London ins Exil.

Wenn auch die Verluste während des Balkanfeldzuges als ›gering‹ bezeichnet wurden, blieb das Schicksal für den einzelnen oft eine Tragödie: Serbische Frauen bitten um Gnade für ihre Männer (oben). Um den jungen italienischen Soldaten, dessen Hand das Bild seines Kindes umklammert, trauert ebenfalls eine Familie.

In Griechenland setzte sich der Gegner verbissen zur Wehr. Deutscher Granatwerfer sichert eine Nachschubstraße (oben links). – Griechische Partisanen sprengten die Eisenbahnbrücke über die Struma (oben rechts). – Fallschirmjäger überquerten die Brücke von Korinth. Sekunden später explodierte eine Zeitzünderladung, und der Kameramann von der Heyden fand den Tod (unten).

vielleicht den Balkankrieg fortsetzen konnte. Nach dem kontinentalen Griechenland war auch das Griechenland der Inseln verloren.

Hitler hatte gezögert, ein Luftlandeunternehmen auf Kreta zu befehlen. Dem Fallschirmjägergeneral Kurt Student gelang es, den Führer davon zu überzeugen, daß es sich dabei um eine großartige, jedoch im Grunde einfache Angelegenheit handle, eine Sache von acht Tagen, die fast ohne Verluste durchgeführt werden könne und die die britischen Bomber vom rumänischen Petroleum fernhalten, den Balkan schützen und die deutsche Luftherrschaft im Mittelmeer festigen würde. Dieses Versprechen trug zu Hitlers Entscheidung bei, denn er brauchte alle Elitetruppen in dem Augenblick, in dem er gegen Rußland losschlagen würde.

Die Invasion begann am 20. Mai. Der Operationsplan war vom Generalstab der Luftwaffe ausgearbeitet worden, dem alle beteiligten Streitkräfte einschließlich der 5. Gebirgsjägerdivision unterstellt waren. Die Vorbereitungen hatten riesige Anstrengungen verlangt. In Südgriechenland mußten Stützpunkte für 228 Bomber, 205 Stukas, 119 Jäger, 114 Zerstörer des von Richthofen befehligten VIII. Fliegerkorps geschaffen werden; dazu kamen zehn Gruppen Ju 52, 520 Flugzeuge, die das XI. Fliegerkorps, die Fallschirmjäger des Generals Student, nach Kreta bringen sollten. In Korinth, Megara, Tanagra, Topolia, Dedion, Eleusis und Phaleron mußten in kürzester Frist Flugplätze angelegt werden. Die Kreta benachbarten Inseln mußten besetzt und als Truppenstützpunkte hergerichtet werden: Kythera und Antikythera wurden in Flakstützpunkte verwandelt, Milo in eine Basis für Landtruppen und Karpathos in einen Stützpunkt für die Messerschmitts und Stukas. Die Materialschwierigkeiten waren in mancher Hinsicht unterschätzt worden. So ging das Auftanken der Flugzeuge ungeheuer langsam vor sich, denn jeden Tag mußten 3600000 Liter Treibstoff mit der Hand eingefüllt werden. Ein weiteres Problem waren die riesigen Staubwolken, die bei den Massenstarts der Maschinen aufgewirbelt wurden und jegliche Sicht nahmen. Das 100 Kilometer vom Peloponnes entfernt gelegene Kreta bot dem Angreifer eine Seefront von 260 Kilometer Länge vor einer Gebirgskette, deren Gipfel sich jäh zu einer Höhe von zweieinhalbtausend Metern erheben. Die einzige Verkehrsstraße verband die Städte und kleineren Ortschaften der dichter besiedelten Nordseite, auf welcher der Angriff zu erwarten war. Die Eroberung Kretas bedeutete im wesentlichen die Einnahme der drei Flugplätze Maleme, Iraklion und Rethimnon sowie der Hauptstadt Chania. General Freyberg hatte seinen Verteidigungsplan auf die zu erwartende Besetzung dieser vier Abschnitte beschränkt. Seine Truppen bestanden zu 20 Prozent aus griechischen und zu 80 Prozent aus britischen Einheiten, von denen wieder die Hälfte Australier und Neuseeländer waren. Aufgeteilt waren diese Truppen folgendermaßen: 11859 Mann in Maleme, 14822 in Chania-Suda, 6173 in Rethimnon und 8029 in Iraklion. Sie besaßen fast keine Artillerie und nur 16 leichte und mittlere Panzer.

Was den Verteidigern aber am meisten fehlte waren Flugzeuge. Am Vorabend der

Invasion hatte Freyberg die vier jämmerlichen ›Hurricane‹ und die drei noch jämmerlicheren ›Gladiator‹ nach Ägypten zurückgeschickt. Es waren dies die einzigen von den Staffeln 33, 80, 112 und 805 verbliebenen Maschinen. Der deutschen Luftüberlegenheit aber stand die britische Überlegenheit auf dem Wasser gegenüber. Um die 5. Gebirgsjägerdivision nach Kreta zu schaffen, requirierte Konteradmiral Schuster die Kaiks des Ägäischen Meeres, Motorschiffe von 20 bis 50 Tonnen, die aber nicht schneller als sechs Knoten liefen. Admiral Cunningham verfügte über vier Schlachtschiffe, einen Flugzeugträger, acht Kreuzer, drei Flakkreuzer und 27 Zerstörer. Von der italienischen Flotte hatte er nichts zu befürchten, denn seit Kap Matapan ließ sie sich nicht mehr auf hoher See blicken. Dagegen hatte der Admiral eine ausgesprochene Abneigung, seine Schiffe unter einem ausschließlich vom Gegner beherrschten Himmel ins Feuer zu führen. Kreta wurde so zu einem seltenen militärischen Experiment, nämlich der Gegenüberstellung von absoluter Luftherrschaft auf der einen und uneingeschränkter Seeherrschaft auf der anderen Seite.

Um 7 Uhr 05 fielen die Fallschirmjäger des Sturmregiments und die Lastensegler auf dem Abschnitt Maleme ein, die des Regiments 3 der. 7 Fliegerdivision gingen auf Chania nieder. Die Ju 52 kehrten um, um zwei weitere Regimenter zu holen, die über Iraklion und Rethimnon abspringen sollten. Von den 493 Flugzeugen fehlten nur sieben bei der Rückkehr, und die Besatzungen erklärten, der Fallschirmabsprung sei großartig gelungen. Das war nicht ganz richtig. Die Fallschirmjäger wurden weit verstreut, und ihre Verluste waren wesentlich größer als die der Flieger. Generalleutnant Süßmann, der Kommandeur der Mittelgruppe, kam auf Ägina durch einen Unfall um, und Generalmajor Meindl, der Befehlshaber der Westgruppe, wurde bei der Landung schwer verletzt. Die Engländer konnten den deutschen Gegner nicht vernichten, aber die Deutschen konnten auch den britischen Widerstand nicht brechen. Am Abend war das Flugfeld von Maleme noch immer Niemandsland, und das sogenannte Gefängnistal, das sich nach Chania hin öffnet, blieb von einem griechischen Regiment versperrt. In Iraklion und Rethimnon erfolgten die Angriffe der zweiten Welle unter noch schlechteren Bedingungen. Der Staub und das langsame Auftanken hatten den Stundenplan durcheinandergebracht. Keiner der Flugplätze wurde genommen, keines der für den Tag angestrebten Ziele erreicht.

Student begriff, daß er eine Niederlage riskierte und in Ungnade fallen würde, wenn er die Situation nicht verbessern konnte. Am nächsten Tag befahl er seinen letzten Fallschirmjägern, auf Maleme abzuspringen, und ordnete an, die Ju 52 hätten auf dem Flugplatz trotz Artilleriebeschuß und Gewehrfeuer der Engländer zu landen. Ein Bataillon des 100. Gebirgsjägerregiments landete entsprechend dieser Anweisung, und bei Einbruch der Nacht war Maleme genommen.

In der gleichen Nacht spielte sich auf dem Meer ein Drama ab. Die Deutschen hatten beschlossen, ihren einzig von einem kleinen italienischen Torpedoboot eskortierten ersten Kaik-Konvoi mit 2300 Infanteristen an Bord von Milos aus loszuschicken. Um Mitternacht hatten sie auf dem nachtschwarzen Meer vier Fünftel der Überfahrt hinter sich. Da verriet der Radarschirm den Streitkräften des Konteradmirals Glennie, der über drei Kreuzer und vier Zerstörer verfügte, den Konvoi. Die Kaiks zerstreuten sich, doch wurden sie mit Erfolg von den Engländern gejagt. Zehn von den fünfundzwanzig Schiffen wurden versenkt, ihre Besatzungen ertranken. Die anderen kehrten um. Kein deutscher Truppennachschub sollte über das Meer nach Kreta gelangen. Diesen Vorteil mußten sich die Briten indes teuer erkaufen. Die Schiffsverluste stiegen in erschreckender Weise. Die Kreuzer *Najad* und *Carlisle* wurden beschädigt, die *Warspite*, das ›glückliche Schiff‹, wurde durch eine schwere Bombe erheblich angeschlagen. Am Zweiundzwanzigsten entdeckte der Zerstörer *Greyhound* einen Kaik, der sich nach Kythera flüchtete. Der Brite versenkte den Kaik, doch rächende Stukas erschienen unverzüglich am Himmel. Ihre Bomben rissen den *Greyhound* in zwei Teile. Die Kreuzer *Gloucester* und *Fiji*, welche der *Greyhound* zu Hilfe eilten, erlitten das gleiche Los. An den folgenden Tagen wurden die Zerstörer *Kelly* und *Kashmir* versenkt. Die wertvollsten Schiffe des Geschwaders, die Schlachtschiffe *Valiant* und *Barham*, wurden außer Gefecht gesetzt. Der einzige Flugzeugträger im östlichen Mittelmeer, die *Formidable*, entging dem gleichen Schicksal nur knapp. Man hatte ihn anfangs nicht in die Kämpfe eingreifen lassen, aber nachdem er zwölf ›Albacore‹ an Bord bekommen hatte, sandte ihn Cunningham aus, das Stukanest auf Karpathos zu bombardieren. Dort wurde die *Formidable* zweimal getroffen und schleppte sich mühselig nach Alexandria zurück.

Verzweifelt sah Admiral Cunningham seine Flotte unter den vom Himmel kommenden Schlägen dahinschwinden. Er versuchte sie zu schonen, indem er sie bei Tag aus den gefährlichsten Gewässern heraushielt, wurde aber deswegen von London umgehend heftig gerügt. Churchill billigte in der Schlacht um Kreta keine Kompromisse. Die Flotte dürfe sich nicht fürchten, sie müsse Tag und Nacht am Werk sein, um den deutschen Truppennachschub zu unterbinden.

Churchill indes täuschte sich insofern, als er glaubte, die Verteidiger Kretas blieben so lange Herr der Lage, als sie nur mit Luftlandetruppen zu tun hätten. Das Los von Kreta war schon besiegelt, als der Gegenangriff unter Brigadier Hargest, der Maleme wieder nehmen wollte, zusammenbrach. Die Ju 52 brachten jetzt Verstärkung am laufenden Band. Chania wurde immer härter bedrängt, die deutschen Luftangriffe rissen nicht ab. In der Sudabucht stiegen riesige Rauchsäulen von zehn brennenden Schiffen zum Himmel. Der tapfere General Freyberg telegraphierte, er werde die Front auch weiterhin halten, ›falls die Situation im Mittleren Osten so ist, daß die Frage von Stunden lebenswichtige Bedeutung hat‹. Aber seine Lage war hoffnungslos. Am Siebenundzwanzigsten befahl Wavell aus eigenem Antrieb die Räumung des Abschnitts Chania. Er meldete nach London, ›eine Verlängerung des Kampfes, der alle drei Waffengattungen erschöpfe, stelle die Verteidigung des Mittleren Ostens weit mehr in Frage als der Verlust von Kreta‹. Die britischen Generalstabschefs billigten diesen Entschluß, dem sich schließlich auch Churchill nicht mehr widersetzte.

Wieder einmal mußten sich die Engländer einschiffen. Nicht alle übrigens, denn die Verteidiger von Rethimnon kapitulierten. Die Truppen des Abschnitts Iraklion wurden von Zerstörern an Bord genommen, von denen zwei, die *Imperial* und die *Hereward,* in der Straße von Kasos versenkt wurden. Die Überlebenden vom Mittelabschnitt zogen über die ›Via Dolorosa‹, wie Freyberg die steinige Bergstraße nannte, welche die Insel durchquert. Die Deutschen verhinderten den Abzug nicht. Eine Handvoll Fallschirmjäger hätte die Straße sperren können, aber sie waren nicht vorhanden. Völlig erschöpft erreichten die Briten das armselige Fischerdorf Sphakia am Fuß eines schneebedeckten Gebirgsmassivs. Die Einschiffung gestaltete sich wegen der auf dieser Seite herrschenden starken Brandung außerordentlich schwierig. Doch wenigstens blieben die Stukas fern.

Die britische Armee hatte 1742 Tote, 1737 Verwundete und 11835 Gefangene als Verluste zu melden, die Royal Navy hatte 1828 Tote zu beklagen. Neun Kriegsschiffe waren gesunken, darunter drei Kreuzer. Fünfzehn Schiffe – unter anderem drei Schlachtschiffe und ein Flugzeugträger – waren beschädigt. Das Geschwader von Alexandria war vorläufig lahmgelegt. Hätte die italienische Flotte, die noch vier Schlachtschiffe besaß, die Offensive ergriffen, hätte sie möglicherweise die Kontrolle über das Mittelmeer errungen. Aber sie dachte nicht daran.

Die moralische Wirkung der Niederlage auf die Engländer war noch schwerer. Hinzu kamen die Rückschläge in Nordafrika, wo ein Versuch, Tobruk zu entsetzen, gescheitert war. England befand sich auf einem Tiefpunkt, und die deutsche Wehrmacht schien mehr denn je unbesiegbar zu sein.

Für Deutschland war die Eroberung Kretas reichlich blutig ausgefallen. Von den 22000 eingesetzten Soldaten waren 2500 im Kampf gefallen, 1900 wurden als vermißt gemeldet (zum großen Teil ertrunken). 2600 Mann waren auf Kreta verwundet worden. Die Verluste der 7. Fliegerdivision beeindruckten Hitler, dessen Maxime es bisher gewesen war, nach Möglichkeit Blut zu sparen. Als er Student das Ritterkreuz überreichte, stellte er fest, Kreta habe gezeigt, daß die großen Tage der Fallschirmjäger vorbei seien. Sie könnten nur für Überraschungsangriffe verwendet werden, und das sei in Zukunft nicht mehr möglich. Deutschland hatte als erstes Land Fallschirmjäger eingesetzt. Es gab diese Waffe nun am Tage nach ihrem größten Erfolg auf. Amerika und England traten die Nachfolge an.

De Gaulle und Syrien

Nach dem Fall von Kreta richtete sich die Aufmerksamkeit auf Syrien. Der Aufstand im Irak war nur ein Strohfeuer gewesen. Die von Hitler versprochene Hilfe hatte sich auf das Eingreifen einiger Flugzeuge beschränkt, die britischen Streitkräfte hatten Bagdad wieder besetzt, und am 31. Mai floh Raschid Ali nach dem Iran. Auf Anordnung von Vichy hatte General Dentz, der Generalresident in der Levante, dem Irak Waffen geliefert und einige deutsche Flugzeuge in Damaskus zwischenlanden lassen. Der Vorwand für ein britisches Eingreifen war gegeben, und Churchill nahm die Gelegenheit wahr.

Wavell war dagegen. Zum wiederholten Male führte er die Zersplitterung des Middle East Command an und sprach sich gegen die unnötige Eröffnung einer neuen Front aus. Damit hatte er die Grenzen der Geduld Churchills erreicht, und seine Verabschiedung war nur noch eine Frage von Tagen. Obwohl das eigentliche Motiv, der Aufstand im Irak, nicht mehr stichhaltig war, wurde der Entschluß, Syrien zu erobern, aufrechterhalten.

De Gaulle stand vor einer schwierigen Entscheidung. Die Situation war für ihn noch mißlicher als im Falle von Dakar, denn von vornherein bestand keine Aussicht, durch Überredung oder Einschüchterung zum Erfolg zu kommen. Ein britischer Angriff gegen französischen Boden stand bevor. Sollte de Gaulle sich widersetzen? Sollte er mit den Engländern gemeinsame Sache machen? Oder war hier Neutralität geboten? Die Monate, die auf den Fehlschlag von Dakar gefolgt waren, hatten de Gaulle zahlreiche Schwierigkeiten gebracht. Seine Bewegung war immer noch schwach. Fast die ganze französische Nation, innerhalb wie außerhalb des Mutterlands, stand eisern hinter Pétain. De Gaulles eifrigste Anhänger, die kleinen Einheiten eines Leclerc, Ornano, Legentilhomme, Génin und Muselier, hatten einen Vorstoß in die italienische Sahara gemacht, an den Kämpfen in Eritrea teilgenommen und beschützten auch Konvois im Atlantik, aber sie waren bloß Spreu in dem Sturm, der über Europa fegte, und hatten am Kampf gegen Deutschland nicht im gleichen Maße teil wie die Polen, die Holländer oder die Norweger. De Gaulles Lage war außerordentlich seltsam. Sein Anspruch, Frankreich zu vertreten, sich mit Frankreich zu identifizieren, selber Frankreich zu sein, war eine mystische Haltung und gleichzeitig eine geschickte politische Position, aber sie war völkerrechtlich für eine fremde Regierung nicht annehmbar. Die Scharen von Europäern, welche die deutschen Eroberungen an die Ufer des Vereinigten Königreichs geschwemmt hatten, verfügten alle über Regierungen, welche die nationale Souveränität in ihrem kleinen Flüchtlingsgepäck mitgenommen hatten, während Frankreichs Souveränität tatsächlich und rechtlich unwidersprochen auf französischem Boden verblieben war.

Alle Bemühungen des Generals, als legitimer Vertreter Frankreichs anerkannt zu werden, scheiterten an der unnachgiebigen Haltung des Foreign Office. Man gestand ihm lediglich den Titel eines Chefs der Freien Franzosen zu. Prophet und Söldner – das war sein Status in dem Augenblick, als England sich anschickte, französisches Gebiet anzugreifen.

Anfang März hatte de Gaulle seine Unterführer befragt, welche Haltung ihrer Ansicht nach einzunehmen sei, falls England in Syrien eingriff. Die meisten, darunter der scharfsinnige Leclerc, hatten sich gegen eine militärische Teilnahme Frankreichs an diesem Unternehmen ausgesprochen. Die Regierung des Freien Frankreich aber war keine Angelegenheit von Abstimmungen unter Kollegen. De Gaulle kümmerte sich nicht um die Einwände. Das Lothringerkreuz mußte bei einer Eroberung Syriens anwesend sein, auch wenn das einen französischen Bürgerkrieg mitten im Weltkrieg bedeutete. Der General rechtfertigte seinen Entschluß damit, daß die französischen Rechte bei einem englischen Alleinsieg weggewischt würden. Es handelte sich für ihn nicht darum, das Mandat über Syrien und den Libanon zu behalten, dessen Aufgabe er sowieso für die Nachkriegszeit für unvermeidlich hielt, sondern ausschließlich um das alleinige Recht Frankreichs, diese Aufgabe auszusprechen.

Am 8. Juni begannen die Feindseligkeiten. Die englischen Streitkräfte setzten sich aus der 7. australischen Division, einer Gruppe von indischen Brigaden, zwei Kavallerieregimentern und einem Panzerregiment sowie verschiedenen Stoßtrupps zusammen. Die Freien Franzosen schlossen sich unter dem Oberbefehl des Generals Legentilhomme mit sechs schwachen Bataillonen, acht Geschützen, zehn Panzern und 6000 Mann an. General Dentz hatte dagegen 18 Bataillone mit 40000 Soldaten und 90 Panzern zur Verfügung.

Alle Hoffnungen auf einen nur symbolischen Widerstand brachen zusammen. Oberst Collet zwar führte Legentilhomme seine Tscherkessenschwadron zu, aber dem Marschall Pétain treue Franzosen schlugen sich gegen die Engländer aufs heftigste und gegen die Gaullisten mit äußerster Wut. Als sie am 14. Juli kapitulierten, da sie keinerlei Möglichkeit mehr für Nachschub hatten, verlangten sie, die Konvention von Saint-Jean-D'Acre ausschließlich mit den Briten unterzeichnen zu dürfen, um den General Catroux, der das Komitee des Freien Frankreich vertrat, ignorieren zu können. De Gaulle beabsichtigte, zur Dokumentation seiner Souveränität die Syrienfranzosen in seine eigene Armee einzureihen. Aber die Briten ließen den Betroffenen freie Wahl. 5668 Offiziere und Mannschaften von insgesamt 37736 ließen sich überreden; die anderen kehrten, mit Wut und Haß erfüllt, nach Frankreich zurück.

Der deutsche Feldzugsplan gegen Rußland

Eines der Rätsel dieses Krieges in Syrien war der Umstand, daß Deutschland nicht eingriff. Von Kreta bis Beirut waren es nicht einmal 800 Kilometer, Rhodos lag noch näher, und seit das Geschwader von Alexandria lahmgelegt war, konnte Cypern leicht genommen werden. Die Kühnheit Churchills und die Teilnahme de Gaulles an dem syrischen Abenteuer öffneten ein neues Operationsgebiet, auf dem Hitler eine militärische Zusammenarbeit mit Frankreich, wie er sie in Montoire angestrebt hatte, hätte herbeiführen können. Und doch griff er nicht ein. Damals hatte man sich nicht eindringlich genug gefragt, warum er so zurückhaltend war. Hitler war bereits mit etwas ganz anderem beschäftigt.

Das Kriegsschauspiel im Mittelmeer war zu Ende. Vom Baltikum bis zum Schwarzen Meer waren 3,2 Millionen Mann, 600000 Pferde, 600000 Kraftfahrzeuge, 17000 Eisenbahnzüge in Bewegung. Was sich hier anbahnte, sollte eines der bedeutendsten Ereignisse der Weltgeschichte werden. Der ›Plan Barbarossa‹ lief an.

Entsprechend den Anweisungen Hitlers hatte die Vorbereitung für den Krieg gegen Rußland vom Sommer 1940 ab begonnen. Der erste Offizier des Generalstabs der Armee, der sich mit der strategischen Ausarbeitung befaßte, war ein Mann, den Hitler haßte: Generalmajor Erich Marcks, ein Mitarbeiter des 1934 ermordeten Generals Schleicher. Marcks, ein Bewunderer Moltkes und ein hervorragender Kenner der militärischen Operationen von 1870, hatte die größte Umgehungsschlacht der Geschichte vorbereitet. Die Wehrmacht sollte in der Ukraine angreifen und bis Rostow am Don vorstoßen, dann um neunzig Grad schwenken, in Richtung Moskau marschieren und die gesamte russische Armee vom Rücken her angreifen. Die Idee war genial, aber Hitler lehnte sie ab, indem er erklärte, das sei die Ausgeburt eines allzu komplizierten Hirns. Gleichzeitig arbeitete der Quartiermeister I, Generaloberst Paulus, an einem Aufmarschplan. Die riesigen Entfernungen und die damit verbundenen Nachschubprobleme erschreckten ihn. Er nahm die Ukraine aus der Zone der raschen Operationen aus, weil zu wenig Straßen vorhanden seien. Der Hauptstoß sollte gegen Moskau geführt werden, über gute Straßen und brauchbare Eisenbahnlinien. Nach der Eröffnungsschlacht sollte der deutsche Vormarsch in der Höhe von Smolensk gestoppt werden, um Zeit zu lassen, die Transporte neu zu organisieren und die Eisenbahnstrecken auf mitteleuropäischer Spurweite fortzuführen. Hitler aber schob auch diesen genauen und methodischen Plan beiseite. Er wünschte sich eine Offensive größeren Umfangs und eine ununterbrochene Folge von Operationen. Der Krieg gegen Rußland sollte in einem Zug beendet werden, und zwar noch vor Wintersanfang.

Schließlich wurden die großen strategischen Grundzüge durch Hitler selbst in der Führerweisung Nr. 21, genannt ›Barbarossa‹, vom 18. Dezember 1940 festgelegt. Es finden sich darin die wichtigsten Maximen des geplanten Feldzugs gegen Rußland:

kurzer Krieg, Einkreisung großer feindlicher Truppenmassen, Verhinderung eines allgemeinen Rückzuges der Russen in ihr weites Hinterland, Eroberung der Linie Wolga–Archangelsk, von wo aus die Luftwaffe das letzte sowjetische Arsenal, die Industrien im Ural, zerstören könne. Drei Heeresgruppen sollten diese Aufgaben bewältigen, zwei nördlich und eine südlich der Pripjetsümpfe. Die Vorbereitungen sollten bis zum 15. Mai 1941 abgeschlossen sein.

Bekanntlich verhinderte dann das Abenteuer Mussolinis auf dem Balkan den vorgesehenen Beginn des Feldzuges und verschob den Angriff auf den Sommer.

Die Generalstabsarbeit wurde vornehmlich, wenn auch nicht ausschließlich, in Zossen bei Berlin ausgeführt, wo das OKH unter Brauchitsch (Oberbefehlshaber) und Halder (Chef des Generalstabs) residierte. Im Gegensatz zum Westfeldzug kümmerte sich Hitler nicht um die Einzelheiten. Jodl, der persönliche Stratege des Führers, wurde abseits gehalten. »Nicht einmal als Gast oder Beobachter«, berichtet Warlimont, »[wurde Jodl] zu den großen Ost-Kriegsspielen im Herbst 1940 zugezogen.« Hitler hielt den Sieg für sicher, er sah bereits weiter. Er dachte an die ›Neuordnung‹ des Ostens, die Umsiedlung der Russen nach Innerasien. Germanische Völker sollten ihren Platz einnehmen, einschließlich holländischer und englischer Kolonisten. In seinen Monologen vor seiner näheren Umgebung träumte er laut: »Ich werde aus den eroberten Gebieten ein Paradies machen.«

Einen der letzten, die der Führer noch überzeugen mußte, war Göring. Zu Beginn 1941 hatte er dem Reichsmarschall seinen Entschluß mitgeteilt, Rußland anzugreifen, indem er die gewaltigen russischen Vorbereitungen und die sowjetische Einkreisungspolitik ins Treffen führte, wie sie seiner Ansicht nach aus den Worten Molotows hervorging. Göring bat um die Erlaubnis, dies erst einmal überschlafen zu dürfen. Am nächsten Tag trug er dem Führer seine Meinung vor. Ein Krieg im Osten, sagte er, werde den Luftkrieg gegen England unterbrechen, und zwar gerade in dem Augenblick, in dem er bedeutende Erfolge zeitige. Er befürchtete auch, daß die deutsche Streitmacht sich in den riesigen Gebieten Rußlands verzetteln würde. Göring schlug Hitler das genaue Gegenteil von dessen Plan vor, das heißt den Vertrag mit Moskau in ein Bündnis zu verwandeln und Rußland gegen Indien marschieren zu lassen.

Die vorbereitenden Maßnahmen für das Unternehmen ›Barbarossa‹ wurden in den Grundzügen bei der Führerbesprechung vom 3. Februar 1941 festgelegt. Vier Transportwellen waren vorgesehen. Zu den 25 Divisionen, die bereits in Polen und in Rumänien standen, sollten im März 7 Divisionen kommen, im April 13, im Mai 30 und im Juni weitere 51. Die wichtigsten Einheiten sollten bis zum letzten Augenblick westlich der Linie Radom–Warschau–Neidenburg gehalten werden. Trotz der Autobahnen und des dichten deutschen Eisenbahnnetzes mußten viele Verbände marschieren. Für manche Einheiten, die noch in den Balkanländern standen, bedeutete das einen Marsch über 800 Kilometer.

Fallschirmjäger eroberten vom 20. Mai bis 1. Juni Kreta. Dieses, von 493 Transportmaschinen ausgeführte, größte Luftlandeunternehmen der Kriegsgeschichte brachte den Deutschen große Verluste. Die Engländer schossen viele der vom Himmel fallenden Soldaten bereits in der Luft ab. Gemeinsam mit nachfolgenden Gebirgsjägereinheiten (unten) wurden rund 15 000 britische Truppen nach Ägypten vertrieben.

SS-Obergruppenführer Sepp Dietrich, Kommandeur der ›Leibstandarte Adolf Hitler‹, nahm am 20. April das Waffenstillstandsangebot der Epirus-Mazedonien-Armee entgegen (oben). Am 23. April 1941 war der Krieg auf dem gesamten Balkanfestland beendet. General Zsolakoglu unterzeichnete den Kapitulationsvertrag (unten).

Aufmarschplan und Kräfteansatz

Im Oberbefehl hatte sich seit dem Frankreichfeldzug nichts geändert. Generalfeldmarschall von Brauchitsch und Generaloberst Halder verblieben auf ihren Posten als Oberbefehlshaber beziehungsweise als Chef des Generalstabs des Heeres, obwohl sich Hitler nach wie vor über die Dummheit des einen und den Katholizismus des anderen beklagte. Die Armeeoberbefehlshaber und die Generale der Luftwaffe waren dieselben wie während des Westfeldzugs. An der Spitze der Heeresgruppen standen die Generalfeldmarschälle Leeb, Bock und Rundstedt. Die Heeresgruppe Nord (Leeb) umfaßte die 18. Armee (Küchler), die Panzergruppe 4 (Hoepner), die 16. Armee (Busch); insgesamt 29 Divisionen mit 570 Panzern, die längs des Njemen aufgestellt wurden, griffen am 22. Juni an. Leeb war ebenfalls die Luftflotte 1 (Keller) unterstellt. Zwei gute Straßen bildeten die Achsen für die Bewegungen der Heeresgruppe. Die eine führte in Richtung Riga, die andere nach Dünaburg; beide Straßen vereinigten sich südlich des Peipussees und führten dann weiter nach Leningrad.
Im Zentrum des Aufmarsches stand die Heeresgruppe Mitte (Bock). Ihr sollte die Hauptrolle zufallen, weshalb sie über die bedeutendsten Kräfte verfügte, nämlich die 9. Armee (Strauß), die Panzergruppe 2 (Hoth), die Panzergruppe 3 (Guderian), die 4. Armee (Kluge). Die Angriffsstärke betrug insgesamt 49 Divisionen mit 930 Panzern. Luftunterstützung erhielt sie durch die Luftflotte 2 (Kesselring). Diese Heeresgruppe sollte das Zentrum der sowjetischen Verteidigung durchbrechen und zum weiteren Vormarsch die ›Rollbahn‹ Brest–Moskau benutzen. Brauchitsch hatte die Absicht gehabt, Moskau durch diese Heeresgruppe erobern zu lassen. Aber Hitler widersprach heftig: »Nur versteinerte Gehirne mit fossilen Auffassungen können sich von einer feindlichen Hauptstadt hypnotisieren lassen. Moskau ist nichts als ein Name. Die Zitadellen des Bolschewismus sind Leningrad und Stalingrad. Wenn diese genommen sind, dann bricht der Bolschewismus zusammen.« Die Heeresgruppe Mitte wurde beauftragt, die Gegend von Smolensk zu erreichen; anschließend sollte sie dann, je nach der herrschenden Lage, neue Befehle erhalten.
An der rechten Flanke stand die Heeresgruppe Süd (Rundstedt). Sie setzte sich zusammen aus der 6. Armee (Reichenau), der Panzergruppe 1 (Kleist), der 17. Armee (Stülpnagel), der 11. Armee (Schobert). In ihrem Bereich griffen 42 Divisionen und 750 Panzer an. Gemeinsam mit der unter ihrem Oberkommando operierenden Luftflotte 4 (Löhr), sollte die Heeresgruppe die Ukraine erobern. Wegen der Pripjetsümpfe, die so groß sind wie ganz Frankreich, war an eine Koordinierung der Operationen Rundstedts und Bocks nicht zu denken, bevor beide Heeresgruppen den Dnjepr erreicht hatten.
Wie bei der Schlachtordnung der römischen Legionen die Hilfsvölker, waren die ausländischen Truppen an den Flügeln aufmarschiert: Am linken Flügel, in Karelien,

stand das 16 Divisionen starke, von fünf deutschen Divisionen, darunter zwei Gebirgsjägerdivisionen des Generals Dietl, unterstützte finnische Heer. Am rechten Flügel stellte Rumänien zwei Armeen, die 3. und die 4., zwischen denen die 11. deutsche Armee stand. Ungarn stellte eine Kavallerie- und zwei motorisierte Brigaden, die Slowakei eine schnelle Division und zwei kleinere Infanteriedivisionen. Trotz seiner Sorge um die Geheimhaltung der Angriffspläne hatte das deutsche Oberkommando den finnischen, rumänischen, ungarischen und slowakischen Generalstäben ein Minimum von Hinweisen geben müssen, um die Zusammenarbeit zu koordinieren.
Gegenüber Mussolini und dem italienischen Commando Supremo bewahrte man dagegen absolutes Schweigen. Auf Veranlassung von Hitler und gegen den Willen des Duce (›Ich habe genug, immer herbeigeklingelt zu werden‹) fand eine Zusammenkunft am 2. Juni am Brenner statt. Stundenlang redete Hitler über den Verlust der *Bismarck* und vergoß Tränen wegen der Flucht seines Stellvertreters Heß. Nachdem Mussolini Hitler verlassen hatte, äußerte er seinem Schwiegersohn Ciano gegenüber, der Führer habe keinerlei genauen Plan, und ein Kompromißfriede sei aktueller denn je.
An der Ostfront hatte Deutschland einschließlich der OKH-Reserven 145 Divisionen stehen, zu welchen noch knapp 28 verbündete Divisionen kamen. Zwei Panzerdivisionen und eine Infanteriedivision befanden sich noch im Innern des Reichs. Drei Divisionen kämpften in Libyen. Der Rest der deutschen Streitkräfte wachte über die eroberten Gebiete. List war mit seiner 12. Armee, die auf sieben Divisionen reduziert worden war, auf dem Balkan geblieben. In Frankreich befehligte Generalfeldmarschall von Witzleben in Saint-Germain-en-Laye die Heeresgruppe D, die aus der 15. Armee (Haase), der 7. Armee (Dollmann) und der 1. Armee (Blaskowitz) bestand und insgesamt 38 Divisionen umfaßte. Acht Divisionen unter dem Befehl des Generals von Falkenhorst standen in Norwegen und Nordfinnland, eine neunte Division hielt Dänemark besetzt.
Die deutsche Wehrmacht zählte 6683000 Mann. Davon entfielen 4900000 auf das Heer (72,5 Prozent), 1485000 auf die Luftwaffe (22 Prozent) und 298000 auf die Kriegsmarine (4,4 Prozent). Dazu kamen 80000 Mann Waffen-SS (1,1 Prozent). Es waren bei weitem nicht alle wehrfähigen Männer mobilisiert, und die Gesamtverluste an Toten und Verwundeten seit September 1939 überschritten nur knapp 100000. Das Menschenpotential des Reichs war noch längst nicht ausgeschöpft.
Der Operationsplan gegen Rußland war kein Geniestreich. Der Angriff erfolgte fächerartig, das heißt, er ermöglichte ein Zurückweichen der Roten Armee, das Hitler erklärtermaßen vermeiden wollte. Es ist richtig, daß nach dem Durchbruch im Zentrum der Führer damit rechnete, weitere Umfassungsmanöver ausführen zu können, um große Massen feindlicher Soldaten einzuschließen und gefangenzunehmen. Hitler plante, die Heeresgruppe Mitte, sobald sie Smolensk erreicht hätte, eventuell aufzuteilen. In diesem Fall sollte ein Teil ihrer schnellen Einheiten der Heeresgruppe Nord für

die Eroberung Leningrads, ein anderer Teil der Heeresgruppe Süd zur Eroberung der Ukraine unterstellt werden. Das Bemühen, nach Möglichkeit Napoleon nicht zu kopieren, den er für einen Feldherrn zweiten Ranges hielt, mag eine der Ursachen dafür gewesen sein, daß Hitler in Moskau kein vorrangiges militärisches Ziel sah.
Dennoch hatte Hitler die Erfahrungen Napoleons wie auch Karls XII. nicht außer acht gelassen. Er wußte genau, daß beide durch das russische Klima und die Tiefe der weiten Räume, in welche sich der Feind zurückziehen konnte, besiegt worden waren. Er war aber der Auffassung, daß die Entfernungen für ein motorisiertes Heer kein entscheidendes Problem darstellten. Napoleon mußte Kutusow zu Fuß verfolgen, und auf Ochsenwagen brachte Loewenhaupt für Karl XII. das Brot, das er verlangte, um Moskau nehmen zu können. Hitler aber verfügte über Panzer, die in zehn Tagen von der Eifel bis an den Kanal, von Tripolitanien nach Ägypten, von der Donau bis zum Ägäischen Meer gerollt waren. Er besaß Lufttransporter, die in kritischen Augenblicken rasche Truppenverlegungen ermöglichten. Was im 18. und 19. Jahrhundert geschehen war, brauchte nach Ansicht Hitlers und seiner Planungsstäbe die Wehrmacht nicht zu fürchten.
Und der Gegner? Von allen Völkern mußten die Deutschen die Russen am besten kennen. Während der Weimarer Republik hatte sich eine Reihe von Offizieren der Reichswehr, unter anderem auch Brauchitsch, in der Sowjetunion aufgehalten, um sich mit Waffen vertraut zu machen, deren Besitz Deutschland durch den Versailler Friedensvertrag verboten war. Die deutschen Berichte über den Gegner waren allerdings von zweifelhaftem Wert. Die Einschätzung der Roten Streitkräfte fiel, je nachdem, welchen Eindruck der Berichterstatter hervorrufen wollte, stets anders aus. Einmal wurde die sowjetische Armee als furchterregende Macht dargestellt, die bereitstehe, das Reich zu verwüsten, dann wieder als ein völlig verrottetes Gebilde, das beim ersten Ansturm zusammenbrechen würde.
Am 2. Februar 1941 hatte Halder über die russische Armee einen Bericht abgefaßt, der mit der Feststellung endete, die deutschen Streitkräfte entsprächen den sowjetischen zahlenmäßig fast, seien jenen an Qualität jedoch überlegen. Anfang April stellte die Abteilung Fremde Heere Ost eine wesentlich genauere Statistik auf. Ausgehend von 1,5 Millionen wehrfähigen Männern pro Jahrgang, konnte Rußland mindestens 12 Millionen junge Soldaten aufstellen. Der Umfang der sowjetischen Armee war praktisch nur durch die industriellen Möglichkeiten des Landes beschränkt. Die mobile Stärke der Roten Armee wurde auf 145 Infanteriedivisionen, 26 Kavalleriedivisionen und 40 motorisierte Brigaden, also insgesamt 211 große Einheiten geschätzt, denen 173 deutsche beziehungsweise auf deutscher Seite kämpfende ausländische Einheiten gegenüberstanden. Im Fernen Osten blieben noch 25 Infanteriedivisionen, acht Kavalleriedivisionen und fünf mechanisierte Brigaden. Es war damit zu rechnen, daß ein Teil dieser Truppen, nachdem die Sowjetunion einige Wochen

zuvor einen Nichtangriffspakt mit Japan abgeschlossen hatte, nach Westen verlegt würde. Das Material war noch zu einem großen Teil veraltet; doch hatte die Umrüstung der sowjetischen Streitkräfte auf moderne Flugzeuge und Panzer bereits begonnen. Insgesamt standen Rußland etwa 10000 Panzer zur Verfügung, das heißt dreimal soviel wie den Deutschen. Sie waren in Form von Panzerbataillonen den gewöhnlichen Divisionen eingegliedert und über die gesamte Front verteilt. Ausgesprochene Panzerdivisionen gab es nicht. Die geläufigsten Panzertypen, der acht Tonnen schwere T26B sowie der zehn Tonnen schwere BT34, waren Kopien der britischen Modelle Vickers und Christie. Beide waren schwache Kampfwagen. Die Abteilung Fremde Heere Ost wußte, daß wesentlich schwerere Typen in Spanien eingesetzt gewesen waren, doch nahm man nicht an, daß sie bereits in genügend großer Anzahl vorhanden seien, um eine entscheidende Rolle zu spielen.
Die Deutschen zweifelten nicht an ihrer militärischen Überlegenheit. Sie rechneten mit einem baldigen Zusammenbruch der russischen Armee. Dennoch hatten zahlreiche hohe Offiziere ein unangenehmes Gefühl, das indes weniger vom technischen Vergleich der sowjetischen und deutschen Truppen und Kampfmittel herrührte als von der Erinnerung an den Ersten Weltkrieg, den Gedanken an die riesigen Dimensionen Rußlands und der bangen Erwartung eines Zweifrontenkrieges.
Nach außen hin machte die Wehrmacht einen hervorragenden Eindruck. Die Gesamtzahl der Divisionen war auf 208 erhöht worden, die der Panzerdivisionen von 10 auf 21 und die der motorisierten Divisionen von 8 auf 17. Das Kriegsmaterial hatte mehrere Feldzüge überstanden und war dabei ausprobiert worden, die Mannschaften waren kampferfahren.
»Der schlechteste deutsche Infanterist ist besser als der beste fremde Infanterist«, lehrte Hitler.
Die Wirklichkeit sah anders aus. Zwar war die Zahl der Panzerdivisionen verdoppelt worden, aber die Zahl der Panzerbataillone war nur von 35 auf 57 gestiegen, und die Durchschnittszahl von Panzern pro Division war von 258 auf 196 vermindert worden. Die Industrie sollte 600 Panzer im Monat liefern, konnte aber nur 227 herstellen. Die Wehrmacht verfügte zu Beginn des Angriffs über 3330 Panzer; das waren nur 750 Kampfwagen mehr als während des Westfeldzugs, in dem auf deutscher Seite 2574 Panzer eingesetzt worden waren. Die 14 motorisierten Divisionen an der russischen Front waren nur ein Achtel der Infanterie – sieben Achtel mußten über die glühenden Steppen oder durch Schlamm und Schnee marschieren. Ein großer Teil der Feldartillerie, die Munitionskolonnen und die Regimentstrains wurden von Pferden gezogen; weder die Bespannungen noch die Wagen waren den kommenden Strapazen gewachsen. Es konnte nicht mehr die Rede davon sein, daß die Infanterie nur den selbständig operierenden Panzerverbänden zu folgen brauchte, um die Gefangenen zu sammeln. Sie mußte sich ausbreiten und dauernd kämpfen.

Die Luftwaffe war bei weitem nicht in dem erforderlichen Maße verstärkt und verbessert worden. 1500 Flugzeuge waren durch den Luftkrieg mit England gebunden. Für den Angriff gegen Rußland standen nur 720 Jäger, 1160 Bomber und 120 Aufklärer bereit – eine völlig unzulängliche Luftstreitmacht angesichts der enormen Entfernungen und weiten Räume, mit denen man es nun zu tun hatte. Schon bevor die Feindseligkeiten begannen, stellten sich Versorgungsschwierigkeiten ein. Die Produktion von synthetischem Kautschuk vermochte den Bedarf nicht zu decken, so daß man zur Ergänzung auf die Schiffsladungen mit Naturkautschuk angewiesen war, die nur gelegentlich die Blockade passieren konnten. Hitler drängte nachhaltig auf den Schutz der rumänischen Petroleumquellen, weil die chemische Industrie nur 30 Prozent des Treibstoffbedarfs herstellen konnte; die Vorräte an Benzin reichten nur für drei, die Bestände an Dieselkraftstoff sogar nur für einen Monat. Hitler griff Rußland mit einem militärischen Instrument an, das viel zu schwach war. Es hätte wesentlich stärker sein können, wenn er die Geduld zu mehrjährigen Vorbereitungen gehabt hätte. Die Schlagkraft der deutschen Wehrmacht war hinreichend gewesen für die Blitzsiege von 1939 bis 1941 gegen weniger starke Armeen, etwa die Polens oder die der Balkanländer beziehungsweise gegen Armeen, die – wie die französische – einer Überrumpelung zum Opfer gefallen waren.
Gegen Rußland war kein Blitzkrieg möglich – weniger wegen seines Militärpotentials und seiner großen Ausdehnung als vielmehr wegen seiner ungünstigen Bodenbeschaffenheit. Sooft aber Brauchitsch mit Hitler über die natürlichen Grenzen eines motorisierten Krieges diskutieren wollte, fuhr ihm der Führer über den Mund. Er hatte genug davon, die Bedenken eines jener Militärs zu hören, die sich in seinen Augen bisher immer nur getäuscht hatten.
Ebensowenig hörte Hitler auf die Vorschläge zum Schutz der Truppen gegen die russische Kälte. Eine Massenproduktion von Spezialausrüstung, so wandte er ein, könne nur unliebsame Aufmerksamkeit wecken; außerdem werde die russische Armee vielleicht schon vor dem ersten Frost vernichtet sein. Ein Fünftel der deutschen Streitkräfte sollte in Rußland bleiben, um die neue Grenze zu bewachen, die vom Kaspischen Meer bis zum Weißen Meer verlaufen sollte. Auf dieser Grundlage hatte man warme Kleidung und Nahrungsmittel für den Winter hergestellt. »Den Rest der Armee werde ich dann demobilisieren und den Krieg gegen England mit der Luftwaffe und Kriegsmarine fortsetzen«, verkündete Hitler.
Weitgehende Uneinigkeit herrschte zwischen Hitler und der Generalität über den Charakter dieses Krieges. Zwischen ihm und seinen Generalen, sagte Jodl, habe in dieser Hinsicht eine völlig unterschiedliche Auffassung bestanden. In den Augen der Generale habe es sich um einen Konflikt zwischen zwei Armeen gehandelt, während der Führer ihn als Vernichtungskampf zwischen zwei unvereinbaren Zivilisationsformen betrachtet haben wollte.

Am 30. März 1941 wurden die Armeeoberbefehlshaber in die Reichskanzlei berufen. Hitler erschien vor ihnen mit finsterem Gesicht. Es handelt sich bei diesem Krieg, so führte er aus, um den »Kampf zweier Weltanschauungen gegeneinander... Wir müssen vom Standpunkt des soldatischen Kameradentums abrücken. Der Kommunist ist vorher kein Kamerad und nachher kein Kamerad. Es handelt sich um einen Vernichtungskampf. Wenn wir es nicht so auffassen, dann werden wir zwar den Feind schlagen, aber in dreißig Jahren wird uns wieder der kommunistische Feind gegenüberstehen... Der Kampf muß geführt werden gegen das Gift der Zersetzung. Das ist keine Frage der Kriegsgerichte... Die Truppe muß sich mit den Mitteln verteidigen, mit denen sie angegriffen wird. Kommissare und GPU-Leute sind Verbrecher und müssen als solche behandelt werden...« Ehe auch nur einer der Generale protestieren konnte, hatte Hitler den Saal schon wütenden Schrittes verlassen.

Die drei Heeresgruppenbefehlshaber erklärten Brauchitsch, man habe sie beschimpft. Sie verlangten vom Oberbefehlshaber des Heeres, in ihrem Namen zu protestieren. Brauchitsch aber war bereits weich geworden. Er gab den Generalen zwar recht, sagte ihnen aber, man dürfe den Führer jetzt nicht aufregen. Er werde überlegen, wie er ihn dazu veranlassen könne, diesen Entschluß wieder rückgängig zu machen. Seine Bemühungen verhinderten aber nicht den Erlaß des ›Kommissarbefehls‹ vom 6. Juni durch das OKH, der die Vernichtung aller Kommissare zur Pflicht machte.

Am 13. Mai wurde eine weitere, noch viel schwerer wiegende Entscheidung getroffen. Die rückwärtigen, das heißt eroberten Gebiete der deutschen Armeen in Rußland sollten auf eine vollkommen neue Art kontrolliert werden: Die Befehlsgewalt der Generale erstreckte sich in Zukunft nur noch auf die unmittelbare Kampfzone. Auf den Fersen der Frontsoldaten sollten Partei, Gestapo, SS sowie alle ideologischen und sonstigen Kontrolleinrichtungen des Hitlerstaates folgen. Der halbverrückte Theoretiker Alfred Rosenberg wurde zum ›Minister für die besetzten Ostgebiete‹ ernannt. Unter dem Decknamen ›Oldenburg‹ wurde eine riesige Organisation aufgebaut, welche die systematische Plünderung der eroberten Gebiete durchführen sollte. Rußland wurde in zwei Reichskommissariate (›Ostland‹ und ›Ukraine‹) unter Lohse und Koch sowie in sechs Wirtschaftsgebiete aufgeteilt. Alles, was irgendwie nützlich sein konnte, sollte ins Reich transportiert werden. Den ausführenden Organen wurde ausdrücklich eingeschärft, daß sie sich nicht um die Lebensbedingungen der Bevölkerung zu kümmern hätten. Wer verhungere, den brauche man dann später nicht zu verjagen, um Platz für deutsche Kolonisten zu schaffen.

Sicher wäre den Deutschen eine andere Politik möglich gewesen, nämlich die, sich zum Verbündeten des russischen Volkes zu machen. Stalins Tyrannei hatte unzählige Feinde. Die Bauern waren weitgehend unzufrieden. Hätte die deutsche Wehrmacht die Kolchosen aufgelöst und das Land unter die Bauern aufgeteilt, so hätte das vermutlich eine gegen das System gerichtete Volksbewegung hervorgerufen. Eine Reihe

von Ostfachleuten strebte eine solche Praxis an. Aber die Anordnungen des Ostministeriums verlangten genau das Gegenteil: Die Kollektivgüter sollten unangetastet bleiben. Von den Kolchosen seien die gleichen Lieferungen zu verlangen, wie sie bisher die sowjetischen Behörden gefordert hätten. Es war nicht die Rede davon, das russische Volk zu befreien, sondern es nach Asien zu verfrachten. »Den Russen«, erklärte Rosenberg, »stehen harte Zeiten bevor. In hundert Jahren aber werden sie uns dafür danken, daß wir sie in ihr angestammtes Gebiet zurückversetzt haben.«
Die Russen waren ›Untermenschen‹ im Vergleich zum deutschen Übermenschen, der ihnen gegenüber die gleichen Verpflichtungen habe wie gegenüber Tieren, nämlich keine unnütze Grausamkeit, aber das absolute Recht über Leben und Tod.

Die letzten Tage einer Freundschaft

Der 1. Mai 1941 wurde in Moskau im Zeichen der deutsch-sowjetischen Freundschaft begangen. Stalin und Marschall Timoschenko feierten sie in Aufrufen an die Nation und an die Armee. Fünf Tage später übernahm Stalin, der bis dahin nur den Titel eines Ersten Sekretärs der Kommunistischen Partei führte, die Leitung der Regierung mit dem Titel des Vorsitzenden des Rates der Volkskommissare. Der getreue Molotow rutschte stillschweigend auf den zweiten Rang.
Der deutsche Botschafter in Moskau, Friedrich Werner Graf von der Schulenburg, war ein echter Grandseigneur, der Hitler haßte, doch seinem Land ergeben diente. Er versuchte, den Frieden zu erhalten, denn Krieg würde den Alptraum von dem Zweifrontenkampf wieder heraufbeschwören. In seinen Depeschen an die Wilhelmstraße unterstrich er immer wieder, daß Stalin und Molotow alles täten, um einen Konflikt zu vermeiden oder, wie er sich in seiner Depesche vom 15. Juni ausdrückte, ›sie seien selbst zu äußersten Konzessionen bereit‹. Die Sowjetunion erfüllte gewissenhaft ihre Handelsverpflichtungen, die sie dem Reich gegenüber eingegangen war. Die wichtigsten Lieferungen, nämlich Petroleum, Getreide, Holz, Baumwolle usw. trafen pünktlich in Deutschland ein. Die Interventionsversuche der britischen Diplomatie waren gescheitert. Der ›rote‹ Aristokrat Sir Stafford Cripps, den Churchill nach Moskau geschickt hatte, war nach London zurückgekehrt. Es hieß, er sei entmutigt und werde nicht noch einmal nach Rußland gehen.
Die deutschen Truppenbewegungen konnten nicht vollkommen geheimgehalten werden. Die Nachrichtendienste in aller Welt waren auf dem laufenden. Sämtliche in Berlin akkreditierten Diplomaten stellten fest, daß die Eisenbahnen und Autobahnen mit Militärtransporten in Richtung Osten überlastet seien. In allen Berliner Gesandtschaften sprach man über einen unmittelbar bevorstehenden Konflikt, während Rei-

sende, die aus Moskau zurückkehrten, erstaunt berichteten, daß sich in Rußland kein Mensch beunruhige. Heute weiß man, daß Moskau durch Berichte der Berliner Sowjetbotschaft und zahlreiche Agentenmeldungen über die Vorgänge informiert war. Doch auf geheime Warnungen Churchills antwortete Molotow über die Presseagentur ›Tass‹ am 13. Juni: »Die verantwortlichen russischen Stellen halten es für notwendig, zu erklären, daß alle Gerüchte über Truppenkonzentrationen und aggressive Absichten von seiten Deutschlands nur ungeschickte Manöver von Kreisen sind, die ein Interesse an der Ausbreitung und Verlängerung des Krieges haben.« Die russische Regierung hielt sich auch weiterhin strikt an den Pakt von Moskau.
Am Tag nach der Veröffentlichung des Molotowschen Kommuniqués versammelten sich in der neuen Reichskanzlei die Spitzen der deutschen Wehrmacht. Das Aufgebot an Generalfeldmarschällen, Generalen und Admiralen war so eindrucksvoll, daß viele Beobachter in der Konferenz das Zeichen eines baldigen Kriegsausbruchs gegen Rußland sahen. Hitler war von den maßgeblichen Offizieren des OKW – Keitel, Jodl und Warlimont –, des OKH – Brauchitsch, Halder und Paulus –, des OKL – Göring, Milch, Jeschonnek und Bodenschatz – und des OKM – Raeder und Fricke – umgeben. Nacheinander erschienen vor ihm der Oberbefehlshaber der Truppen in Norwegen, Falkenhorst, der Chef der Luftflotte 5, Stumpff, die Befehlshaber der Heeresgruppe Süd – Rundstedt, Reichenau, Stülpnagel, Kleist, Schobert und Löhr –, der Marineeinheiten in der Ostsee – Carls –, der Heeresgruppe Nord – Leeb, Busch, Küchler, Hoepner und Keller – und der Heeresgruppe Mitte – Bock, Kluge, Strauß, Guderian, Hoth und Kesselring. Sie berichteten dem Führer über ihre Vorbereitungen und beantworteten seine Fragen. Beim Mittagessen, dem auch die Generalobersten Fromm und Udet beiwohnten, hielt Hitler eine Rede, in der er sein Lieblingsthema wieder aufnahm: Sobald Rußland niedergeworfen sei, werde England um Frieden bitten. Die Russen besiegen – das sei eine Sache von vier Wochen heftiger Kämpfe, denen dann ein Abflauen folgen würde. Das Gros des Heeres werde noch vor Weihnachten nach Deutschland zurückgekehrt sein. Die Welt hätte dann ein neues Gesicht.
Eins stand noch aus: das Datum des Angriffs. Am 17. Juni wurde der Angriff auf Sonntag, den 22. Juni, festgelegt. Die letzte Entscheidung werde am 21., um 13 Uhr, fallen. Das Stichwort ›Altona‹ sollte die Aufhebung des Angriffsbefehls bedeuten. während das Wort ›Dortmund‹ die Angriffsorder bestätigen sollte.
Das Stichwort ›Dortmund‹ war schon seit einigen Stunden gegeben, als am Abend des 21. Juni Molotow den Grafen Schulenburg zu sich berief. Er sprach ganz offen und teilte dem deutschen Botschafter seine Sorgen mit. Die russische Regierung sei sich über eine gewisse Unzufriedenheit der deutschen Regierung im klaren. Die Sowjetregierung würde gerne die Gründe kennen, um nach Mitteln der Abhilfe suchen zu können. Schulenburg versprach, Berlin von diesem Wunsch zu unterrichten. Als er in seine Botschaft zurückkehrte, hatte der Dechiffrierdienst gerade ein Telegramm

Ribbentrops in Klartext übertragen, in dem Schulenburg angewiesen wurde, Molotow die Kriegserklärung des Reichs zu übergeben.
Die letzten Stunden der letzten Nacht waren von einer erschütternden Melancholie. Der Generalstabschef Franz Halder hatte das künftige Schlachtfeld überflogen; völlig deprimiert von dem Eindruck der riesigen öden Flächen, die er gesehen hatte, kehrte er zurück. Manstein verbrachte den Abend des 21. Juni bei Freunden in Ostpreußen. Lange blieb er auf der Veranda sitzen und starrte in die Sommernacht. Dabei kam ihm zu Bewußtsein, welch unendlich hohen Preis jede einzelne Sekunde jetzt eigentlich habe.
Guderian stand mit seinem Panzerkorps vor Brest-Litowsk, das er während des Polenkrieges schon einmal genommen hatte und das er am nächsten Tag wieder erobern sollte. Der Bug war noch im Steigen. Guderian hatte das Ostufer genau beobachtet und keinerlei Verteidigungsmaßnahmen feststellen können. In der alten Zitadelle übten russische Soldaten Parademarsch. Wieder einmal würde der Feind also überrascht werden. Aber die Erwartung künftigen Ruhms vermochte nichts gegen das Gefühl der Beklemmung, welches Guderian – und nicht nur er – empfand, seit feststand, daß der Führer einen Krieg im Osten unternehmen wollte, bevor der im Westen gewonnen war.
An vielen Abschnitten saßen die Soldaten bereits seit drei Tagen in ihren Panzern oder auf ihren Lastwagen. Andere marschierten noch durch die sandigen Wege Ostpolens. Sie hatten dreißig Zigaretten und für vier Mann eine Flasche Schnaps erhalten, glaubten aber trotz dieser Großzügigkeit nicht an den Krieg. »Die Iwans sind unsere Verbündeten. Sie gehen mit uns gegen England. Sie lassen uns jetzt durchmarschieren, damit wir im Kaukasus auf Rommel treffen können. Sie haben die Ukraine an Hitler verkauft, und die werden wir jetzt besetzen...«
Um zwei Uhr pfiff eine Lokomotive an der Brücke von Brest-Litowsk. Ein sowjetischer Getreidezug fuhr nach Deutschland. Die Zöllner auf beiden Seiten erledigten ihre Routinearbeiten. An der Front war es still. Die Russen schliefen in ihren Kasernen. Auch Stalin schlief. In Berlin wurde der russische Gesandte Dekanosow geweckt; Ribbentrop erwartete ihn im Auswärtigen Amt. Der deutsche Außenminister ging mit großen Schritten auf und ab und wiederholte immer wieder, Hitler habe recht, mit Rußland endlich Schluß zu machen. Der Gesandte verstand kein Deutsch, der Übersetzer Pawlow mußte das lange Gerede, das Ribbentrop für nötig hielt, übersetzen. Als Dekanosow verstand, daß es sich um eine Kriegserklärung handle, stand er auf, machte eine kurze Verbeugung und verlangte seine Pässe. Ribbentrop begab sich anschließend in den Konferenzsaal, wo die Diplomaten und Auslandskorrespondenten versammelt waren. Unter den Versammelten befanden sich auch einige Damen in Abendkleidern. Ein Teil der Anwesenden erklärte jubelnd, das sei die größte Nacht der Geschichte, während andere nur mühsam ihre Furcht und Niedergeschlagenheit

verbergen konnten. Als man das Außenministerium verließ, um die große Neuigkeit in die Welt hinauszutragen, ging die Sonne auf, und die Vögel sangen im Tiergarten. An der Front hatte die Artillerie um 3 Uhr 15 das Feuer eröffnet – im gleichen Augenblick, als der Himmel sich über Rußland rosa färbte.

XI. Kapitel 22. Juni bis 23. August 1941
Leningrad, Kiew oder Moskau

Die Reaktion auf den Angriff

Am Sonntag, dem 22. Juni, um 5 Uhr 30, ertönte die Stimme Joseph Goebbels' aus den Lautsprechern. Er verlas eine Erklärung Hitlers, in der dieser die Gründe für seinen Angriff auf Rußland darlegte.
Diese Erklärung endete mit dem Satz: »Ich habe mich heute entschlossen, das Schicksal des Deutschen Reiches und unseres Volkes wieder in die Hände unserer Soldaten zu legen.« Im gleichen Moment, als Goebbels sprach, verließ der deutsche Botschafter von der Schulenburg den Kreml. Die Kriegserklärung war eine Stunde nach Eröffnung der Feindseligkeiten erfolgt. Molotow war völlig konsterniert. Der ganze Vormittag verging, ehe das riesige russische Reich mit Ausnahme der bombardierten Städte wußte, daß es von der bis dahin gewaltigsten Kriegsmaschine der Geschichte angegriffen worden war. Endlich, um 12 Uhr 15, sprach Molotow. Er teilte den Angriff mit, die Verletzung der Grenzen, die Bombardierung von Schitomir, Kaunas, Kiew und Sewastopol, wobei bereits 200 Menschen getötet oder verwundet worden seien. Er erinnerte an die Niederlage Napoleons im Jahre 1812 und rief das russische Volk zu den Waffen. Der Ton seiner Rede war angsterfüllt, und seine Erklärung rief im ganzen Lande Bestürzung hervor. Viele Frauen weinten. Zu kriegerischen Kundgebungen kam es nirgends.
Am Abend desselben Tages sprach Churchill. Man hatte ihn um vier Uhr morgens geweckt, um ihm den deutschen Einmarsch in Rußland mitzuteilen. »Ich habe doch ausdrücklich gesagt, daß man mich nicht wecken soll, außer im Falle einer Invasion Englands«, antwortete er wütend und legte sich aufs andere Ohr. Dann bereitete er seine Rede vor, die er um 21 Uhr halten sollte. Niemals hatte Churchill besser gesprochen. Die Beschimpfungen, die er gegen Hitler losließ, und die bewegenden Worte des Mitgefühls für das russische Volk waren eine rhetorische Meisterleistung. Er erinnerte daran, daß er stets ein unversöhnlicher Feind des Kommunismus gewesen sei, daß er nichts davon zurücknähme, was er gesagt oder geschrieben habe, aber daß das alles nicht mehr zähle beim Anblick der ›brutalen Massen dieser hunnischen Soldateska‹ Hitlers, die ›wie ein Heuschreckenschwarm das Land überkriecht‹. England werde Rußland mit allen Kräften unterstützen und sich dadurch selber helfen. »Hitler versucht, Rußlands Macht zu zerbrechen, weil er hofft, daß er nachher in der Lage sein wird, das Gros seiner Armee und seiner Luftwaffe aus dem Osten zurückzubringen und gegen diese Insel zu werfen, die er – wie er weiß – erobern muß,

will er nicht die Strafe für seine Verbrechen erleiden. Diese Invasion ist nichts anderes als ein Auftakt zur Invasion der Britischen Inseln.«

Dieser Auffassung war die ganze Welt. Der amerikanische Kriegsminister Henry Lewis Stimson überreichte Roosevelt ein Memorandum, in dem er ausführte, daß Deutschland schätzungsweise für den Zeitraum von ein bis drei Monaten ausschließlich von der Niederwerfung Rußlands in Anspruch genommen sein werde. Das bedeute für die Westmächte eine wertvolle Atempause, die, wie Stimson sagte, dazu benutzt werden müsse, die amerikanische Tätigkeit im Atlantik zu verstärken. Die Öffentlichkeit reagierte auf den Angriff gegen Rußland eher mit Sarkasmus als mit Entrüstung. Das sei nichts anderes als der Streit zwischen zwei Gaunern, hieß es, und Stalin müsse dafür, daß er mit Hitler paktiert habe, jetzt eben bezahlen.

Als vierter sprach Roosevelt über den Rundfunk. Er verurteilte die Hitlersche Aggression mit einem gewaltigen Aufwand an Attributen, wie ›verräterisch, ehrlos, mörderisch, brutal‹ usw., achtete jedoch sorgsam darauf, zwischen Kommunismus und Nationalsozialismus keine allzu feinen Unterschiede zu machen. Die einzigen, die sofort zugunsten Rußlands umschwenkten, waren die Kommunisten.

In Harlem mußten die Teilnehmer an einem Treffen der ›Fighters for Freedom‹ zwischen Reihen von Polizisten durchgehen, ehe sie die Interventionisten als Spielzeug des britischen Imperialismus und als Knechte von Wall Street bezeichnen durften. Als die Versammlung geschlossen wurde, war von der Polizei nichts mehr zu sehen. Der Angriff gegen die UdSSR war in der Zwischenzeit in ganz Amerika bekanntgeworden, und wie überall forderte die Kommunistische Partei nun den unerbittlichen Kampf gegen Hitlerdeutschland.

In Rom überbrachte um 3 Uhr morgens der deutsche Vertreter, Fürst Bismarck, dem italienischen Außenminister ein langes Schreiben Hitlers. Mussolini befand sich in Riccione und wurde von Ciano telefonisch vom Inhalt des Briefs verständigt. Auf diese Weise erfuhr der Duce eine Viertelstunde vor Eröffnung der Feindseligkeiten von der Absicht Hitlers, in Rußland einzumarschieren. Der unberechenbare Mussolini fand sich wortlos damit ab, daß er wieder einmal von Hitler – worüber er sich oft entrüstet hatte – vor vollendete Tatsachen gestellt wurde. Er gab den Befehl, umgehend Rußland den Krieg zu erklären und der Wehrmacht ein italienisches Armeekorps anzubieten. Ciano berief den sowjetischen Gesandten zu sich, der am Badestrand gesucht werden mußte, wo er den Sonntag mit seinem Personal verbrachte. Der Russe nahm die Kriegserklärung entgegen, schüttelte dem Minister die Hand und verließ ihn so ungerührt, als hätte er soeben eine Einladung zum Diner erhalten.

Der Krieg hatte neue Dimensionen angenommen. Die Würfel waren gefallen.

Die Kräfteverteilung der russischen Armee

Über die genaue Aufstellung der sowjetischen Streitkräfte zu Beginn der Feindseligkeiten sind wir aus russischer Quelle nur unzulänglich unterrichtet. Zwar wurden in Moskau umfangreiche historische Arbeiten über den Krieg veröffentlicht, von denen die sechsbändige ›Geschichte des Großen Vaterländischen Krieges der Sowjetunion‹ des Instituts für Marxismus-Leninismus, die ›Geschichte des Zweiten Weltkrieges‹, verfaßt von mehreren Offizieren und herausgegeben von Generalleutnant S. Platonow, und schließlich das große Handbuch von B. S. Telpuchowski, ›Die sowjetische Geschichte des Großen Vaterländischen Krieges‹, an erster Stelle zu erwähnen sind. Diese Werke enthalten jedoch nur zu einem geringen Teil strategische, taktische oder technische Studien. Sie sind überladen mit langatmigen Darstellungen der pazifistischen Haltung der UdSSR, des heroischen Kampfes ihres Volkes, der führenden Rolle der Kommunistischen Partei, der bestialischen Scheußlichkeiten des Angreifers und der Falschheit der Westmächte, die ständig mit Hitler zusammengearbeitet hätten, um den Untergang des proletarischen Staates zu erreichen.

Noch heute liegt der Schleier des Geheimnisses über einem Krieg, der schon ein Vierteljahrhundert vorüber ist und dessen Formen bereits ebenso der Vergangenheit angehören wie die des Siebenjährigen Krieges. Insbesondere über die Vorgänge auf russischer Seite während der ersten sechs Monate wissen wir nur wenig. Solange Stalin lebte, war es selbstverständlich, daß er ein geniales Manöver durchgeführt und daß sich alles nach seinen Plänen abgespielt hatte. Heute sieht man die Dinge anders. Tepulchowski zählt beispielsweise unbarmherzig alle Fehler des Diktators auf, den er bis 1954 für unfehlbar gehalten hatte. So beispielsweise die fehlerhafte Einschätzung der Pläne Hitlers, die mangelhaften Vorbereitungen auf einen militärischen Konflikt, die verspätete Ankurbelung der Rüstungsindustrie, Organisationsfehler, die 1937 die Abschaffung der Panzerkorps zur Folge hatten, und schließlich die fehlerhafte Truppenverteilung, welche die feindliche Invasion erleichterte. Tepulchowski dementiert auch, daß, wie im Jahre 1812, ein systematischer Rückzugsplan bestanden habe, und gibt zu, daß wichtige Teile des Landes nur infolge mangelhafter Verteidigungsbereitschaft verlorengegangen seien. Genaue Berichte über die militärischen Operationen jedoch sowie eine detaillierte Aufstellung der schweren Verluste zu Beginn des Feldzugs fehlen noch weitgehend.

Am 22. Juni wurde die Rote Armee zu 80 Prozent mobilisiert. Doch wurde sie bei weitem nicht in dieser Stärke in den zu erwartenden Kampfgebieten an der Westgrenze aufgestellt; auch sah ihr Aufmarschplan keine offensiven Operationen vor. Die sowjetischen Streitkräfte waren in fünf ›Fronten‹ aufgeteilt, wobei eine ›Front‹ etwa der deutschen ›Heeresgruppe‹ entsprach. Die Nordfront (General M. M. Popow) bestand aus der 7., 14. und 23. Armee, die Nordwestfront (General F. I. Kusnezow) aus der 8., 11. und 27. Armee, die Westfront (General D. G. Pawlow) aus der 3., 10. und 4. Armee sowie einem Kavalleriekorps und vier motorisierten Korps, die Südwestfront (General H. P. Kirponos) aus der 5., 6., 26. und 12. Armee, die Südfront (General I. P. Tilulenjew) aus der 9. Armee, dem II. Kavalleriekorps und dem II. motorisierten Korps. Viele Einheiten befanden sich in weit von der Grenze entfernten Garnisonen und lebten weiter, als ob tiefster Frieden herrsche.

Düna, Bug, Dnjepr

Da sie die deutschen Absichten hinsichtlich der Ukraine kannten, hatten die Russen dort die meisten Truppen versammelt, nämlich fast die Hälfte der Infanteriedivisionen und mehr als die Hälfte der Panzereinheiten. Die deutsche Heeresgruppe Süd unter Rundstedt mußte gegen einen an Truppenstärke und Material überlegenen Gegner antreten.

Die Überrumpelung des Gegners schien Rundstedt zunächst zu gelingen. Die Panzergruppe Kleist in der Mitte, zogen sich die 6. und 17. Armee in der Dunkelheit am westlichen Ufer des Bug und des San zusammen. Sie fielen buchstäblich über Schläfer her, nahmen die unzerstörten Brücken und überschritten die Flüsse, ohne einen einzigen Mann zu verlieren. Die russische Reaktion erfolgte indes so schnell, daß die deutschen Truppen eine unangenehme Überraschung erlebten. Vom Abend des Zweiundzwanzigsten an mußten die Armeen Reichenau und Stülpnagel heftige Gegenangriffe der Russen abschlagen. Und vom 23. Juni an sahen sich die Panzerkommandeure der Gruppe Kleist einem neuen sowjetischen Kampfwagen gegenüber, dem hervorragend konstruierten und stark bewaffneten T 34, gegen den die deutsche 37-mm-Pak fast nur durch gezielte Treffer auf die Raupen etwas ausrichten konnte. Der deutsche Plan war, über die Straße nach Schitomir mit dem III. und XIV. motorisierten Armeekorps sowie dem XXXXVIII. Panzerkorps auf Kiew vorzustoßen. Der erbitterte russische Widerstand gestattete jedoch einen so raschen Durchbruch nicht. Der Kampf nahm die Formen eines Frontalangriffs an.

Das Schlachtfeld war eine leicht gewellte Ebene, bedeckt mit Getreide-, Mais- und Sonnenblumenfeldern. Die kleinen, ehemals polnischen Städte Rowno, Dubno, Tarnopol, Luck und Kowel, die seit September 1939 zur UdSSR gehörten, waren recht armselige Ortschaften. Die Dörfer bestanden aus Holzhäusern, die von hohen Sonnenblumen umgeben waren. Die Bauern begrüßten die Deutschen als Befreier und baten um die Erlaubnis, die Kirche wieder öffnen und Messen abhalten zu dürfen.

Die Hitze war entsetzlich. Die deutschen Soldaten besaßen kein Drillichzeug und schwitzten in ihren grauen Zellwolluniformen. Jeden Nachmittag verdüsterte sich der

Himmel, Sturm kam auf und wirbelte Wolken von Staub in die Höhe. Dann brach das Gewitter los, und gewaltige Regenmassen stürzten auf die Ebene nieder, die in wenigen Augenblicken von einer Schlammschicht bedeckt war. Die Fahrzeuge, in erster Linie die in Frankreich erbeuteten Personen- und Lieferwagen, waren für ordentliche Straßen, höchstens aber für Feldwege gebaut. An den russischen Bodenverhältnissen aber mußten sie scheitern. Dabei stand man praktisch erst im Vorzimmer von Rußland. Die Deutschen drangen unter größten Schwierigkeiten vor. Die 6. Armee warf den Feind längs der Pripjetsümpfe zurück. Die Panzergruppe 1 breitete sich an der Styr-Linie aus. Lemberg, das nur 50 Kilometer vor der Ausgangslinie lag, wurde erst am 30. Juni durch die 17. Armee genommen, die dort an verschiedenen Hinrichtungsstätten eine große Zahl von Leichen vorfand. Darunter befanden sich mehrere hundert erschossene ukrainische Nationalisten, welche nach Ansicht der Russen bereit gewesen wären, mit dem Feind zu kollaborieren. Darauf hatte Hitler nur gewartet. Jetzt konnte er beweisen, daß der Kampf gegen den Bolschewismus nicht auf ritterliche Weise zu führen war. Hier fand man auch die ersten Leichen deutscher Soldaten, die grausam zugerichtet waren. Der Krieg in Rußland hatte begonnen.
Am 2. Juli weitete sich die Front aus. Die 11. deutsche Armee (Schobert) und zwei rumänische Armeen griffen im Süden der Karpaten an, überschritten den Pruth und eroberten Bessarabien. Rundstedt nahm den Russen, was Ribbentrop ihnen zwanzig Monate zuvor gegeben hatte, aber ein weiterer Durchbruch gelang ihm nicht.
Am Nordflügel der Front betrug die Dichte der russischen Streitkräfte, welche den Weg nach Leningrad sperrten, nur ein Drittel der Truppendichte des Südflügels. Leeb griff auf die gleiche Weise wie Rundstedt an, nämlich mit der 18. Armee (Küchler) im Norden, der 16. Armee (Busch) im Süden, welche die Panzergruppe 4 (Hoepner) flankierten. Der Angriff gelang bedeutend besser als in der Ukraine. Einer dieser schnellen Verbände, das LVI. motorisierte Armeekorps, wurde von Manstein befehligt. Er fuhr mitten in den Feind hinein, erreichte am Zweiundzwanzigsten das tief eingeschnittene Tal der Dubissa, nahm im Überraschungsangriff den Eisenbahnviadukt, der über sie hinwegführt, und rollte weiter auf Dünaburg zu. In vier Tagen legte er 200 Kilometer zurück. Auch die großen Brücken über die Düna konnte er nehmen, bevor die Russen daran dachten, sie zu sprengen. Das Wort vom ›Blitzkrieg‹ war noch nicht zu leeren Phrase geworden!
Und trotzdem, dieser großartige Vorstoß Mansteins zeigte die schwache Struktur der deutschen Armee. Das LVI. motorisierte Armeekorps besaß nur eine einzige Panzerdivision, die 8., die lediglich aus drei Panzerbataillonen bestand. Die 3. motorisierte Division vermochte zwar mit den Panzern Schritt zu halten, aber die dritte Division des Armeekorps, die 290., eine gewöhnliche Infanterieeinheit, blieb zurück. Das andere Korps der Panzergruppe 4, das XXXXI. motorisierte Armeekorps, marschierte über Jakobstadt auf die Düna zu, doch der Kommandierende General, Reinhardt,

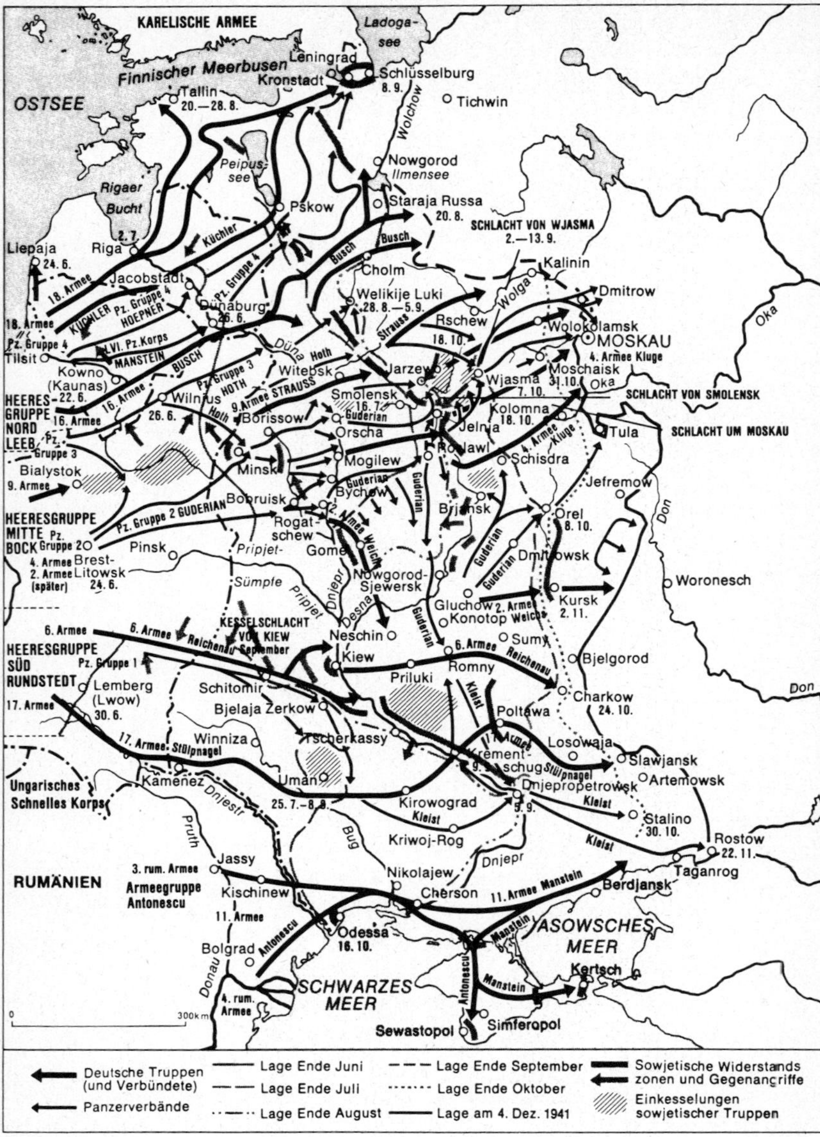

Karte 18 Beginn des Rußlandfeldzugs (Juni bis Dezember 1941)

Bisher unveröffentlichte Wochenschauaufnahmen Hitlers bei der Reichstagsrede am 4. Mai 1941, die er mit den Worten schloß: ›Der nationalsozialistische Volksstaat steht wie ein Denkmal sozialer Gerechtigkeit und klarer Vernunft. Er wird nicht nur diesen Krieg überdauern, sondern das kommende Jahrtausend.‹ Fast auf den Tag genau vier Jahre später war dieser Staat ein gigantischer Trümmerhaufen.

Dr. Joseph Goebbels, Gauleiter der Reichshauptstadt, Reichsminister für Volksaufklärung und Propaganda, Reichsverteidigungskommissar: ›Was uns betrifft, so haben wir die Brücken hinter uns abgebrochen... Wir sind zum Letzten gezwungen und darum zum Letzten entschlossen... Wir werden als die größten Staatsmänner in die Geschichte eingehen oder als ihre größten Verbrecher.‹ (Aus ›Das Reich‹, 14. November 1943.)

entweder weniger kühn oder nicht so vom Glück begünstigt wie Manstein, kam nicht so rasch vorwärts. Drei Tage lang blieb Manstein an der Spitze. Über 100 Kilometer vor dem Gros der Heeresgruppe mußte er einen undankbaren Verteidigungskampf führen, um sich bei Dünaburg halten zu können.

Am Neunundzwanzigsten war die Krise überwunden. Die gesamte Heeresgruppe stand an der Düna. Die 16. Armee hatte die Gegend von Kowno gesäubert, die 18. nahm Riga ein. Nachdem der Fluß überschritten war, ging es rasch vorwärts, und am 10. Juli wurde der Peipussee erreicht. Zwei Jahre zuvor noch hatte sich bis hierher die unabhängige Estnische Republik erstreckt. In 18 Tagen hatte Leeb zwei Drittel des Weges nach Leningrad zurückgelegt, 20 feindliche Divisionen waren aufgerieben oder verbraucht worden. Den Deutschen war jedoch keine bedeutende Einkesselungsoperation gelungen, und hinter den Befestigungen der ehemaligen Grenze verhinderten starke russische Kräfte die Einnahme Leningrads durch einen deutschen Handstreich.

Die Flügeloffensiven Rundstedts und Leebs waren zweitrangige Kampfhandlungen. Die wichtigsten Operationen waren der Heeresgruppe Mitte unter Bock vorbehalten. Bock gegenüber lagen 38 Infanteriedivisionen, 8 Kavalleriedivisionen und 14 motorisierte Brigaden. Das waren stärkere Kräfte als im Norden, aber schwächere als in der Ukraine. Es war der einzige Abschnitt, an dem die Deutschen mit überlegenen Kräften antraten. Fünf der insgesamt zehn Panzerkorps der Wehrmacht waren hier eingesetzt.

Am Bug begann der Angriff recht zügig. Nachdem in der Nacht vom 20. auf den 21. Juni der letzte sowjetische Getreidezug Brest-Litowsk Richtung Deutschland verlassen hatte, herrschte wieder vollkommene Ruhe. 3 Uhr 15, im gleichen Augenblick, als die deutschen Batterien zu feuern begannen, stürmte Oberleutnant Zumpe mit der 3. Kompanie des 135. Infanterieregiments über die Brücke. Die Brücke ging nicht hoch, und aus dem Schilderhaus des russischen Postens fiel ein einziger Schuß, der niemanden verletzte. Innerhalb weniger Minuten hatte die Wehrmacht einen der breitesten Ströme Europas überschritten.

Nördlich von Brest-Litowsk verschwanden 18 Unterwasserpanzer der 18. Panzerdivision unter dem Kommando des Grafen Strachwitz in den Fluten, tauchten nach einer Weile am Ostufer wieder auf, warfen ihre wasserdichten Hüllen ab und rollten in breiter Formation über die Ebene. Hinter ihnen begannen Pioniere mit dem Bau von Pontonbrücken, während Teile der Infanterie bereits in Sturmbooten übersetzten. Das 135. Infanterieregiment versuchte die alte Zitadelle von Brest im Überraschungsangriff zu nehmen. Der Versuch mißlang. Auf einer der drei zu der Festung gehörenden Bug-Inseln hielten sich die Russen bis zum 30. Juni trotz des Feuers der schweren deutschen Artillerie und wiederholter Stukaangriffe. Erst nach zwei Wochen erfuhr das russische Volk von diesem Beispiel tapferen Widerstands. Stalin hatte die Bekannt-

gabe dieser Episode zunächst untersagt, weil sich die letzten Verteidiger ergaben, als ihnen Lebensmittel und Munition ausgegangen waren.
Zu beiden Seiten des Widerstandsnestes überschritt die starke Panzergruppe Guderian mit 15 Divisionen, darunter 5 Panzerdivisionen mit 930 Panzern, den Bug und die Lesna. Im Norden war es das XXXXVII. Panzerkorps unter General Lemelsen, im Zentrum das XII. Armeekorps unter General Schroth und im Süden das XXIV. Panzerkorps unter General Geyr von Schweppenburg. Die Reserve bildete das XXXXVI. Panzerkorps unter General Vietinghoff. In einer riesigen Staubwolke rollte diese 100 Kilometer breite Formation über Slonim und Baranowitschi nach Osten. Die 4. Armee, das IV., VII., XIII. und XXXXIII. Korps folgten. Guderian war wütend, weil er Generalfeldmarschall von Kluge unterstellt worden war.
Die Panzergruppe 3 unter Generaloberst Hoth war vor Beginn des Angriffs an der Grenze zwischen Ostpreußen und Litauen aufmarschiert. Hoth war verärgert, weil er den Oberbefehlshaber der 9. Armee, Generaloberst Strauß, zum Vorgesetzten erhalten hatte. Dem Kommando Hoths unterstanden das XXXIX. Panzerkorps des Generals Rudolf Schmidt, das LVII. Panzerkorps des Generals Kuntzen sowie das V. und VI. Armeekorps. Das waren insgesamt 250000 Mann und 840 Panzer. Obwohl sein Ausgangspunkt 50 Kilometer vor der Memel lag, hatte er bereits am Nachmittag des 22. Juni mehrere Memelbrücken unzerstört in der Hand. Am nächsten Tag begannen dann die Schwierigkeiten in den Treibsandgebieten östlich des Stroms, die, wie Hoth schreibt, noch nie ein Automobil gesehen hatten. Der Vormarsch ging trotzdem zügig weiter. Am Fünfundzwanzigsten standen die Eroberer in Molodetschno, von wo aus Napoleon auf dem Rückzug aus Rußland seinem Volk im 29. Kriegsbericht gnädig mitteilte, daß er niemals so gesund wie zum gegenwärtigen Zeitpunkt gewesen sei und im übrigen 600000 Mann verloren habe. Am nächsten Tag schlich sich die 20. Panzerdivision durch die Bunkerreihen der Stalinlinie und erreichte Minsk, die Hauptstadt der Weißrussischen Sowjetrepublik. Weiter östlich hatte die 7. Panzerdivision die ›Rollbahn‹ von Borissow nach Moskau an der Beresina überschritten. Hoth hatte die 3., die 4. und die 10. russische Armee, die beiderseits der Memel in der Gegend von Lida bis Nowogrudok lagen, bereits 200 Kilometer hinter sich zurückgelassen. Guderian kam von Baranowitschi her auf ihn zu. Dabei überließ er der 4. und 9. Armee die Schließung des Kessels, der durch die Panzer geschaffen worden war.
Zwei große Flüsse, die Düna im Norden und der Dnjepr im Süden, bilden von der Ostsee bis zum Schwarzen Meer eine Wasserstraße, die nur durch einen 60 Kilometer breiten Streifen Land, den weißrussischen Landrücken zwischen Witebsk und Orscha, unterbrochen ist. Dieses Tor ins Innere Rußlands sollte als nächstes eingedrückt werden. Anschließend wollte Hoth die russischen Nordarmeen zwischen seiner Panzergruppe und jener des Generals Hoepner umfassen, um dann nach Moskau abzu-

schwenken und die Verbindung mit Guderian, der von Smolensk herbeistieß, herzustellen. Doch die Verwirklichung dieser Pläne schien den Infanteriegeneralen im Oberbefehl der Heeresgruppe verfrüht. Hoth und Guderian wurden durch die Heeresgruppe aufgefordert, der Infanterie nicht übertrieben weit vorauszueilen, sondern ihre Kämpfe zu unterstützen. Hoth schickte einen Offizier nach Angerburg, der versuchen sollte, das OKH umzustimmen, aber Brauchitsch und Halder hatten noch beschränktere Auffassungen als Bock. Sie bestanden darauf, daß die Panzergruppen lediglich den äußeren Ring bilden sollten, innerhalb dessen die eingeschlossenen sowjetischen Armeen durch die Infanterie aufgerieben würden.
Dieser Auftrag war am 1. Juli bei Baranowitschi, Lida und Nowogrudok und einige Tage später auch im Süden von Minsk ausgeführt. Der russische Widerstand war unterschiedlich stark gewesen. Manche Einheiten hatten sich geradezu begeistert ergeben und den Deutschen sogar die Erschießung der Politkommissare erspart, einige waren in den Wäldern verschwunden, andere dagegen hatten heftigen Widerstand geleistet.
Am 11. Juli meldete der Wehrmachtsbericht des OKW das Ende der Doppelschlacht und die Gefangennahme von 323 898 feindlichen Soldaten, die Erbeutung beziehungsweise Zerstörung von 1809 Geschützen und 3332 Panzern. Das war ein glänzender Erfolg, der einen gewissen Ausgleich bildete für das langsame Vordringen in der Ukraine. Von den 188 sowjetischen Divisionen und Brigaden, die am 22. Juni an der ganzen Front gezählt wurden, waren 89 vollkommen oder teilweise aufgerieben. Halder schrieb in sein Tagebuch, das strategische Ziel der ersten Operationsphase, die Vernichtung sowjetischer Streitkräfte westlich der Düna und des Dnjepr, sei erreicht. Allerdings notierte er gleichzeitig: ›Die Weite des Raumes und die Hartnäckigkeit des mit allen Mitteln geführten Widerstandes werden uns noch viele Wochen beanspruchen.‹

Stalin spricht

Zwölf Tage lang hörte das russische Volk kein Wort von Stalin. Im Ausland liefen die wildesten Gerüchte um. Einmal hieß es, er sei erschossen worden, ein andermal, er sei in die Türkei, in den Iran oder nach China geflüchtet. Derartige Vermutungen lagen nahe: Mußte Stalin jetzt nicht für sein Bündnis mit Hitler büßen, für seine mangelnde Voraussicht, welche die Überrumpelung der Roten Armee und des ganzen Volkes verschuldet hatte? Mußte er nicht jetzt zumindest seine hohe Stellung verlieren?
Diese zwölf Tage im Leben des Diktators liegen heute noch weitgehend im dunkeln. Die schöne Legende, nach der Josef Stalin das Vaterland der Werktätigen gerettet

habe, indem er vom ersten Tag an die Leitung der Operationen an sich genommen habe, wurde durch Nikita Chruschtschow am 25. Februar 1956 auf dem XX. Parteitag der KPDSU brutal zerstört. Nichts habe Stalin vorausgesehen, sondern vielmehr alle Warnungen in den Wind geschlagen. Er habe keinesfalls dem russischen Volk Mut zugesprochen, sondern sich selbst der Verzweiflung überlassen. Erst nachdem ihn eine Anzahl von Mitgliedern des Politbüros aufgesucht hatte, habe er sich aufgerafft und die Leitung von Staat und Armee wieder in die Hand genommen. Was während dieser Tage in und um Stalin vorging, ist bis heute noch nicht geklärt.

Am 3. Juli brach Stalin sein Schweigen. Um 6 Uhr 30 – Radio Moskau sendete gerade die Frühnachrichten – tönte plötzlich die tiefe Stimme mit dem georgischen Akzent aus den Lautsprechern. Stalin begann damit, daß er seinen Pakt mit Hitler rechtfertigte. Er versicherte, dieser Pakt habe der Sowjetunion die unbedingt notwendige Ruhepause verschafft. Dann gab er Anweisungen für den Kampf gegen den Eindringling. Wieder einmal sollte Rußland seine Erde verbrennen und mit einem Volksaufstand sich der technischen Überlegenheit des Westens widersetzen:

»Kein einziger Waggon, keine einzige Lokomotive, kein Kilo Getreide und kein Liter Brennstoff dürfen in die Hand des Feindes fallen. In den besetzten Gebieten müssen sich Partisanengruppen zu Fuß und zu Pferd organisieren, um einen Zermürbungskrieg zu führen, Brücken und Straßen zu sprengen, Lager, Häuser und Wälder in Brand zu setzen. Der Feind muß gehetzt werden bis zu seiner Vernichtung.«

Die Gefahr einer Panik war jetzt gebannt. Das Oberkommando, das für viele Fehler verantwortlich war, befand sich wieder in fester Hand. Zahlreiche Generale wurden für ihre Niederlagen schwer bestraft; eine Reihe von Truppenführern erschoß man, anderen wurde der Selbstmord befohlen. Das Oberkommando der den drei deutschen Heeresgruppen gegenüberliegenden drei sowjetischen ›Abschnitte‹ wurde in den nächsten Wochen mit drei zuverlässigen Marschällen neu besetzt: Woroschilow übernahm den Oberbefehl im Norden, Timoschenko im Mittelabschnitt und Budjennyj im Süden.

Woroschilow war ein ehemaliger Metallarbeiter, dessen bedeutendste Waffentat die Unterdrückung der Meuterei der Matrosen von Kronstadt im Jahre 1920 gewesen war. Budjennyj war ein ehemaliger Dragonerunteroffizier, der die Rote Reiterarmee während des Bürgerkriegs befehligt hatte – ein wilder, unkultivierter und äußerst vitaler Kerl mit einem gewaltigen Schnurrbart. Der überaus strenge und ernste Timoschenko besaß alle Gaben eines Feldherrn. Während des finnisch-sowjetischen Winterkriegs hatte er die entscheidende Wende herbeigeführt. Ihm vertraute man jetzt den Abschnitt an, der unter den Stößen des deutschen Rammbocks nachgegeben hatte – und damit den Schutz der Hauptstadt.

Zwölf Tage nachdem Stalin sein geheimnisvolles Schweigen gebrochen hatte, ernannte er sich selbst zum Verteidigungskommissar. Und ein wenig später, am 7.

August, wurde er Oberkommandierender der Sowjetarmee. Chef des Stabes war Boris Schaposchnikow, der seine Offizierslaufbahn noch unter dem Zaren begonnen hatte und 1917 schon Oberst war. Es ist unmöglich, sich ein genaues Bild von der Struktur und der Arbeit des sowjetischen Oberbefehls zu machen, also auch nicht von der Größe der Verantwortung und dem Verdienst der einzelnen Generale und Marschälle im Generalstab der Sowjetarmee.

Erste Widerstände

Am 5. Juli trat die Heeresgruppe Süd zum Sturm auf die Stalinlinie an. Diese bestand aus einer Reihe von Betonbunkern, die durch Feldbefestigungen unterstützt wurden. Dabei zeigte sich, mit welcher traditionellen Geschicklichkeit die russischen Infanteristen das Terrain zu benützen verstanden. ›Wir Städter‹, schrieb ein deutscher Kriegsteilnehmer, ›lieben es gar nicht, uns der Schaufel zu bedienen, während die Russen sich gar nicht von ihr trennen können und wesentlich geschickter als wir mit ihr umzugehen wissen. Ein russisches Schützenloch ist gerade so breit wie die Schultern, und aus zehn Meter Entfernung kann man den Schützen kaum noch sehen.‹

Die deutschen Infanterie- und Panzereinheiten kamen hier nur langsam vorwärts. Zehn Tage brauchten die Panzergruppe 1 und die 6. Armee, um sich durch die Befestigungszone zu kämpfen und Schitomir zu erobern. Weiter im Süden erreichte die 17. Armee bei Winniza den ukrainischen Bug. Rundstedt war es leid, sich Schritt für Schritt vorkämpfen zu müssen. Er gab den Frontalvorstoß gegen Kiew auf und schwenkte nach Südosten in der Absicht, große Teile der feindlichen Truppen zwischen seiner Heeresgruppe und den deutsch-ungarisch-slowakisch-rumänischen Streitkräften, die vom Dnjestr her vorstießen, einzuschließen.

Marschall Budjennyj versuchte durch einen Gegenangriff in die Flanke der deutschen Kolonnen dieses Manöver zu verhindern, aber die großen Panzereinheiten, die er zur Verfügung hatte, waren weniger leicht zu dirigieren als seine Kavalleriedivisionen im Bürgerkrieg. Die russischen Angriffe scheiterten, und am 2. August war die Zange um die kleine Stadt Uman geschlossen. Vom 2. bis 8. August vernichteten Rundstedts Armeen die 6. und 12. sowjetische Armee. Die Deutschen nahmen 103 000 Mann gefangen und erbeuteten 858 Kanonen sowie 317 Panzer. Die beiden russischen Armeeoberbefehlshaber, die Generale Musytschenko und Ponedelin, waren unter den Gefangenen.

Durch den Sieg bei Uman wurde der russische Widerstand in der Westukraine gebrochen. Die 4. rumänische Armee schloß Odessa ein, die 11. deutsche marschierte auf die Dnjeprmündung zu, während die 6. und 17. Armee den großen Dnjeprbogen

eroberten. Die deutschen Soldaten marschierten bei Nacht, während der brütenden Mittagshitze schliefen sie im Getreide. Der majestätische Flußlauf des Dnjepr beeindruckte sie. Der breite Strom fließt langsam zwischen einer Unzahl bewaldeter Inseln dahin, und von den Steilufern der rechten Flußseite sah man in die unendliche Ebene jenseits des Dnjepr, die sich im Mittagsdunst verlor. Wie im ehemaligen Polen wurden die Deutschen auch hier als Befreier begrüßt. Bauern brachten ihnen Brot und Salz. Die ersten großen wirtschaftlichen Eroberungen fielen nun in deutsche Hände: Getreidefelder, die Baumwollfelder von Cherson, die Manganerzgruben von Nikopol und der Eisenerzbergbau bei Kriwoj-Rog. Dagegen war das eigentliche Ziel der Offensive, Kiew, noch nicht erreicht. Ein Überraschungsangriff scheiterte. Die große, rings von Hügeln umgebene Stadt war ein mächtiger russischer Brückenkopf auf dem Westufer des Dnjepr.
Eisen- und Manganerz im Süden, Nickel im äußersten Norden ... Am 22. Juli hatte das XIX. Gebirgsjägerkorps unter General Dietl die finnisch-norwegische Grenze, den reißenden Paatsjoki in der Nähe des Nordkaps, erreicht und besetzte die dort liegenden Bergwerke.
In diesen hohen Breitengraden gab es zahlreiche wirtschaftliche und strategische Objekte. Hitler hatte es insbesondere auf die an Bodenschätzen reiche russische Halbinsel Kola abgesehen. Murmansk war der einzige das ganze Jahr über eisfreie Hafen des nördlichen Rußlands und damit von größter Bedeutung für das Verladen von Hilfslieferungen verbündeter Mächte an die Sowjetunion. Hitler hätte die Einnahme von Murmansk wahrscheinlich noch für wesentlich dringlicher gehalten, wenn er nicht davon ausgegangen wäre, daß der Krieg in Rußland unter allen Umständen vor Wintersanfang zu Ende sein werde.
Dietl versuchte es. Am 29. Juni drangen seine Gebirgsjäger in die Tundra vor, wo sie knietief in den Morast einsanken und Wolken von Stechmücken hochjagten. Sie überschritten die ehemalige russisch-finnische Grenze und erreichten den kleinen Fluß Liza, der noch zugefroren zwischen den Zwergweiden lag. Weiter kamen sie nicht. Die Tundra schützte Murmansk besser, als es Beton vermocht hätte.
England beschloß, die Sowjetunion zu unterstützen. Stalin, der dem deutschen Bombenhagel auf London ungerührt zugesehen hatte, verlangte jetzt energisch, als handle es sich um eine Verpflichtung der Westmächte, eine zweite Front auf dem europäischen Kontinent. Die konnte ihm Churchill nicht schaffen, dafür aber pries er in Worten den heldenhaften Widerstand der Russen und versprach der Roten Armee 3 Millionen Paar Stiefel. Trotz aller Einwände der Admiralität beschloß er schließlich doch, in der Arktis die beiden Flugzeugträger *Victorious* und *Furious* sowie zwei Kreuzer und sechs Zerstörer einzusetzen. Unter dem Oberbefehl von Wake-Walker wurden Kirkenes und Petsamo bombardiert. Die Stukas waren anderweitig eingesetzt, so daß die Schiffe nicht beschädigt wurden; ein Drittel der englischen Flugzeuge ging jedoch

verloren. Der psychologische Erfolg dieses Unternehmens war so unbedeutend wie der militärische; denn die Geste der Engländer ließ die Russen fast vollkommen gleichgültig.
Da die Deutschen Murmansk nicht nehmen konnten, wollten sie die Hafenstadt isolieren und die Eisenbahnlinie unterbrechen. Das XXXVI. Armeekorps marschierte durch schauerliche Sümpfe bis 30 Kilometer vor Kandalakscha, die Hauptstadt Sowjetisch-Kareliens. Dort aber blieb die Truppe erschöpft liegen.

Vor Leningrad. Die Operationen der Heeresgruppe Nord

Große strategische und symbolische Bedeutung maß Hitler einer Eroberung Leningrads bei. Die Finnen standen, nachdem sie am 28. Juni die Grenze von 1939 überschritten und Teile des ehemals finnischen Territoriums wiederbesetzt hatten, 100 Kilometer vor Leningrad. Hitler wollte jedoch die Einnahme Leningrads nicht einer fremden Streitmacht verdanken, und Marschall Mannerheim hatte die Feindseligkeiten seinerseits auch nur widerstrebend eröffnet. Von der charakteristischen patriotischen Begeisterung, welche die Finnen während des Winterkriegs gezeigt hatten, war jetzt nichts mehr zu spüren. Juli und August vergingen, ehe sie Wiborg wiedererobert und die Swirlinie zwischen Ladoga- und Onegasee erreicht hatten.
Der Kampf um Leningrad spielte sich südlich der Stadt ab. Die von den Gletschern der Eiszeit geformte Landschaft ist dort waldreich, feucht und düster. Der langgestreckte, nicht sehr tiefe Peipussee ist mit dem Finnischen Meerbusen durch die Narwa verbunden, vom Ilmensee zum Ladogasee fließt der Wolchow. Die anderen stehenden Gewässer sind flache Sumpfseen, eingebettet in eine hügelige, für Panzer ungünstige Moränenlandschaft. In einigen vergleichsweise wohlhabenden Dörfern wurde Finnisch gesprochen, was daran erinnert, daß die Gegend einmal – unter schwedischer Krone – die Provinz Ingermanland war. Sie wurde dann von den Romanows annektiert und nunmehr von den Nationalisten in Helsinki zurückverlangt. Die Mehrzahl der Bevölkerung war arm, verschlossen und feindselig gegen alles, was von außen kam. Die meisten Männer waren mit ihren Kindern weggezogen und hatten nur die alten Frauen und Männer, die um Brot bettelten, zurückgelassen. Stalins Aufruf zum Partisanenkrieg war auch bis hierher gedrungen, und die Soldaten des Generalfeldmarschalls von Leeb, die im Baltikum mit Blumen begrüßt worden waren, lernten nun die Unsicherheit des Hinterlandes, die im Hinterhalt liegenden Partisanen, den Krieg ohne Uniform kennen, auf den alle Armeen der Welt keine andere Antwort wissen als Kampf ohne Gnade.
Zu Beginn des Monats Juli hatte die Panzergruppe Hoepner die frühere lettisch-

sowjetische Grenze überschritten und die Stalinlinie durchbrochen. Hoepner wollte mit einem direkten, raschen Stoß auf das nur 180 Kilometer entfernte Leningrad vordringen, aber die Anordnungen des OKH unterbanden diese Art des Vorgehens. Leningrad sollte eingeschlossen werden. Man beabsichtigte, den Hauptstoß rechts von der Panzergruppe durch das XXXXI. Korps (Reinhardt) ausführen zu lassen, das auf der Straße von Luga gegen Leningrad marschieren sollte, während das LVI. Korps (Manstein) den Befehl erhalten hatte, nach Osten vorzudringen, den Ilmensee zu umgehen, Nowgorod einzunehmen und bei Tschudowo die Bahnlinie Moskau-Leningrad zu unterbrechen. Die beiden Infanteriearmeen hingen noch zwei Marschwochen zurück, denn die 18. hatte sich bei der Säuberung der baltischen Länder aufgehalten und die 16. mußte feindliche Ansammlungen in der Gegend von Wilna zersprengen. Das deutsche Oberkommando zögerte aber nicht, eine schwache Panzergruppe von fünf Divisionen auf einer Front von 250 Kilometern Länge fächerförmig ausschwärmen zu lassen und dabei eine offene Flanke von 300 Kilometern zu riskieren. Dies war in einem Land, das keinen raschen Krieg gestattete, in welchem man mit heftiger Gegenwehr rechnen mußte, immer noch äußerst leichtsinnig.
Die Schwierigkeiten, auf die man bei der Durchführung dieses Befehls stieß, waren ungeheuer. Auf der Straße von Luga kam Reinhardt nur Schritt für Schritt vorwärts, denn es bestand für ihn keine Möglichkeit, die Panzer wirksam einzusetzen. Hoepner nahm an, daß auf seinem linken Flügel, näher am Finnischen Meerbusen, bessere Bedingungen herrschten. Er beschloß daher, das XXXXI. Korps hinter die Front zu verlegen, wobei allerdings das Risiko bestand, daß es in den Sümpfen, durch die keine Straßen führten, steckenblieb. Strömender Regen durchnäßte die Soldaten, Pioniere mußten Knüppeldämme bauen, um die Fahrzeuge durchzuschleusen, aber diese Frontbewegung glückte trotz allem, der Feind wurde überrascht und mußte unter schweren Verlusten weichen. Die Luga, der letzte große Fluß vor Leningrad, wurde am 14. Juli überschritten. Die Russen warfen in diese Richtung das Kadettenkorps von Leningrad und die erst kürzlich ausgehobenen Leningrader Volksbrigaden. Zum erstenmal stießen die Deutschen auf tote Frauen in Uniform.
Am rechten Flügel geriet Manstein in erhebliche Schwierigkeiten. Er wurde südlich des Ilmensees von der 1. sowjetischen Armee eingeschlossen, und Radio Moskau berichtete etwas übereilt, ein deutsches Armeekorps sei in die Falle gegangen; doch Manstein brach durch, allerdings unter Verlust von Material und einigen Geheimdokumenten des Generalstabs, was seine Stellung ernsthaft gefährdete. Am 18. Juli war die Krise überwunden. Allerdings wurde der Vormarsch des LVI. motorisierten Armeekorps auf Tschudowo nicht wiederaufgenommen, da die Umgebung des Ilmensees keine Panzeroperationen gestattete.
Wertvolle Zeit ging verloren. Im Oberkommando stritt man sich herum, ob der Schwerpunkt auf der linken oder auf der rechten Seite liegen solle. Hoepner bestand

Am Sonntag, dem 22. Juni 1941, 3 Uhr 15 früh, begann das lang geplante ›Unternehmen Barbarossa‹, der Angriff auf die UdSSR, an einer mehr als tausend Kilometer langen Front von der Ostsee bis zu den Karpaten. Bei Luftangriffen auf Kiew (vorherige Seite) und andere Großstädte wurden bereits am ersten Tag über 1200 sowjetische Flugzeuge abgeschossen oder zerstört.

Rund 150 deutsche Divisionen – Panzer, Artillerie und Infanterie (linke Seite) – stoßen tief ins Land vor und nehmen Grodno am Njemen, Kobrin, 60 Kilometer östlich von Brest, und Przemysl am Fuß der Karpaten. Flammenwerfer und Straßenkämpfe markieren den Weg der deutschen Wehrmacht, die im Begriff ist, das neunte Land in Europa zu erobern.

Nach weniger als vier Wochen stehen die deutschen Truppen in Kiew (oben), das XI. sowjetische Korps wird zerschlagen. Tausende russischer Soldaten (unten), unter ihnen der Kommandierende General Marakow, gehen in deutsche Kriegsgefangenschaft.

darauf, die Offensive auf seinem linken Flügel fortzusetzen, da diese Zone fast feindfrei war. Aber die bürokratischen Methoden des Oberkommandos der Wehrmacht legten die Frontgenerale auf vorgefaßte Konzeptionen der obersten Heeresführung fest. Das OKH und das OKW befahlen: ›Schwerpunkt rechts!‹, und dieser Anweisung mußte Hoepner folgen. Das Oberkommando fand es überdies zu riskant, daß die Offensive ausschließlich durch Panzertruppen durchgeführt wurde. Also mußte gewartet werden, bis die 18. und die 16. Armee ebenfalls die Luga erreicht hatten, bevor der Vormarsch wiederaufgenommen werden konnte.
Am 8. August wurde die Offensive fortgesetzt. Hoepner griff zwischen Narwa und Luga mit den Vortruppen der 18. Armee an. Manstein sollte daran teilnehmen, unternahm einen Flankenmarsch von 200 Kilometern durch schwieriges Gelände und stand schließlich – in zweiter Linie – hinter Reinhardt. Er war gerade in seinem neuen Gefechtsstand Samro eingetroffen und hatte seinem von Staub geschwärzten Generalstab befohlen, im See zu baden, als Hoepner anrief. Eine alarmierende Situation entwickelte sich in dem Abschnitt, den das LVI. Korps eben erst verlassen hatte. Starke sowjetische Kräfte kamen von den Waldai-Höhen herunter und schlossen das I. sowie das X. Armeekorps ein. Beide Verbände waren auf dem Marsch gegen Nowgorod. Manstein wurde befohlen, wieder zurückzumarschieren und die Lage zu retten. Das LVI. Korps, das nur noch die 3. motorisierte Division und die SS-Division ›Totenkopf‹ besaß, kehrte also an seinen Ausgangspunkt zurück. Manstein ließ den Russen Zeit, vorzudringen und den Lowat zu überschreiten. In dem Augenblick, in dem sich der Feind als Sieger fühlen mußte, stieß Manstein plötzlich in seine Flanke Die 38. sowjetische Armee wurde zersprengt, verlor 12000 Gefangene und 246 Geschütze, darunter mehrere Salven-Raketengeschütze, die später unter dem Namen ›Stalinorgel‹ berühmt werden sollten. Die russischen Truppen schlugen sich überaus tapfer, besaßen jedoch noch nicht die Manövrierfähigkeit und die taktische Erfahrung der Wehrmachtverbände.
Dennoch schien es, als sei die Wehrmacht nunmehr Aufgaben gegenübergestellt, die ihre Möglichkeiten überschritten. Die nichtmotorisierten Infanteriedivisionen ermüdeten in den riesigen Weiten Rußlands. Die Zahl der Kampfwagen einer jeden Panzerdivision war stark reduziert worden. Die Gruppe Hoepner benötigte dringend ein drittes Panzerkorps. Auch schien der Einsatz gepanzerter und motorisierter Einheiten in einem Gebiet, in dem sie sich nur schwer vorwärtsbewegen konnten, verfehlt zu sein. Hitler, der die Waldlichtungen der Ardennen eingehend studiert hatte, ließ die Sümpfe Livlands völlig außer acht, was sich bis zu einem gewissen Grad möglicherweise aus dem Mangel an zulänglichem Kartenmaterial zum damaligen Zeitpunkt erklärt. Trotzdem siegten die deutschen Armeen. Während Manstein die Schlacht am Ilmensee gewann, eroberte das I. Korps das brennende Nowgorod. Der linke Flügel der Heeresgruppe überschritt die Luga. Nachdem die 18. Armee die

russische Nachhut in Estland aufgerieben hatte, konnte sie nachfolgen und die Verbände der vordersten Linie unterstützen, während am anderen Flügel das XXXIX. Panzerkorps sich von der Heeresgruppe Mitte löste und einen noch offenen Abschnitt des Rings um Leningrad besetzte.
Das Los der ehemaligen Hauptstadt schien besiegelt zu sein. Das russische Oberkommando wollte bereits die Räumung befehlen, aber Stalin verweigerte seine Zustimmung und schickte seinen präsumtiven Nachfolger Schdanow nach Leningrad mit dem Auftrag, die Verteidigung der Stadt zu leiten. General Popow zog zwölf Divisionen zusammen, welche die 42. und 48. Armee bildeten. Neue Arbeiterbrigaden wurden in den Fabriken aufgestellt. Die Bevölkerung wurde herangezogen, um eine doppelte Befestigungslinie aufzubauen, die in Schlüsselburg am Ladogasee begann, dann der Newa folgte und schließlich in einem Halbkreis um die Industriestadt Kolpino und das frühere Tsarskoje-Selo verlief. Leningrad bereitete sich auf die Belagerung vor.

Smolensk. Die Operationen der Heeresgruppe Mitte

Das Ziel der Heeresgruppe Mitte im Zentrum der deutsch-sowjetischen Front war die Eroberung von Smolensk. In der Geschichte der Invasionen Rußlands hat keine andere Stadt eine wichtigere Rolle gespielt. Alle Eroberer, die auf Moskau marschierten, machten hier halt, legten eine Atempause ein und erwogen die weiteren Möglichkeiten. 1812 hatte Napoleon beschlossen, nicht weiter vorzudringen. »Ich werde in Smolensk haltmachen. Die Armee wird dort im Winterquartier liegen. Der Feldzug von 1812 ist zu Ende. 1813 wird das übrige erledigen.« Die Hoffnung, das Ungreifbare – diese russische Armee, die wie der Horizont immer zurückwich – greifen zu können, ließ ihn weitermarschieren.
Die Panzergruppen der Heeresgruppe Mitte hatten nicht einmal den letzten Schuß der Kesselschlacht von Minsk abgewartet, um weiter vorzustoßen. Hoth marschierte gegen Witebsk und Guderian zum Dnjepr. Sie stießen nur auf verzettelten Widerstand. Ihre Truppen hatten das Gefühl, unbesiegbar zu sein, und waren daher unempfindlich gegenüber dem demoralisierenden Eindruck der trostlosen Landschaft. Die Hitze war drückend, Wasser fehlte, die Staubwolken wurden immer dichter, der Nachschub war mangelhaft, Hilfsquellen an Ort und Stelle gab es kaum, die Dörfer, die nicht entsprechend der Taktik der verbrannten Erde von den Russen niedergebrannt worden waren, wimmelten von Ungeziefer, riesige Rabenscharen bedeckten den Himmel, und Milliarden von Mücken belästigten die Mannschaften. Doch blieb die Moral der Truppe gut, denn man war Sieger und marschierte gegen Moskau.

Die Chefs waren mehr um ihr stählernes Material als um ihre Mannschaften besorgt. Der Staub, gegen den kein Filter etwas vermochte, zerstörte die Motoren. Die Kolben fraßen sich fest, die Vergaser waren verstopft, und Pannen wurden immer häufiger. Von der Etappe aber kamen weder Ersatzpanzer noch Motoren. Jeder ausgefallene Panzer schuf ein Loch in den Panzerdivisionen, das nicht mehr zugestopft werden konnte.

Guderians Sorge war jetzt der Dnjepr. Wenn er auf das Eintreffen der Infanteriedivisionen hätte warten wollen, bevor er den Fluß überschritt, hätte er mindestens vierzehn Tage an Ort und Stelle verharren müssen. In dieser Zeit hätte der Feind sich neu formieren können. Wieder einmal versuchte er es mit Kühnheit. Er würde den Dnjepr überschreiten wie vierzehn Monate vorher die Maas, ohne sich von der größeren Breite des Flusses und der Härte der gegnerischen Verteidigung beeindrucken zu lassen. Seine Korpskommandanten kannten ihre Übergangsstellen. Geyr von Schweppenburg mit dem XXIV. Panzerkorps sollte bei Staryj-Bichow südlich von Mogilew den Dnjepr überschreiten, Vietinghoff mit dem XXXXVI. Panzerkorps und Lemelsen mit dem XXXXVII. Panzerkorps sollten bei Schklow und bei Kopys zwischen Mogilew und Orscha übersetzen. Als Termin waren der 10. und 11. Juli vorgesehen.

Wie bei Sedan mischte sich ein Vorgesetzter ein, um Guderian zu bremsen: Generalfeldmarschall von Kluge. Eine Umstellung hatte unter seinem Befehl die Panzergruppen 3 und 4 vereint, während die Infanteriedivisionen in Form einer zweiten Armee unter Generaloberst von Weichs zusammengefaßt wurden. Kluge wollte die Ankunft von Weichs abwarten, aber Guderian widersprach ihm, indem er behauptete, seine Eile entspreche den Absichten des Führers, der den Krieg mit Rußland vor Wintersanbruch beendet wissen wolle. »Ihre Operationen hängen immer an einem seidenen Faden«, bemerkte Kluge. »Sie riskieren da zweierlei, nämlich ein Mißlingen der Überquerung des Dnjepr oder, falls Sie das andere Ufer erreichen, eine Einkesselung.«

Die erste Befürchtung war überflüssig, denn die Dnjepr-Überschreitung erfolgte fast ohne Verluste. Am Abend des Zwölften rollten die neuen Divisionen Guderians an Orscha vorbei, schlossen Mogilew ein und erreichten über eine 100 Kilometer breite Bresche das östliche Ufer. Die Vorhut der 2. Armee stand noch an der Beresina – 120 Kilometer im Westen –, und das Gros hatte Minsk noch nicht hinter sich gelassen.

Der am Dnjepr völlig überraschte Timoschenko versuchte nun Guderian einzuschließen. Damit drohte sich die zweite Befürchtung des Generalfeldmarschalls von Kluge zu bewahrheiten. 20 russische Divisionen wurden in der Gegend von Gomel neu aufgestellt. Diese Truppen warf Timoschenko in die Flanke des deutschen Durchbruchs. Die einzige Kavalleriedivision der Wehrmacht und die 4. Panzerdivision fingen

den Stoß auf und machten ihn zunichte. Die anderen großen Einheiten der Panzergruppe rollten, ohne sich um diese Bedrohung zu kümmern, weiter nach Osten. Die 3. Panzerdivision stieß auf Roslawl vor, die 10. Panzerdivision und die SS-Division ›Das Reich‹ nahmen Jelnja ein. Die 29. motorisierte Division erreichte das unzerstörte Smolensk am 16. Juli, überschritt den Dnjepr und besetzte die auf dem rechten Ufer gelegenen Industrieviertel.
Gleichzeitig traf Hoth im Norden der Stadt mit dem XXXIX. und LVII. Panzerkorps ein. Er hatte seine Offensive mit der gleichen Stoßkraft wie Guderian durchgeführt, indem er die Düna überschritt, Witebsk einnahm und die Reste der 3. und 11. Sowjetarmee nach Süden zurückschlug. Die Zusammenarbeit der beiden Panzergruppen erfolgte spontan. Die 17. Panzerdivision und die SS-Division ›Das Reich‹ stießen an Smolensk vorbei und schlossen am 26. Juli bei Dorogobusch den von der 3. Panzergruppe vorbereiteten Kessel. Die Russen wehrten sich erbittert. Sie versuchten nicht nur aus dem Kessel zu entkommen, sondern wollten auch Smolensk zurückerobern. Der Verlust dieser Stadt stellte eine ernste Bedrohung Moskaus dar und wurde von der Sowjetregierung mehrere Wochen lang verschwiegen. In den letzten Julitagen wurden die russischen Ausbruchsversuche immer schwächer.
Die Gefahr für die Deutschen war jedoch damit nicht gebannt. Die rechte Flanke Guderians blieb noch immer weit offen, und Timoschenko griff erneut an. Nachdem er im Dnjeprtal zurückgeschlagen worden war, dehnte er seinen Gegenangriff mit 14 Divisionen der 13. Armee bis zur Desna aus. Weiter östlich drückten 11 Divisionen der 23. Sowjetarmee stark auf den Frontvorsprung, den die Deutschen bei Jelnja geschaffen hatten. Die Schlacht blieb unentschieden. Der nach Borissow, dem Hauptquartier der Heeresgruppe, berufene Guderian mußte sich die starken Bedenken seiner Vorgesetzten anhören. Bedenken, welche im Grunde nur verschleierte Vorwürfe wegen seiner Kühnheit waren. Mit Überraschung erfuhr er von einem neuen Führerbefehl, der allzu große Einkesselungen tadelte und eine engere Zusammenarbeit zwischen Infanterie- und Panzerverbänden forderte. Guderian hatte erwartet, den Befehl zum Marsch auf Moskau zu erhalten, und mußte nun hören, daß Hitler den Panzereinheiten verbot, weiter als bis Jelnja vorzudringen. Das einzige, was man im Augenblick von seiner Gruppe verlangte, war eine Festigung des Mittelabschnitts durch Aufreibung der feindlichen Truppen, die sich zwischen Roslawl und Gomel befanden.
Guderian führte den Auftrag aus. Er unternahm einen Frontalangriff mit dem VII., IX. und XX. Korps, die man ihm zur Verfügung gestellt hatte. Während sich die Russen dieser Offensive entgegenstellten, durchbrach das XXIV. Panzerkorps ihren linken Flügel. Die 4. Panzerdivision des Generalmajors von Langermann ging in einem Zuge vor, legte 80 Kilometer parallel zur Feuerlinie zurück und nahm Roslawl im Rücken des Feindes. Guderian, der sich bei den Vorposten vor Roslawl aufhielt,

sah plötzlich aus den Staubwolken des Schlachtfeldes eine große Zahl von Panzern auftauchen. Er gab den Feuerbefehl und entdeckte im letzten Augenblick, daß es seine eigenen waren.
Am 5. August hörte der russische Widerstand auf. Die Kesselschlachten von Mogilew, Smolensk und Roslawl wurden erfolgreich beendet. Die Zahl der Gefangenen belief sich inzwischen allein bei der Heeresgruppe Mitte auf mehr als 650000 Mann. Ungehindert drangen die Deutschen in Richtung Ukraine vor. Die Aufklärungsflieger meldeten zwei große feindliche Truppenmassen: die eine zwischen Kalinin und Rschew im Nordwesten, die andere zwischen Wjasma und Gschatsk westlich von Moskau. Die Russen versammelten eiligst ihre letzten Kräfte in der Absicht, vor ihrer Hauptstadt eine Verzweiflungsschlacht zu liefern.

›Barbarossa‹ und die Welt

»Wenn ›Barbarossa‹ beginnt«, hatte Hitler gesagt, »wird die Welt den Atem anhalten.« Der eindrucksvolle Ablauf der Schlachten in Rußland bestätigte seine Voraussage. In den Augen der Weltöffentlichkeit waren alle anderen Kriegsschauplätze vorübergehend nur von zweitrangiger Bedeutung. Das traf insbesondere für England zu. Die Angriffe auf London hatten praktisch aufgehört. Nach Aussage eines Augenzeugen machte sich auf den Gesichtern der Londoner ungläubige Erleichterung bemerkbar, andererseits aber auch ein neues Angstgefühl. Die Bomben waren paradoxerweise ein großer moralischer Halt gewesen, denn sie hatten bei den Engländern einen gewissen Trotz und Widerstandsgeist hervorgerufen. Die Müdigkeit, Langweile und die ganzen Scheußlichkeiten des Krieges empfand man jetzt, nachdem die unmittelbare Gefahr verschwunden war, wesentlich stärker.
In Afrika war der Krieg eingeschlafen. Tobruk wurde nur mit schwachen Kräften belagert. Churchill hatte Wavell nach Indien kommandiert, doch zu seiner größten Enttäuschung war der neue Oberbefehlshaber, Sir Claude Auchinleck, nicht weniger widerborstig als sein Vorgänger. Auchinleck weigerte sich hartnäckig, eine Offensive zu unternehmen, für die er nicht die nötigen Mittel zu haben glaubte. An der grundsätzlichen, ablehnenden Haltung des britischen Oberkommandos gegen jeden Krieg im Mittelmeer hatte sich nichts geändert. Sir John Dill, der Generalstabschef, machte Churchill darauf aufmerksam, daß Nachschub und Verstärkung für Ägypten die Verteidigung des Mutterlandes auf die Dauer in Frage stellen könne. Seiner Meinung nach sei Singapur wesentlich wichtiger als Suez. Es war also für Churchill recht schwierig, den Krieg in der Wüste, der im erdrückenden Saharasommer eingeschlafen war, wieder aufleben zu lassen.

Für Rommel war das erst recht nicht möglich. Seine Befehle untersagten ihm kategorisch, die Kämpfe in größerem Maßstab wiederaufzunehmen. Zur Sicherheit hatte das OKW dem italienischen Oberbefehlshaber in Nordafrika, Bastico, einen Vertreter in der Person des Generals Alfred Gause beigegeben, der den ›verrückten Soldaten‹ überwachen sollte. Von Rommel verlangte man nur die Einnahme von Tobruk, eine Aufgabe, die weder seinem Temperament noch seinen Mitteln entsprach. Im übrigen genügte es, wenn das Afrikakorps seine vorteilhaften Stellungen hielt. Das deutsche Oberkommando rechnete damit, daß der Krieg in Rußland im Herbst beendet sei und daß dann immer noch genügend Zeit bleibe, mit unbegrenzten Kräften den Orient zu erobern.

Das Ende des russischen Widerstandes erwarteten die Westmächte übrigens ebenso rasch wie die Deutschen. Die Heftigkeit der Schlachten beunruhigte Churchill; Millionen deutscher Soldaten mußten seiner Ansicht nach kampferfahren aus den Schlachten zurückkehren – gefährliche Gegner, wenn der Sturm auf England losging. In Amerika hielt man sich ungefähr an die ursprüngliche Schätzung, daß Hitler nur drei Monate brauche, um Rußland niederzuwerfen. »Die Parallele zu Napoleon«, schrieb *Time,* »ließ uns glauben, daß die Eindringlinge durch das Klima und die unendlichen Entfernungen genauso wie Bonaparte geschlagen würden. Aber mit seinen Flugzeugen und seinen Lastwagen ist Adolf Hitler beweglich wie eine Ballerina. Er wird die schwerfällige Rote Armee vernichten, ehe es ihr gelingt, ihn weiter ins Land hineinzulocken und aufzureiben.«

Dieses Rußland, das zum Tode verurteilt schien und sich dennoch tapfer verteidigte, stellte für die Westmächte ein ernstes politisches Problem dar. Inwieweit, fragte man sich, sollte man die Sowjetunion unterstützen? Alles, was Rußland darstellte – den Kommunismus, den Atheismus, die Diktatur –, war den Amerikanern ebenso verhaßt wie der Nationalsozialismus. Ein gesunder Realismus hätte darin bestanden, die beiden totalitären Länder sich gegenseitig vernichten zu lassen. Dadurch, daß Stalin mit Hitler paktiert und die Sowjetunion bis zum letzten Augenblick Deutschland mit Lieferungen unterstützt hatte, glaubten England und Amerika das moralische Recht zu einer solchen Auffassung und einem entsprechenden Handeln zu haben.

Eine solche Politik war aber durch Churchills spontane Reaktion unmöglich geworden. Dieser Vorkämpfer des Antikommunismus hatte bereits zu einem Zeitpunkt das Versprechen gegeben, die Sowjetunion zu unterstützen, als diese überhaupt noch nicht um Hilfe gebeten hatte. Einige Tage später, am 12. Juli 1941, schloß er dann einen Bündnisvertrag mit der Sowjetunion, der die Länder zu gegenseitigem Beistand verpflichtete und den Abschluß eines Separatfriedens verbot. Von diesem Augenblick an hatte das Hilfeersuchen Stalins eine juristische Grundlage. Churchill sah sich fortan gezwungen, die zunehmend hartnäckigeren Forderungen der Sowjetregierung immer wieder zurückzuweisen. Der sowjetische Gesandte Maiskij sagte Churchill ins

Gesicht, er verrate die Allianz, wenn er den Transport von 40 deutschen Divisionen aus dem Westen nach dem Osten zulasse. Als die zweite Front ausblieb, forderte Stalin die Entsendung von 30 englischen Divisionen nach Rußland, was allerdings die sowjetischen Geschichtsschreiber später nicht daran hinderte, den Westen anzuklagen, er habe durch Truppentransporte nach der UdSSR dort den Kapitalismus wiederherstellen wollen. Um die Russen zu unterstützen, gab England von seinen Vorräten ab, teilte die amerikanische Hilfe mit der Sowjetunion, besetzte Persien und entsandte Konvois nach Murmansk und Archangelsk, die wohl die verlustreichsten Geleitzugunternehmen des ganzen Krieges waren. Einen Dank erhielt es dafür niemals, sondern nur Verdächtigungen und Beleidigungen.
Roosevelt, der die Empfindlichkeit der öffentlichen Meinung seines Landes nur zu gut kannte, verhielt sich zunächst vorsichtig. Harry Hopkins, seine graue Eminenz, wurde nach Moskau geschickt, um sich dort ein genaues Bild von der Lage zu verschaffen. Hopkins, der äußerst ungern flog, mußte die Strecke zwischen Schottland und der russischen Weißmeerküste in einem langsamen ›Catalina‹-Flugboot zurücklegen, wobei zu der Bedrohung durch die deutschen Luftstützpunkte in Norwegen auch noch die Gefahr von Wetterstürzen kam, wie sie in diesen hohen Breitengraden häufig sind. In Archangelsk bestieg der Amerikaner dann einen sowjetischen Bomber, der tief über den Wäldern dahinbrauste, und kam schließlich völlig erschöpft in Moskau an. Sein erster Eindruck war das allgemeine Mißtrauen der Russen und ihre geradezu krankhafte Furcht vor Spionage. Es war ihm nicht möglich, auch nur die geringste militärische oder wirtschaftliche Auskunft zu erhalten. Bei seiner Rückkehr übermittelte er der amerikanischen Regierung zahlreiche, jedoch keineswegs präzis formulierte sowjetische Forderungen – und seine Überzeugung, daß die russische Lage weniger verzweifelt sei, als es aus der Ferne den Anschein habe. Einer der Haupteinwände gegen eine amerikanische Unterstützung der Sowjetunion – daß sie nämlich in jedem Falle zu spät käme – wurde durch Hopkins' Erklärung hinfällig.
Jedoch wurde Rußland nicht sofort in das Leih- und Pachtgesetz eingeschlossen. Roosevelt aber interpretierte das amerikanische Neutralitätsgesetz zugunsten der Sowjetunion, gestattete amerikanische Lieferungen über die Pazifikhäfen und stimmte dem Empfang einer russischen Militärmission zu, welche die Behörden von Washington durch ihr großsprecherisches Auftreten verblüffte. Bis Ende Oktober mußte die UdSSR jedoch noch alle Lieferungen bezahlen. Die Russen bestellten für 92 Millionen Dollar Material, von denen 42 Millionen bar bezahlt wurden. Dann nahm Roosevelt den günstigen Augenblick einer allgemeinen rußlandfreundlichen Welle wahr, welche die Tapferkeit der sowjetischen Soldaten hervorgerufen hatte, und dehnte das Leih- und Pachtgesetz auf die Sowjetunion aus.
Gegen Deutschland erfolgte die erste feindselige amerikanische Handlung am 10. April. Leutnant E. R. Durgin, der Kommandeur des Zerstörers *Niblack*, der eine schiff-

brüchige Besatzung aufgenommen hatte, konnte der Versuchung nicht widerstehen, dem Urheber des Untergangs einige Torpedos nachzuschicken. Einen Monat später wurde der amerikanische Frachter *Robin Moor* durch das U-Boot *U 69* versenkt. Der Kommandant des U-Bootes wurde zwar von Hitler bestraft, Roosevelt aber ergriff trotzdem die Gelegenheit, um die amerikanische Sicherheitszone bis zum 26. Längengrad auszudehnen. Amerika patrouillierte in zwei Dritteln des Nordatlantiks, gestattete britischen Schiffen, in amerikanischen Konvois mitzufahren, half der Royal Navy, feindliche U-Boote auszumachen. Die USA erklärten jedes Eindringen eines fremden Kriegsschiffes in ihre Sicherheitszone zum ›unfreundlichen Akt‹ – sofern es nicht einer Macht angehöre, die in der westlichen Hemisphäre Besitzungen habe. Das Prinzip Washingtons war es immer gewesen, England alle nur mögliche Hilfe ›short of war‹ – das heißt außer der eigenen Teilnahme am Krieg – angedeihen zu lassen. Von Woche zu Woche wurde der Bereich dessen, was nach dieser Formel möglich war, erweitert.
Am 7. Juli landete die 1. Brigade der US-Marineinfanterie unter Brigadier John Marston in Island. Das isländische Zugeständnis wurde in extremis dem Ministerpräsidenten Hermann Jonasson abgerungen. Die Engländer, welche die Insel seit der deutschen Okkupation Dänemarks im März 1940 mit kanadischen Truppen besetzt hielten, überließen sie den Amerikanern gern. Roosevelt begründete seine Entscheidung damit, daß die westliche Hemisphäre verteidigt werden müsse. Niemand fiel darauf herein. Denn diese Bewegung war eine Offensivbewegung. Amerika näherte sich Deutschland und besetzte ein Land, das eigentlich ein Teil Europas war. Die Proteste der Isolationisten, die Erklärungen eines Wheeler und Lindbergh waren schon fast Aufrufe zur Revolte, aber die Führer des Kongresses teilten die Meinung des Präsidenten.
Wie im Atlantik dehnte sich auch im Pazifik der Krieg aus. Die beiden Ozeane waren nicht mehr die breiten Gräben, die Amerika so lange von den Ereignissen auf anderen Kontinenten zu isolieren vermocht hatten. Jetzt rissen sie Amerika unaufhaltsam in den Weltkonflikt hinein.
Am 13. April 1941 hatte der japanische Außenminister Matsuoka einen Nichtangriffspakt mit der Sowjetunion unterzeichnet. Deutschland hatte diesen Schritt ausdrücklich gebilligt. Hitler stand zwar gerade vor dem Beginn eines Krieges gegen Rußland, aber er war überzeugt, daß er dazu nicht die Hilfe Dritter benötigte. Um Japan von der Beute in Rußland fernzuhalten, versuchte er, die Interessen des fernöstlichen Landes auf Südostasien zu richten. »Der Führer«, sagte Ribbentrop zu Matsuoka, »muß wohl als der größte Sachverständige der Jetztzeit in militärischen Fragen betrachtet werden, der Japan über die beste Methode des Angriffs auf Singapur beraten könnte.« Doch der japanische Außenminister verstand den Wink nicht.
Einige Wochen später stürzte sich Deutschland auf Rußland. Matsuoka begriff jetzt,

Unzählige russische Dörfer zwischen der Ostsee und dem Schwarzen Meer teilen dasselbe Schicksal: Brennende Häuser, fliehende Männer, Frauen und Kinder, die mit ihren letzten Habseligkeiten das Weite suchen.

Wie deutsche Soldaten berichten, wurde die Wehrmacht in vielen Orten als Befreier von der kommunistischen Herrschaft begrüßt. Rücksichtslose Ausbeutung der besetzten Gebiete und die Drangsalierung ihrer Bewohner bewirkten jedoch, daß unzählige Zivilisten in die Wälder flüchteten und als Partisanen weiterkämpften.

daß ihn die Machiavellis der Wilhelmstraße hereingelegt hatten. Japan, so forderte er, müsse als Gegenmaßnahme unverzüglich die Rote Armee im äußersten Osten angreifen. Die zu erwartende Beute wäre nicht gering gewesen: Wladiwostok, Ostsibirien, das Amurtal. Die UdSSR hätte sich in diesen Gebieten kaum verteidigen können, nachdem sie alle verfügbaren Kräfte gegen die deutsche Wehrmacht wenden mußte.

Aber Matsuokas Kredit war erschöpft, und im Generalstab setzten sich die Ansichten der Marine durch, die nach Süden tendierte. Die notwendigen Nahrungsmittel und Rohstoffe wie Reis, Petroleum, Zinn, Kautschuk lagen auf den Philippinen, in Indochina, auf der Malayenhalbinsel und in Niederländisch-Indien. Japan, seit vier Jahren mit China im Krieg, war allmählich am Ende seiner Kräfte. Elend herrschte, der Reis war rationiert, Zucker und Zigaretten gab es so gut wie gar nicht mehr. Die Rohstoffe fehlten, und die Textilindustrie war nur zu 40 Prozent ausgelastet. Gebietseroberungen im Norden bedeuteten, wie das Beispiel der Mandschurei gezeigt hatte, Investitionen, welche die Wirtschaft Japans unerträglich belasteten. Die Eroberungen im Süden dagegen verhießen Beute.

Matsuoka zog es vor, diplomatisch krank zu werden. Das ganze Kabinett demissionierte. Der achtzigjährige Fürst Konoye bildete eine neue Regierung. Außenminister wurde ein farbloser Admiral, der die Befehle des Generalstabs auszuführen hatte.

Ein anderer Admiral, Kichisaburo Nomura, war seit vier Monaten Gesandter in Washington. Er kannte Amerika, wo er 1917 Marineattaché gewesen war. Zu jener Zeit hatte er mit dem Assistant Secretary of the Navy, Franklin Roosevelt, verkehrt. Er bemühte sich ehrlich, einen japanisch-amerikanischen Krieg zu verhindern. Vierzigmal traf er mit Cordell Hull zusammen, dessen schwache Gesundheit und ständige Erkältungen die Verhandlungen dauernd unterbrachen. Die Aufgabe Nomuras war undankbar. In Tokio standen zwei Auffassungen gegeneinander; die eine war auf Versöhnung gerichtet, die andere auf Krieg. Im Weißen Haus regierte die Unversöhnlichkeit. Die amerikanische Marine hatte einen japanischen Code dechiffriert, welcher die US-Regierung mit allen japanischen Expansionsplänen vertraut machte. Die Amerikaner wußten, daß sie einen Krieg im Pazifik nur vermeiden konnten, wenn sie der Verwirklichung der japanischen Pläne zustimmten. »Japan«, sagte Fürst Konoye zum amerikanischen Gesandten Grew, »möchte, daß seine Ausbreitung nach Südostasien auf friedliche Weise geschehe, sofern es nicht Umstände gibt, die dagegen sprechen.« Der Handel, den Hitler England angeboten hatte, nämlich den Frieden anzubieten, um die Hände frei zu haben, fand sein Gegenstück im Fernen Osten.

Als Hitler dann in Rußland einmarschierte, überstürzten sich die Ereignisse. Die Furcht, eine geschichtliche Gelegenheit ungenutzt verstreichen zu lassen, bewegte die japanischen Militaristen. Am 15. Juli teilte die französische Regierung Admiral Leahy, dem Gesandten Roosevelts, mit, daß Japan die Besetzung Indochinas fordere. Leahy predigte Widerstand, aber Vichy konnte nur seine Ohnmacht dartun. Wieder einmal war es besser, sich mit Japan über das 1940 geschaffene Kondominium zu verständigen und es auszuweiten. Die Vereinbarung wurde unterzeichnet, die Trikolore wehte weiterhin über Indochina, und die französischen Verwaltungen setzten ihre Arbeit ungestört fort. Admiral Decoux behielt seinen Gouverneurssitz, aber Saigon und Cam Ranh wurden japanische Stützpunkte, von denen aus die Eroberung Südostasiens ganz offen vorbereitet wurde. Die Antwort Roosevelts bestand darin, daß er die japanischen Guthaben einfrieren ließ und den Wirtschaftskrieg gegen Japan verschärfte. Da das britische Kabinett und die holländische Exilregierung sich den Beschlüssen Washingtons anschlossen, sah sich Japan der wichtigsten Rohstoffe für seine Rüstungsindustrie beraubt; die Lieferungen von Petroleum, Kautschuk, Eisen und Zinn blieben aus. Der Krieg stand vor der Tür, aber er begann noch nicht. Nomura konferierte weiter und versuchte, ein Treffen zwischen Roosevelt und Konoye herbeizuführen. Roosevelt lehnte ab.

Im gefesselten Europa

In Europa breiteten sich Hunger und Faschismus aus. Die Lebensmittel waren inzwischen in jedem der vierundzwanzig europäischen Länder rationiert, sogar in den neutralen Staaten Schweden und Schweiz. Die Tagesrationen betrugen in Polen 800 Kalorien, in Belgien 950, in Norwegen 1500, in Frankreich 1600, in Holland 1900, in Deutschland 2250 und in England 2800. In Griechenland brach eine furchtbare Hungersnot aus. Das Land war arm, und der Sieger hart. In dem von Flüchtlingen vollgestopften Athen sank die tägliche Brotration auf 30 Gramm. Lastwagenweise wurden die Leichen Verhungerter, Skelette mit aufgedunsenen Bäuchen, zu den Massengräbern transportiert.
Hunger und Tyrannei! Überall fand die Gestapo Unterstützung durch Fanatiker, Habgierige und Feiglinge. Der ›Nacht und Nebel‹-Erlaß organisierte die systematische Deportation aller mißliebigen Personen, die dem Reich gefährlich werden konnten. Die seit 1933 für Gegner des Hitlersystems errichteten Konzentrationslager entwickelten sich in monströser Weise. Unter der Zensur und dem Polizeiterror der Nationalsozialisten versank Europa in Furcht und Schrecken.
Die Juden standen im Mittelpunkt dieses Dramas. Ihre Lebensbedingungen wurden durch die sogenannten Nürnberger Gesetze bestimmt. Diese Gesetze verschärfte man jetzt und dehnte ihren Geltungsbereich auch auf die besetzten Länder aus. Das Tragen eines gelben Sterns wurde am 1. September 1941 für die deutschen Juden und bald auch für alle Juden im eroberten Europa angeordnet, mit Ausnahme von Vichy-

Frankreich, das sich weigerte, diese Anordnungen durchzuführen. Juden durften zahlreiche öffentliche Plätze, wie zum Beispiel die Champs Elysées, überhaupt nicht betreten und in den Geschäften nur zu bestimmten Zeiten einkaufen, was bei der allgemein schlechten Lebensmittelversorgung die Lage der Juden noch verschlimmerte. Auch konnten sie jederzeit zur Zwangsarbeit herangezogen werden. Doch noch weit Entsetzlicheres reifte in den Gehirnen der führenden Nazis heran: die Vernichtung aller europäischen Juden – die ›Endlösung‹. Ursprünglich hatte die nationalsozialistische Judenpolitik nur die Ausweisung der Juden betrieben. Nachdem der Jude ausgeplündert war, hatte er den Boden Deutschlands von seiner Gegenwart zu befreien. Die Hitlerregierung hatte die Einwanderung nach Palästina forcieren wollen. Später bestand dann der Plan, Madagaskar von dem besiegten Frankreich zu trennen und ein israelitisches Reservat daraus zu machen. Nachdem aber die Meere für Deutschland versperrt waren, besann man sich wieder auf kontinentale Lösungen. Die Idee Hitlers, alle Russen Europas hinter den Ural zu verschicken, hatte sich nie zu einem konkreten Plan entwickelt und war – angesichts des sowjetischen Widerstandes – ja wohl auch recht illusorisch. Die Deportationszone beschränkte sich daher auf das als Generalgouvernement von Hans Frank verwaltete Polen. Die schon vorher überfüllten Gettos wurden noch mehr übervölkert. Zahllose Juden aus Deutschland und Westeuropa wurden dort zusammengepfercht. Die Gettobewohner führten ein elendes Leben. Sie wurden zur Zwangsarbeit verpflichtet und mit Gettogeld bezahlt, für das es so gut wie nichts zu kaufen gab. Eine Anordnung untersagte den Juden jegliche landwirtschaftliche Betätigung, eine weitere die ›Ausübung von jedem Handel, insbesondere von dem Handel mit Lebensmitteln und landwirtschaftlichen Produkten‹. Und eine dritte Verordnung schloß sie von der ›Belieferung mit Fleisch und fleischhaltigen Nahrungsmitteln, mit Eiern, mit mehlhaltigen Produkten – mit Ausnahme von Brot – und mit Voll- oder Magermilch‹ aus.

In seinem 43 Hefte umfassenden Tagebuch, das er vor seiner Verhaftung nicht vernichtet hatte, notierte Frank, man müsse den Tod durch Entkräftung von 1 200 000 Juden in Erwägung ziehen, die, falls er nicht erfolge, durch andere Maßnahmen beseitigt werden müßten. Die Deportationspolitik machte nach und nach der Vernichtungspolitik Platz.

Frank täuschte sich übrigens nicht. Der Hunger ist eine langsame Waffe. Der ehemalige Staatsminister im bayerischen Justizministerium und Präsident der internationalen Rechtskammer sah sich bald großen verwaltungstechnischen Schwierigkeiten und der Gefahr einer Epidemie gegenüber, welche den in seinem Generalgouvernement zusammengedrängten Juden drohte. Unter dem 16. Dezember 1941 schrieb er: ›Wir müssen die Juden vernichten, wo immer wir sie treffen und wo es irgend möglich ist, um das Gesamtgefüge des Reiches hier aufrechtzuerhalten.‹ Die Ausrottungsmaschine kam in Bewegung. Am 20. Januar 1942 trat die berüchtigte ›Wannseekonferenz‹ zusammen, an der die Leiter der wichtigsten Verwaltungsstellen des Reichs teilnahmen. Heydrich forderte eine Endlösung der Judenfrage durch Aussiedlung und ›andere Maßnahmen‹. Mitten im Krieg nahm eine Tragödie ihren Anfang – grausiger als der Krieg selbst.

In dem geknechteten Europa war das nicht besetzte Frankreich eine Insel relativer Freiheit. Nach der Entlassung Lavals hatte Pétain zum Leiter des Außenministeriums ein Mitglied des früheren Regimes berufen: Pierre-Etienne Flandin. Diese Wahl war eine jener Gesten, in denen die so ernsthaften wie wandelbaren und senilen Bestrebungen des alten Soldaten deutlich zum Ausdruck kamen. Flandin war ein begeisterter Anhänger von München, doch machten seine Herkunft, seine politischen Anschauungen, seine Verbindungen und seine Interessen ihn zum Anglophilen. Amerika, das einen bedeutenden Botschafter in der Person des Admirals Leahy, eines Freundes des Präsidenten Roosevelt, nach Vichy geschickt hatte, war voll gespannter Erwartung. Ribbentrop und Abetz verweigerten die Anerkennung des neuen Außenministers. Die Demarkationslinie blieb hermetisch geschlossen. Flandin war klug genug, nach sechs Wochen um seine Entlassung zu bitten.

Nun schlug Darlans Stunde! Er bemächtigte sich aller Stellen und Posten und ließ Frankreich durch seine Admirale regieren. Pétain suchte nach einem Ausgleich und schuf einen Nationalrat, dessen Mitglieder er selbst ernannte. Damit traf er Darlan empfindlich. Schwerer noch wog der Umstand, daß Darlan nicht vom Sieger anerkannt wurde, dessen Quisling immer noch Laval war. Ernsthaft gefährdet wurde die Macht des Admirals, als Laval und Pétain ihre Beziehungen wiederaufnahmen. Das Kommuniqué, welches die beiden nach ihrer heimlichen Zusammenkunft am 18. Juni 1941 verfaßten, war für Darlan ein Keulenschlag.

Oberflächlich gesehen, hatte sich nichts geändert, im Grunde aber war alles anders geworden. Weygand blieb in Afrika, jedoch in einer ziemlich unsicheren Position wegen der ständigen Denunzierungen durch französische und deutsche Nationalsozialisten. Admiral Leahy stellte fest, daß die Hoffnung auf ein Erstarken der Vichy-Regierung gegenüber der Besatzungsmacht immer mehr sank. Die totalitären und prodeutschen Einflüsse um den Marschall nahmen zu.

Am 12. August fand in Vichy ein großes Ereignis statt. Man spielte *Boris Godunow* im großen Kasino vor den Diplomaten und der Elite der Badestadt. Plötzlich wurde die Vorstellung unterbrochen und eine Botschaft des Marschalls verlesen: ›Franzosen, ich habe Euch schwerwiegende Dinge zu sagen...‹ Es folgte eine Aufzählung von totalitären Maßnahmen, wie die Abschaffung der politischen Parteien, Verdoppelung der Polizei, Schaffung von Sondergerichten usw. Diese Annäherung der französischen Regierung an den Nationalsozialismus verhinderte nicht, daß sie durch die Hitlerleute in Paris unbarmherzig antideutscher Gesinnungen bezichtigt wurde, die sie daran hinderten zu begreifen, welchem System die Zukunft gehöre. Rußland sei praktisch besiegt, England habe den Krieg verloren, Amerika sei nur ein lächerliches Phantom; Bolschewismus, Kapitalismus, Judaismus, Liberalismus seien bald verschwunden; es gebe keine andere Zukunft für die Völker Europas als jene im Rahmen der neuen Ordnung Adolf Hitlers.

Auf die schleichende Kapitulation der französischen Regierung antwortete ein steigender Widerstandsgeist der Bevölkerung. Das galt nicht nur für Frankreich, sondern für alle europäischen Länder, ja auch für Deutschland selber. Das Hakenkreuz bedeckte den Kontinent. Die in den besetzten Ländern noch weiter bestehenden legalen Gewalten wurden freiwillig oder unfreiwillig, das heißt infolge ideologischen Einverständnisses oder durch Zwang, zu Gehilfen des Dritten Reiches und seiner Wehrmacht. Die wirtschaftlichen Quellen, Arbeitskräfte und alle geistigen Einrichtungen standen dem Sieger zur Verfügung. Aber unter dem Schritt dieses triumphierenden Siegers schwankte schon der Boden. Der errungene Sieg wäre von Dauer gewesen, wenn er die Besiegten als Anhänger gewonnen hätte. Das Gegenteil war jedoch der Fall. Diese Besiegten, die zuerst gebannt auf die Sieger gestarrt hatten – und auch später noch oft in Versuchung gerieten –, sammelten sich in einer langsamen, aber machtvollen Bewegung.

In Frankreich manifestierte sich dieser Widerstandsgeist zum erstenmal öffentlich in einem Umzug von Studenten, die am 11. November 1940 zum Grab des Unbekannten Soldaten marschierten, wobei sie die Marseillaise sangen und zwei Angelruten mitführten. Im Französischen heißt ›Angelrute‹ *gaule* und ›zwei‹ *deux*. Auf diese Weise grüßten sie de Gaulle, den so mysteriösen wie umstrittenen Mann in London. Bei dem unvermeidlichen Zusammenstoß mit deutschen Soldaten gab es einen Toten und sechs Verwundete. Die Universität von Paris blieb sechs Wochen lang geschlossen. Damals arbeiteten schon einige kleine Résistancegruppen. Die erste im Norden war vermutlich die Gruppe ›Musée de l'Homme‹, die im September 1940 von einigen Intellektuellen gebildet worden war. Im Süden war zweifellos die erste die kleine Gruppe ›Combat‹, die der Kapitän Henri Frenay mit der holländischen Sozialfürsorgerin Berthie Albrecht gegründet hatte, deren Kopf unter dem Beil eines deutschen Henkers fiel. Der britische Intelligence Service baute ein Nachrichtennetz über ganz Europa aus, besonders über Norwegen und Holland. Die Emigranten in London – Franzosen und auch Angehörige anderer Nationen – suchten aus ihrer Isolierung herauszukommen und nahmen Verbindung zu ihren Landsleuten auf, die nicht resignieren wollten. Durch das Komitee de Gaulles wurden sie vom Sommer 1940 ab mit Missionen in der Bretagne und der Normandie betraut.

Solange Stalin Hitlers Verbündeter gewesen war, hatten die Kommunisten eine deutsch-französische Zusammenarbeit gefordert. Das Parteikomitee erklärte, daß die französische Niederlage als Sieg zu betrachten sei und der deutsche Imperialismus als ›zufälliger Verbündeter‹. Die Kommunisten versuchten, von den Besatzungsbehör-

den die Erlaubnis zu erhalten, die Parteizeitung *L'Humanité* wieder erscheinen zu lassen, und ihre Syndikate forderten die Wiederaufnahme der Arbeit in der Pariser metallverarbeitenden Industrie – selbstverständlich zugunsten der Besatzungsmacht. Sie beschimpften de Gaulle genauso wie die französischen Hitleranhänger es taten. *L'Avant-Garde* schrieb, die jungen Franzosen und Französinnen hätten von einem General, der im Sold des englischen Imperialismus stehe, nichts zu erwarten. In anderen Artikeln wurde behauptet, der Nationalsozialismus arbeite für das Wohl des Arbeiters, und man forderte nach dem Beispiel der UdSSR einen Versöhnungsfrieden mit dem Reich.
Am 22. Juni 1941 wandelte sich das Bild. Die Kommunisten gingen in die Widerstandsbewegung, der Kampf gegen die Besatzung nahm eine wesentlich brutalere Form an, die vollkommen unvereinbar mit den internationalen Konventionen war, welche die Kriegshandlungen begrenzen wollten. Am Einundzwanzigsten fiel von kommunistischer Hand in einem der zahlreichen Einzelattentate gegen deutsche Soldaten der Fähnrich zur See Mozer in der Metrostation Barbès-Rochechouart. Hitler befahl den Besatzungsbehörden, 100 Geiseln verhaften zu lassen, von denen 50 sofort erschossen werden sollten. Vichy konnte sie zwar retten, mußte aber Blut mit Blut bezahlen, indem es selber sechs Menschen an die Guillotine lieferte, darunter drei Kommunisten und drei gewöhnliche Verbrecher.
Von einem allgemeinen Widerstand aber konnte man noch nicht sprechen. Die wichtigsten Widerstandsbewegungen, wie ›Libération Nord‹ und ›Sud‹, ›Combat‹, ›Front National‹, ›Organisation Civile et Militaire‹ wurden zum Teil erst 1942 geschaffen. Eine der ersten Untergrundzeitungen, die *Petites Ailes de France,* die von Berthie Albrecht mit einem kleinen Vervielfältigungsgerät hergestellt wurde, begann erst im April 1941 in Lyon zu erscheinen. Die Niederlage war vorerst noch zu nahe und der Eindruck der deutschen Macht noch zu stark. Das Vertrauen in den Marschall war auch noch zu groß, als daß man die ganze Nation schon zum Widerstand hätte aufrufen können.
Noch aus einem anderen Grunde war die Zahl der Widerständler anfangs nicht so groß. Fritz Sauckel, ein ehemaliger Matrose, der es zum Generalbevollmächtigten für den Arbeitseinsatz im Reich gebracht hatte, war schon am Werk. Er hatte die Aufgabe, in die deutsche Kriegswirtschaft 7,5 Millionen Fremdarbeiter einzugliedern. Frankreich war nach seinen Berechnungen imstande, eine Million Arbeitskräfte zu liefern; da die Reichsregierung die Hoffnung auf ein gutwilliges Entgegenkommen Frankreichs noch nicht ganz aufgegeben hatte, war es Sauckel vorläufig untersagt, zu requirieren und zur direkten Aushebung zu schreiten. Er versuchte Freiwillige zu finden, indem er hohen Lohn und bessere Verpflegung versprach. Von Oktober 1940 bis Juni 1941 meldeten sich 100000 junge Franzosen. Nach dem Beginn des Rußlandfeldzugs fiel die Zahl der freiwilligen Meldungen pro Monat auf die Hälfte. Dazu kamen

noch die Rückführungen, so daß die Zahl der in Deutschland arbeitenden Zivilfranzosen sich verminderte, statt zu steigen. Im Juli 1942 war sie auf 70000 gesunken. Sauckel verlangte von der Vichy-Regierung, sie solle endlich aufhören, seine Anstrengungen zu sabotieren. Der ›Service du Travail obligatoire‹ (STO), der daraufhin geschaffen wurde, hatte eine erhebliche Verstärkung des Maquis zur Folge.
In Belgien organisierte sich die erste Widerstandsgruppe unter Oberst Lentz bereits im Jahre 1940. In Holland wurde die Judenerfassung von der Gestapo zwar besonders gründlich betrieben, andererseits hatte man den ›Seedeutschen‹ gewisse Vergünstigungen eingeräumt, so daß es Sauckel gelang, innerhalb einiger Monate 140000 holländische Arbeiter einzustellen. In Norwegen konnte Quisling sein Versprechen, sein arisches und nordisches Volk zu Hitlers Gefolgsleuten zu machen, nicht halten. Mit gewissen Unterschieden, die vom Grad des Terrors und dem nationalen Temperament abhingen, zeigte sich in allen europäischen Ländern Widerstand. Selbst in Deutschland mußte trotz der Siege der Wehrmacht die Moral durch immer stärkere Zwangsmaßnahmen aufrechterhalten werden. Unabhängig von den Urteilen, die durch Kriegsgerichte ausgesprochen wurden, geht aus den Akten des nationalsozialistischen Justizministeriums hervor, daß die Zahl der wegen politischer Vergehen gegen deutsche Staatsbürger ausgesprochenen Todesurteile von 1146 im Jahre 1941 auf 3393 im Jahre 1942 anstieg, wobei kriegsgerichtliche Urteile nicht mitgerechnet sind. In den besetzten Ländern waren die Zahlen nicht so hoch.
In den osteuropäischen Ländern und auf dem Balkan, wo die deutsche Gewaltherrschaft besonders schlimme Formen annahm, begann der bewaffnete Widerstand schon sehr zeitig. Die Griechen setzen das erste Aufflammen der Widerstandsbewegung auf den 31. Mai 1941 fest. An diesem Tag holten zwei beherzte junge Athener auf der Akropolis die Hakenkreuzfahne ein. In Jugoslawien bildete sich nach dem relativ schwachen Abwehrkampf des Heeres bald eine Partisanenbewegung, der sich eine Reihe von Offizieren anschloß. So wich Oberst Draža Mihailovic, der es ablehnte, sich zu ergeben, in die rauhe Ravna Gora 100 Kilometer südlich von Belgrad aus und bereitete den Partisanenkrieg vor. Tito erschien erst drei Monate später, kurz nach dem Beginn des Krieges zwischen Deutschland und der UdSSR, auf der Bildfläche.
Ähnlich war die Lage in Polen. General Graf Komorowski, der sich nach der Niederlage in Krakau befand, wollte schon nach Ungarn übertreten, als er sich im letzten Augenblick entschloß, auf heimatlichem Boden weiterzukämpfen. General Stefan Rowecki gründete die polnische Untergrundarmee ›Armia Krajowa‹, deren Oberbefehl Komorowski, der sich jetzt Bor nannte, im Jahre 1943 übernehmen sollte. In Verbindung mit der polnischen Exilregierung in London gründete er die ›Sluzba Zwyciestwu Polski‹, die Liga für den Sieg Polens. Geboren wurde diese Bewegung im Keller der Sparkasse von Warschau. Von 1939 an, also lange bevor die Kommunisten auch nur den kleinsten Finger gegen Deutschland erhoben hatten, sprengten

die SZP und die ihr untergeordnete ›Armia Krajowa‹ Züge in die Luft und griffen deutsche Truppen an. 1941 zählte die AK 4000 Offiziere, 16000 Unteroffiziere und schätzungsweise 100000 Mann, die in 1500 Einheiten zusammengefaßt waren. Sanktionen, wie beispielsweise die Verhaftung sämtlicher Universitätsprofessoren der Universität Krakau und, schon Ende 1939, die Erschießung von 107 Geiseln in Wawer bei Warschau waren die Antwort auf die polnische Untergrundtätigkeit.

Die Atlantik-Charta

In dieses geknechtete Europa drang plötzlich eine Nachricht aus der Neuen Welt. Franklin Roosevelt und Winston Churchill waren heimlich am 8. August 1941 in der Bucht von Neufundland zusammengetroffen. Churchill kam mit der *Prince of Wales*, die nach all den Wunden, die ihr die *Bismarck* geschlagen hatte, wieder repariert worden war. Rosevelt hatte sich ostentativ auf eine Kreuzfahrt zum Fischfang begeben und ließ seine Jacht den vorgesehenen Weg weiterfahren, nachdem er an Bord des Kreuzers *Augusta* gegangen war. Die gegnerischen Geheimdienste hatten nicht das geringste von dieser Zusammenkunft erfahren. Das Ergebnis des Treffens war die Atlantik-Charta – für Hitler eine völlige Überraschung. Doch er zuckte lediglich die Schultern und wiederholte, Roosevelt sei nur ein Instrument des Judentums und Churchill liege bereits in den letzten Zügen. Goebbels gab Anweisungen an die gelenkte deutsche Presse, diese angelsächsische Manifestation lächerlich zu machen. Churchill hatte geplant, mit Roosevelt in erster Linie über die amerikanische Hilfe, die Möglichkeiten des russischen Widerstandes und die japanischen Absichten zu sprechen. Aber der amerikanische Präsident hielt es darüber hinaus für unbedingt notwendig, daß die beiden Nationen, von denen für die eine der Krieg überhaupt noch nicht begonnen hatte, auf feierliche Weise ihre Kriegsziele in einer Charta niederlegten.
Ohne Diskussion war man sich über folgende acht Grundsätze einig: 1. Selbstlosigkeit der Alliierten, 2. Ausschluß jedes territorialen Wechsels, außer auf Wunsch und mit Zustimmung der Bevölkerung, 3. freie Verfassungswahl der Völker, 4. freier Zugang zu den Rohstoffen, 5. wirtschaftliche Zusammenarbeit, 6. Abschaffung von Angst und Not, 7. Freiheit der Meere, 8. Abrüstung. Die Welt, an die sich dieses Dokument wandte, war übrigens davon überzeugt, daß dahinter noch geheime Abmachungen stünden, daß der Chef der britischen Regierung die gefährliche Seereise nicht unternommen hätte, um lediglich einige Gemeinplätze zu unterschreiben. Was in Wahrheit in der Bucht von Argentia vereinbart worden sei, so glaubte man, sei der Kriegseintritt der USA. Churchill tat nichts, um diese Illusion zu zerstören.
Am Sonntag, dem 10. August, einen Tag nach der Unterzeichnung, wurden die edlen

anglo-amerikanischen Absichten durch einen Gottesdienst, der auf dem Achterdeck der *Prince of Wales* abgehalten wurde, besiegelt, wobei der Präsident und der Premierminister gemeinsam ›Onward Christian Soldiers‹ sangen und 14-Zoll-Geschütze Salut feuerten. Auf diese Weise erhielt die Atlantik-Charta ihre demokratische und religiöse Taufe. Es fehlte nur noch das Siegel des seltsamen Waffengefährten, des Atheisten und Freiheitsmörders, mit dem England und Amerika nun verbündet waren.

Hitler beschließt: Zuerst die Ukraine

Seit dem 23. Juni führte Hitler das zurückgezogene Leben, an dessen Rhythmus sich bis zu seinem Tode nicht mehr viel ändern sollte. Sonderzüge hatten das OKW nach Ostpreußen bis zur Station ›Bahnhof Görlitz‹, acht Kilometer östlich der kleinen Stadt Rastenburg, gebracht. In einem duftenden, schweigenden Wald umgab ein Sechseck aus Minen und Stacheldrahtverhauen die ›Wolfsschanze‹. Verstreut unter Bäumen lagen einige mit Geranien geschmückte Häuschen, die Keitel, Jodl, Bormann, Speer und einer geringen Zahl anderer Offiziere sowie dem Dienstpersonal als Wohnung und Büro dienten. Hitler hielt sich entweder im Kartenraum oder in seinem Bunker auf. Sein Panzerzug stand stets unter Dampf. Tödliche Langeweile herrschte in dieser geradezu klösterlichen Abgeschiedenheit.
Der Führer ließ sich in der Regel um 8 Uhr wecken, frühstückte im Bett und nahm bis 9 Uhr alle inzwischen eingegangenen Meldungen und Zeitungen entgegen. Da er nur Deutsch verstand, waren alle Presseauszüge aus ausländischen Zeitungen übersetzt, und da er sich wegen seiner Kurzsichtigkeit schämte, wurden die Texte auf einer speziellen Schreibmaschine mit übergroßen Typen geschrieben. Um 11 Uhr 30 begann die sogenannte ›Mittagslage‹, die erste tägliche Lagebesprechung. Die ›Abendlage‹ begann um 18 Uhr, die ›Nachtlage‹ um 24 Uhr. Dazwischen nahm Hitler seine Mahlzeiten zu sich, gab Audienzen, ging spazieren und las. Es war keine besonders arbeitsame Tätigkeit, die dort entfaltet wurde, denn Hitler haßte jegliche Büroarbeit und verließ sich lieber auf seine Intuition als auf eingehendes Studium. Zu Beginn des Krieges hatte er noch Regimenter besucht und sogar vegetarische Mahlzeiten inmitten seiner Soldaten eingenommen. Seit Beginn des Rußlandfeldzuges hatten diese Besuche aufgehört. Die Front, an der so unendlich viele Menschen fielen, blieb für ihren Führer eine unbekannte Welt. Niemals setzte er seine kostbare Haut einer zufälligen Kugel aus, und für einen Hospitalbesuch war er zu sensibel. Der Krieg wurde für ihn immer mehr zu einem Abstraktum, in dem die Tyrannei der Landkarte herrschte und der Mythos vom heroischen Willen, der den Menschen und den Geschehnissen sein Gesetz aufzwingt.

Das OKH und das OKL waren in Angerburg untergebracht, am Ufer eines Sees, 40 Kilometer von Rastenburg entfernt. Die Führer des Heeres, Brauchitsch und Halder, pflegten sich nur dann ins Führerhauptquartier zu begeben, wenn Hitler sie rufen ließ. Sie waren jetzt in ihren Entscheidungen etwas freier als während des Frankreichfeldzuges, denn Hitler mischte sich weniger in die Einzelheiten der Operationen ein. Allerdings war es nach wie vor jeden Augenblick möglich, daß ein Diktat der Wolfsschanze ihre Pläne über den Haufen warf.
Eines dieser Diktate, die Weisung Nr. 33, wurde ihnen am 19. Juli übermittelt. Darin wurde die Verkleinerung der Heeresgruppe Mitte befohlen. Ein Teil ihrer Panzerkräfte sollte zur Heeresgruppe Nord, eine weitere Partie später zur Heeresgruppe Süd abgestellt werden. Hitler blieb seinen vorgefaßten Ideen treu und wies die Eroberung Moskaus erst auf den dritten Platz zurück. Leningrad und die Ukraine hatten Vorrang. Die ganze Welt erwartete in allernächster Zukunft die Einnahme der russischen Hauptstadt. Das entschlossene Vordringen entlang der napoleonischen Route Wilna – Witebsk – Smolensk schien bewiesen zu haben, daß der Österreicher Hitler den Spuren des Korsen Napoleon folgte. Davon konnte jedoch in Wahrheit keine Rede sein.
Am 23. Juli versuchten Brauchitsch und Halder Hitler umzustimmen. Sie behaupteten, Moskau sei das Hauptziel, gerade wenn man ausschließlich von militärischen Erwägungen ausgehe. Sie wiesen auf die Bedeutung Moskaus als Verkehrsknotenpunkt sowohl zwischen Nord und Süd als auch zwischen dem asiatischen und dem europäischen Rußland hin. Sie beriefen sich auf Hitlers eigene Worte, als sie sagten, das Ziel des Feldzuges sei die Zerstörung der feindlichen Kräfte. Es sei aber gerade vor Moskau, wo die Russen für die Verteidigung ihrer Hauptstadt ihre letzten Mittel zusammengezogen hätten. Folglich müßte hier der entscheidende Schlag geführt werden. Es schien, als hätten die Argumente der beiden Generale Hitler mehr zu denken gegeben, als er sich anmerken ließ. Am Abend noch schrieb Halder in sein Tagebuch: ›Im übrigen interessiert (den Führer) im Augenblick Moskau gar nicht, sondern nur Leningrad.‹ Doch einige Tage später, am 30. Juli, machte die Weisung Nr. 34 die Abstellung der Panzergruppe 3 nach den Waldai-Höhen rückgängig. Sie ordnete eine Atempause für die Panzereinheiten an, während der die Verbindungswege wieder instand gesetzt werden sollten. Das war im übrigen dringend notwendig. Die Straßen waren schwer beschädigt. Die Abänderung der russischen Eisenbahnspur durch Verlegung einer dritten Schiene erwies sich als langwierig, und die von den russischen Truppen auf ihrem Rückzug verursachten Zerstörungen waren gigantisch. Während man also hinter der Front die nötigen Straßenarbeiten vornahm, sollten die Panzerbesatzungen sich ausruhen und ihre Fahrzeuge wieder herrichten. Die Generale in Angerburg hofften schon, daß die vom Führer angestrebten Flügelbewegungen aufgegeben würden und man statt dessen einer klaren und einfachen Schlacht um die Eroberung Moskaus entgegenging: Halder notierte in seinem Tagebuch: ›Diese Lö-

sung befreit jeden denkenden Soldaten von dem fürchterlichen Alpdruck der letzten Tage. Endlich einmal wieder ein Lichtblick.‹·
Doch plötzlich wurde wiederum alles geändert. Am 4. August wurden die Armeeoberbefehlshaber der Heeresgruppe Mitte nach Nowy Borissow, dem Hauptquartier des Generalfeldmarschalls von Bock, berufen. Strauß, Kluge, Weichs, Hoth und Guderian waren sehr überrascht, dort Hitler anzutreffen, den keiner von ihnen seit Beginn des Feldzuges gegen Rußland gesehen hatte. Der Führer erklärte ihnen, er wolle sie über das Ziel der nächsten Operationen befragen, und zwar einzeln, damit sie sich nicht gegenseitig beraten und beeinflussen könnten. Man steckte also die Generale in verschiedene Büros und rief sie dann nacheinander zu Hitler. Alle vertraten den gleichen Standpunkt: Moskau sei das nächste Ziel. Am Abend fand dann eine allgemeine Besprechung statt. Hitler erklärte, man müsse zuerst Leningrad nehmen, um die Russen von der Ostsee zu vertreiben und so jede Bedrohung für Erztransporte aus Schweden zu beseitigen. Außerdem werde man dadurch dem Feind seine wertvollste Waffenschmiede nehmen. ›Ob sodann Moskau oder die Ukraine erstrebt werden sollte‹, schreibt Guderian, ›wurde noch nicht endgültig entschieden. Hitler schien der letzteren Lösung zuzuneigen, weil sich auch bei der Heeresgruppe Süd ein Erfolg anzubahnen schien, weil er ferner glaubte, die Rohstoffe und Lebensmittel der Ukraine für die weitere Kriegführung nötig zu haben, und schließlich, weil er glaubte, die Halbinsel Krim als ‚Flugzeugträger der Sowjetunion gegen die Ölfelder Rumäniens' ausschalten zu müssen. Bis zum Einbruch des Winters hoffte er in Moskau und Charkow zu sein.‹
Damit waren die Grundzüge festgelegt, und nun begann die Diskussion über die Einzelheiten. Die Generale ergriffen die seltene Gelegenheit, ihrem Obersten Befehlshaber die Schwierigkeiten des Feldzuges zu schildern. Der hervorragende T 34 mit 26 Tonnen und einem 7,6-cm-Geschütz war ein für die deutsche 3,7-cm-Pak nahezu unverwundbarer Panzer, und es erschienen immer mehr Kampfwagen dieses Typs vor den deutschen Truppen. Völlig unvorhergesehen war auch das Auftauchen eines neuen 46-Tonnen-Panzers. Die ›Stalinorgel‹ war jedoch eine noch viel unangenehmere Überraschung. Ihre 32 heulenden Raketen schlugen nach 25 Sekunden ein. Im Feuer dieses Salvengeschützes verloren selbst die besten Truppen den Kopf. Die Generale forderten einen stärkeren Panzer und ein wirksameres Panzerabwehrgeschütz. Für sofort verlangten sie Ersatzpanzer, um den Kampfwert ihrer Panzerdivisionen wiederherzustellen.
Hitler lehnte ab. Die Panzer, welche die Fabriken verließen, seien dringend nötig, um neue Panzerdivisionen aufzustellen. Als Äußerstes gestand er der Ostfront 300 Ersatzmotoren zu, was bei weitem nicht ausreichend war. Guderian gegenüber ließ er sich zu einem Geständnis herbei: »Wenn ich gewußt hätte«, sagte er, »daß die Panzerzahlen der Russen, die Sie in Ihrem Buch erwähnt haben, tatsächlich stimmen, dann

hätte ich – glaube ich – den Krieg nicht angefangen.« Guderian hatte von 10000 Sowjetpanzern gesprochen, aber vermutlich besaßen die Russen das Doppelte.
Hitler schwankte in seinen Entschlüssen. Am 12. August wurde die Weisung Nr. 34 dahingehend modifiziert, daß die Heeresgruppe ihren linken Flügel nur so weit nach Norden führen sollte, daß die Heeresgruppe Nord gegen Leningrad vorstoßen konnte. Da von der Abstellung ganzer Einheiten nicht mehr die Rede war, glaubten die Generale der Heeresgruppe Mitte, Moskau erhalte jetzt doch noch den Vorrang. Bock befahl den Rückzug aller schnellen Truppen von der Front, um sie für einen Generalangriff bereitzuhalten. Die Bodenbeschaffenheit war hervorragend. Die Russen setzten ihre lokalen Störaktionen fort. Die deutsche Luftaufklärung stellte ungeheure Ansammlungen von Zivilisten und Truppen zwischen Wjasma und Moskau fest. Die Moral der deutschen Soldaten war nach wie vor gut. Auf ihre Panzer und Lastwagen schrieben sie: ›Nach Moskau!‹
Am 23. August kam Halder nach Nowy Borissow und übermittelte die neueste Entscheidung Hitlers: Weder Leningrad noch Moskau, sondern die Ukraine! Der Feind widerstand immer noch vor Kiew, und die Heeresgruppe Bock hatte die Heeresgruppe Rundstedt mit 300 Kilometer Vorsprung überrundet, was sie in die Flanke von Budjennyj brachte. Eine große Vernichtungsschlacht sollte sich aus dieser Situation ergeben. Guderian schwenkte um Roslawl, um von Süden her anzugreifen. Kleist überschritt den Dnjepr bei Krementschug, um von Norden her vorzustoßen. Die Vereinigung der beiden Gruppen sollte dann die größte Kesselschlacht des Krieges herbeiführen. Es waren nicht nur wirtschaftliche Vorteile, die Hitler in der Ukraine suchte, es war auch eine strategische Wende, die den Feldzug beenden sollte. Das Gros der letzten intakten Truppenmassen des Feindes sollte vernichtet werden.
Halder und Bock waren konsterniert. Das Fallenlassen Moskaus bedeutete einen Winterfeldzug. Guderian, den sie zu sich gerufen hatten, teilte ihre Überzeugung und ihre Enttäuschung. Bock bat ihn, zum Führer zu fliegen und zu versuchen, ihn umzustimmen. Niemand habe mehr Autorität bei Hitler als der General, der den Durchbruch bei Sedan bewerkstelligt, der bei Minsk gesiegt hatte, der Theoretiker, der zum Praktiker des Panzerkrieges geworden war. Guderian war damit einverstanden. In Angerburg traf er auf einen Brauchitsch, der ihm untersagte, die Frage von Moskau auch nur anzuschneiden. Die Entscheidung sei gefallen, und jede Gegenrede könne nur unnütze Stürme beim Führer hervorrufen. Brauchitsch war einverstanden, daß Guderian Hitler über die Frontlage berichtete, aber der Panzergeneral mußte ihm versprechen, den Namen Moskau nicht zu nennen.
Um Hitler waren viele eifrige Jasager versammelt: Keitel, Jodl und die anderen Offiziere vom OKW, aber weder Brauchitsch noch Halder. Hitler eröffnete sofort das Gespräch, indem er Guderian fragte, ob nach so vielen ermüdenden Operationen seine Truppen noch imstande seien, einen bedeutenden Vorstoß zu unternehmen.

»Wenn den Truppen ein großes, jedem Soldaten verständliches Ziel gesteckt wird: ja!« Darauf Hitler: »Sie meinen natürlich Moskau?« »Ja«, erwiderte Guderian. Das verbotene Wort war gefallen. Entgegen allen Befürchtungen Brauchitschs geriet Hitler nicht in Wut. Guderian erhielt die Erlaubnis, die Gründe, welche nach seiner Auffassung einen sofortigen Marsch auf die feindliche Hauptstadt verlangten, ausführlich darzulegen. Hitler hörte ihn an, ohne zu unterbrechen. Dann antwortete er mit einer langen und lauten Rede. Schließlich forderte er die Anwesenden auf, abzustimmen, wer von beiden, Guderian oder er selbst, überzeugt habe. Selbstverständlich lautete die Antwort: Zuerst die Ukraine!
Als sie den Raum verließen, wandte sich Jodl zu dem General: »Machen Sie sich doch keine Sorgen, Guderian. Die Eingebung des Führers ist unfehlbar. Er hat immer recht.«

XII. Kapitel 25. August bis 7. Dezember 1941
Bis vor die Tore Moskaus

Die Schlacht von Kiew

Der Führer hat immer recht! Nie schien das fanatische Vertrauen Jodls gerechtfertigter. Die Resultate der Schlacht in der Ukraine übertrafen alle Erwartungen und stellten alles Vorhergegangene in den Schatten.
Budjennyjs Verwegenheit verhalf den Deutschen zum Sieg. In dem riesigen Bogen, der von dem Lauf des Dnjepr und der Desna gebildet wird, hatte er sechs Sowjetarmeen mit einer Million Mann zusammengefaßt, deren einzige Operationslinie die ungeschützten Eisenbahnstrecken Kiew–Kursk und Kiew–Charkow waren. Das Ziel dieser Maßnahme war, Kiew zu halten. Diese Stadt bildete auf dem Westufer des Dnjepr einen großen Brückenkopf, der von elf Divisionen verteidigt wurde und dessen Erstürmung die Möglichkeiten der 6. deutschen Armee überstieg. Die sowjetische Propaganda konnte mit Recht behaupten, daß in der zehnten Kriegswoche keine einzige der großen russischen Städte genommen worden sei – aber für dieses Prestigeergebnis wurde eine ganze Heeresgruppe der Vernichtung ausgesetzt.
Der Widerstand Budjennyjs ermöglichte jedoch die Evakuierung der ukrainischen Industrie nach Osten. Der Befehl dazu wurde Anfang August gegeben. Am 7. begann die Räumung der Röhrenfabrik von Dnjepropetrowsk, und am 14. wurde die Demontage des auf Edelstahl spezialisierten Stahlwerks von Saporoschje eingeleitet. In allen noch nicht besetzten westlichen Gebieten des europäischen Rußlands wurde die Verlegung der wichtigsten Industrien befohlen. In 1,5 Millionen Eisenbahnwaggons rollten von Juli bis November 1360 Industriewerke nach Osten, darunter 419 aus der Ukraine und 498 aus Moskau. 450 davon wurden im Ural wieder aufgestellt, 210 in Westsibirien und 250 in Kasachstan, im Herzen von Asien. Eine derartige Transportbewegung auf einem schwachen, bereits mit Truppentransporten überlasteten Eisenbahnnetz stellte einen jener russischen Kraftakte dar, die mit den technischen Maßstäben des Westens unerklärlich sind.
Die große Zahl der nach Osten rollenden Züge war vielleicht der Grund dafür, daß das OKH glaubte, Budjennyj räume die Westukraine. Es wurde beschlossen, die deutsche Zange möglichst weit östlich zu schließen, um einen Rückzug der russischen Truppen in die Weite des Landes zu verhindern. Es wurde eine Operation von erstaunlichen Dimensionen. Zwischen Krementschug am Dnjepr, von wo aus der Südangriff erfolgen sollte, und der Gegend von Roslawl, wo der Nordangriff einsetzen mußte, betrug die Entfernung 600 Kilometer Luftlinie. Die großen Wasser-

läufe verliefen in diesem Gebiet von Ost nach West gerichtet, so daß die beiden Zangenarme zahlreiche Hindernisse zu überwinden hatten. Die rückwärtigen Verbindungen mußten um 90 Grad schwenken, der Nachschub mußte durch die Steppe erfolgen, Wälder und Sümpfe umgehen. Zu den materiellen Schwierigkeiten kam der Widerstand eines an Zahl überlegenen Feindes. Daß das ganze Unternehmen schließlich erfolgreich war, war eine der größten taktischen Leistungen der Wehrmacht.
Im Norden erfolgte der Angriff am 25. August. An ihm waren die 2. Armee (Weichs), die aus dem XIII., XXXIII. und XXXV. Armeekorps bestand, und die Panzergruppe 2, die auf das XXIV. und XXXXVII. Panzerkorps zusammengeschnitten worden war, beteiligt. Die Soldaten, die aus dem armen Weißrußland kamen, waren von der Ukraine beeindruckt. »Dichte Wälder sind eine Ausnahme geworden. Das Land und die Bewohner machen einen besseren Eindruck; die Häuser sind mit Blumen geschmückt; die Leute sind besser gekleidet und freundlicher.« Aber die Entfernungen waren ermüdend, und der Staub bedeckte noch höher den Boden als in der Gegend von Minsk und Witebsk.
Das erste große Hindernis war die Desna, die fast so breit ist wie der Dnjepr und ebenfalls zahlreiche bewaldete Inseln hat. Am rechten Frontflügel bildete die 2. Armee unter Schwierigkeiten einen Brückenkopf, riß bei ihrem Vormarsch die 6. Armee mit, welche die Einschließung von Kiew vollendete. Der linke Flügel, die Panzerdivisionen Guderians, beschleunigte die Offensive erheblich. Die 17. Panzerdivision schlug die Russen am Oberlauf der Desna in die Flucht. Unter der Führung Models stürmte die 3. Panzerdivision auf Nowgorod-Sjewersk vor, wo eine hölzerne Brücke von 700 Metern Länge über den Fluß führte. Oberleutnant Buchterkirch stürmte an der Spitze einer kleinen Panzereinheit durch das feindliche Sperrfeuer und eroberte die Brücke, noch ehe die Russen die Zeit fanden, sie in Brand zu setzen. Budjennyj antwortete mit energischen Gegenangriffen, opferte seine Flieger über der verlorenen Brücke, setzte seine Panzer massiv ein, versuchte im Rücken des Feindes zu manövrieren und zwang das gegnerische Etappenpersonal – einschließlich einer Feldbäckerei, die sich bei Korop hervorragend schlug – zum Kampf. Aber die deutschen Methoden zu kopieren erforderte eine blutige Lehrzeit, welche die Russen noch nicht hinter sich hatten. Am Ende einer Woche brach der Widerstand an der Desna zusammen. Der Sejm wurde überschritten, die Bahnlinie Kursk–Kiew bei Konotop unterbrochen und Romny genommen. 250 Kilometer im Rücken der Verteidiger von Kiew stürmten die mit einem großen weißen ›G‹ bemalten Panzer Guderians dem Zusammenschluß mit den durch ein ›K‹ bezeichneten Panzern Kleists entgegen.
Bei der Heeresgruppe Süd bereitete die Überschreitung des flußabwärts von Krementschug sehr breiten Dnjepr nicht geringe Schwierigkeiten. Am 31. August überschritt um zwei Uhr nachmittags das 207. Gebirgsjägerregiment mit Sturmbooten an einem Schleusenbecken von 1500 Metern Breite den Strom und setzte sich am linken

Ufer fest. Bei Einbruch der Nacht hatten die Jäger die steile Flußböschung erklommen und einen Brückenkopf von drei Kilometern gebildet. Das andere Regiment der 97. leichten Division setzte ebenfalls über, dann folgte das ganze LII. Korps. Wie an der Desna unternahmen auch hier die Russen verzweifelte Anstrengungen, die ursprüngliche Lage wiederherzustellen, und schickten mehrere Panzerbrigaden gegen den Brückenkopf. Von deutscher Seite gesehen, war die Lage schlecht. Die Spitzenpanzer der 16. Panzerdivision, der Vorhut der Panzergruppe Kleist, konnten den Fluß erst am 11. September überschreiten. Acht Tage lang mußte ein isoliertes Armeekorps, das mit dem Rücken zu einem der breitesten Flüsse Europas stand, die unaufhörlichen Sturmwellen der Infanterie, der Kavallerie und der Panzer abwehren. Aber die Fehler des deutschen Oberkommandos wurden immer wieder durch die taktische Überlegenheit der Truppe ausgeglichen.

Am 15. September war schließlich die Verbindung der beiden Panzergruppen hergestellt. Die Reste der Armeen Budjennyjs waren in dem Dreieck Kiew–Tscherkassy–Priluki eingepfercht. Die 2. Armee drückte auf die Nordseite, die Panzergruppen rissen die Ostflanken auf. Die Aufklärungsflugzeuge brachten Luftaufnahmen des riesigen Kessels mit, in dem mehr Soldaten eingeschlossen waren, als die Wehrmacht

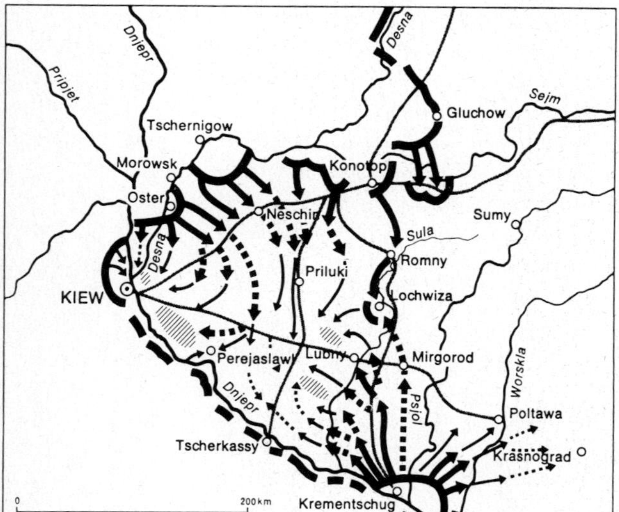

Karte 19
Die Kesselschlacht von Kiew (September 1941)

Der Kampf in Rußland richtete sich nicht minder verbissen gegen die unendlichen Schwierigkeiten in dem weiten russischen Land. Unzählige Brücken mußten geschlagen werden (vorherige Seite), und der Schlamm auf allen Wegen und Rollbahnen wurde, besonders im Frühjahr, zum Grab für Tausende von Panzern und Fahrzeugen.

Der Alltag des Krieges in Rußland: Deutsche Truppen überqueren einen Fluß an der Südfront (oben). – Russische Infanteristen setzen zum Gegenangriff an (unten).

Im September 1941 war der Belagerungsring um die Stadt Leningrad geschlossen. Noch galt Hitlers Entschluß vom 8. Juli 1941, Leningrad wie Moskau dem Erdboden gleichzumachen. Die Blockade forderte unter den Menschen der belagerten Stadt Hunderttausende von Opfern. Vor der Silhouette der Isaak-Kathedrale (oben) und auf dem Newskij-Prospekt (unten): Front und Heimat sind identisch geworden.

in Flandern gefangengenommen hatte. Eng gedrängte Infanteriekolonnen, Massen von Kavallerie und Panzern, von Transporten aller Art bewegten sich in dem Kessel in einer riesigen Staubwolke. Das VIII. Fliegerkorps bombardierte unbarmherzig die Eingeschlossenen, die nicht mehr unter einem entschlossenen Oberbefehl standen. Die deutschen Truppen machten riesige Beute. Sie eroberten ganze Eisenbahnzüge mit kompletten, in Kisten verpackten Fabriken.
Am Achtzehnten scheiterte der letzte Befreiungsversuch der Gruppe Budjennyj, am Neunzehnten fiel Kiew. Der riesige Kessel war unterteilt. Eine große Zahl russischer Truppen sah sich zwischen Borispol und dem Dnjepr isoliert, da die 6. Armee sich dazwischengelegt hatte. Die 2. Armee stellte die Verbindung mit dem linken Flügel der 17. her, während deren rechter Flügel, bestehend aus dem LII. und LV. Armeekorps, bereits in die Ostukraine einfiel und Poltawa sowie Krasnograd einnahm. Noch nie hatte die Wehrmacht bei einer einzigen Kesselschlacht eine so große Zahl von Gefangenen gemacht. 665 000 mußten sich ergeben. Viele verhungerten, weil es sich für die verantwortlichen deutschen Heeresstellen als unmöglich erwies, so viele Gefangene in einem verwüsteten Land zu ernähren.
Am 3. September machten die deutschen Soldaten eine unangenehme Erfahrung. Es begann zu regnen. Man erkannte sofort, daß dieser Regen etwas anderes war als die gelegentlichen Frühsommergüsse. Er strömte dicht und schwer, und es fehlte die heiße Sonne, die sonst in wenigen Minuten die dünne Schlammschicht, die durch Gewitterregen entstand, wieder austrocknete. Jetzt aber war der Schlamm dick und zäh und machte das Marschieren zu einer mühseligen Angelegenheit. Guderian brauchte fünf Stunden für 75 Kilometer, und mehrmals wurde der deutsche Zeitplan durch die schlechten Bodenverhältnisse durcheinandergebracht. Dabei war das erst ein Vorgeschmack der großen Schlammperiode, die bevorstand.

›Nach Moskau!‹

Der Sieg in der Ukraine war für Hitler ein persönlicher Triumph. Wieder einmal hatte er gegen die Erwartung seiner Generale eine Schlacht gewonnen. Nach so vielen Beispielen von Kühnheit hatte er diesmal ein Beispiel von Vorsicht gegeben. Seine Generale hatten geradewegs auf Moskau marschieren wollen, denn sie waren von dem Namen der Stadt fasziniert. Dabei hätten sie aber ihre Flanke einer Armee von einer Million Mann geöffnet. Hitler dagegen blieb bei den überlieferten strategischen Wahrheiten und zerstörte zuerst die Bedrohung.
Die Kesselschlacht in der Ukraine war das Gegenteil der Schlacht von Sedan. Gleichzeitig traditionsbewußt und revolutionär, Stratege und Psychologe, Taktiker und

Phantast, hatte Hitler damit in den Augen seiner Verehrer den Titel ›Größter Feldherr aller Zeiten‹ erworben – den man im Volk spöttisch zu ›Gröfaz‹ abkürzte. Von diesem Moment an übernahm Adolf Hitler selber die Leitung des Rußlandfeldzuges. Das OKH erschien ihm als eine überflüssige Einrichtung, als ein verzerrendes bürokratisches Zwischenglied zwischen seinen Anregungen und deren Durchführung. Von der Ukraineschlacht an hatte Angerburg nur noch Befehle zu übermitteln. Die strategischen Überlegungen, die Franz Halder weiterhin anstellte, fanden ihren Niederschlag nur noch in seinem persönlichen Tagebuch. Es war nicht mehr opportun, vor dem Führer den Mund aufzutun. Und da Keitel und Jodl ohnehin nur Jasage-Maschinen waren, hielt Adolf Hitler von nun an nur noch mit sich selbst Beratungen ab.
Er befand sich jetzt vor der schwersten Entscheidung seiner ganzen abenteuerlichen Laufbahn. Seine Absicht war es gewesen, Rußland in einem einzigen Feldzug noch vor Ende 1941 niederzuschlagen. War das aber noch möglich? Oder mußte er zugestehen, daß eine Vernichtung des Sowjetstaates erst im nächsten Jahr absehbar war und er sich also auf einen Winterfeldzug einlassen mußte?
Die Schlacht von Kiew war am 26. September zu Ende. Damit dauerte der Rußlandfeldzug bereits vier Monate, doppelt soviel, wie für den Frankreichfeldzug notwendig gewesen war. Dabei hatten alle deutschen Sachverständigen die französische Armee für doppelt, wenn nicht dreimal so schlagkräftig gehalten wie die russische Armee. Die erste Überraschung im Osten war der Mut der russischen Soldaten. Man hatte auf deutscher Seite angenommen, daß der russische Patriotismus durch das bolschewistische System vernichtet worden sei, und mit einem raschen moralischen Zusammenbruch der Roten Armee gerechnet. Die zweite Überraschung war das überreichlich vorhandene Kriegsmaterial der Russen, ganz besonders die hohe Anzahl der Panzer. Eine dritte Überraschung war die Schnelligkeit, mit der die Sowjetarmee sich immer wieder sammelte. Halder, der Rußland als Koloß mit tönernen Füßen bezeichnet hatte, stellte fest: ›Wir haben bei Kriegsbeginn mit etwa 200 feindlichen Divisionen gerechnet. Jetzt zählen wir bereits 360... Und wenn ein Dutzend davon geschlagen wird, dann stellt der Russe ein neues Dutzend hin!‹ Hitler zeigte nicht die geringste Überraschung. Was er schon zu Guderian gesagt hatte, wiederholte er sinngemäß vor seinen Vertrauten: »Wenn ich das gewußt hätte, wäre mir der Entschluß zum Angriff wesentlich schwerer gefallen.« Mit anderen Worten: Der Führer wußte, daß er ein großes Risiko eingegangen war. Aber er war auch überzeugt, daß ihn sein glücklicher Stern nicht verlassen hatte und daß die Gefahr überwunden war.
Diese Überzeugung wurde durch den Ausgang der Schlacht von Kiew noch verstärkt. Es schien sich zu bestätigen, daß der Feind am Ende seiner Kräfte und sein Kampfeswille endgültig gebrochen war. Viele hohe Offiziere verfluchten das Regime und schimpften auf das Oberkommando. Zahlreiche Soldaten waren bereits alte Reservisten, und viele Einheiten waren nur unvollständig bewaffnet. Der Wert der Roten

Armee schien gleichwohl größer zu sein, als es der deutsche Generalstab sich vorgestellt hatte. Dennoch: Das angestrebte Resultat war erreicht, denn der Feind konnte sich offensichtlich nicht mehr entschieden wehren.

Der Zustand der deutschen Armee gab zu keinerlei Beunruhigung Anlaß. Am 1. September, dem zweiten Jahrestag des Kriegsbeginns, unterbreitete Jodl dem Führer eine vergleichende Aufstellung: Die deutschen Verluste betrugen während der ersten beiden Kriegsjahre 418805 Mann, darunter 90491 Tote und 29687 Vermißte. Während der ersten beiden Jahre des Ersten Weltkriegs hatte sich diese Zahl auf 3117797, davon 416672 Tote und 371321 Vermißte, belaufen. Das war das Achtfache dessen, was Hitlers Feldzüge an Verlusten gekostet hatten. Diese waren in den Augen mancher ein durchaus geringer Preis für die Eroberung Europas.

Das Material hatte weit mehr gelitten als die Menschen. Die Berichte der Armeen enthielten stets lange Listen von Panzern, Geschützen, Protzen, Lastwagen, Futterwagen und anderen Fahrzeugen, die durch feindliches Feuer zerstört oder im Schlamm versunken waren. Die Einbuße an Bespannungen war besonders groß, denn die deutschen Pferde konnten die Lebensverhältnisse auf russischem Boden schlecht vertragen. Die Zahl der erbeuteten Pferde vermochte die Verluste auf deutscher Seite nicht voll auszugleichen. Hitler wußte allerdings, daß man derartige Klagen nicht allzu tragisch nehmen durfte. Alle Kriege werden mit Resten gegen Reste gewonnen. Die Kampfmittel der Russen waren nach einem Verlust von drei Millionen Kriegsgefangenen und riesigem Material nur noch Stückwerk. Die der Deutschen dagegen waren noch beeindruckend. Die Infanteriestärken hatten sich nur um 15 Prozent verringert, die Panzergruppen 1, 3 und 4 besaßen noch 70 bis 80 Prozent ihrer Panzer. Die Panzergruppe 2, die den langen Haken durch die Ukraine hatte machen müssen, hatte trotz allem nur 50 Prozent ihrer Panzer verloren. Das reichte immer noch aus, um den Krieg siegreich zu beenden.

So jedenfalls dachte Hitler. Was ihm ernstliche Sorgen bereitete, war das Datum. Der Sommer war zu Ende, und die Septemberregen hatten schon aufgehört, aber die wirkliche Schlammperiode kam immer näher. Sie würde den Krieg wie alles andere im Schlamm versinken lassen, dann würde die Kälte einsetzen. Wenn die deutsche Armee jetzt ihren Vormarsch gestoppt und ihre Winterquartiere vorbereitet hätte, wäre sie in einer großartigen Position stehengeblieben und hätte den Ansturm des ›Generals Winter‹ unter erträglichen Bedingungen durchstehen können. Dagegen war es leichtsinnig, noch im Oktober – selbst gegen einen geschwächten Feind – eine Reihe von großen Operationen durchführen zu wollen, wie sie auf dem Programm der Wehrmacht für das Jahr 1941 verzeichnet waren: nämlich die vollständige Besetzung der Ukraine, die Eroberung der Krim, des Kaukasus und Moskaus sowie schließlich die Ausdehnung des besetzten Territoriums bis zur Linie Astrachan–Archangelsk. Die Entfernungen und die wenigen rückwärtigen Verbindungen stellten allein schon ein gewaltiges Risiko dar. Aber Hitler hielt stur an seinem vorgefaßten Plan fest, Rußland noch vor Einbruch des Winters endgültig niederzuwerfen. Ein Überwintern hätte in seinen Augen bedeutet, daß die Wehrmacht im Osten bis zum Sommer 1942 gebunden wäre. England, das im Frühjahr zu Boden geworfen werden sollte, würde einen neuen Aufschub erhalten. Amerika war seit Abschluß des Atlantikpakts faktisch in den Krieg eingetreten. Mit Hilfe der Westmächte konnte Rußland neue Kräfte sammeln. Die gemeinsame britisch-sowjetische Besetzung des Irans hatte gezeigt, daß Rußland vom Westen ernsthafte militärische Unterstützung zu erwarten hatte. Die Rückführung von russischen Streitkräften aus dem Fernen Osten nach dem europäischen Rußland – eine Folge der russisch-japanischen Annäherung, die Hitler begünstigt hatte – war im Gange. ›Von Tschita bis Krasnojarsk‹, erzählte ein Reisender der Transsibirienbahn, ›zählte ich 200 Militärzüge, die nach Westen rollten. Jeder Zug hatte 25 Waggons, davon 10 für die Truppe und die anderen für das Material, darunter in Kisten verpackt Flugzeuge.‹ Wenn man den Winter verstreichen ließ, würde inzwischen ein neu ausgerüstetes und aufgefrischtes russisches Heer an der Front aufmarschieren, gegen das Deutschland einen schon fast gewonnenen Feldzug von vorn beginnen müßte.

Für Hitler handelte es sich außerdem um eine Prestigefrage. Während der Vorbereitung des Rußlandfeldzuges hatte er sich wütend den Plänen eines Zweiphasensieges widersetzt. So hatte von Brauchitsch für das Jahr 1941 nur die Einnahme Leningrads, Rundstedt als Maximum die Eroberung der Linie Odessa–Kiew–Orscha–Riga und Kluge einen erfolgreichen Frontalangriff bis Moskau für möglich gehalten. Alle drei waren der Ansicht gewesen, daß weiter reichende Eroberungen dem Jahr 1942 vorbehalten bleiben müßten. Dagegen versicherte Hitler immer wieder, daß sämtliche strategischen und wirtschaftlichen Ziele 1941 erreicht sein würden. Deswegen weigerte er sich auch kategorisch, Leute anzuhören, welche die Produktion ausreichender Winterausrüstung forderten. Jetzt kam allmählich der Zeitpunkt heran, an dem er sich selber dementieren mußte. Aber noch schrieb man September, das Wetter war prächtig, die Hitze zurückgegangen, der Staub nicht mehr so dicht und der Boden hart wie Asphalt. Der Feind schien geschlagen, und die deutschen Soldaten malten an die Mauern ihrer Unterkünfte und an ihre Fahrzeuge die Devise: ›Nach Moskau‹.

Am 15. September ordnete Hitler die Wiederaufnahme der Offensive auf der ganzen Front an. Als Angriffsdatum wurde der 2. Oktober festgesetzt. In Hitlers Tagesbefehl an die Soldaten der Ostfront hieß es: ›Heute ist nun der Beginn der letzten großen Entscheidungsschlacht dieses Jahres. Sie wird diesen Feind und damit auch den Anstifter des ganzen Krieges, England selbst, vernichtend treffen... Vom Deutschen Reich aber und von ganz Europa nehmen wir damit eine Gefahr hinweg, wie sie seit den Zeiten der Hunnen und später der Mongolenstürme entsetzlicher nicht mehr über dem Kontinent schwebte.‹

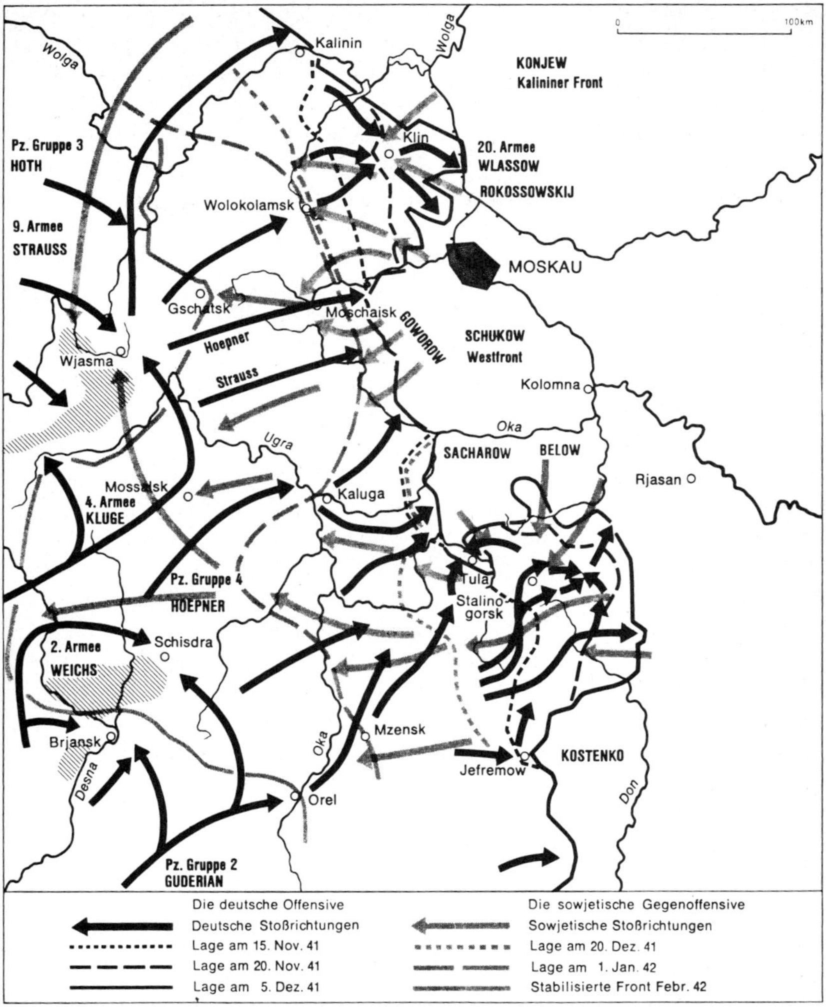

Karte 20 Der deutsche Angriff auf Moskau und die russische Gegenoffensive (Winter 1941/42)

Die Offensive sollte auf der ganzen Frontlänge, vom Finnischen Meerbusen bis zum Asowschen Meer, stattfinden, jedoch wurden auch diesmal wieder Schwerpunkte des Kräfteansatzes gebildet, die den jeweiligen konkreten Zielen entsprachen.
Im Norden sollte Leeb lediglich den Ring um Leningrad enger schließen. Er sollte

nicht versuchen, die Stadt zu erobern, da der Führer sie für bereits neutralisiert hielt und keinen Wert darauf legte, zwei Millionen Einwohner ernähren zu müssen. Er verlangte, daß ›eine Kapitulation von Leningrad... nicht anzunehmen ist‹. Flüchtlinge aus Leningrad seien ›mit Feuer zurückzuweisen‹. ›Kleine, nicht gesperrte Lücken, die ein Herausströmen der Bevölkerung nach Innerrußland ermöglichen‹, seien ›nur zu begrüßen, weil dies das Chaos im östlichen Rußland nur erhöhen‹ könne. Die 18. Armee (Küchler) wurde auf zehn Infanteriedivisionen zusammengeschnitten, die gegen die Besatzung Leningrads einen Grabenkrieg weiterführen sollte.
Die andere Armee der Heeresgruppe Nord, die 16. (Busch), lag um den Ilmensee in Stellung. Sie behielt neben ihren 13 Infanteriedivisionen das XXXIX. Panzerkorps (Schmidt), zwei Panzerdivisionen und drei motorisierte Divisionen. Der Grund für die Zuteilung von schnellen Verbänden war die außergewöhnliche Offensive, die Busch durchführen sollte. Er sollte den Wolchow überschreiten und nach Nordosten angreifen. Das einzige strategische Ziel in dieser Richtung war Archangelsk, das von den deutschen Stellungen durch 200 Kilometer dichte Wälder getrennt war, in denen schon der Winter herrschte. Hitler weigerte sich gegen alle Bedenken, diese exzentrische Bewegung aufzugeben. Busch sollte zunächst den Eisenbahnknotenpunkt Tichwin nehmen, dann die Bauxitlager von Boksitogorsk erobern und die Verbindung mit den Finnen am Swir herstellen.
Für die Heeresgruppe Mitte wurden ungeheure Kräfte zusammengezogen. Leeb gab seine Panzergruppe ab, die 5 Panzerdivisionen, 2 motorisierte Divisionen und 2 Infanteriedivisionen umfaßte. Rundstedt im Süden mußte 5 Infanteriedivisionen, 2 Panzerdivisionen und eine motorisierte Division stellen. Für das Unternehmen ›Taifun‹, wie der Deckname der Offensive gegen Moskau lautete, verfügte Generalfeldmarschall von Bock über stärkere Kräfte, als sie jemals unter dem Kommando eines Frontgenerals zusammengezogen worden waren, nämlich: 47 Infanteriedivisionen, eine Kavalleriedivision, 14 Panzerdivisionen, 9 motorisierte Divisionen, 6 Polizeidivisionen und eine SS-Kavallerie-Brigade, also fast 80 große Einheiten mit mehr als 1,5 Millionen Mann. Die Luftunterstützung bestand aus dem II. und VIII. Fliegerkorps, welche die Luftflotte 2 unter dem Oberbefehl von Generalfeldmarschall Kesselring bildeten. Hitler wollte das Gros der russischen Streitkräfte geschlagen haben, bevor er in Moskau einzog. Die von Bock kommandierten Truppenmassen erscheinen allerdings nicht mehr ganz so eindrucksvoll, wenn man in Betracht zieht, daß sie sich über eine Front verteilten, die von Welikije Luki bis Romny 750 Kilometer Luftlinie maß. Bock mußte also auf einer viermal längeren Front angreifen, als es die gesamte Wehrmacht am 12. Mai 1940 getan hatte, während das Straßennetz, das ihm zur Verfügung stand, nicht einmal ein Zehntel des französisch-belgischen Straßennetzes ausmachte. Seine Luftstreitkräfte waren überraschend gering. Was bedeuteten 549 Flugzeuge, darunter 158 Bomber und nur 25 Aufklärer angesichts

der riesigen Dimensionen des Kampfgebiets, das von dichten Wäldern überzogen war? Auf ein einziges Panzerkorps war bei Sedan eine mindestens ebenso starke Luftunterstützung gekommen.

Diese Heeresgruppe Bock war in drei Abteilungen gegliedert, von denen jede eine Armee und eine Panzergruppe umfaßte. Im Norden lagen die 9. Armee (Strauß) und die Panzergruppe 3 (Hoth), zusammen 3 Panzerdivisionen, 18 Infanteriedivisionen und 2 motorisierte Divisionen. Im Zentrum standen die 4. Armee (Kluge) und die Panzergruppe 4 (Hoepner), zusammen 5 Panzerdivisionen, 15 Divisionen Infanterie und 2 motorisierte Divisionen. Im Süden lagen die 2. Armee (Weichs) und die Panzergruppe 2 (Guderian), zusammen 5 Panzerdivisionen, 14 Infanteriedivisionen und 4 motorisierte Divisionen. Alle diese Kräfte sollten zuerst an einer Kesselschlacht teilnehmen, die laut Weisung Nr. 35 die Heeresgruppe Timoschenko zu vernichten hatte.

Der linke und der rechte Flügel sollten dann, nördlich und südlich an Moskau vorbeistoßend, die Wolga von Rybinsk bis Gorki besetzen, während die Mittelkräfte den Auftrag hatten, Moskau einzuschließen und zu erobern.

Die Heeresgruppe Timoschenko, die jetzt endgültig geschlagen werden sollte, hatte schon bei Baranowitschi, bei Minsk, bei Borissow, bei Witebsk, bei Smolensk und bei Roslawl schwere Niederlagen erlitten. Sie verfügte über die erstaunliche Fähigkeit der Regeneration, von der Halder so beeindruckt war. Im Juli war der Weg nach Moskau noch offen gewesen, die deutschen Aufklärer hatten östlich von Smolensk keine entscheidenden Kräfte entdecken können. Anfang Oktober meldete die Feindaufklärung, daß die Heeresgruppe Timoschenko wieder auferstanden sei und über 62 Infanteriedivisionen, 9 Kavalleriedivisionen, 11 Panzerbrigaden und -divisionen verfüge, ferner über rund 20 Divisionen, die nicht näher spezifiziert werden konnten. Im August waren die Deutschen wiederholt hartnäckig angegriffen und zur Aufgabe des Vorsprungs von Jelnja gezwungen worden, doch hörten die Angriffe im September auf. Die Russen hatten sich in die Defensive zurückgezogen und damit den Eindruck bestätigt, daß die Sowjetarmee entscheidend geschwächt sei. Dagegen gingen die Befestigungsarbeiten mit einer ungebrochenen Energie weiter. Niemals wurde so viel Erde bewegt wie im Herbst 1941 vor Moskau.

Die Heeresgruppe Süd bereitete sich ebenfalls auf den Angriff vor. In der nördlichen Ukraine hatte der deutsche Sieg vom September riesige nahezu menschenleere Gebiete hinterlassen. Die Flieger berichteten von weiten Regionen, in denen sich nicht ein einziger feindlicher Soldat befand. Nachdem Rundstedt Truppen an die Heeresgruppe Bock abgegeben hatte, verfügte er noch über 35 Infanteriedivisionen, 3 Panzerdivisionen, 3 motorisierte Divisionen, dazu 6 rumänische Divisionen, 2 ungarische Brigaden, 2 slowakische Divisionen, ein kroatisches Regiment und schließlich 3 italienische Divisionen. Man dachte daran, diese Kräfte möglicherweise zur Unterstützung des Angriffs auf Moskau heranzuziehen, indem man die Front der Heeresgruppe Mitte bis Woronesch verlängerte – oder indem man Rundstedts Truppen als Eingreifreserve betrachtete. Aber das war nicht der Plan Hitlers. Im Süden lockten die großen wirtschaftlichen Ziele. So fächerten sich also die deutschen Kräfte noch weiter auf.

Die 12 Infanteriedivisionen starke 6. Armee (Reichenau) wurde auf Charkow angesetzt, die 14 Infanteriedivisionen umfassende 17. Armee (Stülpnagel) auf die großen industriellen Ballungsgebiete im Donez-Bogen. Die Panzergruppe 1 (Kleist), bestehend aus 3 Panzerdivisionen, 2 motorisierten Infanteriedivisionen und einer Infanteriedivision, sollte diese Bewegung unterstützen und – mit dem linken Flügel – Stalino einnehmen, während der rechte Flügel Rostow erobern und einen Brückenkopf am Don in Richtung Maikop und Batum bilden sollte. Ziel der 11. Armee mit 8 Infanteriedivisionen sowie der kleinen 3. rumänischen Armee war die Eroberung der Krim und – anschließend – die ›Teilnahme‹ am Angriff gegen den Kaukasus. Der Oberbefehlshaber der 11. Armee, von Schobert, war bei einer Notlandung in einem Minenfeld umgekommen. Mit seinem Kommando wurde Manstein, den Hitler von der Leningradfront zurückrief, beauftragt.

Gegenüber der Heeresgruppe Rundstedt lagen, Meldungen der Abwehr zufolge, zwei sowjetische Heeresgruppen, und zwar die Südwestfront und die Südfront. Die beiden ›Fronten‹ setzten sich zusammen aus der 40., 21., 38., 6., 12., 18., 37., 9., 56. und 51. Armee mit insgesamt 82 Divisionen und Brigaden. Während die Nordukraine anscheinend ohne jegliche Verteidigung war, wurde der Weg zum Kaukasus und zur Krim durch erhebliche Streitkräfte gesperrt. Aber man nahm an, es handle sich nur um mittelmäßige Formationen, deren große Zahl für die Wehrmacht ohne erhebliche Bedeutung sei.

Die Kessel Wjasma und Brjansk

Am 2. Oktober – dem Tag, an dem die deutsche Offensive begann – traf in Moskau eine britisch-amerikanische Mission unter der Führung von Lord Beaverbrook und Averell Harriman ein. Gemeinsam mit Stalin wurde ein Abkommen unterzeichnet, in dem die beiden westlichen Mächte die Hilfe festlegten, die sie der UdSSR vom 1. Oktober 1941 bis zum 1. Juli 1942 zuteil werden lassen wollten, nämlich: 3000 Flugzeuge, 4000 Panzer, 30000 Lastwagen, 100000 Tonnen Treibstoff usw. Die Sowjetregierung trat in gewisser Hinsicht der Atlantik-Charta bei, wobei sie allerdings von den verpflichtenden Grundzügen des Dokuments die Meinungsfreiheit und die Religionsfreiheit kaum Kenntnis nahm. Die Russen akzeptierten die ihnen zugestandene

Hilfe äußerst hochmütig und erklärten, es handle sich dabei nur um einen ärmlichen Ersatz für die Eröffnung einer zweiten Front.
Moskau war noch weit von der Front. Seit dem 22. Juli hatte die Luftwaffe einige Angriffe geflogen, aber die sowjetische Fliegerabwehr war hervorragend, die Schäden blieben gering. Für die Bevölkerung gab es nur wenig Unterstände. Die diplomatischen Missionen begaben sich in Sicherheit, indem sie sich auf ihre Datschas in der Umgebung zurückzogen. Dagegen war die Tarnung der Stadt ausgezeichnet. Der Kreml war auf einmal ein Mietshaus und das Bolschoitheater ein Gewirr von engen Gassen. Die Bevölkerung machte einen gleichgültigen, müden Eindruck. Die Neuigkeiten von der Front, die immer sehr verspätet bekanntgegeben wurden, handelten ausschließlich von Gefechten, die sich auf beiden Flügeln abspielten, in der Ukraine und um Leningrad. Vom Mittelabschnitt hatte man im August gehört, als die heroische Verteidigung von Smolensk gefeiert wurde, und zum letztenmal im September, als die Wiedereroberung von Jelnja durchgegeben wurde. Die Moskowiter glaubten, durch den Verteidigungssieg vor ihrer Stadt sei die Front, die sie direkt interessierte, für den Winter festgelegt. Diese Überzeugung teilte übrigens auch Timoschenko, der durch den Angriff der Heeresgruppe Mitte völlig überrascht wurde. Die Befestigungsanlagen, welche die Russen gebaut hatten, die damit verbundenen enormen Erdarbeiten, die neuaufgestellten Divisionen – all das vermochte nicht zu verhindern, daß große Teile der Roten Armee wieder einmal unter dem Ansturm der Wehrmacht zusammenbrachen.
Im Norden der Angriffsfront durchstieß die Panzergruppe 3 an einem einzigen Vormittag die russischen Befestigungen. Das XXXXI. Panzerkorps und die 36. motorisierte Division deckten diesen Angriff, indem sie die russischen Einheiten zerstreuten, welche den Knotenpunkt Bjeloj verteidigten. Das LI. Panzerkorps, die 7. und 6. Panzerdivision, stieß direkt auf Wjasma vor. Am Oberlauf des Dnjepr erfolgte der Gegenangriff einer sowjetischen Panzerbrigade. Die Panzerbegegnung endete siegreich für die Deutschen, die eine Brücke über den noch nicht allzu breiten Fluß schlugen und ihren Angriff weiter nach Südosten fortsetzten. Wjasma, eine kleine, in einem grünen Tal gelegene Stadt von ungefähr 20000 Einwohnern, wurde nur schwach verteidigt. Am 7. Oktober, nur fünf Tage nach dem Beginn der Offensive, war sie in deutscher Hand. Wieder einmal kämpfte die Panzergruppe mit dem Rücken nach Osten, während das V., VI. und VIII. Korps sich durch große feindliche Truppenmassen durchschlugen und sich dann mit der Panzergruppe vereinigten. Die Einheiten des südlichen Arms der Zange von Wjasma zogen nicht weniger geschickt Nutzen aus ihren raschen Durchbrüchen. Am 7. Oktober trafen auf dem Schlachtfeld die 10. Panzerdivision der Gruppe Hoepner und die 7. Panzerdivision der Gruppe Hoth zusammen. Die Gegend war übersät mit Material, das der Feind zurückgelassen hatte. Nach nur fünf Tagen war der neue Kessel erledigt. Die Russen

ergaben sich massenweise, und wieder zogen endlose Kolonnen von Gefangenen nach Westen, wobei viele Soldaten an Dysenterie und an Entbehrungen starben und am Straßenrand liegenblieben.
Der rechte Flügel der Heeresgruppe begegnete größeren Schwierigkeiten. Während der Schlacht von Kiew war Guderian nach Süden abgeschwenkt und stand jetzt bei Romny, zwischen Kiew und Charkow, 700 Kilometer von Moskau entfernt. Jetzt mußte er wieder nordwärts marschieren. Er hatte die Aufgabe, die russischen Divisionen einzukesseln, die sich in der Gegend von Brjansk befanden, und bei Tula die Verbindungswege zwischen Moskau und Südrußland zu unterbrechen. Die Marschbedingungen waren infolge des Schlamms denkbar schlecht. Guderian, der mit seinem Fieseler ›Storch‹ ständig von einem Gefechtsstand zum anderen flog, erschrak über das Bild der Auflösung, welches seine Panzergruppe in den endlosen Weiten bot. 100 Ersatzpanzer, die Hitler ihm schließlich doch noch zugestanden hatte, lagen in Orscha fest, nachdem sich Transportschwierigkeiten eingestellt hatten. Seine Infanteriekorps und das XXXXVIII. Panzerkorps standen noch im Herzen der Ukraine. Das XXIV. Panzerkorps unter Geyr von Schweppenburg ließ Guderian in nordöstlicher Richtung marschieren. Als es in Orel eindrang, fuhren dort noch die Straßenbahnen. Das XXXXVII. Panzerkorps unter Lemelsen zweigte nach Nordwesten ab, um den Weg der 3. und 13. Sowjetarmee abzuschneiden, die durch die 2. deutsche Armee zurückgeworfen worden waren. Die deutschen Truppen lagen in ständigem Kampf und wurden von den schwer verwundbaren T 34 hart bedrängt. Am 9. Oktober waren zwei Kessel geschlossen, der eine südlich, der andere östlich von Brjansk in einer weißverschneiten Landschaft – der erste Schnee war an diesem Tag gefallen. Die zweite Armee war zu schwach, um die tiefen Wälder dieser Region von feindlichen Truppenresten vollständig säubern zu können. Ganze russische Einheiten schlugen sich zu den Partisanentrupps.
Der Doppelsieg von Wjasma und Brjansk kam der Schlacht in der Ukraine gleich. 80 Divisionen wurden vernichtet, 650000 Gefangene gemacht. Die Taktik dieses Erfolges hatte darin bestanden, daß man den Feind, der hinter einer geschlossenen Front lag, von hinten angriff und im Frontalangriff eine Bresche schlug, bevor man ihn einkesselte. Diese Spaltung der feindlichen Truppenmassen in zwei Teile hatte den Sieg nicht um einen einzigen Tag verzögert. Die Front war beim ersten Ansturm überall durchstoßen worden. Der Russe ist ein hartnäckiger Gegner, der das Terrain hervorragend auszunutzen versteht und sich oft mit äußerster Bitterkeit schlägt. Aber selbst im Verteidigungskrieg, der ihm am besten liegt, war er nicht imstande, der deutschen Infanterie zu widerstehen. Hitler behauptete, daß der schlechteste seiner Soldaten immer noch besser sei als der beste des Gegners. Seine bisherigen Siege schienen ihm recht zu geben.
Die Operationen an den Flügeln der Gesamtfront brachten zwar nicht so glänzende

Erfolge wie die Kämpfe im Mittelabschnitt, doch waren hier auch nicht jene Katastrophen eingetreten, welche Hitlers Generale aufgrund der weiten Auffächerung der Kräfte befürchtet hatten.
Im Norden rechnete man mit dem baldigen Fall Leningrads, als Hitler am 15. September den Belagerern ihre Flugzeuge und Panzer nahm. Schlüsselburg war im Sturm von der 20. motorisierten Division genommen. Das XXXXVI. Panzerkorps hatte die äußeren Verteidigungslinien durchbrochen und den Stadtrand erreicht. Die 1. und die 291. Division hatten sich einen Weg bis zum Finnischen Meerbusen gebahnt und dabei mehrere Sowjetdivisionen im Kessel von Oranienbaum eingeschlossen. Im eisigen Schneeregen wurde der Belagerungskrieg fortgesetzt. Dagegen hatte die 16. Armee den Wolchow überschritten und drang auf Tichwin vor.
Im Abschnitt der Heeresgruppe Süd stießen die 6. und 17. Armee durch die großen Industriegebiete des Donez vor. Ganz im Süden hatten Kleist und Manstein am Ufer des Asowschen Meeres eine russische Armee vernichtet, wobei sie 65 000 Gefangene machten. Die Panzergruppe setzte ihren Marsch in Richtung Rostow fort, während die 11. Armee die Landenge von Perekop durchbrach und dann weiterzog, die Krim zu erobern.
Derartig zerstreute Bewegungen schufen zwischen den Armeen Lücken, welche die Generale mit Schrecken bemerkten und wieder zu schließen versuchten. Hitler wachte darüber, daß sie sich nicht von ihren Bedenken überwältigen ließen. Er war unzufrieden mit Stülpnagel und enthob ihn seines Kommandos. An die Spitze der 17. Armee setzte er Hoth, dessen Panzergruppe von Reinhardt übernommen wurde. Hitler griff zweimal ein, weil die Gruppe Rundstedt nach Norden zog und versuchte, den Anschluß an die Offensive des Mittelabschnittes zu finden. Die Wolga und das Kaspische Meer mußten vor Weihnachten erreicht werden, damit das Petroleum des Kaukasus der deutschen Kriegswirtschaft im Jahre 1942 zur Verfügung stand.
Plötzlich brach in Moskau eine Panik aus. Der Fall von Orel und Wjasma ließ keinen Zweifel mehr, daß die Deutschen sich nun der Hauptstadt näherten. Die Zensur unterdrückte zwar alle Nachrichten, aber die in der Hauptstadt umgehenden Gerüchte malten die Lage noch viel dunkler, als sie in Wirklichkeit war. Am 15. Oktober konnte den Einwohnern Moskaus nicht mehr verheimlicht werden, daß das Diplomatische Korps und die Regierung die Stadt verließen. Ein überfüllter Zug entführte die Gesandten in unbekannte Richtung, ein weiterer die Minister, die hohen Beamten und das Ballett des Bolschoitheaters. Die Züge mußten auf offener Strecke stundenlang warten, um Militärzüge durchzulassen, und kamen erst nach fünf Tagen in der 900 Kilometer von Moskau entfernten Stadt Kuibyschew an der Wolga an. Im Regierungszug fehlte einer: Stalin. Er war im Kreml geblieben. Wir wissen nicht, ob es seine Absicht war, mit Moskau unterzugehen, oder ob er damit rechnete, die provisorische Hauptstadt doch noch im letzten Augenblick erreichen zu können.

Was damals in Moskau wirklich geschah, ist heute noch nicht sicher festzustellen. Nach der offiziellen Geschichtsschreibung nahm die Kommunistische Partei die Verteidigung in die Hand, rief die Massen auf, hob die Arbeiter aus und identifizierte sich mit der patriotischen Entschlossenheit der Hauptstadt und der Nation. Nach anderen Quellen löste sich die Kommunistische Partei auf, die hohen Funktionäre flohen, und die einfachen Parteigenossen verhielten sich ruhig oder versteckten sich. Es kam zu Aufruhr, Plünderungen und tätlichen Auseinandersetzungen mit der Polizei. Erst Militär schuf wieder Ruhe in der Stadt. Schukow, der aus Sibirien kam, ersetzte Timoschenko, den Stalin als Befehlshaber nach dem Süden geschickt hatte. Schukow übernahm den Oberbefehl über die Mittelfront. Er rief den Belagerungszustand aus, unterdrückte alle Unordnung, ließ fliehende Soldaten, die in den Vorstädten aufgetaucht waren, füsilieren. Die ganze Bevölkerung wurde requiriert und zum Bau von Panzergräben rings um die Hauptstadt kommandiert. Von oben sahen die deutschen Flieger einen von schaufelnden Menschen wimmelnden Gürtel um Moskau, auf den sie Flugblätter herunterregnen ließen, welche ›die lieben Moskauer Damen‹ aufforderten, ›sich nicht so viel Mühe zu geben, denn die großen Panzer werden die kleinen Gräben schon wieder zufahren‹. Der russische Rundfunk verkündete patriotische Parolen und erinnerte an 1812. Die Straßen nach Osten aber waren voller Flüchtlinge, und der Kasan-Jaroslawl-Bahnhof wurde von riesigen Menschenmengen belagert.

Schlamm und Partisanen

Am 14. Oktober erhielt die Heeresgruppe Mitte neue Befehle. Sie sollte Moskau einschließen. Die 9. Armee und die 3. Panzerarmee sollten nach Rschew und Kalinin vorstoßen. Die 4. Panzerarmee sollte die Stadt im Norden umgehen. Die 4. Armee hatte die Front Moschaisk–Kaluga zu erreichen, um dann bis zu den westlichen Vororten Moskaus weiter vorzudringen. Die 2. Armee sollte nach Säuberung des Kessels von Brjansk nach Südosten marschieren, um die Bresche, die sich zwischen der Heeresgruppe Mitte und der Heeresgruppe Süd aufgetan hatte, zu schließen. Der Panzergruppe Guderian, die in 2. Panzerarmee umbenannt worden war, wurde befohlen, Tula und Kolomna einzunehmen. Wie im Falle Leningrads untersagte der Führer die Entgegennahme einer Kapitulation der Stadt. Man solle die Bevölkerung durch Hunger und Bombardements zur Flucht zwingen, damit sie durch ihren Exodus das Chaos in den östlichen Provinzen Rußlands noch vermehre. Man werde erst nach Moskau einziehen, wenn die Stadt leer sei. Ein Sonderbefehl schrieb vor, den Kreml sofort in die Luft zu sprengen.

Wieder einmal waren die Generale mit Hitlers Anweisungen nicht einverstanden. Bock betrachtete sie als undurchführbar. Er wollte seine Kräfte enger sammeln und direkt auf Moskau vordringen, die Stadt im frontalen Sturm nehmen und dort bis zum Ende des Jahres 1941 stillhalten. Hitler aber zeichnete schon auf seinen Karten die Achsen für späteres Vordringen: Kalinin–Jaroslawl, Moskau–Gorki, Kursk–Saratow. Noch immer wollte er vor Weihnachten an der Wolga stehen.
In Wirklichkeit war selbst die vergleichsweise bescheidene Bewegung, die Bock im Auge hatte, zu jenem Zeitpunkt unmöglich: Die Schlammperiode war ausgebrochen. Die anhaltenden Regenfälle, vermischt mit Schnee, hatten am 10. Oktober begonnen. Die Deutschen waren auf den Regen gefaßt gewesen, hatten sich aber kein rechtes Bild von seinen Auswirkungen gemacht. Alle Flüsse traten über ihre Ufer. Riesige Überschwemmungen bildeten unüberschreitbare Hindernisse. Die Fahrzeuge sanken in den grundlosen Wegen bis zur Achse ein, die Pferde bis zum Bauch. Die Soldaten marschierten im Schlamm, der in die Schaftstiefel eindrang, die Uniform verklebte, Gesichter, Waffen und Proviant verschmutzte. Das Aufstellen von Feldzelten war nicht mehr möglich, und da die Häuser heruntergebrannt waren, ließen sich die erschöpften Soldaten einfach in den Schlamm fallen. Die Truppen waren gegen die unangenehme naßkalte Witterung nicht durch geeignete Kleidung geschützt. Anforderungen von Winterausrüstung blieben unbeantwortet. Es kam übrigens überhaupt nichts mehr aus der Etappe, außer ein wenig Brot. Unter großen Anstrengungen hatten die Pioniere die Eisenbahnlinien bis Smolensk, Gomel und Dnjepropetrowsk wieder repariert, aber das Verlegen der dritten Schiene war noch nicht abgeschlossen, und mangels russischen Eisenbahnmaterials blieb die Transportkapazität äußerst niedrig. So rollten über die Linie nach Moskau pro Tag nur zwei Züge mit 400 Tonnen Nachschub. Selbst die frontnächsten Bahnhöfe lagen oft 200 Kilometer hinter der kämpfenden Truppe. Die Lastwagen, die für europäische Straßen gebaut waren, versanken im Schlamm und brachen auseinander. Es wären Schneeketten und Raupenschlepper notwendig gewesen, um die Fahrzeuge zu ziehen. Aber derartige Dinge waren bestenfalls für den nächsten Herbstfeldzug vorgesehen. In der schwarzen Erde der Ukraine war der Schlamm am schlimmsten. Ein ukrainisches Sprichwort sagt: ›Im Herbst gibt ein Löffel voll Wasser einen Eimer voll Schlamm.‹ Außer in den Industriegebieten gab es keine festen Straßen. Die Panzergruppe Kleist, die auf Rostow zumarschierte (sie war in der Zwischenzeit in 1. Panzerarmee umbenannt worden), mußte den ersten Frost abwarten, um die Mehrzahl ihrer Fahrzeuge wieder flottmachen zu können. Jeder Nachschub hatte aufgehört, und die Truppen ernährten sich von dem wenigen, was sie im Land vorfanden. Der Umfang der Zerstörungen erschreckte sie. Alle Häuser waren niedergebrannt, alle Fabriken geplündert, alle Brücken gesprengt und alle Silos zerstört. Tausende von Rindern verwesten auf den Feldern. Trotzdem konnten die deutschen Truppen eine gewisse Beweglichkeit bei-

behalten, indem sie sich der Panjepferdchen bedienten, die vor die leichten Telegas gespannt wurden. Die meisten deutschen Pferde waren krepiert, und nur die außerordentlich genügsamen Panjepferdchen vermochten noch Arbeit zu leisten.
Im Zentrum war die Lage nicht viel besser. Man sieht zwar auf der Landkarte eine majestätische Linie, die Autostraße nach Moskau, aber was bedeutet eine einzige Straße, wenn fünf Armeen verpflegt werden müssen? Im übrigen war diese ›Rollbahn‹ oft kilometerlang unterbrochen und war ohne Betondecke ständig mit einer dicken Schlammschicht bedeckt. Die endlosen Fahrzeugkolonnen kamen nur sehr langsam vorwärts. Am 20. Oktober war die Geschwindigkeit der motorisierten Fahrzeuge zwischen Gschatsk und Moschaisk drei Kilometer in der Stunde. Am nächsten Tag war aller Verkehr zusammengebrochen. 5000 Lastwagen mit Lebensmitteln, Munition und Treibstoff saßen hoffnungslos im Schlamm fest. Die ›Rollbahn‹ war unbrauchbar geworden. Wie in der Ukraine waren es schließlich die kleinen Pferdchen mit den Bauernwagen, welche die Heeresgruppe vor einer vollständigen Lahmlegung retteten. Neben den Unbilden der Natur machten dem deutschen Nachschub die russischen Partisanen schwer zu schaffen. Karl Marx hatte einer für ihre Freiheit kämpfenden Nation das Recht zugestanden, sich nicht an die Kriegsgesetze zu halten. Massenerhebungen und Partisanenkrieg seien legitime Mittel gegen einen an Kräften überlegenen Gegner. Schon im Jahre 1812 hatten die aufständischen Bauern Stafetten Napoleons abgefangen und Nachzügler massakriert. Die Deutschen hatten die Partisanengefahr, die einer romantischen Vergangenheit anzugehören schien, nicht ernst genommen. Die Sicherheit des Hinterlandes war einem halben Dutzend sogenannter Sicherungsdivisionen anvertraut worden, die man aus alten, schlecht bewaffneten Landsturmmännern gebildet hatte. Der Sicherheitsdienst (SD), der Himmlers SS unterstellt war, hatte seine gefährlichen Terrorspezialisten zur Partisanenbekämpfung abgestellt, aber die militärischen Mittel waren lächerlich: Vier Einsatzgruppen von insgesamt etwa 4000 Mann. Niemand hatte sich vorstellen können, daß der Kampf gegen die Partisanen Form und Ausmaß von wahren Kriegsoperationen annehmen könnte; man glaubte allgemein, daß einige Hinrichtungen, ein paar öffentlich Gehängte, genügten, um der russischen Bevölkerung die Lust zu nehmen, mit der Wehrmacht einen Kleinkrieg zu führen.
Man erkannte bald den Irrtum. Am 25. Juli warnte das OKH das Heer vor Sabotage der Verbindungswege. Im Oktober gab der harte Generalfeldmarschall von Reichenau seiner 6. Armee Unterdrückungsbefehle, von denen Halder erklärte, daß jeder anständige Offizier sie auf seine Fahne schreiben müsse. Aber im friedlichen Ostpreußen konnte Halder sich nicht den unbarmherzigen Charakter des Kampfes ohne Gesetz vorstellen. Versprengte Soldaten wurden von den Partisanen gefoltert, gepfählt und geschändet. Barbarische Repressalien antworteten auf diese barbarischen Handlungen – doch ohne Erfolg. Die ›Partisanenregionen‹ dehnten sich aus. Im Herbst zählte

man elf im Gebiet der Heeresgruppe Nord; eine dieser Gruppen beherrschte ein Gebiet von 100 Kilometer Durchmesser. Im Zentrum waren die waldreichen Gegenden von Brjansk, Orscha, Witebsk sowie die Sumpfgebiete von Borodino, Newel und Glusk Schlupfwinkel, deren Säuberung Zehntausende von Soldaten erfordert hätte. Auf den schlechten Verbindungswegen der deutschen Armee nahmen die Angriffe der russischen Partisanen von Tag zu Tag zu.
Trotz all dieser Schwierigkeiten drangen die deutschen Armeen weiter vor. Am 16. Oktober wurde Odessa von der 4. rumänischen Armee genommen, wo allerdings 70000 Mann der Garnison über das Meer nach Sewastopol evakuiert werden konnten, was eine erstaunliche Leistung darstellte. Zwei Tage später begann die Eroberung der Krim. Die 11. Armee trat zum Angriff auf der Landenge von Perekop an und nahm diese nach zehntägigen Kämpfen. In der Südukraine eroberte die 1. Panzerarmee Stalino und überschritt am 30. Oktober den Mjus, die letzte Verteidigungslinie vor Rostow, dem Tor zum Kaukasus. In der Nordukraine drang die 6. Armee am 24. Oktober in Charkow ein. Bei der Heeresgruppe Mitte war die Säuberung der beiden Kessel von Brjansk am Siebzehnten und Fünfundzwanzigsten abgeschlossen. Die 2. Panzerarmee erreichte am 30. Oktober Tula, das die Division ›Großdeutschland‹ vergeblich mit einem Überraschungsangriff zu nehmen versuchte. Gegenüber von Moskau hatte Marschall Kluge, der sich immer bei der Vorhut befand, seinen Gefechtsstand in Malojaroslawez eingerichtet, und zwar fast in der Feuerlinie selbst. Sein XIII. Korps nahm Kaluga und sein LVII. Korps Borowsk, 80 Kilometer vom Kreml entfernt. Noch höher im Norden drang die 4. Panzerarmee in Richtung der ›Rollbahn‹ vor. Die 7. Infanteriedivision und die 10. Panzerdivision nahmen Dorf und Bahnhof von Dorochowo, wo zum erstenmal die 82. Sowjetdivision festgestellt wurde, die nach dreiwöchiger Eisenbahnfahrt aus der Äußeren Mongolei eingetroffen war. Schließlich näherten sich die 9. Armee und die 3. Panzerarmee Rschew.
Hitler hatte keinerlei Grund zu glauben, der Feldzug in Rußland sei ein Fehlschlag. Er wurde nur ungeduldig wegen der Langsamkeit, mit der die Truppen vorwärtskamen, und maß immer wieder den Weg, der noch bis zur Wolga zurückzulegen war. Er telegrafierte Bock und ließ Guderian sagen, er verstehe nicht, warum er denn seinen Brückenkopf an der Oka nicht mit Hilfe seiner schnellen Verbände erweitere. Aber im ganzen wurde der Feldzugsplan genau durchgeführt. Das OKH selbst war nicht mehr pessimistisch. Die Generale waren der Ansicht, daß die Lage weiterhin günstig bleibe, daß Rußland geschlagen sei und daß es möglich sei, noch vor Wintersanfang die wichtigsten Ziele des Feldzuges zu erreichen. Weder Hitler noch Brauchitsch, noch Keitel, Jodl oder Halder waren nur ein einziges Mal an die Front gefahren, um dort mit eigenen Augen die Bedingungen des Terrains kennenzulernen und sich zu vergewissern, unter welchen Umständen die Truppen gegen den Feind zu kämpfen hatten. Das deutsche Oberkommando beging den gleichen Fehler wie im vergangenen

Jahr das französische Oberkommando: Es führte seinen Krieg abstrakt. Die deutschen Armeen gingen ihrer Erschöpfung entgegen. Der Schlamm tötete. Um gegen Tula vorzudringen, ließ Guderian Knüppeldämme bauen, aber auch diese versanken im Schlamm. Seine schnellen Einheiten, die er nach Ansicht Hitlers nicht einsetzte, konnten unmöglich schneller vorwärtskommen als ein marschierender Mann. Das XXIV. Panzerkorps besaß nur noch 50 Panzer, die Guderian unter dem Befehl von Oberst Eberbach zusammenzog, indem er zwei Panzerdivisionen in eine schwache Brigade umbildete. Die Infanterie war nicht weniger erschöpft. Die offiziellen Verlustziffern wiesen noch nicht einmal 20 Prozent der im Juni eingesetzten Kräfte aus, aber die meisten Kompanien waren in Wirklichkeit nur noch ein Zug. Die Artillerie hatte im Schlamm Geschütze verloren. Die Mannschaften waren ausgehungert. General Heinrici meldete, daß sein Armeekorps seit zehn Tagen kein Brot mehr erhalten habe. Das Schuhzeug war verschlissen, und viele Infanteristen marschierten barfuß in durchlöcherten Stiefeln. Grausam blies der Wind durch die dünnen Uniformen. Viele Soldaten hatten keine Decken, da sie sich während der Hitzezeit von ihnen getrennt hatten. Aber die Armeen marschierten stoisch weiter. Doch war die Moral der Soldaten gesunken, denn nach dem Sieg von Wjasma hatte die nationalsozialistische Propaganda verkündet, die Rote Armee habe aufgehört zu existieren. Bei den Männern an der Front aber, die gegen einen sich ständig regenerierenden Feind kämpfen mußten, riefen die Übertreibungen eines Goebbels nur Verbitterung hervor.

Vom strategischen Standpunkt aus gesehen, war das Charakteristische dieser Offensive das vollkommene Fehlen von Reserven. Alle Divisionen standen in der vordersten Linie. Großräumige strategische Truppenbewegungen, wie sie die Wehrmacht einige Monate vorher noch so erfolgreich durchgeführt hatte, waren nicht mehr möglich. Hitler befürchtete, die Truppen könnten wankelmütig werden und verbot die Schaffung einer Auffangstellung. Um einen Winterfeldzug zu vermeiden, hatte er untersagt, Winteruniformen zu verteilen, und um ein Zurückgehen zu verhindern, verbot er jetzt, rückwärtige Stellungen anzulegen. Und um von Schlamm, Schnee, schlechten Wegen, Abnützung der Panzer und der Schuhe nichts hören zu müssen, weigerte er sich, an die Front zu gehen.

Am 13. November fand eine Besprechung in Orscha statt, zu der Halder die Generalstabschefs der Heeresgruppen befohlen hatte. Er hörte ihre Klagen und ihre Ratschläge an. Leebs Stabschef bezweifelte, daß es möglich sei, die Offensive gegen Tichwin fortzusetzen; Sodenstern überbrachte die kategorische Meinung Rundstedts, die Armee sei erschöpft, der Winter nahe, die Offensive müsse gestoppt werden. Bock dagegen ließ ausrichten, es sei notwendig, den Angriff fortzusetzen. Es habe gefroren und der Boden trage wieder, was erlaube, die eingesunkenen Fahrzeuge wieder flottzumachen und den Nachschub neu zu organisieren. Die Kälte sei noch

Während die Rote Armee immer weiter ins Landesinnere auswich, lief die Kriegsproduktion in Moskau und anderen Rüstungszentren mit Hochdruck weiter. ›Das Ergebnis ist dennoch‹, schrieb Stalin am 3. September 1941 an Churchill, ›daß wir mehr als die Hälfte der Ukraine verloren haben. Das alles brachte die Sowjetunion in tödliche Gefahr.‹ Anglo-amerikanische Materiallieferungen ließen nicht lange auf sich warten.

Lederpolster oder Sandsack – eines der vielen äußeren Merkmale soldatischer Hierarchie vornehmlich in der ersten Phase des Vormarsches. Es verschwand mit der Dauer des Krieges, der unerbittlich seinen Tribut von Offizier und Soldat forderte: Einsatz bis zur völligen physischen Erschöpfung. Von Anbeginn wurde deshalb jede Unterbrechung des Kampfes zur Ruhepause genutzt.

Während der Notzeit der ersten Kriegsmonate gegenüber der deutschen Invasion wurden die russischen Geschütze oft in direktem Beschuß, insbesondere gegen die deutschen Panzer, eingesetzt. Russischer Gegenangriff nach der Vernichtung eines deutschen Fahrzeugs (oben). – Deutscher Hauptverbandsplatz (unten).

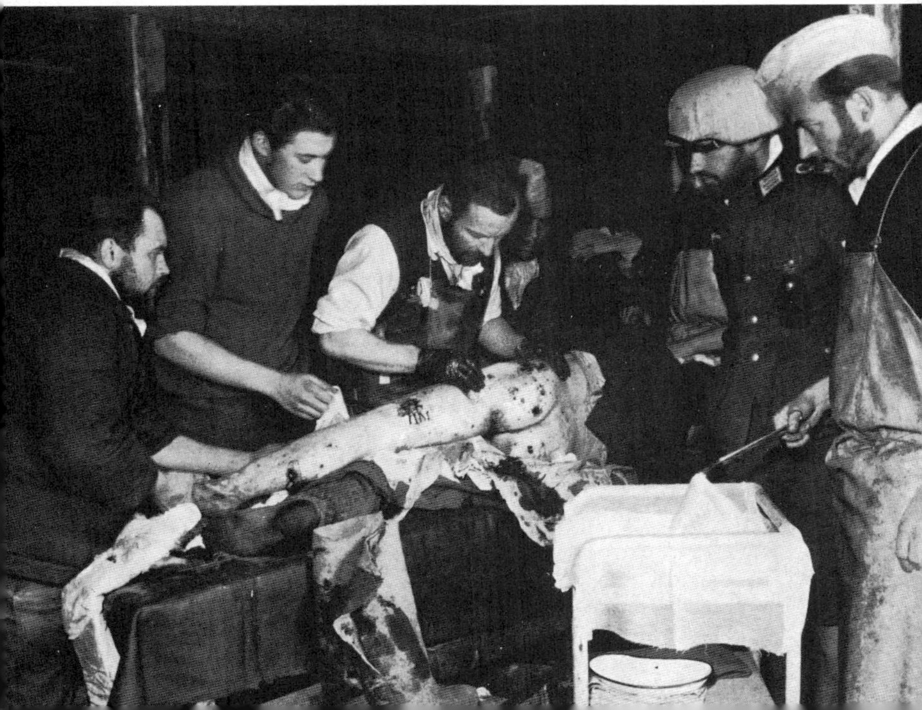

Das Gesicht des Krieges, wie es Freund und Feind Tag für Tag begegnete: Die Bäuerin, die um etwas Brot bettelte; der verzweifelte, verwundete Rotarmist, der um Hilfe flehte; das Kind, dessen Mutter von einer Fliegerbombe erschlagen wurde.

erträglich. Man könne mit vier Wochen Vorwinter rechnen, bevor die niedrigen Temperaturen und der tiefe Schnee einsetzten. Unmöglich sei ein Überwintern in den gegenwärtigen Stellungen inmitten des zerstörten Landes. Man müsse Moskau nehmen oder auf die Stellungen vom Oktober zurückgehen; das bedeute 200 Kilometer Rückzug und die Aufgabe eines mit teurem Blut erkauften Gebietes. Eine letzte Kraftanstrengung sei vorzuziehen. Die Truppen seien bereit, diese letzten Kraftanstrengungen zu leisten, um das Ziel zu erreichen, was sie von Anfang an vor Augen gehabt hätten: die Einnahme von Moskau.

Die Meinung der Generalstabschefs war ohne jegliche Bedeutung, denn Hitler hatte seine Entscheidungen bereits getroffen. Halder war nur sein Sprachrohr. Er übermittelte nun die Befehle, die trotz der schon weit fortgeschrittenen Jahreszeit die Sammelbezeichnung ›Herbstoffensive‹ trugen. Nicht nur Moskau sollte genommen werden, sondern alle Ziele, die für 1941 vorgesehen waren: also Maikop, Stalingrad, Gorki, Wologda und Jaroslawl. Hitler bestand darauf, daß die Wehrmacht keinesfalls vor Erreichung der Linie Onegasee–Rybinsk–Tambow–Don–Rostow haltmachen dürfe. Das bedeutete für die einzelnen Armeen Vormärsche zwischen 200 und 600 Kilometern. Der feindliche Widerstand, meinte Halder, sei nur ein letztes Aufbäumen der Roten Armee vor ihrem Ende. Der Feind sei nicht mehr imstande, eine durchgehende Front von der Ostsee bis zum Schwarzen Meer aufzustellen. Er räume das Land zwischen Don und Wolga, um sich an das Dreieck Moskau–Saratow–Wologda zu klammern. Das sei die letzte Bastion, die ein für allemal zerbrochen werden müsse.

Japan tritt in den Krieg ein

Es war einer der Fehler Hitlers, seine Truppen sich in Rußland erschöpfen zu lassen, während der unbeendete Krieg im Westen sich unweigerlich zu seinem Nachteil wendete. Riesige Kräfte erhoben sich gegen ihn.

England war eine Atempause vergönnt. Die Luftangriffe hatten praktisch aufgehört. Die Zahl der U-Boot-Opfer war von 46 Schiffen im April auf 18 im November gesunken. Die britische Industrie wurde jetzt besser mit Rohstoffen versorgt und konnte das militärische Potential des Landes rasch steigern. Mit 2100 Flugzeugen der ersten Linie war die RAF nunmehr der Luftwaffe auf allen europäischen und afrikanischen Kriegsschauplätzen überlegen. Die Zahl der Landtruppen stieg auf 55 Divisionen. Die Frage war nun, wo die nahezu unangeschlagenen britischen Streitkräfte weiterhin Verwendung finden sollten. In England erhoben sich – von kommunistischer Seite inspiriert – Stimmen, die fragten, ob Churchill Gewehr bei Fuß stehen bleiben wolle, während die UdSSR allein gegen Hitler kämpfen müsse.

Der einzige Kriegsschauplatz, auf dem England seine Landkämpfe zu steigern vermochte, war der Mittelmeerraum. Die Lage war günstig. Die deutschen Luftstreitkräfte auf Kreta waren zum Teil abgezogen worden und befanden sich in Rußland. Die englischen Konvois fuhren wieder die direkte Route nach Alexandria. Malta, das bereits mit einem Angriff wie dem gegen Kreta gerechnet hatte, war wieder zu einem offensiven Luftstützpunkt geworden, von wo aus England den Schiffsverkehr in Richtung Italienisch-Nordafrika kontrollieren konnte. Die deutsch-italienischen Nachschubverluste bei der Überfahrt nach Afrika betrugen 12,5 Prozent im August und stiegen im November auf 63 Prozent. Im November meldete Rommel dem OKW, er habe nur 8093 Tonnen Nachschub bekommen, während man ihm 60000 versprochen habe. Das Afrikakorps zählte jetzt drei Divisionen, die 15. und 21. Panzerdivision und die 90. Leichte Division. Die Italiener stellten eine Panzerdivision, 2 motorisierte Divisionen und 5 Infanteriedivisionen; doch diese Kräfte mußten jetzt bei mangelndem Nachschub Tobruk belagern. Alles arbeitete zusammen, um England die Initiative in Libyen zu ermöglichen.
Churchill dachte bereits weiter. Er arbeitete unter dem Decknamen ›Whipcord‹ einen Invasionsplan für Sizilien aus, der mit englischen Truppen in einer Überraschungslandung durchgeführt werden sollte. Die Generalstabschefs aber waren dagegen. Die Wehrmacht hatte die ersten großen Siege in Rußland errungen, und es bestand die Möglichkeit, daß Hitler im Herbst wenigstens ein Drittel seiner Armee von der Ostfront abzog. Es war also durchaus nicht angezeigt, einen deutschen Gegenschlag zu riskieren, die Verteidigung der englischen Insel zu schwächen und damit die Gefahr einer Invasion wieder heraufzubeschwören.
Man beschied sich also mit der Rückeroberung der Cyrenaika, die unter dem Decknamen ›Crusader‹ durchgeführt werden sollte. Die 8. Armee, die sogenannte Nilarmee, wurde unter den Oberbefehl des Generalleutnants Sir Alan Gordon Cunningham, des Eroberers von Italienisch-Äquatorialafrika, gestellt. Sein Bruder, Admiral Sir Andrew Browne Cunningham, befehligte die Seestreitkräfte und ein neuseeländischer Vizeluftmarschall ähnlichen Namens, Arthur Coningham, hatte den Oberbefehl über die Luftstreitkräfte. Die fünf Brigaden starke Garnison von Tobruk sollte den Ausbruch versuchen, um an der Offensive teilzunehmen. Die Engländer glaubten eine Überlegenheit von 2:1 bei der Panzerwaffe zu besitzen und in der Luft um das Vierfache stärker zu sein. Churchills Tagesbefehl kündigte einen Sieg vom Range Waterloos an.
Die Offensive begann am 18. November bei strömendem Regen. Vier Tage zuvor hatte die englische Marine einen schweren Schlag erhalten, denn eines der ersten U-Boote, die Dönitz im Mittelmeer einsetzte, hatte die *Ark Royal* torpediert, und alle Versuche, den angeblich unsinkbaren Veteranen zu retten, waren gescheitert.
Im Atlantik rückte der Krieg zwischen Deutschland und Amerika immer näher. Am

11. September, nach dem Angriff des Zerstörers *Greer*, gab Roosevelt den Befehl ›Shoot first!‹. Am 31. Oktober schoß der Zerstörer *Reuben James* jedoch nicht rasch genug und wurde von einem U-Boot versenkt, wobei 115 amerikanische Matrosen den Tod fanden.
Die amerikanisch-japanischen Verhandlungen gingen nur zögernd weiter. Der Kaiser wollte den Frieden erhalten und griff verschiedentlich ein, um alle diplomatischen Möglichkeiten auszunutzen, bevor man zu den Waffen griff. Fürst Konoye, der Gesandte Nomura, zahlreiche andere Politiker sowie Teile der Admiralität und der Generalität strebten das gleiche Ziel an. Abgesehen von einer fanatischen Minderheit, hatte man eine sehr hohe Meinung von der militärischen Stärke der USA. Die Aussicht auf einen Krieg mit dem Riesen jenseits des Pazifiks war nicht sehr ermutigend. Andererseits befand sich Japan in großer Verlegenheit. Es hatte sich auf den ›chinesischen Zwischenfall‹ eingelassen und konnte kaum seine Eroberungen wieder aufgeben und zu dem Prinzip der offenen Tür zurückkehren. Es hatte sich für Südostasien entschieden und damit für die Reichtümer Indochinas und Indonesiens. Darauf zu verzichten, hätte bedeutet, daß die japanische Industrie in der Rohstoffversorgung weiterhin von Dritten abhängig blieb. Das aber war das Ziel der amerikanischen Politik Japan gegenüber. Am 26. Juli 1941 verhängte es ein Rohölembargo über das Inselreich. Japan hatte Treibstoff für ein Jahr Krieg eingelagert. Wenn der Krieg schon kommen mußte, dann war es besser, er kam sofort.
Am 6. September berieten unter dem Vorsitz des Kaisers die maßgeblichen zivilen und militärischen Führer Japans. Die Nervosität war auf ihrem Höhepunkt angelangt. Die feinfühligen Japaner waren sich der Bedeutung dieser Konferenz bewußt. Man stellte eine Liste der Mindestbedingungen auf: Nichtintervention der Westmächte in der Chinafrage, Freigabe der gesperrten japanischen Guthaben in den USA und Einstellung der amerikanischen Kriegsvorbereitungen im Pazifik. Sollte sich Anfang Oktober herausstellen, daß es unmöglich sei, die Annahme dieser Bedingungen auf diplomatischem Wege zu erreichen, so mußte man eben Krieg führen. Japan ließ dem Frieden noch eine Galgenfrist von einem Monat.
Die verbliebene Zeit versuchte Fürst Konoye zu nutzen. Der erfahrene Staatsmann, der bereits die heftigsten politischen Erschütterungen Japans überstanden hatte, entsandte zur Unterstützung von Admiral Nomura den mit einer Amerikanerin verheirateten Diplomaten Sabura Kurusu in die USA. Konoye glaubte immer noch, daß ein Vergleich möglich sei. Aber am 7. Oktober ersuchte sein Kriegsminister, General Tojo, ihn um eine Audienz. Dabei legte er ihm ein Ultimatum der Armee vor, die nicht zulassen wollte, daß die Möglichkeit einer Räumung Chinas bei den Verhandlungen mit den Vereinigten Staaten überhaupt in Betracht gezogen werde. Konoye hatte begriffen. Er demissionierte – diesmal endgültig.
Neuer Ministerpräsident wurde General Tojo selber. Die Trennungslinie zwischen

Krieg und Frieden war überschritten. Unbeeinflußt von den politischen Fluktuationen war der Angriff auf Pearl Harbor schon seit zehn Monaten vorbereitet worden. Der Urheber dieser Idee war der Oberkommandierende der japanischen Flotte, Admiral Isoroku Yamamoto. Er kannte die Stärke Amerikas ganz genau und hätte einen Krieg im Pazifik lieber vermieden. Wenn er aber nicht zu umgehen war, dann war es noch besser, er fand unter den für Japan günstigsten Bedingungen statt. Dieser Krieg mußte in Anbetracht der bescheidenen Mittel Japans rasch geschlagen werden. Mit den notwendigen Eroberungen, nämlich Hongkong, Malaya, Singapur, Sumatra, Borneo und Java durfte man nicht mehr lange warten. Man überprüfte die militärischen Möglichkeiten. Der Krieg in China hatte die Kräfte der Nation äußerst angespannt. Die Landtruppen waren nur gering an Zahl, doch auch die englischen, amerikanischen und holländischen Kräfte in Südostasien waren nur mittelmäßig und überdies weit verstreut. Japans Stärke zur See garantierte eine rasche Besetzung aller Halbinseln und Archipele. Die Marine besaß 10 Schlachtschiffe, 10 Flugzeugträger, 35 Kreuzer, 111 Zerstörer, 64 Unterseeboote. Ferner waren die *Yamato* und die *Musashi* mit 63 000 Tonnen und 40-cm-Geschützen fast fertiggestellt. Bei einer Überraschungsstrategie war es dieser Seemacht durchaus möglich, große Anfangserfolge zu erzielen.

Skeptisch sah Yamamoto den Ereignissen entgegen, die dann erfolgen mußten. Amerika würde zum Gegenangriff antreten. Hawaii war eine günstige Ausgangsstellung, um die japanischen Seeverbindungen anzugreifen. Es war also nur vernünftig, dieser Gefahr zuvorzukommen, indem man der amerikanischen Flotte derartige Verluste zufügte, daß sie während einer bestimmten Zeit auf jede Offensive verzichten mußte. Yamamoto bedachte wohl, daß Amerika diese Verluste wieder ausgleichen und sogar noch mehr Schiffe bauen würde, aber dazu waren zwei oder drei Jahre nötig. Diese Frist würde Japan erlauben, sich in weiten, seinen Eroberungen vorgelagerten Seegebieten festzusetzen, alle Angriffe abzuwehren und den allgemeinen Frieden abzuwarten.

Die Ausarbeitung des Überraschungsangriffs auf Pearl Harbor begann im Januar. Yamamoto beauftragte mit der Ausarbeitung der taktischen Einzelheiten des Luftangriffs Admiral Tahijiro Onishi, der den hervorragenden See- und Lufttaktiker, den sechsunddreißigjährigen Fregattenkapitän Minoru Genda hinzuzog. Als Versuchsgelände wurde die Bucht von Kagoschima auf der Insel Kiuschiu im äußersten Süden des Inselreichs ausgesucht, da sie am ehesten der Reede von Pearl Harbor glich. Ein hervorragender Spionagedienst, der im japanischen Generalkonsulat von Honolulu seinen Sitz hatte, beschaffte alle notwendigen Nachrichten und Unterlagen. Der Angriff wurde mehrfach gründlich durchgespielt.

Bei den höchsten Kommandostellen lehnte man den Plan Yamamotos ab. Der Kommandant der Flugzeugträger, Admiral Chuichui Nagumo, glaubte nicht an einen

Erfolg. Admiral Onishi selbst verlor den Mut und riet seinem Freund Yamamoto, den Plan aufzugeben. Aber Yamamoto war eigensinnig. Er drohte vom Oberbefehl der vereinigten Flotten zurückzutreten, falls sein Plan eines Überraschungsangriffs auf Pearl Harbor nicht akzeptiert werden sollte. Yamamoto setzte sich durch. Der Gesamtkriegsplan wurde am 5. November vom kaiserlichen Hauptquartier einstimmig angenommen. Wenn es nicht im letzten Augenblick zu einem diplomatischen Arrangement käme, sollte der Angriff auf Pearl Harbor am 8. Dezember stattfinden, was dem 7. Dezember auf den hawaiischen Inseln entsprach. Der 10. Dezember wäre wegen des Mondes günstiger gewesen, aber der 7. war ein Sonntag, und die Amerikaner hatten die Gewohnheit, ihre Schiffe am Samstag im Hafen ankern zu lassen, damit ihre Matrosen nicht das Weekend versäumten.

Am 10. November verließen die für den Angriff vorgesehenen Schiffe einzeln den Flottenstützpunkt von Kure. Sie begaben sich nach der einsam gelegenen Bucht von Hitokappu bei den Kurilen. Der Winter hatte schon begonnen und Schnee bedeckte die ganze Inselgruppe. Die frierenden Besatzungen hatten nicht die geringste Ahnung, warum so viele Schiffe auf einem so verlassenen Punkt versammelt wurden. Die Piloten der Flugzeuge dagegen wußten es. Am 5. Oktober hatte Yamamoto sie an Bord der *Akagi* in der Bucht von Shibushi versammelt und ihnen das Ziel und das voraussichtliche Datum des Angriffs mitgeteilt. Die allgemeine Ansicht bei den Piloten war, daß es sich um ein Selbstmordkommando handle. Dann erhielten sie acht Tage Urlaub. Mehrere hundert junge Männer waren nun Träger des größten Kriegsgeheimnisses und gleichzeitig überzeugt, daß sie zum Tode verurteilt seien. Sie zerstreuten sich über ganz Japan, aber kein Wort drang an die Öffentlichkeit.

Einer, der von all dem nicht die geringste Ahnung hatte, war Adolf Hitler. Man gab ihm Gleiches mit Gleichem zurück. Die totalitäre Allianz sollte noch einmal einen Donnerschlag auslösen, der von Freund und Feind gleichermaßen nicht erwartet war.

Am Stadtrand von Moskau. Die Wehrmacht kehrt um

An der russischen Front kam wieder Leben in die deutsche Armee. Eine nach der anderen kamen die Kanonen wieder zu ihren Batterien und die Lastwagen zu den Kolonnen. Die Bahnstrecken wurden wieder in Betrieb genommen. Sie reichten jetzt bis Rschew und Moschaisk. Die Moral der Truppe stieg an. Bei Nacht fiel das Thermometer bis auf minus 15 Grad, aber die strahlende Sonne machte die Kälte am Tag erträglich. Der Name Moskau übte eine magische Wirkung aus. Hatte man erst die Hauptstadt erobert, würde der Krieg bald aus sein. Viele Soldaten rechneten damit, Weihnachten wieder in der Heimat zu sein.

Aber die Lage hatte sich gründlich geändert. Die deutsche Armee war bis zum äußersten vorwärts getrieben worden. Hitler hatte in seinem Siegeswahn vollkommen vergessen, daß erfolgreiche Schlachten Nachschub erfordern. Ersatzmaterial, Truppenreserven und die notwendigen gewaltigen Mittel zum Wiederaufbau des Hinterlandes fehlten. Von der Ostsee bis zum Schwarzen Meer trat die Wehrmacht mit weniger als 1900 Panzern und 1000 Flugzeugen an. An frischen Truppen waren seit dem Beginn des Rußlandfeldzuges lediglich zwei Panzerdivisionen, einige Sondereinheiten, ein italienisches Armeekorps, die spanische ›Blaue Division‹ und französische, holländische, flämische, wallonische, dänische, norwegische sowie kroatische Freiwilligeneinheiten gekommen.

Rußland hatte seine Hilfsquellen herangezogen. Die Fabriken im Ural arbeiteten seit sechs Monaten, ohne daß eine einzige Bombe den Arbeitsrhythmus gestört hätte. Die Truppen aus dem Fernen Osten wurden jetzt an der Front eingesetzt. Moskau hatte alle Vorzüge einer Großstadt: Kasernen, Arbeitskräfte, Vorräte an Lebensmitteln, Treibstoff, Flugplätze mit betonierten Landebahnen, Eisenbahneinrichtungen und anderes mehr. Die vorgeschobene Stellung, die Schukow gebaut hatte, war eine befestigte Zone von mehreren Kilometern Tiefe, die von Klin ausging, dem Lauf der Istra folgte, die Moskwa bei Swenigorod überquerte, die Rollbahn bei Kubinka schnitt, dann dem Lauf der Nara bis zu ihrer Mündung in die Oka folgte und schließlich bei dem Endpfeiler Tula endete. Die Wälder, die Moskau umgaben, trugen zur Verteidigung bei. Die Felder waren mit Minen geradezu gepflastert, überall hatte man Hindernisse und Drahtverhaue errichtet, sämtliche Brücken waren mit Sprengladungen versehen.

Am 17. November begann der Angriff bei klarem Winterwetter. Die Kämpfe waren vom ersten Augenblick an äußerst heftig. Nordwestlich von Moskau sahen die Besatzungen der 2. Panzerdivision mit großem Erstaunen aus dem Wald von Wolokolamsk eine ganze Division mongolischer Kavallerie hervorbrechen, die mit gezogenem Säbel unter dem Feuer der Artillerie und der Panzer angriff. Einige Tage später erbeutete dieselbe deutsche Division den ersten britischen Panzer, dessen Besatzung sich verächtlich über die ›Konservenbüchsen‹ äußerte, die ihnen Churchill schicke. Trotz des starken Widerstandes machten die beiden angreifenden Flügel gute Fortschritte. Im Norden näherten sich die 3. und die 4. Panzerarmee Klin, erreichten den Moskau-Wolga-Kanal und durchbrachen im Sturm den Befestigungsgürtel. Im Süden kämpfte Guderian in einer weniger bewaldeten, relativ dicht besiedelten Industriegegend: Jefremow, Jepifan, Dedilowo, Bolschowo sowie das Gut Jasnaja Poljana, wo Tolstoj *Krieg und Frieden* geschrieben hatte. Guderian versuchte seine Armee nach Norden zu lenken, um die Oka zu überschreiten, aber seine rechte Flanke war ungeschützt und wurde von Tula her bedroht.

Von der Heeresgruppe Süd trafen in Rastenburg hervorragende Nachrichten ein.

Rundstedt hatte am 21. November Rostow eingenommen. Manstein belagerte Sewastopol, nachdem er die übrige Krim im Sturm erobert hatte. Im Norden hatte die Heeresgruppe Leeb Tichwin genommen und damit ihren Chef Lügen gestraft, der gesagt hatte, er habe weder die nötigen Kräfte noch das notwendige Material für ein derartiges Unternehmen zu dieser Jahreszeit. Das bestärkte Hitler in seinem Prinzip, von den Generalen das zu verlangen, was sie unmöglich nannten, um das Minimum seiner Wünsche zu erreichen.

Bei der Gruppe Mitte wurde die Lage plötzlich kritisch. Am 20. November brach eine vorzeitige Kältewelle, begleitet von starkem Schneefall, über ganz Zentralrußland herein. Das Thermometer fiel auf minus 30 Grad. Viele Kraftfahrzeuge waren ausgefallen, weil die vorhandenen Frostschutzmittel bei diesen Temperaturen versagten. Schnee und Glatteis lähmten die Transporte. Der Nachschub an Lebensmitteln und Treibstoff war unterbrochen. Da man nicht die Motoren dauernd laufen lassen konnte, mußten die Panzer mit großen Holzfeuern angewärmt werden, damit die Motoren überhaupt ansprangen. Die Leiden der Truppen waren unbeschreiblich. Die Regimenter meldeten 400 Erfrierungsfälle. Die Rückführung Verwundeter war äußerst schwierig, und unter den Zelten der Feldlazarette erfroren die Verletzten. Die Mannschaften erhielten nicht die kleinste warme Mahlzeit, und viele Soldaten besaßen nur Drillichhosen wie im August. Aber die Armee griff weiterhin an. Die 3. und 4. Panzerarmee nahmen Klin, überschritten den Moskau-Wolga-Kanal und unterbrachen die Eisenbahnlinie Moskau–Leningrad. Aber das menschliche Leistungsvermögen hatte seine Grenze erreicht. Die Verluste an Offizieren waren ungeheuer, viele Kompanien wurden von Feldwebeln oder Unteroffizieren geführt und einige Regimenter von Leutnants.

Am Dreiundzwanzigsten verließ Guderian seinen Gefechtsstand von Jasnaja Poljana und flog nach Orscha, um Bock die Frontlage zu schildern. Er schlug vor, die Offensive abzubrechen, die Panzer als Befestigungswerke zu benützen, die Etappe richtig auszustatten und Moskau im Frühjahr zu nehmen. Bock ließ ihn reden, dann nahm er das Telefon und rief Angerburg an. Er wiederholte Wort für Wort, was Guderian ihm eben gesagt hatte. Halder antwortete, es könne keine Rede davon sein, die Einnahme von Moskau zu verschieben. Die Offensive müßte mit letzter Energie weitergeführt werden. Das OKH kannte den Entschluß des Führers und weigerte sich, ihn mit den Klagen der Frontsoldaten zu behelligen.

Sieben Tage später, am 30. November, wurde dem Oberkommando eine unzweideutige Warnung erteilt. Einer der erfolgreichsten Truppenführer des Frankreichfeldzugs, Generalfeldmarschall von Rundstedt, wurde entlassen.

Rundstedt hatte Rostow genommen. Die Stadt war vollkommen vermint und flog buchstäblich unter den Schritten der SS-Division ›Leibstandarte Adolf Hitler‹ in die Luft, die als Vorhut des 3. Panzerkorps einzog. Die Brücken wurden gesprengt,

Partisanen verteidigten die Vorstädte, und die 128. Sowjetdivision unternahm einen hartnäckigen Gegenangriff auf dem gefrorenen Don. Im Norden der Stadt brachen die 37. und die 9. Sowjetarmee in eine Frontlücke ein und drohten, den rechten Flügel der 1. Panzerarmee zu umfassen. Die 13. und 14. Panzerdivision unter Manteuffel machten kehrt und stoppten den Angriff. Rundstedt war der Ansicht, daß die Spitze von Rostow zu gewagt sei und befahl einen allgemeinen Rückzug hinter den Mjus. Es war dies das erstemal seit dem Beginn des Krieges, daß eine deutsche Armee sich zurückzog. Rostow, das Tor zum Kaukasus, ging den Deutschen nach einer Woche wieder verloren. Das war ein Weltereignis. Seinen Bericht über den von ihm befohlenen Rückzug hatte Rundstedt mit den Worten geschlossen, er könne die Verantwortung über die Heeresgruppe Süd nicht weiter übernehmen, wenn diese seine Entscheidung nicht gebilligt werde. Die Anordnung, seinen Oberbefehl an Generalfeldmarschall von Reichenau zu übergeben, war die sofortige Antwort. Reichenau erhielt gleichzeitig den Befehl, Rostow sofort wiederzuerobern. Er flog zum Gefechtsstand Kleists und überzeugte sich vom Ernst der Lage. Als alter Hitleranhänger wagte er es, dem Führer telefonisch mitzuteilen, daß es tatsächlich keine andere Möglichkeit gebe, als die Front durch einen Rückzug auf den Mjus zu verkürzen. Hitler gab nach. Rundstedt war bereits nach Deutschland zurückgekehrt, seine Ablösung wurde nicht rückgängig gemacht.

Der Don, der in der Nähe von Rostow ins Asowsche Meer mündet, entspringt nahe bei Tula. Eines der Korps von Guderian, das LIII. Panzerkorps, überschritt den Oberlauf am 26. November und machte dabei 4000 Gefangene und eroberte 42 Geschütze. Die Russen unternahmen aber einen Gegenangriff mit der 239. sibirischen Division gegen die 29. motorisierte Division. Diese mußte dem Ansturm weichen und ließ auf dem verschneiten Schlachtfeld zahllose Gefallene zurück. Nur mit Mühe fing sie sich wieder. Guderian befürchtete schon, dieser schwere russische Stoß könne die Auflösung seiner ganzen Armee zur Folge haben. Bei aller Anstrengung konnten die Deutschen in diesem Abschnitt die Entscheidung nicht erzwingen.

Im Norden von Moskau stieß Hoepner weiter vor. Er nahm Dimitrow am Moskau-Wolga-Kanal, 32 Kilometer vom Kreml entfernt. Er eroberte Istra nach erbarmungslosen Kämpfen zwischen der SS-Division ›Das Reich‹ und der 78. sibirischen Division. Aber die Bedingungen wurden immer schwieriger. Die Nacht hörte erst um 10 Uhr morgens auf, und um 3 Uhr nachmittags war es schon wieder dunkel. Das Thermometer fiel auf minus 40 Grad. In der Etappe froren die Lokomotiven ein, an der Front konnten die Geschützverschlüsse nicht mehr geöffnet werden, und die automatischen Waffen funktionierten nicht mehr, weil das Fett hart geworden war. Die Panzer blieben liegen. Die Margarine war marmorhart gefroren, und das Brot mußte mit dem Beil zerkleinert werden. Man hatte die seltsame Idee gehabt, einen Zug mit französischem Wein an die Front zu schicken, um die Feldgrauen etwas aufzumuntern.

Dieser Zug kam an, während die Munitionstransporte nicht eintrafen. Aus den Waggons wurden rosafarbene Eisblöcke geladen, denn die Fässer waren geplatzt. Die kleinste Verwundung war tödlich. Die Verbandspäckchen waren hart wie Holz, und ein Verwundeter erfror im Schnee in wenigen Minuten. Die Verrichtung ihrer Notdurft konnte für die Soldaten schwere Erfrierungen zur Folge haben. Nicht einmal jeder Soldat besaß Schal und Handschuhe. Sie bedeckten sich mit allem, was ihnen in die Hände fiel, mit alten Säcken, mit Fellfetzen, die sie in den Hütten fanden. Die Leiche eines russischen Soldaten war für manchen die Rettung, denn die russischen Truppen waren mit wattierten Jacken und dicken Filzstiefeln versehen. Man taute die Toten am Feuer auf, und die Soldaten losten dann um die Kleidungsstücke.
Guderian und Hoepner bedrängten Kluge. Während sie beide angriffen, blieb dessen schwere 4. Armee passiv zwischen der Moskwa und der Oka liegen. Sie hatte die Nara besetzt, einen Seitenfluß der Oka. Gegenüber lagen tiefe Wälder. Kluges linker Flügel reichte bis in die Zone der Datschas, und seine Flügeldivision, die 197., hatte die Ferienkolonie der Moskauer Künstler besetzt. Bei Nacht sahen die Posten die Scheinwerferbündel der Moskauer Fliegerabwehr am Himmel. Die Soldaten warteten stoisch, schützten sich gegen die Kälte so gut es ging und glaubten, daß der Vormarsch wie gewöhnlich weitergehe, sobald die Panzereinheiten den Feind eingeschlossen hätten. Aber Hoepner und Guderian protestierten gegen die Unbeweglichkeit ihres Nachbarn. Die letzte Möglichkeit, Moskau zu nehmen, bestand darin, daß Kluge aus seiner Stellung vordrang, und zwar gleichzeitig mit den Panzerarmeen. Schließlich gab Kluge nach. Die 4. Armee sollte die Offensive am 30. November wieder aufnehmen.
In den fernen, gut geheizten Hauptquartieren begriff man allmählich die Lage der deutschen Truppen. Die Feindberichte erwähnten das Erscheinen von 34 neuen Divisionen an der Front, darunter 20 vor Moskau, alles abgehärtete, sibirische Truppen, die den Winter kannten und gut gegen die Kälte gerüstet waren. Auf deutscher Seite gab es nur noch eine einzige Reservedivision, die 255. Infanteriedivision. ›Die Truppe ist hier am Ende‹, notierte Halder. Aus Orscha gab Bock am 1. Dezember einen langen telefonischen Bericht, in dem folgender Satz alles zusammenfaßte: ›Der Angriff erscheint somit ohne Sinn und Ziel, zumal der Zeitpunkt sehr nahe rückt, in dem die Kraft der Truppe erschöpft ist.‹ Mit diesem Schriftstück begab sich Brauchitsch zu Hitler, um ihm vorzuschlagen, die Offensive gegen Moskau abzubrechen. Doch Hitler schnitt ihm das Wort ab, beschimpfte ihn und die ganze »archaische und dumme Kaste von Berufssoldaten«. Er ließ sich auf nichts ein. »Ich will Moskau, ich werde Moskau haben, Sie werden mich nicht daran hindern, Moskau zu bekommen!«
An der Front hatte die 4. Armee die Nara überschritten und war in die Wälder am linken Ufer eingedrungen. Der Wind trieb einen bleischweren Schnee vor sich her. Die optischen Instrumente versagten. Das Benzin gefror. Wenn man Stahl anfaßte,

blieb die Haut hängen. Von Tula bis Dimitrow taumelten die deutschen Angreifer im Sturm vorwärts wie Betrunkene. Am besten kamen die Soldaten Hoepners voran. Die 106. Division trieb einen Keil bis Krasnaja Poljana, ein 27 Kilometer vor Moskau gelegenes Industriestädtchen. Im Abschnitt der Istra nahm die 35. Infanteriedivision des Generals der Artillerie Freiherr von Roman die Dörfer Alabuschewo, Krjukowo, Matuschkino und entdeckte dabei an einer Straßenkreuzung einen Wegweiser: ›Moskau 22 km‹. Bei der 4. Armee erreichte die Aufklärungsgruppe der 258. Infanteriedivision die Trambahnendstation einer Vorstadt und sah im Rauch der Schlacht die Türme des Kreml. Aber das war nur eine schmale Durchbruchsstelle. In ihrer Gesamtheit waren die Angriffe der 4. Armee erfolglos. Kluge nahm es auf sich, den Angriff zu stoppen.

Im Süden der Angriffsfront hatte Guderian wieder einmal versucht, den Eckpfeiler Tula zu Fall zu bringen. Am 4. Dezember hatte sein XXXXIII. Korps Tula vollkommen eingeschlossen. Der Fall der Stadt war nur noch eine Frage von Stunden. Aber Guderian erkannte den drohenden russischen Gegenangriff. Große Truppenzusammenziehungen an der Oka waren ihm gemeldet worden. Wenn diese Massen auf die weit auseinandergezogene und erschöpfte 2. Panzerarmee losgingen, konnten sie nur siegen.

Am Sonntag, dem 6. Dezember und 168. Tag des Rußlandfeldzuges, fiel trotz strahlenden Sonnenscheins in Jasnaja Poljana das Thermometer auf minus 50 Grad. Jetzt zögerte Guderian nicht mehr. Er meldete Bock telefonisch, daß er seiner Armee den Befehl zur Räumung des Vorsprungs von Tula gegeben hatte. Bock, der die Wahl hatte zwischen einer verlorenen Schlacht und seinem schrecklichen Führer, versuchte zu verhandeln. Er verlangte von Guderian, er sollte sich an die Front begeben und an Ort und Stelle sich ein Bild machen, bevor er eine derartig schwere Entscheidung treffe. »Glauben Sie, ich sei in Orel?« antwortete Guderian. »Ich bin in Jasnaja Poljana und neben meinem Gefechtsstand wird gekämpft.«

Im gleichen Augenblick stoppte Hoepner ebenfalls seinen Vormarsch und beschloß, seine Armee auf die Istra zurückzunehmen. Vor den Toren der feindlichen Hauptstadt kehrten die Deutschen um. Es war ein kostspieliger Rückzug. Hunderte von Panzern und Lastwagen blieben liegen, zum Teil wegen Benzinmangels, zum Teil, weil sie am Boden festgefroren waren. Sie mußten gesprengt werden. Bei den bespannten Einheiten fehlten die Pferde. Es war notwendig, einen Teil des Materials zu opfern, um wenigstens den Rest zu retten. Vom 6. bis 12. Dezember eroberten die Russen unter anderem 386 Panzer, 305 Geschütze und zahlreiche Zugmaschinen.

Das klare Wetter dauerte nicht an. Der Himmel bedeckte sich wieder, Wind kam auf, und die deutschen Soldaten zogen sich in kleinen Gruppen mit umgehängtem Gewehr in einer milchigen Dämmerung zurück, nachdem um die Mittagszeit leichter Schneefall eingesetzt hatte. Der zweite große Rückzug in Rußland hatte begonnen.

Moskau war gerettet. Die Deutschen galten nicht mehr als unbesiegbar. Adolf Hitler hatte seine Schlacht von Moskau verloren, seinen Krieg in Rußland und seinen Krieg überhaupt. Er hätte seinen Gegner in der ersten Runde schlagen müssen, aber seine Schläge waren nicht stark genug. Rußland hatte dank seiner riesigen Ausdehnung wieder aufatmen können. Von nun an war es nicht mehr zu schlagen, es konnte sich auf die Westmächte stützen und sich mit seinem ganzen Gewicht gegen Deutschland wenden. Was Hitler von diesem Moment an unternahm, konnte seinen Untergang nur hinauszögern.
Am 6. Dezember traten die Russen zum Gegenangriff gegen den linken Flügel der Heeresgruppe Mitte an, am 7. Dezember gegen den rechten Flügel. Den Deutschen standen keine Reserven mehr zur Verfügung. Die sich zurückziehenden Truppen mußten sich selber wieder sammeln. Die einzig mögliche Auffanglinie war die Düna-Dnjepr-Linie. Das bedeutete einen Rückzug von 500 Kilometern.
Der Rückzug im russischen Winter hatte die Grande Armée vernichtet, warum sollte es 1942 anders ausgehen als 1812? Es herrschte eisige Kälte, und die Wege waren entsetzlich. Riesige Materialmengen hinderten die deutschen Armeen am raschen Rückzug. Zwei Drittel der deutschen Streitkräfte waren vor Moskau zwischen Dimitrow und Tula an einem Frontabschnitt von 300 Kilometern Länge versammelt. Die Flügel waren noch sehr schwach. Die an den Winter gewöhnten Russen kämpften auf eigenem Gebiet. Die Moral der deutschen Soldaten war gesunken, der Traum von der Eroberung Moskaus verflogen. Guderian war verzweifelt, als er durch die weißen Ebenen zog und im Schneesturm die in Lumpen gehüllten Gespenster, die einstmals die Sieger von Sedan waren, vorbeiwanken sah.
Da nahm der Krieg eine neue, ungeahnte Ausdehnung an. Es kam Pearl Harbor.

XIII. Kapitel 7. bis 31. Dezember 1941
Japan greift an

Die japanische Flotte läuft aus

Die Fahrt war sehr beschwerlich. Auf mehreren Schiffen wurden Matrosen durch Brecher von Bord gespült. Es war empfindlich kalt, und der Nebel erschwerte die Orientierung. Das war der Nachteil der Nordroute, dafür hatte sie den Vorteil, wenig befahren zu sein. Man war einem einzigen Schiff begegnet, einem Japaner.

Die Flugzeugträger fuhren in doppelter Kiellinie, gefolgt von zwei alten Schlachtschiffen, *Hiei* und *Kirishima;* zwei Zerstörer deckten die linke Flanke, drei Unterseeboote die rechte, während zwei schwere Kreuzer, *Tone* und *Chikuma*, zu beiden Seiten der Formation liefen; sieben weitere Zerstörer sicherten nach vorne. Acht Tanker und Versorgungsschiffe bildeten die Nachhut. Sie und die Notwendigkeit, Treibstoff zu sparen, zwangen zu langsamem Tempo. Zwei der sechs Träger, die *Akagi* und die *Kaga*, waren umgebaute Schlachtschiffe. Von den anderen hatten die *Hiryu* und die *Soryu* nur jeweils 17500 Tonnen, während die beiden modernsten, die *Shokaku* und die *Zuikaku*, 26000 Tonnen groß waren. Zusammen trugen sie 423 Flugzeuge: Jäger, Horizontalbomber, Sturzbomber, Torpedoflugzeuge. Es war die größte Luftflotte, die sich bisher auf See gewagt hatte.

Der Entschluß, auch Torpedoflugzeuge mitzunehmen, hatte zu großen Schwierigkeiten geführt. Ein von einem Flugzeug abgeworfenes Torpedo taucht zuerst ungefähr 20 Meter tief, kommt dann hoch, um auf sein Ziel zuzuschießen. Nun beträgt auf der Reede von Pearl Harbor die Meerestiefe nur 12 Meter – ein Problem, mit dem sich Genda eingehend beschäftigen mußte. Im allerletzten Augenblick konstruierte er besondere Flossen, die die Torpedos daran hindern sollten, auf Grund zu stoßen. Wenn der Mechanismus funktionierte, würde die Überraschung noch vollständiger sein. Die Amerikaner dachten nicht im entferntesten daran, daß ihre Schiffe in dem kleinen Meeresarm zwischen Ford Island und dem Arsenal von Pearl Harbor torpediert werden könnten.

Nicht nur die Luftflotte, auch die U-Boot-Waffe gedachte man einzusetzen. 27 Langstrecken-Unterseeboote waren den Trägern vorausgefahren und rund um Hawaii in Position gegangen; fünf von ihnen führten Kleinst-U-Boote von 15 Meter Länge mit, jedes mit einer zweiköpfigen Besatzung bemannt und mit zwei kleinen Torpedos bewaffnet. Man hoffte, es werde ihnen gelingen, trotz der Netzsperren in die Reede einzudringen. Die jungen Offiziere hatten sich um die Ehre gestritten, diese Selbstmordfahrzeuge steuern zu dürfen.

Die Kampfgruppe unter Vizeadmiral Nagumo hatte den Treffpunkt bei den Kurilen am 26. November verlassen. In Washington gingen die Verhandlungen weiter. Die Amerikaner sahen ein gutes Zeichen darin, daß die Japaner sie nicht abgebrochen hatten, als Cordell Hull ihnen die unannehmbaren Bedingungen Roosevelts übermittelte: Räumung Chinas und Indochinas, Auflösung des Dreierpaktes, Anerkennung Tschiangkaischeks und anderes mehr. Sie verfolgten die Vorbereitungen Japans bezüglich der Philippinen mit Besorgnis, hatten aber noch nicht jede Hoffnung auf Einigung aufgegeben.
Man hatte Admiral Nagumo gesagt, daß man ihm eine Bestätigung des Angriffsbefehls während des Anmarschs übermitteln werde. Es war auch vereinbart, daß er umzukehren habe, falls er vor dem Tag J — 2 gesichtet würde. Geschähe dies zwischen J — 2 und dem Tag J, sollte er selbst entscheiden. Nagumo war pessimistisch; sein Pessimismus bereitete ihm geradezu Qualen, weshalb er die Nächte damit verbrachte, in seiner Kabine auf der *Akagi* auf und ab zu wandern.
Am 2. Dezember ging bei der Flotte die erwartete Bestätigung: ›Niitaka Yama Nobore‹ (Ersteiget Berg Niitaka) ein. Das bedeutete, daß die Regierung in Tokio sich entschieden und der Krieg die Oberhand gewonnen hatte. Es bedeutete auch, daß sich die gesamte japanische Kriegsmaschine in Bewegung setzte. Die Truppen, die Hongkong nehmen sollten, näherten sich der Stadt. Die Verbände, die Malaya und die Philippinen zu erobern drohten, begannen sich einzuschiffen. Allein das Unternehmen Admiral Nagumos wurde ohne Landetruppen durchgeführt. Man hatte daran gedacht, die Hawaii-Inseln zu besetzen, aber eine derartige Expedition war dann als zu schwierig befunden worden.
Der Angriff auf Pearl Harbor, so kühn in der Konzeption, so aggressiv in der Form, war in Wirklichkeit eine defensive Operation; man ging ein kalkuliertes Risiko ein, um Zeit zu gewinnen. Am 2. Dezember enthüllte Nagumo den Besatzungen, was bisher nur die Piloten gewußt hatten: das Ziel der Fahrt. Die Begeisterung hatte keine Grenzen.
Dann zog auf den Schiffen wieder der Alltag ein. Die Piloten schlugen die Zeit mit langen Go-Partien tot oder schrieben in Form von Testamenten an die Nachwelt schwülstige Botschaften. Aus Honolulu trafen weitere Berichte des Geheimdienstes ein, getarnt als Geschäftsreklame einer Rundfunkstation. Genda und der Kommandant der Flugstaffeln, Kapitän zur See Mitsuo Fuchida, erfuhren auf diese Weise zwei Neuigkeiten, eine gute und eine schlechte. Erstere besagte, daß die Behörden von Hawaii die Sperrballone und die Torpedonetze, die vom Kontinent eingetroffen waren, noch nicht eingesetzt hatten; die zweite, daß die drei Träger des Pazifikgeschwaders, *Enterprise*, *Lexington* und *Saratoga*, sich nicht in Pearl Harbor befanden.
Fuchida war über das Fehlen der wichtigsten Ziele so betroffen, daß er sich fragte, ob man nicht das ganze Unternehmen aufgeben solle. Aber Nagumo, ein Admiral der

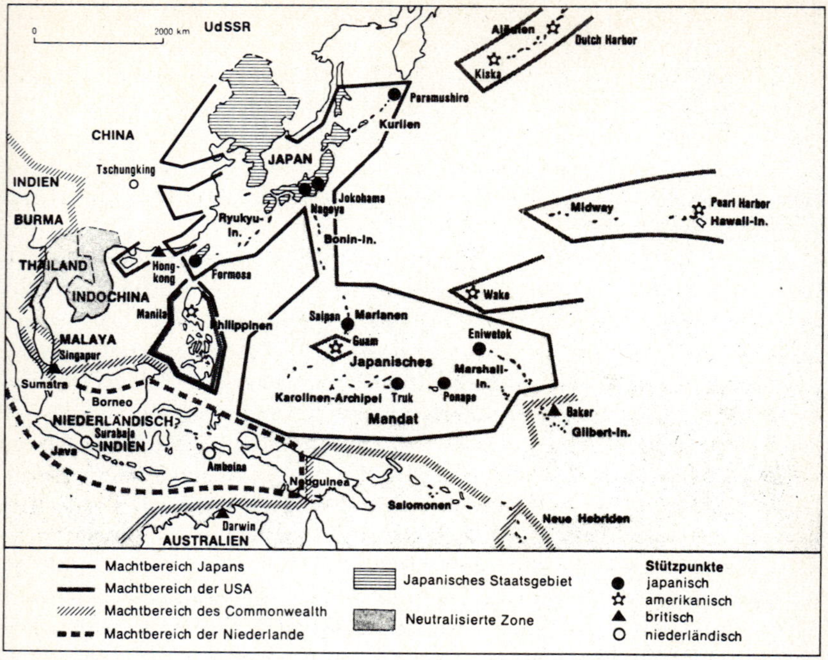

Karte 21 Die strategische Lage im Pazifik zur Zeit des japanischen Überfalls auf Pearl Harbor (7. Dezember 1941)

alten Schule, war der Ansicht, die acht in Pearl Harbor anwesenden Schlachtschiffe stellten das Rückgrat der Flotte dar, die zu zerstören seine Aufgabe war. Der Marsch werde fortgesetzt.

Am 7. Dezember morgens – nach der Zeitrechnung von Hawaii – erreichte die Flotte ihre Angriffsposition, 26 Grad nördlicher Breite, 158 Grad westlicher Länge, 275 Meilen nördlich Oahu. Um 6 Uhr starteten die Flugzeuge der ersten Angriffswelle. Der Himmel war noch dunkel, die Träger stampften durch eine schwer rollende See, und doch wurde die Operation in einem Tempo durchgeführt, das bei den Übungen nie erreicht worden war. Alle Flieger hatten gebadet und frische Wäsche angelegt; viele hatten das Hashikami, die Samuraischärpe, um ihre Kopfhörer geschlungen und ihre Gebete vor den Shintoaltären verrichtet, die man auf das Flugdeck gebracht hatte. In dem Augenblick, da die Verbände Kurs auf ihr Ziel nahmen, wurde es hell. Am Mast der *Akagi* ging die Flagge hoch, dieselbe, die Admiral Togo am 21. Mai 1905 gesetzt hatte, als er in der Straße von Tsushima der jungen japanischen Flotte den Befehl erteilte, die Panzerschiffe des Zaren anzugreifen.

Oahu im hawaiischen Archipel... Zwei Bergketten, Koolau und Waianae, umschließen einen üppig grünenden Landstrich, in dem Honolulu liegt, und Waikiki, sein Korallenstrand. Fünfzehn Kilometer sind es von Honolulu nach Pearl Harbor. Eine enge Einfahrt, nur 350 Meter breit, führt in eine Bucht, in deren Mitte Ford Island liegt. Die Wassertiefe ist für große Schiffe gerade noch ausreichend. Sie ankerten rund um Ford Island, in der südlichen, ›Battleship Row‹ genannten Fahrtrinne. Die Docks, Werkstätten, das Hospital und die sogenannten ›Tank-Farms‹, die Öldepots der Pazifikflotte mit ihren zahlreichen Buchten, lagen in der Nähe der ›Battleship Row‹, Ford Island gegenüber, die Armeeanlagen einschließlich des großen Flugplatzes Hickam Field (es gab damals noch keine unabhängige Air Force) neben der Hafeneinfahrt. Ein zweiter Flugplatz, Wheeler Field, befand sich in der Mitte der Insel, und an der Peripherie waren vier weitere verteilt. Hinsichtlich der Tarnung dieser wichtigen Anlagen waren keinerlei besondere Maßnahmen getroffen worden.
Dabei wurde ein Angriff auf Pearl Harbor trotz der die Inseln umgebenden Meeresflächen keineswegs ausgeschlossen. Am 24. Januar 1941 erwähnte der Marineminister, Frank Knox, diese Möglichkeit in einem Brief an seinen Kollegen, den Kriegsminister: ›Es ist durchaus denkbar, daß die Feindseligkeiten durch Japan mit einem plötzlichen Angriff auf die Flotte oder den Stützpunkt Pearl Harbor eröffnet werden... Die Gefahren sind, in der Reihenfolge ihrer Wahrscheinlichkeit, die folgenden: Luftbombardement, Angriff mit Lufttorpedos, Sabotage, Angriff mit Artillerie...‹ Zwei Monate später verfaßten Konteradmiral Bellinger, der Kommandeur der Marineluftstreitkräfte, und General Martin, der Chef der Heeresluftwaffe, gemeinsam ein Memorandum, das die Geschehnisse des 7. Dezember vorwegnahm: militärische Aktion vor der Kriegserklärung, Luftangriff am frühen Morgen, kombiniert mit dem Einsatz von Unterwassereinheiten, wahrscheinlich Verwendung von sechs Trägern, usw. Am 1. April fügte der Chef des Admiralstabes (Chief of Naval Operations) folgende Warnung hinzu: ›Die Erfahrungen lehren, daß die Achsenmächte gewöhnlich ihre Unternehmungen am Sonnabend oder Sonntag starten: Es ist wichtig, an diesen Tagen die Vorsichtsmaßregeln nicht zu lockern.‹ Der 7. Dezember 1941, an dem die Sonne so strahlend aufging, war ein Sonntag...
An diesem Sonntag hatte man besonderen Anlaß zur Wachsamkeit. Nachdem man die verschlüsselten japanischen Funksprüche in Washington gelesen hatte, wußte man, daß die Übergabe der sechs Punkte Cordell Hulls die Japaner in ihrem Stolz schwer getroffen hatte. Roosevelt und seine Stabschefs waren im Besitz eines Kabels, das Außenminister Togo an Nomura und Kurusu geschickt hatte: ›Ihr beiden habt das Menschenmögliche versucht, aber die Vereinigten Staaten haben uns diese demütigenden Bedingungen überreicht. Die Verhandlungen sind zu Ende, doch dürft ihr das

nicht erkennen lassen. Sagt, ihr wartet auf neue Anweisungen...‹ Angesichts der traditionellen japanischen Taktik des Überfallangriffs – der berühmte Präzedenzfall Port Arthur – war klar, was diese Formulierung bedeutete.

Den Amerikanern war übrigens, schon ehe sie diesen Funkspruch abfingen, bewußt, daß ihre Note vom 26. November eine Aufforderung zum Krieg darstellte. Noch am Abend dieses 26. Novembers hatte Admiral Stark, der Chef des Admiralstabs, Admiral Husband E. Kimmel, dem Oberbefehlshaber der Pazifikflotte in Pearl Harbor, Anweisungen erteilt, die mit dem Satz begannen: ›Diese Depesche ist als Warnung vor einem Krieg zu verstehen...‹ Der Stabschef der Armee, George C. Marshall, hatte eine ebensolche Warnung an Generalleutnant Walter C. Short, den Befehlshaber der Bodentruppen, geschickt: ›Feindangriff in jedem Augenblick möglich...‹ Kimmel und Short wurden aufgefordert, ›die vorbereitende Defensiventwicklung für Operationsbefehl W.P.C. 4C durchzuführen‹ (Plan ›Regenbogen‹), was praktisch Krieg mit Japan bedeutete. Sie sollten ›Erkundungen unternehmen und alle Sicherheitsmaßnahmen anordnen, die ihnen angemessen erschienen‹, aber ›die Zivilbevölkerung nicht beunruhigen‹. Eine verhängnisvolle Einschränkung! Es ist immer gefährlich, den Generalen einen Vorwand zu geben, nicht zu handeln.

An jenem 26. November war die japanische Trägerflotte eben in See gegangen. Sechs Tage Fahrt trennten sie von ihrem Ziel. Die Militärbehörden auf Hawaii hatten ausreichend Zeit, um den Archipel in Verteidigungszustand zu setzen. Und sie hatten auch die Möglichkeiten dazu: 9 Schlachtschiffe, 3 Träger, 12 schwere Kreuzer, 9 leichte Kreuzer, 67 Zerstörer, 27 Unterseeboote, 2 Divisionen Infanterie, 43000 Soldaten, 1017 Flakgeschütze, erdgebunden oder bordgestützt, und 227 Flugzeuge, davon 152 Jäger, standen zur Verfügung. »Wir betrachteten Pearl Harbor«, sagte später General Marshall, »als den einzigen vernünftig ausgerüsteten Stützpunkt. Wir machten uns überhaupt keine Sorgen...«

Aber die Kommandobehörden von Pearl Harbor glaubten nicht, daß sie in der ersten Linie standen. Die Philippinen, ja; Guam, Wake, vielleicht; Midway, äußerstenfalls; aber Hawaii, nein! Als sein Abwehroffizier ihm mitteilte, der amerikanische Geheimdienst habe zwei Divisionen japanischer Träger aus den Augen verloren, meinte Admiral Kimmel ironisch: »Wollen Sie damit sagen, daß sie soeben Kap Diamond umschiffen, und wir nichts davon wissen?« An der Routine des Stützpunktes wurde nichts geändert. Wenn die drei Träger der Pazifikflotte nicht auf der Reede von Pearl Harbor ankerten, dann nur deshalb, weil die *Enterprise* Flugzeuge nach Wake und die *Lexington* Flugzeuge nach Midway brachte, während die *Saratoga* zur Reparatur in San Diego lag. Der Dienst lief weiter wie in Friedenszeiten; lediglich die Armee hatte Sabotagealarm bekommen (es gab 100000 Japaner auf dem Archipel) und die Flotte hatte ohnehin Befehl, jedes unbekannte Unterseeboot ohne Warnung zu versenken. Die Deflektoren zur Torpedoabwehr waren nicht eingesetzt worden, da sie

Jahrelang wütete das Ringen um die verbrannte Erde in Rußland. Die Bilanz des dreijährigen Kampfes war für die Zivilbevölkerung katastrophal: sieben Millionen Opfer – verhungert, erschlagen, verschleppt, erschossen, zwischen den Fronten vernichtet.

Von drei Millionen gefallenen deutschen Soldaten des Zweiten Weltkriegs liegen die meisten in russischer Erde begraben. Ein Birkenkreuz und Blasmusik erhielten nur die wenigsten von ihnen, und viele Namen auf diesen Kreuzen hat der nächste Schnee ausgelöscht.

Neben den Finnen kämpften gegen die Sowjetunion an der Seite Hitlers zeitweilig bis zu 27 Divisionen der Rumänischen Armee. Marschall Antonescu (mit heller Hose) im August 1941 während einer Frontbesichtigung in der Nähe von Odessa, das die Rumänen eroberten. – Hinter den deutschen Linien: Der Kommissar einer Partisanengruppe verliest den Eid der Rotarmisten im September 1941 bei Moskau (unten).

Die Partisanentätigkeit wurde mit dem zunehmenden Druck der Ortsverwaltung und mit dem Rückfluten der deutschen Front immer intensiver. Sabotageakte – ein Hinterhalt oder die Sprengung eines Gebäudes (oben) – und deutsche Vergeltungsmaßnahmen standen sich an Grausamkeit in nichts nach. Das Schild am Nacken der gehängten Partisanin Soja Kosmodemjanskaja trug den Text: Heldin der Sowjetunion (unten).

den Schiffsdienst behindert hätten, und die Ballonsperre war nicht gehißt worden, weil das zu jener Beunruhigung der Zivilbevölkerung geführt hätte, die man vermeiden sollte. Die Radarwache, von der viele Offiziere nichts hielten, war nur von 4 bis 7 Uhr morgens besetzt, und die Luftaufklärung beschränkte sich auf ein paar Abschnitte im Westen und Süden. Der nüchterne, arbeitsame Admiral Kimmel war ein Seemann von so hervorragendem Ruf, daß man ihn 32 rangälteren Offizieren vorgezogen und ihm das Kommando über das Pazifikgeschwader (CINPAC) und damit auch den Oberbefehl über die amerikanische Flotte (CINCUS) übertragen hatte. Er betrachtete es jedoch als seine Hauptaufgabe, seine Mannschaften in Schwung zu bringen, und seiner Ansicht nach waren allzu ausgedehnte Alarmvorschriften schädlich für die Ausbildung.

Man hat die Nacht vom 6. zum 7. Dezember mehrfach in Büchern und Filmen beschrieben. Paradiesischer Frieden, Scharen von Matrosen und Soldaten in den exotischen Straßen Honolulus, Empfänge, Tanz und Flirt in den Offiziersklubs. Nach dem einzigen Drink, den er sich pro Woche gestattete, lag der gestrenge Kimmel um zehn Uhr in dem Bungalow in Makapala Heights, den er mit seiner Kabine auf dem Schlachtschiff *Pennsylvania* vertauscht hatte, im Bett. Keine bösen Vorahnungen plagten ihn, obwohl ihm vom FBI mitgeteilt worden war, daß der japanische Generalkonsul seine Papiere verbrannt und daß man ein verdächtiges Telephongespräch zwischen Tokio und einer japanischen Zeitung in Honolulu abgehört hatte. Kimmel war für den nächsten Tag mit General Short verabredet – zu einer Partie Golf.

Die Stunden verstrichen. Die Stadt, der Stützpunkt, die Flotte, alles schlief. Das Meer lag ruhig, glänzend da. Um 3 Uhr 42 machte der Fähnrich McCloy auf dem Zerstörer *Ward* eine schwache Fahrspur und ein Sehrohr aus. Er rief den Kommandanten: »Unterseeboot getaucht, Kurs West, Geschwindigkeit 9 Knoten.« Kapitän Outerbridge befahl alle Mann auf Gefechtstationen, aber das Sonar der *Ward* zeigte kein Echo. Der Zerstörer warf Wasserbomben, vergebens. Überzeugt, daß sich der Fähnrich geirrt hatte, schickte Outerbridge seine Leute wieder schlafen. Um 6 Uhr 30 wurde es hell. Eben war ein ›Catalina‹-Flugboot von Ford Island zu seiner Morgenpatrouille gestartet. Die *Ward* näherte sich der Einfahrt. Auch der Schlepper *Antares* lief, mit einer Scheibe hinter sich, auf die Einfahrt zu. Auf der *Antares* entdeckte man es zuerst: knapp unter der Oberfläche ein kleines Unterseeboot. Fast gleichzeitig wurde es von der ›Catalina‹ ausgemacht, die zwei Rauchtöpfe abwarf, um seine Position festzuhalten. Outerbridge deckte es mit schwerem Geschützfeuer zu. Es sank wie ein Stein. Das erste der japanischen Kleinst-U-Boote war nicht mehr.

50 Kilometer nördlich, an der äußersten Spitze Oahus, ging die Radarwache zu Ende. Die Soldaten Lockard und Elliott hatten nur noch die Tür des Radarraums zu verschließen. Aber da der Lastwagen, der ihn zum Frühstück mitnehmen sollte, noch nicht gekommen war, ließ Elliott sein Gerät noch laufen. Plötzlich fuhr er hoch: Ein

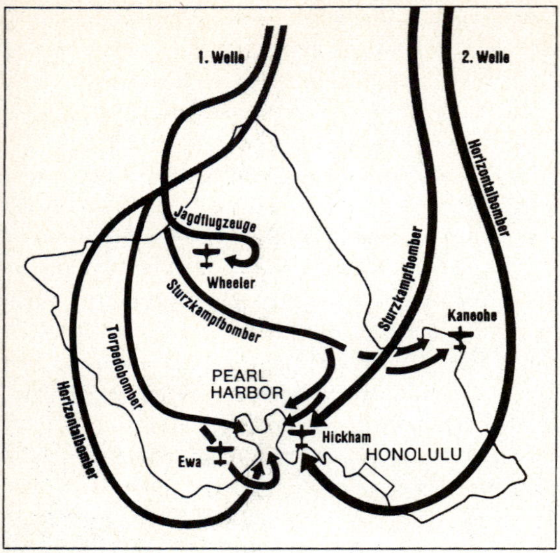

Karte 22
Der japanische Angriff
auf Pearl Harbor (Hawaii),
7. Dezember 1941

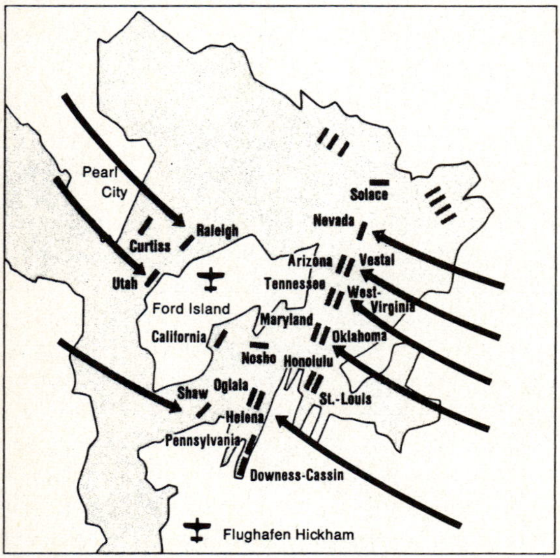

Karte 23
Der Angriff
der japanischen Torpedobomber
auf die Reede von Pearl Harbor

Schwarm von Punkten war auf seinem Schirm aufgetaucht. Es war 7 Uhr 02, als Lockard und Elliott sich entschlossen, im Stützpunkt anzurufen: »Zahlreiche Flugzeuge auf 132 Meilen Nordost.« Offizier vom Dienst war ein Oberleutnant Tyler. Seine Antwort: »Vergessen Sie's« wurde historisch.

Eben in diesem Augenblick rissen die Wolken auf, und Mitsou Fuchida sah vor sich die grünen Berge von Oahu. Der von ihm geführte Verband bestand aus 190 Maschinen: 50 ›Zeke‹-Jäger als Jagdschutz, die auch die Flugplätze unter Bordwaffenbeschuß nehmen sollten; 50 ›Val‹-Sturzkampfflugzeuge für den Einsatz gegen Ford Island, Hickham Field und Wheeler Field; 40 ›Kate‹, als Torpedoträger eingerichtet, die die Großkampfschiffe auf der Battleship Row anzugreifen hatten, und 50 weitere ›Kate‹-Horizontalbomber, die panzerbrechende Bomben auf die gleichen Ziele werfen sollten. Man hatte den Besatzungen ans Herz gelegt, keine Munition zu vergeuden und die Ziele so oft zu überfliegen, wie es zur Visierjustierung nötig sei – ungeachtet des Risikos. Tokio hatte sich ausgerechnet, daß der Verlust zweier Träger und der Hälfte der Flugzeuge kein zu hoher Preis für das Gelingen der Operation wäre.

Die Angreifer drehten über Oahu entgegen dem Uhrzeigersinn ab. Da lag Pearl Harbor, friedlich und freundlich im klaren Morgenlicht. Die Träger waren tatsächlich nicht im Hafen, aber an den Ankerplätzen auf der Battleship Row lagen sieben Schlachtschiffe. Ein achtes, die *Pennsylvania*, war im Trockendock auf der anderen Seite der Fahrtrinne. Noch war kein einziger Schuß abgegeben worden. Nichts rührte sich, weder an Land noch auf den Schiffen. Fuchida gab das vereinbarte Signal, das Zeichen, daß die Überraschung gelungen war: ›Tora, Tora, Tora‹ (Tiger, Tiger, Tiger). Durch einen beispiellosen Zufall wurde das Signal in der Bucht von Hiroschima, Tausende von Meilen entfernt, vom Flaggschiff der japanischen Flotte, der *Nagato*, aufgefangen – das erste Lebenszeichen, das Yamamoto von der gewagten Expedition erhielt. Seine Freude war dementsprechend groß.

Der amerikanische Oberkommandierende dagegen mußte vom Abhang des Vulkans Makalapa aus zusehen, wie die Flugzeuge in der grellen Sonne über seinen Schiffen kreisten. Der unglückliche Admiral Kimmel hatte sich zum Golf angekleidet, als sein Adjutant, Kapitän Murphy, anrief, um ihm – nicht ohne gewisse Skepsis – die Vernichtung eines Kleinst-U-Bootes durch die *Ward* mitzuteilen. Kimmel hatte geantwortet, er werde zum Stützpunkt hinunterkommen. Während er noch auf seinen Fahrer wartete, hörte er heftige Detonationen und stürzte auf die Veranda hinaus. Ein riesiger Geiser stieg aus der *Oklahoma* hoch, die neben der *Maryland* festgemacht war. Weitere Explosionen ertönten, Rauchsäulen stiegen zum Himmel, die Alarmhörner röhrten. Ein Wagen, mit einem völlig konsternierten Fliegeroffizier am Steuer, brachte Kimmel in wahnsinniger Fahrt zu seinem Gefechtsstand: Er wurde nur mehr hilfloser Zeuge der Katastrophe, die seine Karriere zerstörte. Ein abgeprallter Splitter traf ihn, worauf er den Ausspruch Neys bei Waterloo wiederholte: ›Warum hat er nicht durchgehauen?‹ Ein japanischer Admiral in der gleichen Situation hätte es vorgezogen, nicht am Leben zu bleiben.

Nach Erledigung ihres Auftrages zog sich eine Gruppe der Angreifer nach der anderen zurück. Fuchida wartete, nachdem er seine Bomben abgeworfen hatte, auf die Ankunft der zweiten Welle, 170 Flugzeuge unter Führung von Oberstleutnant Simazaki. Sie erschienen um 8 Uhr 40 über Kahuku Point, formierten sich und begannen den Angriff um 8 Uhr 54. Ihre Aufgabe war schwieriger. Wo vorher kristallene Ruhe geherrscht hatte, war jetzt die Hölle los. Ungeheure Wolken rötlichen Rauches, durchzuckt vom Feuerschein der Explosionen, verdeckten die Ziele. Die Flak war wenigstens teilweise zum Leben erwacht und legte ein mörderisches Sperrfeuer in den Himmel. Die zweite Welle, bei der es keine Torpedoflugzeuge gab, führte das Zerstörungswerk der ersten zu Ende; dann verschwand sie nach Norden. Ehe Fuchida ihr folgte, überflog er noch ein letztes Mal die Insel. Alle Flugplätze standen in Flammen. Die ›Battleship Row‹ bot einen phantastischen Anblick. Die *California* sank langsam; das große weiße Sonnensegel über dem Achterdeck und die bunten Wimpel an der Flaggleine flatterten im Wind. Neben der beschädigten *Maryland* lag die *Oklahoma* mit schwerer Schlagseite; sie sah aus wie die Leiche eines riesigen Walfisches. Die an ihren Gittermasten erkennbaren *Tennessee* und *West-Virginia* schienen fest ineinander verkeilt zu sein. Aber die *Tennessee* war durch die *West-Virginia* geschützt worden, die, an der Außenseite verankert, von den Torpedos völlig aufgerissen worden war. Die *Arizona*, deren Kessel in die Luft geflogen waren, war nur mehr eine formlose, brennende Masse. Im Trockendock, wo zwei Zerstörer vernichtet worden waren, wütete ein Bordfeuer auf der *Pennsylvania*. Ein einziges Schlachtschiff, die *Nevada*, hatte versucht auszulaufen: die ›Vals‹ hatten es in Brand geschossen, und das Schiff hatte sich im flachen Wasser selbst auf Grund gesetzt. Was an kleineren Einheiten, Kreuzern, Zerstörern und Hilfsschiffen sank, brannte und explodierte, konnte nicht im einzelnen ausgemacht werden; es waren zu viele. Auf der Reede selbst brannten riesige Mengen ausgeflossenen Öls. Die Tanklager hingegen, leichte Ziele, waren unbeschädigt geblieben, ebenso die Werkstätten des Arsenals. Als Fuchida wieder bei der *Akagi* angekommen war, waren die meisten Maschinen bereits gelandet. Die Verluste waren unglaublich niedrig: etwa dreißig Flugzeuge, ein Fünftel dessen, was man erwartet hatte. Die Besatzungen brannten darauf, nochmals aufzusteigen. Fuchida suchte Nagumo zu überzeugen, daß es noch Anlagen an Land zu zerstören gab und daß es sogar noch möglich sei, die Träger zu finden, die auf der Abschußliste fehlten. Aber Nagumo war über den Erfolg, an den er nicht geglaubt hatte, derart erleichtert, daß er bereits Befehl gegeben hatte, wieder Kurs auf Japan zu nehmen. Fuchida begehrte auf – vergebens; das Geschwader ging auf volle Fahrt. Zwei verirrte Bomber meldeten sich und fragten nach der Position; der Verband gestattete aber keinen Bruch der Funkstille. Die Bomber hatten keinen Treibstoff mehr und stürzten ab.

Zur gleichen Zeit wurde Midway von den Zerstörern *Sazanami* und *Ushio* beschossen. Wake und Guam wurden angegriffen, Hongkong bombardiert. In Siam und Malaya wurden Truppen gelandet; die Landung auf Borneo wurde vorbereitet. Auf den Philippinen wurde der Stützpunkt Clark Field zerstört. Der amerikanische Generalstab war der Auffassung gewesen, die Seeluftstreitkräfte der Japaner wären nicht imstande, mehr als eine Operation auf einmal durchzuführen. Aber die Japaner hatten deren sieben unternommen, davon drei größeren Umfanges: Pearl Harbor, die Philippinen und Malaya.
Aber der Blitzschlag von Pearl Harbor hatte den schlafenden Riesen geweckt. Der Wutschrei »yellow bastards!« ging durch Amerika.

Roosevelt und Churchill

Roosevelt sprach das Verdammungsurteil über den Feind (»a day which will live in infamy«). Zweifellos wären noch Monate nötig gewesen, um Amerika zum Kriegseintritt zu bewegen; die Bomben von Pearl Harbor führten diese Entscheidung schlagartig mit plötzlicher, rasender, mitreißender Gewalt herbei. Im Senat stimmten die einundachtzig Anwesenden einhellig für den Krieg. Im Repräsentantenhaus war die einzige, die sich nicht mitreißen ließ, die unter wütendem Schütteln ihres grauen Kopfes Widerstand leistete, eine alte Jungfer aus Montana, Jeanette Rankin, die schon 1917 gegen den Krieg gestimmt hatte, und die es jetzt wieder tat. Alle Chefs der Isolationistenpartei jedoch, Hoover, Lindbergh, Landon, Lewis, Wheeler, stellten sich dem Präsidenten und dem Lande zur Verfügung.
Am 7. Dezember speiste Churchill mit dem amerikanischen Botschafter John Winant und dem Abgesandten Roosevelts, Averell Harriman, zu Abend. Das Gespräch drehte sich um die Schlacht, die am 18. November in der Cyrenaika begonnen hatte. Die Nachrichten waren besser geworden; Auchinleck hatte gemeldet, daß Rommel sich zurückzog, die Befreiung Tobruks war bestätigt worden, aber zeitweise hatte es beängstigend ausgesehen. Die Anfangserfolge – man war bis Sidi Rezegh vormarschiert – waren durch eine brillante Gegenbewegung Rommels zunichte gemacht worden. Rommel hatte sein Afrikakorps gesammelt, das XXX. britische Korps überwältigt, war dann auf Bardia losmarschiert und hatte versucht, die ganze 8. Armee einzuschließen. Auchinleck hatte sich der Lage gewachsen gezeigt. Er war aus Kairo herbeigeeilt und hatte selbst die Führung übernommen. Die kühne Bewegung Rommels war mangels entsprechender Kräfte nicht geglückt. Aber die Schlacht erfüllte bei weitem nicht die Hoffnungen, die Churchill in sie gesetzt hatte. Die an Zahl überlegenen britischen Panzer blieben den Panzern Hitlers qualitativ unterlegen. Die britische Über-

legenheit auf See gegen die ins Mittelmeer eingedrungenen deutschen U-Boote zu beweisen kostete schwere Verluste: Nach der *Ark Royal* war nun auch die *Barham* versenkt worden. Obgleich Deutschland zwei Drittel seiner Kräfte in Rußland stehen hatte, gelang es Großbritannien doch nicht, auf dem zweitrangigen Kriegsschauplatz, den Nordafrika darstellte, eine klare Überlegenheit zu gewinnen. Man war weit von der zweiten Front entfernt, die Stalin so wütend verlangte! Wenn Amerika sich nicht entschloß einzugreifen, so war ein Umschwung undenkbar. Worauf wartete Amerika? Harriman und Winant schüttelten die Köpfe. Eine Kriegserklärung Amerikas an Deutschland kam im Augenblick nicht in Frage, es sei denn, Hitler beging eine kolossale Dummheit oder ließ sich zu einer außerordentlichen Provokation hinreißen. Seit dem Befehl ›Shoot first!‹ jedoch hatte er den U-Boot-Krieg eingeschränkt, um keinen Anlaß zu einer Intervention zu geben. Dazu kam, daß sich die amerikanische Aufmerksamkeit dem Pazifik zugewandt hatte. Zwischen Amerika und Japan war ein heftiger Nervenkrieg entbrannt. Roosevelt dachte jetzt daran, auf der Burmastraße Landgeleitzüge unter dem Schutz amerikanischer Flugzeuge laufen zu lassen. Seit England nicht mehr direkt gefährdet war, erregte sich die amerikanische Öffentlichkeit nicht mehr so über die Schlacht in Europa.
Aus dem Rundfunkapparat ertönte gedämpft die Stimme des Nachrichtensprechers. Die drei Herren hörten nicht zu. Plötzlich ein Name, der fremdartig und ungewohnt klang: Hawaii...
»Habe ich richtig gehört?« fragte Churchill. »Die Japaner haben die amerikanischen Schiffe in Hawaii bombardiert?« Winant hatte nichts gehört. Harriman glaubte ›American shipping‹ verstanden zu haben. Die Nachrichten waren zu Ende, und das nächste Programm wurde angesagt: ›Brain Trust...‹ Aber der Butler Sawyer bestätigte: »Sir, es ist wahr! Wir haben es in der Küche gehört. Die Japaner haben die Amerikaner in Pearl Harbor angegriffen.«
Winston Churchill stürzte wie ein Verrückter in sein Sekretariat und verlangte eine Verbindung mit Roosevelt. Die Stimme des Präsidenten bestätigte ihm über den Atlantik hinweg, was geschehen war: Ein hinterlistiger Angriff war geführt worden. Churchill strahlte. »Jetzt sitzen wir im selben Boot«, sagte Roosevelt. Das war ein Wort! Der Augenblick, für den Winston Spencer Churchill sein und das Schicksal seines Landes aufs Spiel gesetzt hatte, war da. Drei Wochen zuvor hatte er in der Guildhall den Japanern angekündigt, sie würden trotz der bestehenden traditionellen Freundschaftsbeziehungen binnen einer Stunde nach Eröffnung der Feindseligkeiten gegen Amerika die Kriegserklärung Englands erhalten. Das Versprechen war leicht zu erfüllen, denn es schloß ein angeschlagenes England und ein unbesiegbares Amerika in einer Schicksalsgemeinschaft zusammen. Churchill formulierte die Kriegserklärung an Tokio mit Hingabe und vergaß nicht, dem Botschafter des Tenno zu versichern, daß er ›sein ergebener Diener‹ sei. In Japan war die Begeisterung über den Erfolg von

Pearl Harbor ungeheuer. Die Heimkehr der Sieger löste eine Woge des Patriotismus aus. Der Kaiser brach mit der Etikette, indem er den Wunsch äußerte, Fuchida zu empfangen, obgleich dieser nur ein Plebejer war. Yamamoto allein blieb inmitten von 80 Millionen freudetrunkener Japaner nüchtern. Er wies darauf hin, daß man die Flugzeugträger verfehlt habe, daß die zerstörten Schlachtschiffe veraltet gewesen seien, daß die amerikanische Kapazität nach wie vor kolossal sei und daß mit harten Kämpfen gerechnet werden müsse.
In Rastenburg waren die Nachrichten vom Pazifik in eine Atmosphäre der Neurasthenie geplatzt. Man war sich nicht klar über den Ernst der Lage an der Front. Die Weisung Nr. 39 bestätigte den Stillstand der Offensive, indem sie von dem ›überraschend früh ausgebrochenen Winter‹ und der Notwendigkeit – makabrer Doppelsinn der Worte – einer ›Auffrischung‹ der Truppe sprach. Aber die russische Gegenoffensive erwies sich als etwas ganz anderes denn eine örtliche Aktion, die nur das Ziel hatte, Moskau Luft zu verschaffen. Gestern noch triumphierend, war die Wehrmacht nun in schwerer Bedrängnis. Und in der Stunde dieser beängstigenden Entdeckung kam der Blitzschlag von Pearl Harbor. Über die persönliche Reaktion Hitlers gibt es kaum Aufzeichnungen. Er verabscheute die Japaner, behauptete, daß sie lögen, sooft sie den Mund aufmachten, und daß ihre militärische Stärke nur Bluff sei. Doch am 11. Dezember verließ er insgeheim Rastenburg, um dem gleichfalls geheim zusammengerufenen Reichstag Deutschlands die Kriegserklärung an Amerika bekanntzugeben. Der Konflikt dehnte sich auf ungeheure neue Gebiete aus; aber die Grenze zwischen der Sowjetunion und dem japanischen Reich blieb so friedlich wie eine schöne Sommernacht.

Die Kapitulation Wakes. Die Philippinen überwältigt

Wake, die Spitze eines fast überfluteten erloschenen Vulkans, ist eines der einsamsten Atolle im Pazifik. Drei Inselchen ohne Süßwasser, ohne Vegetation, schließen sich wie eine Hummerzange um eine von Korallen überwucherte Lagune. Sie ist von ewigem Lärm erfüllt: dem Tosen der Brandung des Pazifik und dem Geschrei unzähliger Meeresvögel. Amerika entdeckte Wake 1841, annektierte es 1899, ließ es jedoch unberührt bis zu der Zeit, da der Pazifik für die Luftschiffahrt erschlossen wurde. 1941 unterhielten die ›Panamerican Airways‹ dort ein Hotel für Passagiere und Besatzungen ihrer China-Clipper, und 1146 Zivilarbeiter waren dabei, aus Wake einen Luftstützpunkt für die US-Marine zu machen, einen unversenkbaren Träger, der die japanischen Besitzungen auf den Marshallinseln bedrohte. Eine Abteilung von 449 Marineinfanteristen unter dem Kommando von Major Devereux sorgte für ihren Schutz.

Wake war am 8. Dezember bombardiert worden. Drei Tage später erschien ein von drei alten Kreuzern geführter japanischer Landungsverband. Die Japaner waren überzeugt, die Garnison würde auf die erste Aufforderung hin kapitulieren. Aber ›Marines‹ sind eben ›Marines‹. Die auf Wake hatten Enfield-Gewehre, Stahlhelme aus dem Ersten Weltkrieg und nur sechs alte Geschütze, die von abgewrackten Schiffen stammten. Ein großer Teil der Zivilisten lehnte es ab, sich an der Verteidigung zu beteiligen, und verlangte die Übergabe. Devereux wollte nichts davon wissen. Er ließ die feindlichen Schiffe auf 4000 Meter herankommen, dann eröffnete er das Feuer, während die vier ›Wildcats‹, die das Bombardement vom 8. Dezember überlebt hatten, die Japaner aus der Luft angriffen. Kanonade und Bombardement wirkten Wunder. Zwei Zerstörer wurden versenkt, die drei Kreuzer beschädigt, mehrere hundert Japaner getötet, während die Amerikaner nur einen Toten hatten. Der Feind zog sich zurück.
Für das durch Pearl Harbor schwer angeschlagene Amerika wurde der Name Wake eine Fanfare. Die ›Marines‹ auf dem Atoll zischten ihren Kommandanten aus, als sie im Rundfunk hörten, er habe auf die Frage, was er brauche, geantwortet: »Send us more Japs« (›Schickt uns doch noch mehr Japaner‹). Devereux verwahrte sich gegen die Behauptung, er habe diese sagenhafte Eselei von sich gegeben. Aber ganz Amerika wiederholte sie ehrfürchtig.
Admiral Kimmel, dessen Tage als Oberbefehlshaber gezählt waren, entwarf einen Plan, wie man den populären Verteidigern von Wake zu Hilfe kommen könne. Die drei Träger der Pazifikflotte – *Lexington* und *Enterprise*, die auf dem Rückmarsch nach Pearl Harbor waren, und *Saratoga*, die aus San Diego heraneilte – sollten an der Unternehmung teilnehmen. Aber seit dem schrecklichen 7. Dezember barg der Stille Ozean für die US-Flotte fürchterliche Gefahren. Der japanische Kampfverband war verschwunden, ohne daß die Amerikaner ein einziges Überwasserfahrzeug gesichtet hatten. Die *Saratoga* erreichte am 23. Dezember einen Punkt 425 Meilen von Wake entfernt, aber Konteradmiral Fletcher fürchtete, in einen Hinterhalt zu geraten. Der zu Kimmels Nachfolger ernannte Nimitz befand sich noch in Washington, und der Interimsbefehlshaber, Vizeadmiral Pye, war der Meinung, daß der Verlust eines oder mehrerer ›flat tops‹ für Amerika und ihn selbst eine Katastrophe bedeuten würde, und rief die Träger nach Pearl Harbor zurück.
Wake war aufgegeben. Um ein Ende zu machen, entsandten die Japaner die *Soryu* und die *Hiryu*, die am Pearl-Harbor-Einsatz teilgenommen hatten, unter dem Kommando von Konteradmiral Abe. Sechs Tage Luftbombardement nahmen die Garnison schwer mit. Es kam zu harten Kämpfen Mann gegen Mann. Schließlich hißten die Verteidiger die weiße Fahne. Inzwischen war Guam kampflos gefallen, und die Eroberung der Philippinen hatte begonnen.
Für Japan war dieser Archipel von 7000 zum Großteil unbewohnten Inseln nur von geringem Interesse. Es war jedoch unmöglich, ihn in den Händen der Amerikaner zu

lassen, wenn man nicht auf die Schätze Indochinas, Malayas, Borneos, Sumatras und Javas verzichten wollte. Die 3. Flotte unter Vizeadmiral Takahashi und die 14. Armee unter Generalleutnant Homma wurden mit dieser Nebenoperation betraut, die auf die Errichtung einer schützenden Flankendeckung hinauslief. Beide Verbände waren nicht sehr groß. Die Flotte bestand aus einen Träger – der *Ryujo* –; sie hatte kein einziges Schlachtschiff, sondern nur 10 Kreuzer und 29 Zerstörer. Die Armee setzte sich aus nur zwei Divisionen, der 16. und der 48., sowie aus zwei Panzerregimentern zusammen; allzu viele Kräfte saßen in China fest, Japan war einfach zu arm, um sein Menschenpotential voll ausnutzen zu können.

Die Verteidigung der Philippinen oblag einer der markantesten Persönlichkeiten dieses Krieges: MacArthur. Als eben aus West Point entlassener Leutnant hatte er 1903 seine Feuertaufe erhalten. Amerika hatte gerade Spanien den philippinischen Archipel entrissen, aber der philippinische Nationalismus hatte damit nur einen neuen Gegner bekommen. Der Guerillakrieg gegen das Sternenbanner ging weiter. MacArthurs Vater, ein Veteran des Sezessionskrieges, befehligte die amerikanischen Truppen. Aber bald lief der Sohn dem Vater den Rang ab.

Im Ersten Weltkrieg befehligte der jüngere MacArthur eine Infanteriebrigade. Dann wurde er Divisionskommandeur und avancierte später zum jüngsten Superintendenten von West Point und schließlich zum Stabschef der Armee. Dann bot sich ihm auf den Philippinen eine neue Karriere. Die Filipinos machten eben ihre Lehrzeit für die Unabhängigkeit durch, die ihnen für 1946 versprochen worden war. Ihr politischer Führer, der an Tuberkulose erkrankte Manuel Quezon, bot Douglas MacArthur an, eine Armee aufzubauen. MacArthur vertauschte seine amerikanische Generalsmütze gegen die – im eigentlichen und übertragenen Sinne – stärker vergoldete Mütze des ›Marschalls der Philippinen‹, richtete sich in Manila fürstlich ein und verlangte zehn Jahre Zeit, um die werdende Nation vor einer Invasion zu sichern. Das war 1937, sechs Jahre zu spät.

1941 verfügte eine einzige der großen von MacArthur organisierten Einheiten, die ›Philippine Scout Division‹, über ausreichende Ausbildung und Bewaffnung. Die anderen neun bestanden aus 100000 kaum über die Anfangsgründe hinausgekommenen Rekruten und einem Kader von 6000 amerikanischen Ausbildern, die keine einzige der sechsundzwanzig Sprachen verstanden, die in der Armee Marschall MacArthurs gesprochen wurden. MacArthur wurde im übrigen wie überall auch in Manila angefeindet. In ihm steckte ein Prophet, ein Redner, ein Schauspieler, und viele sagten, auch ein Schwindler. Ganze Nächte lang ging er in seiner Dachwohnung auf und ab – er wohnte im ›Manila-Hotel‹ über der herrlichen Bucht, die in der Ferne von der schwarzen Linie Corregidors begrenzt wird. In schwülstigen Formulierungen ließ er sich über die Zukunft des pazifischen Raums aus. Die Offiziere seines Stabs – er verlangte viel von ihnen und behandelte sie schlecht – bewunderten ihn entweder oder sie verabscheuten ihn – das letztere war bei Major Dwight D. Eisenhower der Fall, der einige Jahre unter ihm gedient hatte. Der Hochkommissar der Vereinigten Staaten verdächtigte MacArthur, daß er nur seinen Sold, der viermal so hoch war wie zur Zeit seiner Tätigkeit in Amerika, möglichst lange beziehen wolle. Andere jedoch behaupteten, MacArthurs Extravaganz sei bloß das etwas groteske Gewand eines Genies.

Zu Beginn des Sommers machte sich Washington Sorgen über die Verteidigung der Philippinen. Nach langen Zögern rief Marshall MacArthur wieder in die Armee zurück, was eine Vereinigung der philippinischen und amerikanischen Kräfte unter MacArthurs Kommando gestattete. Die amerikanischen Kräfte bestanden aus einem Regiment Infanterie, einer kleinen Abteilung Panzer und einer embryonalen Luftwaffe. Man entwarf einen Plan, der vorsah, den Stand der amerikanischen Truppen auf 75 000 Mann zu bringen. Er sollte im Januar 1942 anlaufen.

5500 Seemeilen trennen Manila von San Francisco. Für die Überfahrt benötigten die Passagierschiffe fünfzehn Tage. Die Pacific Clippers brauchten vier Tage, indem sie in nicht ganz gefahrlosem Flug von einer Insel zur anderen sprangen. Die Zusammenarbeit zwischen den Wehrmachtsteilen war schwierig. Der Operationsplan ›Orange‹ sah lediglich vor, daß sich eine Garnison von 10 000 Mann im Falle eines Krieges mit Japan auf der Insel Corregidor einzuschließen habe. Sie sollte so lange Widerstand leisten, bis die amerikanische Flotte die eine Seeschlacht gewonnen haben würde, die über die Zukunft des Pazifiks entscheiden sollte. 30,4-cm-Geschütze sperrten den Zugang zur Bucht von Manila, und ein Tunnel unterhalb von Manita Hill gab den Verteidigern Schutz auch vor schwerstem Bombardement. Man nannte Corregidor – wie Gibraltar – ›The Rock‹, den Felsen. Aber MacArthur war der Ansicht, daß einen systematischen Rückzug auf Corregidor zu planen Defätismus sei. Er hielt seine philippinisch-amerikanische Armee für fähig, mit Unterstützung einiger ›Fliegender Festungen‹ vom Typ B 17 eine Invasion der Hauptinsel Luzon zu verhindern. Er teilte seine Streitkräfte in zwei Armeekorps; das erste unter Wainwright stand im Norden, das zweite unter Parker im Süden von Manila. Einige andere Inseln, wie Mindanao, behielten schwache Garnisonen, und eine, Panay, diente als Stützpunkt für die kleine Asien-Flotte – ein einziger schwerer Kreuzer – unter Admiral Hart. Die anderen überließ man ihrem Schicksal.

Die ersten Landungen der Japaner gingen ziemlich zaghaft vor sich. Die eigentliche Invasion begann am 21. Dezember, als die 48. Division im Inneren des Golfes von Lingayen Fuß faßte. Der Befehlshaber der Invasionsstreitkräfte, Homma, war ein Gegner Tojos und der gewagten Politik, die Japan seit dem ›Chinesischen Zwischenfall‹ verfolgte. Die Landungsoperation machte ihm Sorgen, und er führte sie ohne Entschlossenheit durch. Aber die Amerikaner hatten die Handvoll Bomber, die ihnen geblieben waren, bereits nach Australien dirigiert, und ihren Unterseebooten gelang es

nur, ein einziges Transportschiff zu versenken. Die 11. und die 71. philippinische Division wichen zurück. Die Japaner überschritten den Agno und rückten über die Straßen 3 und 5, die wie die amerikanischen Federal Highways beschildert waren, auf Manila vor. Die auf der anderen Seite gelandete 16. japanische Division marschierte der 48. entgegen. MacArthurs Absicht, die Küste zu verteidigen, war durchkreuzt.
Daher griff man überstürzt nochmals auf den Plan ›Orange‹ zurück. Manila erlebte bewegte Weihnachten. Die japanischen Flugzeuge zerstörten die Altstadt, den Hafen, das Arsenal von Cavite. Die Benzinvorräte brannten; die tropische Luft war mit dichtem, stickigem Rauch geschwängert. Auf der Straße Nr. 3 bewegte sich ein riesiger, bunt zusammengewürfelter Fahrzeugtreck, Zivilisten und Militär, zur Halbinsel Bataan, dem letzten Zufluchtswinkel vor Corregidor. In der von Fahrzeugen wimmelnden Bucht lief das Fährschiff *Corregidor* auf eine Mine und ging mit 500 Passagieren unter. Auch Manuel Quezon wurde, in einem Rollstuhl sitzend, an Bord eines Schiffes gebracht. Auf seinen Befehl waren jedoch mehrere Minister in Manila geblieben, um mit den Japanern zusammenzuarbeiten. Die Stadt brannte, aber die Nachtlokale waren geöffnet, und die westlichen Geschäftsleute machten Zukunftspläne, überzeugt, daß die Sieger sie nicht würden entbehren können. MacArthur ging als einer der letzten, zusammen mit seiner jungen Frau und seinem kleinen Sohn. Er bezog Quartier in der langgestreckten weißen Kaserne von Topsight, am höchsten Punkt von Corregidor. Seiner Entrüstung über eine Rede Knox': ›Zuerst Hitler!‹ machte er in düsteren Prophezeiungen Luft. Amerika begehe einen fundamentalen Fehler: Es wende sich wegen des nebensächlichen Europa vom Wesentlichen ab, vom Pazifik! Im Augenblick bedeutete das, daß die Philippinen keinerlei Hilfe erwarten könnten. Corregidor war es weiterhin bestimmt, belagert zu werden.

Einnahme von Hongkong. Landung in Malaya

Hongkong war der Eckpfeiler der britischen Macht im Fernen Osten. Die Insel Victoria, beherrscht von den Steilhängen des Peak, war größer als Gibraltar. Die New Territories auf dem Kontinent bildeten eine ausgedehnte Glacisböschung. Die Wandlungen der Kriegstechnik und die Tatsache, daß sich Japan in China festgesetzt hatte, hatten diese Vorzüge allerdings teilweise aufgehoben, und 1941 war man der Ansicht, daß Hongkong nicht zu halten war. Seine kampflose Preisgabe indes, fand man, kam nicht in Frage, und die Garnison wurde nicht nur in Hongkong belassen, sondern durch Entsendung zweier kanadischer Bataillone auf sechs Bataillone verstärkt.
Die Kämpfe begannen am 8. Dezember. Am 13. gaben die Briten die New Territories auf. In der Nacht zum 19. Dezember griffen die Japaner die Insel Victoria an. Das

indische Bataillon, das North Point und Aldrich Bay verteidigte, wurde von den Japanern, die sich auf ihren Gummisohlen lautlos und geschickt wie Katzen bewegten, auseinandergejagt. Die Angreifer drangen in das hügelige Tal zwischen Mount Parker und Mount Cameron ein. Sie schnitten die Insel in zwei Teile, indem sie sich des Luxushotels in der Repulse Bay bemächtigten. Die Kanadier wurden auf die kleine Halbinsel Stanley zurückgedrängt. Die Royal Scots, die Middlesex' und die Inder wurden in die Stadt getrieben, in der das Feuer und der chinesische Mob wüteten. Gouverneur Sir Marks Young kapitulierte am ersten Weihnachtstag. Die Ausschreitungen gingen noch mehrere Tage weiter.

Hongkong war ein Vorposten, den man von vornherein aufgegeben hatte, Singapur hingegen glaubte sich vor jeder Gefahr gefeit. Daß die Feindseligkeiten mit den Japanern begonnen hatten, regte dort niemand auf. Man war optimistisch. Der ewige Sommer bestärkte die Menschen in dem Gefühl, daß immer alles so bleiben würde wie es war, Vergnügen und Tändelei waren die Hauptbeschäftigung: Tennis, Golf, Cricket, Pferderennen, Polo, Segeln während des Tages; Cocktails, Spiel, Tanz, Soupers bis tief in die träge Tropennacht hinein. Die Engländer, die aus der von Bomben heimgesuchten, unter der Rationierung leidenden Heimat gekommen waren, waren zuerst schockiert durch so viel Überfluß und Sorglosigkeit, staunten über die Damen in Abendkleidern, die Herren im Smoking und die Offiziere im Dinnerjackett; dann machten sie es wie die anderen und ergaben sich dem Wohlleben, das seit dem Krieg in der Welt selten geworden war. Der Dienst lief wie in den friedlichsten Zeiten des Britischen Reiches, mit genauer Beachtung der Etikette und strenger Trennung zwischen Offizieren und Mannschaften. Ein australischer Soldat namens Russell Brandon provozierte einen Skandal, als er unbedingt in der Bar des Raffles ein Getränk bestellen wollte und, als man ihn hinausgeworfen hatte, den üblichen Soldatenschlupfwinkel in der Lavender Street aufsuchte, wo es von Prostituierten und japanischen Spionen wimmelte. Die Japaner störten die Europäer Singapurs nicht in ihrem Schlafe. Vor den Japanern hatte niemand Angst. Die Akten des Geheimdienstes waren voll von Berichten, wonach die japanische Armee unmodern, die japanischen Flugzeuge veraltet und die japanischen Piloten schlecht ausgebildet waren. Die japanischen Piloten seien durch eine besondere Mißbildung des Auges gehandikapt, die sie nachtblind mache. Der Beweis für die Schwäche Japans sei die Tatsache, daß es seit vier Jahren mit dem ohnmächtigen China Krieg führe, ohne es besiegen zu können. Man hatte angenommen, die wirtschaftlichen Sanktionen Amerikas würden es zum Einlenken bringen. Und jetzt stürzte es sich in den Krieg, wie sich ein Verzweifelter vom sechsten Stockwerk stürzt! Der Selbstmord einer Nation! Zwanzig Jahre lang hatte man sich wegen Singapurs gestritten. Sollte man dort einen Marinestützpunkt als Ersatz für Hongkong bauen? Wenn ja, sollte man die Basis an der Außenseite, der großen Straße von Malakka, oder an der Innenseite, der kleinen Straße von Johore, errichten?

Sollte man Verteidigungsanlagen nur an der Seeseite erstellen oder sollte man sich gegen eine Gefahr von der Landseite, der malaiischen Halbinsel, her schützen? Sollte man sich auf die klassischen Waffen, die Küstenartillerie, verlassen oder den Fortschrittlern folgen, die dem Flugzeug die Hauptrolle zuweisen wollten?
Schließlich war der Stützpunkt dann gebaut worden. Man hatte sich für die Straße von Johore entschieden und für das Prinzip der Verteidigung durch Artillerie. Ein Angriff vom Land her wurde für äußerst unwahrscheinlich angesehen, und zwar wegen der großen Entfernungen, der Sümpfe und Urwälder, Singapur war großartig befestigt, aber ausschließlich gegen die See. Fünf 38-cm-Geschütze mit 35 Kilometer Reichweite waren in Buena Vista und an der Spitze von Changi in Stellung gebracht worden. In Tekong Besar und Blakang Mati hatte man 23,4-cm-Batterien eingebaut und weitere Batterien vom Kaliber 15 cm längs der Küste verteilt. Die Insel Singapur war ein unversenkbares Schlachtschiff mit Schwerpunkts- und Hilfsartillerie; alle Geschütze waren, wie gesagt, auf See gerichtet. Die Landgarnison beschränkte sich auf sechs Bataillone zur Nahverteidigung. Die einzige Form der Belagerung, die man in Betracht zog, war die durch ein japanisches Geschwader mit einer kleinen Landungstruppe: In diesem Fall mußte Singapur sich so lange halten, bis britische Seestreitkräfte herangekommen waren. Der entsprechende Zeitraum wurde auf 70, später auf 180 Tage festgesetzt. Entsprechend wurden die Vorräte an Verbrauchsgütern und Munition berechnet. Sie waren ausschlaggebend, da Singapur uneinnehmbar sein sollte.
Am 2. Dezember lief eine Nachricht durch die ganze Stadt: England halte sein Versprechen, in Singapur starke Seestreitkräfte zu stationieren, um der Lage in Südostasien gewachsen zu sein. Die beiden großen Einheiten, die in der Straße von Djohore Posten bezogen, waren das Schlachtschiff *Prince of Wales* und der Schlachtkreuzer *Repulse*. Churchill selbst hatte die Entsendung des modernsten englischen Großkampfschiffes verlangt. Die Admiralität hatte *Rodney* und *Nelson* schicken wollen, die aus dem Jahre 1920 stammten, sowie die vier ›R‹, *Royal Sovereign*, *Revenge*, *Resolution* und *Ramillies*, oberflächlich modernisierte Überlebende aus dem Ersten Weltkrieg. »Eure alten Schlachtschiffe«, hatte Churchill gesagt, »sind schwimmende Särge. Behaltet sie für eure Geleitzüge im Atlantik. Ein einziges modernes Schiff in Singapur wird die japanische Flotte binden. Nach der *Bismarck* spukt euch die *Tirpitz* im Kopf herum. Dreht den Stiel um und setzt den Japanern die *Prince* als Laus in den Pelz...«
Noch ein drittes großes Schiff hätte dabei sein sollen, der Träger *Indomitable*. Aber er war beim Auslaufen aus dem Hafen von Kingston in Jamaika auf ein Korallenriff geraten und mußte erst repariert werden, ehe er zum Fernostgeschwader stoßen konnte. An der Landseite war Singapur ungeschützt. Die Straße von Johore war nur wenige hundert Meter breit, und man hatte ihren Verteidigungswert noch verringert, indem man einen Damm anlegte, über den die Straße und die Eisenbahn führten. Die Nach-

richt von der Landung der Japaner auf der Landenge von Kra löste noch keine Beunruhigung aus. Der Feind war noch 1000 Kilometer von Singapur entfernt; außerdem waren die Zeiten vorbei, da man sich bei der Verteidigung Malayas ausschließlich auf die natürlichen Hindernisse verlassen hatte. 38 Prozent der Weltproduktion an Gummi und 58 Prozent der Weltproduktion an Zinn kamen aus Malaya, es stellte für England, wie es Gouverneur Sir Shelton Thomas ausdrückte, ›eine Dollarfabrik‹ dar – Grund genug, ernste Maßnahmen zu seiner Verteidigung zu treffen. Nacheinander wurden das III. indische Armeekorps, die 9. und 11. Division, Sikhs und Pandschabis als Verstärkungen herangebracht, außerdem eine Brigade Ghurkas und eine weitere, die aus Maisur und Haiderabad kam. Man wollte auch eine weiße Division; Australien übernahm es, sie zu stellen, und die Admiralität willigte ein, die *Queen Mary* zu entsenden, um die Division in einem Schub heranzuholen. Die beiden motorisierten Brigaden Singapurs eingerechnet, waren das annähernd 100000 Mann, was für einen Tropenkrieg beträchtlich war, vor allem, da es gegen einen Feind ging, der 5000 Kilometer von seiner Basis entfernt in einem Lande operierte, in dem es nur zwei Straßen gab, auf denen er angreifen konnte. Der Befehlshaber dieser Streitmacht in Malaya war Generalleutnant Percival, dessen besonderes Kennzeichen zwei vorstehende Schneidezähne, richtige Raffzähne, waren, die seinem Gesicht den Ausdruck ständigen Grinsens verliehen. Über sich hatte er den Oberbefehlshaber in Südostasien, Sir Robert Brooke-Popham, rotgesichtig, mit Schnurrbart, fröhlich und unbelastet durch übergroßes Wissen, der klassische Typ des Obersten der indischen Armee. Unter sich hatte er einen schwierigen Untergebenen namens Gordon Bennett, Kommandeur der 8. australischen Division, einen als General verkleideten Politiker, der den Posten seines Vorgesetzten haben wollte und sich von seiner Regierung hatte ermächtigen lassen, jeden Befehl zu verweigern, der seinen Ansichten nicht entsprach. Percival hatte seine Truppen verteilt, ohne sich um die Absichten des Feindes zu kümmern. Bei Singapur hatte er die beiden Brigaden Bennetts zurückgelassen, die ebenso undiszipliniert waren wie ihr Chef. In der Mitte der Halbinsel stand die 9. indische Division, deren einzelne Abteilungen durch 100 Kilometer Urwald voneinander getrennt waren. Im Norden hatte er die gesamte 11. Division nahe an die siamesische Grenze verlegt. Im Operationsplan ›Matador‹ war vorgesehen, daß sie sofort nach Landung der Japaner zur Offensive schreiten und den Feind zum Meer zurückdrängen sollte.

Genau genommen, begann die Operation in Malaya noch vor dem Angriff auf Pearl Harbor. Die erste Landung der Japaner erfolgte am 8. Dezember um 3 Uhr morgens Ortszeit. Das entsprach nach Greenwichzeit 17 Uhr 15 des Vortages. Die erste Bombe auf die Hawaii-Inseln fiel erst um 18 Uhr 25 Greenwichzeit.

Aus China und Indochina kommend, hatte sich die japanische Flotte im Golf von Siam geteilt: ein Verband lief nach Kota Bharu, ein zweiter nach Patani, und ein dritter, der stärkste, auf den kleinen thailändischen Hafen Singora zu. Die Überraschung glückte vollständig. In Singora tauchten die Eindringlinge buchstäblich aus dem Schaum der Wellen auf. Der einzige Versuch, die thailändische Neutralität zu verteidigen, war eine Garbe aus dem Maschinengewehr eines Polizeipostens. Ein Dolmetscher machte den Kampfhandlungen ein Ende, indem er rief: »Wir sind die japanische Armee; wir kommen, um euch von den Weißen zu befreien!«

Wie auf den Philippinen waren die Invasionsstreitkräfte auch hier keineswegs bedeutend. Die Bezeichnung 25. Armee war recht hochtrabend. Von den vier Divisionen dieser Armee war eine in Japan geblieben, da die Transportmittel fehlten; eine zweite machte einen Umweg über Bangkok, um die thailändische Regierung zur Räson zu bringen; die beiden anderen, die 5. und die 18., hatten nicht einmal ihre Sollstärke; mehrere Einheiten waren in China geblieben; ein Regiment war auf der Fahrt nach Borneo. Als sie zur Eroberung Singapurs aufbrach, zählte die 25. Armee ganze 17230 Mann. Sie bestand, alles in allem, aus vier Infanterieregimentern: dem 56. in Kota Bharu, dem 42. in Patani, dem 11. und 41. in Singora. Befehlshaber war Generalleutnant Tomoyoku Yamashita, ein dicker, brutaler Mann, dessen Hals für den Strick des Kriegsverbrechers bestimmt zu sein schien. Man hatte ihm hundert Tage gegeben, um das uneinnehmbare Singapur zu erobern.

Die Soldaten, die diese neue Phase des Krieges einleiteten, waren keine Wehrpflichtigen. Sie kamen aus der Gegend von Shanghai und Kanton, wo sie chinesische Guerillas bekämpft hatten. Es gab keine widerstandsfähigeren, disziplinierteren Soldaten. Sie hatten, ohne zu murren, die Qualen einer Überfahrt tief unten im Schiffsraum ertragen, im muffigen Gestank überlaufender Latrinen und der Folgen der Seekrankheit, zu Schweigen und Finsternis verurteilt, zu dritt jeweils auf zwei Quadratmetern Tatami-Matte zusammengedrängt, mit einer Essensration von einem Eimer Reis oder Gerste pro Korporalschaft und Tag. Die in unbeugsamer Strenge, Förmlichkeit und geradezu fanatischer Kameradschaft bestehende japanische Disziplin zwang sie zu peinlichstem Gehorsam, ohne ihnen ihre moralischen Kampfgründe zu nehmen: Der geringste Soldat wußte, daß er am Kampf um das Leben seines Volkes teilnahm; seine persönliche Hingabe war bedingungslos. Die Offiziere belasteten sich mit dem langen Samuraisäbel und ertrugen die archaische Bluse mit dem einschneidenden Kragen, aber ihr Opfermut machte aus ihnen mitreißende Vorbilder. Die Vorbereitungen für den malaiischen Feldzug waren entsprechend den Erfahrungen der Studienzentrale für den Tropenkrieg in Formosa geschaffen worden. Den Soldaten war der Kampf im Dschungel durch und durch vertraut, sie wußten, daß nüchterne, harte Männer sich einen Weg durch den Urwald bahnen können, daß es durch Giftschlangen nur wenige Opfer gibt, daß die roten Ameisen eher eine Plage sind als eine Gefahr, daß der Mensch in Wirklichkeit nur zwei unerbittliche Feinde hat: den Bedalang, einen kraftvollen asiatischen Büffel, und eine kleine Wespe mit gelbem Ring, von der fünf Stiche tödlich sind. ›Da die Menschen des Abendlandes feige und verweichlicht sind‹, hieß es in den Dienstvorschriften, ›haben sie Angst, den Dschungel zu betreten. Sie betrachten ihn daher als undurchdringlich. Aus diesem Grund müssen wir ihn benutzen, um sie zu überraschen...‹ Diesen Soldaten genügten zwei Tage, um die indischen Truppen – die verstärkte Rekrutierung war auf Kosten der Qualität gegangen – niederzuzwingen. Wolkenbruchartige Regenfälle demoralisierten die Verteidiger und lähmten ihre Organisation, ließen ihre Artillerie versinken, unterbrachen die Nachschubwege und führten schließlich zur Aufgabe der Operation ›Matador‹ – während sie den Vormarsch der Japaner, die in 60 Stunden 120 Kilometer zurücklegten, nicht einmal verlangsamten. Die Kolonnen von Singora und Patani vereinigten sich und drangen ins westliche Malaya vor. Die Kolonne von Kota Bharu marschierte nach Osten weiter, ohne sich im geringsten darum zu kümmen, daß Wege völlig fehlten. Die Versuche, die Japaner an dafür geeigneten Stellen aufzuhalten, wie etwa an der Linie von Djitra oder am Lauf der Muda, mißlangen. Zu Weihnachten war der ganze Norden Malayas in japanischer Hand.

Untergang der *Prince of Wales* und der *Repulse*

Inzwischen hatte die britische Marine eine Katastrophe erlebt: Die *Repulse* und die *Prince of Wales* waren gesunken. Befehlshaber des Verbands war Vizeadmiral Sir Tom Phillips, genannt Tom Pouce (Däumling), gewesen. Diesen Spitznamen verdankte er seiner geringen Körpergröße von nur einssechzig, die ihn zwang, auf See auf eine umgekehrte Seifenkiste zu steigen, um über den Rand der Brücke sehen zu können. Aber auch Nelson war klein gewesen, und Phillips war unter den britischen Admiralen derjenige, den man am liebsten mit diesem unsterblichen Vorbild verglich. Um den starken Verband zu führen, der sich so weit von den heimischen Gewässern der Gefahr aussetzte, bedurfte es eines kühnen Seemanns. Niemand hatte gegen die Berufung Phillips' auf diesen ehrenvollen, aber auch schwierigen Posten etwas eingewendet. Am 8. Dezember wurde an Bord der *Prince* Kriegsrat gehalten. Die Landungen der Japaner waren bestätigt worden. Wieder hatte es an Wachsamkeit gefehlt: Die Invasionsflotte war im Golf von Siam von einem ›Catalina‹-Flugboot gesichtet worden, und man hatte nicht Alarm gegeben! Der Großteil der Flugzeuge war auf den Flugplätzen im Norden am Boden zerstört, und Singapur war bei strahlender Beleuchtung bombardiert worden, da der Chef der Zivilverteidigung, der den Befehl zur Verdunkelung hätte geben müssen, unauffindbar war! Glücklicherweise hatten die *Prince of Wales* und die *Repulse* keine Schramme abbekommen. Die Frage, die sich jetzt stellte, war: Welche Rolle sollten die Schiffe bei der Verteidigung Malayas spielen? Der Befehlshaber der Seefront, Admiral Layton, rangälter als Phillips, jedoch ohne

Anfang Oktober 1941 vernichtete die Heeresgruppe Mitte in großen Kesselschlachten die Streitkräfte Timoschenkos. Die deutschen Truppen stießen in Richtung Moskau vor, blieben jedoch im Schlamm stecken. Am 7. Oktober fiel der erste Schnee. Er gab den Verteidigern Moskaus (oben) Zeit, sich zu formieren, stellte dagegen die deutsche Armee vor die bisher unbekannten Probleme des russischen Winters (unten).

Aus dem Tagebuch des Oberbefehlshabers der Heeresgruppe Mitte, Generalfeldmarschall F. v. Bock, am 5. Dezember: ›Guderian meldet..., daß unerträgliche Kälte von über minus 30 Grad jede Bewegung und den Kampf der müden, gelichteten Verbände aufs äußerste erschwert.‹ Hinter dieser knappen Formulierung verbirgt sich die Tatsache einer militärisch wie organisatorisch gleich schweren Katastrophe.

Befehlsgewalt über ihn, vertrat die Meinung, die beiden großen Schiffe sollten an ihren Ankerplätzen in der Straße von Johore bleiben. Das Malheur der *Indomitable* hatte sie der Luftdeckung beraubt; aber ohne solchen Schutz war es zu riskant, so wertvolle Einheiten auf hohe See zu schicken. Aber Phillipps wollte derart vorsichtige Worte nicht hören; er sagte, die Ehre der Royal Navy stehe auf dem Spiel. Er lehnte es ab, ängstlich hinter den Torpedoabwehrnetzen liegenzubleiben, während die Japaner in Malaya vorstießen. Immer noch konnten die *Prince* und die *Repulse* über die japanischen Geleitzüge herfallen und sie vernichten. Das Fehlen eines Flugzeugträgers war gewiß unangenehm, aber die Luftabwehr der Schiffe war außerordentlich stark, und der Befehlshaber der an Land stationierten Luftstreitkräfte, Generalmajor Pulford, hatte die Unterstützung seiner Staffeln versprochen. Überdies war ja der größte und beste Teil der japanischen Luftmacht in Pearl Harbor eingesetzt gewesen. Was für Südostasien übriggeblieben war, konnte nicht viel wert sein. Am 8. Dezember um 17 Uhr 35 lief der Verband ›Z‹ stolz aus der Straße von Johore aus. Die Zerstörer *Electra*, *Express*, *Tenedos* und *Vampire* begleiteten die beiden Meeresriesen. Nach dem Auslaufen brachte man Sir Tom ein Kabel Pulfords: ›Bedaure, Ihnen keinen Jagdschutz geben zu können.‹ Sir Tom steckte den Funkspruch in die Tasche: ›Ich werde ohne ihn auskommen.‹

Auf den Schiffen herrschte Zuversicht. In der Messe der *Repulse* diskutierten die jungen Offiziere unbekümmert über die japanischen Flieger, diese schlechten Piloten, die nachts angeblich blind waren. Der amerikanische Journalist Cecil Brown mischte sich ein: »Ihr Briten könnt es euch nicht abgewöhnen, den Feind zu unterschätzen. Ihr habt es in Norwegen getan, in Frankreich, auf Kreta, und ich fürchte diesmal wieder...« Er wurde ausgepfiffen. Wenn diese schrecklichen Japaner zu etwas gut wären, wären sie schon längst mit den langzöpfigen Chinesen fertiggeworden! Außerdem sei es an der Zeit, daß die *Repulse* zum Einsatz komme; seit Kriegsbeginn habe sie an keinem einzigen Gefecht teilgenommen, als ob ihr der Krieg aus dem Weg ginge!

Die Nacht und der Vormittag verstrichen. Das Wetter war trübe, die See stürmisch. Die Schiffe bahnten sich ihren Weg mit 25 Knoten und warfen riesige Bugwellen. Bei dieser Geschwindigkeit ging auf den Zerstörern rasch das Öl zur Neige, aber man mußte die Wolkendecke ausnutzen, die die fehlende Luftdeckung ersetzte. Am Nachmittag klarte der Himmel auf, und die Gefahr, entdeckt zu werden, wuchs. Unerschütterlich und doch besorgt teilte Phillips den Offizieren der *Prince of Wales* mit, wozu er sich entschlossen hatte: Wenn es gelang, den Rest des Tages ohne bösen Zusammenstoß durchzustehen, würde man den Kurs beibehalten und bei Tagesanbruch den Feind angreifen. Im gegenteiligen Falle werde der Verband ›Z‹ nach Singapur zurückkehren. Alles hing jetzt vom Überraschungsmoment ab. Wenn man den Feind nicht überraschen konnte, war die Gefahr zu groß, denn der Admiral mußte in erster Linie an die Erhaltung der kostbaren Schiffe denken, die ihm anvertraut waren. Der

Nachmittag verging, das Tageslicht schwand. Die Äquatornacht sank wie ein Stein herab. Es war 20 Uhr 15. In wenigen Minuten würde es finster sein... In diesem Augenblick vernahm man Motorengeräusch. Der Ausguck sichtete drei Flugzeuge. Sie blieben auf Distanz, ohne den Kurs zu ändern, zu weit entfernt, um sich identifizieren zu lassen, und verschwanden im Dunkel. Waren es Feindflugzeuge? Hatten sie das Geschwader entdeckt? Wie konnte man das feststellen? Tom Pouce überlegte hin und her. Sollte er ein Risiko eingehen, das ihm, gleich Nelson, Ruhm bringen konnte?... Wenige Minuten später funkte die *Tenedos*, daß ihr der Treibstoff ausgehe. Phillips befahl ihr, nach Singapur zurückzukehren. Dann ließ er nach Nordosten abdrehen, um in den Golf von Siam einzulaufen. Die Schiffe blieben in der pechschwarzen Nacht weitere fünfundzwanzig Minuten auf ihrem neuen Kurs. Dann plötzlich, um 21 Uhr, blinkte von der *Prince of Wales* ein neuer Befehl: Umkehren! An Bord der *Repulse* herrschte Aufregung. Kapitän Tennant versuchte, über das Bordsprechgerät die Entscheidung des Admirals zu rechtfertigen. Aber die Besatzung war nicht einverstanden. Unlucky ship! Der Krieg würde zu Ende gehen, ohne daß die *Repulse* auch nur einen einzigen Schuß abgefeuert hatte! Auch 250 Meilen weiter nördlich war man enttäuscht. Über der verzweigten Flußmündung des Mekong dröhnten die Motoren von 80 Bombern durch die Nacht. Das japanische 22. Geschwader kehrte zu seinem Stützpunkt Saigon zurück. Es hatte nach den englischen Schiffen gesucht und sie nicht gefunden.

Phillips war schon viel früher gesichtet worden, als er angenommen hatte. Die drei Flugzeuge hatten ihn in der Dämmerung nicht entdeckt; aber er selbst wiederum hatte in der hochgehenden See das Sehrohr des Unterseebootes *I-56* nicht ausgemacht. *I-56* hatte schon um 13 Uhr 40 an Admiral Kondo die Position des Verbandes ›Z‹ gefunkt.

Die Meldung war an das 22. Geschwader weitergegeben worden, das sich gerade zu einem neuen Einsatz gegen Singapur vorbereitete. Hastig hatte man bei einem Teil der Maschinen die Bomben durch Torpedos ersetzt. Die Vernichtung der *Prince of Wales* würde die Besatzungen ebenso berühmt machen wie die Sieger von Pearl Harbor. Mit Feuereifer waren sie aufgestiegen. Enttäuscht kehrten sie jetzt zurück. Die See war leer gewesen. Mit dem letzten Tropfen Treibstoff kamen sie gerade noch nach Saigon, wo sie um Mitternacht landeten.

Um Mitternacht schlief Tom Phillips völlig angekleidet im Wachraum der *Prince of Wales*. Man brachte ihm einen Funkspruch seines Stabschefs, Flottillenadmiral Palliser, der in Singapur zurückgeblieben war, um Verbindung mit der Armee zu halten. ›Feindliche Landung bei Kuantan gemeldet.‹ Keine Einzelheiten, keine Bewertung der Nachricht. Aber es war unmöglich die Funkstille zu unterbrechen, um Erklärungen zu verlangen. Wieder war Phillips unschlüssig. Kuantan war ein kleiner Hafen an der Ostküste, mitten im Dschungel, 250 Kilometer von Singapur entfernt. Ihn anzulaufen bedeutete, das waghalsige Abenteuer zu verlängern, dem man eben mit heiler Haut zu entrinnen hoffte. Wenn er die ganze Nacht Kurs Süden lief, würde er am Morgen fast in Sichtweite von Singapur sein – der Umweg nach Kuantan bedeutete, daß die *Prince of Wales* noch einen weiteren ganzen Tag wie auf dem Präsentierteller sitzen würde. Andererseits konnte die Landung der Japaner in Kuantan das nutzlose Auslaufen des Verbandes ›Z‹ nachträglich rechtfertigen. Wenn er, nachdem er für Treibstoff ein Vermögen ausgegeben hatte, umkehrte und nach Singapur zurückdampfte, würde er zur Verteidigung Malayas nicht mehr beigetragen haben als der Portier des Gouverneurs. Und wenn es in Kuantan auch nur eine Kompanie Japaner gab, würde man doch sagen können, daß die Royal Navy sie aufgerieben hat. Um 0 Uhr 52 gab Phillips Befehl, auf Kurs Ostsüdost zu gehen. Der Verband steuerte Kuantan an.

Halbgetaucht lag I-58 auf der Lauer. Es war das letzte der neun Unterseeboote, die Admiral Kondo zurückgehalten hatte, um die Landungsoperationen zu decken. Um 2 Uhr 40 machte sein Kommandant, Kapitän Tanisaki, mit seinem Nachtglas die Umrisse der *Prince of Wales* und der *Repulse* aus. Die See war bewegt, aber die Entfernung war gering, und Tanisaki nützte seine Chance. Fünf Torpedos liefen auf die feindlichen Schiffe zu. Nichts geschah, alles blieb still. Das Glück war wieder auf seiten der Engländer: Sie hatten nicht einmal die Blasenbahn der Torpedos gesichtet! Aber sie hörten auch nicht, wie in nächster Nähe der enttäuschte Tanisaki seinem Chef per Funk über die Begegnung, die er soeben gehabt hatte, und seinen Mißerfolg Bericht erstattete.
Kondo und sein Verband waren zu weit entfernt, um eingreifen zu können, aber das 22. Geschwader konnte es noch einmal versuchen. In der drückend heißen Nacht füllten in Saigon die Mechaniker noch einmal die Treibstofftanks. Die Besatzungen schliefen zwei Stunden. Noch vor Morgengrauen starteten zehn Aufklärungsflugzeuge; als 34 Horizontalbomber und 51 Torpedoflugzeuge abhoben, wurde es eben Tag. Jede Staffel hatte Befehl, unabhängig den 5. Meridian entlangzufliegen und nicht kehrtzumachen, ehe der 2. nördliche Breitengrad, die Grenze des Aktionsradius' der Maschinen, erreicht war.
Zu der Zeit, da die japanischen Bomber die Küste Indochinas überflogen, näherten sich die englischen Schiffe der malaiischen Küste. Tom Puce gab der *Express* Befehl, den Hafen Kuantan aufzuklären. Aus der Meldung, die der Zerstörer machte, klang Ironie: ›Alles ruhig wie an einem verregneten Sonntag...‹ Die Nachricht von der Landung war falsch gewesen. Ein paar Büffel waren in ein Minenfeld geraten, und die Explosionen hatte man für Artilleriefeuer gehalten... Phillips verlor die Fassung. Er hatte die kostbaren Stunden der Dunkelheit verloren für nichts! Es blieb ihm nur übrig, wieder Kurs auf Singapur zu nehmen. Aber das große Minenfeld zwischen den Tioman- und Anambas-Inseln zwang ihn zu einem langen Umweg nach Osten.

Um 10 Uhr meldete *Tenedos* über Funk, daß sie soeben 175 Meilen weiter südöstlich von neun japanischen Flugzeugen angegriffen worden war. Sie hatte den Bomben entgehen können und setzte ihren Marsch nach Singapur fort. Aber jetzt war klar, daß die feindlichen Flugzeuge gefährlich nahe waren. Wie am Vortage kehrte das 22. Geschwader unverrichteter Dinge um. Die Besatzungen waren erschöpft und enttäuscht. Wenn die englischen Schiffe wirklich unterwegs gewesen wären, hätte man sie gesichtet! Leutnant zur See Tado Mishima, Pilot des Aufklärungsflugzeuges Nr. 3, erinnerte sich wieder des hochtönenden Tagesbefehls, mit dem Flottenadmiral Matsunaga seine hundert Maschinen auf die Jagd nach Englands modernstem Schlachtschiff geschickt hatte: ›Das ist eine goldene Gelegenheit, wie sie einmal in tausend Jahren kommt...‹

Die Gelegenheit war versäumt! Man kehrte heim. Mishima war hungrig und zu Tode erschöpft. Er zitterte, er verspürte den wahnsinnigen Drang zu urinieren. Und nur, um sein Gewissen zu beruhigen, hielt er seine Aufmerksamkeit auf die See gerichtet. Man verließ die Zone, in der die *Repulse* und die *Prince of Wales* sich angeblich aufhielten... Und plötzlich waren sie da! Hunger, Kälte, Schlaf, Blasendruck, alles war vergessen. Mishima ging tiefer und flog den Verband an. Ein grandioses Bild: drei Zerstörer bildeten ein gleichseitiges Dreieck, in dessen Innerem die *Prince of Wales* vor der *Repulse* lief. Eilig gab Mishimas Funker durch: ›Große feindliche Schiffe gesichtet, 4 Grad nördlicher Breite, 104 Grad 55 Minuten westlicher Länge, große feindliche Schiffe gesichtet...‹

Bei den Engländern kam der Befehl ›Klar Schiff zum Gefecht‹. Niemand war übertrieben besorgt. Die Flak der *Prince of Wales* war so stark, daß das Schlachtschiff als praktisch unverwundbar galt. Die *Prince of Wales* war das erste Schiff, das die erstaunlichen amerikanischen Schießwerkzeuge erhalten hatte, die von den Matrosen ›Chikagoklaviere‹ genannt wurden. Vier Batterien zu je 25 Rohren konnten 60000 Geschosse pro Minute ausspucken, also eine regelrechte Kuppel aus Eisen über dem Schiff errichten. Die *Repulse* besaß eine Luftabwehr, die zu den feuerkräftigsten der Royal Navy gehörte. Auch ohne Jagdschutz waren die beiden Schiffe keine leichte Beute.

Der erste Angriff richtete sich gegen die *Repulse*. Aus 5000 Metern Höhe nahmen die neun Horizontalbomber unter Kapitänleutnant Sadao Takai das Schiff aufs Korn. Die blasierten Veteranen auf dem Zerstörer *Elektra* sahen interessiert zu. Sie wußten: Horizontalbomber waren eher imposant als gefährlich... Aber da...! Die Männer auf der *Elektra* hielten den Atem an. Der Schlachtkreuzer war völlig in einer Wassergarbe verschwunden. Die Flakkanoniere hatten nie so geschossen... Niemals hatten sie ein Ziel mit so wundervoller Exaktheit mit Feuer eingedeckt! Die *Repulse* wurde wieder sichtbar. Die Matrosen der *Elektra* schrien Hurra, aber das Hurra blieb ihnen in der Kehle stecken. Die *Repulse* war schwer getroffen. Rauchschwaden drangen aus ihrem aufgerissenen Deck. Über den Bordlautsprecher blies ein atemloser Trompeter Feuer-

alarm. Aber das Schiff behielt seine Geschwindigkeit. Kapitän Tennant meldete phlegmatisch: ›Ein Volltreffer, jedoch Feuerkraft ungemindert, Situation unter Kontrolle.‹ Kapitänleutnant Hariki Iki stürzte sich mit einer Staffel Torpedoflugzeuge auf die *Prince of Wales*, die, eingehüllt in die Flammen ihrer ›Chikagoklaviere‹, einem Vulkan während des Ausbruchs glich. Der Ausbruch war nutzlos. Die Wirkung der beiden Torpedos, die das Schlachtschiff trafen, war fürchterlich. Das Steuerruder, die beiden Backbordschrauben und die Flakartillerie fielen aus. Das Schiff bekam 15 Grad Schlagseite, und seine Geschwindigkeit sank auf 13 Knoten. Ein Angriff folgte auf den anderen; immer wieder jagten die Staffeln heran. Die *Repulse* kämpfte um ihr Leben wie gehetztes Wild, schlug Haken und behielt bis zum Ende ihre Geschwindigkeit. Aber um 12 Uhr 10 trafen sie drei Torpedos gleichzeitig. Die Schlagseite erreichte 30 Grad. Im Inneren wüteten Brände. Der Kapitän gab Befehl zum Verlassen des Schiffes. Die Besatzung ging über Bord. Etwa vierzig Mann versuchten, durch einen Schornstein zu entkommen, da er aber mit einem Metallnetz verschlossen war, waren sie wie in einem Käfig gefangen und verbrannten. Um 12 Uhr 33 rollte die *Repulse* über, der Vordersteven stieg hoch, und das Schiff versank.
Die *Prince of Wales* trieb noch auf den Wellen, ihre Geschwindigkeit war auf 8 Knoten gefallen, das Vorderdeck war überflutet. Die *Express* kam entschlossen längsseits und begann, die Besatzung zu übernehmen, aber das Schlachtschiff kämpfte weiter und empfing eine neue Bomberwelle mit einem Geschoßhagel seiner Flak. Als hätte Phillips noch hoffen können, sein Flaggschiff zu retten, ließ er aus Singapur Abschleppschiffe anfordern. Das war der letzte Befehl Tom Pouces, der vom Ruhm Nelsons geträumt hatte. Weder er noch Kapitän Leach überlebten die Katastrophe. Um 13 Uhr 20 kenterte die *Prince of Wales* und ging unter. Die Japaner hatten nur vier Maschinen verloren. Als großmütige Sieger signalisierten sie den Zerstörern, sie könnten die Überlebenden auffischen. Von den 2921 Offizieren und Seeleuten der *Prince of Wales* und der *Repulse* kehrten 2081 nach Singapur zurück.

Der russische Winter. Rückzug der Wehrmacht bei —52°

Während der Krieg sich in die Tropen hinein ausbreitete, ging die Kälteschlacht in Rußland weiter.
Die sowjetische Gegenoffensive vor Moskau gewann an Umfang. Ein Drittel der dort eingesetzten Einheiten waren sibirische Truppen: Sie verfügten über Kleidung aus dickem Tuch, Filzstiefel, Pelzkappen und weiße Mäntel, die sie über ihre langen Stoffmäntel zogen. Alle Motorfahrzeuge waren mit Ketten ausgerüstet, eine unumgängliche Notwendigkeit im winterlichen Rußland. Die Schmiermittel waren eigens auf

tiefe Temperaturen abgestimmt. Selbst die Pferde besaßen eine besondere Fähigkeit zu überleben und unglaubliche Kraftreserven, sogar wenn sie außer den gefrorenen Strohdächern der Isbas nichts zu fressen hatten. In diesem durch den Frost veränderten Krieg nahmen die Russen Revanche. Reiterpatrouillen streiften umher, berittene Stafetten überbrachten Befehle – während die deutschen Kradfahrer im Schnee steckenblieben und die Funkgeräte infolge der Kälte ausfielen. Die Kavalleriedivisionen der Roten Armee erwiesen sich als wirkungsvoller als Panzerverbände. Im Norden Moskaus konzentrierten drei Armeen der Heeresgruppe Schukow ihre Anstrengungen auf die 3. Panzerarmee, an deren Spitze jetzt Reinhardt anstelle von Hoth stand. Die 30. Armee unter Leljuschenko durchquerte die Eiswüste vor Moskau und schnitt östlich von Klin die einzige Rückzugslinie Reinhardts, die Straße nach Wolokolamsk, ab. Hinter den deutschen Linien kam es zur Panik. Flüchtende Soldaten setzten sich im Schneesturm nach Westen ab, eine sinnlose Flucht über eine kilometerweite Eiswüste. Bock unterstellte die 3. Panzerarmee der 4. und forderte Hoepner auf, die Nachbargruppe freizukämpfen. Hoepner warf die 1. und 2. Panzerdivision zum Gegenangriff vor; sie säuberten die Straße nach Wolokolamsk. Aber Reinhardt war gezwungen, Klin der 1. sowjetischen Armee zu überlassen und am 14. Dezember seine Panzergruppe über die Lama zurückzunehmen, ein Zurückweichen um 100 Kilometer: Der nördliche Greifer der Zange, die Moskau umschloß, war zerbrochen. Noch hatte Hoepner Reinhardt nicht aus seinen Schwierigkeiten befreit, als seine eigene Panzergruppe in schwerste Gefahr geriet. Die russische Kavallerie griff über die Moskwa an, faßte das IX. Korps an der Flanke und drohte es zu umzingeln. Die Verhältnisse wurden immer katastrophaler. Tauwetter, gefolgt von einem Temperatursturz bis auf minus 40 Grad machte das ganze Land zu einem riesigen Eislaufplatz, auf dem Männer, Tiere und Fahrzeuge hilflos umherglitten. Wäre der russische Angriff nicht ziemlich kraftlos gewesen, wäre kein einziges Regiment der 4. Panzerarmee aus dem Frontvorsprung bei Istra entkommen. Aber die Kämpfe erlahmten von selbst. Deutsche wie Russen wollten schließlich nichts anderes mehr als einen Kamin finden, und sei es in einer niedergebrannten Isba, um nicht während der achtzehnstündigen Dunkelheit zu erfrieren. Es gelang Hoepner, Istra zu räumen und sich an der Rusa wieder festzusetzen. Hundert Kilometer hatte er sich, von Krasnaja Poljana herkommend, zurückgezogen. Moskau war tatsächlich gerettet.
Im Zentrum hielt die 4. Armee ihre Verteidigungsstellungen an der Nara. Zu ihrer Rechten hingegen mußten sich die 2. Panzerarmee unter Guderian und die 2. Armee unter Weichs überstürzt absetzen, da sie im Osten höchst gefährdet waren. Der Rückzug über eine Strecke von 150 Kilometern bei minus 52 Grad war qualvoll. Der Mut der Soldaten war gebrochen. Vielleicht hätten sie sich ergeben, wenn man sich den Russen hätte ergeben können. Die entsetzliche Angst vor der Gefangenschaft war die moralische Kraft, die die deutschen Armeen weiter in Bewegung hielt. Die am

meisten Erschöpften schossen sich eine Kugel in den Kopf oder ließen sich in den Schnee fallen, um dort zu sterben.

Guderian hatte das Kommando über beide Armeen übernommen. Jeden Abend schrieb er bekümmerte Briefe an seine Frau. Er war der Ansicht, man müsse die ganze Heeresgruppe bis zu der Linie zurücknehmen, die sie im Oktober gehalten hatte. Auf diese Weise käme man in die Nähe der beiden einzigen Eisenbahnknotenpunkte, Brjansk und Wjasma, über welche die tausend Kilometer lange Mittelfront zu versorgen war. Sie waren überdies so verstopft, daß Hunderte von Verwundeten beim Warten auf den Abtransport starben und kaum zehn Züge im Tag bis zu den Armeen durchkamen.

Die Ansicht Guderians wurde von der Heeresgruppe geteilt. Schon am 9. Dezember hatte Bock auf der Karte eine Winterstellung eingezeichnet, die dem Lauf der Oka und Ugra folgte, östlich vorbei an Medyn, Gschatsk und Rschew. Die Stellung war nicht ausgebaut, aber es würde leichter sein, den Russen auf einer verkürzten Front Widerstand zu leisten.

Aus Rastenburg kam am 16. Dezember jedoch die entgegengesetzte Order: ›Halt! Keinen Schritt mehr zurück! Nicht ein Fußbreit Boden wird mehr preisgegeben! Unter persönlichem Einsatz der Befehlshaber, Kommandeure und Offiziere ist die Truppe zu fanatischem Widerstand in ihren Stellungen zu zwingen, ohne Rücksicht auf durchgebrochenen Feind in Flanke und Rücken. Nur durch eine derartige Kampfführung ist der Zeitgewinn zu erzielen, der notwendig ist, um die Verstärkungen aus der Heimat und aus dem Westen heranzuführen, die ich befohlen habe... Jeder Offizier, jeder Mann muß davon überzeugt sein, daß ein Zurückgehen im russischen Winter bedeutend gefährlicher ist als eine Verteidigung an Ort und Stelle. Das Gespenst des napoleonischen Rückzugs muß gebannt werden.‹

Die Erinnerung an Napoleon ließ Hitler nicht los. Wenn er nicht direkt auf Moskau losgegangen war, dann deshalb, weil er eine Wiederholung der Vorgänge von 1812 vermeiden wollte. Wenn er seinen Armeen befohlen hatte, nicht zu weichen, dann geschah es, weil er vor einer Neuauflage der Tragödie Angst hatte, in der die Große Armee zugrunde gegangen war. Seine Überlegungen waren keineswegs unbegründet. Der deutsche Rückzug aus den Vororten von Moskau war von ungeheuren Menschen- und Materialverlusten begleitet gewesen. Was würde von der Wehrmacht übrigbleiben, wenn es darum ging, sie bis zum Dnjepr oder zur Memel zurückzuführen? Die napoleonische Armee war, ohne daß sie eine einzige richtige Feldschlacht hatte schlagen müssen, an der Kälte, den Entfernungen und den ständigen Scharmützeln zugrunde gegangen. Um seiner Armee dieses Schicksal zu ersparen, ließ sie der Führer am Platz verharren.

Aber die Generale an der Front waren verzweifelt. Für sie war Rückzug ein Weg, die Linien zu verkürzen, die Kräfte neu zu gruppieren, Reserven zu entlasten, die Nachschubwege und Nachrichtenverbindungen wiederherzustellen. Sie hatten den Eindruck, daß man in Rastenburg die wirkliche Lage nicht erfaßte, daß man den Zustand der völlig erschöpften Truppen, die Tiefe des Schnees, die Heftigkeit der Kälte, die materielle und zahlenmäßige Überlegenheit der Russen gar nicht kannte, die Gefahr einer Auflösung der deutschen Armeen gar nicht ermessen konnte: Es wäre nötig gewesen, daß ein General mit unbestreitbarer Autorität zum Führer gegangen und ihm die Wahrheit gesagt hätte.

Wieder opferte sich Guderian. Niemals sollte er diese Stunden in den verschneiten Ebenen vergessen. Deutschland hatte drei Millionen Soldaten dorthin geschickt, und doch waren sie wie leergefegt! Es war fünf Tage vor jenem Weihnachtsfest, an dem sie als Sieger in die Heimat hätten zurückgekehrt sein sollen. Das Gegenteil war der Fall: Die deutsche Armee kämpfte um ihr Leben.

In Angerburg hatte sich am Vortage ein entscheidender Wechsel vollzogen: Hitler hatte Brauchitsch abgesetzt. Der Generalfeldmarschall hatte das Hauptquartier ohne Abschiedsfeier, ja ohne einen Händedruck verlassen. Hitler hatte ihn bereits durch Hitler ersetzt. Jetzt war es der Führer selbst, der dem Heer unmittelbar befehlen würde. »Die Pflicht des OKH«, erklärte er, »besteht darin, eine nationalsozialistische Armee zu schaffen. Ich kenne keinen General, der dazu fähig ist. Ich werde es selbst tun.« Noch eine Veränderung: Fedor von Bock war nicht mehr Oberbefehlshaber der Heeresgruppe Mitte. Hitler hatte ihn durch Guderians Feind, Generalfeldmarschall von Kluge, ersetzt.

Die zweite Unterredung zwischen Guderian und Hitler ähnelte der ersten. Die Erregung über die Tragödie von Moskau war dem Führer ins Gesicht geschrieben; Hitler hatte den starren Blick, der bis zum Ende allen, die mit ihm zu tun hatten, immer wieder auffiel. Guderian sprach über die Leiden der Truppe, betonte nachdrücklich, um wieviel leichter es sei, andere, ohne Schwierigkeiten zu verteidigende Stellungen zu beziehen, daß es möglich sei, Moskau im Frühling zu nehmen, falls man die Armee rette. Er wagte sogar zu sagen, die Leute in Rastenburg kämen nie in die Nähe der Front, und es sei notwendig, die Mitarbeiter Hitlers durch Offiziere zu ersetzen, die wüßten, wie der Krieg im Jahre 1941 wirklich aussah. Hitler erwiderte, Soldaten seien zum Leiden da, Guderian dürfe sich nicht so beeindrucken lassen. Auch die Grenadiere Friedrichs II. seien nicht gern gestorben. Man könne die Dinge aus der Ferne besser beurteilen, die Stellungen müßten gehalten werden. Das alles volle fünf Stunden lang, im Beisein Keitels und Jodls, die bei jedem Argument dieses Mannes, der ihnen ihr Metier beibringen wollte, die Schultern zuckten. Das war Guderians Ende. Der Panzergeneral ging zu seiner Armee zurück, um wenige Tage später seines Kommandos enthoben zu werden. Am 31. Dezember war er wieder in Berlin, ein geschlagener Mann.

Dieser 31. Dezember brachte in Malaya den allgemeinen Rückzug der britischen Truppen. Das kleine Singapur des Nordens, die Insel Penang, war geräumt worden, zur großen Empörung der weißen Einwohner, die nicht verstehen konnten, warum die britische Armee sie zwang, ihren Grund und Boden zu verlassen, anstatt die Japaner zu schlagen. Am meisten erstaunt und bestürzt waren die Malayen. Sie hatten die Anwesenheit und die Macht der Engländer als ebenso endgültig angesehen wie das ewige Grün der Blätter – und jetzt sahen sie die Briten abziehen! Ihr Glaube war erschüttert, auch daraus sollten sich unübersehbare Konsequenzen ergeben.
Im stolzgeblähten Japan hatte man das kommende Jahr zum Jahr des ›Leuchtenden Friedens‹ erhoben, und der Kaiser hatte ihm das poetische Leitmotiv: ›Wolke über einem Berge‹ vorangestellt. Die japanischen Truppen beendeten die Besetzung Sarawaks, des britischen Teils von Borneo. Was die Philippinen betraf, so war für den nächsten Tag, den 1. Januar, der Einmarsch in Manila vorgesehen. Auf der Halbinsel Bataan beendeten die Amerikaner das Jahr in dem schmerzlichen Gefühl, verlassen zu sein. An diesem 31. Dezember kehrte auch Churchill aus Ottawa zurück. Er war am Zweiundzwanzigsten in Amerika angekommen und hatte seine Besprechungen mit Roosevelt für einen kurzen Besuch in Kanada unterbrochen. Am nächsten Tag, dem 1. Januar, würde er die gemeinsame Erklärung der Vereinigten Nationen unterzeichnen, in der die Prinzipien der Atlantik-Charta zum Kriegsziel erhoben wurden. Der Krieg hatte das Protokoll gelockert. Winston Churchill wohnte im Weißen Haus, schob den Rollstuhl des Präsidenten, und bisweilen besuchten sich die beiden Männer auf ihren Zimmern. Von Roosevelt dabei überrascht, wie er eben aus dem Bad stieg, erklärte Churchill einmal: »Der Premierminister Großbritanniens hat vor dem Präsidenten der Vereinigten Staaten nichts zu verbergen.« In ihren Beziehungen gab es eine Nuance der Ehrerbietung von seiten Churchills, der zu Roosevelt ›Mr. President‹ sagte, und eine Nuance der Überlegenheit von seiten Roosevelts, der Churchill mit ›Winston‹ anredete. Dieses herzliche Verhältnis erleichterte die Führung der Koalition; es verdeckte auch erhebliche Divergenzen in der politischen Philosophie und Ideologie der beiden Politiker. In Nordafrika stand Rommel am letzten Tag des Jahres 1941 wieder bei Agedabia, von wo er acht Monate zuvor zur Wiedereroberung der Cyrenaika aufgebrochen war. Nach Aufhebung der Blockade von Tobruk hatte er es für notwendig erachtet, einen langen Rückzug anzutreten, um die Briten dadurch zu zermürben, daß er die Versorgungslinien der 8. Armee in die Länge zog. Die italienischen Generale Bastico und Gambarra hatten gegen diese Taktik protestiert, weil sie dem faschistischen Prestige schade. Sie hatten Unterstützung bei Generalfeldmarschall Kesselring gefunden, der zum Oberbefehlshaber der Gesamtstreitkräfte im Mittelmeerraum ernannt worden war und sich als Rivale Rommels zu

gebärden begann. Rommel hatte nichtsdestoweniger seine Ansichten durchgesetzt und nacheinander Gazala, Derna und Benghasi aufgegeben. Seine Verluste waren nicht unbedeutend gewesen, aber die drei Divisionen des Afrikakorps, die 5. Leichte Division, die 15. Panzer- und die 90. Leichte Division, waren im wesentlichen intakt. Die Italiener hatten größere Verluste erlitten: 48 Prozent ihres Kontingents war verlorengegangen, der größte Teil als Gefangene.

In Deutschland gab es ein Jahresende der schrecklichen Ernüchterung. Josef Goebbels, Gauleiter von Berlin, hatte am 22. Dezember eine Sammlung von Wollsachen, Pelzen und Skiern für die Soldaten an der Front angeregt. Trotz aller Wachsamkeit der Zensur war es nicht gelungen, die Katastrophe in Rußland der Bevölkerung zu verheimlichen. Der Verlust Rostows und der Rückzug von Moskau sprachen für sich. Eisenbahnzüge, voll von Truppen, rollten von Westen nach Osten durch Deutschland und brachten Verstärkungen aus der milden Normandie in die russische Hölle. Die Absetzung Brauchitschs erweckte den Eindruck, als seien ungeheure Fehler gemacht worden. Goebbels erteilte die Weisung, man solle durchblicken lassen, daß die Pläne des Führers durch die Unfähigkeit und den schlechten Willen der Generale sabotiert worden seien.

Die letzte Nachricht Ende des Jahres vom Kriegsschauplatz: Die Russen sind in Feodosia auf der Krim gelandet, der sowjetische Druck läßt nicht nur nicht nach, sondern verstärkt sich an der gesamten Front.

Geschichte / Gesellschaft / Politik (eine Auswahl)

Harald R. Bilger
111mal Südafrika
Piper Panoramen der Welt. 1982. Etwa 320 Seiten mit Abbildungen

Herbert von Borch
Amerika –
Dekadenz und Größe
1981. 336 Seiten

Iring Fetscher
Herrschaft und Emanzipation
Zur Philosophie des Bürgertums. 1976. 318 Seiten. Serie Piper 146

Iring Fetscher
Überlebensbedingungen der Menschheit
Zur Dialektik des Fortschritts. 1980. 215 Seiten. Serie Piper 204

Dieter Franck
Jahre unseres Lebens 1945–1949
Mit einem Vorwort von Theodor Eschenburg. 2. Aufl., 20. Tsd. 1982. 200 Seiten mit 172 Abbildungen

Richard Friedenthal
Karl Marx
Sein Leben und seine Zeit. 1981. 652 Seiten mit 32 Seiten Abbildungen

Richard Friedenthal
Luther
Sein Leben und seine Zeit. Neuausgabe 1982. 681 Seiten, 38 Abbildungen